教师资格考试通关教材

保教知识与能力
（幼儿园）

本书编写组

中国教育出版传媒集团
高等教育出版社·北京

图书在版编目（CIP）数据

保教知识与能力：幼儿园 /《教师资格考试通关教材 保教知识与能力（幼儿园）》编写组编. -- 北京：高等教育出版社，2023.12

教师资格考试通关教材

ISBN 978-7-04-061346-9

I. ①保… II. ①教… III. ①学前教育 - 幼教人员 - 资格考试 - 教材 IV. ① G61

中国国家版本馆 CIP 数据核字（2023）第 211881 号

教师资格考试通关教材　保教知识与能力（幼儿园）
JIAOSHI ZIGE KAOSHI TONGGUAN JIAOCAI　BAOJIAO ZHISHI YU NENGLI（YOU'ER YUAN）

| 策划编辑 | 王江媛 | 责任编辑 | 袁　畅 | 封面设计 | 张雨微 | 版式设计 | 杜微言 |
| 责任绘图 | 邓　超 | 责任校对 | 刘丽娴 | 责任印制 | 存　怡 | | |

出版发行	高等教育出版社	网　　址	http://www.hep.edu.cn
社　　址	北京市西城区德外大街 4 号		http://www.hep.com.cn
邮政编码	100120	网上订购	http://www.hepmall.com.cn
印　　刷	北京瑞禾彩色印刷有限公司		http://www.hepmall.com
开　　本	850mm×1168mm　1/16		http://www.hepmall.cn
印　　张	27.5		
字　　数	770 千字	版　　次	2023 年 12 月第 1 版
购书热线	010-58581118	印　　次	2023 年 12 月第 1 次印刷
咨询电话	400-810-0598	定　　价	85.00 元

本书如有缺页、倒页、脱页等质量问题，请到所购图书销售部门联系调换
版权所有　侵权必究
物　料　号　61346-00

前　言

为帮助考生高效、科学备考教师资格考试,在反复研究考试大纲和近年真题的基础上,我们编写了本书。编写组成员长期在一线培训和教学,有丰富的授课辅导经验,帮助无数考生快速提分,圆其教师梦。本书具有如下特色:

1. 紧扣考纲,考点全面,解析透彻,阐述权威

本书紧扣教育部颁布的《中小学和幼儿园教师资格考试标准(试行)》和教育部教育考试院颁布的各科目《考试大纲》,根据近年教师资格考试最新真题,精准解读考试内容,解析详尽,易学易懂。

2. 重难点、常考点突出,讲解精练,省时高效

本书对核心考点进行提炼,准确找出命题点,用最精练的语言讲解重点和常考点,最大限度减少考生的记忆量。

3. 配套经典例题、真题和过关训练题,检测学习效果,巩固记忆

实用性、针对性和有效性是本书的显著特点。配套经典例题、真题和过关训练题可帮助考生迅速应用所学内容解决教学实践中的问题,强化实践,从而增强考生的应试能力和信心,获取高分。

4. 汇集专家教研和辅导成果,制订复习计划和教学进度安排

本书为复习时间有限的在职考生制订了15天突击计划;还为相关培训机构和学校的培训教师提供了教学进度安排和建议,以便保证辅导效果。

敬请广大读者对本书多提宝贵意见,以便我们不断修订和完善。

本书编写组

使用说明及复习策略

为了帮助报考幼儿园教师资格证的考生更好地复习、备考幼儿园保教知识与能力科目,作者以《幼儿园教师专业标准》为基础,研究了《考试大纲》的目标、模块内容和要求,在充分分析历年考题的基础上,根据命题趋势和来自命题专家的指导选择内容、确定重点。本书在内容设计和解析角度上吸取了市面上所有同类教材的精华,教材中重要的内容后都附有典型真题或典型例题及其解析,每个模块后面配有强化过关训练题。

为便于选用本套教材的辅导机构和学校的培训教师统一教学资料、教学内容、教学进度,保证高品质的教学效果,特做如下进度安排,供参考。

1. 优化教学计划和建议

本教材由于篇幅所限,因此主要梳理了知识点。考生如需更多实例和案例分析,可以通过参加辅导课来全面深刻地掌握这些知识点。辅导教学的时间安排和教学建议如下。

模块内容	辅导时间	辅导重点	教学建议
模块一 学前儿童发展	12课时	以解释和说明儿童发展的行为表现为重点	先复习基本的心理学术语和常识,然后梳理学前儿童身心发展各个方面的特点,对每个特点讲解时都需要配合幼儿的行为表现实例和幼儿园教育行为实例
模块二 学前教育原理	6课时	理解教育、学前教育的基本概念和结构要素	在学前教育和中小学教育的比较中去理解学前教育的特点、原则等,配合教育实例予以说明。辅导教师要时刻关注教育热点问题
模块三 生活指导	3课时	梳理幼儿园一日生活的环节及其指导要点	以幼儿园一日生活的流程为轴线,串起生活指导的常规教育、疾病预防、营养保障、安全急救四个方面的保教措施
模块四 环境创设	3课时	应用原理分析教育场景及其实例	先梳理幼儿园环境创设的原理,然后分别就物质环境和心理环境两个方面进行案例分析。辅导教师需要收集较多的案例
模块五 游戏活动的指导	6课时	应用学前儿童的游戏原理分析游戏实例	先梳理学前儿童的游戏原理,包括各类游戏的年龄特点,然后从游戏的支持和游戏指导两个方面进行案例分析,也可以按照游戏类型进行案例分析
模块六 教育活动的组织与实施	6课时	综合教育活动和单一教学活动的设计	先梳理活动设计的框架和流程,然后结合对设计案例的分析,理解各领域各类型教育活动设计的思路,最后进行练习、指导
模块七 教育评价	3课时	结合教育评价原理解读《幼儿园教育指导纲要(试行)》中关于教育评价的条目	先梳理教育评价特别是幼儿发展评价的原理,然后结合《幼儿园教育指导纲要(试行)》中的相关条目进行案例分析
模拟考试与分析	3小时	查漏补缺	模拟考试后进行答卷评析和应试指导

2. 考生的使用方法和复习建议

（1）本书的使用方法

第一，本书作为复习用书，所有内容都是经过提炼的，且都在考试范围内，因此要通读一遍。

第二，本书每个模块都整理了逻辑结构图，根据考试权重和历年考题分析了命题重点及其复习策略；每章都梳理了知识体系和各个知识点的学习要求（需要记忆还是理解、应用），考试重点和难点，**正文中的重点内容**则用加粗的方式凸显，彩色字体文字是重要的知识点，因此考生务必在阅读正文前关注模块和各章的提示，明确重点。

第三，正文中根据考试重点编配了典型真题和典型例题，考生可在第二遍复习时边复习边做题，以检验自己的学习程度（是否记忆、理解和能应用）。

（2）复习建议

对幼儿园保教知识与能力科目的复习，是对学前教育专业各类专业课程的一个整理过程，若复习时间有限，建议用15天时间，采用整体复习和分散复习相结合的方式复习三轮。第一轮通读本教材，将有疑问的地方标示出来。第二轮则边阅读边做题，分散复习各模块。各模块的复习以顺利完成过关训练题为标志。如果题目的正确率在75%以下，则需要重点复习不足的部分；如果题目的正确率在75%以上，则可以进行模拟考试。第三轮即严格按照考试时间进行模拟考试，以查漏补缺，重点复习失分严重的章节。

3. 基本概念界定

本教材涉及三个最基本的教育名词——学前教育、幼儿教育、幼儿园教育，这三个名词在全书各章节标题乃至论述中会交替出现，其具体内涵如下表所示，请教材使用者注意区分。

学前教育	幼儿教育	幼儿园教育
0~6岁儿童的教育，包括家庭教育，公共教育机构（如早教中心、托儿所、幼儿园）的教育和社会教育	3~6岁儿童的教育，包括家庭教育、幼儿园教育和社会教育	指接收3~6岁儿童的幼儿园的教育

目 录

模块一 学前儿童发展

逻辑结构图与考试权重 / 1
考纲要求与复习策略 / 2

第一章 学前儿童发展概述 / 4
第一节 学前儿童发展的基本规律 / 4
第二节 学前儿童的年龄特征 / 7
第三节 学前儿童发展的影响因素 / 11
第四节 学前儿童发展的理论流派 / 14

第二章 理解与研究学前儿童的基本方法 / 24
第一节 研究学前儿童的原则与类型 / 25
第二节 理解与研究学前儿童的具体方法 / 26

第三章 学前儿童的生理发展 / 30
第一节 学前儿童的生长发育 / 30
第二节 学前儿童身体各系统的发育特点 / 32
第三节 学前儿童感觉器官的发育 / 44
第四节 儿童生理发展的规律 / 47

第四章 学前儿童感知运动机能的发展 / 49
第一节 学前儿童感知觉的发展 / 49
第二节 学前儿童运动机能的发展 / 56

第五章 学前儿童认知的发展 / 59
第一节 学前儿童注意的发展 / 59
第二节 学前儿童记忆的发展 / 63
第三节 学前儿童想象的发展 / 68
第四节 学前儿童思维的发展 / 72
第五节 学前儿童言语的发展 / 85
第六节 学前儿童认知发展的个体差异 / 90

第六章 学前儿童情绪情感的发展 / 93
第一节 情绪发展的规律 / 93
第二节 学前儿童情绪情感的发展 / 96

第七章 学前儿童个性与社会性的发展 / 101
第一节 个性与社会性概述 / 101
第二节 学前儿童个性的发展 / 103
第三节 学前儿童社会性的发展 / 108

第八章 学前儿童发展中的常见问题 / 123
第一节 学前儿童身体发育的常见问题 / 123
第二节 学前儿童心理发展的常见问题 / 125
第三节 学前儿童心理健康教育的基本技术 / 130

强化过关训练 / 132
参考答案 / 134

模块二　学前教育原理

逻辑结构图与考试权重 / 137
考纲要求与复习策略 / 138

① 第一章　教育的基本原理 / 139
第一节　教育的本质 / 139
第二节　教育的规律 / 142
第三节　教育目的 / 145

② 第二章　学前教育的基本原理 / 149
第一节　学前教育的特点与原则 / 150
第二节　学前教育的目标与任务 / 156
第三节　学前儿童全面发展教育 / 160
第四节　幼儿教师与幼儿 / 165
第五节　幼儿园的课程 / 174
第六节　幼儿园与家庭和社区的合作 / 181

第七节　幼小衔接 / 185
第八节　幼儿园的班级管理 / 189

③ 第三章　学前教育的发展 / 196
第一节　中国学前教育发展简史 / 197
第二节　西方学前教育发展简史 / 204
第三节　我国学前教育的改革动态与发展趋势 / 210
第四节　幼儿园教育指导纲要（试行）/ 214

强化过关训练 / 222
参考答案 / 224

模块三　生活指导

逻辑结构图与考试权重 / 229
考纲要求与复习策略 / 229

① 第一章　幼儿园的一日生活组织及生活常规教育 / 230
第一节　幼儿园一日生活的组织 / 230
第二节　幼儿园生活常规教育 / 236

② 第二章　幼儿的营养膳食 / 239
第一节　幼儿的营养需求 / 239
第二节　幼儿园的膳食安排 / 243

③ 第三章　学前儿童的疾病预防 / 245

第一节　学前儿童疾病的早期发现与护理 / 245
第二节　学前儿童常见病的预防 / 247
第三节　学前儿童常见传染病的预防 / 249

④ 第四章　幼儿园的安全工作 / 252
第一节　幼儿园的安全 / 252
第二节　意外伤害的急救 / 254
第三节　幼儿园常见安全问题的处理方法 / 255

强化过关训练 / 259
参考答案 / 261

模块四　环境创设

逻辑结构图与考试权重 / 263
考纲要求与复习策略 / 263

① 第一章　幼儿园环境创设原理 / 265
第一节　幼儿园环境概述 / 265

第二节　幼儿园环境创设的原则与要求 / 268

② 第二章　幼儿园物质环境创设 / 272
第一节　幼儿园物质环境创设的原则 / 272

第二节　幼儿园户外环境创设 / 273
第三节　幼儿园室内环境创设 / 275

第二节　幼儿园心理环境创设的
　　　　要求 / 283

③ 第三章　幼儿园心理环境创设 / 282
第一节　幼儿园心理环境的
　　　　功能 / 282

强化过关训练 / 286

参考答案 / 288

模块五　游戏活动的指导

逻辑结构图与考试权重 / 291

考纲要求与复习策略 / 291

① 第一章　学前儿童游戏的基本原理 / 292
第一节　游戏的理论流派 / 292
第二节　学前儿童游戏概述 / 294

② 第二章　幼儿园游戏的实施 / 300
第一节　儿童游戏的条件 / 300
第二节　幼儿园游戏的指导 / 305
第三节　不同类型游戏的指导 / 314

强化过关训练 / 328

参考答案 / 331

模块六　教育活动的组织与实施

逻辑结构图与考试权重 / 335

考纲要求与复习策略 / 335

① 第一章　幼儿园教育活动的设计 / 337
第一节　幼儿园教育活动概述 / 337
第二节　领域教育活动设计 / 347
第三节　综合性主题活动设计 / 357

② 第二章　各领域教育活动的实施 / 363
第一节　各领域的教育内容与教学方法 / 363
第二节　教育活动过程的组织与指导 / 382

强化过关训练 / 389

参考答案 / 391

模块七　教育评价

逻辑结构图与考试权重 / 401

考纲要求与复习策略 / 401

① 第一章　教育评价的原理 / 402
第一节　教育评价的内涵 / 402
第二节　教育评价的类型 / 405
第三节　教育评价的方法 / 407

② 第二章　幼儿园教育评价的实施 / 413
第一节　幼儿园教育评价的内容 / 413
第二节　幼儿园教育反思与改进 / 422

强化过关训练 / 426

参考答案 / 428

模块一　学前儿童发展

逻辑结构图与考试权重

逻辑结构图

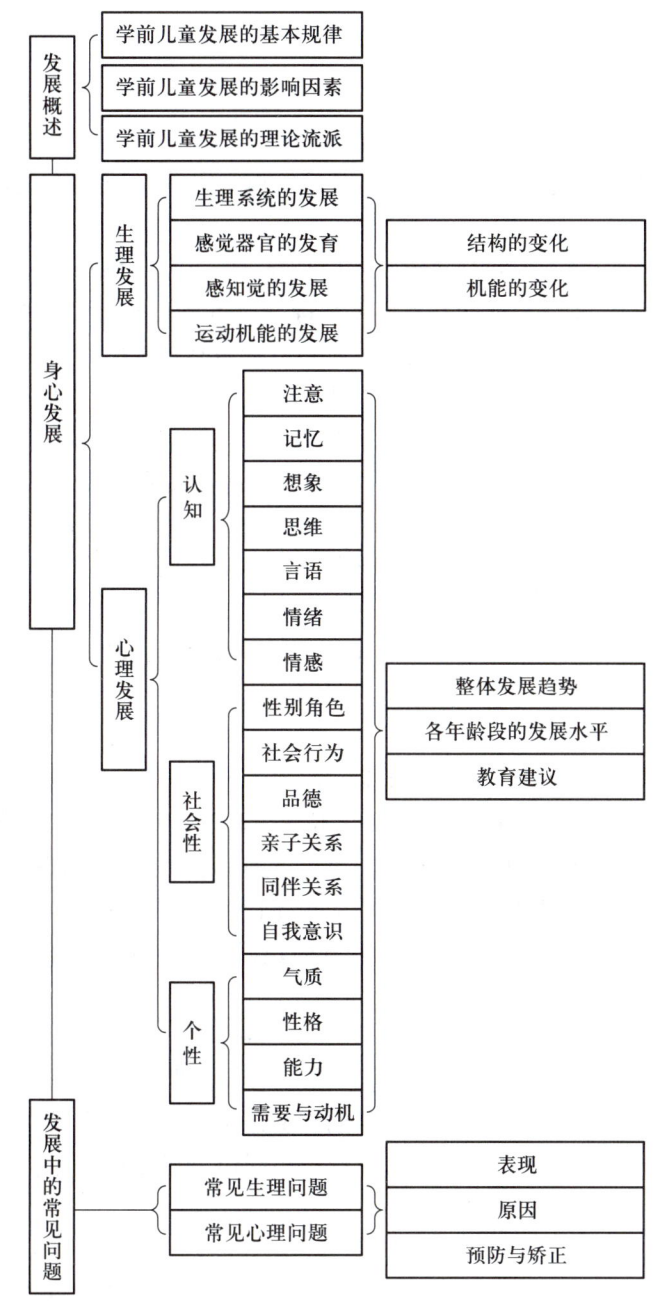

考试权重

模块	分值比例	分值	题型	重点提示
学前儿童发展	约33%	约50分	单选题、简答题、材料分析题	本模块权重大,是幼儿园保教知识与能力科目考查的重点,其中第一章、第五章、第六章、第七章是命题的核心和重点,认知、情绪和个性方面的内容在材料分析题中出现频率较高

考纲要求与复习策略

考纲要求

1. 理解婴幼儿发展的含义、过程及影响因素等。
2. 了解儿童发展理论主要流派的基本观点及其代表人物,并能运用有关知识分析论述儿童发展的实际问题。
3. 了解婴幼儿身心发展的年龄阶段特征、发展趋势,能运用相关知识分析教育的适宜性。
4. 掌握幼儿身体发育、动作发展的基本规律和特点,并能够在教育活动中应用。
5. 掌握幼儿认知发展的基本规律和特点,并能够在教育活动中应用。
6. 掌握幼儿情绪、情感发展的基本规律和特点,并能够在教育活动中应用。
7. 掌握幼儿个性、社会性发展的基本规律和特点,并能够在教育活动中应用。
8. 理解幼儿发展中存在个体差异,了解个体差异形成的原因,并能运用相关知识分析教育中的有关问题。
9. 掌握观察、谈话、作品分析、实验等基本研究方法,能运用这些方法初步了解幼儿的发展状况和教育需求。
10. 了解幼儿身体发育和心理发展中容易出现的问题或障碍,如发育迟缓、肥胖、自闭倾向等。

复习策略

命题剖析

第一章和第二章在整个模块中占据较重要的位置,涉及考纲要求的第1、2、3、9点。从历年真题看,涉及单项选择、简答、材料分析三种题型。第三章到第七章也是本模块的重点部分,涉及考纲要求的第4、5、6、7点。从历年真题看,涉及单项选择、简答和材料分析题。第八章从身体发育和心理发展两个方面描述了常见问题的表现、原因和预防建议。这一部分涉及考纲要求的第10点,从历年真题看,题型与题量都较少。

无论是单项选择题、简答题还是材料分析题都越来越倾向于与教育情境结合,即不再重视知识的再认与再现,而是重视知识的应用。复习时要从教育情境出发提出问题,然后在知识框架中寻找答案。例如,幼儿园小班幼儿总会出现争抢玩具的现象,怎么办?要想知道办法就得究其原因。根据幼儿发展的年龄特点,小班幼儿好模仿而且喜欢模仿同伴,为此,解决的办法不是批评孩子,而是同一种玩具提供多份,最好能人手一份。

备考策略

"发展概述"这一部分特别是第一章,几乎每个知识点都要达到理解并能应用的程度。除了理解基本观点,还需明确如何运用这些观点来分析教育如何顺应儿童的发展,以解答材料分析题、简答题。

"身心发展"这一部分内容的知识点多而且具体、零碎,学习者需要先抓住基本概念,然后按内涵→包括哪些要素→如何运用于幼儿教育→常见案例的思路理清关键点,就能解答所有题型。以思维部分的"概念"为例,可以在理解其内涵的基础上整理出幼儿的概念发展水平是什么,为什么是这样,在教育中如何帮助幼儿理解概念(如认识乌龟,即知道乌龟的主要特点),并辅之以实例(如数概念理解的具体表现是什么)。

"发展中的常见问题"这一部分的学习,需要重点把握几种常见的或最近几年被社会广泛关注的儿童身心发展问题,如孤独症。

第一章 学前儿童发展概述

知识体系及思维脉络图

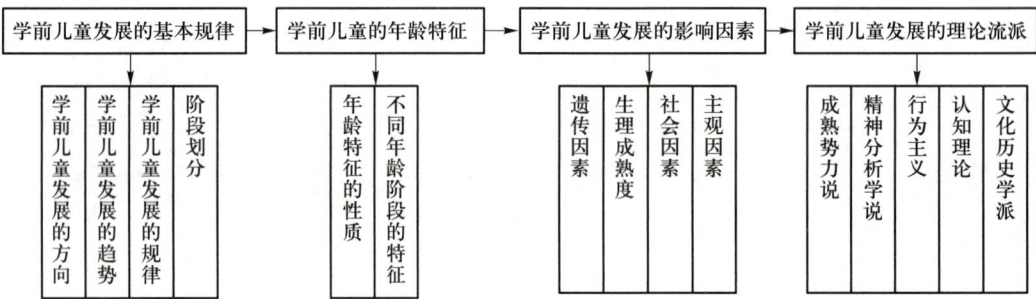

核心考点及学习提示

【核心考点】

发展趋势、发展规律：记忆每一个知识点并理解其内涵。

年龄特征：记忆3岁到6岁每个阶段的年龄特征，理解各特征的内涵、典型表现和教育要求。

影响因素：记忆主要影响因素是什么，理解其相互关系及各因素发挥的作用。

理论流派：记忆各流派的代表人物，理解各流派的基本观点，防止混淆各流派观点。

【学习提示】

考试重点：发展规律、幼儿期三个阶段的年龄特征和影响因素。

考试难点：各影响因素之间的关系、各流派的核心概念。

第一节 学前儿童发展的基本规律

学前儿童即学龄前儿童，指入学前的儿童（0~6岁）。学前儿童发展即0~6岁儿童身心从简单到复杂、从低级到高级的变化过程，是一个不断趋于成熟的过程。

一、学前儿童发展的方向

学前儿童身心发展变化的过程，总体方向是进步的，是不断提高、向着更高级方向变化的。虽然偶尔也会出现短暂的停留或倒退，但这种停留或倒退是为了更大的进步。例如，有的小孩在已经学会自己拿小勺吃饭以后，突然不好好吃了，又把饭撒在桌子上；有的小孩满周岁时已经会喊"妈妈"，会说出几个单词了，过一个月却又不开口了。其实，不再好好吃饭的孩子正在学习新的动作技能——拇指与食指对捏拣东西，把饭撒在桌子上然后一粒一粒拣起来；停止开口的孩子正在积累语言经验（言语的发展是输入早于输出的，即听早于说），过一段时间会滔滔不绝地说出许多话来。

二、学前儿童发展的趋势

学前儿童的发展是向着更高级的方向不断前进的,在这个前进的过程中会表现出几个必然趋势。

(一) 从简单到复杂

最初的心理活动只是非常简单的反射活动(在无条件反射基础上建立的条件反射),以后越来越复杂。这种趋势主要表现在两个方面。

1. 从不齐全到齐全

一岁半以前,儿童还没有想象活动,也谈不上人类特有的思维。直到两岁,儿童的认知过程才全部产生。

2. 从笼统到分化

对于刚出生的孩子,触碰其身体的某个部位他都会全身紧张(一种笼统的反应);后来,他会逐渐对各种触碰产生分化反应,比如,只有东西触碰嘴唇时,他才会做出吸吮反应(之前是对触碰到脸颊的东西都会做出吸吮动作)。情绪的发展也是从最初的兴奋不断分化的过程(详见情绪发展)。

(二) 从被动到主动

儿童的身心活动最初都是被动的,主动性是逐渐发展起来的。如最初的活动都是被动的无条件反射(生来就会的反射如眨眼、吸吮、抓握),而后才逐渐建立起一系列的条件反射(后天习得的反射如喂奶姿势反射)和主动探索活动(伸手抓取玩具)。这种趋势也表现在两个方面。

1. 从无意向有意发展

无论是动作还是心理活动,最初都是无意的,直接受外部刺激的支配。无条件反射即对外界刺激的直接反应。而后,出现了有方向的活动(如视觉追踪、伸手够物),但还没有明确的目的,后来才出现了有意活动,如有意注意、有意记忆等。

2. 心理活动从主要受生理调节发展到有意识地主动调节

几个月以内的孩子,其快乐和不安,主要取决于生理上的需要是否得到满足;两三岁儿童的注意力不集中,坚持性不强,主要是生理上不成熟所致。随着儿童生理的成熟,生理因素对心理活动的制约和局限作用渐渐减少,心理活动的主动性渐渐增强。

(三) 从具体到抽象

儿童的心理活动最初是非常具体的,以后越来越概括化。如思维的发展就是从具体形象思维发展到抽象逻辑思维的。

(四) 从零乱到成体系

儿童心理活动最初是零散混乱的,各部分之间缺乏有机联系,而且容易变化。随着心理活动各个方面逐渐齐全,各部分之间的相互作用加强,才形成了体系,具有了系统性。如儿童最初是没有自己稳定的个性特征的,5~6岁时儿童的个性才初具雏形,个性要到成熟期才能稳定。

三、学前儿童发展的规律

学前期是儿童发展的初期,充分体现了儿童发展的内在规律。

(一) 发展的高速性

个体发展的基本规律是先快后慢。学前儿童的发展,与其他年龄阶段儿童的发展比,无论是生理还是心理都具有高速的特征。

观察孩子日常生活中的变化,1岁前的孩子几乎是一周一个样,3岁前儿童是一月一个样,3~6岁儿童则是一年一个样。

(二) 发展的顺序性

儿童发展不仅具有方向性,即从低级向高级、从简单到复杂的发展,还具有不可逾越和不可逆转的顺序性。顺序性是指人的身心发展是一个由低级到高级、由简单到复杂、由量变到质变的连续不断的发展过程。例如,儿童身体发育遵循着自上而下的顺序,动作发展的头尾律、近远律和大小律也显示了顺序性特征。在正常条件下,心理现象的发生按顺序出现,心理发展的阶段也按顺序出现。

从事教育工作要遵循这种顺序性,循序渐进地促进人的发展,做到学不躐等、不陵节而施、不揠苗助长。

(三)发展的不平衡性

发展的不平衡性主要就同一儿童而言,具体体现在不同年龄阶段发展速度不均衡,同一时间身心各方面的发展水平不均衡。根据个体身心发展的不平衡性,教育教学要抓住关键期,以求在最短的时间内取得最佳的效果。

(四)发展的个体差异性

发展的个体差异性是指每个儿童身心发展的内容、表现形式和水平都具有独特之处。人的身心发展存在着个体差异是由人的先天素质、环境和教育,以及自身的主观能动性的不同所决定的。根据发展的个体差异性规律,教育必须因材施教。

(五)发展的连续性和阶段性

儿童发展的全过程是一个由量变到质变、由低级到高级的连续不断的发展过程。后一阶段的发展总是在前一阶段的基础上发生的,而且又萌发着下一阶段的新特征,表现出心理发展的连续性。

儿童发展时刻都在发生量的变化,量的变化积累到一定程度就会发生"质变",表现出某种典型特征,即呈现阶段性。儿童发展的连续性和阶段性是辩证统一的。在连续发展过程中的重大质变,构成了发展的阶段性,阶段特征之间的交叉又体现了发展的连续性。

个体身心发展的阶段性规律,决定了教育工作必须根据不同年龄阶段的特点分阶段进行。不能搞"一刀切""一锅煮"。

【典型例题】由于入园有一定的年龄要求,所以一般情况下幼儿园一个班的孩子年龄相差在半岁左右。小班的孩子,有的发音清晰、准确,能清楚地向教师表达自己的要求,有的则吐字不清,还不能清楚地说出自己的愿望。这是儿童发展(　　)规律的体现。

A. 方向性　　　　B. 顺序性　　　　C. 阶段性　　　　D. 个体差异性

【解析】方向性是指儿童发展是从低级向高级、从简单到复杂的发展;顺序性指儿童身心发展的各个方面是按一定顺序发展的;阶段性指各年龄段的儿童都会表现出一些典型的特征,在发展的连续性基础上显示出一定的阶段性;个体差异性则指每个儿童身心各个方面的发展都具有独特之处。

【答案】D

四、阶段划分

儿童发展的阶段划分与年龄密切相关。根据儿童发展的年龄特征可将学前儿童的发展期划分为如下几个阶段,见表 1-1-1。

表 1-1-1　学前儿童的发展阶段

阶段	年龄分期	发展重点
乳儿期	0~1岁	感知觉与动作发展
婴儿期	1~3岁	言语的发生与动作发展
幼儿期	3~6岁	认知与社会性的发展

儿童从出生到满周岁以母乳喂养为主,因此这一年被称为乳儿期。由于出生第一年的发展变化非常快,因此往往又将这一年划分为三个阶段,即出生到满月(被称为新生儿时期)、满月到半岁、半岁到周岁。1~3岁又称为先学前期,3~6岁即狭义上的学前期。

笔记栏

第二节 学前儿童的年龄特征

儿童发展的阶段以年龄为标志,年龄特征代表同一年龄阶段的儿童所表现出来的典型特征。儿童的年龄特征包括生理特征和心理特征。儿童发展的年龄特征即儿童在每个年龄阶段形成并表现出来的一般的、典型的、本质的身心特征。

一、年龄特征的表现

(一)儿童发展的稳定性与可变性

一般来说,儿童发展的年龄特征具有一定的稳定性,即阶段的顺序性。每个阶段发展的过程和速度大体都是稳定的、共同的。

由于社会和教育条件的不同,儿童发展的情况有各种差别,构成了年龄特征的可变性。在不同时期、不同文化背景下,儿童发展的内容、过程和速度,甚至达到的水平在一定范围内会有所不同,表现出年龄特征的可变性。

(二)儿童发展的转折期

一般说来,儿童发展是渐进的,但也有一些时期,儿童发展会出现飞跃式的变化。在短时期内,发展变化非常明显,特别是心理发展的矛盾高度激化。这种情况往往发生在两个阶段之间的转折时期,为此这样的时期被称为儿童发展的转折期。由于这个时期矛盾激化,儿童往往出现一些否定性行为,因此这一时期也称为危机期。例如,2~3岁的儿童,由于自我意识的产生,开始凡事要"自己来",但其能力又不能支持他的愿望。成人出于安全考虑,不能简单地随儿童的意,于是出现了心理发展的矛盾,从而表现出各种反抗行为或执拗现象,如不顺从成人的指令。

(三)儿童发展的敏感期

研究表明,在儿童发展过程中存在着发展的敏感期(也称最佳期、关键期)。敏感期指某个时期儿童学习某种知识和行为比较容易,儿童心理某个方面发展最为迅速,错过这个时期则学习比较困难,发展比较缓慢。从儿童心理发展过程来说,学前期是心理发展的敏感期。2~4岁是语音学习的敏感期;5~5.5岁是掌握数概念的敏感期;4岁前是智力发展最迅速的时期;4~5岁是坚持性发展最迅速的时期。

【典型真题】某一时期,儿童学习某种知识和形成某种能力比较容易,心理某个方面的发展最为迅速,儿童心理发展的这个时期被称为(   )。

A. 反抗期　　　　B. 敏感期　　　　C. 转折期　　　　D. 危机期

【解析】在儿童心理发展的敏感期,儿童学习某种知识和形成某种能力比较容易,心理某个方面的发展最为迅速,故选 B 项。

【答案】B

二、不同年龄阶段的特征

(一)出生到满月

1. 适应新生活

胎儿的生活环境是非常安全和舒适的,胎儿通过胎盘获得养料,呼吸和排泄在母体内进行。出生以后,环境发生质的变化,新生儿必须独立地进行维持生命的活动。

2. 依靠无条件反射

新生儿主要依靠无条件反射适应外界环境的刺激。无条件反射亦称非条件反射,是外界刺激与有机体反应之间与生俱来的固定神经联系。无条件反射有十几种,新生儿用于维持生命的无条件反射主要有吸吮反射(乳头、手指或其他物体碰到嘴唇,新生儿立即做出吸吮的动作)、觅食反射(乳头等物体只是碰到了新生儿的脸颊,他也会立即把头转向物体,张嘴做吃奶动作)、眨眼反射(物体或气流刺激眼毛、眼角或眼皮时立即眨眼)、抓握反射(物体触及掌心,新生儿立即把它紧紧握住)和怀抱反射(新生儿被抱起时,他会立即紧紧地靠贴成人)。

3. 条件反射出现和心理发生

条件反射是指在一定条件下,外界刺激与有机体反应之间建立起来的暂时神经联系。条件反射建立在无条件反射的基础上,是后天习得的反射。条件反射既是生理活动又是心理活动。条件反射的形成意味着心理的发生。一般情况下,大多数新生儿在出生后母亲喂奶3~9天就能建立起喂奶姿势条件反射,即每当母亲以喂奶姿势抱起新生儿时,新生儿会立即将头转向母亲怀抱寻找乳头。

4. 开始认识世界和人际交往

新生儿最初对世界的认识,突出表现在视觉与听觉的集中上。出生后2~3周出现明显的视觉与听觉集中。新生儿对某些东西集中注意,而对另外一些东西不去注意,说明他对外界刺激的反应开始有了选择性。选择性反应是人的心理对客观世界能动反应的最初、最原始的表现。出生第一个月的婴儿,在吃奶时眼睛不时地看看母亲,好像在和母亲进行"眼睛对话",这表明新生儿具有了人际交往的需要,开始了最初的人际交往。

(二) 满月到半岁

1. 主要依靠视觉和听觉认知世界

视觉和听觉在这个时期快速发展,3个月的婴儿已经能够用视线追踪移动的物体,实现视觉追踪。4个月的婴儿已经能够分辨不同人的声音,对妈妈的声音做出愉快反应。半岁前,婴儿主要依靠视觉和听觉认知世界。

2. 开始主动探索世界

儿童最初建立的条件反射,主要以无条件食物反射和防御反射为基础。随着定向反射(头转向声源)的出现,以此为基础建立的条件反射越来越多,这意味着婴儿开始了对世界的主动探索。

3. 手眼协调动作发生

手眼协调动作,是指眼和手的动作能够配合,手的动作能够和视线一致,按照视线指引去抓住所看见的东西。

手眼协调动作不是突然出现的,要经历动作混乱(如手的胡乱摆动)、无意抚摸(当手偶然碰到物体时,只会沿物体边缘移动)、无意抓握(会抓住被手碰到的物体——抓握反射的发展)、手眼不协调的抓握(看到挂在眼前的物体会伸手去抓,但不能准确达到目标)和手眼协调动作出现五个阶段。4~5个月以后,婴儿就能够按照视线指引去抓住所看见的物体了。

4. 开始认生

5~6个月的儿童开始认生,即看到陌生人会大哭或躲避。认生意味着能够区分熟人和陌生人,能够记住不同人的脸,这标志着婴儿感知辨别能力和记忆能力的发展。

(三) 半岁到周岁

1. 身体动作迅速发展

遵从动作发展的规律,半岁前婴儿学会了抬头和翻身,半岁后的孩子开始坐、爬、站、走。1岁儿童能够直接接触更多的事物。

2. 手的动作开始形成

3~4个月的儿童抓东西还是满把抓,即拇指和其余四指还不能对握。满周岁后,儿童已经能够双手配合摆弄物体、敲敲打打地玩玩具了。

3. 语言开始萌芽

半岁以后,儿童开始发出各种声音。9~10个月以后,儿童已经能够听懂一些词,能按成人的话去做一些动作。1岁左右,儿童开始学习一些词,能够把发出的语音和词所代表的对象结合起来。

4. 依恋关系日益发展

5~6个月儿童开始认生,标志着亲子间的依恋关系开始形成。随着动作和前语言的发展,亲子交往日益密切,母婴情感联系即亲子依恋会日益加强,突出表现为婴儿的分离焦虑日益明显。

(四) 1~3岁先学前期(也叫婴儿期)

1. 学会直立行走

满周岁时,儿童开始迈步,但还走不稳。1~2岁儿童独立行走还不自如,直到3岁,由于脊柱弯曲的形成和平衡能力的增强,儿童才能完全自如、平稳、协调地行走,同时开始学会跑、跳、踢等身体动作。

2. 开始使用工具

一岁半左右的儿童已经不再把手里的东西都拿来敲敲打打或单纯摆弄,而是逐渐能够根据物体的特性来使用,这标志着工具使用的开始。两岁半以后,儿童能够自己用小毛巾洗脸、拿起笔来画画了。

3. 语言和表象思维形成

一岁半以后,儿童开始说话,单词量快速增加,到了3岁,能够初步用语言表达自己的意愿。这个阶段,儿童的表象(头脑中的形象)也发展起来。特别是1.5~2岁时,当事物不在眼前时,儿童头脑中也能够出现该事物的形象。

4. 出现独立性

2岁以后随着自我意识的产生,儿童表现出明显的独立性,如不再顺从成人的指令,凡事都要"我自己"来。外出走路不愿被妈妈领着走,而是要自己走,喜欢蹦蹦跳跳,喜欢走在路边道牙上。独立性的出现是儿童心理发展上非常重要的一步,也是儿童心理发展成就的集中表现。

(五) 3~4岁(小班儿童)

1. 生活范围扩大

随着各种粗大动作如走、跑、跳的发展和基本精细动作的自如使用,同时由于语言的形成和发展,幼儿能够向别人表达自己的想法和要求,能够与他人交往,过集体生活了。3~4岁儿童的生活环境从家庭扩展到了幼儿园,生活范围得到扩大。

生活范围的扩大引起了儿童心理上的各种变化,促进儿童的认知、社会性的迅速发展。

2. 认知依靠行动

3~4岁儿童的认知活动依然依靠动作和行动进行,表现出先做后想的特点。无论是游戏还是画画,都还不能想好了再做,而是无意中拼搭出了某种形状或画出了某种形状后,再根据形状命名。讲述故事时也必须以成人形象的动作表演做支持才能被他人理解。

3. 情绪作用大

整个学前期,情绪在儿童心理活动中的作用都比较大,3~4岁儿童表现得尤其突出。例如,这个年龄段的孩子容易为一些微不足道的事哭泣,对其讲道理往往作用不大。对其描述有趣的事情、用温和亲切的声调与其交流或者拥抱他们,才能使其平静下来。

小班幼儿依恋情绪依然强烈,在家恋父母,在园恋教师。在集体活动中,他们喜欢围在教师身旁,愿意接近教师,听教师的话。

4. 爱模仿

3岁前儿童已经会模仿,但受能力限制,模仿的对象较少。上幼儿园以后,随着模仿对象增多,3~4岁儿童的模仿特性表现得尤为突出。比如看见小朋友在玩球,自己也要玩球;看见别人玩小汽车,自己也要玩小汽车。因此,在幼儿园小班,同样的玩具要足够多才好。

(六) 4~5岁(中班儿童)

1. 活泼好动

正常儿童都是好动的。如果坐着,幼儿就会不停地变换姿势和活动方式,喜欢做小动作。他们总是不停地看、听、摸,见到新鲜的东西总是要伸手去拿或摸,甚至放到嘴里咬一咬、尝一尝。中班幼儿尤其好动,他们一方面不像小班幼儿那么听话、顺从教师;另一方面由于能力所限,不像大班幼儿那样能安静地开展一些动脑的活动。

2. 思维具体形象

具体形象性是幼儿思维的特点,中班时期最典型。小班幼儿主要依靠行动思维,中班则要依靠表象——头脑中的形象进行思维活动。比如中班幼儿数数,虽然他们可以不用手指点数,但在头脑中必须有物体的形象(点数是在头脑中进行的)。具体形象性的特点也表现在记忆、语言活动中,如中班幼儿的记忆以形象记忆为主,语言以情境性语言为主。

3. 开始能够接受任务

对小班布置任务,一般需要结合他们的兴趣。严格地说,小班儿童还不能理智地按任务的要求行动。中班学前儿童开始能够接受严肃任务,幼儿园的值日活动就是从中班开始的。4岁以后的学前儿童之所以能接受任务,和他们思维的概括性和心理活动有意性的发展有密切关系。4~5岁学前儿童能初步遵守一些日常生活中的基本规则。例如,知道在活动室不能大喊大叫,不乱扔东西。4岁以后的儿童出现最初的责任感。

4. 开始自己组织游戏

4岁左右是学前儿童游戏蓬勃发展的年龄段,这个年龄段的学前儿童已经能够理解和遵守游戏规则,不但爱玩而且会玩,他们能够自己组织游戏,自己确定游戏主题。

中班学前儿童在游戏中逐渐结成了同龄人的伙伴关系。4~5岁开始,学前儿童的人际关系发生了重大变化,同伴关系开始冲破亲子关系和师生关系的优势,从主要是和成人的关系,开始向同龄人关系过渡。

(七) 5~6岁(大班儿童)

1. 好学好问

儿童都很好奇,但5岁以前的好奇只是对新鲜事物的好奇,5岁以后则要追根问底,凡事问个"为什么"。这标志着智力活动开始战胜身体动作活动,求知欲和认识兴趣开始发展。

大班幼儿不仅喜欢问"为什么",还喜欢自己动手探个究竟。因此,大班幼儿很喜欢"搞破坏",对各种物品或玩具都想拆开来研究一番。这是幼儿求知欲的表现,因此成人不要阻止,应该引导其合理探究。

2. 抽象能力明显萌发

大班幼儿的思维仍是具体的,但明显地出现抽象逻辑思维的萌芽。例如,大班幼儿已经能够根据实物的性质分类,能够掌握数概念。

3. 开始掌握认知方法

所谓认知方法,就是指各种认知活动的操作流程或方式,如按空间顺序观察即观察的方法之一。大班幼儿由于有意性的增强,已经能够有意地自觉控制和调节自己的心理活动了,因此能够开始掌握认知方法。例如,大班幼儿能够通过双手放背后的方法集中注意力于教师的讲述;能够通过分类的方法进行有效记忆等。

4. 个性初具雏形

虽然婴儿出生后就表现出了自己的气质特点,但由于心理活动的各方面还不齐全,各部分之间的联系还未形成,所以谈论个性为时尚早。

2岁以后,儿童心理过程的各方面全部产生,但心理各部分之间的联系还在建立之中。直到5~6岁,儿童心理活动的联系才逐渐紧密起来,心理活动的主要方面出现初步的稳定性。如大班幼儿已经表现出相对稳定的兴趣,情绪也不再那么容易变化,心理活动已经开始形成系统,个性初具雏形。

不过,幼儿期所形成的只是个性的雏形,其稳定性不强,可塑性还相当大,个性的培养依然任重道远。

【典型真题】婴幼儿的"认生"现象通常出现在（　　）。
A. 3~6个月　　　B. 6~12个月　　　C. 1~2岁　　　D. 2~3岁

【解析】"认生"（怯生）是指儿童对不熟悉的人表现出的一种害怕的反应。3~6个月的婴儿对母亲和他所熟悉的人的反应与见到陌生人的反应有了区别。具体来说,小于3个月的婴儿还不会认生。4~5个月时,他们对陌生人会出现"警惕地注意"现象。5~6个月时,在陌生人面前婴儿会出现较明显的严肃、紧张的神态。

【答案】A

【典型例题1】常常破涕为笑,情绪变化像夏日的天气说变就变,这是（　　）幼儿的年龄特征。
A. 托班　　　B. 小班　　　C. 中班　　　D. 大班

【解析】本题考查的知识点是各年龄段幼儿典型的年龄特征。小班幼儿的典型特征是情绪波动大,很容易为一些小事而哭泣,且情绪具有冲动性。因此正确答案是小班。

【答案】B

【典型例题2】"打破砂锅问到底"是（　　）幼儿的典型特征。
A. 托班　　　B. 小班　　　C. 中班　　　D. 大班

【解析】本题考查的知识点是各年龄段幼儿典型的年龄特征。好学好问是大班幼儿的年龄特征。

【答案】D

第三节　学前儿童发展的影响因素

影响学前儿童发展的因素是复杂多样的。根据辩证唯物主义的观点,可将影响学前儿童发展的因素分为客观因素和主观因素。客观因素主要指儿童发展必不可少的外在条件,主观因素指儿童本身已经具备的特点。主客观因素相互作用,促进儿童的发展。各因素之间的关系见图1-1-1。

客观因素包括生物因素和社会因素两个方面。在儿童发展中,起重要作用的生物因素主要有遗传因素和生理成熟度;环境和教育是影响儿童发展的最重要的社会因素。

客观因素是儿童发展的外部条件,主观因素才

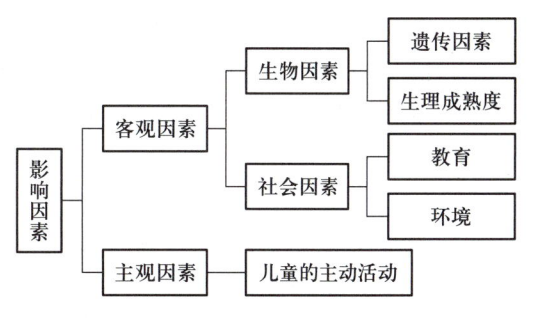

图1-1-1　儿童发展各影响因素的关系

是儿童发展的根本动力。主客观因素只有通过实践活动才能相互作用,促进儿童发展。

一、遗传因素

遗传因素是指儿童从父母那里继承下来的,生来就有的生理解剖特点,如机体的构造、形态、感官和神经系统的特征等。遗传对儿童发展的具体作用体现在两个方面。

一是提供人类心理发展的最基本的自然物质前提。例如患唐氏综合征的人的智力障碍往往难以克服,先天性色盲儿童是很难成长为画家的。二是奠定儿童心理发展个别差异的最初基础。双生子研究和收养研究表明,遗传因素对儿童心理发展不同方面的影响是不完全相同的。一般认为特殊能力的发展受遗传的影响大一些,如音乐素养、运动能力、绘画能力等。智力的发展也较多地受遗传因素影响。双生子研究发现,同卵双生子的智商相关系数高达0.75~0.87,而一起长大的非孪生兄弟姐妹的智商相关系数只有0.49。遗传因素在一定程度上也影响个性的形成,因为高级神经活动类型奠定了儿童的气质类型基础,而气质为性格和智力品质的形成和发展染上了一层底色,使其容易向某个方向发展。

二、生理成熟度

生理成熟度指机体生长发育的程度或水平,主要依赖于机体族类的成长程序,有一定的规律性。成熟对儿童心理发展的具体作用是使心理活动的出现或发展处于准备状态。若在某种生理结构或机能达到一定成熟度时适时地给予适当刺激,就会使相应的心理活动有效地出现或发展。如果机体尚未成熟就给予某种刺激,则难以取得预期的效果。

儿童生长发育的顺序、感觉系统发展的顺序以及动作发展的顺序都是由生理成熟的机制决定的。儿童学习走路和说话的时间也是由生理成熟度决定的,不可随意提早训练,否则就会揠苗助长,适得其反。因此教育顺应儿童发展的阶段性而具有阶段性。对应儿童发展的阶段,教育被分为幼儿教育(3~6岁)、初等教育(6或7岁至11或12岁)、中等教育(11或12岁至17或18岁)和高等教育(18~22岁)。

三、社会因素

儿童周围的客观世界即儿童所处的环境。自然环境提供了儿童生存所需要的基本物质条件。社会环境是影响儿童发展的主要外部因素之一。

社会环境即人类生活的环境,指儿童的社会生活条件,包括社会的政治经济条件和儿童所处的社会地位、家庭经济状况、周围的社会风气等。

根据美国心理学家布朗芬·布伦纳的人类发展生态学观点,影响儿童发展的环境可以分为微观系统、中观系统、外层系统和宏观系统。家庭和学校是影响儿童发展的微观系统,也是直接影响因素。社会的政治经济和文化只有通过社区和社会机构的中介作用才能影响到儿童的发展。因此家庭和学校担负的教育职责是社会环境中对儿童发展具有决定性作用的因素。

1. 社会环境使遗传所提供的心理发展的可能性变为现实

人的后代如果不生活在社会环境里,则虽然遗传了人的素质,但依然不能发展出人的心理特征。例如印度狼孩卡玛拉,由于她们生活在狼群里,被发现时只能像狼一样爬行和嚎叫。回到人类社会后,由于错过了发展的关键期,狼孩依然不能学会人类的语言和基本的智力活动。

2. 社会生活条件和教育是制约儿童心理发展水平和方向的最重要因素

遗传因素和生理成熟度只是为儿童的发展提供了可能性和准备,儿童发展达到的水平和倾向则受制于儿童所处时代的生产力发展水平和教育条件。因此,不同时代、不同国家、不同地区的同年龄儿童的智能水平具有一定的差异。

由于生活条件、文化氛围和教育条件不同,家庭是形成儿童个体差异的最重要条件。例如,收养研究显示,同卵双生子出生后被抚养于不同家庭,其长大后的智力水平和个性特征有较大差异,特别是那些在孤儿院长大的孩子,其智商低于家庭抚养的儿童。所以民间有"家庭是性格的加工厂"之说。

3. 遗传与环境的关系

在发展心理学的研究历史中历来有遗传与环境之争。其实遗传与环境是相互制约的,具体表现在环境影响遗传物质因素的变化和生理成熟度,遗传因素及以后的生理发展制约着环境对儿童心理的影响,例如儿童的面貌特征和活泼度影响成人的教养态度。

客观因素只是影响儿童发展的条件,其中遗传因素和生理成熟度是生物因素,环境和教育是社会因素。发展的条件不是发展的根本原因。社会因素,特别是教育,是客观因素中起决定性作用的因素,但其决定性作用只能通过儿童发展的主观因素来实现。

▶ 四、主观因素

学前儿童并不是消极被动地接受外部环境和教育的影响,而是通过自身的活动积极地、能动地反映外部环境,即学前儿童心理具有主观能动性。随着年龄的增长,儿童的主观能动性越来越大。学前儿童的主观能动性是其身心发展的根本动力。

儿童心理的发展离不开活动,活动是儿童心理发展的必要条件。学前儿童的活动主要包括对物的操作活动和与人的交往活动,以及兼而有之的如游戏等活动。儿童心理是在活动中产生、发展并表现出来的,儿童的心理内部矛盾是在活动中产生并转化的,游戏是最适合学前儿童心理发展的活动。

【典型真题1】导致"狼孩"心理发展滞后的主要因素是(　　)。

A. 遗传有缺陷　　B. 生理成熟迟滞　C. 自然环境恶劣　　D. 社会环境缺乏

【解析】狼孩因为社会环境缺乏,所以心理发展滞后。

【答案】D

【典型真题2】"孟母三迁"的故事说明,影响个体的重要因素是(　　)。

A. 环境　　　　　B. 母亲　　　　　C. 邻居　　　　　D. 成熟

【解析】在这道题的选项中,邻居和母亲都是环境的构成要素。如果知道"孟母三迁"的故事,就会排除选项D。环境是影响儿童发展的重要因素。

【答案】A

【典型真题3】生活在不同环境中的同卵双胞胎的智商测试分数很接近,这说明(　　)。

A. 遗传和后天环境对儿童的影响是平行的

B. 后天环境对智商的影响较大

C. 遗传对智商的影响较大

D. 遗传和后天环境对智商的影响相当

【解析】遗传提供发展人类心理的最基本的自然物质前提,题干中的同卵双胞胎虽然生活的环境不一样,但是智商测试分数很接近,说明遗传对智商的影响较大。

【答案】C

笔记栏

第四节 学前儿童发展的理论流派

在对学前儿童发展进行研究的历史进程中,对于发展的本质、影响儿童发展的因素等,不同的研究者持有不同的观点,为此形成了不同的儿童发展的理论流派。

一、成熟势力说

(一) 代表人物

成熟势力说的代表人物是格塞尔。格塞尔是美国著名的儿童心理学家,提出了心理发展的成熟势力说,研制了格塞尔发展顺序量表。

(二) 基本观点

1. 发展的本质

格塞尔认为儿童的生理和心理发展,都是按基因规定的顺序有规则有秩序地进行的。基因决定了发展的时间顺序表。

2. 影响发展的因素

格塞尔认为支配儿童心理发展的因素有两个,即成熟与学习。成熟是发展的重要条件,决定个体发展的方向和模式,是推动儿童发展的主要动力。学习只是对发展起一种促进作用。儿童在成熟之前处于学习的准备状态,只有准备好了,学习才能发生。

格塞尔著名的双生子爬梯实验说明,没有足够的成熟度就没有真正的发展。

双生子 T 和 C 在不同年龄开始学习爬楼梯。先让 T 在出生第 48 周起开始接受爬楼梯训练,每日练习 10 分钟,连续 6 周;而 C 则在出生后第 53 周才开始学习,C 仅训练了 2 周,就赶上了 T 的水平。

这个实验说明,提前学习对孩子并没有多大作用,因为他们的生理成熟度还没有达到所需要的水平。技能的学习在某种程度上依赖于儿童生理的成熟水平。儿童的心理发展依赖于儿童大脑与神经系统的成熟程度。脑的成熟度是儿童心理发展最直接的自然物质基础。脑的结构和机能的成熟度对儿童心理的发展有重大的制约作用。

格塞尔的观点突出了成熟机制对于儿童发展的重要性,但也过分夸大了生理成熟的作用。

(三) 教育启示

教育应该顺应儿童的生理成熟顺序,尊重儿童的实际水平,在儿童生理准备好了的前提下实施训练才有价值,防止揠苗助长或急功近利。成人应该将注意力更多地放在欣赏儿童和陪伴儿童发展上,而非仅仅是促进其发展。

二、精神分析学说

(一) 代表人物

精神分析学说又分为经典精神分析学说和新精神分析学说。前者的代表人物是弗洛伊德,后者的代表人物是埃里克森。西格蒙德·弗洛伊德是奥地利著名的精神病学家,精神分析理论的创始人。埃里克森是美国著名的精神分析医生,是自我发展理论的代表人物。

(二) 弗洛伊德的基本观点

1. 人格结构

弗洛伊德认为心理活动的内容包括意识、前意识和无意识三部分,前意识和无意识又合称为潜意识。意识是人能够觉察到的心理活动内容,而潜意识是不能觉察的,只有通过特殊的方法方能被人觉知,这种方法即精神分析。相应地,弗洛伊德认为人格有三个层次,分别是本我、自我和超我。本我由原始的本能力量组成,包括人类本能的性驱力和被压抑的习惯倾向等。自我是由本我发展而来的,它的一部分位于意识中,另一部分处在潜意识当中。超我由自我分化而来,是理想化的自我。超我在五岁左右开始发展,包括自我理想和良心两部分,分别掌管奖励与惩罚。自我理想是儿童因奖励而内化了的经验,当他们再次产生或想要产生这种行为时就会感到骄傲和自豪;良心是儿童因惩罚而内化了的经验,当他们再次产生或想要产生这些行为时就会感到内疚或羞愧。本我的活动遵循快乐原则,自我的活动遵循现实原则,超我的活动遵循道德原则。

弗洛伊德认为存在于潜意识中的性本能是人的心理的基本动力。性不仅包括两性关系,还包括由吸吮、排泄和身体某些部位受刺激而产生的快感。性的能力被弗洛伊德称为力比多。力比多既可以直接表现为性欲望,也可以被压抑而转化为艺术、科学、哲学等高级文化活动的动力。

2. 心理发展阶段

根据力比多引起兴奋的身体部位的不同,弗洛伊德将儿童发展划分为五个阶段,分别是口唇期(0~1岁)、肛门期(1~3岁)、性器期(3~5岁)、潜伏期(5~12岁)、生殖期(12岁以后)。

在口唇期,力比多满足的身体部位是口唇,快感主要来自吸吮、吞咽和撕咬等活动。这个时期,需要满足婴儿吮吸乳房和奶瓶的行为。如果婴儿口腔的需要未能得到适当满足,将来可能形成诸如吮吸手指、咬手指甲、暴食和成年以后抽烟的习惯。

在肛门期,力比多的兴奋部位在肛门,快感来自各种排泄活动。在这个阶段,儿童受到大小便训练,儿童要学会控制排泄以符合社会的要求。这时,父母要注意对儿童大小便训练的适宜性,过早或过迟、过严或过于宽松都不利于儿童人格的发展,否则成年后可能会形成洁癖、强迫或肮脏、浪费等特征。

在性器期,快感区是生殖器,快感来自抚摸生殖器。这个阶段的儿童依恋异性父母,即男孩产生恋母情结,女孩产生恋父情结。为此儿童发展的一项重要任务是认同和自己相同性别的父母,男孩开始学习男性特征,女孩学习女性特征,这种认同作用促进了超我的发展,否则将影响儿童成年后与异性的关系。

弗洛伊德认为成人人格的基本组成部分在前三个发展阶段已基本形成,所以儿童的早年环境、早期经历对其成年后的人格形成起着重要的作用,许多成人的变态心理、心理冲突都可追溯到早年的创伤性经历和压抑的情结。

(三)埃里克森的基本观点

1. 人格发展的影响因素

由于弗洛伊德过于强调性本能的作用和早期创伤性经验对人格发展的影响,故对人格发展持悲观态度。埃里克森则看到了社会环境在人格发展中的作用,强调自我的适应性功能。

他认为在人的心理发展中,自我和社会环境是相互作用的,人格在生物的、心理的和社会的三方面因素的相互作用中逐渐形成。人格发展是一个连续的、渐进的过程。儿童的自我认同是人格发展的根源所在。

2. 人格发展阶段

埃里克森认为,人格发展是一个逐渐形成的过程,必须经历八个顺序不变的阶段,其中前五个阶段属于儿童成长和接受教育的时期,前五个阶段见表1-1-2,每一个阶段都有一个发展危机(也称发展冲突)。成功而合理地解决每个阶段的危机或冲突将使个体形成积极的人格特征和健全的人格。

表 1-1-2 埃里克森的人格发展阶段

年龄	发展危机	发展任务	品质
0~1.5 岁	基本信任感对基本不信任感	培养信任感	希望
1.5~3 岁	自主感对羞耻感	培养自主性	意志
3~6 岁	主动感对内疚感	培养主动性	目的
6~12 岁	勤奋感对自卑感	培养勤奋感	能力
12~18 岁	自我同一性对角色混乱	培养自我同一性	忠诚

（1）基本信任感对基本不信任感（0~1.5 岁）。

本阶段的发展任务是发展对周围世界，尤其是对社会环境的基本态度，培养信任感，克服不信任感，体验着希望的实现。如果父母或照料者给予婴儿适当的、稳定的与不间断的关切、照顾、哺育和抚摸，婴儿就会对父母产生一种信任感，认为这个世界是安全而可信赖的地方。这种对人、对环境的基本信任感是形成健康个性品质的基础，是以后各个时期发展的基础，尤其是青年时期发展起来的同一性的基础。

（2）自主感对羞耻感（1.5~3 岁）。

本阶段的发展任务是培养自主性，克服羞怯与怀疑，体验着意志的实现。儿童初步尝试独立处理事情，如果父母允许幼儿去做他们力所能及的事，满足幼儿独立探索的欲望，幼儿就会逐渐认识自己的能力，养成主动、自主的性格；反之，父母过分溺爱、保护或过分批评指责，就可能使儿童怀疑自己对自我和环境的控制能力，产生羞耻感。

（3）主动感对内疚感（3~6 岁）。

本阶段的发展任务是培养主动性，克服内疚感，体验着目的的实现。儿童喜欢尝试探索环境，承担并学习掌握新的任务。此时，如果父母或教师对儿童的建议给予适当鼓励或妥善处理，则不仅发展了儿童的主动性，还能培养其明辨是非的道德感；反之，如果父母对儿童的问题感到不耐烦或嘲笑儿童的活动，儿童就会产生内疚感。

（4）勤奋感对自卑感（6~11 岁）。

本阶段的发展任务是培养勤奋感，克服自卑感，体验着能力的实现。如果由于学习方法不当或努力不够而多次遭受挫折或其成就受到漠视，儿童容易形成自卑感。本阶段影响儿童活动的主要因素已由父母转向同伴、学校和其他社会机构，教师在培养儿童勤奋感方面具有特殊作用。敏感、有耐心、富于指导经验的教师有可能使具有自卑感的学生重新获得勤奋感。

（5）自我同一性对角色混乱（12~18 岁）。

本阶段的发展任务是培养自我同一性，防止角色混乱，体验着忠诚的实现。自我同一性是指个体组织自己的动机、能力、信仰及活动经验而形成的有关自我的一致性形象。如果青少年不能整合这些方面和各种选择，或者根本无法在其中进行选择，就会导致角色混乱。

其他三个阶段分别为：亲密感对孤独感（成年早期）、繁殖感对停滞感（成年中期）、自我整合对绝望感（成年晚期）。

（四）埃里克森观点的启示

埃里克森重视社会环境的作用，也对人格的发展持乐观态度。他的理论对每一个人格发展阶段的养育都给出了建议，基本原则是养育者满足儿童需求的方式方法要适宜，对儿童的要求要适中。

【典型真题】根据埃里克森的心理社会发展理论,1.5~3岁儿童形成的人格品质是(　　)。
A. 信任感　　　　B. 主动性　　　　C. 自主性　　　　D. 自我同一性

【解析】根据埃里克森的人格发展阶段论,幼儿在1.5~3岁,主要是自主感对羞耻感,儿童必须学习自主,自己吃饭、穿衣及注意自己的个人卫生等。儿童若无法独立,可能会怀疑自己的能力,并觉得羞耻。父母是主要的社会化代理人。

【答案】C

三、行为主义

(一) 代表人物

行为主义也是心理学中最重要的理论流派之一,和精神分析学说一样,行为主义在发展过程中也不断修正其观点,形成了经典/新行为主义两个分支。经典行为主义的代表人物是华生,新行为主义的代表人物是斯金纳和班杜拉。

(二) 华生的基本观点

华生认为一切行为都是刺激(S)—反应(R)的学习过程。他坚信儿童没有任何先天倾向,他们要发展成什么样子完全取决于他们所处的养育环境,取决于父母和其他重要人物对待他们的方式。

华生否认遗传的作用,虽承认机体在构造上的差异来自遗传,但他认为,构造上的遗传并不能导致机能上的遗传。

(三) 斯金纳的基本观点

斯金纳认为,人和动物的行为有两种:应答性行为和操作性行为。应答性行为是由特定刺激所引起的,是不随意的反射性反应;而操作性行为则不与任何特定刺激相联系,是有机体自发做出的随意反应。经典性条件反射理论可以解释应答性行为的产生,而斯金纳的操作性条件反射论可以解释操作性行为的产生。

操作性条件反射作用的基本规律有:强化、消退、惩罚。

1. 强化

强化是采用适当的强化物而使机体反应频率、强度和速度增加的过程。

强化有正强化(实施奖励)与负强化(撤销惩罚)之分,又称为积极强化和消极强化。

(1) 正强化

正强化是通过呈现个体想要的愉快刺激来增强反应频率。

有机体自发做出某种反应,得到正强化物,那么此类反应发生的概率增加。正强化在塑造行为中具有重要的作用。

(2) 负强化

负强化是通过消除或中止厌恶、不愉快刺激来增强反应频率。

通过强化可以塑造儿童良好的行为,也可以矫正已经形成的不良行为。因此斯金纳的强化原理被应用于教育就产生了行为塑造技术和行为矫正技术。

2. 消退

有机体在做出某一行为反应后,不再有强化物伴随,那么,此类反应在将来发生概率会降低,称之为消退。

3. 惩罚

惩罚是当有机体做出某种反应后,呈现一个厌恶刺激,以消除或抑制此类反应发生的过程。

操作性条件反射作用的基本规律如表1-1-3所示。

表 1-1-3　操作性条件反射作用的基本规律

行为结果	规律	刺激	例子
反应频率增强	正强化	给予愉快刺激	给在活动中积极表现的幼儿贴苹果贴纸奖励
	负强化	撤销/免于/减少厌恶刺激	给上课认真听讲的幼儿摘掉虫子贴纸
行为减弱或停止	惩罚	呈现厌恶刺激	在活动中推搡小朋友则贴上虫子贴纸
		取消愉快刺激	在阅读区不遵守规则,大吵大闹,则摘掉一颗果子
	消退	无强化	幼儿美工活动中对教师做鬼脸,教师不理睬他

(四) 班杜拉的社会学习理论

班杜拉,美国著名心理学家。他是新行为主义的主要代表人物之一,社会学习理论的创始人。

班杜拉以儿童的社会行为习得为研究对象,他认为观察学习是人学习的最重要形式。观察学习是指通过对他人行为及其强化性结果的观察,一个人获得某些新的反应,或者矫正原有的行为反应。班杜拉把观察学习的过程分为注意、保持、再现和动机四个子过程。他对强化重新进行解释,将强化分为直接强化、替代强化和自我强化。直接强化是指观察者因表现出观察行为而受到强化。替代强化是指观察者因看到榜样的行为被强化而受到强化。自我强化是指对自己表现出的符合或超出标准的行为进行自我奖励。

观察学习是日常生活中最常见的学习形式,成人的言行、同伴的表现、媒体的形象都在为幼儿提供学习的榜样,尤其是家长和教师的榜样,对儿童有特殊的作用,因此,家长和教师要注意自己的一言一行。

(五) 行为主义的教育启示

灵活应用强化与惩罚手段可以有效培养学前儿童良好的行为习惯,但不能滥用,特别是要慎用惩罚手段。无论是行为习惯的培养还是教学活动的开展都要小步子前进,细化目标,及时反馈,学习效果才会更好。由于个体差异的存在,在将行为主义的技术应用于教育时必须以个别化学习为基本组织形式。

【典型真题1】萌萌怕猫,当她看到青青和小猫一起玩得很开心时,她对小猫的恐惧也降低了。从社会学习理论的视角看,这主要是(　　)形式的学习。

A. 替代强化　　B. 自我强化　　C. 操作性条件反射　　D. 经典条件反射

【解析】本题考查班杜拉的社会学习理论。替代强化是指观察者因看到榜样的行为被强化而受到强化。萌萌看到青青和小猫一起玩得很开心,降低了对猫的恐惧,属于替代强化。

【答案】A。

【典型真题2】班杜拉的社会学习理论认为(　　)。

A. 儿童通过观察和模仿身边人的行为学会分享
B. 操作性条件反射是儿童学会分享的重要学习形式
C. 儿童能够学会分享是因为儿童天性善良
D. 儿童学会分享是因为成人采取了有效的惩罚措施

【解析】班杜拉的社会学习理论强调的是幼儿的观察学习,认为幼儿最有效的学习方式是通过观察从而进行模仿学习。

【答案】A

四、认知理论

(一)代表人物

认知理论(或称认知发展理论)关注人的认知过程,主要研究认知的工作机制、发生与发展。研究认知过程工作机制的主要是信息加工理论;而研究认知的发生与发展的则是日内瓦学派,其代表人物是瑞士心理学家皮亚杰。

(二)基本观点

1. 发展的实质

皮亚杰的理论核心是"发生认识论"。皮亚杰认为,人的知识来源于动作,动作是感知的源泉和思维的基础。儿童心理发展的实质和原因就是主体通过动作完成对客体的适应。

2. 图式、同化、顺应与平衡

图式是指人在认识周围世界的过程中,形成自己独特的认知结构。从发展的角度来看,儿童最初的图式是遗传所带来的一些本能反射行为,如吸吮反射、定向反射等。

同化是指有机体面对一个新的刺激情景时,把刺激整合到已有图式或认知结构中。通过这一过程,主体才能对新刺激做出反应,动作也得以加强和丰富。

顺应是当有机体不能利用原有图式接受或解释新刺激时,其认知结构发生改变来适应刺激的影响。

平衡是指同化和顺应之间的"均衡"。

个体通过同化和顺应达到机体与环境的平衡。如果失去平衡,则需要改变行为以重建平衡。个体在平衡与不平衡的交替中不断建构和完善认知结构,实现认知发展。

3. 认知发展的阶段

皮亚杰认为认知发展是一个建构的过程,是个体在与环境的相互作用中实现的。他提出了认知发展的阶段理论,将个体的认知发展分为四个阶段:感知运动阶段(0~2岁)、前运算阶段(2~7岁)、具体运算阶段(7~12岁)、形式运算阶段(12岁以上)。

(1)感知运动阶段(0~2岁)

这一阶段儿童主要有两大成就。第一,感觉和动作的分化。儿童只能依靠自己的肌肉动作和感觉应付环境中的刺激。第二,"客体永久性"(即知道某人或某物虽然现在看不见但仍然是存在的)的形成。儿童在9~12个月时获得客体永久性。这被皮亚杰称为"哥白尼式的革命"。

(2)前运算阶段(2~7岁)

所谓运算即心理操作,是外部动作内化为头脑内部的操作。这是皮亚杰理论的一个基本概念,其含义相当于抽象逻辑思维。在前运算阶段,儿童将感知动作内化为表象,建立了符号功能,可凭借心理符号(主要是表象)进行思维,从而使思维有了质的飞跃。这一阶段儿童认知发展的主要特征表现为:

泛灵论。儿童无法区别有生命和无生命的事物,将人类的特征赋予无生命的物体。

自我中心性(中心化)。儿童还不能设想他人所处的情境,常以自己的经验为中心,从自己的角度出发来观察和理解世界。皮亚杰的三山实验证明儿童存在自我中心现象。

思维的不可逆性。前运算阶段的儿童还没有"守恒"能力或没有形成"守恒"的概念,思维缺乏观念的传递性。不能逆向,只能一个方向考虑问题。例如,问一个叫吉姆的男孩:"你有兄弟吗?"答:"有。"问:"他叫什么名字?"答:"叫吉姆。"问:"吉姆有兄弟吗?"答:"没有。"

未掌握守恒概念。守恒是指物体不论其形态如何变化,其质量是恒定不变的。前运算阶段的儿童思维具有集中化,他们在做出判断时倾向于运用一种标准或维度,未掌握守恒概念。

实验者当着儿童的面把两杯同样多的液体中的一杯倒进一个细而高的杯子中,要求儿童说出

这时哪一个杯子中的液体多一些。儿童不能意识到液体是守恒的,因此多倾向于回答高杯子中的液体多一些。儿童只注意到高杯子中的液体比较高,却没注意到高杯子比较细。

缺乏层级类概念,不能理解整体和部分的关系。

前运算阶段又可以分成两个小阶段,前概念阶段和直觉思维阶段。

前概念阶段(或象征思维阶段)(2~4岁)。

思维开始运用象征性符号,出现表征功能,或称象征性功能。儿童可以用信号物来代表被信号化之物,即用一物代表与之有意义联系之物。幼儿的思维在此阶段没有形成一般的类的关系,只有"半个别、半一般"的关系。一方面,儿童思维中的物体已经减少个别性,带有某些一般性;另一方面,儿童思维中的类是几种样品复制的个体,比如儿童认为同一个个体是由不同的人组成的,把一个人分为几个角色。此阶段幼儿不掌握部分与整体的关系,常常运用"转导推理"。儿童认为个别成分并不在整体之中,儿童不能理解从一堆钱中拿出来的钱是一堆钱中的一部分。前概念思维是"自我中心思维"或者"中心化"思维。

直觉思维阶段(4~7岁)。

直觉思维阶段是前概念思维向运算思维过渡的中间阶段。直觉思维的特点是它既能反映事物的一些客观规律,同时受直接感知形象的影响,因此称"半逻辑思维"。直觉思维向非中心化前进了一步,儿童能同时照顾到两个维度,但非中心化不足。

前概念思维反映的是个别和个别的联系,直觉思维则开始反映事物整体的复杂结构。但直觉思维仍然是具体的,仍然依靠表象。不是严格意义的概念,不够抽象。

(3)具体运算阶段(7~12岁)

具体运算阶段的儿童正在小学阶段读书,此时的儿童认知发展的主要特征为:有可逆性,具有守恒概念,去自我中心化,具有灵活性。

(4)形式运算阶段(12岁以上)

这一阶段儿童的思维最大的特点是已经摆脱了具体可感知事物对思维的束缚,使形式从内容中解脱出来,进入形式运算阶段。

(三)皮亚杰发生认识论的教育启示

认知结构呈阶段性发展,教育要顺应儿童的认知发展,也必须有阶段性。

儿童的发展是主动建构的结果,因此教育不是单纯的知识传递,只有"当所教的东西可以引起儿童积极从事再创造的活动,才会被儿童有效同化"。教育在儿童发展中具有重要作用,但不是决定性作用。

知识的获得是儿童主动探索和操纵环境的结果,学习是儿童进行发明与发现的过程。教育应该设置充满智慧刺激的环境,让儿童自行探索,主动学到知识。

对于学龄前儿童来讲,他们操作的对象应该是看得见摸得着的具体事物和形象直观的符号资源,所以幼儿园应该具有足够多的可操作的玩具和直观材料。

【典型真题1】10个月大的贝贝看见妈妈把玩具塞进了盒子,他会打开盒子把玩具找出来。这说明贝贝的认知具备了(　　)。

    A. 守恒性   B. 间接性   C. 可逆性   D. 客体永久性

【解析】本题考查幼儿的思维特点——客体永久性。D项客体永久性是指知道某人或某物虽然现在看不见,但仍然是存在的。题干中被塞进盒子里的玩具消失在幼儿眼前,幼儿仍然能找出来,就是客体永久性的表现。

【答案】D

【典型真题2】4岁的瑞瑞不小心把小碗里的葡萄干撒在桌子上后,很惊奇地说:"哦,我的葡萄干变多了!"这说明他的思维处于(　　)。

　　A. 感知运动阶段　　B. 前运算阶段　　C. 具体运算阶段　　D. 形式运算阶段

【解析】题干中,瑞瑞把小碗里的葡萄干撒在桌子上后,说葡萄干变多了,是因为在瑞瑞看来,葡萄干的空间位置发生了变化,整体更松散了,所以好像变得更多了,这是幼儿未掌握守恒概念的表现。B项正确。

【答案】B

【典型真题3】妈妈带3岁的岳岳在外度假。阿姨打来电话问:"你们在哪里玩?"岳岳说:"我们在这里玩。"这反映了岳岳思维具有(　　)的特征。

　　A. 具体性　　　　B. 不可逆性　　　C. 自我中心性　　D. 刻板性

【解析】自我中心性指儿童以自己的经验为中心,从自己的角度出发来观察和理解世界。所以本题选C项。

【答案】C

【典型真题4】毛毛第一次看到骆驼时惊呼道:"快看,大马背上长东西了。"依据皮亚杰的理论,毛毛的反应可以用(　　)概念解释。

　　A. 平衡　　　　　B. 同化　　　　　C. 顺应　　　　　D. 守恒

【解析】同化是指当儿童面对一个新的刺激情景时,把刺激整合到已有图式或认知结构中。题干中毛毛把骆驼看成马,属于同化。

【答案】B

【典型真题5】菲儿把一颗小石头放进小鱼缸里,小石头很快就沉到了缸底,菲儿说:"小石头不想游泳,想休息了。"从这里可以看出,菲儿思维的特点是(　　)。

　　A. 直觉性　　　　B. 自我中心　　　C. 表面论　　　　D. 泛灵论

【解析】题干中的菲儿说"小石头不想游泳,想休息了",她认为小石头也是有生命的,是"泛灵论"的特征。

【答案】D

【典型真题6】请依据皮亚杰的理论,简述2~4岁儿童思维的主要特点。

【答案要点】根据皮亚杰的理论,2~4岁儿童思维具有如下主要特点:

(1)思维开始运用象征性符号,出现表征功能,或称象征性功能。

(2)幼儿的思维在此阶段还没有真正普遍化,没有形成一般化的概念。

(3)此阶段幼儿不掌握部分与整体的关系,常常运用"转导推理"。

(4)此阶段幼儿的思维是"中心化"的思维,或称为"自我中心思维"。

【典型真题7】皮亚杰的"三山实验"考查的是(　　)。

A. 儿童的深度知觉　　　　　　B. 儿童的计数能力

C. 儿童的自我中心性　　　　　D. 儿童的守恒能力

【解析】三山实验是皮亚杰做过的一个著名的实验,皮亚杰以此来证明儿童"自我中心"的特点。

【答案】C

五、文化历史学派

(一) 代表人物

文化历史学派以苏联的发展心理学家维果茨基为代表,提出了心理发展的文化历史发展观。

(二) 基本观点

1. 心理发展的观点

维果茨基认为心理机能可以分为低级心理机能和高级心理机能。心理的发展是在低级心理机能的基础上,逐渐向高级心理机能转化的过程。

低级心理机能是种系发展的产物,高级心理机能是社会历史发展的产物,受社会的文化历史发展规律制约。

2. 最近发展区

维果茨基不仅研究儿童心理的发展,更重视教育在儿童发展中的作用,认为"学校教育是发展的源泉"。教学要走在发展的前面。为此,他提出了最近发展区概念。

儿童能够独立表现出来的心理发展水平和儿童在成人的指导下所表现出来的心理发展水平之间往往有一个距离,这一段距离被称为最近发展区。

最近发展区的大小是儿童心理发展潜能的重要标志,也是儿童可接受教育程度的重要标志。查明儿童的最近发展区,可以向他们提出稍高又力所能及的任务,使他们"跳一跳"就能达到新的发展水平。学前教育的根本任务就在于如何帮助儿童从"按照自己的大纲学习"转变为"按照教师的大纲学习"。

最近发展区是儿童心理发展每时每刻都存在的发展现象,同时又每时每刻都在发生变化。最近发展区因人而异,教师应该看到每个儿童的最近发展区,利用其最近发展区,同时又帮助他们形成新的最近发展区。

以最近发展区理论为基础产生了支架式教学模式。

【典型真题1】提出了"最近发展区"概念的心理学家是( )。
A. 弗洛伊德   B. 马斯洛   C. 皮亚杰   D. 维果茨基

【解析】此题考查人物。苏联的发展心理学家维果茨基提出了"最近发展区"理论,认为教学要走在发展的前面,故选D项。

【答案】D

【典型真题2】梅梅和芳芳在玩,俊俊走过来说"我想吃点东西。"芳芳说:"我们正忙呢。"俊俊说:"我来当爸爸炒点菜吧。"芳芳看了看梅梅说:"好吧,你来吧。"从俊俊的社会性发展来看,下列选项中最贴近他的最近发展区的是( )。

A. 能够找到一个自己喜欢的玩伴
B. 开始使用一定的策略成功加入游戏小组
C. 在4~5名幼儿的角色游戏中进行合作性互动
D. 能够在角色游戏中讨论装扮的角色行为

【解析】选项A、B、D属于现有水平。题干中俊俊只是加入了另两位幼儿的游戏中,但他们之间并没有分工也没有共同的目标,所以现有水平处于联合游戏,而合作游戏需要幼儿之间有共同的目标,在游戏中相互合作并努力达到目的。俊俊显然并没有达到这一水平。因此"在角色游戏中进行合作性互动"属于俊俊的最近发展区。综上所述,本题选择C项。

【答案】C

【典型真题3】芳芳在数积木,花花问她有几块三角形的积木,芳芳点数:"1、2、3、4、5、6个三角形。"花花又给了她4块,问她现在有多少块三角形积木。芳芳边点数边说:"1、2、3、4、5、6、7、8、9、10,我有10块啦。"就数学领域而言,下列选项中最贴近芳芳的最近发展区的是( )。

A. 认识和命名更多的几何图形
B. 默数、接着数等计数能力

C. 以一一对应的方式数 10 个以内的物体并说出总数

D. 通过实物操作进行 10 以内加减法的运算能力

【解析】此题考查的是学前儿童数概念的发展。此题可运用排除法,题干中主要阐述点数、说出总数等数概念的特点,A 选项强调对图形的认识,与题意不符;C 选项是芳芳现有的发展水平;题干中幼儿还处在一一对应点数和说出总数的阶段,且每次都是从头数起,因此,更进一步的发展,应该强调芳芳能够接着数、默数等计数能力的发展,故 B 选项更符合题意,选择 B 项。

【答案】B

第二章 理解与研究学前儿童的基本方法

知识体系及思维脉络图

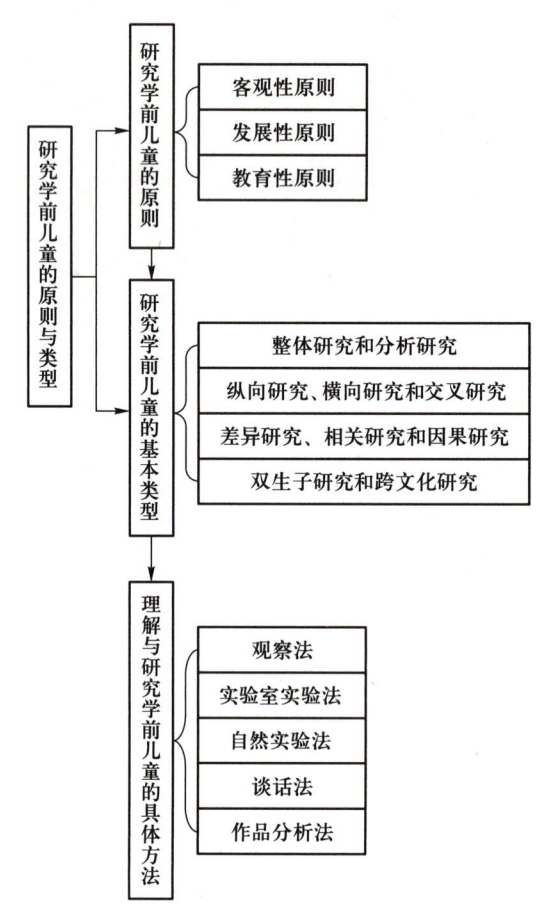

核心考点及学习提示

【核心考点】
研究原则：理解各个原则的内涵。
研究方法：理解各研究方法的特点及适用条件，区分观察法的不同类型及使用要求。
【学习提示】
考试重点：观察法的特点及使用要求。
考试难点：区分不同类型的观察法。

第一节 研究学前儿童的原则与类型

一、研究学前儿童的原则

辩证唯物主义是我国学前儿童研究的指导思想。为了落实该指导思想,在研究中必须遵循一些基本原则。根据学前儿童的心理特点,研究学前儿童应遵循如下原则。

(一)客观性原则

客观性原则要求研究者在研究儿童发展时必须考虑儿童生活的客观条件,即不能脱离儿童的社会生活和教育条件进行纯粹的心理研究。

任何结论都要以充分的客观事实材料为依据,不能随意附加任何主观臆测或者修改资料以符合自己的观点。

(二)发展性原则

儿童身心处在快速发展的过程中,因此要以发展的观点研究和理解儿童,不仅要注意那些已经形成的特征,还要关注刚刚萌芽的新特点。研究不能以危害或阻碍儿童发展为代价。

(三)教育性原则

研究学前儿童应该以促进儿童的发展为前提。从研究方案的设计到时间安排、研究者的言谈举止,都要考虑到能对儿童发展产生积极的影响。

二、研究学前儿童的基本类型

(一)整体研究和分析研究

整体研究又叫系统研究,是将儿童心理作为一个整体进行研究,例如对儿童人际关系的研究,对儿童个性发展的研究等。

分析研究指把某一心理过程或特征从整体中抽取出来单独加以考察的研究,例如对儿童亲子关系的研究。

(二)纵向研究、横向研究和交叉研究

以研究时间为标准,可以将儿童发展研究划分为纵向研究、横向研究和交叉研究三种类型。三者的设计模式见图1-2-1。

图1-2-1 纵向研究、横向研究与交叉研究的设计模式

纵向研究是以同一个年龄段的一组儿童为对象,在较长的时间段内对其进行长期追踪,以查明其心理发展进程和水平的变化。

横向研究则是在较短的一个时间段内,以不同年龄段的几组儿童为对象,根据组间差异来研究儿童心理发展的年龄特点和规律。

前者的不足是时间跨度太长,不易对大量的对象进行研究;后者的不足是由于数据来自不同的几组对象,所得结论流于一般化,不易探明儿童发展变化的深刻背景。为此产生了交叉研究模式。

交叉研究将纵向研究和横向研究的特点予以结合,在横向研究的基础上进行追踪,可以在较短的时间内(比如五年)获得较长年龄范围的资料,研究结论更加可靠。

(三) 差异研究、相关研究和因果研究

差异研究指通过比较两个或两个以上研究对象组的差异来探究年龄特点或影响因素的研究类型。例如探究男女儿童的自我控制能力是否有差异的研究。

相关研究是探究两种心理现象或因素之间是否有关系的研究。它只能说明二者之间是否有关系,不能探明二者之间关系的性质。例如想要知道父母的受教育水平和儿童智力发展之间是否有关系,就可以采用相关研究。

因果研究指探明儿童发展的两个因素之间相互关系性质的研究。例如,探明是否能够通过父母的语言水平预测儿童的语言发展水平的研究即因果研究。

(四) 双生子研究和跨文化研究

在遗传与环境对儿童发展影响的研究中,往往采用双生子研究模式。**双生子研究**以同卵双胞胎为对象,目的是在遗传因素相同的前提下探究环境在儿童发展中的作用。

环境差异主要体现在不同文化类型之间,所以在探索环境对儿童发展的影响中,往往采用跨文化的研究模式。**跨文化研究**即比较两种文化间儿童的发展,以发现儿童的发展规律和特点。

> 【典型例题】在理解和研究儿童的过程中如何才能做到所得信息真实而不损害儿童的发展?
>
> 【答案要点】理解与研究儿童要遵循客观性、发展性和教育性原则,只要在这三个原则指导下设计和实施研究方案,就能获得真实可靠的信息而不损害儿童的发展。

第二节 理解与研究学前儿童的具体方法

理解与研究学前儿童的最早也最广泛的方法是观察法,因此本节主要说明观察法的特点、类型和应用注意事项。其他常用研究方法的特点以表格的形式呈现。

一、观察法

所谓观察即有目的、有计划、比较持久的知觉活动。观察可以分为日常观察和科学观察。日常观察的计划性和系统性不足,有较强的主观性、偶然性和零散性。**科学观察**则是指科学研究中的正式观察,有明确目的,有计划安排,有严格的记录要求。与日常观察相比,科学观察具有客观性、可靠性、系统性等特点。科学观察分为自然观察和实验室观察。在理解和研究学前儿童发展中应用得较多的是自然观察。本书提到的观察法即自然观察。

自然观察指在自然条件下对儿童的言谈、行为和表情等进行有目的、有计划的观察,以了解其心理活动的方法。

观察法的特点:目的性、计划性和有严格的记录要求(与日常观察相比);获得的资料是真实的(与实验室观察相比);实施简便易行、便于操作(与其他方法相比)。是学前儿童工作者了解儿童的基本方法。

根据观察法的结构性和可控程度,可以将观察法分为叙述性观察法、事件取样观察法、时间取样观察法和评定观察法。

(一) 叙述性观察法

1. 什么是叙述性观察法

叙述性观察法指随着事件或行为的发生而自然地将儿童的言行、外部表现等用描述的方法记录下来的观察方法。

2. 叙述性观察法的特点

其特点是信息比较全面,但对记录者的文字叙述能力和描述水平有较高的要求,观察者之间的一致性程度较低。

3. 应用要求

一是应说明观察开始的场景;二是应使用日常语言尽可能准确、详细地进行记录;三是按行为和事件发生的原有顺序,分层次对行为、事件描述记录,尽可能完整记录对象与环境、与他人的相互作用过程;四是将观察者的解释和说明与客观事实分开记录。

(二) 事件取样观察法

1. 什么是事件取样观察法

事件取样观察法指选取行为或事件作为样本予以观察,侧重于观察事件的性质、起因及过程。事件取样观察法侧重记录事件中的人物、时间、场景及发生的原因、过程和结果等关键要素。与叙述性观察法相比,由于抽取了事件的关键信息予以关注和记录,所以可以提高记录速度和记录者的一致性程度。记录方式可以是叙述式也可以是编码式。

2. 事件取样观察法的特点

事件取样观察法的优点是能够明确行为发生的原因、经过和结果,节约时间,适用于多种行为;不足是所得资料不容易量化处理。

3. 事件取样观察法的操作

事件取样观察法的操作程序是确定行为→给行为定义→确定行为最容易发生的情境→确定记录方式→等待行为的发生并记录。

例如,要研究学前儿童的攻击性行为,可以采用事件取样观察法。首先,根据经验将攻击事件发生的起因、攻击类型等予以分类并进行操作性定义和编码,然后设计观察记录表格,在儿童最容易发生攻击性事件的时间和场景等待事件发生并按编码记录即可①。

(三) 时间取样观察法

1. 什么是时间取样观察法

时间取样观察法指在确定的时间内,按一定时段观察预先确定好的行为,并在设计的表格内进行记录。

时间取样观察法的本质是按预先规定好的行为分类系统,对各种行为发生的频率进行观察。例如要观察幼儿的人际交往行为,就可以先将其进行分类,分解为一系列最小的可观察的外显行为,然后去观察记录,并统计各种行为的发生频率。

时间取样观察法的使用条件是所观察的行为必须是经常出现的,即每15分钟不低于1次的行为。行为必须是外显的、容易被观察到的。

2. 时间取样观察法的特点

与叙述性观察法相比,时间取样观察法具有明确的行为和时间要求,对需要观察的行为具有操作性定义,观察与记录简便、省时。与事件取样观察法相比,时间取样观察法具有客观性与可重复性,便于定量分析。与实验法、测验法等方法相比,时间取样观察法是在自然状态下观察,具有真实性。其不足之处是不能说明行为发生的条件、背景和原因;只适用于经常发生的行为。

---

① 参阅载于《心理发展与教育》1996年4期,张文新、张建福所著的《学前儿童在园攻击性行为的观察研究》一文。

3. 时间取样观察法的操作

时间取样观察法应用的程序是预备观察→制订观察计划→定义观察的行为→给观察行为编号→明确观察时间、观察对象、观察场景→设计记录表格→进入观察现场进行观察并记录。例如，要研究儿童的游戏行为就可以采用时间取样观察法，因为游戏是学前儿童的基本活动。美国心理学家帕顿对学前儿童游戏的社会性程度的研究即采用时间取样观察法，其对儿童游戏的分类及其操作性定义已经成为游戏分类的经典。

（四）评定观察法

评定观察法指对行为或事件进行观察后，研究者需要做出判断并记录的一种研究方法。幼儿园教师在幼儿发展评价中使用此方法较多。评定观察法根据评定工具可以分为检核表法和等级评定法。

1. 检核表法

检核表法是列出需要判断的行为项目并标明判断标准，观察后进行核查记录的一种观察方法。它主要用于核查幼儿的某种特征是否出现。例如，要核对 6 岁儿童对形状的理解水平，则观测项目为按名称指出图形，列出圆形、正方形等形状，根据观察结果，标明能或不能即可。**检核表法的操作步骤**是列出主要项目→在主要项目下列出具体项目→编制核查表→观察并记录。

2. 等级评定法

等级评定法是列出需要判断的行为项目，标明判断的等级，观察后进行等级判断的一种观察方法。**等级评定法的特点**是相对于检核表法，对行为的判断更加精确，适用于对幼儿心理特征的判断，具有主观性；适用于连续变量。例如，要观察评定幼儿的依赖性，需要根据对依赖性的理解，先将其分解为几个方面，如寻求权威的承认、身体靠近或接触、寻求他人的支配、讨好别人等；然后列出每个方面的可观察行为，如寻求权威的承认可能是常向教师询问"这样好不好"；进行观察后再对该方面做出等级评定。一般情况下为 5 级评定，如 5 级表示非常多见，1 级表示观察不到。等级评定观察法所获得的资料可以转换为连续数据，能够进行描述和推断统计。

▶ 二、其他研究方法及特点

观察法是研究和理解学前儿童最合适的方法之一，除此之外，还可以应用实验室实验法、自然实验法、谈话法和作品分析法。各方法的特点和实例等见表 1-2-1。

表 1-2-1 理解与研究幼儿的方法一览表

方法	特点	优点	不足	实例
实验室实验法	在有特殊装备的实验室中，控制和改变部分儿童的生活条件，寻求两个因素间的因果关系	能探寻因果关系	儿童心理活动的自然真实性较弱	吉布森的"视崖实验"
自然实验法	在儿童的日常生活、游戏、学习和劳动等正常活动中，创设或改变某种条件，从而引起儿童心理变化的研究	兼具观察法和实验室实验法的优点，既能在自然情况下进行，又能控制部分要素	容易受到不可控因素的影响	各种教育实验，如不同教学方法对幼儿观察力发展的影响研究
谈话法	与儿童面对面交谈以了解其心理特点	在自然情境下进行，方便操作	费时费力，客观性较差	皮亚杰的临床谈话
作品分析法	通过分析儿童的作品，了解儿童心理特点	弥补儿童语言表达的不足，方便易行	脱离儿童的创作过程分析，所获资料的准确性较弱	与观察法或自然实验法结合，如绘人测验

理解和研究学前儿童的方法是多样的，各有优缺点和适用条件，要准确了解和研究学前儿童需

要多种方法结合。对于学前儿童的教师,主要应该掌握观察法的操作要领,在日常教育情境中应用观察法去理解儿童和确定儿童的最近发展区。

>【典型真题1】幼儿园教师通过记录幼儿在日常生活与活动中的表现来分析其心理特点,这种研究方法是(   )。
>
>　　A. 观察法　　　　B. 谈话法　　　　C. 测验法　　　　D. 实验法
>
>　　【解析】此题考查的是研究方法的概念。观察法是有目的、有计划地观察学前儿童在日常生活、游戏、学习和劳动中的表现,包括其语言、表情和行为,并根据观察结果分析儿童心理发展规律和特征的方法。故选A项。
>
>　　【答案】A
>
>【典型真题2】通过分析幼儿手工成果来了解其心理的方法是(   )。
>
>　　A. 调查法　　　　B. 自然观察法　　C. 实验法　　　　D. 作品分析法
>
>　　【解析】此题考查的是研究方法的概念。作品分析法是指通过分析儿童的作品,了解儿童心理特点的方法。故选D项。
>
>　　【答案】D
>
>【典型真题3】在科学活动"奇妙的气味"中,教师准备了分别装有水、食醋、酱油等液体的瓶子,请幼儿看一看,闻一闻。幼儿在活动中使用了(   )法。
>
>　　A. 实验　　　　　B. 参观　　　　　C. 观察　　　　　D. 讲述
>
>　　【解析】此题考查的是研究方法的概念。题干中幼儿园在活动中通过感官来学习,运用的是观察法。故选C项。
>
>　　【答案】C

第三章 学前儿童的生理发展

📔 **知识体系及思维脉络图**

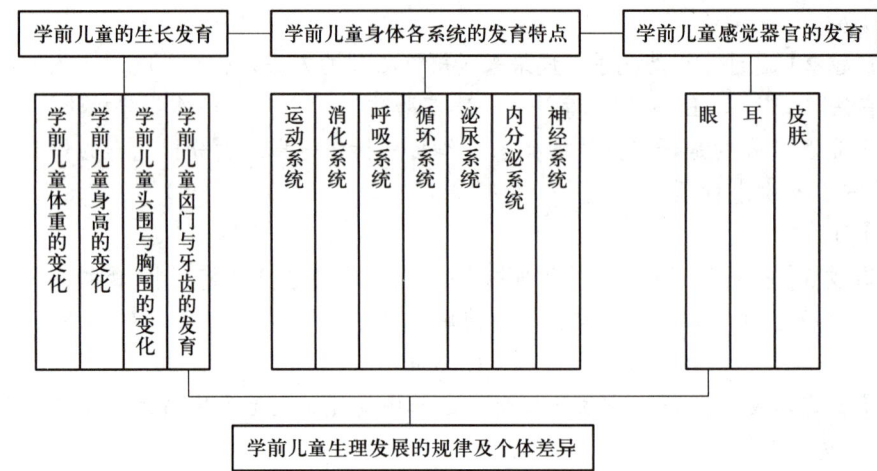

📔 **核心考点及学习提示**

【核心考点】
身体发育:理解身体发育规律和各年龄段身体发育的特点。
身体各系统的发育:记忆儿童身体各系统发育的特点,知道各系统的保健要点。
感觉器官发育:记忆各感觉器官的发育特点和保健要点。
【学习提示】
考试重点:各系统和感觉器官发育的特点。
考试难点:身体发育的基本规律。

第一节 学前儿童的生长发育

生长,指身体各器官、系统的长大,形态的变化。可以通过相应的测量值来衡量其变化水平。
发育,指细胞、组织、器官功能的分化与成熟,是机体质的变化,包括身体和心理等多方面的逐渐成熟。
身体生长发育的外部特征指标有体重、身高、坐高、头围、胸围等。
成熟,指身体的生长发育达到一个相对完备的阶段,即身体的形态、生理机能等方面都达到成人的水平。

一、学前儿童体重的变化

体重是身体器官、系统、体液的综合重量,是反映儿童生长与营养状况的灵敏指标。

新生儿体重一般在 2.5~4.0 千克。0~6 个月的婴儿平均每月增长 0.7~0.8 千克,7~12 个月的婴儿平均每月增长 0.25 千克。

生理性体重下降:新生儿出生后一周内若奶量摄入不足,加之水分丢失、胎粪排出,可出现暂时性体重下降,约在出生后第 3~4 日达最低点,下降范围为 3%~9%,到出生后第 7~10 日恢复到出生时的体重。

婴儿出生后三个月,体重为出生时的 2 倍,1 岁时可以增加到出生时的 3 倍,2 岁时则达到出生时的 4 倍。2 岁以后的儿童体重增长速度放缓,平均每年增长 2 千克。

体重的估算公式(单位为千克):0~6 个月,出生时体重 + 月龄 × 0.7;7~12 月,6+ 月龄 × 0.25;2 岁 ~ 青春前期,年龄 × 2+8。

学前儿童体重的测量,应该用专用的婴幼儿体重磅秤测量;测体重应在晨起空腹、排尿后进行,应测其裸体的实际重量。

二、学前儿童身高的变化

(一)身高的变化

身高代表头部、脊柱和下肢的长度。3 岁前一般卧位测量,称为身长;3 岁以后一般立位测量,称为身高。正常新生儿平均身长为 50 厘米,1 周岁约 75 厘米,2 岁约 85 厘米,2 岁以后每年平均增长 5~7 厘米。2 岁以后身高估算公式为:身高(厘米)= 年龄 × 7+70。

(二)身高体重指数

体形是衡量儿童身体发育的基本外部特征,一般用身高体重指数来衡量。

身高体重指数 = 体重(千克)/ 身高(厘米)× 1000,表示每厘米身高的体重数,显示人体的充实程度,也反映其营养状况。此指数随年龄增大而提高,1 岁时一般为 120,2 岁时为 138,6 岁时大约为 160。

(三)BMI 指数

BMI=(体重 / 身高)^2,体重以千克为单位,身高以米为单位。它是身体的质量指数,简称体质指数,又称体重指数,是目前国际上常用的衡量人体胖瘦程度及是否健康的一个标准。学龄前儿童的正常 BMI 指数范围是 15~22,大于 22 为肥胖,13~15 为消瘦,小于 13 为营养不良。

(四)坐高身高指数

除体形外,衡量儿童身体发育情况还要看身材比例。身材比例用坐高与身高的比例表示。

坐高指头顶到坐骨结节的长度,反映脊柱和头部的长度。

3 岁前坐高也是卧位测量头顶与臀尾间的长度,3 岁后坐立测量头顶与臀尾间的高度。

"坐高(厘米)/ 身高(厘米)× 100"即坐高身高指数。该指数反映人体躯干和下肢的比例关系。坐高身高指数随年龄的增长呈下降趋势,1 岁时约为 65.5,2 岁时约为 64,6 岁时约为 55,直到青春期后,身材比例才能趋于稳定。

【典型真题】评价幼儿生长发育最重要的指标是( )。

A. 体重和头围　　B. 头围和胸围　　C. 身高和胸围　　D. 身高和体重

【解析】评价幼儿生长发育最重要的指标是身高和体重。

【答案】D

【典型例题】随着我国经济的发展,肥胖儿童越来越多,衡量是否肥胖的重要指标是 BMI,即体质指数,也叫体重指数。一般情况下,学龄前儿童的 BMI 大于( )算肥胖。

A. 30　　　　　　B. 22　　　　　　C. 18　　　　　　D. 13

【解析】学龄前儿童的 BMI 指数正常范围是 15~22，大于 22 为肥胖，13~15 为消瘦，小于 13 为营养不良。

【答案】B

三、学前儿童头围与胸围的变化

（一）头围

头围指经眉弓上方突出部，绕经枕后结节一周的长度，反映脑和颅骨的发育。人出生时头围一般为 34 厘米，3 个月时增长至 40 厘米。1 岁时增长至 46 厘米，2 岁时增长至 48 厘米，5 岁时达到 50 厘米。15 岁时接近成人的水平，达到 54~58 厘米。头围过小可能预示着脑发育不良，头围过大则可能是脑积水的征兆。

（二）胸围

胸围反映胸廓、胸背部肌肉、皮下脂肪及肺的发育程度。人出生时胸围一般为 32 厘米，1 岁时与头围相当，达到 46 厘米。1 岁以后胸围逐渐大于头围，胸围与头围的差数约等于儿童的岁数。

身高胸围指数：胸围（厘米）/ 身高（厘米）×100。它反映了儿童胸廓的发育状况及胸围与身高之间的比例关系，指数大说明胸围相对较大。新生儿平均为 64 左右；以后逐步下降，3 岁时为 54 左右。

四、学前儿童囟门与牙齿的发育

（一）囟门

囟门指脑颅骨骨缝没有闭合形成的空隙。新生儿一般有前后两个囟门。后囟门出生时较小，在出生后 2~3 个月时即闭合；前囟门较大，约 1.5~2 厘米，6 个月后逐渐骨化变小，大约 18 个月闭合。

（二）牙齿

人的一生有两副牙齿，乳牙（共 20 颗）和恒牙（共 32 颗）。

乳牙是人萌生的第一组牙，是婴幼儿咀嚼器官的重要组成部分，共 20 颗，上、下颌各 10 颗。一般来讲，出生后 6~7 个月开始出牙，最迟不应晚于 1 岁，2 岁半左右出齐。

【典型例题】囟门又叫天窗，将手指轻放在囟门上，可以摸到跳动。关于囟门的保健原则是（　　）。

A. 不能摸　　　　B. 不能清洗　　　　C. 多补钙促进早闭合　　　　D. 轻柔清洗

【解析】囟门闭合过早或过晚都是不健康的特征，因而不能采取不恰当的措施促进其早闭合；囟门的表面是头皮，其下面是脑膜，其次是大脑和脑脊液。这个部位容易有油腻性鳞屑与污垢混合积存，从而引发脑膜炎或脑炎，所以要清洗，但由于其比较软，容易受到损伤，所以清洗要轻柔。

【答案】D

第二节　学前儿童身体各系统的发育特点

细胞是组成人体的基本结构和功能单位；一些形态结构和生理功能相同或相似的细胞和细胞间质结合在一起，构成了**组织**，如上皮组织、肌肉组织等；几种不同的组织结合在一起，又构成具有一定形态结构和生理功能的**器官**，如心、肺等；若干个器官组合在一起，形成具有某些功能的**系统**，如消化系统、呼吸系统等；八个系统（另加感觉器官）构成一个复杂而又协调的人体。本书主要介绍七个系统,生殖系统因考点不涉及,故不做介绍。

一、运动系统

运动系统由骨、骨连接和骨骼肌三部分组成。骨骼和骨骼肌构成人体的基本轮廓,具有支撑身体、保护内脏器官的作用。骨骼肌和骨骼在中枢神经系统的指挥下完成各种动作和运动。

(一)运动系统的结构

1. 骨骼的组成

人体由206块骨组成,分为颅骨、躯干骨和四肢骨。身体各部位骨骼的形态、大小、功能不一,大致可以分为长骨、短骨、扁骨和不规则骨。学前儿童的骨盆、腕骨和足骨尚未骨化,骨骼总数比成年人多,有300多块。

(1)骨骼的结构

骨主要由骨质、骨膜和骨髓构成,此外还有血管、淋巴管和神经。骨膜富有血管和神经,对骨的营养、再生有重要作用。骨髓位于髓腔和松质间隙内,红骨髓具有造血功能。

(2)骨骼的化学成分及其特性

骨骼主要由有机质(有机物)和无机质(无机盐)构成。有机质赋予骨弹性和韧性。无机质使骨坚硬挺实。两种成分的比例随年龄的增长而发生变化。成年人的有机质和无机质比例约为3:7,这一比例使得骨具有很大硬度和一定的弹性,较坚韧,其抗压力约为15 kg/mm^2。老年人的无机质所占比例更大,较脆,易发生骨折。

2. 骨联结

骨与骨之间借纤维结缔组织、软骨或骨组织相连,形成骨联结。根据骨联结的方式不同,可分为直接联结和间接联结。直接联结如颅骨间的缝或软骨(如椎骨间的椎间盘)直接联结,这种联结的活动范围很小或不能活动。间接联结即关节,是骨联结的主要形式。

3. 骨骼肌

骨骼肌在人体内分布极为广泛,约占人体体重的40%。每块骨骼肌都具有一定的形态、结构和辅助装置,执行一定的功能,并且有丰富的血管、淋巴管和神经分布,所以每块骨骼肌都可视为一个器官。

(二)学前儿童运动系统的特点

1. 骨骼的发育特点

学前儿童骨膜比较厚,血管丰富,这对骨的生长及再生起着重要作用。当学前儿童骨骼受到损伤时,因血液供应丰富,新陈代谢旺盛,所以愈合比成人快。

学前儿童的骨骼中全是红骨髓,造血功能强。5岁以后,长骨骨干内的红骨髓逐渐被脂肪组织代替,呈黄色,称为黄骨髓,失去造血功能。但在慢性失血过多或重度贫血时,黄骨髓可转化为红骨髓,恢复造血功能。在椎骨、髂骨、肋骨、胸骨、肱骨和股骨的近侧端骨松质内,终生保留红骨髓。

学前儿童骨骼中有机质和无机质各占一半,故弹性较大,柔软,易发生变形,在外力作用下不易骨折。一旦发生骨折,常会出现折而不断的现象,**称为青枝骨折**。

婴幼儿在不断地"长个子"。长骨骼需要以钙、磷为原料,同时还需要维生素D,它使钙、磷为人体吸收和利用。营养和阳光是长骨骼所必需的,适当的运动是骨骼发育的重要条件。

2. 几种主要骨的发育

骨的生长发育有两种方式,即膜内成骨和软骨内成骨。膜内成骨指骨膜内层的成骨细胞不断形成新的骨质,使骨骼变粗。软骨内成骨指长骨两端的骺——软骨细胞不断生长、骨化,使骨骼变长。

儿童出生后至20~25岁,骺软骨逐渐骨化。当骺软骨消失,骨则停止生长。儿童骨骼生长发育快慢受生长激素和甲状腺素的调节。

（1）颅骨的发育

颅骨由23块形状、大小不一的骨块组成，分脑颅骨和面颅骨。新生儿的颅骨发育尚未完成，因此骨与骨之间有缝隙，形成了骨缝和囟门。约1.5岁时囟门闭合，如果缺钙则会延迟闭合。

（2）脊柱的发育

成人脊柱有四个生理性弯曲，即颈曲、胸曲、腰曲、骶曲。这些弯曲与人类直立行走有关，可以起到缓冲震荡和平衡身体的作用。学前儿童生理性弯曲不固定。新生儿脊柱除骶骨有弯曲外，其他弯曲还没有出现，出生后随婴幼儿动作的发育逐渐形成，一直到发育成熟才完全固定。幼儿脊柱每个椎骨之间的软骨层特别发达，所以，当幼儿体位不正或身体长时间一侧紧张，都容易引起脊柱的侧弯变形。

（3）腕骨的发育

新生儿的腕骨都是软骨，随年龄增长，腕骨逐渐骨化。6个月后逐渐出现骨化中心，10岁左右，8块腕骨才全部骨化。可根据腕骨的多少判断骨骼发育的年龄，称骨龄。学前儿童腕骨发育不全，骨化尚未完成，所以手腕力量小，手的精细动作能力较差，不宜长时间操作和提重物，运用手的精细动作时，时间不宜过长。女孩比男孩早2年完成腕骨骨化。

（4）骨盆的发育

正常的骨盆由髋骨、骶骨、尾骨构成。它能有效地传递重力，保护盆腔内的脏器。学前儿童的骨盆尚未骨化，骨骼之间的连接不牢固，受外力作用容易发生位移。骨盆的骨化一般在16~20岁才能完成。

髋骨是由髂骨、坐骨和耻骨构成，要到19~25岁时才会成为一块完整的骨。

（5）足骨的发育

足骨是由7块跗骨、5块跖骨、14块趾骨组成。跗骨和跖骨借韧带连接，形成向上突起的足弓。足弓具有增加站立稳定性、缓冲身体运动时产生的震荡以保护大脑和脏器，减少足部疲劳的作用。

学前儿童因足骨、肌肉和韧带发育不全，过多走路、肥胖、负重过大等容易使足弓塌陷或足弓变小，形成扁平足。

3. 关节的发育

关节由关节面、关节囊和关节腔构成。学前儿童的关节窝较浅，关节囊及韧带薄而松弛，关节周围肌肉的力量差。因此关节的伸展性、柔韧性和灵活性显著好于成人，但是牢固性差，容易"脱臼"。

4. 骨骼肌的发育

骨骼肌是运动系统的动力部分，附着在骨骼上，可以受意识支配，又称随意肌（有的肌肉组织是不受人的意识控制的，如肠道的平滑肌）。学前儿童的骨骼肌纤维较细，含水分多，含蛋白质、脂肪、糖类和无机盐较少，能量储存少，肌肉柔软，缺乏力量，因而肌肉收缩力差，容易疲劳。但学前儿童的新陈代谢快，也容易消除疲劳。

学前儿童各肌肉群的发育是不平衡的。支配上、下肢的大肌肉群发育较早，而小肌肉群如手指和腕部的肌肉群发育较晚，3~4岁还不能运用自如，往往不会很好地拿笔和筷子，5岁以后这些小肌肉群才开始发育，能比较协调地做一些较精细的动作。

（三）学前儿童运动系统的保育特点

1. 培养儿童各种正确的姿势，防止脊柱和胸廓畸形

为防止骨骼变形，形成良好体态，幼儿园应配备与幼儿身材匹配的桌椅；教师要随时纠正幼儿坐、立、行中的不正确姿势，并为幼儿做出榜样。

2. 积极开展户外活动和体育锻炼，促进骨骼生长

经常到户外活动，接受空气中温度、湿度和气流的刺激，可增强机体的抵抗力。紫外线照射在人体皮肤上，可使皮肤内的7-脱氢胆固醇转化成活性维生素D，有利于防止佝偻病。

学前儿童的动作正处于快速发生和发展阶段，在组织活动时要注意多样化，还应选择适宜的运

动项目和运动量来发展儿童的动作。在活动中应让儿童的两臂交替使用,上、下肢均参与活动。避免经常单一地使用某些肌肉、骨骼,如让幼儿长时间站立等,幼儿园不宜开展拔河、长跑、长时间的踢球等剧烈运动。不宜让学前儿童拎重物,不宜让学前儿童进行长时间的写字、绘画练习,给学前儿童提供的玩具不能过重。安排符合幼儿特点的大、小肌肉群活动,不能对幼儿的精细动作要求过高。

3. 保证安全,防止伤害事故

要做好运动前的准备活动和运动后的整理运动;牵拉幼儿的手臂时避免用力过猛,防止脱臼和肌肉损伤;幼儿应避免从高处跳到硬的地面上,以免使组成**髋骨**的各骨移位,影响正常愈合,甚至对女孩成年后的生育造成不良影响。

4. 合理安排膳食,供给足够的营养

幼儿应多摄取含钙、磷、维生素 D、蛋白质等丰富的食品,如小虾皮、蛋黄、牛奶、鱼肝油、动物肝脏、豆制品等,以促进骨的钙化和肌肉的发育。

【典型真题1】为保障幼儿身体健康发育,教师要求幼儿有正确的站姿和坐姿,这是因为幼儿(　　)。

A. 骨骼弹性大,可塑性强,易变形　　B. 骨骼弹性大,可塑性小,易变形

C. 骨骼弹性小,可塑性小,易变形　　D. 骨骼弹性小,可塑性强,易变形

【解析】儿童骨骼中有机物较多,无机盐较少,所以骨骼柔软、弹性大、硬度小,不易发生骨折,但易变形,可塑性强,故选 A 项。

【答案】A

【典型真题2】为保护幼儿的脊柱,成人应该(　　)。

A. 推荐幼儿用单肩背包　　B. 鼓励幼儿睡硬床

C. 组织幼儿从高处往水泥地上跳　　D. 要求幼儿长时间抬头挺胸站立

【解析】本题考查幼儿生理发展的特点。幼儿骨骼发育还没有定型,睡硬床有利于幼儿骨骼定型。B 项正确。

【答案】B

▶ 二、消化系统

消化系统是由消化道和消化腺两部分组成的。消化系统的主要功能是对人体摄入的各种食物进行消化、吸收,同时将没有利用价值的食物残渣排出体外。

(一) 学前儿童消化系统的特点

1. 口腔各器官的发育

学前儿童口腔黏膜柔嫩,血管丰富,唾液腺不够发达,口腔黏膜干燥,易受损伤和发生局部感染。

(1) 乳牙的发育

乳牙在胎儿 5~6 个月时已开始钙化,通常 6~7 月时出牙,一般不晚于 1 岁,共 20 颗,2 岁半出齐。乳牙萌发时幼儿喜欢咬乳头、手指头等东西。

乳牙萌出过程中个别儿童有短暂的流涎、低热、睡眠不安、烦躁等反应。

食物的咀嚼不仅有利于牙齿生长,而且能促进下颌骨正常生长,使脸型逐渐拉长,面容和谐、自然。

乳牙牙釉质薄,牙本质软脆,容易被残留在牙齿缝里的食物经细菌作用而腐蚀,所以幼儿更易患龋齿。在乳牙萌出过程中,恒牙已开始发育。一般 6 岁开始萌出恒牙,首先萌出的恒牙叫第一恒牙,又叫六龄齿。恒牙与乳牙的交换在 14 岁左右全部完成。

(2) 唾液腺的发育

唾液腺在初生时已形成,但唾液腺的分泌功能较差,3~6 个月时才逐渐完善。

由于婴儿吞咽能力较差,加上口腔比较浅,所以唾液往往流到口腔外面,产生生理性流涎现象,随着年龄的增长,这一现象会逐渐消失。

2. 胃的发育

新生儿的胃呈水平位,贲门比较松弛,即胃的上口与下口几乎水平,好像水壶放倒了。因此婴儿容易发生溢奶的现象,特别是在吞咽空气后。为防止婴儿溢奶,就要在喂过奶后,让婴儿靠在大人的肩上,轻轻拍他的背,让婴儿打嗝以排除咽下的空气。

学前儿童的胃容量小,蠕动能力不及成人,消化能力弱,因此要少吃不宜消化的食物,养成细嚼慢咽的饮食习惯。

3. 肠的发育

学前儿童肠的总长度比成人长,肠黏膜发育好,血管丰富,因而吸收能力强。但肠的蠕动能力弱,各种消化液的质量差,消化能力弱。

学前儿童肠的位置固定较差,因此若坐便盆或蹲的时间过长,容易出现脱肛的现象。饮食的突然改变或腹部受凉、腹泻会诱发肠套叠。

胎儿消化道内无细菌,出生后数小时细菌入侵至胃肠道,主要分布在结肠和直肠。婴幼儿肠道正常菌群脆弱,易受到外界因素影响而导致菌群失调,引起消化功能紊乱。

4. 肝脏和胰腺的发育

学前儿童的肝脏占比较成人大,但肝小叶和肝细胞发育不健全,分泌胆汁较少,脂肪消化能力弱;糖原储存较少,饥饿时容易低血糖;解毒功能较差,因此幼儿用药物要谨慎。

学前儿童的胰腺发育很不发达,出生时重 2~3.5 克,4~5 岁时重约 20 克,而成人为 65~100 克。其胰腺富有血管及结缔组织,实质细胞较少,分化不全,因此胰液分泌较少,容易受到炎热天气及各种疾病的影响,从而消化不良。

(二)学前儿童消化系统的保育要点

1. 爱护牙齿,注意用牙卫生

乳牙不仅是咀嚼的工具,而且对促进颌骨的发育和恒牙的正常生长很重要。乳牙要使用 6~10 年,因此,应采取切实有效的措施保护牙齿。

(1)**经常漱口和刷牙,保持口腔清洁**。幼儿进食后应及时用温水漱口,及时清除掉口腔里的食物残渣。学前儿童在 3 岁后应逐渐学会刷牙,**早晚各 1 次**,晚上尤其重要。家长或教师应教会儿童正确的刷牙方法。为有效祛除牙菌斑,每次刷牙的时间不宜少于 **3 分钟**。

(2)**不吃过冷过热的食物,不用牙齿咬坚硬的东西**。牙齿受忽冷忽热的刺激或咬核桃等硬东西,牙釉质可能会产生裂缝或脱落,从而损伤牙齿。

(3)**给予适宜的刺激,促进牙齿的生长**。

(4)保证**充足的营养和阳光**。幼儿应经常参加户外活动,适当接受紫外线的照射,保证身体中维生素 D 的含量充足,以免体内缺钙。

(5)**定期检查**。幼儿一般每半年检查一次牙齿,便于尽早发现问题并及时处理。

2. 养成良好的进餐习惯

合理安排餐点,帮助幼儿养成**定点**、**定时**、**定量**进餐的习惯;帮助幼儿了解食物的营养价值,引导他们不偏食不挑食、少吃或不吃不利于健康的食品;多喝白开水,少喝饮料;吃饭时不过分催促,提醒幼儿细嚼慢咽,不要边吃边玩。

3. 注意饮食卫生,防止病从口入

4. 保持愉快情绪,安静进餐

组织进餐时,可播放轻松愉快、悠扬悦耳的音乐。**进餐时不要处理儿童行为上的问题。**

5. 养成良好的排便习惯

对6个月以后的婴儿应逐步训练定时大便的习惯,既可以防止便秘的发生又有利于教师的管理。另外,平时应经常组织学前儿童参加户外活动,多吃蔬菜、水果,多喝白开水,预防便秘。

> 【典型例题】学前儿童易患龋齿的主要原因是(　　)。
> A. 不会刷牙　　　　　　　　B. 爱吃糖
> C. 牙齿发育不完善　　　　　D. 乳牙牙釉质较薄,牙本质较松脆,牙髓腔较大
> 【解析】学前儿童的牙齿是乳牙,乳牙有不同于恒牙的特点,但不能说发育不完善。不会刷牙和爱吃糖都不是患龋齿的主要原因。
> 【答案】D

三、呼吸系统

呼吸系统包括呼吸道和肺两部分,呼吸系统的功能是呼出二氧化碳,吸进新鲜氧气,完成身体和外界的气体交换。

(一) 呼吸道的结构

呼吸道可以分为上呼吸道和下呼吸道。上呼吸道包括鼻、咽、喉,下呼吸道包括气管和支气管。

1. 鼻

鼻是呼吸道的起始部分。其功能是形成嗅觉,同时保护肺,是肺的第一道防线。

鼻腔内有鼻毛和丰富的血管,其余部分覆盖着黏膜。黏膜分泌的黏液称鼻涕。鼻腔能阻挡、吸附灰尘和细菌。另外,当寒冷的空气进入鼻腔后,逐渐变得温暖、清洁和湿润,从而减少了对呼吸道和肺的刺激。

2. 咽

咽是呈前后略扁的漏斗状肌性管道,位于颈椎的前方,它是呼吸道和消化管的共同通道。

鼻咽部的后上方有通向中耳的小管,叫耳咽管。耳咽管平时关闭,在吞咽或打哈欠时打开,空气进入中耳,调节耳膜两侧气压的平衡。

3. 喉

喉既是呼吸通道也是发音器官。喉由甲状软骨(喉结)、环状软骨、会厌软骨和韧带、肌肉、黏膜组成。会厌软骨具有分流气体和食物的功能。

4. 气管和支气管

气管、支气管的管腔内覆盖有一层带纤毛的黏膜,能分泌黏液,粘住空气中的灰尘和细菌,纤毛通过不停地摆动,将黏液运送到喉部,经咳嗽把黏液咳出体外。

气管和支气管不仅是呼吸的通道,而且发挥着清洁空气的作用。

(二) 肺

肺是氧气和二氧化碳交换的主要场所。胸腔有节律的扩大和缩小即呼吸运动,包含吸气和呼气两方面。尽力吸气后再尽力呼出的气体总量被称为肺活量,肺活量是肺功能的主要指标。

(三) 学前儿童呼吸系统的特点

1. 呼吸道的发育

学前儿童鼻根扁而宽,鼻腔相对较短,后鼻道狭窄,黏膜柔嫩,血管丰富,婴儿无鼻毛,因此易受感染。

学前儿童耳咽管宽、直、短,呈水平位,口咽部的病原体容易通过咳嗽、擤鼻涕等方式进入中耳,引发中耳炎。

学前儿童的喉腔狭窄,黏膜柔嫩,喉部保护性反射功能差,容易产生气管异物。其声门短而窄,

声带短而薄,声调较成人高而尖。同时声带的弹性纤维及喉部发育没有完善,声门肌肉容易疲劳、发炎。经常喊叫或高声唱歌就会出现声音嘶哑的现象。

学前儿童气管管腔较狭窄,黏液少,纤毛运动能力差,容易感染,从而引发气管肿胀、呼吸困难。

2. 肺的发育

学前儿童肺泡较少,肺的弹力较差;肺间质发育旺盛,血管丰富,充血多含气少。儿童6~7岁时,肺泡的组织结构才与成人基本相似,但是肺泡量依然少,易被黏液堵塞,容易发生肺不张、肺气肿、肺淤血。

婴幼儿胸廓短小,呈圆桶形,呼吸肌较薄弱,张力不足,吸气时肺不能充分扩展,换气不足,由此肺活量和肺容量均不及成人。同时儿童新陈代谢旺盛,需要更多的氧气。因此年龄越小,呼吸频率越高。

学前儿童呼吸肌发育不全,胸廓活动范围小,呈腹式呼吸。随着年龄增长,呼吸肌逐渐发育,膈肌下降,肋骨逐渐变为斜位,开始出现胸腹式呼吸。

(四)学前儿童呼吸系统的保育要点

1. 培养学前儿童良好的卫生习惯

日常生活中要注意培养儿童以下习惯:让学前儿童用鼻子呼吸,教会学前儿童用正确的方法擤鼻涕,不要蒙头睡觉;不要用手挖鼻孔等。

2. 保持室内空气新鲜

3. 加强适宜的体育锻炼和户外活动

经常参加体育锻炼,可以加强呼吸肌的力量,扩大胸廓活动范围,使参加呼吸的肺泡增多,从而增加肺活量。

另外,经常参加体育锻炼,特别是利用冷空气进行锻炼,还可增强呼吸器官的适应能力,降低呼吸道疾病的发病率。

4. 严防异物进入呼吸道

不要让学前儿童玩和捡拾纽扣、硬币、玻璃球、药片、豆粒等物品,更要教育儿童不准把这些物品放进口、鼻内含玩;吃饭、喝水时不要哭笑打闹,防止食物误入气管。

5. 保护幼儿声带

学前儿童音域窄,不宜唱成人歌曲。唱歌的场所要空气新鲜,保持湿度,相对湿度为40%~60%,温度不低于18℃,避免尘土飞扬。要避免学前儿童大声喊叫或唱歌,更不能在冷空气中喊叫或唱歌。当咽部有炎症时,应减少发音,直到完全恢复。

【典型真题】教师引导幼儿擤鼻涕的正确方法是(　　)。

A. 把鼻涕吸进鼻腔　　　　　　B. 先捂一侧鼻孔,再轻擤另一侧

C. 同时捏住鼻背两侧擤　　　　D. 用手背擦鼻涕

【解析】擤鼻涕时应让幼儿上身稍微前倾,先用手指压住其一侧鼻翼,让幼儿稍稍用力向外擤出对侧鼻翼的鼻涕;再用同样的方法擤出另一侧鼻腔内的分泌物。

【答案】B

【典型例题】幼儿不宜唱成人歌曲的主要原因是(　　)。

A. 内容深奥　　　　　　　　　B. 旋律、节奏难

C. 声带发育不完善,声域窄　　D. 音高较低

【解析】成人歌曲不一定就内容深奥或旋律与节奏难度大,但一般来讲音域跨度较大,因此不适合幼儿歌唱。

【答案】C

四、循环系统

人体的循环系统由心血管系统和淋巴系统两部分组成。

(一) 心血管系统的结构

1. 心脏

心脏是血液循环系统的动力器官,它通过有节律地收缩和舒张,使血液在全身循环流动。心脏有节律地跳动的频率叫心率。成年人每分钟心跳次数为60~80。

2. 血管

血管遍布人体全身,根据血液流动方向和管壁结构的不同,血管一般分为动脉、静脉和毛细血管三种。

血液在血管中流动,对血管壁产生的侧压力叫血压。正常成年人的收缩压是90~130毫米汞柱,舒张压是60~90毫米汞柱。

3. 血液

血液包含血浆和血细胞。血液的功能是提供身体所需的氧气和营养物质,同时将新陈代谢中所产生的二氧化碳和各种代谢废物带走。

血浆是血液的液体部分,90%~92%是水分,另有少量的无机盐、蛋白质、葡萄糖等化学物质,主要功能是运输血细胞、营养物质和代谢产生的废物。

血细胞包括红细胞、白细胞和血小板。红细胞运输氧气和二氧化碳;白细胞中的中性粒细胞和单核细胞具有吞噬作用,能吞噬侵入人体的微生物和身体本身各种坏死、衰老及受损的细胞,淋巴细胞具有免疫功能;血小板无色无核,形状不规则,主要功能是促进止血和加速血液凝固。

(二) 学前儿童循环系统的特点

1. 血液循环系统的发育

（1）心脏的发育

学前儿童的心脏在婴儿期成球形,6岁以后才成椭球形,逐渐与成人相似。其位置在婴儿期成横位,后随年龄增长逐渐与成人的位置相近。学前儿童心脏的重量占体重的比例比成人大。

学前儿童心肌纤维细,弹性纤维少,导致其心室壁较薄,心脏的收缩力差,每搏输出量少,同时新陈代谢旺盛和交感神经兴奋性较高,因此心率较快。随着年龄增长,心率逐渐减慢。一般地,新生儿心率平均为140次/分,3~4岁幼儿平均为105次/分,5~6岁幼儿平均为95次/分。脉率就是心率,脉搏可以反映心跳的次数,但对幼儿来说要在安静时测量才准确。幼儿在活动前脉率为90~110次/分,幼儿在运动时的脉率为140~150次/分,适量强度的运动后在150~180次/分。

（2）血管的发育

学前儿童血管的管壁薄而管径粗,毛细血管丰富,因此血流量大。其血管比成人短,血液循环一周用时较短,因此供血充足,有利于新陈代谢。

由于心脏收缩力较弱,因此学前儿童血压较低,随着年龄的增长,血压逐渐接近成人。2岁以后,其血压的收缩压=年龄×2+80毫米汞柱,舒张压是收缩压的2/3。

（3）血液的发展变化

学前儿童年龄越小,血液量相对比成人越多,但血液中血浆含水分越多,凝血物质越少,因此凝血较慢。另外,学前儿童血液中的红细胞数量和血红蛋白数量不稳定,在整个学前期,红细胞数量在440万~510万个。每100毫升血液中的血红蛋白为13.4~14.1克。

学前儿童血液中白细胞数量在5~6岁时逐渐接近成人数量,但中性粒细胞较少,身体的抵抗力较差。

2. 淋巴系统的发育

学前儿童的淋巴系统发育较快,6岁时接近成人水平,4~12岁达到高峰。但淋巴结发育尚未成熟,屏障作用较差,感染后容易扩散、发炎,引起淋巴结的肿大现象,如扁桃体肿大。

(三)学前儿童循环系统的保育要点

1. 合理营养,防止贫血

要供给充足的营养,多进食含铁和蛋白质丰富的食物,如瘦肉、黄豆、芝麻酱、动物肝脏等;预防贫血,预防动脉硬化应从**幼年**开始,使幼儿形成有利于健康的饮食习惯;纠正幼儿挑食、偏食的毛病,预防**缺铁性贫血**。

2. 科学组织体育锻炼和户外活动,增强心脏功能

在组织学前儿童活动和锻炼时要注意:**活动量要适当;活动程序要符合生理要求;剧烈运动后不宜马上喝大量的白开水**,因为运动时大量出汗,丢失水分和盐分较多,最好喝少量淡盐水。

3. 发热时卧床休息,减轻心脏负担

发热时心跳加快、心率增加,一般体温每升高1℃,心率增加10~20次。

【典型真题】3~6岁幼儿运动时,正常脉率高峰区间应是(　　)。
A. 90~110次/分　　　　　　B. 110~130次/分
C. 130~150次/分　　　　　　D. 150~170次/分

【解析】脉率就是心率,脉搏可以反映心跳的次数,但对幼儿来说要在安静时测量才准确。幼儿在活动前脉率为90~110次/分,幼儿在运动时的脉率为140~150次/分,适量强度的运动后在150~180次/分。

【答案】C

▶ 五、泌尿系统

(一)肾脏的发育

肾脏的主要功能是泌尿,即生成尿液。学前儿童肾小球的滤过率低,肾小管的排泄及再吸收功能差,因此对尿的浓缩和稀释能力都比成人弱。年龄越小,尿量越多。

(二)肾盂和输尿管

学前儿童的肾盂及输尿管相对比成人要宽,弯曲大,紧张度低,容易出现尿路不畅的情况,引起尿路感染。

(三)膀胱的发育

学前儿童膀胱的位置较成人高,后随年龄的增长而逐渐降入盆腔。由于学前儿童新陈代谢快,尿总量较多,但膀胱容量小,储尿功能差,所以以年龄越小,每天排尿的次数越多。同时幼儿神经系统发育不全,对排尿的调节能力差,所以儿童3岁前主动排尿的能力差。

3岁前儿童的排尿是"无约束"过程,从"无约束"到"有约束"的内部条件是大脑发育成熟到一定程度,外部条件是要给予训练。出生3个月后即可开始训练幼儿自主排尿,但这是一个循序渐进的过程。可以先从把尿逐渐过渡到坐便盆排尿,然后是感知到膀胱有胀满感并要求排尿,最后才是能自主调节和控制排尿的时间与场合。一般来讲,学前儿童2岁左右白天能自主排尿,3岁左右夜间能自主排尿而不尿床。

(四)尿道

学前儿童的尿道短并且生长速度慢,尤其是女孩,尿道黏膜柔嫩,易损失、脱落。同时女孩的尿道开口接近肛门,易发生尿路感染,特别要注意会阴部的清洁。

六、内分泌系统

内分泌系统由内分泌腺和分布于其他器官的内分泌细胞组成。其功能是通过分泌的各种激素,对身体的生长、发育、代谢和生殖起调节作用。

人体的主要内分泌腺有脑垂体、甲状腺、甲状旁腺、胸腺、松果体、胰腺和性腺等。

(一)脑垂体

脑垂体位于颅腔底部,被称为"内分泌之王"。脑垂体受下丘脑控制,分泌多种激素,如生长激素、促甲状腺素、促肾上腺素等。它可调节甲状腺、肾上腺、性腺等器官的活动。

生长激素是由脑垂体分泌的一种激素,它能促进蛋白质合成、脂肪的利用,降低糖的消耗,把一切可利用的能源节约下来,供组织生长。

生长激素的分泌昼夜不均,夜间入睡后分泌量大。学前儿童睡眠时间长,有利于脑垂体分泌激素,加速骨骼生长的速度。如果生长激素的分泌减少,就会影响身高的增长,严重者出现侏儒症,过量则造成巨人症或者肢端肥大症。

(二)甲状腺

甲状腺是人体最大的内分泌腺,位于气管的甲状软骨两侧,分左右两叶,呈"H"状。甲状腺分泌甲状腺激素,调节身体的新陈代谢,维持身体的正常生长发育,兴奋中枢神经等。碘是合成甲状腺激素的必要原料,成人若缺碘,轻者会出现甲状腺肿大(大脖子病),发育中的儿童缺碘则会造成呆小病(又叫克汀病)。

克汀病的症状是身体异常矮小,智力低下,性器官发育受阻等。发病年龄越小,对智力的影响越大。1 岁前发病如果能及时补充甲状腺素,脑机能还能恢复正常,超过 1 岁发病,即使补充甲状腺素也不能使脑机能恢复正常。

七、神经系统

身体各器官、系统的功能和各种生理过程都是在神经系统的直接或间接调节、控制下完成的,用来维持正常的生命活动。因此神经系统在人的生命活动中起着主导的调节作用。

人体的神经系统由中枢神经系统和周围神经系统构成。具体结构见图 1-3-1。

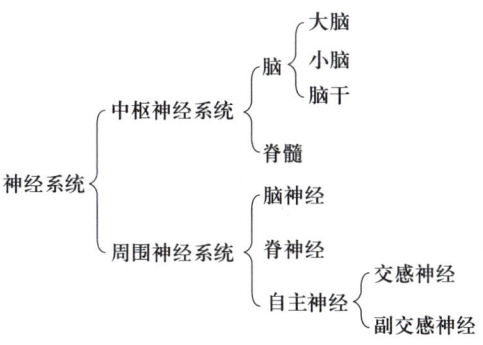

图 1-3-1 神经系统的结构

(一)神经系统的基本结构

中枢神经系统由**脑和脊髓**组成。脑位于颅腔内,包括大脑、小脑和脑干。大脑有左右两个半球,是中枢神经系统中最高级的部分,是思维与意识的器官;小脑位于大脑的后下方,与维持身体平衡、协调肌肉运动有关;脑干中的**延髓**是调节生命活动(如呼吸、心血管运动)的重要中枢。脊髓位于脊柱的椎管内,它将接收来的信息、刺激传达到脑,再把脑的指令下达到各个器官。

周围神经系统由**脑神经**、**脊神经**和**自主神经**组成,它们把中枢神经和全身的各器官联系起来。脑神经支配头部各器官的运动,并接受外界的信息,使人产生感觉和表情;脊神经支配躯干和四肢的运动,并感受刺激;自主神经分**交感神经和副交感神经**,分布于内脏中,体内各个脏器均受这两种神经的双重支配。

从纵向结构看,大脑皮层是由六层神经细胞组成的。在功能上,它们被分为三个区:初级区、次级区和联络区。初级区完成大脑内部感觉和运动信息的传递。次级区的主要功能是对来自周围神经系统的信息进行初步加工,同时还接受来自脑深部传导的冲动。联络区是人类所特有的组织,对心理的高级功能,诸如理解词义、语法、逻辑、抽象数量,整合空间标志,以及保存经验起作用;它协调各感觉区之间的活动,进行皮层最复杂的整合,被称为"保存信息、接受加工"的联络区。

(二)神经系统的工作机制

神经系统的基本活动方式是反射。

1. 反射与反射弧

神经系统活动的基本方式是反射,完成反射活动的神经组织叫反射弧。反射是人体对外界和内部各种刺激产生的反应,是神经系统调节人体活动的基本方式。反射弧由感受器、传入神经、中枢神经、传出神经和效应器组成。

反射分为无条件反射和条件反射两种。无条件反射是外界刺激与有机体反应之间与生俱来的固定神经联系。无条件反射是靠遗传获得的,是条件反射形成的基础。新生儿生来就会的无条件反射有食物反射(如吸吮反射、觅食反射)、防御反射(如眨眼反射)、定向反射、抓握反射、行走反射等。

条件反射是后天习得的,它在无条件反射的基础上经过练习形成,是高级神经活动的基本方式。

2. 信号系统

引起条件反射的刺激被称为信号刺激,信号可以分为第一信号和第二信号。

第一信号:直接作用于感觉器官的声、光、电、味等刺激,即具体的信号。对第一信号发生反应的神经机能系统叫第一信号系统,第一信号系统是动物和人共有的。

第二信号:第一信号的抽象符号,即语言文字。对第二信号发生反应的神经机能系统叫第二信号系统,它是人类所特有的。例如,望梅止渴是第一信号系统的活动,谈梅生津则是第二信号系统的活动。

第二信号系统的活动是在第一信号系统的基础上建立起来的。通过第二信号系统的活动,人类才出现了抽象思维,人才能形成概念,进行推理,不断扩大人的认知能力。

3. 大脑皮质活动的特性

(1)**动力定型**。若一系列的刺激总是按照一定的时间和顺序先后出现,重复多次后(强化),这种时间和顺序就在大脑皮质上"固定"下来(神经联系的牢固建立),每到一定时间大脑就自然地重现这一系列的活动,并提前做好准备,这种大脑皮质活动的特性就叫**动力定型**。建立动力定型以后,脑细胞能以最经济的消耗,收到最大的工作效益。

(2)**优势原则**。人们学习工作的效率与有关的大脑皮质区域是否处于"优势兴奋"状态有关。若有关的大脑皮质区域处于兴奋状态,人们的注意力会比较集中,理解力、创造力也会大大增强,思维非常活跃,从而提高学习或工作的效率。否则,效果不理想。**兴趣**能促使"优势兴奋"状态的形成,人们对感兴趣的事物往往表现为特别专注,对其他出现的无关刺激则可"视而不见""听而不闻"。

(3)**镶嵌式活动原则**。当人在从事某一项活动时,只有相应区域的大脑皮质在工作(兴奋过程),与这项活动无关的区域则处于休息状态(抑制过程)。随着工作性质的转换,工作区与休息区不断轮换。这种"镶嵌式活动"方式,使大脑皮质的神经细胞能劳逸结合,以逸待劳,维持高效率。

(三)学前儿童神经系统的特点

1. 神经系统发育迅速

神经系统是发育最早的系统,妊娠3个月时,胎儿的神经系统就已经基本发育完善。

(1)**学前儿童脑发育迅速**。在胎儿2~6个月及出生后的第一年是脑细胞数量增长的重要阶段。新生儿脑重为350~380克,1岁时脑重约为950克,3岁时脑重约为1 100克,6岁时脑重约为1 200克,达到成人脑重的80%。

(2)**神经纤维逐渐髓鞘化**。髓鞘化是脑成熟的重要指标。在婴幼儿时期,因为髓鞘化没有完成,婴幼儿表现为容易兴奋激动、注意力不集中,对外来刺激的反应较慢且易于泛化。

2. 中枢神经系统的发育不均衡

新生儿的脊髓和延髓的发育已基本成熟,所以功能较完善,这就保证了呼吸、消化、血液循环和排泄器官的正常活动。

新生儿的小脑发育很差,这是婴儿早期肌肉活动不协调的重要原因。1岁左右小脑的发育迅速,此时幼儿动作发展特别快,已学会了许多基本动作。3岁时小脑的发育基本和成人相同。肌肉活动的协调性大大增强,因此,幼儿与前期相比基本上能生活自理,这是儿童3岁可以进入幼儿园过集体生活的生理基础之一。

大脑皮质是随年龄的增长而发育成熟的。其出生时已具有与成人相似的六层结构,但皮质的沟和回较成人浅,神经细胞体积小,神经纤维短、分支少。3岁左右大脑皮质细胞体积不断增大,8岁时大脑皮质的发育基本接近成人。

3. 植物性神经发育不完善

学前儿童交感神经兴奋性强而副交感神经兴奋性较弱。比如,婴幼儿心率及呼吸频率较快,但节律不稳定;胃肠消化能力极易受情绪影响。

4. 容易兴奋、容易疲劳

学前儿童大脑皮质活动过程的特点是兴奋过程强于抑制过程,即兴奋占优势。表现为容易激动,控制自己的能力较差。

随着年龄的增长,大脑皮质的功能日趋完善,兴奋过程的加强使幼儿睡眠时间逐渐减少,觉醒时间不断延长。一般8岁左右的儿童能较好地控制自己的活动。

由于幼儿大脑皮质的神经细胞很脆弱——易疲劳,加之易兴奋,抑制过程发育不完善,所以注意力很难持久,需要较长的睡眠时间进行休整。

5. 脑细胞的耗氧量大

神经系统的耗氧量较其他系统高。**在神经系统中,脑的耗氧量最高,幼儿脑的耗氧量为全身耗氧量的50%左右,而成人则为20%。**学前儿童脑组织对缺氧十分敏感,对缺氧的耐受力也较差。所以,保持学前儿童生活环境空气清新,对其神经系统的正常发育和良好功能状态的维持都很重要。

(四)学前儿童神经系统的保育要点

1. 执行合理的生活制度,注意用脑卫生

科学用脑的具体做法:(1)利用"优势原则"让学前儿童兴趣盎然地投入到他们所从事的活动中,培养学前儿童对事物探究的兴趣,发展其敏锐的观察力和积极的思维能力;(2)利用"镶嵌式活动原则"恰当安排学前儿童各项活动的时间、内容和方式,使学前儿童轻松地活动,动静交替,防止过度兴奋后产生疲劳;(3)根据"动力定型"妥善安排学前儿童一日生活各环节,建立起良好的生活节奏和习惯,保持良好的情绪。

2. 保证充足的睡眠

充足的睡眠不仅能使神经系统、感觉器官和肌肉得到充分的休息，同时，睡眠时脑组织能量消耗减少，脑垂体分泌的生长激素也在睡眠时分泌，可以促进机体生长。保证幼儿每天睡11~12小时，其中午睡一般应达到2小时左右。

3. 保持室内空气新鲜

学前儿童对缺氧的耐受力不如成人，如果居室空气污浊，脑细胞首先受到损害。所以，学前儿童房间一定要定时通风，保证学前儿童脑力活动对氧的需要。

4. 提供合理的营养，保证大脑发育

营养是脑进行生理活动和生长发育的物质基础。所以，保证学前儿童合理膳食，饮食中要供给丰富的优质蛋白质、磷脂、维生素和无机盐等营养物质。

5. 积极开展户外活动和体育锻炼

户外活动和适当的体育锻炼可以加强神经系统的调控能力，使大脑皮质的活动更迅速、更准确、更灵活。应有意识地让幼儿进行左侧肢体的锻炼，促进右脑机能的发展。

【典型真题】从图1-3-2可以看出儿童神经系统发育有什么规律？

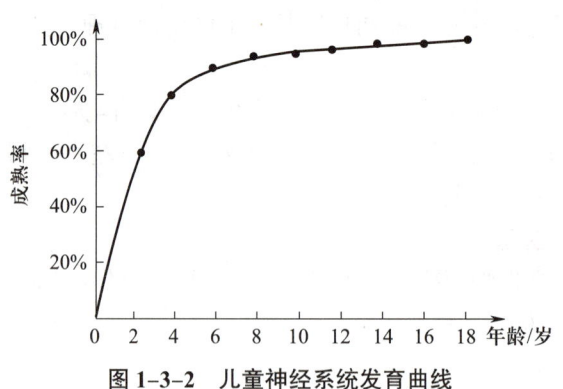

图1-3-2 儿童神经系统发育曲线

【答案要点】图1-3-2反映了儿童神经系统发育具有以下规律：

（1）神经系统发育早，在儿童出生后神经系统就处于生长发育状态中。

（2）神经系统在6岁前发育迅速，而且出生后第一年发育得最快，成熟率已达到30%，6岁时，成熟率已接近90%。

（3）神经系统的发育具有不均衡性。神经系统在不同年龄段生长发育的速度是不一样的。在0~6岁时，神经系统的发育呈快速上升趋势，而6岁以后，神经系统的发育趋于平缓。

第三节 学前儿童感觉器官的发育

感觉器官包括眼、耳、鼻、舌和皮肤。它们的主要功能是接收外界的刺激信息，并将其转化为神经冲动，是感知觉的物质基础。本节将分别介绍眼、耳、皮肤，因鼻和舌很少在考试中出现，故不展开介绍。

一、眼

（一）眼的结构

眼（通称眼睛）由眼球及附属部分组成。眼球是眼的主要部分。附属部分包括眼睑、睫毛、泪器和眼外肌等,具有保护、支持和运动眼球的作用。

眼球由眼球壁及内容物构成。眼球壁分三层,分别为外膜、中膜和内膜。眼的内容物包括房水、晶状体和玻璃体。

外膜前面是透明的角膜,后面是坚韧的起保护作用的巩膜(白眼球)。角膜有丰富的神经末梢,任何微小的刺激或损伤都能引起疼痛。眼球壁的中膜由虹膜、睫状体和脉络膜组成,我们说的"黑眼珠""蓝眼睛",实际上就是虹膜的颜色。眼球壁的内膜是视网膜,是眼的感受器(彩色底片)。

(二)眼的视觉异常

屈光系统功能失调(光线不能恰当聚焦于视网膜)就会出现近视、远视等视觉疾病。**近视**是指眼球的前后径过长,或晶状体的曲度过大,远处物体反射来的光线通过晶状体的折射后,形成的物象落在视网膜的前方,因而看不清远处的物体。**远视**是指眼球的前后径过短,或晶状体的曲度过小,近处物体反射来的光线通过晶状体的折射后,形成的物象落在视网膜的后方,因而看不清近处的物体。

如果缺乏维生素 A,则可能造成视杆细胞无法合成视紫质,造成夜盲;如果视锥细胞因先天或后天原因,缺乏感觉色泽的物质,则会造成色弱、色盲,常见的为红绿色盲。

(三)学前儿童眼的特点

婴幼儿眼的发育还不完善,具体表现为眼球的前后径较短,物像不能聚焦到视网膜上,出现**生理性远视**。随着眼球的发育,眼球前后距离变长,一般 5 岁左右就可以达到正常的视力。但是晶状体的弹性较大,调节能力较强,出生不久就能聚焦、看清物体了。

供给足够的营养如维生素 A 和胡萝卜素是眼发育的基本条件,同时还要有各种视觉刺激并注意用眼卫生。虽然幼儿的晶状体弹性大,但睫状体容易疲劳、痉挛,容易诱发近视。

(四)学前儿童眼的保育要点

1. 培养幼儿养成良好的用眼习惯

培养幼儿养成良好的用眼习惯,不在阳光直射或过暗处看书、画画;不躺着看书,不在走路或乘车时看书;集中用眼一段时间后,应远望或去户外活动,以消除视疲劳;看电视要有节制,小班幼儿连续看电视时间每次不超过 15 分钟,中班幼儿不超过 20 分钟,大班幼儿不超过 30 分钟;学前儿童的座位要隔一段时间进行调换,以防眼斜视。

2. 为学前儿童提供良好的采光环境,提供适宜的读物和教具

学前儿童活动室的光线要适中,当学前儿童画画、写字、阅读时,光线应来自**左上方**,以免造成暗影;学前儿童读物字体宜大,字迹、图案应清晰;教具大小适中,颜色鲜艳,画面清楚。

3. 注意眼的安全,预防眼外伤

教育学前儿童不玩有可能伤害眼睛的危险物品,如竹签、弹弓、小刀、剪刀等;不放鞭炮,不撒沙子。

4. 注意用眼卫生,不用手揉眼

教育儿童不要用手揉眼,自己的手绢、毛巾等要专用,并且保持清洁,保教人员要定期将这些物品消毒;教育儿童最好用流动的水洗手、洗脸,以防眼病。

5. 定期检查学前儿童的视力

要定期检查学前儿童的视力,以便及时发现问题,及时矫治。应尽早发现弱视。**弱视**是指视力低下但又检查不出眼有器质性病变的眼疾。弱视的最佳治疗年龄在 3~6 岁,治疗弱视可采用**常规遮盖法**。

二、耳

(一) 耳的结构

耳(即耳朵)由外耳、中耳和内耳三部分构成,具体结构见图1-3-3。

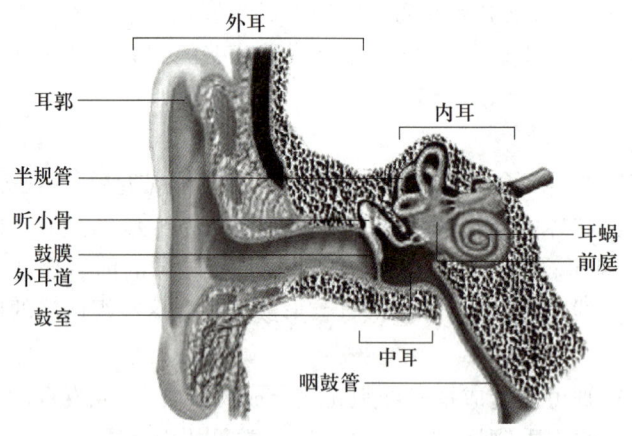

图1-3-3 耳的结构

外耳包括耳郭、外耳道和鼓膜。中耳包括鼓室和咽鼓管。鼓室内有三块听小骨,即锤骨、砧骨和镫骨。咽鼓管是中耳与咽部的通道,主要功能是引导鼻咽部气体进入鼓室,以维持鼓膜内外两侧压力平衡,从而保证鼓膜的正常振动。如果咽鼓管闭塞或鼻咽部炎症造成咽口闭合,都可使鼓室压力降低,外界压力相对增高,从而使鼓膜内陷,影响听力,并伴有耳痛的症状。内耳由半规管、前庭和耳蜗组成。半规管和前庭是感知身体位置和平衡的器官。耳蜗是听觉感受器。

(二) 学前儿童耳的特点

1. 外耳道壁骨化未完成

学前儿童的耳正在发育中,5岁前外耳道壁骨化未完成,外耳道的皮肤娇嫩、易受到刺激,眼泪、脏水或是掏耵聍都有可能损伤外耳道,引起感染,一旦感染还易扩散到附近的组织和器官。禁止用锐利的工具给学前儿童挖耳,挖耳可能引起外耳道感染,且容易划破鼓膜。

2. 耳郭易生冻疮

耳郭皮下组织很少,血液循环差,易生冻疮。到天暖时可自愈,但是到冬季不加保护又会复发。

3. 咽鼓管短、粗,倾斜度小

学前儿童的咽鼓管比成人的短、粗,位置水平,倾斜度较小,所以咽、喉和鼻腔感染时,容易引起中耳炎。教会学前儿童擤鼻涕,可预防中耳炎。

4. 耳蜗的感受性较强

耳蜗内的听觉感受器发育较早,感受性强,因此学前儿童的听觉比成人敏锐,且对噪声敏感。由于噪声是物体无规律振动产生的,变化较大,容易引起鼓膜破损,造成听力下降。因此平时成人与学前儿童讲话声音要适中,不要大喊大叫,家电的声音勿开得太响。教育学前儿童听到过大的声音要张嘴、捂耳,预防强音震破鼓膜,影响听力。

【典型例题】保护幼儿听觉器官的正确做法是( )。

A. 引导幼儿遇到噪声时捂耳、张嘴　　B. 经常帮助幼儿掏耳、去耳屎
C. 要求幼儿捏住鼻翼两侧擤鼻涕　　　D. 经常让幼儿用耳机听音乐、故事

【解析】幼儿遇到噪声时捂耳、张嘴,可以保护耳朵。

【答案】A

三、皮肤

皮肤是人体最大的器官,功能多样。

(一) 皮肤的构造与功能

皮肤由表皮、真皮、皮下组织和皮肤附属物构成。表皮是皮肤的外层,具有保护作用、免疫作用和排泄作用。皮下组织的主要成分是脂肪,发挥着贮存能量和隔热的作用。皮肤附属物主要有毛发、汗腺和皮脂腺,它们发挥着调节体温的作用。

真皮部分广泛分布着血管、淋巴管和各种神经末梢,是产生皮肤觉的主要部位。人体每平方厘米的皮肤上大约有4 200个神经末梢,产生触觉、痛觉、温觉、冷觉。人体不同部位皮肤的感觉敏感度不同,例如腹部和手指的触觉最敏感。

(二) 学前儿童皮肤的特点

1. 保护功能较差

学前儿童表皮的角质层比较薄、嫩,因此容易损伤和感染;皮下脂肪较少,保护功能差。

2. 调节体温的功能差

学前儿童皮肤里的毛细血管网较密,通过皮肤的血量相对比成人多;同时皮肤散发的热量相对比成人多;但神经系统对体温的调节作用不稳定,当外界温度变化大时,调节体温的功能较差,往往不能适应而易发感冒。

3. 皮肤的渗透性强

由于学前儿童表皮的角质层比较薄,因而皮肤的吸收功能较好,因此需要慎用一些外用药物和化妆品。

第四节　儿童生理发展的规律

(一) 生长发育是连续性和阶段性的统一

(二) 学前儿童生长发育的不均衡性

1. 生长发育的速度不均等

儿童各年龄阶段生长发育的速度不同,有快有慢,呈波浪式。在人的生长发育过程中,共有两个生长发育的高峰,分别是2岁以前和青春期。

2. 身体各部分的生长速度不均等

在生长发育过程中,身体各个部分的生长速度不同,因而身体各部分的增长幅度也不一样。每一个健康的儿童在迈向身体成熟的过程中,头颅增长约1倍,躯干增长约4倍,上肢增长约3倍,下肢增长约4倍。

3. 各系统的发育不均衡

一般地,系统其发育与身高、体重一样,存在两个发育的高峰期。神经系统发育最早,神经系统在出生后2年内发育较快。生殖系统在学前阶段发育缓慢,在青春期发育迅速。可见,各系统的发育是不均衡的,但这种不均衡恰恰是机体整体协调发展的需要。

【典型例题】幼儿身体各系统发育不平衡,在下列系统中发育最早的是(　　)。
A. 运动系统　　　B. 循环系统　　　C. 生殖系统　　　D. 神经系统
【答案】D

(三)生长发育具有顺序性

生长发育遵循由上到下、由近到远、由粗到细、由简单到复杂的规律。如出生后运动发育的规律是:先抬头、后抬胸、再会坐、立、行(由上到下);从臂到手,从腿到脚的活动(由近到远);从全掌抓握到手指拾取(由粗到细);先画直线后画圈、图形(由简单到复杂)。

(四)生长发育水平具有个体差异性

第四章

学前儿童感知运动机能的发展

知识体系及思维脉络图

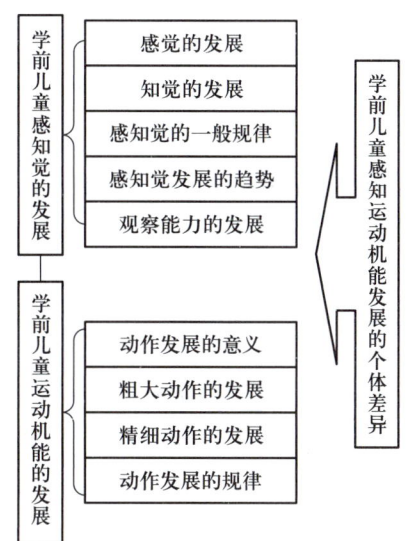

核心考点及学习提示

【核心考点】

感知觉发展的趋势、动作发展规律：记忆每一个知识点并理解其内涵。

感觉发展的成就：记忆每个年龄段感觉、知觉发展的主要成就。

动作发展的成就：记忆主要粗大动作和精细动作出现的时间和幼儿期动作发展的主要特点。

感知运动机能发展的个体差异：记忆感知觉发展和动作发展的主要差异表现，能分析不同的因材施教措施。

【学习提示】

考试重点：动作发展规律和感知觉发展的特点。

考试难点：各种感知觉、动作出现的时间和主要成就表现。

第一节 学前儿童感知觉的发展

儿童最初与外界客观事物相互作用的基本方式是感知觉与动作。

儿童通过感官的感知觉机能反映客观事物的表面属性，通过身体运动系统的运动机能主动探索世界，反映客观事物的内部特征。

一、感觉的发展

感觉是人脑对直接作用于感觉器官的客观事物的个别属性的反映。感觉是感觉器官的机能,它既是一种生理活动,又是心理活动的开端。感觉分为外部感觉和内部感觉两大类。外部感觉主要包括视觉、听觉、嗅觉、味觉和肤觉,内部感觉包括平衡觉、机体觉和运动觉。

随着感官结构的形成,感觉机能也随之表现。人在出生后各种感觉都已经开始发挥其功能。

(一) 视觉的发展

儿童视觉的发展表现在视敏度和颜色视觉两个方面。

1. 视敏度的发展

视敏度即视力,是精确辨别细致物体或远距离物体的能力。新生儿具有生理性远视,视觉模糊不清,但出生两个月后视力发展非常迅速。出生后前 6 个月是视力发展的敏感期,如果出现异常会引起视力丧失。

根据研究,1~2 岁儿童视力为 0.5~0.6,3 岁时视力可达到 1.0,4~5 岁后视力趋于稳定。4~7 岁视敏度不断提高,并达到成人水平。

2. 颜色视觉的发展

颜色视觉是区别颜色细微差别的能力。出生后 3 个月,婴儿就能区别有色物体和灰色物体,4 个月时能区别红色和绿色。

3 岁儿童还不能很好地区别各种颜色的色调,从 4 岁开始,区别各种颜色色调细微差别的能力不断提高。6~7 岁能区别色调的明度和饱和度的细微差别。

认识颜色是区别颜色并能命名的过程,因此,3 岁儿童还不能认清基本颜色,4 岁时开始认识混合色,5 岁时能认识多数混合色。

(二) 听觉的发展

胎儿 6 个月时就能对声音做出反应。刚出生时由于鼓室有羊水,因此新生儿的听觉还不清晰,但听觉已经产生。出生后半个月左右的婴儿已经能把头转向声源,表现出最初的视听协调,3~6 个月时,婴儿的视听协调能力已经发展到能辨别视听信息是否一致的水平。

声音可以区分为乐音、噪声和语音。儿童出生不久就表现出对乐音和语音的偏好。出生半个月左右的婴儿就能只对母亲的声音做出反应。有研究发现从 4 个月开始,婴儿就能积极地"聆听"音乐,并伴随身体的反复运动;5~6 个月的婴儿对音乐旋律的变化有反应;18 个月时,部分儿童就能根据音乐节奏协调身体运动了;24 个月时,可以看到儿童合着音乐节拍"舞蹈"的身体运动了。

幼儿期的儿童辨别细微声音差别的能力继续发展。小班幼儿往往不能区分发音上的细微差别,大班幼儿则能辨别语音的细微变化,如语气的变化。

教师要注意学前儿童听觉方面的缺陷,尤其注意"重听"现象。"重听"是指有些学前儿童虽然对别人所说的话听得不清楚、不完全,但是,他们常常能根据说话者的面部表情、嘴唇的动作及当时说话的情境,正确地猜到别人所说的内容。这种现象往往为人们所疏忽,但"重听"对学前儿童言语听觉、言语能力和智力的发展都带来危害,应引起人们的重视。

(三) 触觉的发展

触觉是肤觉中压觉与运动觉的联合,是婴儿认识世界的主要手段,刚一出生就有触觉反应,如吸吮反射、抓握反射等。

2 岁前,触觉在儿童的认知活动中发挥着主导作用,2 岁后随着远距离感知觉的发展,触觉在认知活动中的作用相对减少。

儿童的触觉探索主要有口腔触觉和手的触觉探索。对物体的触觉探索,最初是口腔触觉探索,后来才是手的触觉探索。在出生后第一年,口腔触觉探索是婴儿感知世界的基本手段,6 个月以后,用手抓物体放进口腔探索事物性质成为婴儿的主导活动。

视触协调(手眼协调)是触觉发展的主要成就。视触协调主要表现为眼手探索活动的协调。眼手协调活动是婴儿认知发展过程中的重要里程碑,也是手的真正探索活动的开始。

视触协调的主要标志是伸手能抓到看见的东西。做到这一点需要三个条件,即知觉到物体的位置(视觉)、知觉到手的位置(动觉)和视觉指导手的触觉活动。婴儿在4~5个月可达到视触协调。

【典型真题1】婴儿视触协调发生的时间是(　　)。
A. 2~3个月　　　　B. 4~5个月　　　C. 7~8个月　　　　D. 9~10个月
【解析】视触协调是指手的运动和眼球的运动协调一致,也就是说能够抓住所看见的东西。婴儿视触协调发生于4~5个月。
【答案】B
【典型真题2】下面几种新生儿的感觉中,发展相对最不成熟的是(　　)。
A. 视觉　　　　　B. 听觉　　　　　C. 嗅觉　　　　　D. 味觉
【解析】新生儿的视力很差,只能看到眼前18~38厘米内物体的大致轮廓。
【答案】A

二、知觉的发展

知觉是对客观事物整体属性的直接反映,是感觉信息加以整合的结果。

知觉包括物体知觉、空间知觉和时间知觉。物体知觉主要有形状知觉、大小知觉,空间知觉主要有方位知觉、距离知觉。

(一) 形状知觉的发展

形状知觉是对物体形状的知觉。学前儿童的形状知觉发展得很快。通常3岁的学前儿童能区别一些几何图形,如圆形、正方形、三角形等。有的研究发现,**4岁至4岁半是辨认几何图形正确率增长最快的时期**。又有实验证明,5岁学前儿童能正确辨别各种基本的几何图形。学前儿童辨别不同的几何图形,难易程度不同,幼儿掌握如下9种形状由易到难的顺序:**圆形、正方形、半圆形、长方形、三角形、八边形、五边形、梯形、菱形**。

学前儿童对图形的感知配对较为容易,按词拿取图形或对图形命名则较难。

(二) 大小知觉的发展

3个月的婴儿会伸手抓大小适宜的物体,而不去抓太大的物体。3个月左右的婴儿已经产生了大小恒常性,即能在不同距离认识同一个物体。有研究表明,6个月时,婴儿已经能够辨别大小。

3岁儿童能根据语言提示准确拿出大皮球和小皮球。在比较积木大小的任务中,4~5岁的幼儿还需要视觉与触觉联合完成,6~7岁的儿童则能用视觉找出一堆积木中大小相同的积木。

3岁以后,儿童能够用通用的感知标准来概括物体的属性,例如,能用几何图形概括物体的形状,用基本色概括物体的颜色属性。所谓感知标准是指社会上通用的感知物体的范型和尺度,例如,几何图形是人们感知物体形状的标准。

(三) 方位知觉的发展

方位知觉和距离知觉是儿童对物体的空间位置的反映。

方位知觉有上下、前后和左右三个维度。婴儿对物体的方位知觉是以自身为中心来定位的。

6个月前的婴儿,以听觉为主导对物体进行定向,6个月以后逐渐用视觉来进行空间定位。出生不久,婴儿就能产生定向反射,这是最初的方向定位。对方位的辨别是儿童方位知觉的主要表现。

研究表明,3岁儿童已能辨别上下方位,4岁儿童已能辨别前后方位,5岁开始能以自身为中心辨别左右方位,6岁儿童能完全正确地辨别上下前后四个方位。儿童7岁才开始辨别以他人的身体为基准的左右方位,以及两个物体间的左右方位。由于学前儿童只能辨别以自身为中心的左右方位,幼儿园教师面向幼儿做示范动作时,其动作要以幼儿的左右为基准,面对幼儿,做镜面示范。

学前儿童方位知觉的发展早于对方位词的掌握。

(四)距离知觉的发展

距离知觉指对同一物体的凹凸程度和不同物体的远近程度的反映,深度知觉是距离知觉的一种。

根据吉布森的视崖实验,婴儿在6个月时就有了深度知觉,爬到"悬崖"处会不再往前爬或只是哭叫。

经验在距离知觉的发展中起重要作用。爬行的经验有助于儿童形成深度知觉,幼儿受教育后才能知道图画中同样大小的物体,被遮挡的在远处,遮挡者在近处。

学前儿童常常不懂得近物大、远物小,近物清楚、远物模糊等感知距离的视觉信号。因此,他们画出的物体也是远近、大小不分。在图画中,学前儿童不善于把现实物体的距离、位置、大小等空间特性正确表现出来,不能正确判断图画中人物的远近位置。

(五)时间知觉的发展

时间知觉是对客观事物延续性和顺序性的反映。人总是通过某种衡量时间的媒介来反映时间。任何变化速度均匀的现象都可以作为时间的标尺,其中包括外界的变化,也包括人体内部的一些生理状态。

学前儿童时间知觉的发展有以下几个特点:时间知觉的精确性与年龄呈正相关,即年龄越大,精确性越高;时间知觉的发展水平与儿童的生活经验呈正相关;儿童对时间单元的知觉和理解有"由中间向两端""由近及远"的发展趋势;理解和利用时间标尺的能力与其年龄呈正相关。

婴儿依靠生理变化对时间产生条件反射,例如,吃奶时间反射就是婴儿最初的对时间做出的反应。**幼儿对时间的知觉主要依靠生活事件,因此生活制度在幼儿感知时间上起着决定性作用,他们的时间知觉以作息制度为标准。**根据天气变化知觉时间的能力出现在幼儿中期以后,例如知道天黑了就是晚上。

日历和钟表是成人知觉时间的主要依据,形象化的日历和钟表也可以帮助幼儿发展时间知觉。

对学前儿童讲时间问题,应该结合具体事情。例如,通知他们后天看表演,要解释"后天就是睡了一个晚上,过了一天,再睡一个晚上就到了"。有规律的幼儿园生活常规,音乐、体育活动中有节奏的动作,观察自然界的规律性变化,对学前儿童时间知觉的发展都很有帮助。

【典型真题】由于幼儿是以自我为中心辨别左右方向的,幼儿教师在动作示范时应该( )。
A. 背对幼儿,采用镜面示范
B. 面对幼儿,采用镜面示范
C. 面对幼儿,采用正常示范
D. 背对幼儿,采用正常示范

【解析】所谓镜面示范,就是教师好像幼儿镜子中的形象,应该是面对面的示范。例如,教师举起左手,幼儿相应举起右手。

【答案】B

三、感知觉的一般规律

(一)感觉相互作用规律

1. 同一感觉中的相互作用

(1)感觉适应

刺激对感受器的持续作用而使感受性发生变化的现象叫感觉适应。感觉适应可以引起感受性的提高,也可以引起感受性的降低。视觉的适应可分为暗适应和明适应。暗适应是指照明停止或由亮处转入暗处时视觉感受性提高的过程。与暗适应相反,明适应是指照明开始或由暗处转入亮处时视觉感受性下降的过程。

（2）感觉对比

感觉对比是同一感受器接受不同的刺激,而使感受性发生变化的现象。感觉对比分为两种:同时对比和继时对比。几个刺激物同时作用于同一感受器会产生同时对比现象,例如,月明星稀即眼对刺激物产生的同时对比现象。刺激物先后作用于同一感受器会产生继时对比,例如,吃过糖之后吃橘子,会觉得橘子特别酸。

2. 不同感觉的相互作用

（1）不同感觉的相互补偿

感觉的补偿是指某种感觉系统的机能丧失后,由其他感觉系统的机能来弥补。例如,视障人士失去视觉,通过实践活动,其听觉更加敏锐;听障人士能"以目代耳"等。

（2）联觉

一种感觉兼有另一种感觉的心理现象叫联觉,如红色给人以热烈、紫色给人以高贵、蓝色给人以安静、黑色给人以沉重的感觉等。

3. 感受性的发展

人的感受性不是固定不变的,有计划的训练可以提高感受性,如品茶师的品茶功夫、熟练炼钢工的"火眼金睛"等。

（二）知觉的规律

1. 知觉的选择性

知觉的选择性是指当面对众多的客体时,知觉系统会自动地将刺激分为对象和背景,并把知觉对象优先地从背景中区分出来。被清晰反映的刺激物叫知觉的对象,被模糊反映的刺激物叫知觉的背景。例如,学生听教师讲课,教师的语言就成为学生知觉的对象,听得很清楚;而其余事物,如室外的声音、室内同学的私语,就成为背景,听不清楚。

2. 知觉的理解性

知觉的理解性是指人以知识经验为基础对感知的事物加工处理,并用语词加以概括、赋予说明的加工过程。例如,一张新产品设计图纸,专业人员既能知觉到图纸的每一个细节,又能理解整张图纸的内容和意义;而没有这方面专业知识的人,则只能说出图纸的构成部分,不能理解图纸的内容和意义。知觉的理解性与人已有的知识经验有密切关系。

3. 知觉的整体性

知觉的整体性是指人根据自己的知识经验把直接作用于感官的客观事物的多种属性整合为统一整体的过程。

4. 知觉的恒常性

知觉的恒常性是指客观事物本身不变,但知觉条件在一定范围内发生变化时,人的知觉映像仍相对不变。例如无论是清晨、中午、傍晚,都会把中国国旗看作鲜红色的。知觉恒常性包括颜色恒常性、形状恒常性、大小恒常性和方向恒常性。

▶ 四、感知觉发展的趋势

儿童出生时已经具备了最初的感知能力,学前期是感知觉发展的主要时期。

（一）感知觉发展的趋势

1. 感知的分化日益细致

分化即能区别两个刺激。感知水平的发展首先表现在对两个物体的区分辨别能力的不断提高上。新生儿对不同图形的反应是相似的,但3个月后能对图形整体和图形的部分做出不同反应。

幼儿能够辨别不同的几何图形,分辨不同颜色的物体,但对一些物体的细微差别还不能分辨。

2. 感知过程趋向组合与协调

一般来说,最早出现的是单个感觉器官的感觉和知觉。出生后第一年,幼儿多种感觉联合形成空间知觉,对整个事件、物体和场所的知觉迅速发展。例如,手眼协调就是视觉、触觉和运动觉组合与协调的结果。

3. 感知过程概括化和系统化

感知的发展既是分化辨别能力提高的过程,又是综合概括能力提高的过程,表现为既要对物体进行细致分化、辨别细节,又要分清主次,把物体的主要特征组成系统进行命名。知觉的理解性是感知过程概括化与系统化的典型表现。例如,1岁的儿童往往根据物体的某个显眼特征(如颜色)辨认物体,5~6岁的儿童则能通过对物体多种特征的综合来认识物体,例如对青蛙的认识。

4. 感知过程的主动性不断增强

儿童的感知,从一开始就有主动性,而后这种主动性不断加强,感知的目的性、方向性日益明显。感觉偏好就是婴儿感知主动性的一种表现,它也是人类个体最初的选择性。

根据维果茨基的观点,观察是一种高级的心理机能。在幼儿期,儿童的感知逐渐发展为有目的、有计划的观察,观察的目的性、持久性不断提高。

5. 感知过程的效率不断提高

由于感知的分化、概括性和主动性的加强,儿童的感知效率不断提高。例如,幼儿的观察在越来越细致的同时,还能抓住事物的关键特征,感知过程的多余行为逐渐减少,用最短的时间获取更多信息的有效性在不断提高。

(二)感知觉发展的阶段

学前儿童感知觉的发展,可以分为如下三个阶段。

1. 原始的感知阶段

新生儿时期,各种感觉都已经产生,但最初的感知只是生理性质的感官机能,是与生俱来的。随着感觉通道的组合和协调,感觉整合为知觉,心理活动的加工特性显露。

2. 从知觉的概括向思维的概括过渡阶段

出生后第一年,知觉恒常性的发展在婴儿认识世界的活动中起主要作用。例如,婴儿分辨亲人和陌生人,依靠的是对人脸的初步概括,即知觉的概括。2岁左右,随着言语的产生,婴儿逐渐能将不同的同类物体与语词联系起来,逐渐向思维的概括过渡。例如,婴儿能将房间里的各种灯用同一个词"灯"来称呼,看到任何一种灯,无论它形状、颜色如何,都能概括为"灯"。

3. 掌握感知标准和观察方法阶段

3岁以后,儿童对物体的感知逐渐和有关概念联系起来,能用通用的感知标准来感知物体,不仅能用颜色标准、形状标准,而且对时间和空间的知觉也开始用通用标准(如"前后""上午"等)来表示。

随着感知目的性增强,4~5岁幼儿逐渐有意识地支配自己的感官,开始掌握观察的方法,如按顺序观察。

▶ 五、观察能力的发展

观察是有目的、有计划,比较持久的知觉。3岁后,幼儿的知觉逐渐发展为独立的、有相对稳定的目的和方向的过程,即形成有意识、自觉意识到的观察。这是学前儿童知觉发展的重大成就或质变。

观察的发展,表现在目的性、持久性、概括性和观察方法的不断完善等方面。

(一)观察的目的性

观察的目的性或有意性可以分为三级水平。一级水平最高,即能根据观察任务,有目的地克服困难和干扰,坚持细致观察;二级水平表现为能根据任务有目的地观察,但遇到困难或干扰不能克服,不愿坚持观察;三级水平则是没有目的性,不能接受任务,只是东张西望或任意乱指。研究发现,小班幼儿大部分不能接受任务,即使接受了任务,观察时也忘记了任务;从中班开始,观察的目的性有所提高;大班幼儿部分能接受并完成观察任务。

(二)观察的持久性

幼儿初期,观察的持续时间很短。在教育的影响下,观察的持久性逐渐发展。从6岁开始,观察的持续时间显著增加。小班和中班幼儿的观察持续时间一般维持在6~7分钟,大班幼儿的观察持续时间能达到12分钟以上。

(三)观察的概括性

观察的概括性指能发现事物之间的内在联系。

小班幼儿的知觉仍然是孤立、零碎的,常常不能把观察到的事物有机联系起来。中班幼儿能在空间上将两个事物联系起来,比如能说出看到了"×××和×××在一起"。大班幼儿部分能观察到事物之间的内在联系,比如看连环画,能说出起因与结果。

我国学者丁祖荫研究了儿童对图画的观察认知,发现这是一个逐渐概括化的过程。儿童对图画的观察认知可分为四个发展阶段。

第一阶段是"个别对象"阶段,儿童只看到图画中各个对象,或各个对象的部分,看不到对象之间的相互关系。例如,三岁零八个月的幼儿园小班的男孩只能观察到"姐姐和小娃娃"。

第二阶段是"空间联系"阶段,儿童能看到各个对象之间的空间联系,能够依据各个对象之间可直接感知的空间关系讲述图画内容。例如,"小女孩把两手举起,小男孩拿了布,小娃娃戴帽子站在中间""小女孩穿了单鞋、裙子,小男孩穿了裤子,拿着布。"

第三阶段是"因果联系"阶段,儿童能认识到对象之间的因果联系,依据各个对象之间不能直接感知到的因果联系理解图画内容。

第四阶段是"认识对象总体"阶段,儿童能从意义上完整地认识整个图画的内容,依据图画中所有事物之间的全部联系,完整地把握对象总体,理解图画主题。例如,为连环画起名"玩洋娃娃"。

学前儿童对图画的观察主要处于"个别对象"和"空间联系"阶段。

(四)观察方法

观察方法的形成,是幼儿期知觉发展的又一重要表现。

幼儿的观察,最初是依赖外部动作进行的,以后逐渐内化为以视觉为主的知觉活动。3~4岁幼儿常常边看边指,手的动作是知觉的支柱。这个时期,幼儿的观察是无序的,是以"尝试错误"的方式进行的,缺乏有效的方法。

当知觉受到内部表象或语言的调节以后,观察的方法逐渐形成。

幼儿期观察方法正在形成中,需要成人的指导。教师的培养方法不同,效果也不同。指导方法不当反而会阻碍儿童观察方法的形成。

明确观察任务,选择符合年龄特点和知识水平的材料,引导幼儿把握预定的观察目的,按顺序观察是培养幼儿观察力的有效措施。

【典型例题】请根据幼儿的图画观察认知特点,讨论如何开展幼儿园早期阅读活动。

【答案要点】幼儿对图画的观察认知主要处于"个别对象"和"空间联系"阶段,早期阅读的教学应促进幼儿的图画观察认知水平的发展,达到"空间联系"和"因果关系",乃至"认识对象总体"阶段。

(1)小班幼儿的图画观察认知特点是能指认图画中的单个事物并命名,容易注意到零散、个别的现象或事物,尤其是与其兴趣直接相关的事物,但很难把握图画中各事物之间、事物与整体环境之间的关系,观察的无序性突出,坚持性较差。

图画书的选择应该角色单一、角色特征鲜明,情节变化简单。

阅读指导应该重点帮助幼儿把握物体的空间关系和简单的前因后果关系。

（2）中班幼儿观察的有序性增强,高度关注细节,尝试赋予每个细节以意义。能发现关键线索,但还不能始终贯穿观察。

图画书选择可以有多个角色,角色的动作、表情等特征明显,故事情节完整,图画的动态特征和因果关系鲜明。

阅读指导的重点是把握画面之间的因果关系,能将前后画面联系起来观察。

（3）大班幼儿观察的有序性、细致性、概括性、坚持性等已发展到一定水平,能很好地把握单页图画中各个事物之间的关系,也能在一定程度上把握页与页之间的内容联系。能够对画面信息进行较为深入的分析、解释,做出某种推断。在理解图画内容的基础上,能在教师引导下理解图画书的表现方式,即基本结构。

可以考虑多个角色之间有矛盾斗争,但线索单一的图画书。

阅读指导的重点是把握人物关系和事件的因果关系,引导幼儿细致观察后通过细节发现内在关系。

第二节 学前儿童运动机能的发展

身体的运动机能是人类最重要的一种基本能力,是个体与外部世界相互作用的重要方式。对个体发展而言,动作具有保障生存与促进发展的双重价值。

一、动作发展的意义

（一）动作发展是心理发展的源泉或前提

幼儿运用已有的动作模式和感知觉对外界刺激做出反应,获得对环境的最初的知识。没有动作,幼儿心理就无从发展。

（二）动作是幼儿心理发展的外部表现

动作的发展反映着心理的发展,通过动作发展的研究,可以了解幼儿心理发展的内容和水平。

（三）动作发展促进了空间认知的发展

手的抓握动作和独立行走等动作的发展可以促进幼儿空间认知的发展。运动经验在空间认知发展中具有重要影响。

（四）动作的发展促进了社会交往能力的发展

随着动作能力的发展,幼儿与周围人的交往从依赖、被动逐渐向主动性转化。动作的发展可以诱导幼儿社会交往能力的发展。

身体的运动机能表现在身体躯干的粗大动作和手部的精细动作两个方面。大量科学研究表明,人类个体的动作从一开始就采取了与其他动物的动作发展完全不同的发展路线。一般而言,动物降生不久,其先天具备的数种动作就发展得很好,可以自由行动;而人类个体的动作发展却需要经历相对漫长的时期。不论粗大动作,还是精细动作,它们都经历了一个相对较长的产生、发展、完善的过程。个体最初的动作是一系列先天的无条件反射。新生儿借助于无条件反射实现与所处环境的平衡,从而维持生存。尽管这些无条件反射动作数量有限,而且较为刻板,但它们正是个体形成大量灵活的人类特有的条件性动作的自然前提。

二、粗大动作的发展

（一）直立行走动作的发展

新生儿具有一系列的无条件反射动作和一般性的身体反应动作，如蹬脚、挥臂、扭动躯干等。

满月时，婴儿俯卧时能将头部稍稍抬起，3个月时则能自如抬头，如俯卧时抬头与床面垂直，抱直时能自如地转动头。

躯干的动作从最初的平躺，到能转动为侧卧、仰卧，大约6个月时婴儿能不依靠支撑坐立。

爬行是腹部朝地的位移动作，是动作发展中非常重要的一个环节。婴儿在会翻身、坐起后逐渐学会爬行。最初的爬行其实是腹部着地的身体滑行，即蠕动式爬行，而后是用手臂带动身体的匍匐式爬行。最早在8个月时，婴儿能手脚着地成对角线位移爬行。

爬行对儿童的认知发展，特别是空间知觉和客体永久性的发展具有重要作用，因此在养育过程中应该注重爬行训练。

9个月时，婴儿已经能够扶着家具站立，1岁时则能扶着大人的手迈步，大部分婴儿在13个月时能独立行走。

（二）走、跑、跳等基本动作的发展

会直立行走以后，儿童开始发展基本动作，如走、跑、跳，以及与手部动作配合的攀登、投掷、钻爬。儿童基本动作的发展见表1-4-1。

表1-4-1　儿童基本动作的发展

年龄	走	跑	跳	钻爬	投掷	攀登
3~4岁	自然走	平稳跑	双脚跳	手脚爬	双手投	上台阶
4~5岁	轻轻走	往返跑	侧向跳	匍匐爬	单手肩上投	上攀登架
5~6岁	随意走	协同跑	跨跳与单脚跳	侧身爬	单手低手侧投	爬软梯

幼儿粗大动作发展的核心是动作的平衡性、协调性和灵活性等特征趋于完善。

三、精细动作的发展

（一）手部动作的发展

手部的精细动作包括摸、抓、拿、握、敲、捏、取、撕、拼、插等。精细动作的发展主要体现在手指、手掌、手腕等部位的活动能力上。

婴儿最初的手部动作是抓握反射。在抓握反射的基础上发展出手的抓握动作。但初期的抓握还是满把抓，即五指还没有分工，4~6个月时婴儿依然是用手掌抓握东西。7个月后，婴儿开始用拇指与其余四指对握抓取物体，学会了人类特有的手部动作。大约1岁时，婴儿能够用拇指与食指夹或捏一些细小的物体，手指的灵活性初步表现。

从6个月到1岁，婴儿手部动作的发展经历了五指分工、双手配合、摆弄物体和重复连锁动作几个阶段。

一旦会摆弄物体和双手配合以后，儿童就开始使用工具。幼儿期精细动作的发展主要表现在生活自理、使用书写工具和使用剪刀等工具操作方面。3岁左右儿童基本能完成生活自理动作，4~5岁时能完成基本图形的绘画和画完整的人形；5~6岁时能进行剪纸、折纸等比较复杂的动作；幼儿期是各种精细动作发展的基本阶段，精细动作日益复杂。

精细动作的发展主要表现在手眼协调和动作的稳定性、协调性和灵巧性的完善等方面。

（二）手眼协调的发展

婴儿在6个月时完全实现了手眼协调，即伸手能抓住看见的东西了。手眼协调动作的发展经

历了动作混乱—无意触摸—无意抓握—手眼不协调的抓握—手眼协调的抓握五个阶段。

手眼协调动作表现出五个特点：①能够按照视线抓住所看见的物体；②动作有了目的性和方向性；③能排除一些多余动作；④实现了双手配合，手里拿着一样东西，当看到另一样东西时，会把手里的东西丢掉去拿别的东西；⑤坐起来的姿势有助于手眼协调，使手的活动范围和视线的范围重合。

四、动作发展的规律

个体动作的发展是从无条件反射动作、无意识动作发展成复杂、精确、有意识的动作技能的，发展过程中会表现出如下规律。

（1）从整体混乱的动作到局部的、准确的和专门化的动作。儿童最初的动作多是手脚乱动、全身参与的，而且是笼统的、不明确的动作，用手抓东西也是满手一把抓，不能用食指和大拇指捏住东西。随着儿童长大，其动作才逐渐分化为局部的、准确的和专门化的。

（2）从上部动作到下部动作(首尾规律)。从身体动作的发展顺序看，儿童先学会抬头，然后俯撑、翻身、坐、爬、站，最后学会走。

（3）由粗大动作到精细动作(大小规律)。儿童的动作先出现的是大肌肉动作，如头部动作、躯体动作、双臂动作，腿部动作，最后才是手的精细动作，如手指捏东西、拿筷子、握笔等。

（4）从无意动作到有意动作。婴儿的动作是无意的，当其做出各种动作时，既无目的，也不知道自己在做什么。

（5）从中央部分的动作发展到边缘部分的动作(近远规律)。婴儿最早出现的是头部和躯干的动作，然后是双臂、腿部的动作，最后才是手部动作。

【典型真题1】儿童动作发展的正确顺序是（　　）。

A. 翻身—坐—抬头—站—走　　　B. 抬头—翻身—坐—站—走

C. 翻身—抬头—坐—站—走　　　D. 抬头—坐—翻身—站—走

【解析】本题考查儿童动作发展的规律。儿童动作的发展先从上部动作开始，然后到下部动作，也就是抬头—翻身—坐—站—走的顺序。B项正确。

【答案】B

【典型真题2】请说明儿童动作发展的规律。

【答案要点】（1）从整体混乱的动作到局部的、准确的、专门化的动作。儿童最初的动作是全身性的、笼统的、弥漫性的，以后动作逐渐分化、局部化、准确化和专门化。

（2）从上部动作到下部动作。儿童动作的发展，先从上部动作开始，然后到下部动作，即"首尾规律"。

（3）从大肌肉动作到小肌肉动作。儿童动作的发展，先从粗大动作开始，而后才学会比较精细的动作，称为"大小规律"。

（4）从无意动作到有意动作。

（5）从中央部分的动作到边缘部分的动作。儿童动作的发展先从头部和躯干的动作开始，然后发展双臂和腿部的动作，再后是手的精细动作，即"近远规律"。

第五章 学前儿童认知的发展

知识体系及思维脉络图

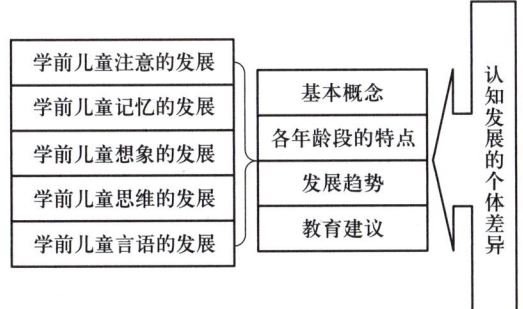

核心考点及学习提示

【核心考点】

注意、记忆、想象、思维、言语：记忆每个年龄段的发展特点，并能与儿童的行为表现、教育建议相联系，进行材料分析；理解各个认知过程的发展趋势或发展阶段，及其特有的概念。

朴素理论：理解儿童生物、物理和心理的基本朴素观点。

认知发展的个体差异：记忆认知发展领域主要的差异表现，能提出因材施教的措施。

【学习提示】

考试重点：各年龄段认知发展的特点。

考试难点：各认知活动的特殊概念、发展趋势和朴素理论。

第一节 学前儿童注意的发展

一、注意的概述

（一）注意的概念

注意是一种心理状态，它是心理活动对一定对象的指向和集中。指向性和集中性是注意的两个基本特点。

注意的指向性是指人在清醒的每一瞬间，心理活动都指向某个对象，而离开其他对象。

注意的集中性是指心理活动在指向某一事物的同时，就会对这个事物全神贯注，把精神都集中到这一事物上，这使人的活动得以进行下去并使活动得以完成。

注意不是一种独立的心理过程，它总是与人的其他心理活动相伴随而进行的。

(二)注意的分类

根据有无目的和意志努力,注意可以分为无意注意、有意注意和有意后注意三种。

1. 无意注意

无意注意也称不随意注意,是没有预定目的、无须意志努力、不由自主地对一定事物所发生的注意。无意注意更多地被认为是由外部刺激物引起的一种消极被动的注意,是注意的初级形式。人和动物都存在无意注意。

2. 有意注意

有意注意也称随意注意,是有预先目的、必要时需要意志努力、主动地对一定事物所发生的注意。有意注意是一种积极主动、服从于当前活动任务需要的注意,属于注意的高级形式。

3. 有意后注意

有意后注意也称随意后注意,是注意的一种特殊形式,是指有自觉目的、但不需要意志努力的注意。

(三)注意的外部表现

人在注意某个对象时,常常伴随着特定的生理变化和外部表现。

(1)适应性运动。人在注意状态下,感觉器官一般是朝向注意对象的,如"侧耳倾听""目不转睛""全神贯注"。

(2)无关运动停止。例如,当学生注意听讲时,会停止小动作,不再交头接耳。

(3)生理运动变化。注意发生时,呼吸会变得轻微和缓慢。注意紧张时,会出现心跳加速、牙关紧闭、拳头握紧、屏住呼吸。

二、学前儿童注意的特点

(一)3岁前儿童的注意

儿童出生后就有注意现象出现,即定向反射。

习惯化也是新生儿注意发生的标志之一。如果新的刺激多次连续出现,或延续一段时间,婴儿就不再去注意这个刺激。这种现象被称为习惯化。习惯化是对熟悉的刺激产生的注意减退的现象。

新生儿的注意是定向性注意(即定向反射),不久就发展出选择性注意。婴儿的视觉偏好就是选择性注意的典型表现。婴儿倾向于选择复杂的刺激物、不规则的图案和对称的刺激物等。

3个月以后的婴儿,生理成熟对注意的制约作用开始减小,经验开始发挥作用。6个月以后,婴儿对熟悉的事物更加注意,在社会性发展方面更为突出,例如,婴儿会对母亲给以特别注意。

6个月以前,婴儿的注意更多表现为注视,6个月以后,婴儿的注意以指向某个东西或爬向某个目标为主要表现形式。

2岁左右,语词作为第二信号系统的刺激物,能引起儿童的注意。1.5岁以后的儿童,不仅能够注意玩玩具、看图片,也能注意倾听故事了。但这个年龄段的儿童,注意集中的时间还很短。

(二)幼儿注意的发展特点

幼儿注意的特点是无意注意占优势,有意注意逐渐发展。

1. 幼儿无意注意的特点

引起无意注意的刺激物具有新颖性、鲜明性、生动性、变化性和动态性特征。强烈的声音、鲜艳的颜色、动态的形象和具有显著变化的事物都能引起幼儿的无意注意。

随着幼儿生活经验的丰富,符合幼儿兴趣的事物容易引起幼儿的无意注意。例如,幼儿渴望开汽车、想要当警察,则开车的司机、维持秩序的交通警察会成为幼儿无意注意的对象。

随着知识经验的增加和认知能力的发展,幼儿能够发现许多事物的新颖性。**事物的新颖性对吸引幼儿的注意具有重要作用。**

2. 幼儿有意注意的特点

在幼儿期,有意注意处于发展的初级阶段,水平低,稳定性差,依赖成人的组织与引导。 在这一阶段,幼儿的有意注意开始发展,但远未充分发展。这主要受幼儿大脑皮层发育水平的限制。有意注意是由大脑的高级部位控制的,即额叶部位。额叶的髓鞘化在幼儿期尚未完成,因此,幼儿主动搜寻信息、同时抑制不必要刺激的能力有限。

幼儿的有意注意是在外界环境特别是成人的要求下发展的。 成人的要求与引导可以帮助幼儿明确注意的任务,产生有意注意的动机;成人可以通过提问或提要求等语言形式组织幼儿的注意,使之能够有目的地维持注意。

幼儿的有意注意是在一定的活动中实现的。 由于自我调控能力不足,幼儿的有意注意需要依靠活动来维持,即让注意对象成为幼儿直接行动、操作的对象。例如,将观察演示与及时模仿结合,幼儿的学习活动就能维持较久的时间。

幼儿注意的稳定性发展是与注意方法的掌握密切相关的。保持有意注意需要克服一定的困难,为此幼儿能够发展出一些注意的方法。例如,早期阅读中按顺序用手指指读图画,可以保持注意的持久;为了避免外部刺激的干扰,远离他人在一个角落读书都是幼儿发展起来的注意方法。

▶ 三、学前儿童注意发展的趋势

(一)定向性注意的发生早于选择性注意的发生

儿童最初的注意即定向性注意,而后才发展出选择性注意。最初的选择性注意即视觉偏好或感觉偏好,后来的选择性注意表现为被外界刺激吸引的无意注意,最后是有目的、有意识的注意。

(二)无意注意的发展早于有意注意的发展

3岁前儿童的注意都属于无意注意,3~6岁儿童的注意依然以无意注意为主,但在成人的要求下和在活动中逐渐发展出有意注意,有意注意的时间逐渐延长,再发展出维持注意的方法。

▶ 四、学前儿童注意的品质与教育

学前儿童注意的特点和规律始终对其活动产生着重要的影响。因此,在组织学前儿童活动时应从学前儿童注意的特点和规律出发。

(一)注意的选择性与幼儿的活动

注意具有选择信息的功能,这就是注意的选择性。在众多的信息刺激中,注意的选择性表现为偏向于对一类刺激注意得多,而对另一类刺激注意得少。

3~6岁的幼儿注意发展很快,注意的选择性随着幼儿年龄的增长有很大的发展。幼儿注意选择性的发展规律:

(1)注意的选择性在很大程度上是由幼儿的兴趣和情绪引起的。

(2)注意的选择性与幼儿的理解水平和经验有密切关系。

(二)注意的稳定性与幼儿的活动

注意的稳定性是指在同一活动范围内,注意所能持续的时间。注意的稳定性对幼儿活动的完成具有重要意义。

1. 影响因素

注意的稳定性与注意对象及幼儿自身状态都有关系。注意对象新颖生动,活动方式适宜、有趣,注意稳定性就大。

2. 注意稳定性的特点

幼儿注意的稳定性较差,但随年龄的增长,注意的稳定性逐渐提高。

3岁儿童能集中注意3~5分钟,4岁儿童的注意可持续10分钟左右,5~6岁儿童的注意能保持15分钟左右。如果教师组织得法,5~6岁儿童可集中注意20分钟。

3. 提高幼儿教育和活动效果的方法

第一,教育教学内容难易适当,符合幼儿心理发展水平。

第二,教育教学方式方法要新颖多样,富于变化。

第三,幼儿园小、中、大班的作业时间应当长短有别;集中活动的时间不宜过长;活动的内容要多样化,不能太单调。

(三)注意的分配与学前儿童的活动

注意的分配指在同一时间内,把注意分配到两种或多种不同的对象与活动上。例如,幼儿一边唱歌,一边跳舞。学前儿童的注意分配能力比较差,幼儿教师需要有注意分配能力才能把工作做好。例如,幼儿吃饭时,如果注意听别人说话,就会停止吃饭;如果幼儿自己说话,他们就会把碗筷都放下,甚至还站起来,手脚一起比画。这时就需要教师进行适当的引导。

(四)注意的广度与学前儿童的活动

注意的广度也称注意的范围,是指一个人在同一时间内能够清楚地察觉和把握对象的数量。学前儿童的注意范围比较小,但随着年龄的增长,学前儿童注意的范围在逐渐增大。一般来说,学前儿童在较短的时间片段中不能注意较多的事物。有人把一幅图画给被试(学前儿童或成人)看,要求被试把图画中的每一部分都看到。结果发现,相比成人,幼儿要用较多的时间来注意画的内容。

根据幼儿注意的广度较小的特点,教师在组织学前儿童进行活动的过程中,要注意以下方面:

(1)提出的任务明确且具体,不能同时提出太多的任务。例如,出示一幅故事图画,可以根据任务有顺序地提出问题,可以先问图上都有谁,当学前儿童完成了这一任务后,再提出他们都在干什么等其他问题。这样,学前儿童就不至于注意无关细节,从而缩小了幼儿对主要活动任务的注意范围。

(2)呈现的教具应有次序,数目不能太多,教具的排列要有规律。例如,让学前儿童看图片时,不能在一开始把所有的图片摆放出来。

(3)帮助学前儿童获得较丰富的知识经验,扩大学前儿童注意的范围。

(五)注意的转移

注意的转移是根据新的任务,主动地把注意从一个对象转移到另一个对象或由一种活动转移到另一种活动的现象。

▶ 五、学前儿童注意的分散与预防

(一)注意分散的原因

注意不稳定表现为注意的分散,也叫分心。注意的分散是指注意离开了当前应当完成的任务而被无关的事物所吸引。由于身心发展水平的限制,学前儿童一般不善于控制自己的注意,易发生注意的分散。引起幼儿注意分散的原因如下。

(1)无关刺激的干扰。活动室的布置过于花哨,教师打扮过于新奇,都可能会分散儿童的注意。

（2）教学内容和方法不符合幼儿特点。活动内容过难、过易，活动过程缺少变化，教学方法过于呆板，儿童缺少实际操作的机会等都可能分散儿童的注意。

（3）疲劳。有些家长不重视幼儿正常的作息制度，晚上不能很好地休息，致使第二天提不起精神，从而注意分散。

（4）注意转移能力差。

（二）预防学前儿童注意的分散

（1）排除无关刺激的干扰。

（2）根据儿童的兴趣和需要组织教育活动。

（3）制定并遵守合理的作息制度。

（4）灵活、交互运用无意注意和有意注意。

【典型真题1】 幼儿注意发展的特点是（　　）。

A. 无意注意占优势，有意注意逐渐发展

B. 有意注意占优势，无意注意逐渐发展

C. 无意注意逐渐发展，有意注意未出现

D. 有意注意逐渐发展，无意注意未出现

【解析】 本题考查的是幼儿注意发展的特点。幼儿注意发展的特征是无意注意占优势，有意注意逐渐发展。A项正确。

【答案】 A

【典型真题2】 幼儿认真完整地听完教师讲的故事，这一现象反映了幼儿注意的（　　）特征。

A. 选择性　　　　B. 广度　　　　C. 稳定性　　　　D. 分配

【解析】 注意的稳定性是指在同一活动范围内，注意所能持续的时间。题干中描述的幼儿完整地听完教师讲故事，体现的是注意的稳定性。

【答案】 C

【典型真题3】 教师可以从哪些方面观察幼儿的注意是否集中？

【答案要点】 注意的集中性，不仅指在同一时间内各种有关心理活动聚集在其所选择的对象上，而且也指这些心理活动"深入于"该对象的程度。教师可以从以下几个方面观察幼儿的注意是否集中。

（1）适应性运动。幼儿在注意某一对象时，通常会形成有利于指向和集中的动作和状态。例如，注意听时的"侧耳倾听"，注意看时的"目不转睛"，注意想时的"全神贯注"。

（2）无关运动停止。当注意发生时，幼儿会终止与注意无关的动作。例如，当幼儿注意听讲时，会停止小动作或不再交头接耳，表现得非常专注和安静。

（3）生理运动变化。注意发生时，幼儿的呼吸会变得轻微和缓慢，而且呼吸时间也发生变化，通常是呼得更长、吸得短促。

教师可以在一日生活的各个环节中观察幼儿在进行各个环节的活动时是否能够按照教师的要求顺利进行。

第二节　学前儿童记忆的发展

记忆是过去经验在人脑中的再反映，包括识记、保持、再认或重现三个过程。根据不同分类标准，记忆可分为多种类型，如表1-5-1所示。

表 1-5-1　记忆的类型

分类标准	记忆类型	含义
记忆保持时间	瞬时记忆	时间极短（0.25~2 秒），容量较大
	短时记忆	时间短（1 分钟以内），容量有限（5~9 个）
	长时记忆	时间长（1 分钟以上），容量无限
记忆内容	运动记忆	以做过的运动或动作为内容
	形象记忆	以感知过的事物形象为内容
	情绪记忆	以曾经体验过的情绪或情感为内容
	语词（逻辑）记忆	以对法则、定理或数学公式等逻辑思维过程为内容
记忆目的	无意记忆	事先没有预定目的，不需意志努力
	有意记忆	有明确目的，运用一定方法，需意志努力
理解和组织程度	机械记忆	多次重复，死记硬背
	意义记忆	在理解的基础上，依据材料的内在联系，并运用已有的知识经验而进行的识记

一、学前儿童记忆的特点

（一）3 岁前儿童的记忆

1. 记忆的发生

判断儿童记忆是否发生的标志是习惯化与去习惯化的出现，以及条件反射的形成。

新生儿就有了习惯化反应和条件反射。婴儿最早建立的条件反射是喂奶姿势条件反射，一般情况下出生 3~9 天即可建立。这说明新生儿时期记忆已经发生。

新生儿的记忆主要是短时记忆，表现为对刺激的习惯化和最初的条件反射。

2. 婴儿记忆的发展

1~3 个月，长时记忆发生；3~6 个月，长时记忆有很大的发展，典型表现是婴儿开始认生，即看见陌生人就会做出哭泣等害怕反应。

8 个月左右的婴儿开始出现工作记忆。9 个月以后的婴儿建立了客体永久性。如果当着婴儿的面把玩具藏在毯子下面，过一会儿，婴儿会揭开毯子找到它。这表明婴儿已经知道即使物体看不到，它们依然是存在的。

在日常生活中，1~2 岁的婴儿用行动表现出初步的回忆能力，延迟模仿就是典型的行为表现。延迟模仿是皮亚杰提出的一种婴儿的行为模式。根据他的观察和研究，1.5 岁以前的婴儿只能根据直接出现在面前的原型做出某种模仿姿态或动作，原型消失后，他们就不再模仿。到了 1.5~2 岁，婴儿可以在原型消失后继续模仿，这就是延迟模仿。延迟模仿的出现，表明婴儿头脑中开始形成最初的表象，也说明婴儿具备了回忆的能力。

（二）幼儿记忆发展的特点

幼儿期记忆的水平有显著提高，一方面是无意记忆、机械记忆、形象记忆继续发展并达到相当的高度，另一方面是记忆的意识性、理解性明显提高，表现为有意记忆、意义记忆和语词记忆逐渐发展，并且开始出现记忆的方法。

1. 无意记忆占优势，有意记忆逐渐发展

（1）幼儿无意记忆的特点。

幼儿无意记忆的效果优于有意记忆，无意记忆的效果随年龄的增长而提高。具体例证见图 1-5-1。

幼儿的无意记忆不是由幼儿直接接受记忆任务和完成记忆任务而产生的,而是幼儿在完成感知和思维任务的过程中附带产生的结果,是一种副产物。但它也说明,幼儿的认知活动越积极,无意记忆的效果越好。

幼儿无意记忆的效果依赖于下列因素：

第一,客观事物的性质。 直观、形象、具体、鲜明的事物,以其突出的物理特点,容易吸引幼儿的注意,也容易被幼儿在无意中记住。例如,幼儿记住图片内容比记住语言内容容易。

第二,客观事物与幼儿的关系。 对幼儿具有重要意义的事物,符合幼儿兴趣的事物,能激起幼儿愉快、不愉快或者惊奇等强烈情绪体验的事物,都比较容易成为幼儿注意和感知的对象,也容易成为无意记忆的内容。例如,幼儿逛商场,在琳琅满目的商品中记住的总是自己喜爱的玩具。

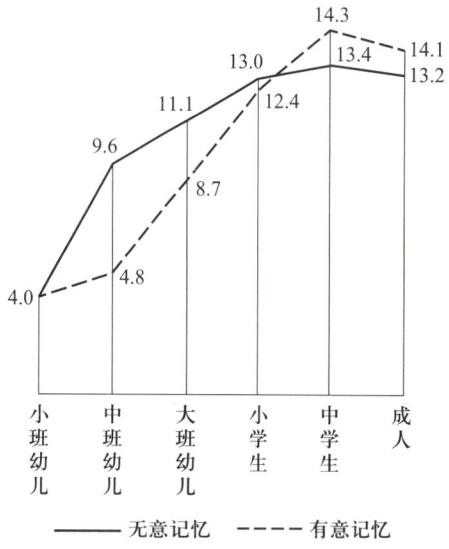

图 1-5-1　无意记忆和有意记忆的发展曲线

第三,幼儿认知活动的主要对象。 如果使记忆的对象成为幼儿活动任务中的主要对象,幼儿在活动中始终不能离开对该对象的认知,那么无意记忆的效果也很好。例如,记忆玩五子棋的规则,让幼儿在尝试玩五子棋中去记忆,比单纯记忆规则要容易得多。

第四,活动中感官参加的数量。 多种感官参加的无意记忆,由于大脑皮层处于兴奋状态的部位较多,使得暂时神经联系较多或者提取线索较多,效果则较好。例如,记忆螃蟹的外部特征,最好的办法是让幼儿用多种感官观察螃蟹,而非仅仅是听教师用语言描述螃蟹的特征。

第五,活动的动机越高,无意记忆效果越好。 例如,在一项实验中,对于相同的学习任务,一组幼儿只是完成该学习任务,另一组则在目标实现水平上与别人竞赛。因为竞赛组的动机较高,因此,无意记忆的效果也越好。

（2）幼儿有意记忆的特点。

有意记忆的发展,是幼儿记忆发展中最重要的质的飞跃。

幼儿的有意记忆并不是自发产生的,而是在成人的要求下,在教育中逐渐产生的。 在日常生活中,成人经常向幼儿提出记忆任务,如"记住,去问问老师……"幼儿园教师在各项教育活动中都会向幼儿提出记忆任务,如复述故事、背诵儿歌、学唱歌曲等。这一切有目的有意识的教育要求都促使幼儿产生了有意记忆。

有意记忆的效果依赖于对记忆任务的意识和活动动机。 幼儿意识到记忆的具体任务和有较高的记忆动机,将引导其有目的地去重复或追忆,从而提高有意记忆的效果。

幼儿有意再现的发展早于有意记忆。 研究表明,幼儿达到有意再现或追忆的年龄略早于有意记忆的年龄。

2. 记忆的理解和组织程度逐渐提高

机械记忆和意义记忆的区别在于对记忆材料的理解和组织程度不同。幼儿期是意义记忆迅速发展的时期。

（1）幼儿的机械记忆表现突出

幼儿给人的印象是机械记忆能力很强,一些并不理解的诗歌、儿歌,跟着念几遍就能记住。实际上,其机械记忆能力并不比成人强。之所以机械记忆的表现突出,是因为幼儿相对成人较多地运用了机械记忆。

笔记栏

（2）幼儿意义记忆的效果优于机械记忆

研究表明，无论是哪个年龄段，意义记忆的效果都优于机械记忆。原因是，意义记忆是通过对材料的理解进行的，理解使记忆的材料与过去头脑中已有的知识经验联系起来，把新材料纳入了已有的知识经验系统中。如果组织得好，则提取容易，即回忆与再认容易。

（3）幼儿机械记忆和意义记忆都在不断发展

在整个幼儿期，无论是机械记忆还是意义记忆，其效果都在随着年龄的增长而提高。

3. 形象记忆占优势，语词记忆逐渐发展

（1）幼儿形象记忆的效果优于语词记忆

形象记忆是根据具体的形象记忆各种材料。在幼儿言语发生之前，其记忆内容有动作、情绪体验和形象，头脑中没有语词内容。2岁以后，随着言语的发生，语词记忆才开始出现，但整个幼儿期，形象记忆仍占主要地位。形象记忆借助于头脑中的形象，由于其直观性、鲜明性，因此记忆效果好。

（2）幼儿的形象记忆和语词记忆都随着年龄的增长而发展

研究表明，无论是形象记忆能力还是语词记忆能力，都随着年龄的增长在迅速提高。

（3）幼儿形象记忆和语词记忆的差别逐渐缩小

两种记忆效果差距之所以逐渐缩小，是因为随着年龄的增长，形象和语词都不是单独在幼儿头脑中起作用，而是越来越密切地相互联系。形象记忆和语词记忆的区别只是相对的。在形象记忆中，物体或图形起主要作用，语词在其中也起着标志或组织记忆形象的作用。在语词记忆中，主要记忆内容是语言材料，但是记忆过程要求语词所代表的事物形象做支柱。随着幼儿语言的发展，形象和语词的相互关系越来越密切，两种记忆的差别自然相对减少。

4. 记忆的意识性和记忆方法逐渐发展

幼儿的有意记忆和意义记忆的发展，意义记忆对机械记忆的渗透，形象记忆和语词记忆的相互影响，都反映了幼儿记忆过程自觉意识性的增强和记忆方法与策略的发展。

研究发现，3岁幼儿不会对要求记忆的图片进行分类；**4~5岁幼儿在记忆过程中能自动把没有规律的材料按类别整理，然后记忆**。

语言的参与使记忆过程的意识性和条理性提高，大班幼儿已经能明显地使用语言帮助记忆。4~4.5岁幼儿开始能进行间接记忆，即利用中介物帮助记忆，这一时期是记忆方法与策略获得的转折期。

▶ 二、学前儿童记忆发展的趋势

（一）记忆保持的时间延长

最初出现的记忆，属于短时记忆，是依靠大脑皮层的反应性活动进行的。随着大脑皮层细胞的成熟，逐渐可以进行长时记忆。

1岁前婴儿长时记忆保持的时间只有几天，2岁时可以延长到几周。

3岁前儿童的记忆一般不能长久保持，这种现象被称为"幼年健忘症"。3~4岁以后的记忆可以保持终身。这种现象与大脑皮层细胞的突触结构性变化有关。

（二）记忆提取的方式从再认发展到回忆

儿童最初的记忆提取方式是再认。习惯化就是再认的最初表现。一般来讲，2岁以后，回忆逐渐出现。之所以如此，是因为再认依赖的是感知，回忆依靠的是表象。感知是儿童出生后就具备或发展的，表象则在1.5~2岁才开始形成。另外，感知刺激就在眼前，立即可以引起记忆痕迹的恢复；表象的活动则需要儿童在头脑中进行搜索。

（三）记忆容量不断增加

人类短时记忆的广度为7±2个单位。幼儿短时记忆广度一般在3~5个单位，7岁前儿童的短

时记忆广度尚未达到 7±2 个单位(记忆单位可以是字母,也可以是单词甚至短语)。

儿童记忆容量的扩大,是儿童把识记材料联系和组织起来的能力发展的表现。

(四)记忆内容的变化

最早出现的是运动记忆(2周),如喂奶姿势条件反射其实就是运动记忆。情绪记忆的出现也较早(6个月),比如新生儿已经明显地出现了惧怕情绪的记忆。形象记忆是对感知过的事物形象的记忆,如区分熟悉的人和陌生人就是形象记忆的表现(6~12个月)。语词记忆是以语言材料为内容的记忆,它是在儿童掌握语言后才出现的记忆(1岁左右)。

(五)元记忆和记忆策略逐渐形成

元记忆是指对自己记忆过程的认识或意识。元记忆主要包括明确记忆任务,估计到完成任务过程中的困难并努力选择方法去克服困难,能够检查和评估自己的记忆过程及其水平。

显然,元记忆是记忆的有意性发展的结果。儿童最初的记忆是无意记忆,2~3岁出现记忆有意性的萌芽,幼儿期是元记忆产生的时期。

元记忆产生后,记忆策略逐渐形成并运用。研究发现,2岁以后儿童的记忆策略开始萌芽。在适宜的条件下,3岁儿童开始运用记忆策略。一般来说,5岁前儿童的记忆过程比较被动,没有策略、计划和方法;5~7岁是一个转折期,7~8岁以后,儿童运用记忆策略的能力比较稳定。

儿童常用的记忆策略包括反复背诵,自我复述,通过归类、联想等方法将材料系统化地精加工,以语言为中介的间接记忆等。

▶ 三、根据学前儿童记忆的特点组织与实施教育

(一)记忆材料要形象,方法要有趣

由于学前儿童记忆以无意性和形象性为主,因此,记忆的材料要尽可能形象化、趣味化,符合学前儿童记忆的特点则效果最好。

3岁后可以将一些记忆的方法,如归类、联想在记忆过程中予以隐性示范。在材料选择方面就要考虑到可能的记忆方法是什么,能否给学前儿童示范等。

(二)帮助学前儿童理解记忆的材料

学前儿童记忆水平的显著提高主要是因为随着理解能力的提高,学前儿童学会了对记忆材料进行联系和组织并使之系统化。理解性记忆不是自然而然产生的,而是在成人特别是教师的引导和帮助中逐渐获得的。因此,教育教学的目标不能是为记忆而记忆,而应在理解材料的过程中达到记忆的效果。教师的基本任务就是通过多种手段帮助学前儿童理解记忆材料。

(三)帮助学前儿童明确记忆目的

向学前儿童提出明确具体的任务和要求,使学前儿童主动记忆,则记忆效果更好。

(四)多种感官参与记忆

无论是有意记忆还是无意记忆,如果使记忆材料成为学前儿童感知、理解的对象则记忆效果好。学前儿童的感知与理解离不开实际操作或活动,因此在学习过程中为了达到有效记忆的目的,就要让幼儿多种感官参与,特别是在听与看的过程中要与手的操作结合,这样多种感官并用,不仅有利于提取线索的增加,而且有利于儿童对学习材料的理解。

(五)帮助学前儿童进行及时、合理的复习

根据艾宾浩斯遗忘曲线,遗忘是有规律的,先快后慢,先多后少,所以要及时复习,复习方法多样化,应合理安排复习时间。

【典型真题1】根据图1-5-1写出幼儿记忆的发展规律。
【答案要点】(1)幼儿无意记忆的效果优于有意记忆;

（2）无意记忆的效果随年龄的增长而提高；

（3）记忆的理解和组织程度逐渐提高；

（4）记忆的意识性与记忆策略逐步形成。

【典型真题2】在幼儿记忆活动中占主要地位的是（　　）。

A. 有意记忆　　　B. 语调记忆　　　C. 形象记忆　　　D. 意义记忆

【解析】根据记忆内容，可将记忆分为运动记忆、形象记忆、情绪记忆和语词记忆这四种类型。幼儿阶段主要根据具体的形象，即形象记忆来识记材料。故选C项。

【答案】C

【典型真题3】幼儿时期占优势的记忆类型是（　　）。

A. 意义记忆　　　B. 形象记忆　　　C. 词语逻辑记忆　　　D. 动作记忆

【解析】本题考查学前儿童记忆的发展特点。其特点之一是形象记忆占优势，语词记忆逐渐发展。在儿童言语发生之前，其记忆内容只有事物的形象，即只有形象记忆。在儿童言语发生后，直到整个幼儿期，形象记忆仍占主要地位。B项正确。

【答案】B

第三节　学前儿童想象的发展

一、几个基本概念

（一）表象

表象是过去感知过但当前不作用于感官的事物在头脑中出现的形象，有视觉表象、听觉表象、触觉表象等。表象具有形象性、概括性、新颖性和创造性的特征。表象可分为记忆表象和想象表象。

（二）想象

1. 想象的概念

想象是对头脑中已有的形象进行加工、重组形成新形象的过程。想象以表象为原材料。

想象具有形象性和新颖性两个基本特征。学前儿童在1.5~2岁出现想象的萌芽，主要通过动作和语言表现出来。

2. 想象的分类

想象根据目的性可以分为无意想象和有意想象，根据新颖性可以分为再造想象和创造想象。如表1-5-2所示。

表1-5-2　想象的分类

分类标准	想象类型	含义
目的性	无意想象	没有预定目的，不自觉
	有意想象	有一定目的，自觉
创造性	再造想象	语言的描述或图样示意
	创造想象	独立创造出新形象

二、学前儿童想象发展的趋势

学前儿童想象发展的基本趋势是从简单的自由联想向创造性想象发展,具体表现为如下三点。
(1)从想象的无意性,发展到开始出现有意性。
(2)从想象的单纯再造性,发展到出现创造性。
(3)从想象的极大夸张性,发展到合乎现实的逻辑性。

三、学前儿童想象的发展特征

(一)无意想象占主要地位,有意想象开始发展

无意想象是最简单、最初级的想象。其实质是一种自由联想,不要求意志努力,意识水平低,是学前儿童想象的典型形式,表现出如下几个特点。

1. 想象无预定目的,由外界刺激直接引起

学前儿童的想象,常是由外界刺激物直接引起的,想象活动不能指向于一定的目的。在游戏中想象往往随玩具的出现而产生。例如,拿起小竹竿,才想象成它是一匹小马,可以进行骑马活动。年龄越小,想象的目的越不明确,也就越以想象过程为满足。在绘画活动中,学前儿童想象的主题往往是从看到别人画或者听到别人说而产生的,所以同一桌上绘画的幼儿,其想象主题常常雷同。

2. 想象的主题不稳定

学前儿童想象进行的过程往往受外界事物的直接影响。因此,想象不能按一定的目的坚持下去,想象的主题容易改变,易受外界干扰而变化。这主要是由学前儿童初期的直觉动作思维决定的。例如,在游戏中,学前儿童正在当"医生",忽然看到别的小朋友在"包糖果",他/她就跑去当"工人",和小朋友一起"包糖果"。在画画中也如此,学前儿童正在画树,看到别人画兔子,则又去画兔子吃萝卜。

3. 想象的内容零散、缺乏系统性

由于想象的主题没有预定目的,主题不稳定,学前儿童想象的内容是零散的,所想象的形象之间不存在有机的联系。学前儿童绘画常常有这种情况,画了"小人",又画"螃蟹",再画"海军",然后又画了一把"牙刷",显然是一串缺乏系统性的自由联想。

4. 想象受兴趣和情绪的影响

学前儿童的想象不仅受外界刺激所左右,也容易受自己兴趣和情绪的影响。学前儿童的情绪常常能够引起某种想象过程,或者改变想象的方向。例如,在幼儿园,教师亲了一下孩子,那么孩子就会产生丰富的联想,头脑中浮现出教师喜欢自己的情景。又如,"老鹰捉小鸡"的游戏本应以小鸡被老鹰抓走而告终,可孩子们同情小鸡,又产生这样的想象:鸡妈妈和鸡爸爸赶来,把老鹰啄跑,救回了小鸡。另外,兴趣也影响孩子的想象。对于学前儿童感兴趣的游戏和学习,他们就会长时间去想象,专注于这个活动;而对不感兴趣的活动,则缺乏想象,学前儿童往往是消极地应付或远离这项活动。

5. 以想象过程为满足

学前儿童想象往往不追求结果,只满足于想象进行的过程。例如,一个学前儿童常常给小朋友讲故事,乍一听有声有色,既有动作,又有表情,实际上毫无中心,没有说出任何一件事情的情节及来龙去脉。可是,讲故事的孩子津津乐道,听故事的孩子们也听得津津有味,这种活动经常可以持续半个小时以上,他们都随着这种零乱的情节进行想象,并感到满足。

在教育的影响下,学前儿童的有意想象开始发展。有意想象在幼儿期开始萌芽,幼儿晚期有了比较明显的表现。这种表现是:在活动中出现了有目的、有主题的想象;想象的主题逐渐稳定;为了实现主题,能够克服一定的困难。有意想象需要培养,成人组织学前儿童进行各种有主题的想象活

动,启发学前儿童明确主题,准备有关材料(例如游戏中的玩具、绘画的材料等),成人及时的语言提示对学前儿童有意想象的发展起着重要作用。

(二)再造想象为主,创造想象开始发展

学前儿童的想象是以再造想象为主的。表现为,想象在很大程度上具有复制性和模仿性。小班幼儿的再造想象是以复制式再造想象为主的,这是较低发展水平的想象,它对独立性和创造性要求较少。幼儿再造想象有以下特点:常常依赖于成人的语言描述,根据外界情境的变化而变化,实际行动是学前儿童进行想象的必要条件。

从内容上划分,想象可分为经验性想象、情境性想象、愿望性想象、拟人化想象和夸张性想象五类。

经验性想象:幼儿凭借个人生活经验和个人经历展开想象。例如,请幼儿画"过年"的主题画,由于幼儿的个人经验不同,画面内容有较大的差别。

情境性想象:想象的内容由外部情境引起。例如,请幼儿根据一幅图画来创编故事,其想象的内容差异不大,大部分内容来自画面。

愿望性想象:在想象活动中表露个人愿望。例如,某大班幼儿说:"妈妈,我长大了也想和你一样,做一个老师。"

拟人化想象:把客观物体想象成人,用人的生活、情感、语言等去描述一个客观物体。例如,中班某幼儿去"海底世界"玩后,对妈妈说:"有的鱼睁着眼睛在盯着我看,好像在说'我似乎认识你'"。

夸张性想象:学前儿童常常喜欢夸大事物的某些特征和情节。例如,在幼儿的画中可发现学前儿童画的长颈鹿,从比例来看,脖子特别长;画的大象头特别大,鼻子特别长。这些夸大部分,常是学前儿童印象特别深刻的部分。

在教育的影响下,学前儿童在中班以后的再造想象中开始出现创造性的成分。例如,画了大轮船以后,幼儿会在旁边画上几条小鱼;在画了节日的大灯笼后,会在旁边添几个气球。教师要给予保护、鼓励,并创造条件促使学前儿童创造性想象的发展。幼儿期是创造想象开始发生的时期。这个时期的创造想象有如下特点:带有无意的自由联想性质;模仿中的小创造情节逐渐丰富,数量和种类不断增加。

(三)从极大的夸张性向符合客观逻辑发展

学前儿童想象的突出特点就是极大的夸张性。这种夸张性表现在两个方面。

(1)夸大事物某个部分或某种特征。

(2)把想象和现实相混淆。

学前儿童常将想象的东西和现实进行混淆,表现在三个方面:

(1)把渴望得到的东西说成已经得到的东西。例如,有的学前儿童看到别人有漂亮的娃娃或"冲锋枪",他们会说:"我们家也有。"可事实上没有。

(2)把希望发生的事情当成已发生的事情来描述。例如,一位中班小朋友听邻居讲去某公园玩的事,很开心,于是这位小朋友也有了去该公园玩的愿望。他把玩的"过程"想象了一下(即根据别人的描述而想象),然后到幼儿园去对同伴说他自己去该公园玩的"经历"。

(3)在参加游戏或欣赏文艺作品时,往往身临其境,与角色产生同样的情绪反应。例如,幼儿园小班学前儿童正在玩"狡猾的狐狸,你在哪里"的游戏,当教师扮演的狐狸逮着小鸡(小朋友饰),装着要吃她的时候,这个孩子大哭起来,说:"你是老师,怎么可以吃人呢!"并拼命挣扎。

学前儿童想象夸张性产生的原因有如下几点。

(1)认知发展水平的限制。

学前儿童夸大事物的某一方面和特征,这种现象的产生和他们的认知水平有关。学前儿童在

观察事物时往往注意到事物的突出特点,而且这些特点不是事物的本质特点。对于事物的其他特点,幼儿常常没有意识到。幼儿记忆中所保持的形象比较贫乏,对事物的特征掌握不完全。幼儿思维的概括性不足,因而不能恰当地把握本质特征。在想象中往往也是过分地夸大,大的东西大极了,小的东西小极了。

学前儿童常常把想象与现实混淆。这和学前儿童感知的分化发展不足,以及想象与记忆的混淆有关。感知的分化不足,学前儿童往往意识不到事物的异同,察觉不到事物的差别。想象与记忆的混淆,学前儿童分不清哪些是由于渴望得到而反复想象的形象,哪些是真实经历过的记忆形象。学前儿童常把想过的和做过的事混淆,常常把假想的事信以为真。

（2）情绪对想象的影响。

学前儿童的想象容易受情绪影响,这种影响也是形成想象夸张性的原因。由于情绪的作用,学前儿童虽然知道想象与现实不符,但仍然迷恋于想象过程。游戏中的想象更多表现了学前儿童的情绪和愿望。学前儿童绘画时,把教师画成仙女,是因为教师对自己比较关心、友好,喜欢教师;而有时把教师画成怪兽,是因为教师可能批评过该儿童。

学前儿童想象发展中易出现的问题及应付方法如下。

在学前儿童想象发展中常常会把自己想象的事情当作真实的事情。这种混淆想象和现实的情况,常被成人误认为孩子在说谎。事实上是学前儿童的想象具有夸张性所致。

由于受认知水平影响,感知分化发展不足,记忆不够精确,学前儿童容易把渴望的事情与已经得到的东西相混淆。受情绪的影响,学前儿童容易把喜欢的、感兴趣的东西夸大,从而导致信以为真。把现实与想象混淆,常用自己虚构的内容来补充记忆中残缺的部分,把主观臆想的事情当作自己亲身经历过的事情来回忆。这种现象常被人们误认为学前儿童在"说谎",这显然不对。

在实际生活中耐心指导学前儿童,帮助学前儿童分清什么是假想,什么是事实,从而促进学前儿童想象的发展。注重家园合作,共同促进儿童的发展。

▶ 四、想象的年龄特点

1.5~2 岁学前儿童基本具备了想象的基础,学前儿童期是想象发展最迅速、最活跃的时期。

2~3 岁学前儿童的想象过程完全没有目的,内容简单贫乏,依靠感知动作。

3~4 岁学前儿童想象的主要表现为自由联想式的无意想象,其特点主要为:想象活动无目的,没有前后一贯的主题;内容零碎、无系统性;受感知形象的直接影响,不追求想象的结果。

中班以后,学前儿童的想象仍以无意想象为主,但出现了有意的成分,其特点为想象出现了有一定的目的、一定范围的自由联想;想象过程随外界或自身的情况而变化;想象目的和计划简单;想象内容更丰富但零碎。

大班以后,学前儿童的有意想象和创造想象已经有明显的表现。想象有意性相当明显;想象内容进一步丰富、有情节,新颖性增加;想象的形象力求符合客观逻辑。

▶ 五、在活动中发展学前儿童的想象

1. 丰富幼儿感性知识和生活经验

想象的水平是以一个人所具有的表象的数量和质量的情况决定的。表象越丰富、越准确,想象则越新颖、越深刻、越合理。个体的经历不同,想象的内容也有所区别。知识和经验的积累,是学前儿童想象发展的基础。因此,教师在各种活动中,要丰富学前儿童的感性知识和经验,指导他们去感知客观世界,多到大自然中,通过参观、旅游等活动开阔视野,使学前儿童积累感性知识,丰富生活经验,增加表象内容。

2. 提高学前儿童的语言水平,促进想象能力的发展

学前儿童想象力的发展离不开语言活动,语言水平直接影响着想象的发展。所以在日常生活和教学活动中要发展学前儿童的语言能力,结合文学作品丰富学前儿童的再造想象,激发学前儿童的广泛联想。

3. 充分利用文学、艺术活动发展学前儿童的想象

在文学活动中可以对儿歌创编,对故事仿编、改编等发展学前儿童的想象。在美术活动中,教师要鼓励学前儿童大胆作画,让学前儿童充分发挥自己的想象力,创造出优秀的作品。在音乐活动中,教师要鼓励学前儿童去听、去想、去思考,并引导学前儿童欣赏、表达、创作;在戏剧活动中,学前儿童可以成为任何人和事物,教师可以提出各种问题、设置各种情境,充分调动学前儿童的想象力。同时,要注重多种艺术手段的结合使用,例如,在美术主题活动"龟兔赛跑"中,教师边给学前儿童讲述"龟兔赛跑"的故事,边播放相应的"龟兔赛跑"的歌曲。学前儿童会通过歌曲和故事所营造的意境而展开想象,学前儿童的画作上就会出现许多自己脑海里想象的场景,因而每个学前儿童的画作就变得与众不同了。

4. 通过游戏推动学前儿童想象

在游戏活动中,特别是角色游戏和造型游戏中,随着扮演的角色和游戏情节的发展变化,学前儿童的想象异常活跃。例如,抱着娃娃时,学前儿童不仅把自己想象成"妈妈",还要想象"妈妈"怎样去爱护自己的"孩子"。于是她一会儿喂娃娃吃饭,一会儿哄娃娃睡觉,一会儿又抱娃娃上"医院"看病,送娃娃去"托儿所"等等。游戏的内容越丰富,想象就越活跃,因此教师要积极引导学前儿童参与各种游戏。

玩具和游戏材料是引起学前儿童想象的物质基础。因此,教师要为学前儿童多提供玩具和游戏材料(不一定都是精致漂亮的玩具,只要安全、卫生即可),鼓励学前儿童大胆想象,同样能起到活跃学前儿童想象,促进想象发展的作用。

5. 创造条件,鼓励学前儿童大胆想象

教师要为学前儿童提供可以动手探索的材料和多种可选择的学习环境,鼓励学前儿童提出有深度的问题,大胆进行想象,并利用社区和家长的作用,和学前儿童一起享受解决问题的快乐。

【典型真题1】简述幼儿无意想象的主要表现。

【答案要点】(1)想象目的不明确,容易受外界干扰。

(2)想象主题不稳定。

(3)想象的内容零散,缺乏系统性。

(4)想象活动只在意过程,不在意结果。

(5)想象受情绪和兴趣的影响。

【典型真题2】一个小女孩看到一幅"夏景"的图片时,说:"小姐姐坐在河边,天热,她想洗澡,她还想洗脸,因为脸上淌汗。"这个小女孩的想象是(   )。

A. 经验性想象   B. 情境性想象   C. 愿望性想象   D. 拟人化想象

【解析】这是小女孩根据自己的经验展开的想象。

【答案】A

第四节 学前儿童思维的发展

思维是人脑对客观现实间接的、概括的反映。思维以感知、记忆为基础,是认知过程的高级反

映形式,是对客观现实的理性认识。

一、思维的发生

典型的人类思维是以语言为工具的抽象逻辑思维。学前儿童的思维是人类思维发展的低级阶段。这个阶段的思维具有思维的本质特点——概括性和间接性。但是抽象概括水平低,还不是典型的人类思维。

(一)思维发生的标志

语词概括的形成是学前儿童思维发生的标志。学前儿童概括地反映客观事物的能力是逐渐发展的,经历了直观的概括、动作的概括和语词的概括三个阶段。

直观的概括即根据物体最鲜明、最突出的外部特征进行概括。颜色和形状是学前儿童最初对事物的主要概括特征,例如,给学前儿童一堆物品,让他们分类时,他们一般都按颜色分类。

动作的概括指学前儿童根据物体的形状或功能进行概括。在对实物进行摆弄和操作的过程中,通过视觉和触觉的结合,学前儿童能够把物体的一些特征(如轮廓、形状)从最初的显著的视觉刺激中分离出来,甚至出现了对实物使用方式的概括。这些都是建立在动作方式基础上的,因此属于动作的概括。例如,让学前儿童分类,他们会把船和熨斗分在一起,把耙子和刷子分在一起。

语词的概括指学前儿童能够按照物体的某些比较稳定的主要特征进行概括,舍弃那些可变的次要特征,并用语词做标志。例如,学前儿童能够把船和熨斗区分开,对"船"的指认不再受形状、大小、颜色变化的影响。

直观的概括是感知水平的概括,动作的概括是表象水平的概括,语词的概括才是思维水平的概括。

(二)思维发生的时间

在语词的概括之前,学前儿童也能用一些语词标志物体,但只是标志而已,语词没有概括的功能。例如,用"汪汪"称呼狗,用"嘎嘎"称呼鸭子。

学前儿童在1.5岁时就能开口说话,但这时的语词只有标志功能,如"杯杯"只标志自己经常喝水的"那个"杯子。2岁左右的学前儿童出现了最初的语词概括,能用"杯子"概括家里家外各种喝水的杯状物品,此时思维发生。

(三)思维发生的意义

思维的发生是学前儿童心理发展的重大质变。

1. 思维的发生标志着学前儿童已具备各种认知过程

思维是复杂的心理活动,在个体心理发展中出现较晚。它是在感知觉、记忆等心理过程的基础上形成的,思维的发生,说明学前儿童已经具备了人类认知的各种过程。

2. 思维的发生使其他认知过程产生质变

思维一旦发生,就不再孤立地进行活动。它参与感知与记忆等较低级的认知过程,而且使这些认知过程发生质的变化。由于思维的参与,知觉已经不再单纯地反映事物的表面特征,而成为思维指导下的理解的知觉,使学前儿童的知觉复杂起来。例如,由于思维参与对时间的知觉,学前儿童能使用时间参照物,如根据天亮与天黑判断白天和黑夜;又如,由于思维参与对图画的观察,能观察到图画的因果关系和对象的总体关系。

3. 思维的发生使情感、意志和社会性行为得到发展

由于思维的参与,情绪的社会性日益明显,高级情感产生。

思维的发生和发展使学前儿童出现了意志行动的萌芽,学前儿童开始明确自己的行动目的,理解行动的意义,从而能够按一定目的去行动。

思维的发生,使学前儿童能够理解人与人的关系,理解自己的行动产生的社会性后果,使学前儿童产生了社会性情感,如责任感等。

4. 思维的发生标志着意识和自我意识的出现

意识的基本特征是抽象概括性和自觉能动性。思维的发生使学前儿童具备了对事物进行概括、间接反映的能力，从而实现了意识特征的初步形态，学前儿童开始出现不同于动物的心理特征。自我意识是意识的一种，学前儿童通过思维活动，在理解自己和他人的关系中逐渐认识自己。思维促进了学前儿童自我意识的发生。

二、学前儿童思维发展的趋势

学前儿童最初的思维是直觉动作思维，然后出现具体形象思维，最后发展起来的是抽象逻辑思维。

1. 直觉动作思维

学前儿童最初的思维是以直觉动作思维为主。直觉动作思维是指以直观的、行动的方式进行的思维，直觉动作思维的工具是感知与动作。直觉动作思维是最低水平的思维。2~3岁学前儿童的直觉动作思维表现非常突出。3~4岁学前儿童身上也常有表现。直觉动作思维的主要特征为：

（1）思维依赖一定的情境

这种思维依赖一定的具体情境，以及对事物的感知和动作的概括。处于这种思维阶段的学前儿童离开了实物就不能解决问题，离开了玩具就不会游戏。

（2）思维离不开学前儿童自身的动作

处于这个思维阶段的学前儿童，其思维只能在动作中进行，常表现为先做后想，边做边想。动作一旦停止，他们的思维活动也就结束了。直觉动作思维是学前儿童动作的客观结果，动作没有事先的计划和预定的目的，也没有预见的结果。

2. 具体形象思维

3~6、7岁的儿童的思维，以具体形象思维为主，所谓具体形象思维是指儿童依靠事物在头脑中的具体形象进行的思维，即依靠表象及对具体形象的联想而进行的思维。具体形象思维的工具是表象。

3. 抽象逻辑思维

6、7岁以后，儿童的思维开始进入逻辑思维阶段。抽象逻辑思维反映事物的本质特征，是指运用概念，根据事物的逻辑关系来进行的思维。它是靠语言进行的思维，是人类所特有的思维。抽象逻辑思维的工具是语词所代表的概念。

在思维发展过程中，动作与语言对思维活动的作用不断发生变化。动作在思维活动中的作用由大到小，语言的作用则由小到大。

儿童思维发展的趋势是由直觉动作思维发展到具体形象思维，最后发展到抽象逻辑思维。学前儿童思维发展总体趋势的具体表现参见图1-5-2。

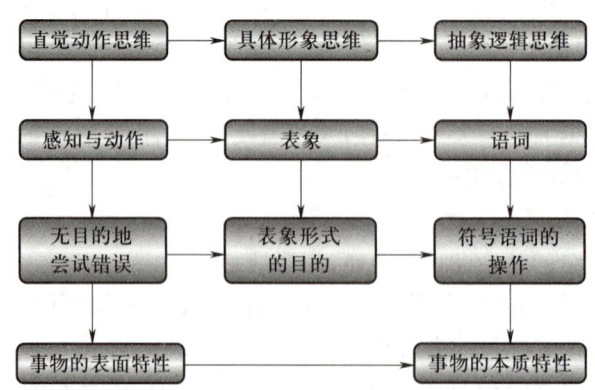

图1-5-2 思维发展总体趋势的具体表现

三、幼儿思维发展的一般特点

幼儿的思维以具体形象性为主,同时抽象逻辑思维开始萌芽。

1. 幼儿初期的思维仍具有一定的直觉动作性

幼儿初期,即3岁左右,思维仍保留很大的直觉动作性。这时期幼儿的思维活动常常与他们的动作相伴随。

2. 具体形象思维是幼儿思维的主要特征

进入幼儿中期,在一定的生活环境和教育条件下,幼儿的思维在前一阶段的基础上有了进一步的发展,由以直觉动作思维为主逐渐发展到以具体形象思维为主。

幼儿的具体形象思维主要表现出以下几个方面的特点:

(1)具体性

幼儿思维的具体性表现在思维内容的具体性上,易于被他们掌握的概念是实际存在的某个实物,例如"家具"指家里的"桌子"和"椅子"。幼儿还难以掌握抽象名词如"朋友",对于"喝完水的小朋友"这类抽象表述,小班幼儿也难以理解到底指的是谁,教师必须点名指姓地说,幼儿才明白。

(2)形象性

幼儿思维的形象性,表现在幼儿依靠事物的形象来进行思维。幼儿的头脑中充满着各种各样颜色、形状等事物的生动形象。比如爷爷总是长着白胡子,奶奶总是头发花白的;穿军装的才是军人;兔子总是"小白兔"等。

具体性和形象性是具体形象思维的两个最为突出的特点。

(3)经验性

幼儿的思维常根据自己的生活经验来进行。比如,幼儿把热水倒入鱼缸中,当被问为什么时,他们会说:"老师说了喝开水不生病,小鱼也应该喝开水。"幼儿思维的经验性还表现在幼儿拒绝"假设情境"上。例如,教师说:"假如爸爸妈妈不在家,有陌生人到你们家来,你不要开门。"幼儿的回答往往是:"我爸爸妈妈在家里。"

(4)拟人性

幼儿往往把动物或一些物体当人来对待。他们赋予小动物或玩具以自己的行动经验和思想感情,和它们说话,把它们当作好朋友。

(5)片面性

由于幼儿的思维不能反映事物的本质,因此幼儿思维常常具有片面性。他们不善于全面看待问题。在解决问题的过程中,幼儿常常只能关注到事物的一个维度,而不能同时顾及两个维度,所以,未形成守恒。例如,教师给幼儿出示两个一样大小的橡皮泥球,让幼儿确认它们的橡皮泥量是一样的。然后,教师把其中的一个球变成长条形的。这时,幼儿就认为这两块橡皮泥的量不一样了。

(6)表面性

幼儿思维只能根据具体接触到的表面现象来进行,往往只是反映事物的表面联系,而不能反映事物的本质联系。例如,幼儿对"你看那孩子笑得多甜"这句话是无法理解的,他们会问"你舔过她吗?"幼儿不能理解一些"反话",如幼儿应对"不吃饭就站在那里"的具体行动就是站在那里。所以教师应避免说反话,更不应用"激将法"。

(7)固定性

幼儿思维的具体性使其思维缺乏灵活性。在日常生活中,幼儿常常"认死理"。例如,一名小班幼儿在玩玩具,如果其玩具被别人拿走了,他/她一定会要回来,教师拿一个一模一样的给他/她,他/她也不会要,即表现出成人认为的认死理、倔脾气。

（8）近视性

思维的近视性表现在幼儿只能考虑到事物眼前的关系，而不会更多地去思考事情的后果。例如，一个男孩摔倒了，左右额头上都缝了针，父母很担心将来留下疤痕，而孩子却特别高兴。他说："我这样就像汽车了，有两个车灯。"幼儿思维的近视性常常导致成人和幼儿之间产生矛盾。成人给幼儿的告诫，幼儿往往不能理解。

3. 幼儿晚期抽象逻辑思维开始萌芽

在幼儿初期，由于思维水平和生活经验的局限，幼儿只能认识事物的外部特征。但到了幼儿晚期，不少幼儿开始能够对事物的一些本质特征进行初步的认识。幼儿的思维开始出现可逆现象，例如，学习数的组合能促进加法的学习，知道2+3和3+2一样。

【典型真题1】小红知道9颗花生吃掉5颗还剩4颗，却算不出9-5等于几，这说明小红的思维具有（　　）。

A. 具体形象性　　B. 抽象逻辑性　　C. 直觉动作性　　D. 不可逆性

【解析】具体形象性指幼儿主要是依赖事物的具体形象或表象，以及它们之间的关系来进行思维的。题干中幼儿能够运用花生的表象进行计算，但是不理解抽象的数学算式，说明幼儿的思维具有具体形象性。

【答案】A

【典型真题2】材料：

情境一：

一天晚上，莉莉在和妈妈散步时，有下列对话：

妈妈："月亮在动还是不动？"　　莉莉："我们动它就动。"

妈妈："是什么使它动起来的呢？"　　莉莉："是我们。"

妈妈："我们是怎么使它动起来的呢？"　　莉莉："我们走路的时候它自己就走了。"

情境二：在幼儿园教学区活动中，教师给莉莉出示两排一样多的纽扣，莉莉认为一一对应排列的两排纽扣一样多。当教师把下面一排聚拢时，她就认为两排纽扣不一样多了。

问题：（1）莉莉的行为表明她处于思维发展的什么阶段？举例说明这个阶段思维的主要特征及表现。

（2）幼儿这种思维特征对幼儿园教师的保教活动有什么启示？

【答案要点】（1）莉莉的行为表明她正处于思维发展的具体形象思维阶段。具体形象思维是依赖事物的形象或表象，以及它们的彼此联系而进行的思维，是幼儿思维的主要形式。它的主要特征及表现如下：①具体形象性。这种思维方式所依赖的形象或表象是对所感知过和经历过的事物的心理映象，事物具体而形象的外部特征影响着幼儿的思考，因此，它所反映的往往只是事物的外部特征和表面联系。例如，幼儿知道2个苹果加3个苹果是5个苹果，但不知道2+3=5。②自我中心性。具体形象思维是一种以自己的直接经验为基础的思维，这就使其具有一种"自我中心"的特点。也就是说，处于这类思维水平的幼儿倾向于从自己的立场、观点认识事物，而不太能从客观事物本身的内在规律及他人的角度认识事物。③不守恒性。其表现为，对于两排相同数量的扣子，更改了排列方法，幼儿会认为数量也发生了变化。④刻板性。其表现为，幼儿知道2+3=5，但不知道3+2等于几。⑤泛灵性。其表现为幼儿认为娃娃、椅子都和她一样是有生命、有思维的。

（2）这种思维特征对幼儿园教师保教活动的启示为：首先，通过各种活动丰富幼儿的表象，幼儿园的教学活动应基于幼儿在各种活动中所积累起来的感性经验，使幼儿在原有表象经验的基础上去构建新的认知活动。其次，幼儿园开展各种活动要坚持直观性原则，在为幼儿提供活动时要尽可能具体、形象、直观化，重视教具的形象性、生动性。

四、学前儿童思维过程的发展

思维过程包括分析与综合、比较与分类、抽象与概括、具体化与系统化四个阶段。

(一) 学前儿童分析与综合能力的发展

在不同的认知阶段,学前儿童分析与综合能力可以达到不同的水平。对事物感知形象的分析与综合,是感知水平的分析综合。随着语言在学前儿童认知作用中的增加,分析与综合过程开始借助于语言工具进行。

例如,在认识西红柿的活动中,小班幼儿能将西红柿从感觉特性上进行分析,说出西红柿是红的、圆的、吃起来酸等。大班幼儿则能从功能特性上分析,说西红柿有营养,能生吃也能做成酱吃。实际上大班幼儿未必经历或感知过西红柿的营养是什么,西红柿是怎么做成酱的等,其分析基于通过语言获得的间接经验。

学前儿童还不能把握复杂事物的组成部分,比如只能从外部特征上认识鸟,还不能从其内部结构上去认识。对于幼儿来讲,分析环节越少,概括就越容易。

(二) 学前儿童比较与分类能力的发展

1. 学前儿童比较能力的发展

比较是把各种事物进行对比,并确定它们异同的思维过程。

学前儿童最初是不会比较的,只能从知觉到的最鲜明的特征(如颜色)比较两个事物的异同。例如,一幅图上有两个孩子在浇花,他们只会说小围裙是绿色的,洒水壶是绿色的,不会同类比较。

4~5岁幼儿逐渐能找出物体的相应部分,并一一对应进行比较。

学前儿童的比较是先学会找不同点,后学会找相同点,最后才能学会找出相似点。

2. 学前儿童分类能力的发展

分类活动表现了学前儿童的概括水平。分类能力的发展是逻辑思维发展的一个重要标志。

学者王宪钿等人曾对学前儿童分类中的概括特点进行了实验研究,学前儿童分类能力的情况,可归纳为以下五类:

(1) 不能分类。学前儿童把性质上毫无联系的一些图片,按原排列顺序或按数量平均地放入各个木格里,不能说明分类原因;或任意把图片分成若干类,也不能说出原因。

(2) 依感知特点分类。学前儿童依颜色、形状、大小或其他特点分类。例如,把桌子和椅子归为一类,因为都有四条腿。

(3) 依生活情景分类。幼儿把日常生活情景中经常在一起的东西归为一类。例如,书包是放在桌上的,就把书包和桌子归为一类。

(4) 依功用分类。如桌、椅是写字用的,碗、筷是吃饭用的,车、船是运人用的等。学前儿童只能说出物体的个别功能,而不能加以概括。

(5) 依概念分类。如按桌、椅、纸、笔及交通工具、玩具、家具等分类,并能给这些概念下定义,说明分类原因。例如,说车、船等都是载人、运东西的交通工具等。

研究发现,4岁以下学前儿童基本上不能分类,5~6岁是学前儿童处于由不会分类向开始发展初步分类能力的过渡时期,主要依据物体的感知特点和生活情景分类,如把沙发和熊放在一起,说"它们都是胖的,圆圆的"。5岁幼儿的分类活动主要是依据物体直接的、可感知的特性或者在幼儿的切身经验中经常发生的联系进行的。5.5~6岁,学前儿童发生了从依靠外部特点向依靠内部隐蔽特点进行分类的显著转变。6岁以后,学前儿童依事物的功用和内在联系进行分类。

(三) 学前儿童抽象与概括能力的发展

概括是在抽象基础上,将关键特征联系起来的思维过程。学前儿童的概括主要表现在分类活动中,即分类后给事物命名就是概括。

学前儿童主要是对事物个别或外部的特征进行概括,以及对事物表面具体形象的特征进行概括。学前儿童的概括有以下三个方面的特点:

(1)概括的内容比较贫乏。学前儿童掌握的一些词,基本上是代表事物的某个或某些具体特征,而不是这一类事物的共同特征。如学前儿童概括的"儿子"就是指像自己一样大的小孩子,而不包括长着胡子的叔叔等。

(2)概括的特征多是外部的、非本质的。学前儿童对人、马和虎的概括是根据外表特征进行的。他们的理由是,人、马、虎都有身子,有头,有脚等。从6岁起,特别是7岁以后,儿童的概括逐渐不以事物的外在形象特征为依据,而是根据人、马、虎都是有生命的、活的、能生长的等本质属性来进行概括。这说明学前儿童的概括水平主要处于表面的、具体形象的感知阶段,是根据事物的外部特征进行的。

(3)概括不准确。学前儿童概括不准确主要表现为:概括的内涵不精确,只反映事物的表面特征;概括的外延不适当,往往过宽(如认为"家具"是"用的东西")或过窄(如"儿子"只包括小孩)。

▶ 五、学前儿童思维形式的发展

概念、判断和推理是思维的形式。

(一)学前儿童概念的发展

概念是人脑对客观事物本质属性的反映,概念以语词为表现形式。掌握以词为标志的概念是逻辑思维发展的表现。

1. 学前儿童概念的类型

根据概念学习的方式,维果茨基将概念分为日常概念和科学概念。日常概念也叫前科学概念,指未经过专门的教学,由个体在日常生活中通过辨别学习、积累经验而掌握的概念。科学概念则是指在教学过程中通过揭示概念的内涵而形成的概念。

基于概念本身的复杂程度,奥苏贝尔将概念分为初级概念和二级概念。初级概念是指通过直接观察概念的正反例证,从中分析、概括其关键特征而提出的概念,也叫一级概念。二级概念是通过掌握概念的定义获得的。例如,"三角形"是一个初级概念,"等边三角形"则是一个二级概念。

基于概念所揭示的关键属性,概念可以分为具体概念与抽象概念。具体概念是按事物的指认属性形成的概念;抽象概念是按事物的内在、本质属性形成的概念。

2. 学前儿童掌握概念的方式

学前儿童掌握概念的主要方式,是向成人学习社会约定俗成的概念。但儿童并不是简单地、机械地接受成人所教的概念,学前儿童往往把成人传授的知识纳入自己的经验系统之中,经过概括而形成概念。因此,学前儿童掌握概念的特点与其概括水平有密切的联系。学前儿童也可能在生活实践中掌握概念。在日常生活中,幼儿会自发形成一些概念。比如,"星期天"就是指不上幼儿园的日子。

3. 学前儿童掌握概念的一般特点

(1)以掌握具体实物概念为主。

学前儿童掌握的各种概念中以实物概念为主,在实物概念中,又以掌握具体实物概念为主。随着学前儿童年龄的增长,在学前儿童晚期,他们开始能够掌握一些生活中常见的抽象概念,但学前儿童对这类概念的掌握也离不开事物的形象和具体活动的支持。例如,学前儿童对"勇敢"的理解是"打针不哭",对"节约"的理解就是"吃饭时不撒米饭"。

(2)掌握概念名称容易,掌握概念内涵困难。

学前儿童掌握概念通常表现在掌握概念的内涵不精确、外延不恰当上,也就是说,学前儿童有时会说一些词,但不代表其能理解其中的真正含义。

从实例入手获得的概念基本上是日常概念,即前科学概念,其内涵与外延难免不准确。只有在真正理解其含义的基础上掌握的概念,才可能内涵精确,外延适当。这却是学前儿童的水平难以达到的。

4. 学前儿童掌握实物概念的特点

学前儿童掌握的概念,大量的是实物概念。

(1) 以低层次概念为主。

学者刘静和等人给学前儿童呈现具体实物的图片,如白鸽、麻雀、乌鸦等,要求学前儿童独立分类,用词概括类的名称,按词拿出图片。结果表明,4 岁学前儿童在一级概念水平(鸟)上,只有个别学前儿童能独立分类,有一半的学前儿童能按词拿取;在二级概念水平(动物)上完成三项任务的人数都为零。5~6 岁的大部分学前儿童在一级概念层次上能完成三项任务,在二级概念层次上只有个别学前儿童能完成三项任务。可见,学前儿童掌握实物概念以低层次概念为主。

(2) 以具体特征为主。

下定义是掌握概念的表现之一,学前儿童对实物概念所下的定义可以分为如下七种水平。

① 不会说。学前儿童不会说话或表示不会。

② 同义反复。比如要求学前儿童说出"什么是灯"时,他说"灯灯"或"大灯"。

③ 举出实例。比如解释灯时说"红灯""绿灯"。

④ 说出一般性的非本质特征。如说灯是"长的",鱼是"黑的"。

⑤ 说出重要特征。如说灯是"屋顶上挂的""墙上排的""一个圆的玻璃,里面特别亮"。

⑥ 说出功用和习性。如说灯是"照亮的""能发光的",鱼是"给人吃的""水里游的"。

⑦ 说出初步概念。如说灯是"给人照亮的东西""有电、有用的东西",鱼是"一种水里的动物",鸟是"一种会飞的动物"。

学前儿童下定义的七种水平也可以合并为下列四种水平。

① 完全不会说。

② 不会下定义。上述同义反复,举出实例,说出一般性的非本质特征,都属于不会下定义的水平。这时儿童头脑中的词,只代表特定的具体事物,而没有达到真正的概念水平。

③ 依据具体特征下定义。儿童从物体的功用、动物的习性,或物体的某种比较重要的具体特征来下定义,说明了儿童思维的具体性。例如,"灯可以照明""鱼在水里游""鸟会飞"等。

④ 接近下定义水平(初步概念水平)。下定义或解释,应该指出种概念和属差。这种严格的下定义水平,是儿童思维发展所不能达到的,即使是生活中比较熟悉的具体事物,儿童也只能做出带有初步概括性的、接近正确的解释。

从幼儿期的发展趋势看,下定义的水平随着年龄增长而有所提高。

总之,在幼儿初期,其所掌握的实物概念主要是他们熟悉的事物。给物体下定义多属直指型。例如,问学前儿童什么是"狗",他们会指着图片或玩具说:"这是狗"。

在幼儿中期,其已能掌握实物某些比较突出的特征,获得实物概念。他们给物体下定义多属列举型。这时学前儿童对上述问题的回答为"狗有四条腿,长着毛,汪汪叫"。

在幼儿晚期,其开始掌握某一事物较为本质的特征,如功用的特征或若干共有特征。他们给物体下定义多为功用型。他们对上述问题的回答为"狗是看门的,狗也是动物"。

5. 学前儿童掌握数概念的特点

数概念显然比实物概念抽象难懂。学前儿童掌握数概念包含三个成分,即三个指标都达到才能说学前儿童掌握了数概念。这三个成分或指标分别是说出数目名称(唱数),知道某数在自然数序中的位置(3 比 2 多 1,3 比 4 少 1)或数的实际意义(按物点数、按数取物),知道这个数的组成。

(1) 数概念的萌芽。

根据学者吕静等人的研究,数概念的发生或萌芽经历了三个阶段,即辨数(1.5~2 岁)、认数

(2~3.5岁)、点数(3.5~4岁)。点数标志着数概念开始萌芽。

(2)数概念的形成。

学者林崇德的研究发现学前儿童形成数概念,经历口头数数→给物说数→按数取物→掌握数概念四个发展阶段。

7岁前学前儿童掌握数概念的水平是:2~3岁可以掌握到"2";3~4岁可以掌握到"5";4~5岁可以掌握到"11";5~6岁可以掌握到"23",6~7岁可以掌握到"29"(部分这个年龄的学前儿童可以掌握"50"以内的数概念)。

2~3岁和5~6岁是学前儿童形成和发展数概念的两个关键年龄阶段。前一个是从感知事物飞跃为数概念萌芽,即从"空白"到出现有计数能力;后一个是学前儿童数概念的形成与发展的一个飞跃时期。

(3)学前儿童计数能力的发展。

口头数数:也称为唱数。常常有漏数或循环重复数的现象。

按物点数(点数实物):手口一致地点数。

说出总数:手口一致地点数并正确说出总数,标志着学前儿童学会了计数,理解了数的实际意义。

按数取物:按照一定的数目拿取同样多的物体,这是对数概念的实际应用。

目测数数:用眼看物,心中默数,并说出总数。

按群计数:以群体为单位,如每两个一起数,确定总数。按群计数标志着学前儿童具有了一定的数抽象水平。

6. 学前儿童掌握空间概念的特点

学前儿童的空间知觉和时间知觉发展较早,但掌握空间概念和时间概念则比较晚。掌握空间概念和时间概念与掌握相应的词语有密切关系。

(1)学前儿童掌握左右概念的特点。

左右概念是一种反映事物之间关系的具有明显相对性和灵活性的概念。学前儿童对空间概念中的"上下""前后"概念容易掌握,对"左右"概念较难掌握。在整个学前期,学前儿童只出现最初的"左右"概念,不能真正掌握比较概括的、灵活的"左右"概念。这反映了学前儿童思维的具体形象性、固定性和不灵活性。7岁以后,儿童的抽象逻辑思维逐渐发展,对"左右"概念的理解也才能够进一步深入。

(2)学前儿童掌握长度、面积和体积概念的特点。

空间包括三个维度,一维空间体现于长度,二维空间体现于面积,三维空间体现于体积。

5~6岁学前儿童基本上还不具备稳定的长度概念,6~7岁是长度概念显著发展的加速期。

学者李文馥、刘范的研究显示,5~6岁的大部分学前儿童能根据知觉判断面积的大小,6~7岁儿童从知觉判断转入了推理判断面积的思维阶段。学者吕静等人的研究显示,7岁前儿童基本上没有面积等分概念。但是在日常生活中他们能够掌握对实物面积的等分概念。

形成体积概念的稳定性意味着掌握体积守恒。皮亚杰的研究认为,7岁前儿童不能掌握体积守恒。学者沈家鲜等人的研究表明,在语言提示或实物演示的情境下,6岁儿童大部分能掌握体积守恒,即掌握体积的概念。

7. 学前儿童掌握时间概念的特点

时间在不断流动,有一定的延续性和顺序性,对学前儿童来说,掌握时间概念更难。

(1)对时序概念的掌握受时间循环周期长短的影响。

5~6岁学前儿童对一日之内上午、下午、晚上等概念已能正确认知,但4岁学前儿童仍相当困难;学前儿童对一日时间的延伸(昨晚和明早)的认知水平低于对当日之内时序(上午、下午、晚上)的认知,而对过去(昨晚)认知的发展水平又低于对未来(明早)的认知水平。5~6岁的学前儿童对一周之内时序概念的掌握明显低于对一日之内时序概念的掌握;对一年之内四季概念的掌握水平更低。

5~6岁学前儿童对一日前后延伸的时序概念——昨天、今天和明天的掌握也低于一日时序概念。学前儿童对"昨天"的认知水平又低于对"明天"的认知。

(2)学前儿童对时序的认知带有固定性。

4岁学前儿童基本上没有时间相对性的概念,只有部分5~6岁学前儿童能理解昨天、今天和明天的含义。因为这三个时间概念具有相对性,而一天之内的上午、下午和晚上是固定的。7岁以后的儿童才能真正掌握时间的相对性,理解昨天、今天和明天的含义。

(3)学前儿童以自己的生活经验作为时间关系的参照物。

周期性发生的生活经验如生活作息制度、幼儿园的活动和日月运行等对学前儿童认知时序有重要的影响。

由于学前儿童对时间的认知主要依靠直接经验,每日的时序周期短,因此形成的印象比每周深刻。季节的变化周期间隔太长,尽管学前儿童知道春天小草发芽,夏天可以游泳,秋天有树叶飘落,冬天下雪等,但依然不能对季节时序形成深刻印象。因此,学前儿童能掌握一日之内的时间概念,对一周之内、一年之内的时序概念难以掌握。

(4)时间语词的习得会促进学前儿童对时间概念的掌握。

学前儿童在日常生活中已经习得的时间语词能促进其理解该语词的内涵,从而掌握时间概念。生活经验的增加,如工作日和休息日主要活动内容的经验有助于学前儿童理解一周之内的时序,对春夏秋冬不同季节的体验也有助于学前儿童理解春夏秋冬的概念内涵。

(5)学前儿童对时序的认知经历四个连续发展的阶段。

最初学前儿童还不能对有关时间的刺激物归类;然后在知觉水平上能做出这种分类;接着,学前儿童能把某一特定的时序与具体的生活事件联系起来,并用故事的形式正确叙述先后发生的连续事件;最后才摆脱具体的、直观的生活内容,把时间关系抽象概括出来。最后一个阶段发生在7岁以后。

这种发展过程遵循着从感性直观到抽象概括的认知发展规律,也符合学前儿童思维发展的一般特点。

(6)学前儿童对时间概念的掌握伴随着与空间概念的分离。

因为时间不断地流逝,必须通过各种媒介才能感知它。时间又往往与距离、速度等概念密切联系,人们常用时间描述距离或用距离描述时间。**4~5岁的学前儿童还分不清事物的空间关系和时间关系。6岁学前儿童依然将时间和距离混淆,直到7岁以后,儿童才能把时间和空间区分开来。**

学前儿童掌握的概念主要是日常概念,丰富日常概念可以为掌握科学概念打下基础。学前儿童可以学习一些浅显的科学知识,但不必要求他们掌握严格的科学概念。许多科学概念的内涵是学前儿童的思维水平难以达到的,例如"空气流动形成风",学前儿童能够体验到这一现象并形成经验,但真正理解"风"的本质还比较难。

(二)学前儿童判断的发展

判断是对概念与概念之间关系的肯定与否定的思维形式。学前儿童判断的发展表现出如下特点。

1. 判断形式从直接判断为主开始向间接判断发展

直接判断主要是感知形式的判断,是基于知觉的判断,主要依靠能感知到的事物的特征进行判断,不需要复杂的思维加工。间接判断反映事物之间的因果、时空、条件等联系,需要进行推理。

5~6岁的学前儿童依然以直接判断为主,6~7岁是判断形式发生转折的时期,7岁以后,儿童开始以间接判断为主。

2. 判断内容逐渐深入

在幼儿初期学前儿童往往把直接观察到的事物的表面现象当作因果关系。例如,对于皮球从斜坡上滚下来的原因的判断,3~4岁学前儿童认为是球站不稳,没有脚。

5~6岁学前儿童开始能够根据事物隐蔽的、本质的特征来判断,如皮球是圆的,它会滚。

在这个过程中,幼儿的判断从反映事物的个别联系逐渐向反映事物的多方面联系发展。例如,对于火柴浮在水面的原因,3~4岁学前儿童的判断是因为火柴小;对于钥匙沉下去的原因,则难以解释,大班幼儿的判断是钥匙又小又重。

3. 判断依据逐渐客观化

在幼儿初期学前儿童常常根据自己的"生活逻辑"或"游戏逻辑"来做出判断。例如,3~4岁学前儿童认为球会滚是因为"它不想待在桌子上了"。如果问"哥哥吃了4块糖,弟弟吃了2块糖,他们一共吃了几块糖?"3~4岁学前儿童不直接回答问题,却要问"为什么哥哥吃那么多糖?"

在从生活逻辑向客观逻辑过渡的过程中,学前儿童还会表现出根据事物的偶然特征或个别特征判断的特点。例如"大的浮在水面,小的就沉下去"。

到5~6岁时,学前儿童开始出现接近客观逻辑的判断。例如"木头做的东西就能浮起来"。

4. 判断依据逐渐明确

在幼儿初期,学前儿童虽然也能做出判断,但不能说出自己判断的依据。3~4岁时往往以别人的论据为依据,例如"妈妈说的"或者"没有为什么"。

随着年龄的增长,幼儿开始意识到判断要有依据,但论据依然是不明确的,是猜测的。例如,"又小又轻的东西会浮起来",看到别针沉下去了,又说"别针变大了"。

在幼儿晚期,学前儿童不断修改自己的判断依据,努力使自己的判断有合理的依据,判断的论据日益明确,思维的自觉性、意识性和逻辑性开始显露。

(三)学前儿童推理的发展

推理是由一个判断或几个判断推导出一个新判断的思维形式,是思维间接性的体现。

1. 最初的转导推理

转导推理是一种从一个特殊事例到另一个特殊事例的推理,这种推理常常不符合客观逻辑,属于前概念的推理。转导推理是从个别到个别的推理,但其中没有类的包含,没有层次关系,没有可逆性。

2~3岁学前儿童的推理基本都是转导推理。例如"小猫种鱼"的故事就是转导推理的典型表现。

3~4岁学前儿童也经常表现出转导推理,例如看到动物园的梅花鹿头顶的鹿角,就要求妈妈给梅花鹿的头顶浇点水,希望鹿角长快些。

4岁以后,转导推理的现象逐渐消失,代之以具体情景下借助于表象的直接推理。例如,有人喊孩子的爸爸,爸爸没有回答,孩子说:"爸爸没有听见。"

2. 学前儿童的演绎推理和归纳推理

演绎和归纳推理都属于逻辑推理。演绎推理是从一般到个别的推理。演绎推理的典型形式是三段论,从两个判断中推出一个新的判断。通常包括大前提、小前提和结论三个部分。例如,学前儿童根据"水果可以生吃"(大前提)和"橘子是水果"(小前提),可以推导出"橘子可以生吃"。归纳推理是从个别到一般的推理。学前儿童已经具备一定的归纳推理能力。例如,他们会根据"麻雀会飞,鸽子会飞,燕子也会飞",推导出"鸟儿会飞"的结论。

3. 学前儿童的类比推理

类比推理是从个别到个别的推理,是以事物的本质属性为前提的推理,因此推理结果一般来说是正确的。学前儿童的转导推理是以个别事物的表面特征为前提的推理,所以推理结果一般是错误的。

3岁以后学前儿童逐渐能把握一些简单事物的本质特征,并能做出一些正确的类比推理。

3岁学前儿童还不会进行类比推理,4岁学前儿童开始出现简单的类比推理,但水平很低。5~6岁学前儿童能依据两个事物的外部特征进行类比推理,得出的结论可能正确,可能不正确。下雨天走在被车轮碾过的泥泞路上,晓雪问:"爸爸,地上一道一道的是什么呀?"爸爸说:"是车轮压过的泥地儿,叫作车道沟。"晓雪说:"爸爸脑门上也有车道沟。"(指皱纹)。

处在幼儿期的大部分学前儿童不能进行真正的类比推理。

4. 学前儿童推理发展的一般特点

3岁学前儿童基本上不能推理,4岁学前儿童推理能力开始发展,5岁学前儿童中的大部分能进行简单推理,6~7岁学前儿童的推理过程开始简约化,且能做出正确推理,但是,推理任务依然很简单。

学前儿童最初的推理都是展开式的,即过程缓慢,主要通过外部动作和语言提示表现出来;4~5岁以后,推理的过程开始简约、内化,即在头脑里独立而迅速地完成推理任务;5~6岁是由展开式向简约式迅速转化的时期;6岁开始,儿童的简约式推理开始占主导地位。

▶ 六、学前儿理解的发展

理解是个体运用已有的知识经验去认知事物的联系、关系乃至本质和规律的思维活动。学前儿童对事物的理解有以下发展趋势:

(一)从对个别事物的理解发展到对事物关系的理解

这是从理解的内容上来谈的。学前儿童对图画的理解,起先只理解图画中最突出的个别人物,然后理解人物形象的姿势和位置,再后理解主要人物或物体之间的关系。学前儿童理解故事发展的过程是:先理解个别的词,根据词的信号使相应的具体表象活跃起来;然后理解整个句子,掌握思想内容;最后建立思想与思想之间的联系。学前儿童对事物的理解常常是孤立的。

(二)从主要依靠具体形象的理解发展到依靠言语理解

这是从理解的依据上来谈的。由于言语发展水平的限制及学前儿童思维的特点,学前儿童对事物的理解主要依靠事物的具体形象。3岁左右的学前儿童常常依靠具体形象甚至是实际行动来理解。随着年龄的增长,学前儿童逐渐能够摆脱对直观形象的依赖,而只靠言语描述来理解。但在有直观形象的条件下,理解的效果更好。幼儿在理解较困难的材料时,仍需要图画辅助。

(三)从简单、表面的理解,发展到较复杂、深刻的理解

这是从理解的程度上来谈的。学前儿童的理解往往很直接、肤浅,表面。年龄越小越是如此。学前儿童对言语中的转义、喻义和反义现象也比较难理解。所以对学前儿童,尤其是对小班学前儿童来说,千万不要对他们说反话,要坚持正面教育。

(四)从情绪性的理解发展为较客观的理解

这是从理解的客观性来谈的。学前儿童对事物的情感态度,常常影响他们对事物的理解。这种影响在4岁前的学前儿童中尤为突出。因此,学前儿童对事物的理解常常是不客观的。较大的学前儿童开始能够根据事物的客观逻辑来理解。

(五)从不理解事物的相对关系,发展到逐渐能理解事物的相对关系

学前儿童对事物的理解常常是固定的或极端的,不能理解事物的中间状态或相对关系。对学前儿童来说,不是有病,就是健康;不是好人,就是坏人。学前儿童学会了5+2=7后,如果不经过进一步学习,则不知道2+5=7。随着年龄的增长,学前儿童逐渐能理解事物的相对关系。

【典型真题1】材料:

某大班几个小朋友在讨论有关动物的问题。李老师问:"你们刚才说了很多动物,我想问问,到底什么是动物?"丁丁说:"我们刚才说的大象、猴子、孔雀、斑马都是动物!"鹏鹏说:"动物有的有腿,有的有翅膀,有的会跑,有的会飞,有的会在水里游……"蓝蓝马上接着说:"有的吃草,有的吃米,有的喜欢吃肉……"睿睿说:"我觉得会自己动,会吃东西的,都是动物。"

问题:请分析上述学前儿童概念发展的水平。

【答案要点】下定义是掌握概念的表现之一,学前儿童对实物概念下定义的水平包括四种:完全不会说、不会下定义、依据具体特征下定义、初步概念水平。材料中几个学前儿童的概念发展水平如下。

(1)丁丁的概念发展处于不会下定义水平。

儿童在下定义时举出实例,说明儿童头脑中的词只代表特定的具体事物,属于不会解词,不会下定义的水平。材料中,丁丁说大象、猴子、孔雀、斑马都是动物,是通过举出动物实例的方式下定义。因此,丁丁的概念发展处于不会下定义水平。

(2)鹏鹏和蓝蓝的概念发展处于依据具体特征下定义水平。

依据具体特征下定义是指儿童从物体的功用、动物的习性或物体某种比较重要的具体特征来下定义。材料中,鹏鹏说动物有的有腿、有的有翅膀、有的会跑、有的会飞,蓝蓝说动物有的吃草、有的吃米,他们是在依据动物的比较重要的特征、生活习性下定义。因此,鹏鹏和蓝蓝的概念发展处于依据具体特征下定义水平。

(3)睿睿的概念发展处于初步概念水平。

初步概念水平是指幼儿能对实物概念做出带有初步概括性的、接近正确的解释。材料中,睿睿说会自己动的、会吃东西的都是动物,对动物做出了带有初步概括性、接近正确的解释。因此,睿睿的概念发展处于初步概念水平。

【典型真题2】材料:

教师为小班幼儿制作了一列"小火车"(见下图),在每节车厢上分别贴了不同品种与数量的"水果"标签,要求幼儿能按标签投放"水果"。

雪儿看着标签,往不同的车厢装进与标签品种一样的"水果",每节车厢都装满了"水果"。

莉莉看着标签,先用手点数标签上的"水果",嘴里还念着数字,然后拿出相应品种和数量的"水果"放进车厢。

民民看着标签,就取出相应品种和数量的"水果"放进车厢,然后看着车厢里的"水果",自言自语道:"嗯,都放对了。"

问题:

(1)根据上述三位幼儿各自的表现分析其数学能力发展的水平。

(2)该材料对教育的启示是什么?

【答案要点】(1)上述幼儿的表现体现了他们处在数学能力发展的不同水平,具体分析如下:

①雪儿无法辨认数。材料中,雪儿会往不同的车厢装进与标签品种一样的"水果",但是每次都完全装满。说明雪儿无法辨认标签上所表示的数量,即无法辨认数。

②莉莉正处于按数取物阶段。按数取物是指按照一定的数目拿取同样多的物体。这是对数概念的实际应用。材料中,莉莉看着标签,先用手点数标签上的"水果",嘴里还念着数字,然后拿出相应品种和数量的"水果"放进车厢,上述行为体现了莉莉正处于按数取物阶段,还需要用手点数。

③民民达到目测数数阶段。目测数数是指用眼看物,心中默数,并说出总数。材料中,民民看着标签,就取出相应品种和数量的"水果"放进车厢,说明其只通过看数字,就能拿取相应数量的物品,这说明民民已经能够脱离感知而进行口头运算,开始进入数概念形成的初级阶段。

（2）该材料对教育的启示如下：
① 引导幼儿感知和理解事物"量"的特征。
② 结合日常生活，指导幼儿学习通过对应或数数的方式比较物体的多少。
③ 利用生活和游戏中的实际情境，引导幼儿理解数概念。
④ 通过实物操作引导幼儿理解数与数之间的关系，并用"加"或"减"的办法来解决问题。

【典型真题3】下列幼儿行为表现中数概念发展最低的是（　　）。
A. 按数取物　　B. 按物说数　　C. 唱数　　D. 默数
【解析】幼儿数概念形成经历：口头数数→给物说数→按数取物→掌握数概念四个阶段。口头数数只是一种唱数。
【答案】C

【典型真题4】下列表述中，与大班幼儿实物概念发展水平最接近的是（　　）。
A. 理解本质特征　　　　　　B. 理解功能性特征
C. 理解表面特征　　　　　　D. 理解熟悉特征
【解析】在幼儿晚期，幼儿开始初步掌握某一事物较为本质的特征，如功能性特征或若干特征的总和。
【答案】B

第五节　学前儿童言语的发展

语言是人类最重要的交际工具，也是思维的工具，是一套表达符号。言语是个体应用语言与人交际的过程，包括对言语的接受和发出两个方面。

一、言语的发生

学前儿童的语音知觉发生发展在先，正确的语音发生发展在后。

语音知觉是对语言中语音类别的识别与辨别，很小的婴儿就已经能够区别语音差异。

学前儿童学习语言是从理解词开始的。 6个月大的婴儿已经能够"听懂"一些词，1~1.5岁儿童理解的词的数量猛增。但是，儿童一般在1岁左右才能说出少数几个词，而在1岁半以后，才"开口说话"。

二、言语发生发展的阶段

（一）前言语阶段

在学前儿童掌握语言之前，有一个言语发生的准备阶段，称为前言语阶段。言语发生的准备主要表现在两个方面：说出词的准备，包括发出语音和说出最初的词；理解词的准备，包括语音辨别和对语词的理解。

（二）言语发生阶段

1~3岁是言语的发生阶段。其中，1~1.5岁是语言理解的迅速发展期，能听懂的词大量增加，但是说出的词很少，甚至出现一个短暂的相对停顿或沉默期。1.5~3岁是积极说话阶段，学前儿童似乎突然开口，说话的积极性很高，语词大量增加，语句的掌握也迅速发展。理解性言语早于表达性言语。

（三）基本掌握口语阶段

从3岁到入学前，是儿童基本掌握口语的阶段。 儿童在掌握语音、语法和口语表达方面迅速发展，为入学学习书面语奠定基础。

三、学前儿童语音的发展

3~6岁学前儿童发音的正确率随年龄的增长而提高。3~4岁是学前儿童语音发展的飞跃期,此时,他们已初步掌握本民族语言的全部语音。

幼儿发音的错误主要是辅音、翘舌音和舌边音发音的准确率较低。幼儿对韵母发音的正确率高于声母,一部分学前儿童主要在 zh/ch/sh 和 z/c/s 等辅音声母上发生错误。

幼儿发音的困难在于不善于掌握发音部位和发音方法,一方面是还不能恰当地支配发音器官,另一方面是未能掌握发音方法。为此,成人要为幼儿创设良好的语音环境,一方面减少方言的干扰,一方面可以在教育中教给幼儿正确的发音方法。特别是对 3~4 岁学前儿童,可以用儿歌或绕口令等引导他们多做发音练习。在日常说话时,应该要求学前儿童努力做到发音清楚。

四、学前儿童词汇的发展

词汇是词的总汇,各民族语言都有基本词汇。

(一)词汇量增加

词汇量是学前儿童言语发展的标志之一,词汇量的多少直接影响学前儿童言语表达能力的发展。词汇量是个人掌握的字数或词数。衡量词汇量的方法包括听、说、读、写四种,学前儿童听、说的词汇量大于读、写的词汇量。词汇量也是学前儿童智力发展的标志之一。3~6岁是人一生中词汇量迅速增加的时期,其中4~5岁增加最快。在幼儿期内,词汇量年年增加。

(二)词类扩大

1. 学前儿童掌握各类词的顺序

学前儿童词汇中,儿童先掌握的是实词。其中,最早和大量掌握的是名词,其次是动词,再次是形容词,最后才是副词。学前儿童也逐渐掌握了一些比较抽象、不能单独用来回答问题的虚词,如介词、连词等。

2. 词类的运用

3~6岁学前儿童掌握的词汇中各类词的使用频率有如下特点:

(1)用频率最高的是代词。

3~6岁学前儿童大量使用代词,原因之一是他们多在具体环境下对着具体人说话,二是他们常常不会说出事物的确切名称,三是他们的思维是自我中心思维。

(2)使用动词的频率高于名词。

3~6岁学前儿童使用动词的频率很高,原因有:第一,学前儿童常常把动词当名词用,如把牙刷说成"刷牙的";第二,学前儿童所用句子较短,句子中一般都有动词;第三,学前儿童说话往往用不完整句,只说出动作或状态。

(3)使用名词的频率较高。

(三)词义的深化

对学前儿童来说,理解词义是发展词汇量的关键。学前儿童最初往往对词义的理解不确切,之后逐渐确切和深化。但在整个幼儿期,他们对词义的掌握是不够丰富和深刻的。

(1)学前儿童对词义的理解基本上没有达到确切的水平,表现出理解过宽或过窄的特点。

①过度泛化(词义过宽):将词所代表的物体或事件扩大。例如,将所有有翅膀的都称为"鸡";常常用"毛毛"代表所有带皮毛的动物或用皮毛做的东西;把"矮"理解为"短",把"粗"理解为"胖"等。

②词义缩小(词义窄化):把最初所掌握的词仅仅理解为最初与这个词结合的事物。例如,认为饼干仅指巧克力小饼干;"车车"指自己的玩具车,而非所有的交通工具。多义词常常被学前儿童当作单义词使用。例如,认为"黑人"就是黑皮肤的人。

（2）**词语的语义特征调整**。学前儿童在这个语义特征调整的过程中出现了一些词义理解不准确或应用不当的情况。有学者把学前儿童既能理解又能正确使用的词汇**称为积极词汇**，又称主动词汇；把能够理解却不能正确使用的词汇**称为消极词汇**，又称被动词汇。3岁前学前儿童的消极词汇较多。随着词义理解准确性的提高，积极词汇逐渐占优势，消极词汇逐渐减少。

（3）3~5岁幼儿出现"造词"现象。例如，由于幼儿不知道如何称呼一条裤子，看到它有两条腿，就称为"一双裤子"；幼儿由于不知道"粉红"一词，就用"小红"来区别于大红。这是当学前儿童词汇贫乏、词义掌握不够确切时出现的一种现象。

（4）**学前儿童**难以理解词的引申意义和比喻意义，对同音异义词的理解容易不准确。例如将"心中有数"理解为"胸中有书"。随着对语义特征的调整，逐渐加深对词的含义的理解，不仅能理解"东西"的方位意义，也能理解其指代意义。

学前儿童对词义的理解与其认知发展水平，特别是思维水平密切相关。学前儿童对有关空间方位、时间顺序词的理解与其对空间概念、时间概念的掌握一致。另外，汉语量词丰富，用法灵活，具体、形象的量词容易被幼儿掌握。例如，对于"一杯""一粒"等词，学前儿童在4岁前就能理解；而对于"一对""一双"等词，学前儿童要到大班时才能准确理解；指示代词、人称代词以及物主代词（你的、我的等）具有相对性，对其理解和正确使用相对较晚。例如，小班幼儿还不能普遍地使用人称代词，而是用名字称呼其他小朋友。

▶ 五、学前儿童语句的发展

学前儿童语句的发展有以下特点。

（1）从不完整句到完整句。

最初学前儿童掌握的语句结构是不完整的，不完整句包括单词句和电报句。

① 单词句：指用一个词代表的句子，一般出现在1~1.5岁。例如，当学前儿童说"妈妈"时，既可能代表要妈妈抱，也可能代表请求妈妈帮他们拾一个东西，还可能代表想让妈妈给他们某种吃的东西……单词句具有情境性，表意不清楚，成人可根据学前儿童说话的表情、动作，以及说话的情境来推断其意义。

② 电报句（双词句）：由2个词组成的不完整句，有时也由3个词组成，一般出现于1.5~2岁。例如，"妈妈抱""爸爸班班""饼饼没"。电报句的语句断续、简略，结构不完整，句子成分常常缺漏，主要使用名词、动词、形容词等实词，类似人们打电报的语言。

2岁以后，学前儿童逐渐能说出比较完整的句子。完整句又可分为简单句和复合句。

（2）从简单句到复合句。

2岁后学前儿童能表达的简单句逐渐增加。学前儿童使用的主要是简单句。

学前儿童使用的复合句数量较少，结构松散，缺乏连词（妈妈上班，我上幼儿园）。并列复合句出现较早，偏正复合句出现较晚（条件、因果、转折等）。

（3）从陈述句到多种形式的句子。

学前儿童最初掌握的是陈述句，然后是疑问句、祈使句、感叹句等。

▶ 六、学前儿童口语表达能力的发展

言语有两大功能：交往功能和调节功能。言语交往功能的发展表现为理解他人言语的能力和口语表达能力两方面的发展。随着词汇的丰富和语法结构的逐渐掌握，学前儿童口语表达能力也逐渐发展起来，具体表现如下：

1. 从对话言语逐渐过渡到独白言语

口语可分为对话式和独白式。对话是在两个人之间进行交互谈话，独白则是一个人单方面向

听者讲述。儿童的语言最初是对话式的。学前儿童在3~6岁时其对话言语进一步发展。独白言语是在3~6岁阶段产生的。独白言语的重要功能是用外部言语来监控思维,保持其连贯性和计划性。3~4岁学前儿童能主动讲述自己生活中的事情,但是在集体面前讲话往往不大胆、不自然。4~5岁能够独立地讲故事或描述各种事情。5~6岁不但能够系统地叙述,而且能大胆而自然地、生动和有感情地进行描述。

2. 从情境言语逐渐过渡到连贯言语

情境言语是指学前儿童在独自叙述时不连贯、不完整并伴有各种手势、表情,听者需结合当时的情境,结合手势和表情,边听边猜才能懂得意义的言语。这种言语是学前儿童言语从不连贯言语向连贯言语发展过程中的一种言语形式。单词句和电报句都不能离开具体情境。

连贯言语则指句子完整、前后连贯,能反映完整而详细的思想内容,使听者从言语本身就能理解所讲述的意思的言语。3岁前学前儿童的言语基本上都是情境言语。随着幼儿年龄的增长,情境言语的比例逐渐下降,连贯言语的比例逐渐上升。

3. 讲述逻辑性逐渐提高

3~6岁学前儿童在独立讲述中,逻辑性水平逐渐提高。主要表现为讲述的主题逐渐明确,层次逐渐清楚。学前儿童讲述逻辑性的提高需要专门培养。

4. 逐渐掌握语言表达技巧

3~6岁学前儿童能够掌握有表情说话的技巧,使言语更好地表达自己的思想感情,同时使言语更有感染力。

▶ 七、学前儿童书面语的萌发

书面语指人们在书写时使用的语言,是文字产生后才出现的。书面语的发展顺序是先会识字,后会写字;先会阅读,后会写作,因此,识字是学前儿童书面语发展的重点。调查发现,**在生活中各种文字资料的刺激下,大多数学前儿童到中班时就开始对文字感兴趣,会自然习得一些汉字**。中班幼儿已经普遍喜欢认字,并为此自豪。也有部分幼儿在2~3岁时既能识字又能阅读。

幼儿最初是把汉字当图画来认识的,有利于学前儿童识字的条件是字大,与响亮的声音同时出现,多次重复,有图像作为文字辨认的支撑。

为此,幼儿园可以开展早期阅读活动,帮助学前儿童将画面、口语与书面语联系起来,建立书面语与口语的关系,使其产生对书面语的敏感性。但是不能专门教幼儿识字,那样会占用幼儿较多的时间,影响其他活动。

学前儿童期已为书面语的学习做了准备,具体表现在幼儿已具备以下条件:掌握口语词汇,掌握语音,掌握基本语法和口语表达能力。

▶ 八、学前儿童语言功能的发展

语言有两种功能,交际功能和思维功能。学前儿童语言的交际功能优先产生,然后内化,开始发挥思维功能。在外部的交际语言内化的过程中,学前儿童产生了自言自语现象。

(一)内部语言

内部语言是指不出声的语言,它是语言的一种特殊形式,特点是发音隐蔽、语句简略,主要发挥分析综合与调节等思维功能。

(二)自言自语

出声的自言自语是内部语言发生过程中的一种过渡形态,一般出现在4岁左右。

自言自语有两种形式,即游戏语言和问题语言。

游戏语言是学前儿童在游戏时的自言自语,即一边做着游戏动作,一边说话,其功能不是与人交际,而是用语言补充和丰富自己的行动。例如,在建筑游戏和绘画中,经常看到学前儿童在边干边说:"这只大机关枪,嘟嘟嘟……轰!哎呀!打死了……"游戏语言一般比较完整、详细,且有丰富的情感和表现力。

问题语言是学前儿童在遇到问题或困难时的自言自语,常常用来表示对问题的困惑、怀疑或惊奇等。当学前儿童找到了解决办法时,也会用这种语言反映出来。其功能不是求助而是用语言表示自己的思维过程和采取的办法。例如,在拼图过程中,学前儿童一边注视桌上的拼图块,一边自言自语:"这个怎么办?放哪……不对,在这儿,呀,不行……这像什么?……哈!机器人!"问题语言一般比较简短、零碎,多用一些压缩的词组成。

学前儿童的自言自语,在形式上和功能上都具有过渡性。它既带有外部语言所具有的交际功能,同时又具有内部语言的自我调节功能。到幼儿中期以后,学前儿童的内部语言逐渐在自言自语的基础上形成。

皮亚杰把学前儿童的自言自语称为自我中心语言。

九、学前儿童的语言能力的培养

1. 有目的、有计划的幼儿园语言教育活动

在幼儿园的语言教育活动中,教师应要求学前儿童发音正确,用词恰当,句子完整,表达清楚、连贯,及时帮助学前儿童纠正语音,并给予鼓励、表扬。教师应运用有效的教学方法,调动学前儿童说话的积极性,并给予反复练习的机会,以及做出良好的示范,促进幼儿语言的发展和规范化。

2. 创设良好的语言环境,提供学前儿童交往的机会

幼儿园要组织丰富多彩的活动,使学前儿童广泛地认识周围环境,扩大眼界,丰富知识面,增长词汇量。同时,要提供给他们更多的交往机会,尤其是和小朋友的交往,并引导学前儿童在交往中用词准确和说完整的句子。

3. 把语言活动贯穿于学前儿童的一日生活中

教师可以通过组织学前儿童收听广播、看电视、阅读图书、朗读文学作品等活动来丰富和积累文学语言;在一日生活中,通过随时观察、交谈等来使其获得大量的感性认识,并同时复习、巩固和运用在专门的语言活动中学过的词语和句式,使其更多地学习新的词语,学会用清楚、正确、完整、连贯的语句描述周围事物,表达自己的情感和愿望。

4. 充分发挥成人的榜样作用

成人良好的语言示范为学前儿童提供了可效仿的榜样。教师要积极主动地与学前儿童交流或回应学前儿童。

5. 注重个别教育

每个学前儿童的个性特征和智力水平都存在着差异,他们言语的积极性和驾驭语言的能力也不一样。因此,教师在教育活动和日常生活中不可忽视对学前儿童的个别教育。

【典型真题1】幼儿说的"妈妈抱""要牛奶""外面玩"等句式,一般被称为( )。
  A. 单词句　　　　B. 双词句　　　　C. 简单句　　　　D. 复合句
【解析】电报句又称双词句,是由2个单词组成的不完整句,有时也由3个词组成,一般出现在1.5~2岁。题干中幼儿的语言均是以2个词的形式出现,属于典型的电报句,故选B项。
【答案】B
【典型真题2】关于幼儿言语的发展顺序,正确的表述是( )。
  A. 言语理解先于言语表达　　　　B. 言语表达先于言语理解
  C. 言语理解与言语表达平行发展　　D. 言语理解与言语表达独立发展

【解析】学前儿童言语发生发展的趋势是语音知觉发生发展在先,正确语音发生发展在后;言语理解发生发展在先,言语表达发生发展在后。故本题选 A 项。

【答案】A

【典型真题3】简述幼儿口语表达能力的发展趋势。

【答案要点】(1)从对话言语逐渐过渡到独白言语。

① 学前儿童的言语最初是对话式的,只有在和成人的交互中才能进行。

② 幼儿期对话言语有进一步发展,这和学前儿童与成人关系的变化,以及学前儿童活动的发展相联系。

③ 独白言语是在幼儿期产生的。

(2)从情境言语逐渐过渡到连贯言语。

① 3岁前学前儿童的言语主要是情境言语。

② 随年龄增长,情境言语比重下降,连贯言语比重上升。

(3)讲述逻辑性逐渐提高。

3~6岁幼儿讲述的主题逐渐明确,层次逐渐清楚。幼儿讲述逻辑性的发展需专门培养。

(4)逐渐掌握语言表述技巧。

在专门的教育下,幼儿的表述逐渐完整、连贯、清晰而有逻辑,而且能够根据需要恰当地运用声音的高低、强弱、大小、快慢和停顿等语气和声调的变化,使之更生动、更有感染力。

【典型真题4】阳阳一边用积木搭火车,一边小声地说:"我要快点搭,小动物们马上就来坐火车了。"这说明幼儿自言自语具有的作用是( )。

A. 情感表达　　　B. 自我反思　　　C. 自我调节　　　D. 交流信息

【解析】幼儿的自言自语是一种说出声音的思维过程。自言自语可以起指导和调节幼儿行为的作用。题干中幼儿说"我要快点搭"体现了这一作用。

【答案】C。

第六节　学前儿童认知发展的个体差异

学前儿童认知发展的个体差异,首先表现在发展水平方面,无论是注意、记忆、想象还是思维,个体间的水平差异是很明显的,难以列举。除了水平差异外,还存在着认知各方面的风格差异。

一、知觉差异

(一)视觉—听觉差异

有的学前儿童在知觉加工中更多地依赖于视觉信息,即视觉主导型。在视、听、触觉多种感官参与的认知活动中,视觉信息占优势,其他感觉信息发挥辅助作用。有的学前儿童则在知觉加工中更多地依赖于听觉信息,即听觉主导型。听觉信息统领其他感觉信息进行整合加工。例如,在听故事时,视觉主导型的学前儿童更重视图片信息的引导作用,听觉主导型的学前儿童更重视声音抑扬顿挫产生的生动性特征。

(二)分析—整体差异

知觉是认知的第一道加工程序。在分析—整体差异上学前儿童分为分析型、综合型和分析综合型。属于分析型的学前儿童,对事物的细节感知清晰,而对整体感知较差;属于综合型的学前儿童,对事物的整体感知较好,而对细节的感知较差;属于分析综合型的学前儿童,则两种特征兼而有之。在幼儿园的观察活动中,教师要意识到这种差异,设计问题既要有细节方面的,又要有整体结构方面的。

二、思维差异

(一) 语言—表象差异

语言与表象是学前儿童思维的基本工具。在学前儿童的经验范围内,有的学前儿童以表象为基本工具,有的学前儿童倾向于运用语言工具进行信息加工。在创造性活动中,有的学前儿童喜欢绘画,用形象表现其创造性加工结果;有的学前儿童喜欢创编故事,用语言表现其创造性加工结果。这就充分体现了思维的语言—表象差异。

(二) 分析—综合差异

受知觉类型的影响,有的学前儿童在思维加工过程中偏向于分析,在把握细节方面占优势,表现为在听故事、看图画书时细节列举全面;有的学前儿童则在综合、概括上占优势,表现为能抓住关键特征,无论是听故事还是看图画书,都能说出矛盾的主要方面。当然,大多数学前儿童属于混合型的。

(三) 聚合—发散差异

聚合与发散是思维的两种类型。聚合思维指信息向一个方向聚拢,获得一个唯一答案;发散思维则是信息向多个方向发散,获得很多个答案。在问题解决过程中,一般总是先发散后聚合。但是有的学前儿童善于发散,有的学前儿童善于聚合,表现出思维类型上的差异。

三、认知风格

(一) 沉思—冲动差异

沉思与冲动的认知方式反映了个体信息加工、形成假设和解决问题过程的速度和准确性。

沉思型学前儿童在碰到问题时倾向于深思熟虑,用充足的时间考虑、审视问题,权衡各种问题解决的方法,然后从中选择一个最佳方案,因而错误较少。而冲动型学前儿童倾向于根据问题的部分信息或未对问题做透彻的分析就仓促做出决定,反应速度较快,但容易发生错误。

在幼儿园的教育活动中很容易观察到,有的学前儿童问题还没有听清小手就举起来了,允许其回答问题时则又不知如何作答。有的学前儿童则不轻易举手,但凡举手总能准确回答问题。

(二) 整体—序列差异

对学习任务,整体型认知风格的儿童倾向于采用整体策略,将整个问题涉及的小问题及层次结构和自己所采取的方式组合起来,将任务作为一个整体对待,而不是一开始就一步一步着手解决。

序列型认知风格的儿童倾向于采用聚焦策略,从一开始就一步一步地解决问题,只有到最后才能对所学的内容形成一种比较完整的看法。他们喜欢注意较小的细节,把问题分解成较小的部分。

在幼儿园的游戏和看图讲述活动中,很容易观察到这两种认知风格的特征,但大多数学前儿童属于中间状态,整体—序列的特征并不典型。

(三) 独立—依存差异

心理学家把影响个体认知加工的外界环境描述为一个场,有些人较多地受其所看到的环境信息的影响,有些人则较多地受身体内部线索的影响。

场独立者较多依赖自己内部的信息进行认知加工,不易受外来因素影响和干扰;场依存者较多地依赖自己所处的周围环境的外在信息进行认知加工,因此容易受环境的影响。

在幼儿园的活动中,常常看到有些学前儿童容易受周围环境的影响,经常改变自己的活动方向,有的学前儿童则无论外界多么吵闹,依然专心于自己事情。这可能就是学前儿童认知风格的场独立与场依存的典型表现。

【典型例题】在幼儿园集体活动中,教师的提问还没有结束,就有个别小朋友把小手举得高高的,要求回答问题。允许他回答时他又答不上来;有的幼儿则轻易不举手,只要举手,总能准确回答问题。这显示了幼儿认知的(　　)差异。

A. 分析—整体　　B. 视觉—听觉　　C. 沉思—冲动　　D. 独立—依存

【解析】分析—整体差异是认知在细节与总体间的差异,视觉—听觉差异则是知觉中占优势感觉的差异,独立—依存差异显示了个体认知依赖于周围环境的差异,沉思—冲动差异是认知风格中解决问题的速度与准确性的差异。

【答案】C

第六章 学前儿童情绪情感的发展

知识体系及思维脉络图

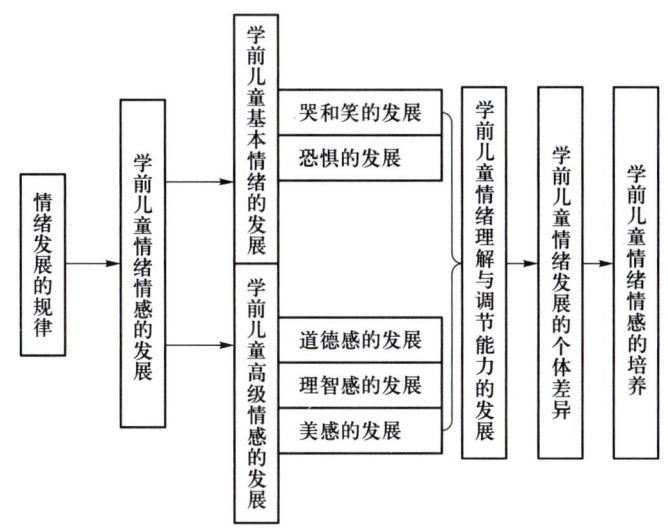

核心考点及学习提示

【核心考点】
情绪发展的趋势：记忆情绪发展趋势的含义及其表现。
基本情绪的发展：记忆各种基本情绪发展的社会性变化。
高级情感的发展：记忆各种高级情感产生的时间和发展成就。
情绪理解与调节的发展：记忆情绪理解与调节的主要发展成就。
情绪发展的个体差异：记忆情绪发展的差异表现，能根据幼儿的情绪性特点设计教育方案。
【学习提示】
考试重点：情绪发展的趋势及其表现。
考试难点：情绪理解与调节的发展、克服小班幼儿分离焦虑的策略。

第一节 情绪发展的规律

一、情绪和情感概述

（一）情绪和情感的概念及关系

1. 情绪和情感的概念

情绪和情感是人对客观事物是否符合需要而产生的态度体验。

认知是情绪和情感产生的基础,需要是引发情绪情感的中介。

2. 情绪和情感的关系

(1) 区别

① 从需要的角度来看,情绪是原始的、低级的态度体验,与生理需要是否满足相联系,是人和动物共有的;情感是后继的、高级的态度体验,与社会需要是否满足相联系。

② 发生的角度来看,情绪可以由对事物单纯的感知觉直接引起,具有情境性、激动性和暂时性(易变性);情感则由对事物复杂意义的理解所引起,具有稳定性、深刻性和持久性。

③ 从表现形式来看,情绪体验强度大,往往带有冲动性,并伴随明显的外部表现;情感则比较内隐,较为深沉。

(2) 联系

① 情绪是情感的基础,情感依赖于情绪。人的情感是在大量情绪体验的基础上形成和发展起来的,也是通过情绪表达出来的。离开了具体的情绪过程,人的情感及其特点就不可能现实地存在,但同一种情感在不同的条件下也可产生不同的情绪表现。

② 对人类而言,情绪离不开情感。从某种意义上说,情绪是情感的外在表现,情感是情绪的本质内容。

(二) 情绪和情感的功能

1. 适应功能

情绪和情感是有机体适应生存和发展的一种重要方式。例如,动物遇到危险时,产生害怕的情绪从而呼救,就是动物求生的一种手段。情绪对人类适应环境有重要的作用。

2. 动机功能

情绪和情感是动机的源泉之一,是动机系统的一个基本成分。情绪的动机功能包括:① 激励功能。情绪能激励人的活动,提高人的活动效率,适度的情绪兴奋,可以使身心处于活动的最佳状态,推动人们有效地完成任务。② 影响生理内驱力。情绪对于生理内驱力也具有放大信号的作用,成为驱使人的行为的强大动力。例如,人在缺氧的情况下,会产生补充氧气的生理需要,这种生理内驱力可能没有足够的力量去激励行为,但是,这时人的恐慌感和急迫感就会放大和增强内驱力,使之成为行为的强大动力。

3. 组织功能

情绪和情感与认知关系密切。一方面情绪随认知的发展而分化和发展,另一方面,情绪对学前儿童的认知活动及其发展起着激发、促进作用或抑制、延缓作用。情绪作为独立的心理过程,对其他心理活动具有组织积极的情绪和情感具有调节和组织作用;消极的情绪和情感则有干扰、破坏作用。

4. 信号功能

情绪和情感是人际交往的重要手段。情绪的外部表现叫表情。表情是人与人之间进行信息交流的重要工具之一。人类的表情主要有面部表情、姿态表情和言语表情。

5. 健康功能

人对社会的适应是通过调节情绪来进行的,情绪调控的好坏会直接影响到身心健康。

6. 感染功能

情绪作为信息交流工具的特点具有感染性。在婴幼儿期,情绪的感染作用尤为突出。例如,幼儿园的"一哭俱哭"现象就是情绪感染功能的典型表现。

二、情绪的发生

情绪是高等动物共有的心理现象,人出生后立即就有了原始的情绪反应。原始的、基本的情绪是进化来的,是不学就会的、天生的,学前儿童先天就有情绪反应。这种情绪反应与生理需要是否得到满足有直接关联。原始的情绪反应是学前儿童与生俱来的遗传本能,达尔文早已指出情绪表现是人类进化与适应的产物。

心理学家华生认为原始的情绪有怕、怒和爱三种。但其他大多数心理学家认为原始情绪是笼统不分化的一种兴奋反应而已,以后逐渐分化为快乐和痛苦两极,在快乐和痛苦的基础上继续分化。到2岁左右时,人的基本情绪都已出现。3岁以后,社会性需要引起的情绪和自我意识情绪逐渐增多。

三、情绪发展的趋势

(一) 情绪和情感的社会化

学前儿童最初出现的情绪是与生理需要相联系的。随着年龄的增长,学前儿童的情绪逐渐与社会性需要相联系。情绪的社会化过程就是情感的发展过程。社会化成为学前儿童情绪和情感发展的一个主要趋势。学前儿童的情绪社会化的趋势表现在以下几方面。

1. 情绪中社会性交往的成分不断增加

学前儿童的社会性交往情感的表现随着年龄的增长而增长,他们同教师的情感交往多于同小朋友的情感交往。例如,幼小婴童的微笑多是自己玩得高兴时的微笑,3岁时对教师的笑最多,是典型的社会性微笑;8岁儿童的微笑更多地指向同伴。

2. 引起情绪反应的社会性动因不断增加

在3岁前的学前儿童情绪反应的动因中,生理需要是否满足占主要地位。

3~4岁是学前儿童情绪动因从主要为满足生理需要向主要为满足社会性需要的过渡阶段。他们有强烈的与人交往、被别人注意的需要,情绪的变化与是否被人关注密切相关。儿童与成人(教师、家长)和同伴的社会性交往是左右其情绪和情感的最主要动因。

3. 表情的社会化

表情是情绪的外部表现。学前儿童表情社会化的发展主要包括两个方面:一是理解(辨别)面部表情的能力,二是运用社会化表情手段的能力。

2岁学前儿童能正确辨别面部表情,并能谈论与情绪有关的话题。幼儿最初理解别人的情绪状态主要与外部事件相对应。4~5岁的学前儿童能正确地判断产生各种情绪的外部原因,如"他不高兴了,因为他的小五星掉了"。学前儿童甚至能理解一个人的情绪与心理活动的关系。如"当你想到伤心的事时,心里会难过"。

从2岁开始,学前儿童开始运用表情手段去影响别人,表情作为一种交往手段开始社会化。

一般而言,学前儿童理解表情的能力高于运用表情的能力。

(二) 情绪的丰富和情感的深刻化

从情绪所指向的事物来看,其发展趋势是越来越丰富和深刻的。

所谓情绪的日益丰富,包括两种含义:一是情绪过程越来越分化,学前儿童期相继出现许多高级社会性情感。道德感、美感和理智感均在学前儿童期出现;二是情绪所指向的事物不断增加。例如,随着交往范围的扩大,爱的情感从只指向养育者,逐渐扩大到兄弟姐妹、教师和其他玩伴。

所谓情感的深刻化,指情感从指向事物的表面特征逐渐转化为指向事物的内在特点。例如,对于愤怒,3岁以下学前儿童主要是由生活习惯引起的,如不愿吃饭等;3岁左右的学前儿童产生愤怒往往与被惩罚或者禁止参加活动有关,4~5岁的学前儿童的愤怒则往往是由被人忽视引起的。情感的深刻化集中体现在高级情感的发生和发展。随着认知发展水平的提高和日益复杂化,学前儿童的情感愈加深刻,与思维、自我意识相联系的情感在不断增加。

(三) 情绪的自我调节化

随着年龄的增长,学前儿童对情绪过程的自我调节逐渐加强。这种发展趋势表现在三个方面。

笔记栏

1. 情绪的冲动性逐渐减少

在日常生活中,幼儿往往由于某种外来刺激而非常兴奋,情绪冲动。当幼儿处于高度激动的情绪状态时,其在短时间内难以平静。例如,初入园的幼儿由于分离焦虑而哭闹时,劝说往往是无效的,需要安抚和转移注意力。

到了幼儿晚期,幼儿对情绪的自我调节能力才逐渐发展,情绪的冲动性逐渐减少。

2. 情绪的稳定性逐渐提高

情绪冲动性的另一种表现就是不稳定,婴幼儿两种对立的情绪往往在很短的时间内就会转化,常常出现破涕为笑的情境。

婴幼儿情绪情感的易变性与情境有关,即情绪往往是随着情境的出现而产生,又随着情境的变化而消失。同时,情绪情感的易变性又与情绪的受感染性有关,即容易受他人情绪情感的影响。所以,初入园的幼儿中的一个哭,很快一群幼儿都会哭起来。

幼儿晚期,虽然情绪的稳定性提高,但依然容易受家长和教师情绪的影响。因此,教师要善于控制自己的不良情绪。

3. 情绪和情感从外露转向内隐

幼儿初期,情绪完全表露于外,不加掩饰和控制。随着心理活动有意性的产生和发展,幼儿开始逐渐能够调节自己的情绪情感及其外部表现。

幼儿对情绪的调节,首先是对情绪外部表现的调节,然后才能发展到对情绪本身的调节。初入园的幼儿已经能够意识到要调节自己的情绪,但还做不到。例如,一边哭一边说"我不哭了,我不哭了"。幼儿晚期才能在一定程度上控制或掩饰自己的情绪情感,表现出一定的内隐性。

【典型真题1】幼儿对自己消极情绪的掩饰,说明其情绪的发展已经开始(　　)。
A. 深刻化　　　B. 丰富化　　　C. 内隐化　　　D. 精细化

【解析】幼儿情绪的发展是从外露到内隐的。起初,幼儿的情绪是完全表露在外的,是丝毫不加控制和掩饰的。随着幼儿言语和心理活动有意性的发展,在幼儿晚期,幼儿情绪已经开始表现出内隐性。他们能够对自己的情绪加以掩饰。幼儿对自己消极情绪的掩饰说明其情绪的发展已经开始内隐化。故本题选 C 项。

【答案】C

【典型真题2】新入园时,当有一个幼儿哭时,其他幼儿也会跟着哭,这是因为(　　)。
A. 情绪的动机功能　　　　　　B. 情绪的信号功能
C. 情绪的组织功能　　　　　　D. 情绪的感染功能

【解析】本题考查情绪情感的功能。情绪的感染功能是指人与人之间的情感可以相互影响和产生共鸣。题干中,有一个幼儿哭也会影响到其他幼儿的情感,其他幼儿也会跟着哭,属于情感的感染功能。D 项正确。

【答案】D

第二节　学前儿童情绪情感的发展

一、学前儿童基本情绪的发展

(一)哭

哭代表有不愉快的情绪。新生儿哭往往是饥饿或者疼痛。从第三周开始,婴儿出现了社会性意义的哭,即招引别人的哭。随着年龄的增长,由于动作和语言的发展,婴儿哭声减少,不愉快情绪开始被掩饰或者用语言表达。

(二) 笑

笑是愉快情绪的表现。笑比哭发生得晚。4个月前的婴儿只会微笑,不会出声笑。婴儿的微笑经历了三个阶段:

(1) 自发性微笑(0~5周)。这一阶段婴儿的微笑主要是用嘴做怪相,这与中枢神经系统活动不稳定有关。笑时,眼睛周围的肌肉并未收缩,脸的其余部分仍保持松弛状态,德国心理学家普莱尔称之为"嘴的微笑"。自发性微笑可在没有外部刺激的情况下发生,是自发的或反射性的,多发生于熟睡时。女婴自发性微笑的次数比男婴多。

(2) 无选择的社会性微笑(5周起)。人的声音和人脸特别容易引发婴儿的微笑。婴儿微笑十分活跃,眼睛明亮,眼睛周围的皮肤也随之皱起,但持续时间极短,大约第5周时,婴儿开始对移动的脸微笑。第8周时,会对一张不移动的脸发出持久的微笑。这时婴儿对陌生人的微笑与对熟悉的照顾者的微笑区别很小,只是对熟悉者的微笑比对陌生人的微笑多一点。这种情况持续到6个月左右。婴儿见到熟悉的人或陌生人的脸乃至假面具,都会微笑。

(3) 有选择的社会性微笑(5/6个月起)。随着婴儿处理刺激内容能力的增加,能认出熟悉的脸和其他东西,婴儿开始对不同的个体做出不同的反应,对熟悉的脸发出的微笑更频繁,对陌生人则有一种警惕性注意。此时婴儿已经很能笑,尽管笑得很短暂,转瞬即逝,但这种微笑能增加婴儿与照顾者间的依恋。

随着年龄的增长,愉快情绪不断分化,表现形式也日益丰富。

(三) 恐惧

恐惧也是婴儿出生就有的情绪,如强烈的声音、猛烈的晃动都会引发婴儿最初的恐惧。

从4个月左右开始,恐惧开始与经验、知觉相联系,如深度知觉引发恐惧。从6个月左右开始,婴儿出现怕生现象,即对陌生人感到恐惧。2岁左右,随着想象的发生,学前儿童出现预测性恐惧,也叫想象性恐惧。

二、学前儿童高级情感的发展

(一) 道德感

道德感主要是由自己或他人的举止行为是否符合社会道德标准而引起的情感。学前儿童道德感的发展是一个比较复杂的过程。3岁前,儿童只有道德感的萌芽。3岁以后,儿童在幼儿园集体生活中掌握了各种行为规范,开始对他人和自己行为是否符合行为规范进行评价,儿童的道德感发展起来。小班幼儿的道德感主要是指向个别行为的,往往是由成人的评价而引起的。随着自我意识和人际关系意识的发展,中班幼儿比较明显地掌握了一些概括化的道德标准,他们可以因为自己在行动中遵守了教师的要求而产生愉快的感觉。他们不仅关心自己的行为是否符合道德标准,而且开始关心别人的行为是否符合道德标准,因此"告状"行为频繁,因为他们看见其他幼儿违反规则,会产生极大的不满。大班幼儿的道德感进一步发展和复杂化,他们对好与坏有鲜明的不同情绪,道德感的发展趋于稳定。大班幼儿的道德感主要体现在他们更加关注到爱小朋友,也有了基本的集体荣誉感等,对各项事物的认知水平进一步提高,所以大班幼儿的"告状"行为有所减少。

(二) 理智感

理智感是在认知客观事物的过程中所产生的情感体验,它与人的求知欲、认识兴趣、解决问题的需要等是否得到满足相联系。

理智感的一种表现形式是好奇好问,另一种表现形式是与动作相联系的"破坏"行为。

对一般学前儿童来说,5岁左右这种情感已明显地发展起来,突出表现在他们很喜欢提问

题,并由于提问和得到满意的回答而感到愉快。6岁学前儿童喜爱进行各种益智游戏,或所谓"动脑筋"活动,如下棋、猜谜语等。这些活动能满足他们的求知欲和好奇心,促进理智感的发展。

(三) 美感

美感是人对事物的审美体验。婴儿就有喜欢鲜艳颜色、偏好对称图案和人脸的特点,这显示出人类个体最初的审美特征。

学前儿童最初的美感与生理的快感是难以区分的,学前儿童的美感来自生理的快感。到2岁时,随着社会性情感的发展,美感从生理快感中独立出来。

学前儿童早期的美感表现是不太一致的。多数学前儿童表现出初级的美感体验,如在给成人表演舞蹈时,会表现出自豪感和愉悦感;有的学前儿童听到熟悉的音乐或节奏明快的音乐时,会感到愉快、兴奋和欢乐;有的学前儿童的美感表现在服饰上,穿上自己喜欢的服饰就会感到有自信、愉快,甚至还想展示给别人看。

进入幼儿阶段的儿童开始学习简单的绘画、音乐、舞蹈、体操和手工等,开始掌握图像、手势、声音、数、形式和语言等多种符号的意义,对符号意义的理解和掌握是其美感发展的认知基础。但由于他们对美的评价还没有较完善的标准,美感表现为初步的审美偏好,喜欢色彩明亮、内容熟悉的现实主义艺术作品;审美活动与游戏活动融为一体,游戏即幼儿的艺术;美感与其想象的夸张性相融合。

▶ 三、学前儿童情绪理解与调节能力的发展

(一) 情绪理解

情绪理解指对所面临的情绪线索和情境信息进行解释的能力,包括情绪识别、观点采择和对情绪原因的解释等。情绪识别即表情识别,幼儿对于积极情绪的识别能力强于对消极情绪的识别能力。对高兴的识别能力最强,没有性别和文化差异;对于生气和害怕的识别能力随年龄的增长在不断提高。观点采择即推断他人情绪的能力。对情绪原因的解释是对情绪的动态理解。对情绪原因的解释与观点采择的发展水平一致,3岁学前儿童的水平显著低于4岁、5岁学前儿童,4岁与5岁学前儿童之间无明显差别。3岁是学前儿童获得情绪理解能力的一个关键期,4岁学前儿童获得了基本的情绪理解能力。

(二) 情绪调节

情绪调节指对自己情绪的控制和调整过程。情绪调节能力的发展,是幼儿情绪发展的核心,也是个体情绪发展的高级阶段。个体情绪调节的方式有以下三种,适应性调节、功能性调节、特征性调节。

婴儿生活中最早的情绪调节方式是吸吮手指之类的身体自慰行为;2~3个月的婴儿能够采用控制视觉注意的方法来调节情绪;当婴儿能够爬行或走路时,则多采用接近或回避的方式调节情绪。但这都是无意识的本能情绪调节行为。

随着社会认知能力的提高,情绪调节的有意性增强,学前儿童从2岁起,开始有能力控制自己的情绪。研究者将学前儿童的情绪调节策略分为建构性、破坏性、回避性和释放性四种。建构性的策略主要是要求或者解释,破坏性的策略可能是拿走玩具或者毁坏工具,回避性的策略可能是走开或者站在旁边,释放性的策略主要是哭泣或向成人诉说。学前儿童运用最多的情绪调节策略是建构性策略,其次是回避性和释放性策略,应用最少的是破坏性策略。但在不同年龄阶段,学前儿童应用各种情绪调节策略的多少又有所不同,3岁时倾向于采用释放性策略,4岁时较多地采用建构性策略,5岁则更喜欢使用回避性策略。

随着年龄的增长,建构性的情绪调节策略在增加,4~5岁的学前儿童学会采用回避性的策略,而5~6岁学前儿童更多地倾向于采用建构性策略。

四、学前儿童情绪情感的培养

（一）营造良好的情绪环境

1. 保持和谐的气氛

学前儿童情绪具有很强的受感染性。所以在家庭和幼儿园中要有意识地保持良好的情绪气氛，营造温暖、轻松的环境，让学前儿童形成安全感和信赖感。

2. 建立良好的亲子关系和师生关系

亲子之间的情感联结从婴儿出生起就应该培养和建立，建立了良好依恋关系的孩子，他们的情绪往往比较稳定而快乐。建立良好的师幼关系需要教师关爱、理解、尊重学前儿童。

（二）成人的情绪自控

成人生气时不乱发脾气，不迁怒于人，保持良好的情绪状态，以积极、愉快的情绪影响幼儿。成人用恰当的方式表达情绪，为学前儿童做出榜样。

（三）采取积极的教育态度

1. 肯定为主，多多鼓励

成人以欣赏的态度对待学前儿童。注意发现学前儿童的优点，接纳他们的个体差异，坚持正面教育。

2. 耐心倾听学前儿童说话

学前儿童总是愿意把自己的见闻、喜好说给成人听，尤其出现负面情绪时，会向成人诉说。成人要耐心倾听，理解、接纳孩子，允许孩子情绪的流淌。

3. 正确运用暗示和强化

学前儿童的情绪很容易受暗示，一位家长常常对别人说："我的孩子就是爱哭，他胆小。"这种暗示容易养成孩子消极的情绪。孩子的情绪发展也往往受成人强化的影响。有的父母在孩子哭闹时，总是给孩子糖吃，因此孩子以后有什么不满就大哭。

（四）帮助学前儿童控制情绪

（1）转移法：转移孩子的注意力。

（2）冷却法：当孩子情绪十分激动时，可以采取暂时置之不理的办法，孩子自己会慢慢地停止哭喊。

（3）消退法：来源于行为主义学习理论，是指对原先某种行为的多次撤销，并对孩子的消极情绪不予关注，从而使其消极情绪逐渐消退。

（五）培养学前儿童调节情绪的方法

（1）反思法：让孩子想一想自己的情绪表现是否合适。

（2）自我说服法：孩子初入园由于要找妈妈而伤心地哭泣时，可以教他自己大声说"好孩子不哭。"孩子开始时是边说边抽泣，以后渐渐地不哭了。孩子和小朋友打架，很生气时，可以要求他讲述打架发生的过程，孩子会越讲越平静。

（3）想象法：当孩子遇到困难或挫折而伤心时，可以教他们想象自己是"大姐姐""大哥哥""男子汉"，或某个英雄人物等。

随着学前儿童年龄增长，在正确的引导和培养下，他们能学会恰当地调节自己的情绪和注意情绪的表达方式。

【典型真题1】与婴儿最初的情绪反应相关联的是（　　）。

A. 生理的需要　　　　　　　　B. 归属和爱的需要

C. 尊重的需要　　　　　　　　D. 自我实现的需要

【解析】婴儿最初的情绪反应是与生俱来的遗传本能，故选 A 项。

【答案】A

【典型真题2】有时,一名幼儿哭,周围的幼儿会跟着一起哭。这表明幼儿的情绪具有(　　)。
A. 冲动性　　　　B. 易感染性　　　　C. 外露型　　　　D. 不稳定性
【解析】易感染性是指情绪和情感容易受周围人的影响。题干中周围的幼儿跟着一起哭体现了情绪的易感染性。
【答案】B

【典型真题3】婴儿出生6~10周后,人脸可以引发其微笑。这种微笑被称为(　　)。
A. 生理性微笑　　B. 自然微笑　　　C. 社会性微笑　　D. 本能微笑
【解析】5周起,人的声音和人脸特别容易引发婴儿的微笑,这是无选择的社会性微笑。这时婴儿对陌生人的微笑与对熟悉的照顾者的微笑区别很小,只是对熟悉者的微笑比对陌生人的微笑多一点。这种情况持续到6个月左右。
【答案】C

【典型真题4】下列选项中不是婴儿期出现的基本情绪体验的是(　　)。
A. 羞愧　　　　B. 伤心　　　　C. 害怕　　　　D. 生气
【解析】羞愧感属于高级情感,在幼儿期形成。
【答案】A

【典型真题5】帮助幼儿调节负面情绪的主要策略有哪些?
【答案要点】(1)反思法。当孩子与孩子之间发生矛盾时,可以使用反思法,请孩子们先冷静下来,想一想自己的情绪表现是否合适。

(2)自我说服法。当孩子初入园由于要找妈妈而伤心地哭泣时,可以教他自己大声说"好孩子不哭。"孩子开始时是边说边抽泣,以后渐渐地不哭了。当孩子和小朋友打架,很生气时,可以要求他讲述打架发生的过程,孩子会越讲越平静。

(3)想象法。当孩子遇到困难或挫折而伤心时,可以教他们想象自己是"大姐姐""大哥哥""男子汉",或某个英雄人物等。

【典型真题6】李老师第一次带中班,她发现中班幼儿比小班幼儿更喜欢告状。在进行教研活动时,大班教师告诉她,中班幼儿确实更喜欢告状,但到了大班,告状行为就会明显减少。

问题:(1)请分析中班幼儿喜欢告状的可能原因。
(2)请分析大班幼儿告状行为减少的可能原因。

【答案要点】(1)中班幼儿高级情感发展中最为显著的特点是道德感的发展,主要表现在幼儿喜欢告状,可能的原因如下:

①道德感主要是由自己或别人的举止行为是否符合社会道德标准而引起的情感。幼儿道德感的发展是一个比较复杂的过程,在进入幼儿园之后,在集体生活环境中,幼儿接触到不同的人和物,慢慢地由主要依赖成人的评价,发展成开始自己独立进行评价。

②随着自我意识和人际关系意识的发展,中班幼儿比较明显地掌握了一些概括化的道德标准,他们可以因为自己在行动中遵守了教师的要求而产生愉快感。他们不仅关心自己的行为是否符合道德标准,而且开始关心别人的行为是否符合道德标准。所以说中班幼儿的"告状"行为比较突出。

(2)到了大班,幼儿的告状行为明显减少的原因可能有:

①大班幼儿的道德感进一步发展和复杂化,他们对好与坏有鲜明的不同情绪,道德感的发展趋于稳定。

②大班幼儿的道德感主要体现在他们更加关注到爱小朋友,也有了基本的集体荣誉感等,对各项事物的认知水平进一步提高,所以大班幼儿的"告状"行为有所减少。

第七章 学前儿童个性与社会性的发展

知识体系及思维脉络图

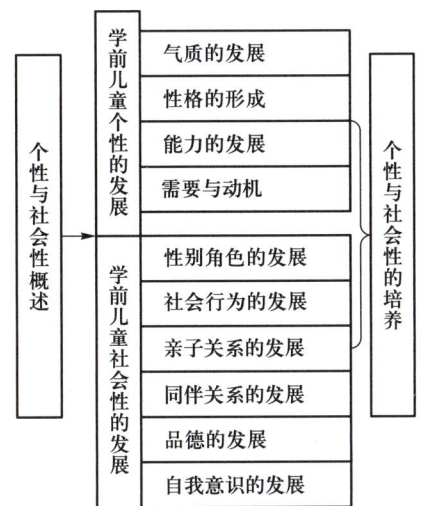

核心考点及学习提示

【核心考点】
个性:记忆每一种儿童个性的特点及其行为表现,能根据幼儿的个性特点设计相应的教育方案。
社会性:记忆社会性各方面发展的年龄特点,能分析幼儿的社会性行为表现。
【学习提示】
考试重点:气质类型的行为表现与自我意识的发展特点。
考试难点:个性与社会性的关系、个性与社会性的培养。

第一节 个性与社会性概述

一、个性概述

(一) 个性的含义

个性指一个人全部心理活动的特征或独特面貌,是人的心理活动的个别性或特殊性。个性包括个性心理特征和个性倾向性两部分,个性心理特征包括气质、性格和能力,个性倾向性包括需要、动机、兴趣、价值观等。

(二) 个性的特点

个性具有稳定性、独特性、整体性、复杂性、功能性等特点。也就是说,一个人的个性一旦形成,就相对稳定,没有重大变故不会有很大的改变。同时,个性就是独特性,因此没有两个人的个性是完全相同的。个性是心理活动各个方面相互联系的整体,具有整体性和复杂性。个性倾向性中的需要、动机、兴趣等是一个人心理活动的动力来源,因此个性具有功能性。

(三) 个性形成的标志

2岁前,人的各种心理过程还没有完全发展起来,不可能组成有机的心理活动系统,因而个性不可能发生。个性形成的过程是漫长的。2岁左右,人的个性逐渐萌芽,3~6岁是个性形成过程的开始时期。直到成熟年龄,即18岁左右,人的个性才基本定型。个性定型以后,也可能会发生改变。

1. 整体性开始形成

幼儿期个性形成的标志是心理活动的整体性开始形成,3~6岁是心理活动的各种成分都已经发生并开始组织成一个整体的过程。

2. 心理活动倾向性形成

个性倾向性的形成,意味着一个人心理活动的整体有了倾向,开始不同于他人。

3. 心理活动稳定性增长

无论是注意的稳定性还是情绪的稳定性,在这个时期都明显增强,使其个性的稳定性逐渐显现。

4. 心理活动独特性发展

虽然出生后每个人之间就有差异,表现出各自的独特性,但初生时的差异或独特性往往与生理差异相联系,随着心理活动整体性、倾向性的形成,幼儿才开始表现出心理上的差异,表现出个性的独特性。

5. 心理活动积极能动性的发展

新生儿的心理活动基本上是被动的,随着心理活动的发展,婴儿开始对外部世界进行选择性的反映,表现出最初的积极能动性。随着需要、动机体系的形成,心理活动的积极性和主观能动性开始发展起来,显示出一定的心理倾向性。

▶ 二、社会性概述

(一) 社会性的含义

社会性是指人在社会交往过程中掌握社会规范,形成社会技能,学习社会角色获得的心理活动特性,是一个人与他人共性的部分。社会性是个体社会化过程中逐渐形成的特性,它是个体从自然人转变成社会人,适应人类社会生活的心理特性。

(二) 社会性的结构

社会性可以从社会认知、社会情感、社会行为等方面去理解,具体结构如图1-7-1。

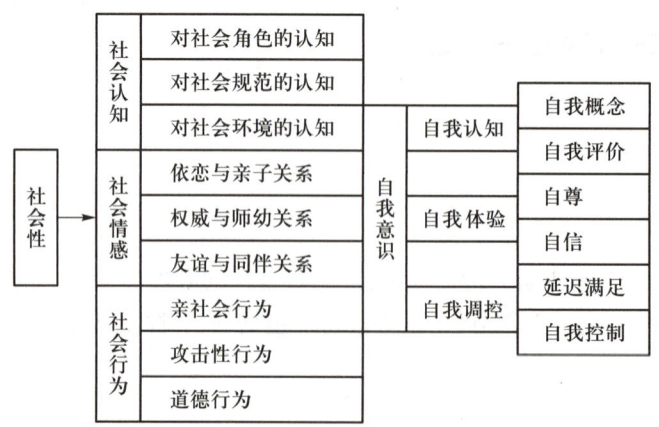

图1-7-1 社会性的结构示意图

自我意识、社会行为等要素是幼儿期社会性发展的重要方面。

三、个性与社会性的关系

广义的个性指一个人心理活动的总和,是一个人整体的精神面貌,包含了其社会性的成分,又叫作人格。狭义的个性即一个人的独特性(个别性或特殊性)。

个性与社会性是个体心理活动发展的两个方面。个性体现了一个人的独特性,社会性体现了一个人与他人的共性和社会适应性。二者交织在一起体现了一个人的精神面貌。个性与社会性都是社会化的产物,二者相辅相成,没有社会性的个性和没有个性的社会性都是不存在的。一个人的个性就体现在他的社会性特征之中,个性也表现了其社会性发展水平。

幼儿在与同伴、与教师的互动中,如果能够遵守社会规范,表现出亲社会行为,就会得到他人的尊重,从而体验到自尊与自信,社会交往能力逐渐提高,从而逐渐形成活泼开朗的性格。

第二节 学前儿童个性的发展

一、气质

(一)气质概述

气质是一个人所特有的较稳定心理活动的动力特征,主要表现在心理活动的速度(反应的快慢)、强度(反应的大小)及灵活性(转换的速度)方面。气质是个性当中最早表现也最难改变的,但是人的神经活动具有高度的可塑性,气质在一定情况下也是可以改变的。气质没有好坏之分。气质具有天赋性、遗传性、稳定性三个特点。气质是与生俱来的神经系统活动特性的表现,婴儿一出生就会表现出自己的气质特点。巴甫洛夫根据神经活动的强度、平衡性和灵活性,将神经活动类型分为弱型、兴奋型、安静型和活泼型四种,对应传统气质类型的抑郁质、胆汁质、黏液质和多血质。各种气质类型的心理活动特点见表1-7-1。

表1-7-1 四种气质类型的心理活动特点

神经类型	气质类型	心理表现	代表人物
弱型	抑郁质	敏感、畏缩、孤僻、多愁善感	林黛玉
兴奋型	胆汁质	精力旺盛、表里如一、反应快、易冲动、难约束	李逵、张飞
安静型	黏液质	安静、迟缓、有耐心、死板	沙僧
活泼型	多血质	活泼、灵活、好交际、情绪不稳定	孙悟空、王熙凤

(二)学前儿童的气质类型

托马斯等人将儿童气质分为容易型、困难型、迟缓型三种类型。

(1)容易型。大多数儿童属于易带的儿童,生理活动有节律,易于适应新环境,容易接受新事物和不熟悉的人,总是情绪愉快、爱玩,对成人的招呼有积极的反应;能受到成人较多的关怀和注意。

(2)困难型。难带的儿童约占10%,不易抚慰,爱哭闹,生理活动不规律,对于新刺激、新变化难接受,心情总是不太好,游戏中也不愉快;成人耗费很大的精力才能使之接受抚爱,因此亲子关系往往不是很密切。

（3）迟缓性。迟缓的儿童约占15%，常常是安静地退缩，对新事物适应慢；如果坚持和他们积极地接触，通常能产生良好的反应。在没有压力的情况下，他们对新刺激也能慢慢产生兴趣，慢慢活跃起来。

按照托马斯等人的系统研究，衡量儿童气质有9个维度。如表1-7-2所示。

表1-7-2　衡量儿童气质的维度及表现

维度	儿童表现
活动水平	在睡眠、进食、穿衣、游戏等过程中身体活动的数量
生理节律	睡眠、吃饭、大小便等生理功能活动是否有规律
注意分散度	外界刺激对正在进行中的行为干扰的程度
趋避性	对环境中的新事物做出趋向还是退缩的反应（如初次用奶瓶是否喜欢）
注意广度和持久性	从事某种活动时稳定注意持续时间（如对喜欢的玩具是否玩很长时间）
适应性	对环境中的变化是否很快地适应
反应阈限	能引起反应的最小刺激强度。阈限高，则不容易觉察环境中声音、光线的细微变化
反应强度	反应的能量水平（如饥饿时低声哭泣还是大哭）
心境质量	愉快和不愉快情绪的一般量

（三）学前儿童气质特征的适宜教育措施

学前儿童气质具有稳定性，气质发展中存在"掩蔽现象"，儿童气质影响父母的教养方式。因此，父母和教师平时要注意儿童的气质特点，同时，还要避免儿童气质中的消极因素对自己教育方式的影响。

教师应当采取如下的教育措施：

（1）了解学前儿童的气质特点。

（2）克服偏爱，给不同气质类型幼儿平等关注。

（3）对不同气质类型幼儿，采取针对性的教育方式，扬长避短，因材施教，以促进幼儿平衡发展。

① 胆汁质：培养其豪放、勇于进取的个性品质；培养其自制力，防止其任性、粗暴。

② 多血质：培养热情开朗的个性品质，防止其见异思迁、粗枝大叶。

③ 黏液质：培养其生机勃勃的精神，发扬其踏实顽强的优点，防止其墨守成规。

④ 抑郁质：采取委婉暗示的方式，不宜在公开场合下指责，培养其机智、高自尊的个性品质，防止其多疑、孤僻。

二、性格

性格是习惯化了的行为方式和稳定的态度体系，是个性中最鲜明的特征。性格是气质与环境的"合金"，是以气质为基础，受后天环境的影响而形成的。性格是人格的核心。

（一）性格的特点

母子关系在婴儿性格的萌芽中起着最重要的作用。母亲良好的照顾，使婴儿从小得到安全需要的满足，形成对母亲的信任和依恋，可以为以后良好性格的形成奠定基础。

成人的抚养方式和教育在儿童性格的最初形成中有决定性作用。2岁左右，随着心理过程、心理状态、自我意识的发展，儿童出现了最初的性格萌芽。

（二）幼儿性格的年龄特点

年龄越小，性格的共同性越明显；年龄越大，性格的差异越大。幼儿由于生活时间和生理发育的限制,生活经历的共同性很大,性格上形成了一些鲜明的共同特征,被称为幼儿性格的年龄特点。

1. 活泼好动

幼儿总是不停地做各种动作,不断地改变活动方式,表现出好动的性格特点。

在一般情况下,幼儿并不因为自己的不断活动感到疲劳,而是因为活动过于单调和枯燥感到厌倦。好动的特点如果引导得当,会培养幼儿勤劳、活泼的性格特点;如果成人过于限制幼儿的活动,干涉过多或者包办代替,幼儿则可能会形成懒惰的性格特点。

2. 好奇好问

幼儿的好奇心很强,他们看到什么都想摸一摸、动一动,想拆开来看个究竟。好奇心是定向反射的一种,是认识兴趣的萌芽。好问是好奇心的一种表现形式。好奇心可以引发思考和探究的倾向,如果成人能够引导得当,就能培养儿童旺盛的求知欲,使其发展成积极进取的良好性格。如果母亲好奇心强,能发挥榜样和强化作用;如果母亲权威性强,较少引导幼儿去发现,则孩子的好奇心很快会被扼杀。

3. 好模仿

幼儿不仅喜欢模仿别人的动作和行为,也喜欢模仿成人的智力活动。动作的模仿在婴儿期已经发生,随着动作的发展,模仿活动也逐渐复杂,出现智力模仿。例如,幼儿在游戏、绘画活动中的模仿现象就是智力模仿,虽然幼儿说要画得和别人不一样,但是结果还是非常相似,依然是一种模仿。

因为幼儿好模仿,教师的榜样示范效果重要,因此教师的言行要起到良好的榜样作用。

4. 好冲动

情绪易变、自制力不强是幼儿的情绪和意志力在性格上的表现。

好冲动表现在智力活动中就是粗枝大叶,不求甚解,为提问而提问,并不深究答案的可靠性;表现在情绪上就是喜怒形于色,即被认为天真幼稚。所谓童言稚语就是好冲动的表现,其好处是如果引导适当,就会发展为真诚、坦率、诚实的性格特点,但也要引导幼儿善于思考、深思熟虑。

5. 喜欢交往

幼儿在行为方面最明显的特征之一是喜欢和同龄或年龄相近的小伙伴交往。在任何环境里,对于大多数儿童来说,可以不经他人特别介绍,儿童之间会很快、自然而然地熟悉起来,并一起做游戏。

▶ 三、能力

能力是直接影响人的活动效率,保证一个人顺利完成任务的个性特征。

(一) 能力的分类

学前儿童的能力可以分为运动能力、操作能力、智力和社会交往能力。运动能力是出生后就具有的身体与四肢的移动能力。操作能力指手部小肌肉操纵物体的能力。智力即认知能力,包括观察力、注意力、记忆力、思维力和想象力。社会交往能力即在社会活动中表现出来的沟通、协商、互动的能力。

2岁前,儿童的运动能力、操作能力、智力和社会交往能力是难以区分的。例如,儿童八九个月时就能爬到远处去拿拨浪鼓然后递给妈妈,并对着妈妈微笑,体现了儿童的一种人际智慧,也显示了运动、操作和一定的认知能力。

运动能力、操作能力、智力和社会交往能力又叫一般能力,是各种活动中都能表现出来的能力。从事专门活动所需要的能力是特殊能力,如音乐能力、绘画能力、言语能力等。

多种能力有机结合,使活动成功高效完成的是才能,才能的高度发展就是天才的表现。

美国心理学家加德纳认为智能(能力)是多元的,而非传统教育所着重培育的数理逻辑和语言符号能力,他认为每个个体都有至少8种智能,即语言、逻辑、身体运动、空间、音乐、人际、内省和自然探索智能。这8种智能以不同的方式和不同程度组合构成一个人的能力结构。因此每个人有强项也有弱项。

(二)能力的发展

经验的总结和概括即知识,能力是知识与经验在应用中转化而成的一种复合特征。因此能力的发展离不开知识与经验的获得,能力又是在知识与经验的获得过程中发展起来的。

(三)能力的个别差异

1. 能力类型的差异

能力具有非常复杂多样的成分,因每个人能力结构和能力强项不同而表现出能力的类型差异。

2. 能力水平的差异

能力水平的差异,是指人与人之间各种能力的发展程度不同,所具有的水平不同。例如,正常的人均具有记忆能力,但人与人之间的记忆力强度不同;正常的人也都有思维能力,但思维的广度和深度也不同。在心理学的研究中,有人把能力水平的差异分为能力低下、能力一般、才能和天才四个等级。

3. 能力表现早晚的差异

人的能力表现出来的时间也是存在差异的。有些人在童年时期就表现出某些方面的优异能力,即所谓的"早熟"。例如,我国唐朝的王勃,6岁便能作诗。但也有些人的才能一直到很晚才表现出来,这就是所谓的"大器晚成"。例如,我国画家齐白石年过半百才达到他绘画创作的黄金时期;达尔文在50岁时才出版《物种起源》一书。

幼儿期是特殊能力开始显现的时期,教师要善于观察和发现幼儿的特殊能力,以便有针对性地予以培养。

【典型真题1】教师应当如何对待不同气质类型的幼儿?请举例说明。

【答案要点】对不同气质类型的幼儿,采取针对性的教育方式,扬长避短,因材施教,以促进幼儿平衡发展。

胆汁质:培养其豪放、勇于进取的个性品质,培养其自制力;防止其任性、粗暴。

多血质:培养其热情开朗的个性品质,防止其见异思迁、粗枝大叶。

黏液质:培养其生机勃勃的精神,发扬其踏实顽强的优点,防止其墨守成规。

抑郁质:采取委婉暗示的方式,不宜在公开场合下指责,培养其机智、高自尊的个性品质,防止其多疑、孤僻。

【典型真题2】明明总是跑来跑去,在班级里也非常活跃。他的行为主要反映了其气质(　　)特征。

A. 趋避性低　　B. 反应阈限高　　C. 节律性好　　D. 活动水平高

【解析】托马斯等人将儿童的气质主要分为"活动水平、生理节律、注意分散度、趋避性、注意广度和持久性、适应性、反应阈限、反应强度和心境质量"9个维度进行衡量。题干中幼儿跑来跑去、表现活跃是9个维度中活动水平高的表现。故本题选D。

【答案】D

【典型真题3】在人的个性心理特征中,出现最早、变化最缓慢的是(　　)。

A. 性格　　B. 气质　　C. 能力　　D. 兴趣

【解析】本题考查学前儿童个性的发展。在人的各种心理特征中,气质是最早出现的,也是变化最缓慢的。

【答案】B

四、需要与动机

(一) 学前儿童的需要

需要是有机体缺乏某种满足生存与发展所要求的条件时产生的一种心理感受,是有机体生活条件在头脑中的反映。

需要分为生理需要和社会性需要两大类。根据美国心理学家马斯洛的观点,需要从低级到高级依次是生理需要、安全需要、归属与爱的需要、尊重的需要、求知的需要、审美的需要和自我实现的需要。前四种属于缺失性需要,后面三种属于生长性需要。前者不能满足时需求会非常强烈,一旦得到满足就不再被反映。后者则越得到满足,需要越强烈。只有低级需要得到满足后高级需要才能产生。

学前儿童的需要以低级需要为主,婴儿的生理需要和安全需要最为强烈。幼儿期,归属与爱的需要、尊重的需要开始占主导地位,求知的需要和审美的需要开始萌芽,表现出好奇好问的特点。

(二) 学前儿童动机的发展

动机是对所有引起、支配和维持生理和心理活动的原因的概括。学前儿童的动机以需要和外部诱因为主。

学前儿童动机的发展主要体现在意志行动中动机的变化。

1. 目的和动机出现间接化

幼儿初期,行动的目的与动机往往是一致的,目的即动机,动机即目的。例如,幼儿的游戏,其动机是为了游戏,他想要达到的目的也是游戏过程本身。想象活动也是如此,学前儿童满足于想象过程本身。

和目的直接联系的动机称为直接动机,与目的不一致的动机就是间接动机。到了幼儿晚期,活动的动机和目的开始分化,出现间接动机。例如,某幼儿学习或参加劳动,不是为了学习知识或者获得劳动成果,而是为了得到成人的称赞或奖励。

2. 各种动机之间的主从关系逐渐形成

人的行动动机是多种多样的。婴儿的各种行动动机之间没有主从关系,在其行动中,各种动机往往是互不相干的,因此其绘画活动中的想象表现出零散无主题的特点。

幼儿初期,行动动机开始从指向直接感知的物体或情境的动机,过渡到指向表象形式的物体或情境的动机为主。头脑中表象形式的动机开始占主导地位。幼儿晚期,动机的主从关系逐渐稳定,某种动机能始终支配活动,使得活动出现了稳定的主题,保障了内容的系统性。例如,在绘画或游戏活动中,出现了稳定的主题和情节的丰富性等。

3. 优势动机的性质逐渐变化

学前儿童优势动机的变化趋势是从被动地受外来影响而产生,向主动地自觉形成的方向转化,从直接的、具体的、狭隘的动机向间接的、较长远的、较广阔的动机变化。

第一,自觉形成的动机逐渐占优势。幼儿初期的行动动机主要受外部新鲜事物的影响及成人的指导、鼓励或禁止。幼儿晚期,奖励和惩罚的动机作用逐渐弱化,代之以幼儿个体内部言语的调节和自控。

第二,有社会意义的动机逐渐占主要地位。学前儿童对活动本身的兴趣和需要所激起的动机是个人的动机,对事物的间接兴趣和需要(对活动结果的期待)激起的动机是有社会意义的动机。例如,幼儿做值日生,小班的孩子是为了值日生可以戴围裙,是对活动本身感兴趣;中大班的幼儿已经意识到做值日是为别人做好事,是互相帮助,开始追求值日的成果和质量,有了责任意识。

4. 成就动机开始萌芽

成就动机是追求卓越的社会动机,即一个人要从事有意义的、有难度和挑战性的事情,追求成功的倾向。

幼儿期成就动机开始萌芽,5岁儿童开始选择有一定难度的任务来完成并表现出坚持、追求完美和不依赖外部鼓励的特点。

> 【典型真题1】婴幼儿喜欢被成人接触、抚爱,这种情绪反应的动因是为满足其(　　)。
> A. 生理需要　　　　　　　　B. 情绪表达的需要
> C. 自我调节性需要　　　　　D. 社会性需要
> 【解析】喜欢与成人接触是人际交往的需要,属于社会性需要。
> 【答案】D
> 【典型真题2】请简述幼儿学习的动机特点。
> 【答案要点】(1)学习动机根据其动力来源,划分为内部动机和外部动机。内部动机指向学习本身,即活动本身构成了学习的直接动力与需求;外部动机指向活动以外的诱因,如奖励或避免惩罚。(2)幼儿的学习动机主要表现为好奇、兴趣和诱因。好奇指幼儿对事物了解的一种原始性内在冲动,兴趣指幼儿对某人、某物、某事表现出来的一种选择性注意的内在倾向,诱因指活动结果引起的奖励或惩罚。幼儿期外部学习动机逐渐增长,表现为幼儿渴望得到成人的肯定、鼓励和表扬。(3)幼儿期很多成败的归因逐渐稳定,归因结果逐渐成为影响幼儿学习的重要动机。

第三节　学前儿童社会性的发展

社会性发展(也称儿童的社会化)是指儿童从一个自然人,到逐渐掌握社会的道德行为规范与社会行为技能,成长为一个社会人,逐渐步入社会的过程。它是在个体与社会群体、儿童集体以及同伴的相互作用、相互影响的过程中实现的。

学前儿童社会性发展的主要内容有:亲子关系、同伴关系、性别角色、亲社会行为、攻击性行为。

亲子关系和同伴关系既是学前儿童社会性发展的重要内容(人际关系),又是影响学前儿童社会性发展的重要因素;性别角色是作为一个有特定性别的人在社会中适当行为的总和,是社会性的主要方面;而亲社会行为和攻击性行为则属于儿童道德发展的范畴。

一、性别角色的发展

性别角色是社会按照人的性别而分配给人的社会行为模式,即男性和女性在衣着、兴趣、态度、才能、行为等方面的适当行为总和。性别角色的获得即性别化的过程,是指在特定的社会文化环境中,获得适合于自己生物性别的价值观、动机和行为等的过程。

(一)性别概念的发展

性别概念包含三个成分,即性别认同、性别稳定性和性别恒常性。

性别认同指对自己和他人性别的正确认识。2.5岁时大多数幼儿开始能够正确回答自己的性别。

性别稳定性指幼儿认识到随着年龄的增长性别不会变化。3~4岁时儿童获得性别稳定性。

性别恒常性指儿童对一个人不管外表发生什么变化,其性别保持不变的认识。儿童到6~7岁时大多数能够获得性别恒常性,标志着性别概念的获得。

(二)性别角色认知的发展

1. 知道自己的性别,并初步掌握性别角色知识(2~3岁)

学前儿童的性别概念包括两个方面:一是对自己性别的认识,二是对他人性别的认识。

学前儿童对他人的性别认识是从2岁开始的,但这时他们还不能准确说出自己是女孩还是男孩。直到2.5~3岁,绝大多数孩子能准确说出自己的性别。

2. 自我中心地认识性别角色(3~4岁)

这个阶段的学前儿童已经能明确分辨出自己的性别,并对性别角色的知识逐渐增多。但这个时期的孩子能接受各种与性别习惯不符的行为偏差。

3. 刻板地认识性别角色(4~6岁)

这个阶段的学前儿童不仅对男孩和女孩在行为方面的区别认识得越来越清楚,对性别角色的认识也表现出刻板性,他们认为违反性别角色习惯是错误的。

(三)性别行为模式的发展

儿童的性别化行为早于性别概念和性别角色知识,2岁前儿童就出现了玩具偏好行为。在整个幼儿期,儿童在游戏的选择上也出现性别化现象,男孩喜欢竞赛、打仗等游戏,女孩则喜欢过家家等游戏。女孩一般在2岁,男孩在3岁时开始出现喜欢选择同性别玩伴的现象,这种玩伴偏好一直持续到童年中期。

父母的行为对学前儿童性别角色和行为起着引导、被模仿和强化的作用。

(四)对他人的认知

婴儿初期,儿童不能区分个人与外界环境,甚至不知道客观事物是永久存在的。在获得客体永久性之后进入自我中心的状态,不知道他人眼中的世界与自己眼中的世界是不一样的。但是随着人际交往的深入,幼儿逐渐能够知晓他人的心理活动。

1. 观点采择

观点采择是区分自己与他人的观点,并进而根据当前或者先前的有关信息对他人的观点做出准确判断的能力,包括区分自己的观点与他人的观点、对他人的观点准确判断、发现个人与他人观点的关系并加以协调这三个依次递进的方面。学前期的儿童尚处在观点采择的萌芽时期,真正能够采择他人的观点要到6岁以后。

2. 心理理论

心理理论是指个体认识到,作为认知对象的他人与自己一样具有心理,包括情感、欲望(意图)、信念以及对现实的解释,并且都是根据自己的信念来行动。4岁前的儿童尚不具备心理理论,4岁后心理理论开始萌芽发展,能够完成最基本的错误信念任务。

3. 移情

移情是指能够感受到他人的情绪情感并能产生同样的情感反应的能力。移情是社会认知与亲社会行为之间的中介因素,年幼儿童的移情与亲社会行为的相关较低,但是年长儿童特别是成人的移情与亲社会行为具有较高的相关。3岁以后的幼儿在感知理解他人情绪的基础上产生初步的移情能力,但移情的对象主要是同性别的同伴,对"快乐"情感容易移情,但是对于"悲伤""愤怒"情感产生移情还有一定困难。

二、社会行为的发展

社会行为是指个体在人际交往中所表现出来的对人、事、物的一系列态度和行为反应。一般分为亲社会行为和攻击性行为。

(一)亲社会行为

1. 学前儿童亲社会行为的发展

亲社会行为又称为积极的社会行为,指一个人帮助或打算帮助他人,做有益于他人的事的行为和倾向。亲社会行为的发展是儿童道德发展的核心问题。儿童的亲社会行为的发展是儿童的道德认识、道德情感和道德行为的有机结合。亲社会行为的形成是以道德认识和道德情感体验的发展为前提的。移情是学前儿童道德认识发展的主要方面,由此产生的同情心是学前儿童道德情感发展的具体体现。移情是儿童亲社会行为产生的前提,也可以作为产生亲社会行为的主要动机。移情的作用主要表现在两个方面,一是移情可以使学前儿童摆脱自我中心,产生利他思想,从而产生亲社会行为;二是移情引起儿童的情感共鸣,产生同情心和羞愧感,学前儿童从自身愿望出发产生降低他人痛苦的动机,增加亲社会行为、降低攻击性行为。

2. 学前儿童亲社会行为的影响因素

（1）社会生活环境

从宏观上讲,亲社会行为是社会文化的产物,电视媒体是儿童学习亲社会行为的一个重要途径。

（2）学前儿童日常的生活环境

①家庭的影响。家庭是学前儿童形成亲社会行为的主要影响因素,表现在:一是榜样和强化的作用;二是父母的教养方式,这是关键因素。

②同伴相互作用。在儿童的安慰、帮助、同情等能力形成的过程中,同龄人起着重要的作用。同伴的作用在于模仿和强化。

（3）移情

无论是受社会生活环境,还是具体生活环境的影响,亲社会行为最终都要通过儿童的移情而起作用。移情是亲社会行为产生的最根本、最内在的因素。帮助学前儿童从他人角度去考虑问题,是发展学前儿童亲社会行为的主要途径。

3. 学前儿童亲社会行为的发展阶段与特点

（1）亲社会行为的萌芽（2岁左右）

学前儿童最早表现出来的亲社会行为是识别他人的哭泣,产生最初的同情心引发的安慰与陪伴。

（2）3~6岁儿童亲社会行为发展特点

①亲社会行为随着年龄的增长,总量在不断增加,形式逐渐丰富化,多样化。

②亲社会行为的自发性有所增加。3岁前儿童的亲社会行为大多是在家长的示意或同伴的要求下产生,而且大多寻求奖励和回报。

③识别他人需要帮助的线索的能力和移情能力逐渐增加。

（3）幼儿的分享和合作。

①合作行为发展迅速。学前儿童亲社会行为发生频率最高的是合作行为。研究表明,在儿童的亲社会行为中,合作行为的发生频率占一半以上。

②分享行为是学前儿童亲社会行为发展的主要方面。幼儿分享行为因物品的特点、数量、分享的对象的不同而变化,具体表现如下:

第一,幼儿的均分观念占主导地位。

4~5岁时分享观念增强,表现为从不会均分到会均分,5~6岁时分享水平提高,表现为慷慨行为的增多。

第二,幼儿的分享水平受分享物品数量的影响。

当分享物品与分享人数相等时,几乎所有儿童都作出均分反应。当分享物品不足或只有一件时,表现出慷慨反应最高。随分享物数量的递增慷慨反应渐次下降,满足自我的反应渐次增高。

第三,当物品人手一份有多余的时候,幼儿倾向于将多余的那份分给需要的幼儿,非需要的幼儿则不被重视。

第四,当分享对象不同时,幼儿的分享反应也不同。

当分享对象是家长且物品少时,幼儿慷慨反应较同伴高。但当物品有多余时,慷慨反应下降。

第五,幼儿更注重于食物,对食物,幼儿的均分反应高,而慷慨反应低,面对玩具,幼儿慷慨反应稍高。

【典型真题】田田因为想妈妈哭了起来,冰冰见状也哭了。过了一会儿,冰冰边擦眼泪边对田田说:"不哭不哭,妈妈会来接我们的。"冰冰的表现属于(　　)行为。

A. 依恋　　　　B. 移情　　　　C. 自律　　　　D. 他律

【解析】本题考查幼儿社会性发展中与亲社会行为相关的"移情"表现。题干中冰冰边擦眼泪边安慰田田,与田田产生情感共鸣和同情心,是幼儿移情能力的体现。故本题选B项。

【答案】B

(二) 攻击性行为

攻击性行为是一种以伤害他人或他物为目的的行为。

1. 攻击性行为的分类

(1) 从表现形式划分:身体攻击和言语攻击。

身体攻击:借助身体动作表现的攻击性行为,如打、推、踢等。

言语攻击:借助言语表达来实现的攻击性行为,如言语威胁、辱骂、嘲笑、说闲话等。

(2) 从表现目的划分:工具性攻击和敌意性攻击。

工具性攻击指学前儿童为了获得某个物品所作出的抢夺、推搡等动作,这类攻击本身指向于一个主要的目标或某一物品的获取。

敌意性攻击则是以人为指向目标,其目的在于打击、伤害他人,如辱骂、讽刺、殴打等。

2. 学前儿童攻击性行为的发展

1岁左右开始出现工具性攻击行为,2岁以后攻击性行为逐渐增多,4岁时攻击性行为最多。4岁以后工具性攻击行为减少,但敌意性攻击增加。

根据学者张文新和张福建的观察,小班幼儿的工具性攻击行为多于敌意性攻击行为,大班幼儿的敌意性攻击行为多于工具性攻击行为。中班和大班幼儿攻击同性别同伴的次数显著多于攻击异性同伴的次数。

3. 学前儿童期攻击行为的特点

(1) 学前儿童攻击性行为频繁,主要表现为为了玩具和其他物品而与同伴争吵、打架,行为更多是直接争夺或破坏玩具和物品;

(2) 学前儿童更多依靠身体上的攻击,而不是言语的攻击;

(3) 从工具性攻击向敌意性攻击转化;

(4) 学前儿童的攻击性行为有着明显的性别差异。

4. 学前儿童攻击性行为产生的原因

导致学前儿童发生攻击性行为的直接原因是遭受挫折、受到挑衅被激怒和环境中不良刺激的诱发。影响学前儿童攻击性行为发生的背景因素有主观因素和客观因素,主观因素包括幼儿的自我控制能力弱、社会认知不足导致曲解他人意愿,以及来自遗传的敌意性偏向等。客观因素包括家庭冲突与暴力、暴力性的大众传媒和不良游戏等的误导作用。

(1) 学前儿童的自身因素。学前儿童性别和气质类型对攻击性行为的表现有一定的影响。男孩的攻击性行为比女孩多;胆汁质孩子自我控制力较差,脾气急躁,容易产生攻击性行为。另外,学前儿童认知水平和共情能力不足也是容易产生攻击性行为的原因之一。

(2) 父母的惩罚。惩罚对攻击型和非攻击型学前儿童能产生不同的影响。惩罚能抑制非攻击型学前儿童的攻击性;却不能抑制攻击型学前儿童的攻击性,反而会加重他们的攻击性行为。

（3）强化。当学前儿童出现攻击性行为时,父母或教师的不加制止或听之任之,等于强化了学前儿童的攻击性行为。学前儿童也能从同伴身上学会攻击性行为。

（4）大众传播媒介。大众传播媒介里的攻击型形象会增加学前儿童的攻击性行为,学前儿童可能会从中观察学习到各种具体的攻击性行为。

（5）幼儿园空间与玩具不充足。研究证明,空间狭窄、游戏材料不足也是引起学前儿童攻击性行为的重要因素。

（6）挫折。攻击性行为产生的直接原因主要是挫折。对学前儿童来说,家长或教师的不公正是挫折产生的主要原因之一。

5. 攻击性行为的纠正策略

（1）树立正确的儿童观和教育观,提高学前儿童的认知水平和共情能力。

（2）提供充足的材料与空间,避免攻击性行为的产生。

（3）提供合作的榜样。

（4）帮助学前儿童转移情绪,给学前儿童提供宣泄的机会。

（5）组织丰富多彩的活动,避免无谓等待的环节和时间,使学前儿童全身心地投入到活动中去。

> 【典型真题1】有些幼儿经常看电视上的暴力镜头,其攻击性行为会明显增加,这是因为电视的暴力内容对幼儿攻击性行为起到(　　)。
>
> A. 定势作用　　B. 惩罚作用　　C. 依赖作用　　D. 榜样作用
>
> 【解析】在观察学习中,观察学习的对象称为榜样或示范者。题目中,幼儿看电视上的暴力镜头,攻击性行为会明显增加,故选榜样作用。
>
> 【答案】D
>
> 【典型真题2】简述幼儿工具性攻击和敌意性攻击的异同。
>
> 【答案要点】相同点:幼儿工具性攻击和敌意性攻击同样都属于攻击性行为,并且同样都具有目的性,这也是攻击性行为最大的特点。
>
> 不同点:
>
> （1）工具性攻击是指儿童为了获得某个物品而做出抢夺、推搡等动作,如一个幼儿为了得到玩具而把另一个幼儿推倒。这类攻击性行为不是故意给对方造成伤害,而是为了争夺某个物品,把攻击作为手段或工具。
>
> （2）敌意性攻击是指出于要损伤他人身体或对他人精神造成伤害的目的,而实施的攻击性行为,如殴打、辱骂、讽刺等。这类攻击主要是指向人的,其根本目的是打击、伤害他人。
>
> 所以工具性攻击和敌意性攻击的目的是不同的,产生原因也不同。

▶ 三、亲子关系的发展

亲子关系有狭义与广义之分。狭义的亲子关系是指儿童早期与父母的情感关系,即依恋;广义的亲子关系是指父母与子女的相互作用方式,即父母的教养态度与方式。早期的亲子关系是以后儿童建立同他人关系的基础,儿童早期亲子关系好,就比较容易跟其他人建立比较好的关系。广义的亲子关系直接影响到儿童个性品质的形成,是儿童人格发展的最重要影响因素。

（一）依恋的发展

依恋是儿童寻求并企图保持与另一个人亲密的身体和情感联系的一种倾向。他是儿童在与父母相互作用的过程中,在情感上逐渐形成的一种联结、纽带。一般认为,婴儿与主要照料者(母亲)的依恋在六七个月时形成。

1. 依恋发展的四个阶段

第一阶段:0~3个月,无差别社会反应阶段。

在这个阶段,婴儿对人的反应几乎都是一样的,哪怕是对一个精致的面具也会表示微笑。

第二阶段:3~6个月,有差别社会反应阶段。

在这个阶段,婴儿对母亲和其他熟悉的人的反应与对陌生人的反应有了区别。

第三阶段:6个月至2岁,特殊情感连接阶段。

婴儿从六七个月开始,对依恋对象的存在表示深深的关注。当依恋对象离开时,孩子就会哭喊,不让离开,当依恋对象回来时,孩子会显得十分高兴。

第四阶段:2岁以后,目标调整的伙伴关系阶段。

在这个阶段,儿童会同父母协商,向父母提出要求,亲子之间合作性加强。

2. 依恋的类型

安斯沃斯采用了"陌生情境法"进行试验,根据儿童在陌生情境中的表现,将依恋分为三种类型。

(1) 安全型

这类儿童与母亲在一起时,能安逸地玩弄玩具,对陌生人的反应比较积极,并不总是偎依在母亲身旁。当母亲离开时,探索性行为会受影响,明显地表现出一种苦恼情绪。当母亲回来时,他们会立即寻求与母亲的接触,但很快又平静下来,继续做游戏。

(2) 回避型

母亲在场或不在场对这类儿童影响不大。实际上,这类儿童并未形成对人的依恋,所以,有的人把这类儿童称为"无依恋的儿童"。这种类型的儿童较少。

(3) 反抗型(矛盾)

这类儿童在母亲要离开之前,总显得很警惕,有点大惊小怪。如果母亲离开他们,他们就会表现出极度的反抗,但是与母亲在一起时,又无法把母亲作为他们安全感探究的基地。这类儿童见到母亲回来时就寻求与母亲的接触,但同时又反抗与其母亲接触,甚至还有点发怒的样子。

在所有的依恋类型中,安全型依恋是较好的依恋类型。

3. 早期依恋对儿童发展的作用

亲近是依恋的核心和外在的行为表现,强烈的相互依存的情感则是依恋基本的内在心理表征。它的生物意义在于个体可以从中获得关爱和安全感,而它的社会意义在于奠定了儿童日后情感发展的重要基础。

早期依恋对儿童的发展具有重要影响,主要表现在以下四个方面:

(1) 安全的依恋有助于儿童积极的探索。

(2) 婴儿期的依恋质量影响到儿童的同伴关系。

(3) 婴儿期的依恋影响儿童情绪和心理健康。

(4) 婴儿期的依恋对儿童的影响具有长期性。

4. 良好依恋的形成

(1) 注意"母性敏感期"期间的母子接触。最佳依恋的发展需要在"母性敏感期"使孩子与母亲接触。

(2) 父母亲与孩子之间要保持经常的身体接触。如抱孩子,还要适当和孩子一起玩耍。同时,父母亲在和孩子接触时,要保持愉快的情绪。

(3) 父母亲对孩子所发出的信号要敏感地作出反应。要注意孩子的行为(如找人、哭闹等),并给予一定的关照。

(4) 尽量避免父母与孩子的长期分离。

【典型真题】有些婴幼儿既寻求与母亲接触,又拒绝母亲的爱抚,其依恋类型属于(　　)。
A. 回避型　　　　B. 安全型　　　　C. 反抗型　　　　D. 紊乱型
【解析】本题考查的是依恋类型。反抗型儿童对母亲的离去表示强烈反抗,母亲回来,既寻求与母亲的接触,但同时又显示出反抗,甚至发怒。
【答案】C

(二) 亲子关系类型对学前儿童发展的影响

亲子关系通常分成三种:民主型、专制型及放任型。不同的亲子关系类型对学前儿童的影响是不同的。研究证明,民主型的亲子关系最有益于学前儿童个性的良好发展。

1. 民主型

父母对孩子是慈祥的、诚恳的,善于与孩子交流,支持孩子的正当要求,尊重孩子的需要,积极支持子女的爱好、兴趣;同时对孩子有一定的控制,常对孩子提出明确而又合理的要求,将控制、引导性的训练与积极鼓励儿童的自主性和独立性的训练相结合。父母与子女关系融洽,孩子的独立性、主动性、自我控制性、探索性等方面发展较好。

2. 专制型

父母对孩子过多地干预和禁止,对子女态度简单粗暴,甚至不通情理,不尊重孩子的需要,对孩子的合理要求不予满足,不支持子女的爱好兴趣,更不允许孩子对父母的决定和规则有不同的意见。这类家长培养的孩子或是变得顺从、缺乏生气,创造性受到压抑,无主动性、情绪不安,甚至带有神经质,不喜欢与同伴交往,忧虑,退缩,怀疑;或是变得自我中心和胆大妄为,在家长面前和背后言行不一。

3. 放任型

父母对孩子的态度一般关怀过度,百依百顺,宠爱娇惯;或是消极的,不关心,不信任,缺乏交谈,忽视他们的要求;或只看到他们的错误和缺点,对子女否定过多;或任其自然发展。这类家长培养的孩子,往往变得好吃懒做,生活不能自理,胆小怯懦,蛮横胡闹,自私自利,没有礼貌,清高孤傲,自命不凡,害怕困难,意志薄弱,缺乏独立性等;但这种亲子关系也可能使孩子发展为自主、少依赖、创造性强等性格特点。

▶ 四、同伴关系的发展

同伴关系是指年龄相同或相近的学前儿童之间共同活动并相互协作的关系,或者主要指同龄人或心理发展水平相当的个体之间在交往过程中建立和发展起来的一种人际关系。

(一) 学前儿童同伴关系发展的阶段特征

1. 两岁前同伴交往的发展阶段

第一阶段:物体中心阶段。这时儿童之间虽有相互作用,但他们把大部分注意都指向玩具或物体,而不是指向其他儿童。

第二阶段:简单的相互作用阶段。儿童对同伴的行为能作出反应,并常常试图支配其他儿童的行为。

第三阶段:互补的相互作用阶段。儿童出现一些更复杂的社会性互动行为,对他人行为的模仿更为常见,出现了互动的或互补的角色关系。

2. 学前儿童游戏中同伴关系的发展特点

3岁左右,儿童游戏中的交往主要是非社会性的,儿童以独自游戏或平行游戏为主。

4岁左右,联系性游戏逐渐增多,并逐渐成为主要游戏形式。

5岁以后,合作性游戏开始发展,同伴交往的主动性和协调性逐渐发展。

(二) 同伴关系对学前儿童发展的作用

同伴交往是发展学前儿童社会能力的重要背景,是满足儿童的社会需要,使儿童获得社会支持和安全感的重要源泉,有利于儿童自我意识和人格的发展。

1. 有助于儿童社会交往能力的发展

儿童社会性的发展是通过对社会技能和社交策略的学习实现的,在不同人际关系中,儿童运用的社交策略是有差别的。

由于在与同伴交往中,儿童需要自己发起、维持关系,且得到的同伴反馈常常是模糊的、缺乏指导性。因此儿童需要提高自己的社交技能,使得信号的反应更富表现性,以使互动得以进行。

同伴交往中的反馈真实、及时、自然,使得同伴群体能够对儿童行为起到规范作用。同伴作为一种社会比较的对象存在,儿童在与同伴交往中会不断调整、修正自己的行为方式,掌握较为适宜的社交技能。

2. 有助于儿童积极情感的发展

健康积极的同伴交往,能使儿童产生归属感和安全感,满足其归属感、爱和尊重的需要,从而使其情绪愉悦、稳定。积极的同伴关系一方面可以愉悦孩子的身心,另一方面也为孩子提供了实践情绪控制的机会,同伴之间的交往有助于训练儿童的情绪调节机制。

3. 有助于儿童认知能力的发展

同伴交往可以为儿童提供分享知识经验、相互模仿、相互学习的机会。同伴交往为儿童相互交流指导、谈论分析提供了平台,这既有利于促进儿童语言能力的发展,提高儿童解决问题的能力,同时也有利于儿童扩展自己的知识,丰富个体的认知体验。

4. 有助于儿童自我意识和人格的发展

同伴交往为儿童的自我评价提供了有效的对照标准,使儿童通过对照更好地认识自己。儿童可以通过同伴的行为,判断自己的能力和其他的个性品质。与同伴的交往,为儿童行为的自我调控提供了丰富的信息和参照标准。儿童从同伴的不同反馈中,可以了解自己行为的后果与性质,认识到调节自己行为的必要性,以及哪些行为需要调节、控制。同伴交往,尤其是同伴交往中的反馈机制对儿童自我意识的形成和人格的健康发展具有积极的意义。

(三) 同伴交往的类型

我国儿童心理学家庞丽娟对4~6岁儿童同伴社交类型进行了研究。结果表明,儿童同伴社交类型主要有四种:受欢迎型、被拒绝型、被忽视型和一般型。

1. 受欢迎型

这类儿童喜欢与人交往,社交能力强,交往中积极主动,表现出友好积极的交往行为。他们被大多数同伴接纳、喜欢。同伴中社交地位较高,具有较强的影响力。

2. 被拒绝型

这类儿童在活动中活跃、主动,喜欢交往,多采用不友好的交往方式,如抢夺玩具、推打小朋友、强行加入其他小朋友的活动等。他们因为攻击性行为较多,所以常常被大多同伴拒绝、排斥,同伴关系紧张。

3. 被忽视型

这类儿童不喜欢交往,常常独处或自己一个人活动,在交往中表现得退缩。他们很少对同伴做出友好和合作行为,也很少表现出不友好和攻击性行为。因此,他们既不受人喜欢,也不被排斥,他们似乎是不存在的,被大多数同伴忽视和冷落。

4. 一般型

这类儿童在与同伴的交往中既不特别主动、友好,也不表现为不友好。同伴有的喜欢他们,有

的不喜欢他们,他们在同伴心目中的地位一般。

(四) 同伴交往的影响因素

(1) 早期亲子交往的经验。儿童在与父母交往过程中,不仅建立起一种社交方式,也通过父母的反应,获得最初的"自我肯定"。这种自我肯定是他们将来自信心和自尊感的基础,也是其同伴交往积极、健康发展的先决条件之一。

(2) 学前儿童自身的特征。对学前儿童自身来说,影响同伴关系的主要因素有以下两个方面:外表和个人性格。儿童自身的身心特征一方面制约着同伴对他们的态度和接纳程度,另一方面也决定着他们自身在交往中的行为方式。对学前儿童同伴交往关系影响最大的是其在交往中的积极主动性、交往行为及交往技能。

(3) 活动材料和活动性质。活动材料,特别是玩具,是学前儿童同伴交往的一个不可忽视的影响因素,尤其在婴幼儿时期,学前儿童之间的交往大多围绕玩具发生。活动性质对同伴交往的影响主要体现在自由游戏情境下,不同社交类型的儿童在交往行为上表现出巨大的差异。在表演游戏或集体活动中,即使是不受同伴欢迎的儿童也能与同伴进行一定的配合协作,因为活动情境本身已经规定了同伴间的合作关系,对其行为提出了许多制约性。

(4) 教师的影响。一个儿童在教师心目中的地位会影响到同伴对这个儿童的评价。

(五) 建立良好的同伴关系

(1) 结合具体情境,指导学前儿童学习交往的基本规则和技能。

① 当学前儿童不知怎样加入同伴游戏,或提出请求不被接受时,建议他/她拿出玩具邀请大家一起玩;或者扮成某个角色加入同伴的游戏。

② 当学前儿童与同伴发生矛盾或冲突时,指导他/她尝试用协商、合作等方式解决冲突。

③ 利用相关的图书、故事,结合学前儿童的交往经验指导幼儿学习交往的规则和技能。

④ 幼儿园应多为学前儿童提供需要大家齐心协力才能完成的活动,让学前儿童在具体活动中体会合作的重要性,学习分工合作。

(2) 结合具体情境,引导学前儿童换位思考,学习理解别人。

(3) 正确评价同伴,学会一分为二去看待同伴。引导他们多发现同伴的优点、长处。

【典型真题1】材料:

3岁半的蒙蒙很喜欢和小伙伴一起玩耍,可是奶奶却说:"你还小,出去玩会被别的孩子欺负的,就在家玩多好。"有时邻居家的小朋友想到家里来找蒙蒙玩,大人常嫌添乱,而替蒙蒙婉言谢绝,于是蒙蒙就只能在家独自玩耍。

问题:试运用同伴对幼儿发展的作用的相关知识,对蒙蒙家长的做法进行评析。

【答案要点】同伴关系是人际交往的重要组成部分,通过这种同伴交往所形成的同伴关系与同伴经验是幼儿社会性发展的一种需要,对社会性发展起着重要的作用。幼儿阶段孩子就已表现出交往能力的差异。对幼儿来说,进入幼儿园后生活中最经常、最主要的接触者就是同伴。良好的同伴关系是幼儿心理健康发展的重要精神环境,有利于他们形成自尊、自信、活泼开朗的性格,有利于促进其社会化及心智的发展。

材料中,蒙蒙处于3岁半的年龄,渴望与小伙伴玩耍,说明他有与同伴交往的需要。作为家长,应当教会儿童接纳,从而形成融洽的同伴关系。要使他们了解受欢迎幼儿的性格特点及自身存在的问题,帮助他们学习如何与他人友好相处;当发现幼儿的长处时,应及时鼓励和表扬,提高幼儿在同伴心目中的地位;要使得同伴之间互相接纳成为儿童的一种日常的交往行为,关注对幼儿交往策略的指导。

【典型真题2】4岁的石头在班上朋友不多。一次,他看见林琳一个人在玩,就冲上去紧紧地抱住林琳。林琳感到不舒服,一把推开了石头。石头跺脚大喊:"我是想和你做朋友的啊!"

问题:(1)请根据上述材料,分析石头在班里朋友不多的原因。

(2)教师应如何帮助石头改善朋友不多的状况?

【答案要点】(1)该材料主要体现石头在同伴交往中存在的特点,其同伴交往类型主要是被拒绝型。材料中石头有主动交往意愿,但是缺乏交往的技巧和方法,影响其同伴交往的因素有如下几方面:

① 幼儿自身的特征

首先,性别、长相、年龄等生理因素和姓名影响着幼儿被同伴选择和接纳的程度。其次,幼儿的气质、情感、能力、性格等个性、情感特征影响着他们对同伴的态度和交往中的行为特征。

材料中石头的年龄特征为活泼好动、易冲动、喜欢交往,四岁的石头正处于中班,喜欢从事结伙和合作的游戏与活动,但是其交往的技能技巧欠缺,影响了幼儿之间的同伴关系;材料中石头的气质类型倾向于胆汁质,精力旺盛,好冲动,做事情不善于先进行一定的思考;不同性别的儿童交往方式也是不同的,石头是男孩子,而材料中的林琳有可能是女孩子,则其交往的手段、方法都有一定的差异,石头的行为更加直接、豪放,林琳相对来说比较文静、内敛,对于这样的交往方式难以接受。

② 活动材料和活动性质

材料中的林琳独自在玩,说明林琳处于独自游戏阶段,而石头并没有掌握社会性交往的技巧,直接"抱住"林琳,这样的举止会使得林琳出现反感、不舒服的现象,因此推开了石头。

(2)① 结合具体情境,指导幼儿学习交往的基本规则和技能。

当幼儿不知怎样加入同伴游戏,或提出请求不被接受时,建议他/她拿出玩具邀请大家一起玩;或者扮成某个角色加入同伴的游戏。

当幼儿与同伴发生矛盾或冲突时,指导他/她尝试用协商、合作等方式解决冲突。

利用相关的图书、故事,结合幼儿的交往经验指导幼儿学习交往的规则和技能。

幼儿园应多为幼儿提供需要大家齐心协力才能完成的活动,让幼儿在具体活动中体会合作的重要性,学习分工合作。

② 结合具体情境,引导幼儿换位思考,学习理解别人。

③ 正确评价同伴,学会一分为二去看待同伴。引导他们多发现同伴的优点、长处。

五、品德的发展

品德是道德品质的简称,是个人依据一定的社会道德规范行动时所表现出来的心理特征和倾向。

品德包含道德认知、道德情感、道德意志和道德行为习惯四个方面。

品德是个人社会性的核心,是在社会性发展的基础上形成的。2岁左右,幼儿在其社会性发展的基础上,形成了最初的道德认知、道德行为习惯,品德开始产生。

(一)学前儿童品德发展的理论

1. 皮亚杰的品德发展阶段论

皮亚杰早在20世纪30年代就对儿童的品德判断进行了系统研究,提出儿童的品德判断是一个从他律到自律的发展过程,10岁是分水岭。品德教育的目标就是使儿童达到自律品德。皮亚杰采用对偶故事法对品德判断进行研究。

皮亚杰以认知发展的观点考察和分析了儿童对这些问题的回答,概括出了儿童品德发展的四个阶段。皮亚杰品德发展的四个阶段如表1-7-3所示。

表1-7-3 皮亚杰儿童品德发展四个阶段

四阶段	年龄段	特征
自我中心	2~5岁	规则没有约束力
权威	5~8岁	服从规则；只看后果，不看动机；规则不可变
可逆性	8~10岁	尊重同伴群体，意识到规则的相对性，判断对错时考虑行为的动机
公正	11~12岁	公平正义，尊重个体差异

2. 柯尔伯格的品德发展阶段理论

美国发展心理学家柯尔伯格系统地扩展了皮亚杰的理论和方法，逐步发展为一种结构上更精密、逻辑上更连贯的品德发展阶段理论。柯尔伯格研究品德发展的方法是两难故事法。

柯尔伯格发现儿童的品德发展普遍经历了三种水平六个阶段的发展顺序，如表1-7-4所示。

表1-7-4 柯尔伯格儿童品德发展阶段理论

判断水平	发展阶段
前习俗水平	第一阶段：服从与惩罚的定向 服从强权或权威，力避自己的苦恼
	第二阶段：朴素利己主义的定向
习俗水平	第三阶段：好孩子的道德定向 遵从大多数人的定型意见，遵从惯常的角色行为，并能按人的意向进行判断
	第四阶段：维护权威或秩序 尊重别人和社会的期望
后习俗水平	第五阶段：社会契约的道德定向 责任是以契约的形式加以规定的
	第六阶段：普遍原则的道德定向 价值观念，完全自律

柯尔伯格认为，个体的品德是由低级阶段向高级阶段发展的，而且年龄与品德发展阶段有一定关系，但不完全对应。研究表明，大多数9岁以下的儿童及少数青少年处于前习俗水平，大部分青年和成人都处于习俗水平，后习俗水平一般要到20岁以后才能出现，而且只有少数人能达到。

（二）幼儿品德发展的特点

1. 具体性

幼儿的品德观念是从交往产生的具体行为中获得的，是具体的、特殊的、肤浅的；只能根据人们行为的表面现象和某些外部特点，以及行为的直接后果来判断品德行为的好坏。

2. 他律性

皮亚杰认为幼儿的品德行为是他律的，即根据外在的、成人提出的标准判断自己的行为或他人行为，对成人有一种单方面的尊敬、服从，因而在品德行为上以模仿为主，难以持久或者言行不一致。

3. 情境性

由于其思维的具体形象性，品德认知比较肤浅，容易受外部情境的制约，因此其品德行为也具有情境性。比如，在教师在场与不在场的两种情况下，幼儿的分享行为表现出很大的差异。

4. 模仿性

爱模仿是幼儿的年龄特点，直接与幼儿发生密切联系的榜样，对于幼儿品德行为的形成有重要影响。幼儿最初产生的品德行为不是由品德观念支配的,而是模仿产生的,最初的品德观念也是来源于榜样的言行一致的示范活动。

5. 情绪性

情绪性也是幼儿的年龄特点之一,因此,品德行为常受其情绪的影响,他们对品德行为的判断不取决于对社会品德行为准则的客观认识和比较,而是很大程度上取决于当时的情绪状态。积极或消极的情绪使得幼儿的是非判断常常比较极端,要么都好,要么都不好。

> 【典型真题】儿童认为规则是由有权威的人决定的,不可以经过集体协商改变。这说明儿童的品德发展处于(　　)。
> A. 习俗阶段　　　B. 权威阶段　　　C. 可逆性阶段　　　D. 公正阶段
> 【解析】权威阶段也称他律阶段,该时期的儿童服从外部规则,接受权威指定的规范,把人们规定的准则看作固定的、不可变更的,而且只根据行为后果来判断对错。
> 【答案】B

六、自我意识的发展

(一) 自我意识的概念

1. 什么是自我意识

自我意识是人对自己身心状态及自己与他人关系的意识,是个性的重要组成部分。自我意识是个性系统中最重要的组成部分,制约着个性的发展。自我意识的发展水平直接影响着个性的发展水平,自我意识发展水平越高,个性也就越成熟和稳定。自我意识的成熟标志着个性的成熟。

自我意识形成与发展经历三个阶段:生理自我、社会自我、心理自我。

从形式上看,自我意识包括自我认识、自我体验和自我调控。自我认识是自我意识的认知部分,是个体对自己的身心特征和活动状态的认知和评价。它包括自我观察、自我知觉、自我概念、自我评价等,其中自我概念和自我评价是自我认知的最主要方面。自我体验是自我意识的情感成分,是个体对自己所持有的一种态度。它包括自尊、自信、自卑、自豪感、成就感等,其中自尊是自我体验的重要体现。自我调控是自我意识的意志成分,是指个体对自己思想、情感和行为的调节和控制。自制、自立、自主、自我监督和自我控制等属于自我调控的范畴。

2. 自我意识的两个基本特征

第一,必须有一种区分于他人的"分离感",即一个人意识到自己作为一个独立的个体,是和他人不同的。第二,形成"稳定的同一感",知道不管自己怎样变化,都是同一个人。

分离感是自我意识发展的初级阶段,形成稳定的同一感才是自我意识发展的最终目的,而这种稳定的同一感要到青年期才能真正形成。

(二) 学前儿童自我意识的发生

1岁前儿童没有自我意识。1岁时儿童出现了最初的独立性。自我意识的发展是以儿童动作的发展为前提的。自我意识的真正出现是和儿童言语的发展相联系的。2岁的儿童左右能够观察、意识到镜子中的人鼻子上的红点而去摸自己的鼻子,1.5~2岁的儿童注视自己照片的时间多于注视其他孩子照片的时间。2岁的儿童会用自己的名字或"我""我的"来称呼自己,这一时期儿童自我意识开始形成。有了自我意识,儿童的行为开始出现独立性和反抗性。

(三) 学前儿童自我评价的发展特点

自我评价是自我认知的具体表现。2~3岁学前儿童的自我评价开始出现,随着年龄的增长,自我评价能力逐步提高。

1. 从依赖成人的评价发展到开始出现独立性评价

学前儿童还没有完全独立的自我评价,他们的评价主要依赖于成人的评价。幼儿初期往往不加考虑地轻信成人的评价,或者只是简单地重复成人的评价。幼儿晚期,开始出现独立的评价,如果成人的评价不符合他们自己的评价时学前儿童会提出疑问或申辩。

2. 从主观情绪性评价发展到比较客观的评价

学前儿童的自我评价往往不是从具体事实出发,而是从情绪出发的。一般情况下总是过高地评价自己。幼儿晚期,自我评价从没有论据转化为有了评价依据,但其依据依然比较具体。

3. 从外部行为的评价发展到出现对内心品质的评价

受认知水平的限制,学前儿童的自我评价以对外部行为的评价为主,如对外貌特征、外显行为和行为结果的评价。到幼儿晚期,出现了对个人内心品质的评价。例如,在解释自己为什么是好孩子时,他们会说:"我不撒谎,我不欺负小朋友。"

4. 从对自己个别方面的评价发展到多方面的评价

学前儿童最初的独立性评价往往只是对自己个别方面的评价,5.5 岁以后才有部分学前儿童能从多方面对自己进行评价。

5. 自我评价的恰当性不高

学者仇佩英的研究发现,3 岁幼儿倾向于自评过高。随年龄增长,自我评价恰当性提高;4 岁幼儿的恰当的自我评价开始占主要地位;5 岁幼儿的恰当的自我评价已占主导地位,自评过低率有一定增加,与评价过高率趋于一致。

(四)学前儿童自我体验的发展

个体对自我的情感态度如同对外部事物的情感态度一样,总体上也经历着从低级到高级、从简单表面到深刻内隐、从生理性体验到社会性体验的过程。自尊是心理学中研究最多的一种自我体验形式。自尊是个体对自己的能力、外表、重要性和价值等的情感体验,主要包括能力感和价值感,以及对外表的感受等。

影响自尊的因素:

(1)家庭中的亲子关系(依恋和家庭教养方式)。

(2)社会比较。

(3)成功体验和失败体验。

(4)儿童的自身能力水平(亲子行为、社会比较、行为表现的反馈等)。

教师支持策略:

(1)关注幼儿的感受,保护其自尊心和自信心。

(2)鼓励幼儿自主决定,独立做事,增强其自尊心和自信心。

(五)自我调控

自我控制是意志过程在自我方面的表现,主要体现在自制力、自觉性、坚持性等方面。抗拒诱惑与延迟满足是幼儿自觉性和自制力的典型表现。

抗拒诱惑指抑制自己,表现为在有人或没有人在场的情况下,都拒绝具有诱惑力但被禁止的愿望和行动。4 岁以前的儿童抗拒诱惑往往是害怕惩罚,4 岁以后则能应用已经懂得的道理抑制自己的愿望与行为。

延迟满足是为了长远利益而自愿延缓目前的享受。观察表明,小班幼儿已经具有为长远目标而抑制即时满足的能力。

学前儿童的坚持性随着年龄的增长而提高。4~5 岁是学前儿童坚持性发展最快的年龄,也是受外界影响波动最大的年龄,因而是教育的关键期。

【典型真题1】材料:小明4岁多了,妈妈发现他越来越不愿意接受别人的批评。说他哪里做得不够好,他就会说"昨天张老师还表扬我了呢!说我爱帮助人""我昨天值日还得了小红花""我画画也画得特别好""我是我们班最棒的"等。

问题:请根据小明的表现,分析其自我意识发展的特点。

【答案要点】这则材料体现了幼儿自我意识中自我评价方面的发展特点,具体表现如下:

(1)以依从性评价为主。幼儿早期对自己的评价往往依赖于成人对他们的评价。材料中小明不接受妈妈的批评,但他反驳的理由来自教师对他的评价,体现了小明还处于依从性评价为主的阶段。(2)从对外部行为的评价向对内心品质的评价过渡。幼儿的自我评价基本上表现为对自己外部行为的评价,随着年龄的增长,开始逐步深入到对内心品质进行评价。材料中,小明在复述教师的评价时,更倾向于复述具体的行为,如喜欢帮助小朋友,喜欢画画等,体现了这一发展特点。(3)幼儿早期的自我评价具有强烈情绪色彩。处在幼儿初期的孩子往往不从具体事实出发,而从情绪出发进行自我评价。由于较好的评价会引起幼儿的愉悦情绪,因此,幼儿往往更能接受好的评价,对自己的评价也往往过高。材料中小明更倾向于接受教师的表扬而拒绝妈妈的批评,体现了这一特点。(4)幼儿的评价倾向于个别方面的评价。幼儿在进行自我评价时,主要是从单一角度或个别方面评价自己。材料中,小明对自己的评价主要来自在幼儿园中的表现,却忽视了自己在家庭中的表现,体现了这一特点。总之,幼儿的自我评价能力还相对较差。因此,成人要善于对孩子进行适当的评价引导,促进幼儿自我意识的进一步发展。

【典型真题2】在下列选项中,不符合幼儿自我评价特点的是( )。

A. 依从性　　　B. 表面性　　　C. 主观情绪性　　　D. 全面性

【解析】本题考查幼儿自我评价的特点。全面性不属于幼儿自我评价的特点,D项当选。A、B、C三项均属于幼儿自我评价的特点,与题干不符,故排除。

【答案】D

【典型真题3】材料:在一项行为实验中,教师把一个大盒子放在幼儿面前,对幼儿说:"这里面有一个很好玩的玩具,一会儿我们一起玩。我现在要出去一会儿,等我回来才能打开。"幼儿回答:"好的!"然后教师单独留幼儿在房间里,下面是两个幼儿独处时的不同表现。

幼儿一:眼睛一会儿看地面,一会儿看墙壁,尽量不看盒子,小手也一直放在腿上。教师回来后问幼儿是否打开盒子。幼儿说:"没有。"

幼儿二:忍了一会儿,禁不住打开盒子偷偷看了一眼。教师回来后问幼儿是否打开盒子,幼儿说:"没有,盒子里的玩具一点也不好玩。"

问题:描述上述材料中两名幼儿各自表现出的行为特点。

【答案要点】(1)材料中反映的是幼儿自我控制在发展过程中表现出的不同行为特点。自我控制反映的是一个人对自己行为的调节。幼儿期自我意识各方面发展规律如下:3~4岁,幼儿自我评价发展迅速;4~5岁,幼儿的自我控制能力发展迅速,而自我体验的发展相对平稳,趋于渐变状态。

(2)幼儿自我控制发展的趋势和主要特点为:

①从主要受他人控制发展到自己控制。年纪小的幼儿,自我控制的水平是很低的,当遇到外界诱惑时,主要受成人的控制,而一旦成人离开,则很难控制自己,很快就会违反行为的规则。如材料中的幼儿二,教师刚离开一会儿,就禁不住诱惑打开盒子偷偷看一眼,违反了教师的要求,而且教师回来的时候,还会"骗"教师说自己没有看过,这是幼儿自我控制能力较低的表现。随着年龄的增长,在教育的影响下,幼儿自我控制的能力将会逐渐增强。

②从不会自我控制发展到使用控制策略。对于年龄小的幼儿来说,他们还不会使用有效的控制策略,经过发展,会有初步的自我控制策略。例如,材料中的幼儿一,当教师离开的时候,他一会儿看地面,一会儿看墙壁,尽量不让自己看前面的小盒子,小手也一直放在自己的腿上,幼儿运用这些自我控制策略来抵制诱惑,遵守教师的要求,这说明该幼儿已经有了初步的自我控制策略。

第八章 学前儿童发展中的常见问题

知识体系及思维脉络图

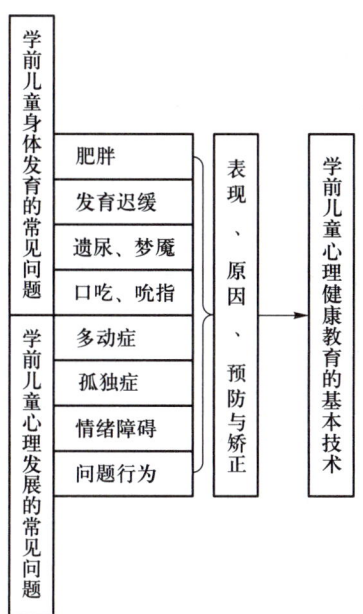

核心考点及学习提示

【核心考点】
生理问题：记忆每一种常见生理问题的外部表现、原因和预防措施。
心理问题：记忆每一种常见心理问题的表现与原因，能根据常见问题的主要原因采取适当的教育技术。

【学习提示】
考试重点：常见问题的表现与原因。
考试难点：常见问题的预防与矫治。

第一节 学前儿童身体发育的常见问题

一、肥胖

随着我国物质生活条件的改善,营养过剩导致的单纯性肥胖儿童越来越多。

(一)表现

单纯性肥胖指没有明显的内分泌和代谢性疾病所致的肥胖。凡体重超过同龄儿童标准体重

20%以上的即为肥胖儿童,肥胖分为轻度、中度和重度三个等级。体重超过20%~30%者为轻度肥胖、超过30%~50%者为中度肥胖,超过50%者为重度肥胖。

(二)原因

儿童肥胖的直接原因是热量摄入量大于消耗量。引起儿童热量摄入过量的原因十分复杂,常见原因有三:一是饮食习惯不良,饮食过量,进食速度过快,喜欢吃高热量食品,爱吃零食等;二是生活方式不当,喜欢舒适安静的活动,不喜欢运动和户外活动,导致热量消耗过少;三是家族有肥胖遗传倾向,父母肥胖导致子女肥胖,这种遗传既是生物特性的遗传,也是生活方式的"遗传",如喜吃甜食等。

(三)预防

根据引发肥胖的常见原因,一是改变养育方式,平衡儿童的营养与膳食;二是加强体育运动和户外活动,保证儿童有充足的户外活动时间;三是改善生活方式和饮食习惯,养成健康的饮食习惯和良好的生活方式。

二、发育迟缓

发育迟缓主要是儿童在生长发育过程中速度放慢或顺序异常的现象。

(一)表现

发育迟缓通常表现在体格发育、运动机能、言语功能和智力活动几个方面。身高与体重明显低于同龄儿童标准时,说明儿童出现了发育迟缓的现象。运动机能的发育迟缓表现在粗大动作和精细动作的水平明显低于同龄儿童应该有的动作发展水平。言语功能的发育迟缓表现在语言知觉和语言表达两个方面,当儿童的听和说明显落后于同龄儿童时可能意味着言语功能发育迟缓,需要及时检查确诊。婴幼儿期的智力发育迟缓一般表现在生活自理技能和感知观察能力上,如果感知迟钝、反应缓慢,则意味着智力发育迟缓。

(二)原因

发育迟缓的原因往往是多方面的,影响因素主要有遗传、胎内环境不良、疾病和饮食不均衡等。先天性遗传或代谢疾病是发育迟缓的主要原因,由于胎内环境不良,如酒精等的影响,也会使儿童出生后发育迟缓。出生以后如果养育不当,如营养不均衡或营养不足,以及长时间的情绪紧张与焦虑,也会影响儿童的发育速度。

(三)预防

首先,确保优生,进行严格的孕前和产前检查,确保胎儿在遗传和胎内发育方面正常。其次,出生后养育、照料要周到细致,避免代谢性疾病影响发育速度。最后,改善生活环境,合理营养,保证婴幼儿的生理需要、安全需要得到满足。

三、遗尿、梦魇

遗尿与梦魇属于睡眠障碍。

(一)表现

尿床对于1岁以内的儿童来讲是普遍现象。但如果5~6岁及以上的儿童仍然经常性在睡眠期尿床或者不自主排尿,则属于睡眠遗尿症。儿童期的梦魇与夜惊表现相似,即儿童做噩梦时处于极度紧张、恐惧和焦虑状态,以致大声哭喊而惊醒。

(二)原因

遗尿与梦魇的共同原因是精神紧张、焦虑过度,不同的是遗尿与白天过度兴奋造成的过度劳累有关。

(三)预防

尊重儿童的生理节律,满足儿童的基本需要,培养良好的睡眠习惯是预防儿童睡眠障碍的基本措施。一旦出现睡眠障碍,就要消除儿童的紧张与焦虑,必要时检查身体状况,如果有疾病应及时治疗。

四、口吃、吮指

口吃和吮指属于不良习惯,既是一种生理上的不良现象,又是一种情绪障碍。

(一)表现

口吃是指说话中不正确的停顿和单音重复的现象,是一种言语的节律性障碍。

吮指是婴儿常见的正常行为,随着年龄的增长,手的探索性活动的增加,吸吮手指现象就会慢慢消失。如果到了幼儿期还保留这种动作就是一种问题了,表现为只要手指闲着就要放进嘴巴吸吮或者咬指甲。

(二)原因

儿童口吃现象常常出现在2~4岁。主要原因有三种,即生理原因、心理原因和模仿。2~4岁儿童的言语调节机能还不完善,容易造成连续发音困难。心理原因主要是紧张、焦虑致使发音器官的细微抽搐和痉挛,出现发音停滞和无意识地重复某个音节的情况。说话是表达思想的过程,从"思想"转换成言语的过程中,一方面因为找不到合适的词和更好的表达形式必然感到焦急,另一方面发音的速度赶不上思想闪现的速度而使二者脱节。经常性的紧张就会成为习惯,以至于每次只要一说话就出现同样的"症状"。爱模仿是幼儿的天性,当班上有小朋友偶尔出现口吃现象时,他们就会感到好奇,因为"有趣""好玩"而加以模仿,久而久之成为习惯。

吮指的原因有两种,一是婴儿期的吸吮需要没有被充分满足,二是教养环境缺乏刺激和爱抚,导致儿童通过吮指来满足吸吮的愿望和自娱自乐。时间久了,吮指就会成为习惯。到了幼儿期,当儿童感到紧张、焦虑时就会不自觉地倒退到婴儿时期,以吮指缓解焦虑。

(三)预防

预防口吃的办法是要给儿童创造一个宽松的说话环境,减少紧张情绪的干扰,即便出现了语音断流也不要催促,而是提醒幼儿"慢慢说"。出现口吃现象,不要责骂儿童,也不要操之过急地要求他们改正,而是和颜悦色地提醒幼儿不着急,一个字一个字地慢慢讲话。对于在幼儿园集体中的幼儿,要提醒和阻止幼儿模仿或讥笑口吃儿童。治疗方法得当,口吃现象会得到矫正。

预防吮指的不良习惯,在婴儿期的养育中就要充分满足其吸吮的需求,以及给予适当的刺激和爱抚,使他们获得安全感。幼儿期的吮指需要矫正,具体办法是采用行为塑造法,当儿童吮指时,一方面安抚其紧张焦虑情绪,另一方面用玩具和图片等吸引幼儿的注意力,让他们的手能去把玩玩具、图片等物,慢慢减少吮指的时间,当不再吮指时应及时予以表扬,慢慢就能矫正了,切忌斥责和惩罚儿童,以免引起更大的紧张和焦虑。

第二节 学前儿童心理发展的常见问题

一、多动症

(一)表现

儿童多动症又叫"注意缺陷多动障碍"或"脑功能轻微失调",典型的表现有三方面。

一是注意力不集中,注意很容易受外界刺激而分散,注意力集中的时间短暂。例如,在玩积木或角色游戏这种具有操作性的活动时也不能专注,注意对象频繁地从一种活动转移到另一活动,好像是因为注意到新的事物而对原来的事物失去兴趣,实际上是没有外界刺激的吸引也会转移注意。

二是多动,即活动过多,好哭闹、不安静,但活动杂乱、无组织性和目的性。在要求安静和有序的环境中显得更加突出。

三是冲动,经常对一些不愉快事情做出过分反应,不顾后果,破坏东西。行为唐突、冒失,在冲动之下常出现危险举动以致伤害他人。这种儿童无论要什么,必须立刻被满足,否则哭闹、发脾气等。情绪不稳,会无故叫喊或哭闹,无耐心,做什么事情都急急忙忙。

(二)原因

造成多动症的原因是多方面的,主要有遗传、胎内发育期的环境影响和教养不当等。研究表明,多动症患者的亲属中患有这种症状的人数比对照组要多,可见有遗传因素的影响。胎内发育期和出生时的缺血、缺氧以及不良物质如铅、酒精等的影响造成的轻微脑功能损伤是多动症的主要原因。出生后的教养不当是引发多动症的直接因素。遗传因素如果没有诱发原因,一般也不会有明显的症状表现,但出生后如果教养不当,如过度要求和过度放纵都会诱发多动症。

(三)预防与矫治

1. 预防多动症

一是要优生,防止近亲婚育和及时进行产前检查,早发现早防治;二是胎内发育和生产时要注意营养供给适当,预防不良物质的影响,母亲保持情绪平静愉悦,防止环境污染物(如血铅)污染胎儿血液,生产时防止缺血与缺氧;三是教养方式要科学,膳食要合理,睡眠要充足,适当锻炼,满足儿童的合理要求,在约束孩子言行和满足孩子需求方面合理平衡,不要过于苛责,也不能过度放纵。

2. 矫治多动症

首先要区分多动症和顽皮好动,不要把儿童的顽皮好动当作多动症,也不要把多动症当作顽皮好动而耽误治疗。多动症儿童兴趣爱好少,他们即使面对喜欢的游戏、电视节目等,也不能专心致志;顽皮好动的儿童对感兴趣的活动不但能全神贯注,而且还能排除外界的干扰。多动症儿童的行动呈冲动性,且杂乱无章、有始无终;好动的儿童活动具有一定的目的性、计划性。多动症儿童无论在什么场合,都是忙碌不停,胡乱吵闹;好动儿童在陌生的环境和严肃的场合中能安分守己,不敢胡闹,自我控制能力较强。

其次,在诊断明确后,要面对这是一种疾病的事实,尊重、爱护和帮助儿童改善行为,切忌歧视、打骂和侮辱儿童人格。

最后,配合医生的治疗方案,注重心理治疗。在日常生活中消除使儿童紧张焦虑的因素,严格制定作息制度,增加体育锻炼,注重自制力和注意力的训练。

二、孤独症

孤独症是一种广泛性发育障碍。

(一)表现

孤独症儿童的典型表现是言语障碍、社会交往障碍和行为异常。

言语障碍表现在开口讲话比正常儿童晚,通常 2~3 岁还不会说话,在极少数情况下会使用有限的语言,对语言的感知和表达都存在一定程度的障碍。

社会交往障碍表现在与他人无目光对视,表情贫乏,也缺乏肢体动作方面的交往行为,甚至对父母的拥抱、爱抚予以拒绝,因而不能与父母建立正常的依恋关系,与同龄儿童之间也难以建立正常的伙伴关系。

行为异常主要表现在行为刻板、兴趣狭窄等方面。孤独症儿童对正常的游戏和玩具都不感兴趣,但喜欢玩一些非玩具性的物品,如把弄一个瓶盖,或观察转动的电风扇等可以持续数十分钟,甚至几个小时而没有厌倦感。行为刻板的表现是固执地要求保持日常活动程序不变,如上床睡觉的时间、所盖的被子都要保持不变,外出时要走相同的路线等。有的表现出单调动作,如抠鼻子、吮手指等不断反复和持续。

大多数孤独症儿童伴有不同程度的智力障碍。

(二) 原因

孤独症产生的原因是多元、复杂的,现在还没有统一确切的定论。研究者主要从生物学因素、心理学因素和社会学因素三个角度予以解释。生物学因素主要指遗传、后天因素引起的免疫系统或神经、内分泌系统异常。心理学因素指,心理学理论认为儿童的知觉没有障碍,但是在感情认知和认知理解他人心理方面存在障碍。社会学因素主要指成长环境缺乏必要的情感、语言方面的刺激,是"冰箱型"(冷漠)父母导致儿童退回到自己的内心世界而拒绝与人交往。近年的研究更多支持的原因为孕期、妊娠期和围生期造成的脑损伤或病毒感染等造成的神经生理、化学反应的异常。

(三) 预防与矫治

1. 预防孤独症

一方面要优生,避免遗传疾病如苯丙酮尿症、染色体异常等引发的孤独症;二是注意孕期、妊娠期和围生期的卫生与安全,避免环境中的异常物质(如细菌)感染引起的脑组织损伤;三是教养环境要有丰富的语言刺激和良好的亲子交往,促进儿童产生安全型亲子依恋。

2. 孤独症的矫治

对孤独症的矫治一般情况下都是医学治疗和心理治疗结合。心理治疗主要是生活技能训练、言语训练和社会技能训练。常用的方法有游戏疗法、音乐疗法、感觉统合训练等。游戏疗法注重同伴相互作用,以期达到社会交往能力的促进;音乐疗法可以提供安全多元的感官刺激,调整大脑皮层的功能协调;感觉统合训练通过提供多种感官刺激和手部操作等,促进神经系统特别是神经递质活动的正常化。

▶ 三、情绪障碍

情绪障碍是对以负性情绪为突出特征的症状的概括,主要表现在焦虑、恐惧、抑郁和强迫等方面,医学上也称为神经症。幼儿期情绪障碍的分化不明显,往往不能清楚地划归到诸如焦虑症、强迫症和忧郁症等某一特殊情绪类别中,分离性焦虑障碍、恐惧性焦虑障碍、社交焦虑障碍是幼儿期常见的情绪障碍。

(一) 分离性焦虑

1. 分离性焦虑的表现

分离性焦虑是幼儿在3岁后仍然害怕与最依恋的亲人分离,面临分离时或分离后过度地焦虑不安,担心父母会永远离开自己,担心亲人会受到伤害。因此不愿离开父母,拒绝上幼儿园,反复做与亲人分离有关的噩梦。如果家长强迫其上幼儿园时就哭闹,出现头疼、胃痛、恶心、呕吐等躯体不适的症状,轻者持续数月,重者持续数年甚至发展到学龄期。

2. 分离性焦虑的原因

幼儿分离性焦虑产生的原因主要与婴儿期形成的非安全型依恋有关,是婴儿期的分离性焦虑在幼儿期的延续。非安全型依恋的形成,一方面与婴儿本身的害羞、胆怯、行为过度控制的气质类型有关,一方面与母亲的焦虑情绪、过度保护的养育方式、环境的变迁有关。当幼儿在适应幼儿园生活的过程中受挫折后就会表现出来。

（二）恐惧性焦虑

1. 恐惧性焦虑的表现

一般儿童在不同年龄阶段或多或少会对一些物体或情境害怕。例如1~3岁儿童害怕高分贝噪声、陌生人、打雷、闪电和暴雨等；3~4岁儿童害怕黑暗、独处、动物、鬼怪和尖锐声等；5~6岁儿童怕黑暗、雷电和警报声等。但是，若幼儿的害怕过分严重，或者长时间持续存在，达到了影响日常生活的程度，给父母造成烦恼时，就属于幼儿恐惧性焦虑障碍。

2. 恐惧性焦虑的原因

父母自身的焦虑行为和过度保护的养育方式会强化幼儿的恐惧，是造成幼儿恐惧性焦虑的主要原因。

（三）社交性焦虑

1. 社交性焦虑的表现

社交性焦虑是指幼儿与陌生人交往时，表现为哭闹、缠人（熟悉的人），或躲在母亲身后不说话。他们害怕当众说话和表演，回避与陌生人的社会交往，甚至不愿意上幼儿园。如果这些胆小害怕的幼儿表现为选择性地在某些场合（如幼儿园）不说话，而在其他场合的语言表达正常（一般为家里和熟悉的场合），这称为选择性缄默，属于一种特殊的社交恐惧症。3~5岁是人生中社交性焦虑障碍发生的第一个高峰时期。

2. 社交性焦虑的原因

幼儿社交性焦虑的发生往往与幼儿自身的气质类型关系密切，是幼儿害羞、过度行为控制的气质特征的突出表现。另外，不良的养育方式是导致幼儿社交性焦虑的外部因素，如过度保护、恐吓性的教育方式、家庭的暴力冲突及其家长的社交退缩等。

（四）情绪障碍的预防与矫治

1. 情绪障碍的预防

幼儿的情绪障碍一般都是幼儿的先天性气质特征与后天父母的教养方式相互作用的结果。焦虑的父母可能带出过分焦虑的儿童，过分胆小的父母也会培养出恐惧性焦虑的儿童，过分急躁的父母可能会促使害羞与过度行为控制的幼儿发展为社交性焦虑。

预防情绪障碍的发生，一方面要指导父母改善自己的行为模式，另一方面要指导父母的教养方式。过度保护、过度苛责的教养方式都会加强儿童气质中胆怯、害羞、过度抑制行为的特征，使这些行为特征过度表现和夸大等。

2. 情绪障碍的矫治

矫治幼儿的情绪障碍，比较有效的方法是心理治疗中的家庭支持疗法和游戏疗法。家庭支持疗法包括对儿童本身的支持和对父母的支持帮助。游戏疗法由于尊重儿童的需求、顺应儿童的游戏活动，可以让儿童在游戏中自由表达和宣泄，最后达到缓解情绪、建立自信的效果。严重时需要心理治疗与药物治疗结合。

四、问题行为

问题行为有时也叫行为问题，即儿童在智力、情绪表现正常的情况下，不能遵守公认的正常儿童行为规范和道德标准，不能正常与人交往和参与学习的行为。问题行为一般有两种，即外向性的行为过度，如任性、霸道、攻击等；内向性的行为不足，如胆怯、退缩等。

（一）任性、霸道

1. 行为表现

任性、霸道的典型表现是，成人如果不能满足自己的愿望，儿童就哭闹、发脾气、满地打滚、乱扔东西等；与同伴交往时，如果对方不能满足自己的愿望，就生气、发脾气、推搡他人或抢夺玩具等。

2. 原因

任性是一种个性偏执、意志薄弱和缺乏自我约束能力的表现,主要原因是家庭教育中过度溺爱,对孩子的行为从小缺乏约束,或者虽然约束孩子的不良行为,但只要孩子一哭闹就妥协,致使孩子为所欲为,任性霸道。

3. 预防与矫正

改善家庭教养方式,给孩子一个明确的行为界限,不允许做的事情坚决不允许。要做到这一点就要求教育一致,即家庭与幼儿园、家庭内部不同成员之间对孩子的要求一致,才能规范约束孩子的言行。

任性、霸道行为严重时就要采用心理治疗的方法予以矫正。

(二) 胆怯、退缩

1. 行为表现

胆怯、退缩是行为不足的一种问题行为,由于不干扰他人,往往容易被教师或家长忽视。其行为表现是幼儿不主动与同伴交往,沉默寡言,宁愿一个人玩也不愿去陌生的环境,对陌生环境表现出害怕、胆怯等。

2. 原因

胆怯、退缩行为是儿童先天气质类型与后天教养方式相互作用的结果。首先,具有胆怯、退缩行为的儿童,很小的时候就表现出行为的抑制特征,如身体活动的频率低、消极情绪占主导地位。其次,婴儿期没有形成安全依恋的儿童,对周围环境缺乏主动探索的意愿,具有依赖、无助、害怕、紧张的特点,对他人和陌生环境充满了不信任和恐惧。最后,父母过度保护与控制的教养方式也是造成幼儿胆怯、退缩的主要原因。

3. 预防与矫正

预防儿童产生胆怯、退缩行为,就要在养育与教育中对孩子有爱心和耐心,对孩子态度温和,不给孩子过多的约束,尽可能为孩子创造与外界接触的机会。在幼儿园各类活动中,教师应多鼓励胆怯的儿童参与,对他们的行为多加赞扬。

矫正幼儿胆怯、退缩的行为,可以采用示范法和行为塑造法。

(1) **示范法**是一种观察学习。**首先**,成人在了解儿童退缩情况的基础上,和他们建立良好的关系,给幼儿看一些小朋友友好相处的图片、视频,听一些小朋友在一起游戏的故事。成人要特别指导幼儿注意小朋友们友好交往、集体玩耍的欢乐情景,让他们感受积极的情绪体验。**经过一段时间后转入现场模拟**,让幼儿实地观看小朋友生动活泼的游戏活动,体验小朋友相互交往的快乐,使其产生跃跃欲试的心理。**最后**,成人带着幼儿逐步由简到繁分阶段参与各种社交活动,成人逐步退出,鼓励幼儿自己与其他小朋友一起玩。这样,幼儿就能逐步摆脱原先的退缩状况。

(2) **行为塑造法**是给有退缩行为的幼儿设定一个矫治目标,如在幼儿园能与全班小朋友一起玩;然后将目标分成若干小目标,如与小朋友坐在一起,和邻座小朋友打招呼,与邻居小朋友一起玩,直至与一组小朋友玩,与全班小朋友玩。每当幼儿完成一个小目标时,成人就给予奖励以强化,再提出新的小目标,这样不断进行下去,直至达到最后的矫治目标。

【**典型真题**】孤独症儿童的典型特点不包括( )。

A. 言语发展迟缓   B. 对人缺乏兴趣   C. 胆小怕生   D. 重复性的刻板行为

【**解析**】孤独症儿童的典型表现是言语障碍、社会交往障碍和行为异常。社会交往障碍表现在与他人无目光对视,表情贫乏,也缺乏肢体动作方面的交往行为,甚至对父母的拥抱、爱抚予以拒绝。行为异常主要表现在行为刻板、兴趣狭窄等方面。

【**答案**】C

第三节 学前儿童心理健康教育的基本技术

一、行为改变的基本方法

（一）强化法

所谓强化，是指一个行为发生后，如果紧跟着给予一个积极良好的刺激（如表扬、奖励等），这个行为就会再次发生。得不到奖赏的行为，以后出现的次数就会减少。

正强化法一般可用来矫治神经性厌食、偏食、遗尿、多动、缄默、孤独以及学习困难等心理问题；负强化法则主要用来矫正学生的自伤行为、咬指甲、吮吸手指以及爱哭等坏习惯。

（二）行为塑造法

行为塑造法是将要达到的较为复杂的行为目标分解为一个一个最小的目标，然后用强化的方法逐步实现目标。

（三）示范法

示范法是以观察学习原理为基础，呈现良好的榜样给幼儿观察、模仿的一种方法。

（四）暂时隔离法

当儿童做出不良行为时，教师可以立即将其置于一个单调、乏味的地方，直到定时器响了以后才可以离开。这种方法适用于纠正学前儿童的攻击性、冲动性、任性行为。隔离时间遵循"一岁一分钟"的原则，隔离期间不要与幼儿交谈和争吵。定时器一响就结束隔离，并询问幼儿隔离的原因。

二、改善认知的方法

对于年长幼儿，可以采用认知疗法。认知疗法又叫理性情绪疗法，是心理学家艾利斯提出的心理辅导方法。他认为，人的情绪是由认知决定的，合理的观念引起健康积极的情绪，不合理的观念导致负面消极的情绪。例如，看到一个人从对面过来却没有和自己打招呼，如果解释为"他心情不好"，则自己不会生气；如果解释为"他瞧不起我"，就会产生消极的情绪。因此，改变认知观念就会发生情绪的改变。

理性情绪疗法又被称为 ABC 理论。A：个人遇到的事实与事件；B：个人对事件的观念与看法；C：事件造成的情绪后果。尽管看起来好像是诱发性事件引起结果，但 B 处于 A 与 C 之间，是 A 的更直接的原因。若要改变情绪，就要驳斥不合理观念（D），建立新观念（E），获得正面的积极情绪。这就是艾利斯的 ABCDE 步骤。

【典型真题】材料：开学不久，小班王老师就发现：李虎小朋友经常说脏话。虽然王老师多次批评，但他还是经常说，甚至影响到其他孩子，有的小朋友也学他说脏话。

问题：（1）请分析李虎及其他幼儿说脏话的可能原因。

（2）王老师可以采取哪些有效的干预措施？

【答案要点】（1）李虎及其他幼儿说脏话的可能原因：①父母及社会媒体的影响。李虎的家长平时可能经常有说脏话的行为，这样的行为为李虎提供了榜样。幼儿具有很强的模仿性，因此，受到家长的影响，李虎养成了说脏话的习惯。另外，有些电影、电视等媒体中主人公说脏话的行为也会对李虎产生消极的影响。李虎说脏话的行为必然会影响到其他幼儿，幼儿之间的模仿造成其他幼儿也会学着说脏话。②强化。李虎在与其他小朋友交往时，通过说脏话来达到自己的目的。当他成功运用了这种策略控制同伴后,会增加他以后说脏话的频率,强化他的不良行为。另外,对李虎说脏话的行为,家长采取默认无视的态度,也是对他这种行为的强化。③挫折。攻击性行为产生的直接原因主要是挫折。说脏话属于一种言语攻击,这种类型的攻击也许是因为平时教师的教育方式不当,使得幼儿获得了不公正待遇,最后幼儿形成了说脏话的习惯。

（2）王老师可以采用如下做法进行干预:①通过专门的教育活动,引导幼儿学习礼貌用语,教会幼儿表达情绪及控制情绪的方式。同时,抓住幼儿爱模仿的特点,向幼儿呈现好的榜样行为,从而帮助幼儿养成懂礼仪、讲礼貌,尊重他人的习惯。②对于李虎说脏话的行为,王老师应冷静对待。首先,耐心询问李虎说脏话的原因,引导他正确表达自己的想法。其次,利用班级集体教育的力量,帮助李虎改掉说脏话的习惯。最后,可以让李虎当小小值日生,监督班级其他幼儿不说脏话,从而养成良好的礼貌用语习惯。③重视家园合作。和李虎的家长沟通,向家长提供科学的育儿方法,同时帮助家长解决自身的问题,做好家园共育,发挥家长的榜样作用,帮助幼儿良好行为习惯的形成。④无论是在幼儿园还是在家庭里,矫正孩子说脏话等行为都不可能一蹴而就,需要根据斯金纳的强化原理,用良好行为替代不良行为。行为塑造是将要达到的较为复杂的行为目标分解为一个一个最小的目标,然后用强化的方法逐步实现目标。

强化过关训练

一、单项选择题

1. 小班儿童的思维还明显保留着先学前期即婴儿期思维的典型特征,如通过动作试误来解决问题,大班儿童已经开始出现逻辑思维的萌芽。这说明儿童心理的发展具有(　　)。
   A. 顺序性　　　B. 阶段性　　　C. 连续性　　　D. 差异性

2. 口语发展的关键期是(　　)。
   A. 0~1岁　　　B. 1~1.5岁　　　C. 2~3岁　　　D. 3~6岁

3. 在自然状态下,比较真实地搜集有关学前儿童身心活动资料的方法是(　　)。
   A. 观察法　　　B. 作品分析法　　　C. 访谈法　　　D. 问卷法

4. 教育的基本原则之一是因材施教,其原理是(　　)。
   A. 儿童发展的顺序性　　　B. 儿童发展的差异性
   C. 认知风格　　　D. 个性特征

5. 小班幼儿无论是游戏还是画画,都还不能想好了再做,而是无意中拼搭出了某种形状或画出了某种形状,然后根据形状再命名。说明小班幼儿具有(　　)年龄特点。
   A. 具体形象性　　　B. 好模仿　　　C. 好动　　　D. 直觉动作性

6. 儿童身体生长发育的外部特征指标有身高、体重、头围和(　　)。
   A. 胸围　　　B. 脉搏　　　C. 肺活量　　　D. 体型

7. 学前儿童的乳牙一般在出生后4个月开始出,2岁时出齐。那么乳牙一共有(　　)。
   A. 24颗　　　B. 20颗　　　C. 32颗　　　D. 28颗

8. 学前儿童发育过程中缺(　　)会造成呆小病或克汀病。
   A. 锌　　　B. 钙　　　C. 碘　　　D. 铁

9. 神经系统活动的基本方式是反射,完成反射的神经组织叫反射弧。反射分为(　　)。
   A. 基础反射与条件反射　　　B. 觅食反射与吞咽反射
   C. 定向反射与运动反射　　　D. 无条件反射与条件反射

10. 幼儿园小班开展看图讲述活动,教师问:"这幅图上都有什么?"然后孩子们就一一举手说出了图画上的所有物体,从图画观察的角度看,这属于(　　)阶段。
    A. 个别对象　　　B. 空间联系　　　C. 因果关系　　　D. 对象总体

11. 学前儿童动作的发展开始于(　　)。
    A. 反射动作　　　B. 基本动作　　　C. 基础动作　　　D. 精细动作

12. "聚精会神""专心致志"是(　　)的表现。
    A. 思维　　　B. 注意　　　C. 个性　　　D. 人格

13. 幼儿园教师讲故事都是绘声绘色的,还要配上夸张的动作与表情,甚至还要运用一些拟声技术,如大灰狼的嗥叫声等,这是因为幼儿(　　)。
    A. 喜欢夸张性　　　B. 具有直觉动作性
    C. 具有情绪性　　　D. 无意注意占优势

14. 幼儿记忆儿歌比记忆诗歌和散文容易,是因为(　　)。

A. 幼儿的记忆以无意记忆为主　　B. 幼儿的记忆以机械记忆为主
C. 幼儿的记忆以形象记忆为主　　D. 幼儿的记忆以意义记忆为主
15. 幼儿的绘画是体现其想象的重要活动之一,幼儿的"蝌蚪人"作品体现了想象的(　　)特点。
　　A. 无意性　　　B. 再造性　　　C. 情绪性　　　D. 夸张性
16. 在幼儿园小班,教师说:"男孩子站左边一排,女孩子站右边一排。"结果孩子们乱成了一团。这是因为小班幼儿的思维具有(　　)。
　　A. 形象性　　　B. 直观性　　　C. 具体性　　　D. 行动性
17. 幼儿给"儿子"下的定义是"儿子就是小孩",说明幼儿的概念(　　)。
　　A. 内涵不精确　B. 外延扩大　　C. 是具体概念　D. 是日常概念
18. 根据皮亚杰的认知发展理论,幼儿处于(　　)阶段。
　　A. 感知运动　　B. 前运算　　　C. 具体运算　　D. 形式运算
19. 幼儿园小班的小女孩穿了新的花裙子,一进幼儿园大门就会主动告诉老师,她今天穿了新衣服,是妈妈买的等。说明幼儿产生了(　　)。
　　A. 道德感　　　B. 理智感　　　C. 美感　　　　D. 虚荣心
20. 智力发展最迅速的时期是(　　)。
　　A. 学前期　　　B. 幼儿期　　　C. 童年期　　　D. 青春期

二、简答题

1. 简述幼儿期的性格特点。
2. 简述幼儿思维发展的一般特点。
3. 简述幼儿概念学习的特点。
4. 幼儿园教师如何根据幼儿无意注意的特点组织幼儿的活动?
5. 幼儿期是口吃的高发期,如何预防幼儿口吃?

三、论述题

1. 如何根据皮亚杰的认知发展理论实施教育?
2. 结合实际谈谈如何预防幼儿攻击性行为的发生?

四、材料分析题

1岁半的贝贝开始"闹独立"了,外出时不要妈妈抱着,非要自己走不可。妈妈怕他摔倒,将他抱起来时,他就下坠身体,嘴巴里喊着"下地、下地"。贝贝吃饭的时候不要别人喂,非要自己吃,结果把饭粒撒得满桌子都是。在外面玩久了,妈妈说:"回家吧!",他却坚决不回家,哭着闹着还要玩。

请根据自我意识的发生与发展特点对上述现象予以解释,并提出教育建议。

五、活动设计题

请设计一份缓解初入园幼儿分离焦虑的方案。

参考答案

一、单项选择题

1.【解析】后一个阶段具有前一个阶段的特征,显示了心理发展的连续性。
【答案】C

2.【解析】语音发展的关键期是2~4岁,口语发展的关键期,即开口说话后迅速发展的时期,应该是2~3岁。
【答案】C

3.【解析】作品分析法、访谈法、问卷法都是间接搜集资料的方法,因而不够真实。
【答案】A

4.【解析】因材施教的根据与发展的差异性、认知风格、个性特征都有关系,但认知风格与个性特征是发展差异性的表现。
【答案】B

5.【解析】做好了再想是直觉动作性的表现。
【答案】D

6.【解析】脉搏、肺活量是生理功能的指标,体型是身高与体重的指数。
【答案】A

7.【解析】恒牙有32颗,乳牙上、下颌各有10颗共20颗。
【答案】B

8.【解析】缺锌会影响酶的合成,导致食欲减退,影响身体发育,严重时可能出现营养性侏儒症或智力发育迟滞;缺钙影响骨骼的形成,会导致软骨病;缺碘影响甲状腺素的分泌,从而导致身体异常矮小,智力低下,严重者会患呆小病,又叫克汀病;缺铁会影响血红蛋白的合成,造成缺铁性贫血。
【答案】C

9.【解析】建立一个条件反射必须以另一个反射为基础,那么这个反射就被称为基础反射,所以基础反射是相对而言的;觅食反射与吞咽反射都是先天的无条件反射;定向反射是一种先天的无条件反射,又叫朝向反射,运动反射是一类与身体运动与操作有关的反射;无条件反射是先天就有的,条件反射是后天习得的。
【答案】D

10.【解析】小班的图画观察处于——列举阶段的个别对象阶段。
【答案】A

11.【解析】个体动作的发展是从无条件反射动作、无意识动作发展到形成复杂、精确、有意识动作技能的。
【答案】A

12.【解析】"聚精会神""专心致志"是注意的行为表现,通常用于形容人注意力集中。但是这两个词也可以用来描述其余三个选项的特征,只是恰当性不足,因此其余三项属于干扰项。
【答案】B

13.【解析】幼儿的注意以无意注意为主,无意注意是由外界的富于变化对比的、形象直观的、具有夸张性的客观刺激物引起的。前三个选项在个别方面也可以解释这种现象,但不全面。

【答案】D

14.【解析】儿歌是内容简短、语言生动、富于音乐性的文学体裁,常常利用一些拟声词来描述事物,特别是小动物和幼儿的一些行为特征。目的是让幼儿容易理解,其核心特点是形象生动。

【答案】C

15.【解析】"蝌蚪人"是幼儿从涂鸦发展出来的人物造型,是其想象夸张性的表现。

【答案】D

16.【解析】男孩、女孩、左边、右边都是一种概括的表达,不符合小班幼儿思维的具体性特点。

【答案】C

17.【解析】"儿子就是小孩"反映了概念内涵的不精确性,只是反映了事物的表面特征。

【答案】A

18.【解析】根据皮亚杰的观点,0~2岁儿童处于感知运动阶段,2~6、7岁儿童处于前运算阶段,6、7~11、12岁处于具体运算阶段,12岁以后进入形式运算阶段。

【答案】B

19.【解析】幼儿对漂亮的服饰、好听的音乐表示喜悦高兴等是美感产生的表现。在这道题目里,选项D是一个干扰项,把幼儿对美的事物的喜悦表达看成虚荣心是成人的观点。

【答案】C

20.【解析】年龄越小,智力发展速度越快。

【答案】A

二、简答题

1.【答案要点】幼儿期的性格特点是好动、好奇好问、好模仿、好冲动。

2.【答案要点】幼儿思维的主要特点是具体形象性,它是在直觉动作思维的基础上演化而来的。在幼儿晚期抽象逻辑思维开始萌芽。具体形象思维的特点除了具体性、形象性,还表现为经验性、拟人性、表面性、片面性、固定性等。

3.【答案要点】儿童获得概念的方式有两种,通过实例获得概念和通过语言理解获得概念。幼儿掌握的概念以具体实物概念为主,因此幼儿的概念学习是通过对大量具体实例的分析、综合、比较、归类实现的。

4.【答案要点】(1)幼儿注意的特点是无意注意占优势,有意注意逐渐发展。

(2)无意注意产生的条件是客观刺激物的强度、刺激物的新颖性、刺激物的对比、刺激物的活动和变化性;人的主观状态,如个体的需要和兴趣、个体的情绪和精神状态、个体的知识经验等。

(3)组织教学活动,首先呈现给幼儿的刺激要达到一定的强度。充分应用形象生动的直观教具。教师的语言富于变化——抑扬顿挫、轻重缓急。教学内容的呈现富于变化与对比。防止无关刺激的干扰。随着幼儿年龄的增加,逐步在教育教学中提出要求和明确活动的目标,有意识培养幼儿的有意注意。

5.【答案要点】口吃的主要原因有三种,即生理原因、心理原因和模仿。

生理原因指神经系统的言语调节机制还不成熟;心理原因主要是紧张、焦虑致使发音器官的细微抽搐和痉挛,出现发音停滞和无意识地重复某个音节的情况;爱模仿是幼儿的天性,当班上有小朋友偶尔出现口吃现象时,有的幼儿就会感到好奇,因为"有趣""好玩"而加以模仿,久而久之成为习惯。

预防口吃的办法显然是要给儿童创造一个宽松的说话环境,减少紧张情绪的干扰,即便出现了

语音断流也不要催促,而是提醒儿童"慢慢说"。当儿童出现口吃现象时,不要责骂儿童,也不要操之过急地要求他们改正,而是和颜悦色地提醒儿童不着急,一个字一个字地慢慢讲话。对于幼儿园集体中的儿童,要提醒和阻止他们模仿或讥笑口吃儿童,只要方法得当,口吃现象会得到矫正。

三、论述题

1.【答案要点】皮亚杰认知发展理论的基本观点是认知发展起源于动作;认知发展是主客观相互作用的结果。认知发展经历了四个阶段,即感知运动阶段、前运算阶段、具体运算阶段和形式运算阶段。

认知结构呈阶段性发展,因此教育要顺应儿童发展的阶段性;儿童的发展是主动建构的结果,因此教育要尊重儿童,支持儿童的自主探索。智慧起源于动作,学前儿童的自主探索表现为对具体形象材料和玩具的操作,幼儿园应该为儿童创设充满智慧的刺激环境,提供可供操作和摆弄的玩具。

2.【答案要点】幼儿的攻击性行为分为工具性攻击和敌意性攻击,以工具性攻击为主,即儿童常常为了玩具、活动材料或活动空间而争吵、打架。

学前儿童攻击性行为产生的主要原因可以分为主观原因和客观原因两大类,主观原因主要是幼儿的认知能力不足造成的对他人行为的认知歪曲和自我控制能力较弱;客观原因主要是家庭中父母的教养行为或不良示范,以及媒体中暴力行为的不良示范。

预防幼儿攻击性行为的多发,第一要创造良好的生活与教育环境,提供足够的玩具、材料和空间;第二要提高幼儿的认知水平,特别是社会认知水平;第三要为幼儿提供良好的榜样示范;第四要教会幼儿适当的情绪宣泄方法,帮助其提高自我控制能力,以及让幼儿了解攻击性行为的后果。

四、材料分析题

【答案要点】1岁到2岁是自我意识发生的时期,随着自我意识的萌芽和发生,儿童开始认识到自己的存在,对自己的身体和行动结果有所认识,自主性开始萌发,从而开始表现出爱做事和"闹独立"的行为特点。

教育建议:创造安全的环境,给幼儿自主表现的机会,满足幼儿的独立需求。但是这个时期幼儿的能力还非常有限,成人一方面要对其自主行为给予鼓励,另一方面不能无底线地满足幼儿的行为要求,必须以安全为前提允许幼儿独立活动,不能做的事情坚决制止。

五、活动设计题

【答案要点】分离焦虑是幼儿依恋情感的表现,如果幼儿形成了安全型的依恋,则分离焦虑不会太严重;如果幼儿形成了反抗型依恋,则对陌生环境很警惕,分离焦虑比较严重;如果幼儿形成了回避型依恋,实际上是无依恋情感,分离焦虑也比较弱,但对新环境适应较慢,表现出退缩行为。

为此,缓解入园幼儿的分离焦虑,从总体上看可以采取如下三个措施,一是入园前做好家访工作,指导家长提前带孩子熟悉幼儿园环境。二是将活动室环境创设得温馨,像家里一样,降低孩子对环境的陌生感。三是幼儿入园后根据其分离焦虑水平采取不同的安抚措施,如转移注意力,投放较多的小班幼儿喜欢的玩具吸引幼儿;对于分离焦虑比较严重的孩子,给予拥抱、陪伴等;对于分离焦虑过度严重者,可以采用行为塑造法,让父母陪读一段时间,再慢慢减少陪读时间。

模块二 学前教育原理

逻辑结构图与考试权重

逻辑结构图

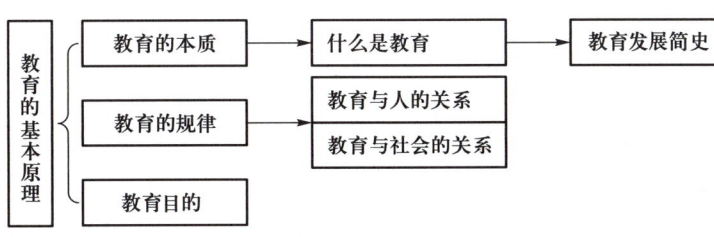

```
                    ┌─ 教育的本质 ──── 什么是教育 ──── 教育发展简史
      教育的        │
      基本    ─────┤─ 教育的规律 ──┬── 教育与人的关系
      原理          │              └── 教育与社会的关系
                    └─ 教育目的
```

```
                          ┌─ 学前教育的特点与原则
                          ├─ 学前教育的目标和任务
      学前教育的          ├─ 学前儿童全面发展教育
      基本原理   ─────────┤─ 幼儿教师与幼儿
                          ├─ 幼儿园的课程
                          ├─ 幼儿园与家庭和社区的合作
                          ├─ 幼小衔接
                          └─ 幼儿园的班级管理
```

```
                          ┌─ 中国学前教育发展简史
      学前教育的          ├─ 西方学前教育发展简史
      发展       ─────────┤─ 我国学前教育的改革动态与发展趋势
                          └─ 幼儿园教育指导纲要（试行）
```

考试权重

模块	分值比例	分值	题型	重点提示
学前教育原理	约31%	约50分	单项选择题、简答题、论述题	本模块权重大，是整个幼儿园保教知识与能力科目中考查的重点之一，其中第二章是命题的核心和重点，学前教育的特点、幼儿园教育与小学教育的区别在简答题中出现频率较高

考纲要求与复习策略

考纲要求

1. 理解教育的本质、目的和作用,理解教育与政治、经济和人的发展的关系,能够运用教育原理分析教育中的现实问题。
2. 理解幼儿教育的性质和意义,理解我国幼儿教育的目的和任务。
3. 了解中外幼儿教育发展简史和著名教育家的儿童教育思想,并能结合幼儿教育的现实问题进行分析。
4. 理解学前教育的基本原则,理解幼儿园教育的基本特点,能对教育实践中的问题进行分析。
5. 理解幼儿园以游戏为基本活动的依据。
6. 理解幼儿园环境创设的重要性。
7. 理解幼儿园班级管理的目的和意义。
8. 掌握《幼儿园教育指导纲要(试行)》在幼儿园教育活动的目标、内容、实施和评价上的基本观点和要求。
9. 了解我国幼儿教育的改革动态与发展趋势。

复习策略

命 题 剖 析

第一章涉及考纲中本模块的第一条,第二章涉及本模块考纲的第二、四、五、六、七、八条,第三章涉及本模块考纲的第三条和第九条。从历年真题看,第一章的内容很少直接出现在考题中。本模块的试题集中在第二章和第三章。第二章的内容以单项选择题、简答题、论述题和材料分析题的题型考查,第三章的内容以单项选择题和简答题的题型考查,单项选择题为多,简答题较少。

备 考 策 略

本模块的考题往往与《幼儿园工作规程》《幼儿园教育指导纲要(试行)》《3~6岁儿童学习与发展指南》的内容密切相关,因此要结合三个纲领性文件去复习。

复习时需要与教育实际联系起来,应用原理去解释、分析和解决实际问题。建议先从问题出发,应用原理判断和分析问题,然后提出解决方法。例如,幼儿园小学化是当下迫切需要解决的问题,那么判断小学化的依据是什么? 那就要用学前教育的特点与原则、幼儿教育的目标与内容等来分析;如何杜绝小学化? 根据学前教育的目标与内容、途径与方法提出相应措施即可。

另外,理解学前教育的原理必须建立在理解教育原理的基础上,建议应用比较的方法,将普通教育与学前教育在原则、目标、内容、途径和方法等方面加以比较。

第一章 教育的基本原理

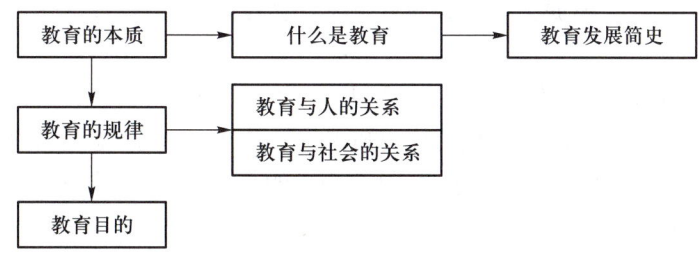

知识体系及思维脉络图

核心考点及学习提示

【核心考点】
教育的本质：能将教育与其他社会现象区分。
教育的规律：能够根据材料分析教育与政治、经济、文化及人口的关系,能论证教育在人的发展中的作用。
教育目的：能根据原理分析现实中教育目的的确立依据。
【学习提示】
考试重点：教育的作用、教育中的师生关系。
考试难点：教育目的的确立依据。

第一节 教育的本质

一、什么是教育

（一）教育的概念

在我国,"教育"一词最早出现于《孟子·尽心上》中。孟子曰："君子有三乐,而王天下不与存焉。父母俱存,兄弟无故,一乐也；仰不愧于天,俯不怍于人,二乐也；得天下英才而教育之,三乐也。"东汉的许慎在《说文解字》一书中,最早对"教育"进行了解释：教,上所施下所效也。育,养子使作善也。

从社会的角度定义教育：教育是人类有目的地培养人的一种社会活动。教育是一种社会现象,是人类社会所特有的一种现象,在其他动物界是没有的。有些动物在养护幼崽方式上虽与人类的抚育子女类似,但那只是一种动物的本能活动,是动物种系在漫长的生物演化过程中形成的一种程序化的动作系列。每当动物幼体发育到一定时期,在一定的环境条件的刺激下,这种本能便会自发地表现出来。动物界没有人类特有的高度发展的语言与思维,既不会有意识地制造工具,认识与改造自然,积累生产和生活的经验,也没有语言可以用来传授个体活动的经验,因而不可能产生有目的的教育活动。

从个体的角度来定义教育:教育是在一定社会背景下发生的促使个体社会化和社会个性化的实践活动。这个定义描述了教育的"实践特性",即"教育"这个概念首先指称的是某一类型的实践活动。作为一种实践活动,教育必然有其明确的目的,因为人类的任何实践活动都是有目的性的活动,即使是儿童的游戏也不例外。因此,没有明确目的的、偶然发生的外界对个体发展的影响就不能被称为"教育"。

教育有广义和狭义之分。广义的教育泛指有目的地增进人的知识技能、增强人的体力与智力、影响人的思想品德的活动。根据其实施的形态分为家庭教育、学校教育、社会教育、自然形态的教育和自我教育。

狭义的教育即学校教育,是教育者根据一定社会的要求和年轻一代身心发展的规律,对受教育者所进行的一种有目的、有计划、有组织的传授知识技能、培养思想品德、发展智力和体力的活动。通过这种活动,把受教育者培养成为能为一定社会服务的人。

(二)教育的本质特性

教育的本质是培养人的社会实践活动。

教育是一种社会活动。其区别于动物的教与学(即动物亲子间生存本能的传递)。**教育是一种有意识的活动**。其区别于动物的技能学习,如马戏团的动物行为训练。在人类教育中,无论是生产经验的传授还是社会行为规范的教导,都是在明确的意识驱动下产生的目的行为。

教育是人类特有的传递经验的形式。其区别于动物之间有限的和短暂的经验传递,人类的经验传递由于借助于语言、文字的信息载体功能,可以超越时间的限制和空间的阻隔。

教育是以影响人的身心发展为目的的社会活动。其区别于以物质生产或精神生产为直接对象的社会生产活动,如工人织布、农民种庄稼和艺术家的创作等。教育以人的身心发展为直接目的,区别于以保护人的身心健康、抵御疾病对人的身心危害的医疗活动和以满足人的各种需要为目的的社会服务活动。

教育对人的身心发展的影响以真善美为目标。教育以人类社会文化的精华为主要内容,以真善美的崇高境界为目标,以人类社会的一切积极因素去教育学生、陶冶学生,并以正面的教育去抵御反面的教育,以积极的影响去消解消极的影响,必要时以制度的形式去禁止任何有碍学生健康成长、有碍社会进步等各种不良教育的存在和扩展。

▶ 二、教育发展简史

(一)教育的起源

关于教育的起源,历史上具有代表性的观点有神话起源论、生物起源论、心理起源论和劳动起源论。

1. 神话起源论

这种观点认为,教育与其他万事万物一样,都是由神(上帝或天)所创造的,教育的目的就是体现神或天的意志,使人皈依于神或顺从于天。这是人类关于教育起源的最古老的观点。这种观点是非科学的。

2. 生物起源论

生物起源论认为教育起源于各类动物的生存本能活动,认为教育是一种生物现象。代表人物是法国社会学家利托尔诺(又译勒图尔诺)、英国教育家沛西·能等。生物起源论是教育史上第一个正式提出的有关教育起源的学说,生物起源论的提出标志着在教育的起源问题上开始转向科学解释。但生物起源论是不科学的,其错误在于否认了教育的社会属性。

3. 心理起源论

心理起源论认为教育起源于儿童对成人的模仿。心理起源论的代表人物是美国教育家孟禄，其在著作《教育史教科书》中，根据原始社会没有学校、没有教师等事实判断教育起源于无意识的模仿。模仿作为一种学习方式，是教育的途径之一，但不是教育起源的根本。教育的心理起源论有一定的可取之处，但这种观点把人类有意识的教育行为混同于无意识状态下的模仿行为，同样导致了教育的生物学化，否认了教育的社会属性，抹杀了教育的意识性特点。

4. 劳动起源论

劳动起源论由苏联的教育学家提出，也被称为教育的社会起源论。它是在批判生物起源论和心理起源论的基础上，在马克思历史唯物主义理论指导下形成的。马克思主义教育学认为人类的教育是伴随着人类社会的产生而产生的，推动人类教育起源的直接动因是劳动过程中人们传递生产经验和生活经验的实际社会需要。人的自身发展需要也是推动教育产生的原因之一。劳动起源论认识到了社会性是教育起源的关键问题，从而为人们提供了理解教育起源和教育性质的一把"金钥匙"。

（二）教育的发展

1. 原始社会的教育

原始社会是人类最初的社会形态，教育的特点是没有阶级性，教育在社会生产和生活中进行，为生产劳动服务。教育的内容和手段都非常简单，以口头传授的方式传递劳动知识和后期发展起来的宗教知识与道德知识。

2. 古代社会的教育

古代社会的教育在时间上主要指奴隶社会和封建社会两个阶段的教育，其特点是产生了专门的教育机构和教育者，具有鲜明的阶级性和等级性，进入学校学习是特权阶层的权利；教育与生产劳动分离，学校轻视生产劳动经验的传授，只重视社会的典章制度等经验的学习；教学组织形式以个别化教育为主。

3. 现代社会的教育

随着资本主义时代的到来，学校开始普及，学校教育制度逐步完善，创立了班级授课制；教学内容日益丰富，教育的民主化不断推进，教育与生产劳动紧密结合。教育普及制度化、终身教育成为教育的基本特点。

【**典型例题1**】下列现象中不属于教育现象的是（　　）。

A. 初生婴儿吸奶　　　　　　　　B. 妈妈教幼儿洗衣服

C. 成人学开车　　　　　　　　　D. 木匠教徒弟手艺

【**解析**】教育是有目的地培养人的活动，B、C、D三个选项都具有教育的基本特征：教育的社会性、教育的目的性和影响人的身心发展。

【**答案**】A

【**典型例题2**】有教育活动的人类发展的历史时代是（　　）。

A. 原始社会　　　B. 奴隶社会　　　C. 封建社会　　　D. 各个时代

【**解析**】自从有了人类的社会生活，就有了教育。

【**答案**】D

第二节 教育的规律

教育与人的关系和教育与社会的关系是教育的两大基本规律。

一、教育与人的关系

(一) 根据人的发展规律实施教育

人的发展规律制约着教育的目的、内容与方式,教育要根据人的发展规律实施才能促进人的发展。

1. 个体身心发展的顺序性

身心发展的顺序性是指人的身心发展是一个由低级到高级、由简单到复杂、由量变到质变的连续不断的发展过程。教育工作要遵循这种顺序性,循序渐进地促进人的发展,做到循序渐进、学不躐等、不陵节而施、不揠苗助长。

2. 个体身心发展的阶段性。

个体身心发展在不同的年龄阶段表现出不同的总体特征及主要矛盾,面临着不同的发展任务,这就是身心发展的阶段性。个体身心发展的阶段性规律,决定了教育工作必须根据不同年龄阶段的特点分阶段进行。

3. 个体身心发展的不平衡性(不均衡性)

个体身心发展的不平衡性(不均衡性)表现在两个方面。一是指身心发展的同一方面的发展速度,在不同的年龄阶段是不平衡的。例如,青少年的身高、体重在其全部发展过程中经历两个高峰:第一个高峰是在一岁左右,第二个高峰是在青春发育期。二是就个体身心发展的不同方面而言的。研究表明,青少年身心的不同方面所达到的某种发展水平或成熟的时期是不平衡的,有的方面可能在较早年龄就达到较高水平,而有的方面则较晚。根据个体身心发展的不平衡性,教育教学要抓住关键期,以求在最短的时间内取得最佳的效果。

4. 个体身心发展的互补性

互补性是指机体某一方面的机能受损甚至缺失后,可通过其他方面的超常发展得到部分补偿;互补性也存在于心理机能与生理机能之间,人的精神力量、意志、情绪状态对整个机能起到调节作用,能帮助人战胜疾病和残缺,使身心依然得到发展。个体身心发展的互补性规律要求教育工作者一要树立信心,相信每一个学生,特别是暂时落后或某些方面有缺陷的学生,通过其他方面的补偿性发展,都会达到与正常学生一样的发展水平;二要掌握科学的教育方法,发现学生的优势,扬长避短、长善救失,激发学生自我发展的信心和自觉。

5. 个体身心发展的个体差异性

个体身心发展的个体差异性,是指个体之间的身心发展以及个体身心发展的不同方面之间,存在着发展程度和速度的不同。根据发展的个体差异性规律,教育必须因材施教,使每个个体都在现有发展水平上得到相应的提高。

(二) 教育对人的发展特别是对年轻一代的发展起主导作用

教育在人身心发展中起主导作用的原因:

(1) 教育是一种有目的地培养人的活动,规定着人的发展方向;
(2) 教育对影响人发展的环境因素予以选择、利用和控制,对人的发展的影响更加有效;
(3) 专门的教育机构有受过专业训练的教师引导学生发展;
(4) 教育与其他环境因素相比,具有目的性、计划性和结构性等特点,给人的影响比较全面、系统和深刻。

学校教育在人身心发展中起主导作用的表现主要有：

（1）学校教育对于个体发展作出社会性规范；

（2）学校教育具有开发个体特殊才能和发展个性的功能；

（3）学校教育对个体发展的影响具有即时和延时的价值；

（4）学校教育具有加速个体发展的特殊功能。

但是教育的主导作用是建立在遵循人的发展规律的基础上的，如果违背了人的发展规律，教育不仅不能促进人的发展，反而会阻碍人的发展。

二、教育与社会的关系

教育是社会现象之一，教育与其他社会现象之间是相互影响、相互制约的关系。与教育关系密切的社会现象主要有政治、经济、文化。政治是一个社会政治经济制度的集中体现，经济的核心是生产力。

（一）教育与政治经济制度的关系

1. 政治经济制度对教育的制约

一定的政治经济制度对教育发展的制约和影响主要表现在五个方面。

（1）**政治经济制度的性质决定教育的性质**。例如，欧洲中世纪的教育具有神学性，是因为当时的政治制度是政教合一，即政治与宗教一体化。

（2）**政治经济制度决定教育的宗旨和目的**。在一定社会中培养什么样的人，具有什么样的政治方向和思想意识，教育为谁服务，是由一定社会的政治经济制度决定的。

（3）**政治经济制度决定教育的领导权**。政治、经济上的领导者必然也是教育的领导者，通过国家政权颁布法律、政策、法令来规定办学的宗旨、方针，通过任命教育机构的领导人等有效手段掌握教育的领导权。

（4）**政治经济制度决定着受教育权**。谁有接受学校教育的权利，学校教育以什么内容和方法来培养人才，都是由一定的政治经济制度决定的。

（5）**政治经济制度决定着教育的管理体制**。例如，日本、法国等中央集权的政治经济制度，决定了学校管理体制的集中统一；美国是地方分权的政治经济制度，因此其教育管理是地方分权制，各州根据各自的实际情况颁布各种教育法规。

2. 教育对政治经济制度的影响

教育具有维护社会政治稳定和促进社会政治经济制度变革、推进社会民主化进程的功能，这种功能是通过以下三点实现的：

（1）**教育能够培养具有一定社会所需要的合格公民和政治人才**；

（2）**教育通过传播思想、制造舆论来影响社会的政治经济制度**；

（3）**教育可以促进政治民主化，但不对政治经济制度起决定作用**。

（二）教育与社会生产力的关系

一定社会的经济发展水平集中体现于生产力，教育与社会经济的关系即教育与生产力的关系。

1. 生产力对教育的制约

（1）**生产力的发展制约着人才的质量和规格**。一定社会的生产力水平不同，对人才的质量和规格的要求就不同，例如，在农耕时代，生产经验通过言传身教就可以完成。

（2）**生产力的发展制约着教育事业的规模和速度**。教育的发展建立在一定的物质基础之上，社会能够为教育发展提供的物质条件是由生产力水平决定的。例如，当社会发展到奴隶社会，因为有了剩余产品，社会的物质条件足以支持一部分人脱离生产劳动，所以产生了学校及其教师，教育才专门化。

（3）**生产力的发展制约着教育内容、方法手段及其组织形式**。例如，到了近代社会，由于工业化生产的需求，教育的内容从社会的制度典章等扩展到了自然科学与技术，教育的方法手段和组织形式也因生产力的发展提供了相应的物质条件而出现了班级授课制和电子技术等手段。

2. 教育对生产力的促进

教育不仅受生产力水平的制约，也反过来促进生产力的发展。教育对生产力的促进具体表现在三个方面。

第一，教育通过提高劳动者的素质促进生产力发展。教育把潜在的劳动力转化成现实的劳动力，教育可以改变劳动能力的形态，从而提高生产效率。例如，职业技术教育缩短了培养技术娴熟劳动者的时间，教育提高了劳动者的创新意识和创新能力。

第二，教育的发展，使生产要素中人的要素越来越突出，教育作为"人力资本"的输出者，在社会经济发展中的作用越来越明显。教育通过提高劳动者的劳动熟练程度，进而提高劳动生产率，促进经济的发展。例如，在机械化的初级阶段，生产中体力劳动与脑力劳动的比例是 9∶1，在自动化生产阶段，二者的比例发生倒置，是 1∶9。舒尔茨提出了人力资本的概念，并首创了教育的收益率计算方法，根据他的测算，初等教育的收益率是 35%，中等教育为 11%，高等教育为 10%。第二次世界大战后美国的农业生产增长，只有 20% 来自物力资本，80% 来自教育与科学技术。

第三，教育可以生产新的科学知识和技术，直接促进生产力的发展。学校特别是高等学校，不仅是传授知识的单位，更是科学知识再生产的单位，承担着科技创新的任务，直接参与生产过程，推动生产力的发展。

（三）教育与文化的关系

广义的文化指人类所创造的、非自然提供的物质与精神的总和；狭义的文化指人类的精神或观念的总和，包括知识、信仰、艺术、道德、风俗及其他一切能力和习惯。教育与文化的关系，指狭义的文化。

1. 文化对教育的影响

一定的民族文化传统影响着教育观念、教育内容的选择和人们对教育的需求程度，一定的民族文化传统还影响着教育的管理体制。例如，在个人主义的文化传统下，教育管理倾向于分权制，而在集体主义文化传统下，教育管理体制倾向于集权制。

2. 教育对文化的影响

首先，教育具有传承文化的功能。教育的内容即人类几千年来创造的文化。文化的传承一方面通过物质载体如书籍和其他实物等得以保存和流传，另一方面，教育也是主要的文化传承途径，即通过教育得以一代一代传承。

其次，教育具有选择和整理文化的功能。人类创造的文化并不是全部成了教育的内容，而是根据社会的要求和人身心发展的规律，经过选择和整理，文化才成为教育内容被传承。

再次，教育具有文化交流的功能。从历史发展的角度看，文化因教育而传承；从空间地域的角度看，人类不同民族的文化传统因教育而被传播和交流。

最后，教育具有文化创新的功能。教育在对文化进行传播与交流的过程中，也实现了文化的融合和创新。

（四）教育与人口结构的关系

人口是指居住在一定地区内或一个单位内的人的总称。其具体状况即人口结构，表现为人口的数量和质量，人口质量一般由人口的年龄结构、就业结构、文化结构等反映。

1. 人口对教育的影响

（1）**人口数量及增长率影响着教育事业的规模和发展速度，人口增长制约和影响着一个国家**

的教育发展战略。例如,一定时期内的人口增长速度,对学前教育的规模影响较大,促使国家的教育发展重点有所变化。

(2)**人口质量影响着教育质量**。人口质量是指人口身体素质、文化修养和道德水平。人口质量会直接和间接地对教育质量产生影响:直接影响是指入学者已有的水平对教育质量的影响;间接影响是指年长一代的人口质量影响新生一代的人口质量,从而影响以新生一代为对象的学校的教育质量。

(3)**人口结构影响着教育结构**。年龄结构制约着学校的体系结构,如学龄人口多、比重大,则基础教育阶段的中小学在学校体系中的比重就高;人口的就业结构影响着教育的类型结构,例如当第一产业即农业领域就业的人口比重较大时,职业教育的规模就比较小。

2. 教育对人口的影响

教育也会对一定区域的人口结构产生影响。

第一,教育是控制人口增长的手段之一。人口学的研究显示,全体国民的受教育程度与人口出生率成反比,即受教育程度越高,人口增长率越低。

第二,教育可以改善人口素质,是提高人口质量的手段之一。

第三,教育可以使人口结构合理化。人口学研究显示,人口的性别结构、城乡结构与教育的发展水平关系密切,教育事业的规模与水平越高,则性别比例越协调,城市人口比例越高。

第四,教育可以促进人口迁移。教育,特别是现代高等教育本身实现着人口的迁移;同时受教育的程度越高,人的迁移能力越强。

【典型真题】简述经济发展和学前教育发展的关系。
【答案要点】(1)社会经济的发展直接推动专门化学前教育机构的产生;
(2)社会经济发展水平制约学前教育发展的速度和规模;
(3)社会经济发展水平影响学前教育的目标与任务;
(4)社会经济发展水平影响学前教育的组织形式与方法。

第三节 教育目的

1. 教育目的的含义

教育目的指教育要达到的预期结果,是根据一定社会发展和受教育者自身发展需要及规律,对受教育者提出的总的要求,规定了把受教育者培养成什么样的人,是培养人的质量规格标准。

2. 教育目的的层次

(1)国家教育目的。

国家教育目的居于第一个层次,它是由国家提出来的,是国家对人才培养的总体要求,是衡量各类教育,包括学校教育、社会教育、家庭教育质量高低的唯一标准,因为是对所有教育的一般要求,所以它具有较强的抽象性。

(2)各级各类学校的培养目标。

各级各类学校的培养目标居于第二层次,是教育目的的具体化,它是根据国家的教育目的提出的某一级或某一类学校、某一专业对人才培养的具体要求。教育目的与培养目标的关系,是一般和特殊的关系。

(3)课程目标。

课程目标是对特定教育阶段的课程进行的价值和任务界定,是特定教育阶段的学校课程所要

笔记栏

达到的预期效果。

（4）教师的教学目标。

教学目标是教育者在教育教学的过程中，在完成某一阶段（如一节课、一个单元或一个学期）工作时，希望受教育者达到的要求或产生的预期变化。

教师的教学目标是微观层次的教育目的，是一切教育活动的基础，也是进一步具体化的培养目标，它具有很强的操作性。

上述各层次目标由整体到局部，由抽象到具体，它们彼此相关，但不能相互取代。

3. 教育目的的意义和作用

教育目的的意义： 教育目的是整个教育工作的核心，在教育活动中居于主导地位，是全部教育活动的主题和灵魂，是教育活动的依据和评判标准，是一切教育活动的出发点和归宿，对教育工作具有全程性的指导作用。

教育目的的功能（作用）： 教育目的对教育活动有导向作用、调控作用、评价作用。

（1）导向作用（定向作用）。

教育目的一经确立，就成为人们行动的指南，不仅为受教育者指明了发展方向，预定了发展结果，也为教育工作者指明了工作方向和奋斗目标。

（2）调控作用。

教育目的对一个国家或地区的教育规划及教育结构的确立与调整等都具有指导、协调的作用；教育目的对具体教育内容的安排、教育活动的形式及教育手段方法和技术的选择等都有支配、协调和控制、调节的作用。

（3）评价作用。

教育目的是衡量和评价教育实施效果的根本依据和标准。评价学校的办学方向、办学水平和办学效益，检查教育教学工作的质量，评价教师的教学质量和工作效果，检查学生的学习质量和发展程度，都必须以教育目的为根本标准和依据。

4. 教育目的的不同取向

历史上，由于确立教育目的的主要依据不同，曾出现了不同价值取向的教育目的，主要有个人本位论、社会本位论、文化本位论和生活本位论。

个人本位论认为，教育目的应该从人发展的需要来确定，教育目的是使受教育者的本性、本能得到自然的发展，增进受教育者的个人价值，培养健全发展的人。持这种观点的教育家主要有卢梭、福禄贝尔、裴斯泰洛齐等。

社会本位论主张教育目的应当根据社会的要求来确定，把满足社会需要作为教育的出发点。他们认为个人的发展依赖于社会，受社会制约。教育的目的是为社会培养合格的成员和公民，使受教育者社会化。持这种观点的代表人物有凯兴斯坦纳和孔德。

文化本位论强调用文化来统一教育、个人和社会三者之间的关系，教育的最终目的是唤醒人们的意识，自觉地追求理想价值，创造新文化。文化本位论的代表人物是文化教育学者李特、斯普朗格等。

生活本位论的教育目的是教育要为未来的生活做准备，关注受教育者将来如何生活。斯宾塞和杜威是这种观点的代表人物。斯宾塞提出了教育"为完满的生活做准备"的观点，杜威则认为"教育即生活"，最好的教育就是"从生活中学习""从经验中学习"。有人称杜威的观点为教育无目的论，因为杜威的著名论点是"教育即生活""学校即社会"。

5. 确立教育目的的依据

教育目的的确立，既要把握时代、社会的背景，也要与受教育者的需要相适应。**教育目的确立的依据主要有三个方面：**

（1）**社会依据**，即特定的社会政治、经济、文化背景等。教育产生于社会需要，与一定社会的现实及其发展有着密切联系，要更好地服务于社会，就必须依据社会现实和发展需要来选择和确立教育目的。

（2）**人的依据**，主要是指受教育者的身心发展规律。教育目的含有对人的素质发展的要求，这种要求不仅要依据社会现实及其发展来确定，也要依据人的身心发展特点和需要来确定。

（3）**人们的教育理想**。教育目的具有主观的性质，是一种理想，它同社会的政治理想、社会理想等紧密联系在一起。

6. 我国的教育目的

2021年新修订的《中华人民共和国教育法》第五条规定：教育必须为社会主义现代化建设服务、为人民服务，必须与生产劳动和社会实践相结合，培养德智体美劳全面发展的社会主义建设者和接班人。这是我国目前关于教育目的最规范的表述。

社会主义教育目的的理论基础是马克思主义关于人的全面发展的学说。

（1）人的全面发展，指劳动能力的全面发展，即人的体力和智力的充分运用和发展。全面发展的人是指精神和身体、个体性和社会性得到普遍、充分而自由发展的人。

（2）社会条件决定了人朝什么方向发展，怎样发展，发展到什么程度。

（3）从历史发展的进程上来看，人的发展受到社会分工的制约。

（4）现代大工业生产的高度发展必将对人类提出全面发展的要求，并提供全面发展的可能性。

（5）马克思预言，人类的全面发展只有在共产主义社会才能得到实现。

（6）教育与生产劳动相结合是实现人的全面发展的唯一方法。

现阶段我国教育目的的基本精神（基本点）：

（1）坚持教育目的的社会主义方向，这是我国教育性质的根本体现。

（2）为经济建设和社会的全面发展培养各级各类人才（培养"劳动者"），这是我国教育目的的总要求。

（3）使受教育者在德、智、体、美、劳全面发展，是社会主义教育目的的质量标准。

（4）适应时代发展的要求，强调学生个性的发展，培养学生的创造精神和实践能力。

（5）教育与生产劳动相结合，是实现我国教育目的的根本途径。

（6）注重提高全民族素质，这是当今社会发展赋予教育的根本宗旨，也是我国当代教育的重要使命。

【典型例题1】关于我国教育事业的教育目的，不正确的说法是（　　）。

A. 我国的教育目的是培养社会主义的劳动者

B. 我国的教育目的是培养德智体美劳全面发展的劳动者

C. 我国教育目的的理论依据是马克思的全面发展学说

D. 我国的教育目的是面向现代化、面向世界、面向未来

【解析】教育目的是对人才培养质量与规格的预期，因此选项A、B、C表述的是教育目的的内容，选项D表述的是确立教育目的的指导思想而非教育目的本身。

【答案】D

【典型例题2】材料：

《幼儿园工作规程》第五条指出，幼儿园保育和教育的主要目标是：（一）促进幼儿身体正常发育和机能的协调发展，增强体质，促进心理健康，培养良好的生活习惯、卫生习惯和参加体育活动的兴趣。（二）发展幼儿智力，培养正确运用感官和运用语言交往的基本能力，增进对环境的认识，培养有益的兴趣和求知欲望，培养初步的动手探究能力。（三）萌发幼儿爱祖国、爱家乡、

爱集体、爱劳动、爱科学的情感,培养诚实、自信、友爱、勇敢、勤学、好问、爱护公物、克服困难、讲礼貌、守纪律等良好的品德行为和习惯,以及活泼开朗的性格。(四)培养幼儿初步感受美和表现美的情趣和能力。

请根据教育目的确立的依据分析我国幼儿园教育的总目标。

【答案要点】从教育目的的层次看,幼儿园教育的总目标属于各级各类教育的培养目标,是教育目的的第二层次,是幼儿园各类教育活动目标确立的依据。

幼儿园教育目标的确立要与国家的教育目的相一致。我国的教育目的是培养德智体美劳全面发展的社会主义建设者和接班人。全面发展的规格也满足了受教育者自身发展的需求。

幼儿园教育的目标还要适应幼儿身心发展的需求,因此发展的顺序是体、智、德、美。因为幼儿的身体机能还比较柔弱,首先要保障幼儿身体的正常发育和机能的协调发展,然后才能发展其智力和人际交往能力。品德发展主要是良好行为习惯的养成和爱祖国、爱家乡、爱集体、爱劳动等道德情感的萌发,为良好性格的培养奠定基础。幼儿期,美感已经萌发,因此可以实施审美教育,培养幼儿初步的感受美和表现美的能力。

【典型例题3】材料:

据报道,某中学的两名学生在课堂上打架,但授课教师A没有制止,而是坚持继续上课,以致一名学生死亡。

请从教育的静态结构角度,分析教师A行为不当的原因。

【答案要点】教育是教育者与受教育者以教育内容和教育手段为中介的双向互动的人际影响活动。教育的内容包括知识与技能、思想与观点、行为与习惯等。很显然,在A的思想意识里,教育内容就是知识与技能,因此当学生在课堂上发生打架事件时没有制止而继续上课。教育是一个人对另一个人的影响,教育者和受教育者都是主体,是合作、互动和交流的关系,不是单向的信息传递过程,A忽视了学生的主体地位,只是把学生当成了被动的信息接收者,因而继续上课而不与打架的学生互动、交流,导致学生死亡。

第二章 学前教育的基本原理

知识体系及思维脉络图

- 学前教育的特点与原则 → 学前教育的概念、特点、原则
- 学前教育的目标和任务
  - 学前教育的目标
  - 学前教育的任务
- 学前儿童全面发展教育
  - 学前儿童德育
  - 学前儿童智育
  - 学前儿童体育
  - 学前儿童美育
  - 学前儿童劳动教育
- 幼儿教师与幼儿
  - 教师观
  - 儿童观
  - 师幼关系
- 幼儿园的课程
  - 幼儿园课程的特点
  - 幼儿园常见的课程类型
  - 幼儿园课程的要素
  - 幼儿园课程目标
  - 幼儿园课程内容
  - 幼儿园课程实施
- 幼儿园与家庭和社区的合作
  - 幼儿园与家庭的合作
  - 幼儿园与社区的合作
- 幼小衔接
  - 幼小衔接的重要性
  - 幼儿园与小学的差异
  - 幼小衔接的原则
  - 幼小衔接的内容与方法
- 幼儿园的班级管理
  - 幼儿园班级
  - 幼儿园班级管理的含义
  - 幼儿园班级管理的目标和内容
  - 幼儿园班级管理的原则和方法
  - 幼儿园班级管理工作的流程
  - 幼儿园各年龄班的管理重点

核心考点及学习提示

【核心考点】
学前教育的特点与原则:理解其内涵,能够根据特点与原则分析学前教育的各种现象。
学前教育的目标和任务:熟记《幼儿园教育指导纲要(试行)》中关于幼儿教育目标和任务的主要条目。

【学习提示】
考试重点:学前教育的特点与原则、幼儿教育的目标与内容。
考试难点:幼儿园各类教育活动的特点与关系。

第一节 学前教育的特点与原则

一、什么是学前教育

学前教育是指,旨在促进入学前儿童(0~6、7岁)身心全面健康与和谐发展的各种活动与措施的总和。学前教育可以分为3岁前的早期教育和3岁至入学前的幼儿教育两个教育阶段。我国的学前教育是社会主义教育事业的重要组成部分,是我国学校教育的基础阶段。

学前教育有广义和狭义之分。广义的学前教育泛指一切形式、一切场合、有目的地对学前儿童产生影响的活动,包括学前家庭教育、学前社区教育、学前教育机构的教育等。狭义的学前教育主要指学前机构教育,即在专门的学前教育机构中有目的、有计划地对学前儿童施加影响的活动,如托儿所、幼儿园的教育①。更为狭义的学前教育一般指幼儿园教育。幼儿园教育在我国属于学校教育系统,《幼儿园工作规程》明确指出,幼儿园是对3周岁以上学龄前幼儿实施保育和教育的机构。幼儿园教育是基础教育的重要组成部分,是学校教育制度的基础阶段。

二、学前教育的特点

学前教育与其他阶段的教育相比有如下几个特点。

(一)基础性和启蒙性

学前教育是基础教育的重要组成部分,是我国学校教育和终身教育的奠基阶段,其主要任务是在健康、语言、社会、科学、艺术诸方面,为一代新人具备良好素质做好破蒙启智、培土奠基工作,为儿童顺利地进入小学及其以后的学习做好身体、心理的充分准备,是基础教育的基础,具有绝对的基础性。

由于教育对象是入学前的儿童,其正处于生理发育、心智发展、个性萌芽的初级阶段,教育的功能是启蒙,因此教育内容必须是粗浅而广博的而非系统的,教育的方法是具有引导性而非传授性的。

(二)保教并重

学前教育的保教并重主要是由教育对象的独特性决定的。学前期是儿童生长发育十分迅速而旺盛的阶段,也是身体各种器官、各个系统的机能还没有发育成熟和完善的时期。生理上,他们骨化没有完成,骨骼坚固性差,容易受损、变形,他们的肌肉柔嫩、力量弱,耐力差,容易疲劳;心

---

① 虞永平,王春燕.学前教育学[M].2版.北京:高等教育出版社,2022:4.

理上,由于他们的年龄小,生活经验少,活动能力、自我控制能力、生活自理能力都比较差,对成人的依赖性很强,需要和他人交往建立起联系,需要成人或年长的儿童带领他们进入社会,获取经验;在法律上,他们虽然具有同成人一样的权利,但他们无相应行为能力和责任能力。因此,对学前儿童的教育要特别强调保育与教育相结合,一切教育活动都是在保育的前提下进行的。教育性是学前教育与其他教育共有的属性,保育性是学前教育本身特有的属性,保教性是学前教育本身固有的性质。

(三)公益性

学前教育对个体而言是"关系亿万儿童的健康成长",对社会而言是"关系千家万户的切身利益",对国家而言是"关系国家和民族的未来"。从经济角度看,是"筑建国家财富",具有公共物品的性质;从政治角度看,是国家战略项目,具有公共服务体系组成成分的性质。总之,学前教育"是重要的社会公益事业",具有显著的公益性。

(四)直接经验性

由于学前儿童的认知水平较低,知识经验欠缺,他们认识事物主要是通过感官和动作,与周围生活环境中的事物直接接触,在观察模仿和实际操作中学习,获取直接经验。而且,他们的思维方式主要是具体形象思维,学前儿童只有通过感官和动作确切地接触到事物,并操作它们,才会理解它们。因而学前教育具有直接经验性。在学前教育中,要注意为学前儿童提供丰富的实物材料和真实的生活情形,鼓励儿童参与生活、游戏、劳动等,帮助他们在物体操作中和与他人的交往中获得直接经验。

▶ 三、学前教育的原则

教育原则是教育规律的反映,是教育活动中教育者必须遵守的基本准则和要求。学前教育的原则是由学前教育的特点及规律决定的。

(一)学前教育的基本原则

1. 尊重儿童的人格尊严和保障儿童的合法权益的原则

(1)尊重儿童的人格尊严。

学前教育的受教育者大多数是正在发展中的儿童,儿童具有与成人一样的人格尊严。但儿童的身心尚不成熟,往往被成人看作"小大人",成人有时不能平等对待和尊重儿童的人格尊严。

科学的儿童观认为儿童是具有独立个性的人,儿童有其尊严、秘密,有其感知世界、思索世界的方式,有着不同于成人的独特看法和情感;儿童具有极大的可塑性和未完成性,因此儿童需要被尊重和保护。教师要将儿童作为具有独立人格的人来对待,尊重他们的思想感情、兴趣、爱好、要求和愿望等。

(2)保障儿童的合法权益。

儿童是不同于成人的正在发展中的社会成员,他们享有不同于成人的许多特殊的权利,如生存权、受教育权、受抚养权、发展权等,这反映了人类对儿童在社会中的地位和权利的认可与尊重。但是,儿童毕竟是稚嫩、弱小的个体,他们对自己权利的行使还必须通过成人的教育和保护才能实现。家庭、教育机构、社会应当保障未成年人的合法权益不受侵犯。因此,教师不仅是儿童的"教育者",也应当是儿童权益的实际维护者。

教育者要根据联合国《儿童权利公约》,我国《中华人民共和国未成年人保护法》等法律文书的精神,在教育中尊重儿童的人格尊严,保护儿童的合法权益。

2. 促进儿童全面发展的原则

教育必须促进儿童德、智、体、美、劳全面发展。每一个方面的发展也应该是全面的、整体的发

展,包括情绪、情感、良好习惯、智能、技能、创造性的发展等,不能偏废任何一个方面。儿童的发展是整体而不是片面的发展;儿童的发展应是协调的发展;儿童的发展是有个性的发展。

3. 面向全体,重视个体差异的原则

面向全体是指教育者在教育的过程中要民主、平等,公平对待每一个学生,保障每一个学生的教育机会。但是学生之间是有个体差异的,因此教育者又要重视个体间的差异,使每个学生在其原有水平上都得到发展。

贯彻这一原则,首先需要教师树立民主、平等的教育观,促进每个儿童的发展,同时教师又要注意到儿童个体间的差异,在教育活动的安排上要多种组织形式相结合进行。其次,在教育教学活动中,教师要转变面向中间、舍弃两头的"面向全体"的做法,而是采取合作学习的形式,让儿童根据自己的需求选择和安排学习进度,在合作完成学习任务的过程中实现经验共享,使每个儿童在自己原有的水平上都得到发展。

只要每个儿童在教育过程中都能全身心地投入学习活动中,就必然是面向全体和重视个体差异的统一。

4. 发展适宜性原则

发展适宜性指教育的内容与方式要与儿童的发展水平相适宜,与儿童所处的文化传统相适宜。

贯彻发展适宜性原则,就是要充分理解儿童的发展水平、需求和学习特点,根据不同年龄、不同地域儿童的需求,选择教育内容和教育方式。教育目标的确定要建立在分析学情的基础上,教育方式的选择要充分考虑儿童的学习方式、认知特点和民族文化的传承方式。

5. 教育资源整合的原则

从教育的形态看,教育包括家庭教育、学校教育和社会教育,各种教育形态之间有共同的教育资源。从教育与社会的关系看,教育与其他社会现象之间是相互制约、相互影响的,因此教育要具有开放性,教育者要整合各类环境的教育资源和教育力量,实现教育效果的最优化。贯彻这一原则,就要实现家庭、学校和社区间的合作,资源整合、目标一致,共同为儿童的发展创造有利条件。

(二)学前教育的特殊原则

1. 保教合一的原则

《幼儿园工作规程》指出,幼儿园的任务是:贯彻国家的教育方针,按照保育与教育相结合的原则,遵循幼儿身心发展特点和规律,实施德、智、体、美等方面全面发展的教育,促进幼儿身心和谐发展。《幼儿园教育指导纲要(试行)》指出,幼儿园必须把保护幼儿的生命和促进幼儿的健康放在工作的首位。可见,学前教育与其他各个教育阶段相比,其首要任务是保育,这是由学前儿童的身心发展特点所决定的。学前儿童的身体各系统机能发育还不完善,生活自理能力较弱,需要成人的照料与呵护。但是,在对儿童实施保育的过程中也要提高儿童的生活自理能力,帮助儿童认识自己的身体特征、学会自我保护,培养儿童良好的生活、行为习惯。

贯彻这一原则,教师首先要明确认识到,保育和教育是幼儿园工作的两个重要方面,缺一不可。保育的主要任务是为儿童的生存、发展创设有利的环境和提供物质条件,给予儿童精心的照顾和养育,帮助其身体机能正常发育和身心健康发展。教育则侧重于培养儿童良好的行为习惯,促进其认知、社会性的发展。这两方面构成了学前教育的全部内容。其次,保育和教育是在统一的教育目标的引领下,在同一教育过程中实现的,"保中有教,教中有保","保"和"教"之间相互渗透,相互融合。教师在组织各项活动的过程中,要在保育当中渗透教育,在教育过程中照料好儿童的身体。例如,在照顾儿童进餐时可以培养儿童良好的进餐习惯,在开展户外活动时要注意保护儿童的安全,提醒儿童适时穿脱衣服,以免感冒等。

2. 以游戏为基本活动的原则

游戏是学前儿童的基本活动,也是他们的基本权利。为此《幼儿园教育指导纲要(试行)》指出,幼儿园教育应尊重幼儿的人格和权利,尊重幼儿身心发展的规律和学习特点,以游戏为基本活动。

所谓基本活动,是指在人生的某个阶段,其出现频率最高,对人生的发展最有价值,最适合那个年龄阶段的活动。游戏对于学前儿童犹如劳动对于成人、专门的学习对于青少年一样。

贯彻这一原则,幼儿园必须努力创造条件、创设良好的环境,在一日活动的安排中保证有足够的时间和空间满足幼儿游戏的需要,保障幼儿游戏的权利。游戏活动要充分发挥幼儿的自主性和创造性,让幼儿能自主地选择游戏,决定游戏的玩法、材料、角色等。

3. 教育的活动性和活动的多样性原则

学前儿童的身心特点决定了他们不可能像中小学生那样通过书本知识的学习来获得发展。学前儿童认知的直观行动性、具体形象性决定了他们需要通过实际接触环境中的各种事物和现象与动手操作来观察、思考而获得经验,促进身心发展。活动是幼儿发展的基础和源泉,离开了活动,就没有幼儿的发展。由于各种活动的内容、形式不同,因此不同的活动在学前儿童发展中的作用是不一样的,每一种活动都有不同的价值,因此幼儿园的活动安排要具有多样性。

贯彻这一原则,教师要充分认识到学前儿童学习的活动性特点和每一种活动的独特功能,在安排儿童一日活动时才能做到活动多样化配合,实现全面发展的目的。

活动安排要动静结合,多种活动交替进行。每一种活动的时间不宜太长,活动的转换要考虑儿童的生理特点。"尽量减少不必要的集体行动和过渡环节,减少和消除消极等待现象。"——《幼儿园教育指导纲要(试行)》第三部分第九条第三款。

4. 环境育人的原则

环境,指围绕在个体周围并对个体自发地发生影响的外部世界。幼儿的发展离不开环境,幼儿就是在与周围环境的互动中获得发展的。在诸多的环境要素中,我们尤其应该注重幼儿园内部环境的创设,给幼儿提供一个良好的发展空间。幼儿园内部环境,指幼儿园里能对幼儿身心自发发生影响的一切因素,包括幼儿园内部的物质条件、人际关系和精神氛围。其中,物质条件是幼儿园教育最基本和必要的因素,是幼儿活动的物质基础,也是幼儿教师实施教育的中介。而人际关系、精神氛围,包括在园内开展的一切活动和所发生的一切事情都构成了幼儿成长的社会文化背景和精神食粮。

5. 发挥一日生活整体教育功能的原则

一日生活是指幼儿园每天进行的所有教育活动,包括生活活动、游戏活动、教学活动和其他的一些辅助活动,如劳动等。

学前儿童的学习是以直接经验为基础的,是在一日生活中进行的。每一种活动都有其独特的价值,因此要合理组织、科学安排,让一日生活发挥一致的、连贯的、整体的教育功能,并且寓教育于一日活动之中。

贯彻这一原则,教师首先要注意一日活动中各种活动不可偏废,无论是生活、游戏、教学,还是参观、劳动都要有,充分发挥各种活动独特的功能。其次,教师还要认识到,每种活动不是分别、孤立地对幼儿发挥影响的。一日活动必须统一在共同的教育目标下,形成教育合力,才能发挥整体教育功能。一日生活皆课程,教师要按照儿童的生活与求知需求组织一日生活,将各个活动的目标、内容整合于一个主题之下,实现领域间的整合、活动间的渗透。

【典型真题1】试述幼儿园教育应渗透幼儿园一日生活的各项活动之中的理由,并举例说明。

【答案要点】幼儿园的一日生活是指幼儿园满足幼儿一天基本生活所需的所有活动,包括生活活动、游戏活动、教学活动等。教师要充分重视幼儿的一日生活,做好保育和教育工作。

幼儿的学习以直接经验为基础。幼儿园一日生活的每一个环节都蕴含着巨大的教育价值，给幼儿的学习与发展提供了丰富的契机。在入园、离园环节引导幼儿大方地和父母、老师、同伴打招呼，与他人交谈。幼儿在幼儿园中的各个环节，如饮食、盥洗、游戏、散步、卫生等都是其学习活动内容，因此幼儿教育与幼儿的生活密切相关，每一个环节的教育都能促进幼儿身体、认知、情感和社会性各方面的发展。

幼儿园教育要尊重特殊原则生活化和一日生活整体性的原则。根据学前儿童生理、心理的特点，对学前儿童的教育要特别注重生活化并发挥一日生活的整体功能。教育生活化，也就是说要将富有教育意义的生活内容纳入课程领域。例如，开设健康领域的活动，让幼儿学会预防传染病的方法。生活教育化也就是将学前儿童在日常生活中已获得的经验，加以系统化、条理化，在生活中适时引导，促进学前儿童发展。例如，在如厕、盥洗时引导幼儿节约用水。通过生活来学习生活，学习与生活相互交融，学习、生活、发展三位一体，就是幼儿学习最大的独特之处。

总之，幼儿园一日生活每一环节都蕴含着重要的教育价值，教师要最大限度地支持和满足幼儿发展的需求，把教育目标渗透到一日生活的各种活动中，发挥一日生活的整体性原则。

【典型真题2】在幼儿园实践中，某些教师认为幼儿进餐、睡眠、用茶点等是保育，只有上课才是传授知识、发展智力的唯一途径，不注意利用各环节的教育价值，这种做法违反了（　　）。

　　A. 发挥一日生活的整体性原则　　B. 重视年龄特点和个体差异原则
　　C. 尊重儿童原则　　D. 实践性原则

【解析】幼儿园教育要贯彻保教合一的原则，幼儿园应充分认识和利用一日生活中各种活动的教育价值，通过合理组织、科学安排，让一日生活发挥一致的、连贯的、整体的教育功能，并且寓教育于一日生活之中。

【答案】A

【典型真题3】教师对幼儿说"不准乱跑，不准插嘴，不准争吵……"这样的话语，所违背的教育原则是（　　）。

　　A. 正面教育　　B. 保教结合　　C. 因材施教　　D. 动静交替

【解析】正面教育是教师告诉幼儿应该怎么做，怎么做是正确的。题干中教师告诉幼儿不准这样做，不准那样做，违反的就是正面教育的原则。

【答案】A

【典型真题4】下列针对幼儿个体差异的教育观点，不妥的是（　　）。

　　A. 应关注和尊重幼儿不同的学习方式和认知风格
　　B. 应支持幼儿富有个性和创造性的学习与探索
　　C. 应确保每位幼儿在同一时刻达成同样的目标
　　D. 应对有特殊需要的幼儿给予特别关注

【解析】"幼儿在同一时刻达成同样的目标"违背了尊重幼儿个体差异原则。因此，C项不妥，为正确选项。

【答案】C

【典型真题5】论述教师尊重幼儿个体差异的意义与举措。

【答案要点】（1）教师尊重幼儿个体差异的意义：

幼儿的发展存在个体差异性，既表现在不同发展阶段的年龄差异，又表现在同一年龄段上的个体差异。具体来说，每个幼儿在能力、性格、兴趣等方面都不一样。教师应充分了解每个幼儿，因材施教，对不同的幼儿提出不同的要求。

《3~6岁儿童学习与发展指南》指出,尊重幼儿发展的个体差异。幼儿的发展是一个持续、渐进的过程,同时也表现出一定的阶段性特征。每个幼儿在沿着相似进程发展的过程中,各自的发展速度和到达某一水平的时间不完全相同。要充分理解和尊重幼儿发展进程中的个别差异,支持和引导他们从原有水平向更高水平发展,按照自身的速度和方式到达《3~6岁儿童学习与发展指南》所呈现的发展"阶梯",切忌用一把"尺子"衡量所有幼儿。

由此可见,教师尊重幼儿的个体差异,不仅遵循了幼儿的身心发展规律,也符合《3~6岁儿童学习与发展指南》的精神和要求。

(2)教师尊重幼儿个体差异的举措:

① 细心观察,读懂孩子。教师只有通过耐心细致的观察,才能了解每个孩子的特点,读懂孩子。

② 关爱每个孩子。世界上没有完全相同的两片叶子,同样也没有完全相同的两个孩子。对于每个孩子,教师应该一视同仁,不带任何偏见,真心倾听每个孩子的需求,随时关注孩子的成长,当孩子遇到困难和挫折时,及时给予支持与鼓励,让每个孩子持续感受到教师对他的爱。

③ 创造宽松的学习环境。儿童各个阶段的发展是不同步的,有些阶段发展快,有些阶段发展慢,这些都是儿童发展过程中的正常现象。教师必须尊重儿童发展过程中出现的这些特点,为儿童创设温暖的、互动的、富于理解和激励的学习环境,让每个儿童按照自己的速度、节奏获得实实在在的发展。

④ 接纳孩子的与众不同。有的孩子由于各种原因,养成了一些特殊的习惯,在不影响自身身心健康和其他幼儿成长的前提下,教师应予以充分尊重。反之,可通过温和的方式,改变这些习惯,让这些孩子逐渐融入集体生活。

⑤ 创设平等机会,让每个幼儿体验成功与快乐。每个孩子都有获得表扬和被认可的需要。在一个班级里,孩子的发展水平往往存在较大差异,教师应创设机会,努力使每个孩子都能获得满足和成功。

总之,教师应关注每个幼儿的学习和发展,使每个幼儿在原有的基础上得到应有的充分的发展,切实保障每个幼儿发展权的实现。

【典型真题6】材料:

下周一要开展手工活动,张老师要求家长给幼儿准备废旧材料,周一那天,只有苗苗没有带材料,张老师就不让她参加活动。苗苗站在一旁看着同伴活动,情绪很低落,一天都很少说话。回家后,苗苗冲着爸爸大发脾气……

问题:(1)张老师的做法合适吗?为什么?

(2)你觉得张老师应该怎样做?

【答案要点】(1)张老师的做法是不恰当的。幼儿园教师必须保障儿童的合法权益。张老师因为苗苗没有带材料就不让她参加活动,违背了尊重儿童的人格尊严和保护合法权益的原则。

(2)案例中,张老师要求家长给幼儿准备废旧材料,体现了整合教育资源的原则,但是在要求家长提供相应帮助的时候也要适度,不对家长提出其能力范围之外的要求。张老师应该就废旧材料的事情与苗苗的家长及时沟通,体谅家长的困难。同时张老师必须保障苗苗参加活动的权利,不能因为她没有带材料就剥夺她参加活动的机会以示惩罚,导致苗苗情绪低落,影响其身心健康发展。

第二节 学前教育的目标与任务

学前教育目标是指学前教育机构的教育目标,它是在教育目的的指导下,根据学前教育的任务,结合学前儿童身心发展水平而提出的培养人的具体质量和规格。它是教育目的在学前教育中的具体体现。学前教育目标是学前教育活动的出发点和归宿,只有掌握学前教育目标,具有较强的目标意识,才能真正使教育目标落到实处。

一、学前教育的目标

(一)学前教育目标的分类

1. 应然的目标和实然的目标

依照教育目标确立者的差别,学前教育目标可以分为应然的目标和实然的目标。

应然的目标即教育目标的确立主体以成文的、合乎规范的形式所规定并表述的教育目标,其特点是理论化、概念化、理想化、权威性、统一性。

实然的教育目标是指教育过程的当事人在理论层面进行理解、贯彻、执行的教育目标,其特点是大众性、可操作性、具体化。

2. 预设的目标与生成的目标

在教育活动的实施过程中往往存在着两种目标,即预设的目标和生成的目标。预设的目标是在活动开展之前,教师根据活动内容的特性和对儿童学习水平的分析而预先设计的教育目标;生成的目标是随着教育活动的展开,教师根据儿童在教育活动中的表现而拟订的教育目标。

二者的区别为:第一,目标确立的时间不同。预设的目标诞生于教育活动之前,生成的目标诞生于教育活动之中;第二,预设的目标是固定的,生成的目标是根据幼儿在教育活动中的具体表现来确立的,具有不确定性。

3. 行为目标与表现性目标

教育活动的目标越具体,则越能发挥导向、调控和评价的功能,因此,在教育活动目标的设计中往往需要以行为目标的形式陈述目标。

行为目标的特点是具体、可观察、可测量,适合于知识与技能的学习目标表述。其要求是陈述目标尽可能使用行为动词。例如,"能够说出……"或"能够按规范做出……"就是行为目标。

教育活动的结果是多样性的、开放的,因此不是所有的目标都能按照行为目标的模式去陈述。对于教育活动中的情感、态度、创造性表现和儿童可能从事的任务、处理的问题等,可以采用表现性目标模式来陈述。例如"参观动物园,讨论在那里看到的最有趣的几件事""感受探究的乐趣,萌发求知的欲望"。

(二)学前教育目标的层次

学前教育的总目标必须经过具体化,逐步转化为一个一个教育活动的目标,经过活动的实施才能实现。

学前教育的目标层次从时间维度可以划分为学前教育总目标、各年龄段的目标、学期目标、月计划或周计划的目标、教育活动目标。从内容范围的维度可以划分为学前教育总目标、领域目标、某幼儿园的目标、各年龄班的目标、单元目标和教育活动目标。

总之,要真正实现幼儿教育的总目标,就必须将目标层层转化为一个一个的活动目标。在转化过程中,到底有几层并不是绝对的,要根据教育实际灵活处理。

(三)学前教育目标确立的依据

1. 教育目的

学前教育目标的拟定首先要遵循国家的教育目的。2016年颁布的《幼儿园工作规程》提出"实施德、智、体、美等方面全面发展的教育,促进幼儿身心和谐发展"的教育任务,与国家教育目的——培养德智体美劳全面发展的社会主义建设者和接班人是高度一致的。

2. 幼儿的年龄特点

幼儿阶段身体的发育和机能的发展健全是其他一切发展的基础。与其他年龄段的儿童相比,幼儿身体的发育尤为重要,因此幼儿教育的目标,将体育放在了首位。国家的教育目的将德育放在首位,但由于道德规范的抽象性,幼儿教育将德育放在了全面发展的第三位,并且强调情感萌发和良好性格的培养。

3. 社会发展的需要

一个国家在不同的发展阶段,对新一代人应具备的素质要求也不同。20世纪80年代以后,我国社会的重要任务是现代化建设,对人才的需求是德智体美全面发展,不再片面强调智力开发,重视培养终身学习所需要的基本素质。具体到幼儿教育阶段,结合其身心特点,体智德美各方面的教育目标重视兴趣、习惯的培养,体现了全球化、信息化时代学会认知、学会做事、学会共同生活、学会生存的时代要求。

(四)我国的学前教育目标

我国的学前教育机构主要包括托育机构和幼儿园,所以,我国学前教育的目标包括3岁前托育机构的保育目标和幼儿园的保教目标。

1. 托育机构的保育目标

托育机构主要指对3岁以前的儿童实施保育和教育的机构,这也决定了托育机构的目标是"以保育为主"。国家卫生健康委于2021年1月印发的《托育机构保育指导大纲(试行)》提出了"遵循婴幼儿发展的年龄特点与个体差异,通过多种途径促进婴幼儿身体发育和心理发展"的保育总目标。具体目标如下:

(1)营养与喂养

① 获取安全、营养的食物,达到正常生长发育水平;

② 养成良好的饮食行为习惯。

(2)睡眠

① 获得充足睡眠;

② 养成独自入睡和作息规律的良好睡眠习惯。

(3)生活与卫生习惯

① 学习盥洗、如厕、穿脱衣服等生活技能;

② 逐步养成良好的生活卫生习惯。

(4)动作

① 掌握基本的大运动技能;

② 达到良好的精细动作发育水平。

(5)语言

① 对声音和语言感兴趣,学会正确发音;

② 学会倾听和理解语言,逐步掌握词汇和简单的句子;

③ 学会运用语言进行交流,表达自己的需求;

④ 愿意听故事、看图书,初步发展早期阅读的兴趣和习惯。

(6)认知

① 充分运用各种感官探索周围环境,有好奇心和探索欲;

②逐步发展注意、观察、记忆、思维等认知能力;
③学会想办法解决问题,有初步的想象力和创造力。
(7)情感与社会性
①有安全感,能够理解和表达情绪;
②有初步的自我意识,逐步发展情绪和行为的自我控制;
③与成人和同伴积极互动,发展初步的社会交往能力。

2. 幼儿园的保教目标

《幼儿园工作规程》第一章第五条规定的幼儿园保育和教育的主要目标是:

(1)促进幼儿身体正常发育和机能的协调发展,增强体质,促进心理健康,培养良好的生活习惯、卫生习惯和参加体育活动的兴趣。

(2)发展幼儿智力,培养正确运用感官和运用语言交往的基本能力,增进对环境的认识,培养有益的兴趣和求知欲望,培养初步的动手探究能力。

(3)萌发幼儿爱祖国、爱家乡、爱集体、爱劳动、爱科学的情感,培养诚实、自信、友爱、勇敢、勤学、好问、爱护公物、克服困难、讲礼貌、守纪律等良好的品德行为和习惯,以及活泼开朗的性格。

(4)培养幼儿初步感受美和表现美的情趣和能力。

上述四方面构成了学前儿童全面素质培养的目标,体现了我国学前教育培养人才的规格和发展方向。

《幼儿园教育指导纲要(试行)》从健康、语言、社会、科学、艺术五个领域出发,阐述了幼儿园全面发展教育的具体目标。

(1)健康
①身体健康,在集体生活中情绪安定、愉快;
②生活、卫生习惯良好,有基本的生活自理能力;
③知道必要的安全保健常识,学习保护自己;
④喜欢参加体育活动,动作协调、灵活。

(2)语言
①乐意与人交谈,讲话礼貌;
②注意倾听对方讲话,能理解日常用语;
③能清楚地说出自己想说的事;
④喜欢听故事、看图书;
⑤能听懂和会说普通话。

(3)社会
①能主动地参与各项活动,有自信心;
②乐意与人交往,学习互助、合作和分享,有同情心;
③理解并遵守日常生活中基本的社会行为规则;
④能努力做好力所能及的事,不怕困难,有初步的责任感;
⑤爱父母长辈、老师和同伴,爱集体、爱家乡、爱祖国。

(4)科学
①对周围的事物、现象感兴趣,有好奇心和求知欲;
②能运用各种感官,动手动脑,探究问题;
③能用适当的方式表达、交流探索的过程和结果;
④能从生活和游戏中感受事物的数量关系并体验到数学的重要和有趣;

⑤爱护动植物,关心周围环境,亲近大自然,珍惜自然资源,有初步的环保意识。

（5）艺术

①能初步感受并喜爱环境、生活和艺术中的美;

②喜欢参加艺术活动,并能大胆地表现自己的情感和体验;

③能用自己喜欢的方式进行艺术表现活动。

二、学前教育的任务

(一)学前教育任务的变迁

在历史发展过程中,从总的发展趋势来看,学前教育的任务是在不断变化的。先后经历了四个阶段:一是初创时期——主要为工作的母亲照管儿童,只负责照顾儿童生活与保障其安全;二是19世纪下半叶至20世纪上半叶——不限于看护儿童,还包括对儿童实施促进其身心发展的教育;三是20世纪60年代至70年代——以发展儿童智力为中心的学前教育;四是20世纪80年代以后——促进儿童身体的、情绪的、智能的和社会性的全面发展。

(二)当前我国幼儿园的任务

《幼儿园工作规程》规定幼儿园的任务是:贯彻国家的教育方针,按照保育与教育相结合的原则,遵循幼儿身心发展特点和规律,实施德、智、体、美等方面全面发展的教育,促进幼儿身心和谐发展。

幼儿园同时面向幼儿家长提供科学育儿指导。

【典型真题1】与幼儿园保育和教育目标表述不符的是( )。
A. 培养正确运用感官和运用语言交往的基本能力
B. 培养幼儿初步感受美和表现美的情趣和能力
C. 训练幼儿的体育运动技能
D. 促进幼儿身体正常发育和机能的协调发展

【解析】A、B、D三项均为《幼儿园工作规程》原文要求,为干扰项。与题干不符,故排除。本题为选非题,故正确答案为C项。

【答案】C

【典型真题2】幼儿园艺术教育的主要目标是( )。
A. 发展幼儿的艺术技能　　　　B. 培养幼儿的艺术感受和表达能力
C. 丰富幼儿的艺术知识　　　　D. 拓展幼儿的逻辑思维能力

【解析】《3~6岁儿童学习与发展指南》指出,幼儿艺术领域学习的关键在于充分创造条件和机会,在大自然和社会文化生活中萌发幼儿对美的感受和体验,丰富其想象力和创造力,引导幼儿学会用心灵去感受和发现美,用自己的方式去表现和创造美。

【答案】B

【典型真题3】《幼儿园教育指导纲要(试行)》中的教育目标较多使用"体验""感受""喜欢""乐意"等词语,这表明幼儿园教育强调( )。
A. 知识取向　　　　　　　　　B. 情感态度取向
C. 能力取向　　　　　　　　　D. 技能取向

【解析】在目标表述上较多地使用了"体验""感受""喜欢""乐意"等词语,突出了情感、兴趣、态度、个性等方面的价值取向,着眼于培养终身学习的基础和动力。

【答案】B

【典型真题4】幼儿园对幼儿实施的教育包括(　　　)。
A. 德、智、体、美、劳诸方面
B. 智、德、体、心诸方面
C. 德、智、体、美诸方面
D. 体、智、德、美诸方面

【解析】《幼儿园工作规程》指出,对幼儿实施德、智、体、美等方面全面发展的教育,促进幼儿身心和谐发展。

【答案】D

【典型例题】材料:

丰老师组织中(2)班的半日开放活动。除了日常生活、游戏环节外,家长和本园的一些教师还观摩了丰老师的集体教学活动。活动中,丰老师给每个小组三个刚摘的玉米,让孩子们两人一组仔细观察玉米的样子,有什么新发现可以记录下来。在活动中间,孩子们在谁先观察等问题上出现了一些争执。一些孩子开始剥玉米的"外衣",惊奇地发现了玉米的须。有的孩子在玩这些须,有的孩子在数玉米粒;有的孩子描述了玉米外壳的特点,有的孩子描述了玉米须的特点,有的孩子描述了玉米棒本身的特点,还有些孩子描述了玉米粒的味道。孩子们发现每组的玉米外壳、须和玉米棒都有点不一样。很多孩子提出能不能吃玉米,丰老师说已经在煮玉米了,要等一会儿。在等待阶段,丰老师给每组一些工具,如皮尺、直尺、盘秤、纸、笔、剪刀、胶水等,允许孩子们想做什么就做什么,但希望能选择做一件事,最多做两件事,每件事都要坚持做完。其间,丰老师给一些有需要的孩子提供了启发和帮助。等大部分幼儿做完后,让孩子们洗手吃玉米。

家长和老师们在讨论时,大家的意见很不一致。有的老师就问丰老师,这节课到底是什么课? 促进了儿童哪方面的发展? 教师到底对儿童的发展起了什么作用? 有的家长认为孩子没有学到东西,还有的家长说为什么不为每个孩子准备一个玉米棒……

问题:请根据幼儿教育的目标对上述问题予以分析和回答。

【答案要点】根据《幼儿园工作规程》和《幼儿园教育指导纲要(试行)》的精神,幼儿教育的总目标是让幼儿德、智、体、美等方面全面发展,促进其身心和谐发展。幼儿教育的内容相对划分为健康、语言、社会、科学和艺术五个领域。各领域之间相互渗透,从不同的角度促进幼儿情感、态度、能力、知识、技能等方面的发展。

在丰老师的教学活动中,幼儿观察、发现、测量和描述了玉米的外壳、须和棒的特点,多感官参与观察与探究,认识了玉米的外部特征,不仅获得了关于玉米的科学知识,还学会了认识玉米的方法。在探究中数玉米粒、用皮尺或直尺测量玉米的长度、宽度等量的特征,获得了数学认知的感性经验;在描述观察发现时,语言的讲述能力得到了发展;动手剥玉米、利用用具做一两件事促进了精细动作的发展;观察中争执的解决、坚持完成一两件事,习得了行为规范和初步的责任感,使幼儿品德得到发展。在一节课里,幼儿在德、智、体、美等方面都得到了发展,其活动的内容渗透了健康、语言、社会、科学和艺术五个领域,体现了幼儿园活动的综合性、活动性和直接经验性等特点。

丰老师为幼儿提供了活动必需的工具,给幼儿以充分的自由观察、发现和自主做事的空间,并在幼儿需要时给予启发和帮助,充分发挥了教师支持者、引导者和合作者的作用。

第三节　学前儿童全面发展教育

学前儿童全面发展教育是指以学前儿童身心发展的现实与可能性为前提,以促进学前儿童在德、智、体、美、劳诸方面全面和谐发展为宗旨,以适合学前儿童身心发展特点的方式、方法、手段加以实施的,着眼于培养学前儿童基本素质的教育。它由相互联系而又各具特点的各类教育活动组成,即德育、智育、体育、美育和劳动教育。

学前儿童全面发展教育的理论依据是马克思主义关于人的全面发展学说及以其为基础的全面发展教育学说。

德、智、体、美、劳五育的关系:

(1) 德、智、体、美、劳五育各自有不同的任务,发挥着不同的作用,各自有不同的价值,不能相互取代。

德育指向学前儿童的品德发展,其作用在于学前儿童养成良好的行为习惯,形成良好的道德品质,以适应社会生活。

智育指向学前儿童的认知发展,其作用在于学前儿童获取知识经验,提高认识能力,发展智力。

体育指向学前儿童的身体发展,其作用在于学前儿童增强体质,保障健康。

美育指向学前儿童的美感发展,其作用在于培养学前儿童初步的审美情趣和艺术创造能力。

劳动教育指向学前儿童劳动素养的发展,其作用在于促进学前儿童各种基本劳动素养的初步养成。

(2) 德、智、体、美、劳五育相互联系、相互渗透,作为一个统一整体,共同发挥着促进学前儿童身心和谐发展的作用。其中,德育是方向保证,智育是认识基础,体育是发展的基础,美育是催化剂,劳动教育通过培养劳动素养从而促进其他各育的发展。对幼儿的全面发展来说,不能偏废任何一方面,任何一方面的偏废都将影响其他方面的发展。只有正确认识五育之间的相互关系,实施全面发展教育,才能发挥教育的最大功效。

一、学前儿童德育

(一) 学前儿童德育的内涵

学前儿童德育是指根据一定的社会要求,运用恰当的方式、方法,有目的、有计划地对学前儿童施加道德影响,帮助他们掌握浅显的社会道德准则、养成良好的道德行为习惯,培养其道德品质的教育活动。

(二) 学前儿童德育的目标

《幼儿园教育指导纲要(试行)》规定的社会领域的目标和任务是:① 能主动地参与各项活动,有自信心;② 乐意与人交往,学习互助、合作和分享,有同情心;③ 理解并遵守日常生活中基本的社会行为规则;④ 能努力做好力所能及的事,不怕困难,有初步的责任感;⑤ 爱父母长辈、老师和同伴,爱集体、爱家乡、爱祖国。其中,②、③和⑤都与德育有关。

《幼儿园工作规程》提出德育的目标是:萌发幼儿爱祖国、爱家乡、爱集体、爱劳动、爱科学的情感,培养诚实、自信、友爱、勇敢、勤学、好问、爱护公物、克服困难、讲礼貌、守纪律等良好的品德行为和习惯,以及活泼开朗的性格。

(三) 学前儿童德育的内容

根据《幼儿园工作规程》和《幼儿园教育指导纲要(试行)》关于德育的目标要求,考虑学前儿童道德品质发展的需要,学前儿童德育的内容主要包括:文明礼貌教育;人际交往教育;责任感教育;爱祖国、爱家乡、爱集体的教育。

(四) 学前儿童德育的实施

1. 学前儿童德育的实施途径

(1) 日常生活是实施学前儿童德育的基本途径;

(2)游戏是实施学前儿童德育的有效方式;
(3)专门的德育活动是实施幼儿德育的有效手段;
(4)在劳动等其他活动中渗透德育。

2. 学前儿童德育的实施原则

(1)方向性原则;
(2)爱、尊重与严格要求相结合的原则;
(3)因材施教的原则;
(4)正面教育的原则;
(5)长善救失的原则;
(6)知行合一的原则;
(7)集体教育与个别教育相结合的原则;
(8)一致教育和连续教育的原则。

二、学前儿童智育

(一)学前儿童智育的内涵和意义

学前儿童智育是根据学前儿童智力发展的规律和特点,有目的、有计划地丰富他们的知识经验,发展智力,增进对周围事物的求知兴趣,并培养良好学习品质和习惯的教育活动。

学前儿童智育的意义:① 促进儿童智能发展;② 满足并不断激发儿童的求知欲;③ 增进儿童对环境的认识,丰富知识经验;④ 培养儿童良好的学习品质和习惯。

(二)学前儿童智育的目标

《幼儿园教育指导纲要(试行)》对科学领域教育目标的规定,有助于我们进一步了解学前儿童智育的具体目标,具体包括:对周围的事物、现象感兴趣,有好奇心和求知欲;能运用各种感官,动手动脑,探究问题;能用适当的方式表达、交流探索的过程和结果;能从生活和游戏中感受事物的数量关系并体验到数学的重要和有趣;爱护动植物,关心周围环境,亲近大自然,珍惜自然资源,有初步的环保意识。

《幼儿园工作规程》明确规定的智育目标为:发展幼儿智力,培养正确运用感官和运用语言交往的基本能力,增进对环境的认识,培养有益的兴趣和求知欲望,培养初步的动手探究能力。

(三)学前儿童智育的内容

根据学前儿童智育的目标,学前儿童智育的内容主要有:

(1)增进幼儿对事物的认识,丰富他们的知识经验;
(2)发展幼儿的感知觉和初步的动手探究能力:
① 保护和发展幼儿的感觉器官;
② 发展幼儿的动手探究能力;
③ 发展幼儿的观察力。
(3)提高幼儿的语言表达和交往能力。
(4)激发幼儿的学习兴趣,培养其良好的学习品质和习惯。

(四)学前儿童智育的实施途径

(1)利用日常生活活动实施智育;
(2)借助游戏活动实施智育;
(3)组织多种形式的集体教学活动;
(4)重视非智力因素的培养。

三、学前儿童体育

(一)学前儿童体育的内涵和意义

体育有广义和狭义之分,学前儿童体育也有广义和狭义之分。广义的学前儿童体育泛指依据学前儿童身心发展规律所开展的,以维护和促进学前儿童身心健康为目的的一切活动。狭义的学前儿童体育指幼儿园开展的,旨在使幼儿掌握初步的卫生保健知识、发展幼儿动作、增强幼儿体质的教育活动。

学前儿童体育的意义:① 促进幼儿身体发育,增强幼儿体质;② 促进幼儿身心和谐发展,为幼儿全面发展奠定良好的身体基础;③ 通过增强个人身体素质,进而提高全民族身体素质。

(二)学前儿童体育的目标和任务

1. 学前儿童体育的目标

《幼儿园教育指导纲要(试行)》对健康领域教育目标的规定,有助于我们了解学前儿童体育的具体目标,具体包括:身体健康,在集体生活中情绪安定、愉快;生活、卫生习惯良好,有基本的生活自理能力;知道必要的安全保健常识,学习保护自己;喜欢参加体育活动,动作协调、灵活。

《幼儿园工作规程》明确规定的体育目标为:促进幼儿身体正常发育和机能的协调发展,增强体质,促进心理健康,培养良好的生活习惯、卫生习惯和参加体育活动的兴趣。

2. 学前儿童体育的任务

为实现以上目标,学前儿童体育的基本任务包括以下五个方面:

(1)保证幼儿的生命安全,促进其正常发育;

(2)锻炼幼儿的身体,增强其体质;

(3)培养幼儿适宜的运动知识和运动技能;

(4)培养幼儿的体育兴趣,锻炼其意志;

(5)培养幼儿良好的饮食与卫生习惯。

(三)学前儿童体育的途径和内容

幼儿园实施体育的基本途径有两个:一是开展体育锻炼活动;二是做好卫生保健工作。其具体内容如下:

1. 开展体育锻炼活动

(1)体育锻炼活动的基本内容:

① 基本动作。包括:走、跑、跳、平衡、钻、爬、攀登、投掷。

② 基本体操。包括:模仿操、徒手操、轻器械操、韵律操。

(2)幼儿园体育锻炼的形式主要有:早操、体育教学、户外体育活动、体育游戏、其他体育活动。

2. 做好卫生保健工作

(1)创设良好的生活环境,科学护理幼儿的生活;

(2)制定科学合理的卫生保健制度;

(3)培养幼儿良好的生活和卫生习惯;

(4)加强安全教育和心理健康教育。

四、学前儿童美育

(一)学前儿童美育的内涵和意义

学前儿童美育是指对学前儿童实施的审美教育,即根据学前儿童的身心特点,利用美的事物和丰富的审美活动来培养学前儿童健康的审美观念和初步感受美、表现美、欣赏美的情趣和能力,并由此促进其美感发展的教育。

学前儿童美育的意义:① 激发学前儿童对美的兴趣、爱好和向往;② 促进学前儿童美感的发展；③培养学前儿童初步表现美与创造美的能力；④陶冶学前儿童的性情，塑造健全的人格。

(二) 学前儿童美育的目标

《幼儿园教育指导纲(试行)》对艺术领域教育目标的规定是：能初步感受并喜爱环境、生活和艺术中的美；喜欢参加艺术活动，并能大胆地表现自己的情感和体验；能用自己喜欢的方式进行艺术表现活动。这个规定有助于我们了解学前儿童美育的具体目标。

《幼儿园工作规程》明确规定的美育目标为：培养幼儿初步感受美和表现美的情趣和能力。

(三) 学前儿童美育的内容

（1）引导幼儿感知周围环境中的美，培养幼儿的审美感知，养成初步的审美观念；

（2）激发幼儿对美的事物的兴趣和爱好，培养幼儿的审美情感；

（3）引导幼儿学会感受美和欣赏美，形成初步的审美能力；

（4）教给幼儿简单的艺术创造技能，发展幼儿初步的审美表现力；

（5）引导幼儿表现自己对美的独特体验和理解，培养幼儿的审美想象力和创造力。

(四) 学前儿童美育的实施途径

（1）艺术教育是学前儿童美育的主要途径；

（2）社会生活是学前儿童美育的有效方式；

（3）大自然是实施学前儿童美育的天然场所；

（4）节日和娱乐活动是实施学前儿童美育的特殊形式。

五、学前儿童劳动教育

(一) 学前儿童劳动教育的内涵和意义

学前儿童劳动教育是通过各种专门性劳动有目的、有计划进行的，或通过其他有劳动教育元素的活动随机渗透的，旨在培养学前儿童初步的劳动素养，促进其劳动态度、劳动习惯、劳动能力和劳动情感养成，实现学前儿童德、智、体、美多方面发展的教育活动。

学前儿童劳动教育的意义：①涵养幼儿的劳动素养；②实现儿童的全面发展。

(二) 学前儿童劳动教育的目标

（1）激发幼儿对劳动的积极情感，养成正确的劳动态度；

（2）掌握基本的劳动知识和技能，愿意参与一些力所能及的劳动；

（3）奠定幼儿良好劳动习惯和品质的基础；

（4）使幼儿具有初步的劳动精神；

（5）促进幼儿德、智、体、美多方面发展。

(三) 学前儿童劳动教育的内容

1. 自我服务类劳动

自我服务类劳动即日常生活劳动，主要包括：独立进餐、穿脱衣服鞋袜、盥洗、如厕、清洁整理个人用品等。

2. 为集体服务类劳动

（1）集体劳动：教师根据劳动任务，组织全班幼儿在同一时间段和场地内共同参加劳动的形式。这类劳动的主要内容有：清洁班级环境、整理班级各个活动区域、洗晒班级玩具、整理户外活动场地、去厨房帮厨等。

（2）值日劳动：幼儿以值日生的身份完成相应的劳动任务，由此为集体服务的劳动形式。

（3）家务劳动：幼儿在家庭中参与一些力所能及的为家庭成员服务的一种劳动形式。

3. 生产类劳动

（1）种植、饲养劳动；

(2)手工制作劳动。

(四)学前儿童劳动教育的实施

(1)通过各种常规劳动,有目的、有计划地实施劳动教育;

(2)通过具有劳动元素的其他活动渗透劳动教育;

(3)通过幼儿园、家庭和社区的合作,全方位推进劳动教育。

> **【典型真题】** 简述幼儿园美育的意义。
>
> **【答案要点】**(1)有利于幼儿个性的发展。幼儿在感受美时,培养其积极向上的精神和活泼开朗的性格。
>
> (2)有利于幼儿认知的发展。幼儿在艺术活动中,增长了知识,发展了智力。
>
> (3)有利于幼儿想象力和创造力的发展。幼儿借助形象化的方式认识世界,促进大脑左右半球的均衡发展。
>
> (4)幼儿园美育是社会精神文明建设的组成部分。促进幼儿健全人格的形成,为提高全民族的素质奠定基础。

第四节 幼儿教师与幼儿

一、教师观

(一)幼儿教师及其角色

幼儿教师是在幼儿园中利用专门的设施,按照特定的章程,履行保育教育职责,对幼儿身心施行特定影响的专业人员,担负着培养社会主义事业的建设者和接班人、传播精神文明、提高全民族素质的历史使命。

现代幼儿教师的角色主要有:

(1)幼儿生活的照顾者;

(2)幼儿行为的观察者;

(3)幼儿游戏的伙伴;

(4)幼儿活动的引导者;

(5)幼儿园课程的开发者;

(6)和谐师幼关系的建构者;

(7)班级的管理者;

(8)幼儿健康心理的培育者;

(9)教育教学研究者。

(二)幼儿教师的职业素养

1. 职业品格

(1)对学前教育事业的热爱与献身精神。热爱教育事业是幼儿教师的基本道德准则,也是幼儿教师做好本职工作的前提条件。

(2)热爱幼儿。热爱幼儿是幼儿教师职业道德的核心。

(3)尊重集体和团结家长。

2. 基本文化素质

(1)广博的文化基础知识。

（2）扎实的幼儿教育理论基础。

3. 身体素质

保教幼儿的工作极其繁重复杂，幼儿教师一整天与幼儿生活在一起，要全面保教幼儿。因此，必须具有较好的身体素质。幼儿教师应体貌端正、身体灵活、精力旺盛，且没有任何传染性疾病。

4. 个性和心理素质

为了培养幼儿良好的个性心理品质，教师首先必须以身作则，具有优良的个性和心理素质。幼儿教师应理智、刚毅、进取、灵敏、乐观、热情、勤勉、自尊、自主，善于调节、控制自己的不良情绪，并具备广泛的兴趣，避免幼儿受消极情绪的影响。

（三）幼儿教师的职业能力

1. 幼儿教师的观察力

幼儿教师的观察力主要指对幼儿直觉的、原样的、不加任何操作的自然观察能力，表现在随机的观察和有计划的观察中。

在随机观察时，观察能力的高低表现为教师能否敏感地捕捉到幼儿发出的动作、表情或语言等各方面的信息，并且快速地作出正确的判断和反应。这类观察可在一日生活的任何时候、任何环节发生。凭借这种能力，教师达到与幼儿沟通的目的，从而进行有效的指导。

有计划的观察要求预先有拟定的观察项目，教师根据观察内容选择最有代表性的场景，列出最能反映问题本质的观察要点，然后按计划进行观察。这种方式既可观察幼儿的发展水平差异，也可观察幼儿个体发展的独特性。

2. 幼儿教师的沟通能力

（1）与幼儿的沟通与交流。

教师的态度体现在言行之中，核心是沟通与交流的能力。**主要的沟通方式有言语和非言语两种。**

① 创设一个宽松的交流环境。

首先，教师要有积极主动、平等的态度。这是与幼儿实现良好沟通与交流的前提条件。

其次，教师要为幼儿创造一个安全、温暖、信赖、无拘无束的交流环境。只有这样，幼儿才敢说、想说和喜欢说。

最后，教师在与幼儿沟通时应该从幼儿的角度考虑问题，尽可能地站在幼儿的立场上提出问题和交流想法。

② 非言语沟通。

对于幼儿来说，动作比语言容易理解。教师的微笑、点头、抚摸、搂抱，蹲下与幼儿交流，看着幼儿的眼睛倾听他们说话等，远比言语更容易表达教师对幼儿的尊重、关心、爱护和肯定。

幼儿需要教师的身体接触。身体肌肤的接触有利于安定幼儿的情绪，让幼儿感到温暖、安全，消除幼儿的紧张情绪。

非言语沟通的途径主要是日常生活，教师参与到幼儿的活动中去也是沟通的重要途径。

③ 言语沟通。

教师只有从权威的角色转换到与幼儿平等交流、共同分享的角色上，言语沟通的技能才能很好地发挥作用。教师与幼儿言语沟通的技能是在各种谈话活动中体现的。教师的言语沟通技能有如下几种。

a. 引发交谈的技能。制造机会、抓住时机，发现幼儿感兴趣的话题等都是引发交谈的技巧，要善于利用机会将幼儿自然地引入交谈之中。

b. 倾听的技能。倾听是沟通交流的输入环节，是决定沟通成败的关键。教师与幼儿沟通交流时，第一，要耐心倾听幼儿说话；第二，要用恰当的言语或非言语方式热情回应幼儿的谈话，以便实现接纳和鼓励幼儿谈话的目的;第三,倾听时应该与幼儿平视,有眼神交流。倾听不仅仅是用耳朵听,眼神对视、面部表情都是传达"我在听"的重要技巧。

c. 扩展谈话的技能。扩展谈话的技能是使谈话继续下去的技能。用幼儿理解的方式给幼儿提供需要的信息、重复幼儿的意思、提出新的问题等都是扩展谈话的方式,可以引导幼儿把谈话延续、深入下去。

d. 面向全体、注意差异,开展有针对性谈话的技能。无论是集体谈话还是小组谈话,抑或个别谈话,都要面向全体,注意个体差异。个别谈话的对象不能只是爱说话、主动发起谈话的幼儿。教师要积极主动地发起与那些不爱说话、比较被动的孩子谈话。小组谈话和集体谈话时提问要面向全体,眼神交流和回应也要既能面向全体又能关注到个别。在谈话中,应根据幼儿的特点使用不同的谈话方式,如语速、词语的使用、语调的变化都要有针对性。

e. 结束谈话的技能。结束谈话时,一要适时;二要表达出对谈话满意的态度。在一个话题已经表达清楚的情况下,如果时间不允许转入下一个话题,就可以适时结束谈话。可以用常用的结束语结束谈话,例如,"刚才你说得很好,有时间我们再说,好吗?"即使是由于时间或别的原因必须结束谈话,也要对本次谈话表示出满意,让幼儿感觉到老师很想听他讲,可惜没有时间了,使幼儿对谈话有一种满足感。

(2)与家长的沟通与交流。

心理环境的创设,尤其要注意将大环境和小环境融合。教师与家长的沟通交流是创设大环境的和谐人际关系,促进家园合作的重要内容。

① 了解家长是沟通的前提。

对家长的需求、教育观念和方法,家长的性格特点,家长的文化水平和职业等信息的了解,是教师与家长沟通交流的前提。为此,教师在与家长沟通交流之前,务必通过合适的方式了解家长,如阅读家长的基本信息等。

② 具备与家长沟通交流的技巧。

沟通需要行动,行动需要技巧。教师的交流技巧是保障与家长沟通顺畅的基本条件。因此,幼儿教师需要具备基本的交流技巧,如倾听的技巧、与不同类型家长对话的技巧、描述孩子行为的技巧、提出建议或意见的技巧等。

面对面交流是最好的沟通方式。

③ 建立与家长的情感联系。

孩子是将教师和家长联系起来的纽带,因此热爱孩子,关心孩子的成长,为孩子的发展负责是教师与家长建立情感联系的根本。只要目的相同、方式方法适当,教师与家长之间就能产生积极、稳定的情感。

④ 适宜的沟通交流方式。

树立正确的观念,充分认识家园合作的重要性,以平等的态度对待家长,是沟通与交流适宜的基础。

正确的合作态度,与家长相互理解、相互支持、相互尊重,把握好了解幼儿家庭和尊重其家庭隐私的界限,是与家长沟通交流适宜的关键。

针对不同的家长,沟通和交流的方式要有所区别,如相同的意思要用不同的方式进行表达。

应采用多种途径、多种方式进行交流与沟通,一方面要努力谋求价值观的统一,另一方面要吸引家长参与幼儿园的活动,发挥家长的作用。

⑤ 发挥专业特长,帮助家长改进教育行为。

教师与家长的沟通交流是双向的,但教师作为专业的教育工作者,应该承担起帮助家长改善教育行为、改进教育方法、转变教育观念的责任。

（3）促进幼儿之间的沟通与交流。

幼儿之间的沟通与交流受其社会性和语言发展水平的限制,需要教师有意识的帮助与引导。

①幼儿之间的口语沟通。

在3~4个人的小组活动中,幼儿的谈话最容易出现;在大的集体活动中,不仅胆小的幼儿不敢说话,爱说话的幼儿也不能耐心地听,因此小群体活动或游戏是给幼儿提供谈话机会的最佳方式,教师创设环境、设计活动时要充分考虑给幼儿创造交谈的机会。

在活动时,幼儿的个体特征、经验和语言水平,以及有无共同感兴趣的话题等都会影响幼儿交谈的质量。要提高幼儿的交谈能力,教师以参与者的身份给予指导是较好的选择。

②幼儿间冲突的解决。

幼儿间的冲突是沟通不畅的表现形式,因此促进幼儿之间的沟通与交流就要利用他们之间的冲突,帮助幼儿学会如何解决冲突和顺畅地进行沟通与交流。

首先,要正确认识和对待幼儿间的冲突。冲突本身及其解决是沟通的重要途径,也是幼儿社会性发展的重要途径。

其次,要让幼儿体验争执但不解决问题所造成的失败或失望,体验"商量""对话""听他说"等人际沟通方式的价值,帮助幼儿学习正确对待冲突,习得解决冲突的策略。

最后,将幼儿之间的冲突当作教育机会,发挥教育机智,促进儿童发展。教师要避免就事论事的处理方式或轻率地介入儿童冲突的方式,而是要将冲突当作幼儿发展的机会而不是事件去处理,在冲突解决中让幼儿认识到他人的行为举止、爱好或情感与自己的不一定相同,应当相互尊重。

3. 创设与利用环境的能力

教师要善于调动幼儿参与环境建设的积极性,充分利用已有的空间和材料设施,创造性地使用废旧材料和自然材料,为幼儿创设活动化的物质环境,还要建立和谐的师幼关系,形成良好的班风。

4. 一日生活的组织与保育能力

教师要能够合理安排和组织一日生活的各个环节,将教育灵活地渗透到一日生活中,科学照料幼儿的日常生活、有效保护幼儿并及时处理幼儿常见的意外事故。

5. 游戏活动的支持与指导能力

教师要善于为幼儿创设良好的游戏条件,支持和鼓励幼儿自主选择游戏内容、伙伴和材料等,使幼儿充分体验到游戏的快乐和满足。为保证游戏活动的顺利展开提供必要的支持与指导,促进幼儿多方面的发展。

6. 教育活动的计划与实施能力

教师需在教育活动中观察幼儿,根据幼儿的表现和需要调整活动计划,并在实施过程中给予适宜的指导,给幼儿提供更多的操作探索、交流合作、表达和表现的机会,支持和促进幼儿主动学习。

7. 激励与评价能力

教师要关注幼儿的日常表现,注重激发和保护幼儿的积极性、自信心,有效运用评价结果指导下一步教育活动的开展。

8. 反思与发展能力

教师要主动收集、分析相关信息,不断进行反思,改进保教工作,制订专业发展规划,不断提高自身专业素质。

（四）幼儿教师的专业成长

1. 教师专业发展的概念

教师专业发展是指教师在其整个职业生涯中,依托专业组织,通过终身专业训练,形成职业道德,建构专业人格,习得专业知识,提升专业能力,实现专业自主,成为合格专业人员的过程。

教师个体的专业发展是教师作为专业人员,从专业思想到专业知识、专业能力、专业心理品质等方面由不成熟到比较成熟的发展过程,即由一个专业新手发展成为专家型教师或教育家型教师的过程。

2. 幼儿教师专业成长历程

在教师专业发展阶段问题上,国内外很多学者还提出过比较精辟的、有影响的理论。

(1)福勒的教师教学关注阶段论。

① **前关注阶段**。

前关注阶段就是职前准备阶段。师范生和非师范出身却渴望成为教师的人一般比较关注职前需要做好哪些准备。例如,教师需要具备哪些职业知识与技能,通过什么途径才能获得教师资格等。

② **生存关注阶段**。

生存关注阶段一般是刚入职新教师所处的阶段。一些新教师会花大量的时间用于与学生维系好个人关系上。他们非常关注自己的生存适应性,比较担心诸如"我的课学生喜欢吗""同事们如何看我""领导觉得我干得怎么样""在教师岗位上我能胜任吗"等问题。

③ **情境关注阶段**。

经过一段时间的适应,教师感到自己已经完全能够适应教师的工作,便把关注点投向提高教学效果上,即进入情境关注阶段。他们比较关心的是如何教好每一堂课的内容、教学时间是否够用、备课材料是否充分等与教学情境有关的问题,如"内容是否充分得当""如何呈现教学信息""如何掌握教学时间"等。传统教学评价集中关注这一阶段。一般来说,老教师比新教师更关注这一阶段。

④ **学生关注阶段**。

教师顺利地适应了前几个阶段后,下一个成长目标便是关注学生。教师将考虑学生的个体差异,认识到不同发展水平的学生有不同的需要,根据学生的差异采取适当的教学方法,促进学生发展。能否自觉关注学生是衡量教师专业发展成熟度的标志。

(2)叶澜的"自我更新"取向教师专业发展五阶段说。

① **"非关注"阶段**:正式教师教育之前。

主要特征:在无意识中,以非教师职业定向的形式形成了较稳固的教育信念,具备了一些"直觉式"的"前科学"知识,以及与教师专业能力密切相关的一般能力。

② **"虚拟关注"阶段**:师范学习阶段(包括实习期)。

主要特征:开始思考对合格教师的要求,在虚拟的教学环境中获得某些经验,对教育理论及教师技能进行学习和训练,有了对自我专业发展反思的萌芽。

③ **"生存关注"阶段**:新任教师阶段。

主要特征:在"现实的冲击"下,产生了强烈的自我专业发展的忧患意识,特别关注专业活动中的"生存"技能,专业发展集中在专业态度和动机方面。

④ **"任务关注"阶段**。

主要特征:随着对教学基本"生存"知识、技能的掌握,自信心日益增强,由关注自我的生存转到更多地关注教学,由关注"我能行吗"转到关注"我怎样才能行"。

⑤ **"自我更新关注"阶段**。

主要特征:不再受外部评价或职业升迁的牵制,自觉依照教师发展的一般路线和自己目前的发展条件,有意识地自我规划,以谋求最大限度的自我发展;积累了比较科学的个人实践知识。

3. 幼儿教师专业成长的实现途径

（1）专业学习。

① 职前培养：指职前师范教育。

② 职后培训：包括入职培训、在职培训。

③ 自我教育。

（2）教育反思。

教育反思就是教师将自己已有的教育实践作为思考的对象，对自己的行为、决策及其相应结果进行审视和分析的活动，旨在促进教育观念转变、教育行为改进和教育效果提升的过程。教育反思是促进教师专业成长的必要途径。美国学者波斯纳曾提出过一条教师成长的公式：成长＝经验＋反思。教师的反思有助于提升教师的专业理念，有助于优化教师的专业知识结构，有助于提高教师的专业能力，有助于强化教师的自我专业发展意识。

教育反思的策略分为两大类：内省反思和交流反思。

内省反思：教师主动地对自己的教学实践进行反思的方法。它具体包括以下三种方法：反思总结；录像反思；档案袋反思。

交流反思：可以就某一问题与其他教师进行交流，也可以是在听完某教师的一堂课以后，针对这堂课而进行交流。这样可以反观自己的意识与行为，加深对自己的了解，并了解其他与自己不同的观念，进而取他人之长，补自己之短。

（3）校本教研。

校本教研就是教师通过建立教育教学共同体，运用多种方式方法追踪或汲取他人的经验，以解决自身的问题、改进教学，从而促进教师个体专业成长的活动。校本教研以教师所面对的各种具体问题为对象，以教师为研究的主体，理论研究人员和专业人员共同参与。它强调理论指导下的实践性研究，既注重实际问题的解决，又注重经验的总结、理论的提升、规律的探索、教师的专业发展和提升教学质量的有效策略。校本教研的具体方法包括以下三个方面：

① 同伴互助是促进教师专业发展的有效方法。具体可在教师的网上备课平台和互动平台上，通过磨课、沙龙研讨、专业能力的展示，新老教师结对、教研组活动、备课组活动、问题交流等方式进行互助讨论，从而形成教育教学的共同体。

② 专业引领是促进教师专业发展的重要条件。由教育专家、教研人员、一线骨干教师通过阐释教育教学理念、共拟教育教学方案、指导教育教学实践尝试、引导反思教育教学行为，从而实现促进教师专业发展的目的。

③ 行动研究是指教师将自己在教育实践中遇到的重要问题作为研究课题，并运用相关教育理论开展系统的研究，从而寻找解决问题的方法。

二、儿童观

（一）儿童观的概念

儿童观是指人们对儿童的根本认识、看法、态度以及与儿童有关的一系列观念的总和，即对儿童是什么的回答。简言之，就是社会或成人怎么看儿童，把他们看成是什么样的存在。它主要包括人们对儿童期的意义、儿童的地位与权利、儿童的特征和能力、儿童生长发展的原因与形式，以及儿童在其发展过程中所起的作用等问题的看法和认识。

儿童观是教育观的基础，有什么样的儿童观，就有什么样的教育观。树立正确的儿童观是做好幼儿教育工作的基础，也是成为一名优秀幼儿教师的前提。

（二）儿童观的演变历史

儿童观是成人如何看待和对待儿童的观点的总和，它涉及儿童的能力与特点、地位与权利、儿童期的意义、儿童生长发展的形式和成因、教育同儿童发展之间的关系等诸多问题。

在人类社会漫长的发展过程中,人们对儿童的认识不尽相同,主要有以下几种看法:

1. 儿童是"小大人"

持有这种观点的人认为,儿童是"缩小"的大人,即小大人,儿童和大人没有什么区别,即使有的话,那也只是身高和体重的不同而已。

2. 儿童是"有罪的"

持有这种观点的人认为,儿童刚生下来,就充满罪恶,是有罪的"羔羊"、卑贱无知,成人应该对他们严加管束、制约,使儿童能不断地进行赎罪。

3. 儿童是"白板"

持有这种观点的人认为,儿童刚生下来的时候,其心灵就像一块白板,成人可以对其任意塑造。儿童就像一张白纸,成人可以在上面画最新最美的图画;就像一个空容器,成人可以任意填塞,把各种知识经验灌输进去,而不考虑儿童的需要。

4. 儿童是"花草树木"

文艺复兴运动对人权的倡导,使人们从全新的角度来审视儿童,在儿童观上有了一个大的飞跃,开始把儿童看作一个有独立存在价值的实体,儿童有自己的权利、思想、情感、需要;提出不应用成人的标准去衡量儿童,儿童应该像个"儿童",要倍加珍惜童年的生活。尊重儿童具有的纯洁美好、独立平等的自然本性。

5. 儿童是"私有财产"

持有这种观点的人认为,儿童是父母婚姻的结晶,产生于母体,归父母所有,是父母的隶属品、私有财产,父母可以左右儿童的命运,控制儿童的生活,决定儿童的一切事情,儿童没有独立自主的人格和地位,与其抚养人之间的关系只是一种依附关系。例如,"老子打儿子"被认为是天经地义的,是家庭的私事,别人无权干涉。

6. 儿童是"未来的资源"

持有这种观点的人认为,儿童是国家最宝贵的财富,是国家潜力最大的资源、未来的兵源和劳动力。对儿童进行教育,就是对未来进行最有价值的投资,这种投资利国利民。多投资,才能高产出。

7. 儿童是"有能力的主体"

人类的童年期长于动物的童年期,这为儿童以后的发展奠定了良好的基础。儿童在体力、智力、情感、社会性、道德等许多方面都不同于成人,他们是正在发展中的人。不能因为儿童弱小、需要保护,就轻视他们,使他们被动发展。儿童是有能力的、积极主动的权利主体,应有主动发展自己潜能的机会,在出生、成长、发育的过程中,成为自主的行动者,能表达自己的主张和意见,充分行使自己的权利。

上述儿童观既有时代的烙印,有些又并存于同一个时代,既有非理性、不科学的一面,也有较为合理科学的因素,实事求是地进行分析,批判性地加以继承和借鉴,将有利于正确地认识儿童。

(三)现代儿童观

20世纪以来,随着人权运动的高涨和许多关心儿童人士的不懈努力,国际社会开始普遍重视保护儿童的权益,人们对儿童予以前所未有的关注。现代儿童观可以概括为以下几个方面:

(1)儿童是人,具有人的尊严和作为人的一切基本权利,具有独立的人格。

(2)儿童是一个全方位不断发展的整体的人,应尊重儿童身心发展的特点,并满足儿童各种发展的需要,努力为儿童的全面发展创设良好的环境和条件。

(3)儿童是独特的人,具有发展的个体差异性,教育应承认和尊重儿童个体发展的差异性,因材施教。

（4）儿童具有巨大的发展潜能，在适当的环境和教育条件下，应最大限度地发展儿童的潜力。

（5）儿童具有主观能动性，在发展过程中起着积极主动的作用，是学习和发展的主体，儿童在各种丰富的活动中不断建构自己的精神世界。

（6）儿童的学习方式是多种多样的，成人应了解儿童的学习特点和规律，尊重他们多种类型的学习方式，努力为他们创造适宜的学习条件。

（7）儿童应该受到平等对待。儿童之间有的只是差异，如性别差异、兴趣差异等，不存在高低贵贱之分，因此都应受到平等对待，包括特殊需要儿童。所有儿童应受到平等对待的核心与关键是每个儿童都能以适合自己的方式受到他人的理解、帮助，并获得成长与发展。

三、师幼关系

（一）师幼关系的概念

师幼关系也称师幼互动，指发生在托儿所、幼儿园等正规的学前教育机构内部的、贯穿于幼儿一日活动中的、教师与孩子之间相互作用、相互影响的行为及过程。

师幼关系是一种重要的人际关系，它贯穿于幼儿园一日生活的所有环节之中，是任何教育理念、教育目标得以实现的核心。因此，提升师幼关系质量是提高幼儿园教育质量的关键所在。

（二）优质师幼关系的特征

优质师幼关系是"我与你"的关系，这是一种以尊重、对话为基本特征的平等的师幼关系，教师与学前儿童都是主动的、平等的主体"人"，彼此之间是一种主体与主体之间的关系。其基本特征主要包括平等性、助长性、民主性、对话性、情感性。

1. 平等性

教师与学前儿童之间虽然在年龄、知识、经验、能力等方面存在着或多或少的差异，但彼此之间是平等的主体。这就要求教师尊重儿童的兴趣、需要，不将自身价值观、兴趣等强加给儿童。

2. 助长性

教师在知识、经验、能力等方面不同程度地优于学前儿童，这决定了教师必须在平等的基础上，从各方面支持与促进学前儿童成长。

3. 民主性

教师要尊重学前儿童的个体权利与自由，注意倾听学前儿童的"声音"，彰显学前儿童的"话语权"，这是民主性的核心。

4. 对话性

对话不仅是一种具体的谈话行为，也是一种对话意识、精神，还是一种平等民主、和睦相处、不断在多元之间寻求融合并促成新生的意识与精神。

5. 情感性

理想的师幼关系是以情感交流为基础和动力的，需要师幼双方心灵上的共鸣。缺乏情感交流的师幼关系，幼儿往往处于消极被动状态，师幼难以建立和形成真正的沟通和互动关系。

（三）建构优质师幼关系的策略

在幼儿园教育活动中，教师应该采取良好的师幼互动策略。

1. 树立现代儿童观是关键

儿童观是儿童教育的基础，同时也是师幼关系的基础。具体的师幼关系是一定儿童观的体现。

因此,实现师幼关系从"我与它"到"我与你"关系的根本转变,建立优质师幼关系的关键,就是在批判性分析与扬弃已有儿童观的基础上,树立现代儿童观。

2. 转变教育观念是根本

儿童观是通过教育观念而影响具体教育行为的,因此现代儿童观也必然通过相应教育观念的树立而实现对儿童教育行为(包括师幼关系)的影响。幼儿园教师在审视与反思已有教育观念的基础上,转变教育观念,树立和现代儿童观相适应的现代教育观念,这是培育优质师幼关系的根本。

3. 提高教育技能是保证

观念影响行为,但观念不等于行为,二者之间需要一个转化的过程,这需要一定的策略与技能的支撑。教育技能(如支持儿童探索行为的方法、提问的技巧等)就为将现代儿童观与教育观转化为具体的师幼关系行为提供了重要保证。

4. 营造自由宽松的教育环境是基础

自由宽松的教育环境是建构积极有效的师幼关系的前提和基础。创设自由宽松的教育环境,可以从以下两方面入手。

(1)**突出幼儿的主体地位**。在教学过程中,要始终体现幼儿的主体地位,充分发挥幼儿在学习过程中的积极性和主动性。教师要成为师幼良好互动环境的创造者、交流机会的提供者、积极师幼互动的组织者和幼儿发展的支持者、帮助者、指导者和促进者。

(2)**情感交流是促进师幼互动的重要因素**。情感交流是在相互关注、相信、尊重的基础上,把自己的想法对对方进行表达,进行交流。师幼间的情感交流以及由此产生的心理氛围是促进师幼积极互动的有利条件。

5. 完善管理制度是保障

幼儿教师在变革传统的师幼关系、探索优质师幼关系的过程中,不可避免地会遇到一些挫折,必然要付出更多的精力,并且还可能会遇到一些来自外部(如家长等)的不解、批评与阻力,这需要幼儿园能从制度层面鼓励与保护教师的探索活动。因此,完善幼儿园管理制度为优质师幼关系的培育提供了重要保障。

6. 了解幼儿的内心世界,正确应对突发事件

在师幼互动过程中,教师应以一种开放性的心态,充分了解幼儿外显以及内在的行为线索,尽可能弄明白幼儿行为的意义与理由,以便对幼儿的行为做出及时的反馈;在处理偶发事件时,教师应控制情绪、冷静分析,因势利导,采取既符合幼儿身心发展特点又符合教育要求和当时情景的措施,构建良好的师幼互动,促进师幼共同成长。

【**典型真题1**】下列对儿童的看法中,正确的是( )。

A. 儿童是无知无能的 B. 儿童不是微缩的成人
C. 儿童可以按成人的意愿随意塑造 D. 儿童是家庭的私有财产

【**解析**】A、C、D 三项:均忽视儿童的天性发展,与题干不符,故排除。故正确答案为 B 项。

【**答案**】B

【**典型真题2**】养儿防老,光宗耀祖,传宗接代等所体现的观念属于( )。

A. 工具主义儿童观 B. 科学主义儿童观
C. 自然主义儿童观 D. 人文主义儿童观

【**解析**】题干表达的意思是把儿童当作养老、传宗接代的工具,故正确答案为 A 项。

【**答案**】A

笔记栏

【典型真题 3】建立良好幼师关系的前提是（　　）。
　　A. 传授丰富的知识　　　　　　B. 尊重理解幼儿
　　C. 不批评幼儿　　　　　　　　D. 满足幼儿的一切需求
【解析】尊重理解幼儿是教育的前提，也是建立良好师幼关系的前提。幼儿教师自幼儿入园起，尊重、爱护他们，会使幼儿很快摆脱分离焦虑、适应幼儿园生活，也会很快与教师建立融洽和谐的师幼关系。有了良好的师幼关系，幼儿教师施加的教育影响才能被幼儿更好地接受。故选 B 项。
【答案】B

【典型真题 4】教师管住手、闭上嘴，放手让儿童自主游戏，体现出的儿童观是（　　）。
　　A. 儿童是整体发展的人　　　　B. 儿童是有发展差异的人
　　C. 儿童是具有独立人格的人　　D. 儿童是有巨大发展潜能的人
【解析】题目中，教师管住手，闭上嘴，给幼儿充分的自由和机会，让幼儿自主游戏，尊重了幼儿的个性。故 C 项正确。
【答案】C

【典型真题 5】朵朵刚入园时，老师安慰她的情绪，在午睡时帮她穿脱衣物。老师体现的角色是（　　）。
　　A. 幼儿身心发展的养护者　　　B. 幼儿学习活动的合作者
　　C. 教育实践的研究者　　　　　D. 幼儿学习活动的支持者
【答案】A
【解析】题干中，老师安慰幼儿情绪是关注幼儿的心理发展，帮幼儿穿脱衣物是照顾幼儿的身体，A 选项符合题意，故选 A 项。

【典型真题 6】论述积极师幼关系的意义，并联系实际谈谈教师应如何建立积极的师幼关系。
【答案要点】师幼关系是指幼儿教师与幼儿在保教过程中形成的比较稳定的人际关系，良好师幼关系的特征是：互动性、民主性、分享性。
　　和谐师幼关系的意义：(1) 有利于更好地了解与尊重幼儿；(2) 有利于更好地关爱幼儿；(3) 有利于进一步宽容和欣赏幼儿；(4) 有利于学生的学与教师的教进行互动；(5) 有利于教师与幼儿心理健康发展。
　　建立良好师幼关系的策略：(1) 树立现代儿童观是关键；(2) 转变教育观念是根本；(3) 提高教育技能是保证；(4) 营造自由宽松的教育环境是基础；(5) 完善管理制度是保障；(6) 了解幼儿的内心世界，正确应对突发事件。

第五节　幼儿园的课程

我国幼儿园课程主导的定义是活动论。幼儿园课程可定义为：幼儿园课程是实现幼儿园教育目的的手段，是帮助幼儿获得有益的学习经验以促进其身心全面和谐发展的各种活动的总和。这个定义从广义的角度指明了幼儿园课程的全部内容，也就是说，幼儿在园的一切活动都属于幼儿园课程的范畴。

一、幼儿园课程的特点

1. 基础性和启蒙性

基础性、启蒙性是从幼儿园课程在人的一生发展中所起作用的角度而言的。《幼儿园教育指导纲要(试行)》明确指出，"幼儿园教育是基础教育的重要组成部分，是我国学校教育和终身教育的奠基阶段"，要"为幼儿一生的发展打好基础"。幼儿园课程是学前教育的载体，它直接影响幼儿在这一阶段所获得的经验及当时的发展，从而为今后甚至一生的发展奠定基础，因而具有基础性。

学前阶段是人生的启蒙阶段，幼儿园课程只需要向幼儿传递关于周围环境中自然、社会与人类最浅显的知识和观念，不求系统与深奥，所以幼儿园课程应该帮助幼儿认识周围世界，使幼儿在享有快乐童年的同时，身心在原有发展水平的基础上，得到与其发展水平相宜的提高。

2. 全面性

全面性是从幼儿园课程的目标角度而言的。幼儿园课程是实现幼儿全面发展的中介，幼儿园课程必须以实现幼儿在身体、认知、情感、社会性等方面的和谐发展为目标，要具有全面性。《幼儿园教育指导纲要(试行)》提出，幼儿园的教育内容是全面的、启蒙性的，可以相对划分为健康、语言、社会、科学、艺术等五个领域。而这五个领域涵盖了幼儿发展的各个方面，其中任何一个领域的缺失都会造成幼儿发展的片面，因而全面性是幼儿园课程必须追求的目标。

3. 生活性

生活性是从幼儿园课程的内容角度而言的。对幼儿来说，最重要的不是系统的学科知识，而是一些基本的生活卫生习惯、生活自理能力、与人相处的态度及基本的常识等，而这些东西是不可能通过教师的书面讲授、口耳相传获得的，只能在生活的过程中学习。另外，由于幼儿的思维是形象的、直观的，他们最感兴趣的学习内容就是自己可以感知的、可以操作的内容。从生活中学习是幼儿学习的必然要求，幼儿只有在现实生活中，通过与大量的人、事、物的相互作用，通过操作、交往、参与、探究获得知识，习得态度，体验情感，形成个性。幼儿园课程必然带有浓厚的生活特征，课程内容来源于幼儿的生活，课程实施更是贯穿于幼儿一日生活的各个环节，所以生活就是幼儿园课程的一个重要特性。

但是，要注意的是，幼儿园课程的生活性并不意味着要把课程与日常生活等同起来，混为一谈，而是要合理地加强课程与生活的联系，加强课程对生活的过滤和提升，使幼儿园的课程既来源于生活，又超越生活，真正起到引导幼儿发展的作用。总之，课程生活化并不意味着课程对生活的简单复制，而是主张课程应具有强烈的重建意识。

4. 活动性与直接经验性

活动性是从幼儿园课程的实施角度而言的。幼儿的学习方式与中小学生的学习方式不同，幼儿的学习是直接经验式的，只有在活动中的学习对幼儿来说才是有意义的学习，只有以直接经验为基础的学习才是幼儿能理解的学习。离开了幼儿与环境的相互作用，离开了具体情境，离开了参与、探索和交往，幼儿园的课程就失去了生命力。所以，幼儿园课程的实施，关键在于为幼儿创设丰富的活动情境，提供多样化的活动材料，创设有利于幼儿自发、主动探究的活动氛围，为幼儿提供各种探究与互动的机会。从这个意义上说，一日生活、区角活动、游戏活动、教学活动都是幼儿园课程实施必须关注的。

5. 整合性

整合性是从幼儿园课程的组织角度而言的。幼儿身心发展的水平和学习特点决定了幼儿园课程应该是高度整合的课程，在幼儿园课程实施中，幼儿是以完整的人的形象出现的，所以幼儿园课程的内容应是整合的，应尽可能使不同的课程内容产生联系。幼儿园课程应使多个学科、多个发展领域之间相互联系、相互促进，从而构成一个有机的发展整体，更好地促进幼儿的发展。《幼儿园教育指导纲要(试行)》明确指出,幼儿园课程相对划分为五个领域,"各领域的内容相互渗透,从不同的角度促进幼儿情感、态度、能力、知识、技能等方面的发展","各领域的内容要有机联系,相互渗透,注重综合性、趣味性、活动性"。

6. 潜在性

潜在性是从幼儿园课程对幼儿的影响而言的。由于幼儿知识经验贫乏,自我辨别与自我控制的能力不足,模仿力强,幼儿园的一砖一瓦、一草一木,教师的一言一行、一举一动,无时无刻不影响着幼儿的发展。因此,幼儿园课程不仅体现在有目的、有计划的教育活动中,还体现在环境、生活、游戏及教师不经意的行为中。也就是说,从幼儿的角度来看,幼儿园课程总是蕴含在环境、材料、活动之中,潜移默化地作用于幼儿,影响幼儿的发展。因此,和学校课程相比,潜在性也是幼儿园课程的重要特性。

二、幼儿园常见的课程类型

1. 学科课程

这是通过论理组织法而获得的一种课程类型。它强调按知识的内在联系及其结构组织课程内容。在这类课程中,教师的主要作用是促进幼儿的学习活动,幼儿的角色是对教师所提供的内容作出反应。因为有明确的目标,教师按照一系列事先设计好的方案促使幼儿一步步达到这些目标,从而获得较为系统的知识。所以,在传递知识和技能的过程中,学科课程一般被认为是经济而有效的。

2. 活动课程

这是通过心理组织法而获得的一种课程类型。它强调根据幼儿的兴趣、需要和发展水平来组织课程内容。在这类课程中,幼儿是组织课程内容时的焦点,通常以幼儿自身的活动为学习的方法,使幼儿从自己的直接经验出发,去解决实际生活中的问题,教师充当顾问及辅助者。因为给幼儿提供了较多自主活动的机会,使幼儿能够获得与环境相互作用的机会,所以,在发展幼儿的动手能力、思维能力以及个性品质方面,活动课程的作用尤为突出。

3. 核心课程

这类课程围绕社会问题来组织内容,目的在于通过课程使幼儿获得完整的生活经验,增强幼儿对生活的适应性。这里所谓的社会问题是指幼儿生活中遇到的各种问题,包括认知、情感、态度等所有方面的问题。对于这些问题,一般由教师事先设定好目标,其所选问题应该是幼儿感兴趣的,并且能够促进幼儿主动参与。

核心课程打破了学科界限,使学生在运用已有知识解决问题的过程中主动学习,扩展经验,并获得身心的和谐发展。从这个意义上来讲,这类课程也是运用心理组织法而获得的一种课程类型。因此,如何在系统、完整知识的获得与幼儿实际生活经验之间达到平衡,也是此类课程必须加以特别重视的。

一般来说,学科课程偏重知识体系,活动课程则偏重心理发展的需要,核心课程则以问题为中心贯穿幼儿的经验。

目前我国幼儿园课程类型基本呈现混合型状态,视不同的学习要求,以某一课程类型为主,辅之以其他类型,保证幼儿获得基本知识、基本态度、基本行为等多方面平衡的课程内容,从而促进他们的身心发展。

三、幼儿园课程的要素

1. 课程目标

课程目标是教育目的在教育过程中的具体化,它指明了学习者通过课程的学习应该达到的成就。它是课程其他要素抉择的依据和标准,并对整个教育教学过程起导向作用。因此,课程目标在整体课程中的地位和作用十分重要。

2. 课程内容

课程内容是依据目标及相应年龄段的学习者身心发展的规律与特点而选定的,学生能够学、应该学、适宜学的知识范畴。其中包括概念、方法、态度和技能的学习等。

3. 课程组织

课程组织是依据目标的要求,对构成教育的基本要素或课程实施的各种因素加以编排、组合、平衡的方式。它包括教育教学计划、学习材料及活动设计、环境创设与布置、教育组织形式、时间与空间的安排等。

4. 课程评价

课程评价是以目标为标准,在课程实施过程中或某阶段终结时,对课程各要素的适宜性及效果进行测量和评估,为教育行政部门鉴定课程方案提供决策的依据,同时也为课程实践者完善课程、提高课程的适宜性提供调整的信息。

四、幼儿园课程目标

(一)幼儿园课程目标确立的依据

1. 对幼儿的研究是基础和前提

幼儿园课程的一个基本职能是促进幼儿身心和谐发展,所以课程编制者必须关注幼儿的发展,尤其要关注幼儿的发展需要与兴趣,关注幼儿的认知发展、情感萌发、社会化过程及个性形成等方面的规律与特点,以使课程目标有效地发挥引导与促进幼儿学习与发展的作用。

2. 对当代社会生活的研究是参考和依据

幼儿不仅生活在幼儿园中,也生活在家庭、社区与社会之中。幼儿的成长是一个不断社会化的过程,也是一个不断突破时间与空间范围的过程。所以确立幼儿园课程目标也必须关注社会。

3. 对学科知识的研究是保障

幼儿园课程的一个重要职能是传递社会文化,使幼儿从一个自然人发展成掌握一定知识经验的社会人。而学科知识是文化最重要的支柱,因为文化的基本构成和集中体现即分类的学科。因此,学科知识是确立课程目标的重要依据与来源。

(二)幼儿园课程的四种基本目标

1. 普遍性目标

普遍性目标是依据一定的哲学或伦理观、意识形态和社会政治需要引出的对课程进行原则性规范或总括性指导的目标。适应各种具体的教育实践情境及特殊需要。局限:模糊、泛化,并有一定的随意性。

2. 行为目标

行为目标是以具体的、可被观察与操作的行为来表述的课程目标。特点:具体、精确与可操作。局限:过于细化和精确化,易使教师只见目标,不顾幼儿的实际发展。

3. 生成性目标

生成性目标也称形成性目标或展开性目标,是在教育情境中随着教育过程的展开而自然生成的课程目标,注重过程。其根本特点是过程性。

4. 表现性目标

艾斯纳提出,表现性目标是指每个幼儿在具体的教育情境中所产生的个性化表现。该目标强调幼儿的个性化,关注幼儿创造性的培养。

(三) 幼儿园课程目标的层次

一般来说,幼儿园课程目标可划分为五个层次,五个层次的目标及其关系如下。

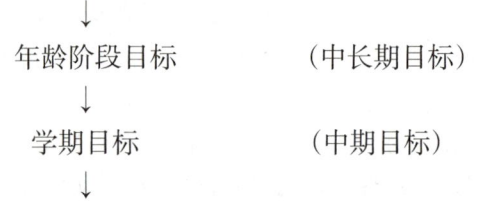

上述五个层次的课程目标中,每一级目标都是上位级目标的具体化,同时又是下位级目标的抽象与概括。这样的层层分解,使课程目标转化为具体可见的教育行为,落实在儿童的发展上。

五、幼儿园课程内容

幼儿园课程内容是指依照幼儿园课程目标选定的,通过一定的形式表现和组织的基础知识、基本技能、基本态度和基本行为方式。

(一) 幼儿园课程内容选择的基本原则

1. 目的性原则(与课程目标相一致)

学前教育课程内容是依据学前教育课程目标选择和确定的,它要体现目标的方向和要求、为目标服务,可以说目标为内容的选择提供一个基本的范围和标准。

2. 发展适宜性原则

所谓发展适宜性原则是要求我们在选择课程内容时,要与本地区、本园、本班儿童以及个体儿童的实际相符合。具体来说,课程内容的难度处于"最近发展区"内时才是最适合儿童发展的活动。

3. 生活化原则

(1) 课程内容可源于儿童生活中的真实事件。

这里的生活指的是儿童全部的生活实践,既包括物质生活(如衣、食、住、行等),也包括精神生活(如认知、情感等);既包括个人生活,也包括社会生活。

(2) 课程内容要能加深儿童对生活的理解。

源于生活并不是简单的重复生活,而是通过学习能够帮助儿童扩展、整理、提升生活经验,加深儿童对生活的理解。

4. 兴趣性原则

大量的心理学研究成果表明,儿童的兴趣、需要及已有的经验是学习的动力和基础。为了促进儿童的健康成长,引导有效的学习,教育者必须关注儿童,关注他们的兴趣和需要。

5. 基础性原则

学前教育课程内容涉及的是人生发展的最基本问题,如良好的行为习惯,健康的生活方式,良好的情感、态度,学习、做人的基本能力等。

6. 全面性原则

学前儿童的发展包括身体、认知、情感、社会性等多个方面的发展,各方面的发展相互联系、相互制约,形成有机的整体。因此在选择课程内容时不能以孤立地发展儿童某一方面的技能为主要目的,而要从全面的角度满足儿童整体发展的需要。

7. 逻辑性原则

所谓逻辑是指客观的规律性和内在的联系。幼儿所学习的课程内容存在相互联系和规律。

（二）幼儿园课程内容的范围

根据学前教育目标和学前儿童的年龄特点，幼儿园课程内容包含以下四种基本成分。

1. 关于自己及周围世界的粗浅的知识经验

对于学前儿童来讲，学习关于周围生活的粗浅知识，不仅能帮助他们认识自己生活的环境，还能帮助他们适应环境、发展自我，如避开危险、遵守规则、节约资源等。同时，知识是培养儿童的能力，形成良好的情感、态度的载体，离开知识的学习，能力、情感、态度的提高与培养就会成为无源之水，无本之木。知识对学前儿童具有教育价值和发展价值，因此知识是学前儿童学习的重要内容，传授知识是学前教育的重要任务。

2. 关于基本的活动方式方法的知识技能和经验

做事情一定要掌握好方式方法，方法对了则会"事半功倍"。学前儿童大大小小的诸多活动，构成了一日生活和学习活动。学前儿童需要了解和掌握的基本活动方式往往存在于他们经常进行的活动中，即在交往中学会交往，在劳动中学会劳动，在游戏中学会游戏，在观察中学会观察。教师只要具备这样的意识，就能抓住时机，充分发挥活动的各项价值。

3. 关于发展儿童智能和解决问题的能力

能力是顺利完成活动的一种必备的心理条件。《幼儿园教育指导纲要（试行）》提到的五个领域中，每个领域都可以提炼出一个关键的能力，如健康领域的生活自理能力、自我保护能力；语言领域的倾听和表达能力；社会领域的交往能力；科学领域的思维能力；艺术领域的创造能力。只有抓住这些关键能力的培养才能保证幼儿在每一个领域的长远发展。

4. 关于帮助儿童形成良好的情感态度和品质

在学前期，学习兴趣、自信心、责任感、独立性、合作精神、友好、尊重、同情等都是应着重培养的情感态度和品质。如何培养学前儿童良好的情感态度、品质呢？从原则上讲，情感态度和品质不是"教"出来的，而是伴随着活动而产生的一种体验，类似的体验积累多了，就形成了比较稳定的倾向性。因此，创设良好的情境，在情感体验中陶冶情感，是幼儿阶段培养良好的情感态度、品质的有效途径。

▶ 六、幼儿园课程实施

课程实施是指把一项课程计划付诸实践的过程，它是达到预期课程目标的基本途径。

（一）幼儿园课程实施的取向

1. 忠实取向

忠实取向指的是把课程实施过程看成忠实地执行课程计划的过程。教师就是课程的"消费者"，循规蹈矩地实施教学。在课程实施前，应对教师进行适当的培训；在课程实施过程中，应对教师的行为进行有效的支持与监督。对忠实取向的隐喻为"建筑施工"。

2. 相互适应取向

相互适应取向指的是把课程实施过程看成课程计划与班级、小组或学校实践情境在课程目标、内容、方法、组织模式各方面相互调整、改变与适应的过程。教师则是主动的、积极的"消费者"。为了使课程计划适合具体实践情境的需要，教师理应对之进行改造。对相互适应取向的隐喻为"球赛"。

3. 课程创生取向

课程创生取向指的是把课程看成教师与学生联合创造的教育经验，课程实施本质上是在具体教育情境中创生新的教育经验的过程，而课程计划只是选择的工具而已。教师是课程的开发者。课程创生的过程是教师和学生持续成长的过程。对课程创生取向的隐喻为"演奏乐谱"。

(二)影响幼儿园课程实施的主要因素

1. 教材因素

教材是一线教师接受新的课程变革理念的重要载体。对一线的幼儿教师来说,他们不可能像教材编制者那样全面深入地研究理论,所以,他们获取新理念的主要途径是教材。如果教材编制者不能把新的课程理念充分贯彻到教材中去,教材的呈现方式与课程新理念脱节,那么,在课程实施过程中,教师们怎么能凭空体会到新理念的要义?其结果是教师对课程改革不认同,甚至会对改革产生反感情绪,更谈不上改变其原有的行为了。所以,教材编制者"理念-行为"的落差是一线教师不能有效实施课程的重要因素。

2. 一线教师因素

教师理解了理论,就会对参与新的课程计划投入热情,并能比较快地适应变革。事实表明,一线教师参与新课程计划的积极性与适应性是影响课程实施的第二个重要因素。所以,对课程编制者来说,首先是编制出好的课程方案,其次是对一线教师进行培训,双管齐下,才能使课程实施顺利进行。

【典型真题1】在下列各项中,不属于课程要素的是(　　)。

A. 课程设计　　B. 课程目标　　C. 课程组织　　D. 课程内容

【解析】幼儿园课程的要素包括课程目标、课程内容、课程组织、课程评价。课程设计不属于课程的要素。故选A项。

【答案】A

【典型真题2】教师在重阳节组织幼儿到敬老院探访老人,这反映了幼儿园教育内容选择的(　　)原则。

A. 兴趣性　　B. 时代性　　C. 生活性　　D. 发展性

【解析】本题考查幼儿园课程内容选择的原则。题干中,教师在重阳节组织幼儿到敬老院探访老人,是从生活中选择节日,并通过到敬老院探访老人这种生活化活动对幼儿进行教育。这体现出幼儿园教育内容来源于生活,教师在选择教育内容时遵循了生活性原则。故选C项。

【答案】C

【典型真题3】为什么幼儿园教育要贴近幼儿生活?

【答案要点】幼儿的学以无意学习为主,并且通过看似无意的生活学到了很多东西,可以说有生活就有幼儿的学习。幼儿的学习还有一个突出的特点就是直接学习,其认识依赖于他们亲身所获得的直接经验。儿童通过动作及与具体事物的接触,在生活中尽情地活动和思考。生活是幼儿获得直接经验最理想的场所、最便捷的方式。幼儿的学习特点决定了旨在促进其发展的教育活动必须与幼儿的日常生活密切联系,从幼儿的生活中发现有价值的教育契机,进而开展蕴含多种教育价值的教育活动,幼儿从活动中逐步进行学习,获得发展。

因此,在选择课程内容时,如果脱离幼儿的生活情景,远离他们的生活经验,幼儿的学习将是事倍功半的。反之,让幼儿在生活中学习,他们可以较容易地感知事物的特征,理解一些规律,进而在直接感知的基础上获得基本态度、基本行为方面的发展。

幼儿的身心发展特点决定了教育的生活化,幼儿教育必须是保教并重的,必须寓教育于幼儿的一日生活之中。日常生活是幼儿教育的重要内容,也是教育的重要途径。《幼儿园教育指导纲要(试行)》指出,幼儿园教育活动内容的选择应既贴近幼儿的生活来选择幼儿感兴趣的事物和问题,又有助于拓展幼儿的经验和视野;幼儿园教育活动内容的组织应充分考虑幼儿的学习特点和认识规律,各领域的内容要有机联系,相互渗透,注重综合性、趣味性、活动性,寓教育于生活、游戏之中。

【典型真题4】列出幼儿园课程生活化的实施要求并分别举例说明。

【答案要点】（1）幼儿园课程内容选择的生活化。

《幼儿园教育指导纲要（试行）》指出：幼儿园教育活动内容的组织应充分考虑幼儿的学习特色和认识规律，各领域的内容要有机联系，互相渗透，注重综合性、兴趣性、活动性，寓教育于生活、游戏之中。例如，课程内容的安排可依照节日次序展开，或依照季节变化规律来组织等。

（2）幼儿园课程资源利用的生活化。

陶行知先生主张"社会即学校"，认为学前教育机构的教育不可以限制于狭窄的教室，应让幼儿回归大自然、大社会的怀抱。例如，在主题活动"春季"中，教师可利用春季的树木、风景变化等自然资源组织活动；幼儿园中组织"安全防火活动"，可利用幼儿家长的职业进行课程组织。

（3）幼儿园课程实施的生活化。

依据幼儿的年龄特点，将富有教育意义的生活内容归入课程领域，在课程实施中，教师应为幼儿创建多种多样的生活化学习情境，增强教育同生活的联系，将幼儿在各种情境中的经验加以整合。例如，供给丰富的资料与玩具，使幼儿在人际交往、操作探究中获取各种经验；为了认识秋季的变化，教师组织主题活动"金色的秋季"，率领幼儿到户外摘果实、捡树叶，满足幼儿的探究心理，让其真切认识秋季的特色。

第六节　幼儿园与家庭和社区的合作

《幼儿园教育指导纲要（试行）》指出，幼儿园应与家庭、社区密切合作，与小学相互衔接，综合利用各种教育资源，共同为幼儿的发展创造良好的条件。

一、幼儿园与家庭的合作

《幼儿园教育指导纲要（试行）》指出，家庭是幼儿园重要的合作伙伴。应本着尊重、平等、合作的原则，争取家长的理解、支持和主动参与，并积极支持、帮助家长提高教育能力。

（一）家庭教育的含义和特点

1. 家庭教育的含义

广义的家庭教育主要是指家庭成员之间相互作用和影响。

狭义的家庭教育则指的是在家庭生活中，由家长（主要是父母或其他长辈）对孩子进行的教育和施加的影响。

一般情况下，家庭教育是指家长言传和身教相结合，抚育、培养孩子，以促使孩子身心健康成长，逐渐走向独立的教育活动。

2. 家庭教育的特点

（1）家庭教育影响时间的初始性和终身性。

家庭是儿童正常发展过程中接触到的最初环境，是儿童认识世界的开始，父母是儿童的第一任老师。家庭教育在时间上优先于学校教育和社会教育的同时，在时间跨度上还具有终身性。

（2）家庭教育内容的全面性。

家庭是儿童日常生活的环境，家长无时无刻不在渗透着教育影响，这种影响是全面的。它既有知识技能的训练，又有为人处世的熏陶，还包括价值观和个性培养。

（3）家庭教育的方法具有针对性和灵活性。

家庭教育的对象是儿童个体，因而能够充分适应儿童的个性特点，有针对性地施加教育影响。

家庭教育通过日常生活环节,利用家长的言传身教,潜移默化地影响着儿童的发展,可以根据生活事件和细节灵活地随机教育。

这些特点,既有可能促进儿童的发展,也有可能阻碍儿童的发展。这取决于家长的综合素质和教育理念。当家长的教育理念与学校的一致时,就形成了教育合力,取得教育的最大化整合优势;当家长的教育理念与学校的不一致时,就会影响学校教育效果的发挥,为此必须家校合作。

(二)家庭教育的意义和作用

1. 家庭教育的意义

(1)家庭是幼儿成长最自然的生态环境。

家庭是社会最基本的单元,也是幼儿成长最自然的生态环境,担负着养育幼儿的重大责任。对幼儿来说,与父母共同生活是最重要的需要。家庭这个以血缘关系组成的、人一出生就生活在其中的社会群体是幼儿最重要的安全基地,幼儿的成长不能缺少家庭天伦之乐的生活气氛。

(2)家庭是人的第一个学校。

父母对孩子的态度给幼儿以后对社会的态度奠定了基础。在个性、社会性、智力发展和文化特征方面,父母是孩子的第一个和最重要的环境影响因素。每个幼儿都从自己家庭的生活中获得不同于他人的经验,形成自己的行为习惯,发展待人处事的能力及语言等。这一切在幼儿入园后,仍然极大地影响和制约着幼儿园教育,幼儿园教育只能在幼儿原有的基础上展开,否则教育效果不佳。

(3)家长是幼儿园重要的教育力量。

家长与幼儿天然的联系使家长具有他人难以替代的优势,一旦家长与教师为着一个共同的目标携起手来,教育效果就将倍增。家长作为重要的教育力量,表现在:①家长的参与极有利于幼儿的发展。②家长是教师最好的合作者。③家长与教师的配合使教育计划的可行性、幼儿园课程的适宜性、教育的连续性和有效性等都能更好地得到保证。④家长本身是幼儿园宝贵的教育资源。

2. 家庭教育的作用

(1)家庭和家庭教育是儿童认识和走向世界的起点;

(2)家庭和家庭教育为儿童身心的健康发展提供必要的条件和可能性;

(3)家庭教育是儿童性格雏形形成的关键。

(三)家园合作

1. 家园衔接

大多数儿童在入园前基本生活在家庭中。入园是儿童人生中第一次从时间和空间上离开家庭环境和熟悉的亲人,开始与同龄人一起生活。这从生理和心理上对儿童都是一个挑战,能否较快适应幼儿园的生活,取决于家园衔接工作的质量。

家园衔接,需要家庭和幼儿园共同努力,为儿童在心理上、生活习惯与能力上做好准备。

第一,要帮助儿童了解幼儿园的生活,激发其对幼儿园生活的兴趣。家长要在入园前带儿童参观幼儿园,让儿童知道幼儿园是个有趣的地方;幼儿园可以通过入园前的家访、邀请儿童来园熟悉环境等,让儿童首先对教师熟悉起来,消除面对陌生人的紧张感。

第二,正视儿童入园不适应的现象,帮助儿童克服心理紧张感。儿童入园后感到紧张、焦虑,不愿离开父母等都是正常现象。缓解儿童的入园焦虑,家长需要包容、理解儿童的情感表达需要,同时明确告知儿童什么时间会来接他们回家。幼儿园则要为幼儿提供一个可预期的、充满安全感的环境;组织幼儿参与感兴趣的活动;为幼儿提供交往、表现和分享的机会,使其熟悉周围的环境和人,对幼儿园产生归属感,并将对家长的依恋转移到教师身上。

第三,入园前家长要有意培养幼儿良好的生活习惯和生活自理能力。家长需要在儿童入园前就着手培养其良好的生活习惯,在行为习惯的培养过程中,家长要言传身教,对儿童进行指导,明确地告诉孩子应该做什么、不应该做什么,应该怎样做、不应该怎样做,并适当地运用表扬与批评、奖励与处罚等强化手段。

第四,幼儿园的生活是集体生活,需要遵守集体行为规则。入园前,家长要帮助孩子理解和遵守行为规则,否则幼儿入园后很容易表现出事事以自我为中心。在孩子入园前的家庭生活中要制定一些有利于孩子成长的规则,如哪些事情不能做等,并通过不断训练和反复要求,使幼儿理解这些规则的意义,并对其行为进行训练。

2. 家园合作的任务和内容

(1) 家园合作的任务。

① **在教育理念、目标、内容、原则、方法等方面取得共识**。家庭教育具有针对性和灵活性,但其教育理念和教育目标不一定符合社会发展的需要,也不一定适应儿童的年龄特点。因此家园合作的首要任务是树立现代教育理念,明确国家颁布的幼儿教育目标、内容和原则、方法等。

② **促进双方有效互动,建立双方的信任关系**。家庭教育和幼儿园教育无论是环境因素还是人员构成都具有较大的差异,因此必须通过互动来促进双方的了解。双方应互通有无、共同磋商,以促进儿童的健康发展、快乐成长。

③ **要实现家园教育资源的优化整合**。家庭和幼儿园在教育资源上是不同的,具有互补性。通过合作可以优化整合教育资源,避免任何教育资源浪费、流失,从而实现教育效益最大化。

(2) 家园合作的内容。

① 宣传国家的教育方针和本园、本班的教育任务;
② 帮助家长树立正确的教育观念和教育方法;
③ 了解孩子的特点和在家的表现;
④ 鼓励和引导家长直接或间接地参与幼儿园教育,同心协力培养幼儿。

3. 家园合作的基本原则

(1) 平等合作,相互尊重。家园合作要求合作的双方要有平等的态度,任何一方居高临下,以指挥者姿态自居,都会让另一方退缩。教师和家长作为幼儿成长过程中的教育者,均在教育中发挥着重要作用,两者之间是平等的、相互配合与合作的关系。幼儿园教师应该尊重家长,平等对待各类家长。首先,要平等对待条件不同的家长。不论家长从事什么职业、文化程度如何,也不论家长的社会地位、经济条件如何,都要一视同仁。其次,教师要注意尊重不同发展水平幼儿的家长。教师不能因幼儿自身的差异而用不同的态度对待家长。最后,教师还应尊重持有不同意见的家长。有的家长喜欢提意见、反映问题,教师应认真听取,然后做出相应的解释或处理,对于正确的意见,要虚心加以接受。同时,教师还要引导家长认识到家园合作对幼儿发展的意义与价值,尊重教师的教育教学方式,肯定教师的教育成效,并支持教师的日常工作,积极参与幼儿园和班级组织的集体活动,与教师保持通畅的沟通与良好的合作。

(2) 家园共建,责任共担。由于幼儿入园前的家庭环境和受到的教育不同,不同幼儿的发展水平存在差异,要全面实现《幼儿园教育指导纲要(试行)》提出的"尊重幼儿在发展水平、能力、经验、学习方式等方面的个体差异,因人施教,努力使每一个幼儿都能获得满足和成功"的教育理念,教师和家长必须在相互信任的前提下共同研究幼儿,交流、商讨学前教育中存在的问题,实事求是、充分地交换彼此所了解的幼儿情况,做好全面深入的分析,并在此基础上共同构建具有针对性的家园合作内容从而各自发挥自身特有的价值,在合作中共同承担教育幼儿的重任。

(3) 协同配合,互惠互助。家庭教育与幼儿园教育是相辅相成的,教育双方应了解彼此的教育规律和特点,支持对方的教育形式和方法,在协同配合中发挥出 1+1>2 的教育效果。家园合作有很多方法,两者应积极配合,及时反馈彼此的意见和看法,减少家庭教育与幼儿园教育之间的脱节现象,以便提高教育的有效性,达到互惠互利的效果。同时,幼儿园也应该清楚地认识到,家长既是服务的对象,又是教育的合作者,幼儿园应主动争取家长在物质材料和信息方面的支持,如请家长为幼儿园收集安全、卫生的废旧材料,支持和丰富幼儿在园的探究和游戏活动,还可以号召家长直接参与幼儿园的教育教学活动等。

4. 家园合作的有效方式

家园合作的核心内容是沟通交流和共同活动。

沟通交流的方式有集体性和个别性两类。集体性的沟通交流形式有家长委员会、家长会、家长学校、家长开放日、家园联系栏、小报小刊和学习材料提供等;个别性的沟通交流形式有家庭访问、个别谈话、家庭教育咨询、家园联系手册或联系卡、书信与便笺、电话与网络联系、接送儿童时的随机交流等。

共同活动的方式也有集体性和个别性两类。集体性的共同活动有亲子活动、参与班级环境创设等;个别性的共同活动有作为义工参与幼儿园的教育活动、参与班级的综合性实践活动(如参观、游览)等。

其中,电话联系是幼儿园家长工作中最快捷、最灵活的联系方式。

二、幼儿园与社区的合作

(一) 社区与社区学前教育

社区是由居住在一定区域或地域范围内的人们所结成的社会区域共同体,是一定的地理空间内人群的社会性活动的总和。就我国的具体国情而言,社区可以是一个自然村、一个行政区划的乡镇,也可以是城市里的某个区域。

社区教育是指社区内为社区居民设置的教育设施和教育活动,是多层次、多内容、多类型的社会教育。

社区学前教育是教育社会化和社会教育化的统一,它与幼儿园教育是双向沟通合作的关系。一方面,幼儿园需要对社区开放,为社区儿童的发展提供资源;另一方面,社区要为幼儿园服务,为幼儿园提供相关的教育条件和教育资源。

(二) 幼儿园与社区的合作

幼儿园与社区合作的意思是,幼儿园与其所处的社区、与幼儿家庭所处的社区密切结合,共同为幼儿的健康成长服务。

1. 幼儿园与社区合作是社会发展的要求,是幼儿教育发展的必然

社会经济、文化、科技的发展,使社会对教育的影响越来越大,也使教育与社会的关系越来越密切。对幼儿来说,大众传播媒介的普及,家庭文化水平的提高,社会人际交往的发展,给他们增加了许多学习途径。媒介成了幼儿一个主要的学习促进者,幼儿园已经不是幼儿学习的唯一地方,教师也已经不是幼儿信息唯一的源泉,甚至不是主要的源泉。幼儿园必须在与社会的合作中去完成自身的教育任务,发挥教育在幼儿成长中的导向作用。

2. 社区对幼儿园教育的意义

(1) 社区环境的教育性。

社区的自然环境和人文环境在幼儿的成长中,特别是精神的成长中有着特殊的意义。成年人一回忆起童年时生活过的街道、村庄、小镇、山山水水时总会伴随着十分美好、温馨的情感,这些情感是爱国主义情感的重要组成部分,对人的一生都发生影响。因此幼儿园教育扩展到社区的大背景下进行,充分利用社会环境中富有教育意义的自然和人文景观,革命历史文物、遗迹等,不仅扩大了教育的空间,而且是教育内容的丰富和深化。

(2) 社区资源对幼儿园教育的意义。

社区的积极参与将使幼儿园教育变得更生动、更富有时代气息。不少幼儿园在与社区的合作

中,直接利用社区丰富的教育资源,让幼儿走进社会的大课堂。例如,让幼儿参观社区中的各种机构、设施,请社区的解放军战士、医务人员、警察叔叔等与幼儿共同活动,慰问敬老院的爷爷、奶奶,或请他们到幼儿园做客等。

(3)社区文化对幼儿园教育的意义。

社区文化无形地影响着幼儿园教育,优秀的社区文化作为幼儿园教育的宝贵资源,影响着幼儿园教育。一般来说,文化和文明程度高的社区,幼儿园的园风、教育质量也都不错,社区的影响无疑是一个重要因素。

3. 幼儿园怎样与社区合作

(1)与社区资源共享,发展以幼儿园为核心的社区幼儿教育。

幼儿园在社区中发挥自身作为专门教育机构的优势,向社区辐射教育功能。例如,节假日向社区开放幼儿园,供社区的儿童利用园内的设施;举办幼儿教育讲座提高社区成员的教育水平;辅导社区内的幼儿教育活动;协助社区开展各种教育活动等。

(2)为社区精神文明的发展服务,共创幼儿发展的良好社会环境。

幼儿园作为社区的组成部分,应提高自身的文明程度为优化社区的文明质量作贡献,如美化幼儿园环境,提高幼儿园教师、工作人员的素质,培养幼儿的良好文明习惯等。

4. 幼儿园与社区合作的方式

(1)请进来的方式:幼儿园根据自身教育的需要利用社区资源。

① 请社区里的人员为幼儿开展活动;

② 利用社区内的公共设施与教育资源(物、景、设施等)开展教育活动;

③ 利用社区开展的活动和日常发生的事情教育幼儿。

(2)走出去的方式:幼儿园与社区携手,共同为社区提供便民教育和服务。当前我国这种社区活动形式主要有以下几种:

① 建立幼儿活动机构;

② 开展流动幼儿服务;

③ 建立家庭教育辅导站,开展指导家庭教育的活动;

④ 与社区联手,优化社区环境的活动。

第七节 幼小衔接

一、幼小衔接的重要性

《幼儿园工作规程》指出,幼儿园和小学应当密切联系,互相配合,注意两个阶段教育的相互衔接。

幼小衔接是指根据儿童身心发展的阶段性和连续性规律,使儿童尽快地适应小学的学习生活,避免或减少两个阶段间存在的差异给儿童身心发展带来负面影响,为其升入小学后的发展及终身教育奠定基础的工作。

(1)幼小衔接顺应儿童身心发展的阶段性和连续性规律,有助于儿童顺利地完成角色转换,很快适应小学的学习生活。

(2)幼小衔接可以缩小幼儿园和小学两个阶段的差异,使两个阶段的转换平稳、渐进,保障儿童从幼儿园到小学的顺利过渡。

(3)幼小衔接符合儿童身心发展的愿望。在儿童生理和心理上已经能够承担学习任务的情况

下,幼小衔接可以满足儿童长大的愿望,使儿童产生对小学学习生活的向往和期待,获得成人对自己已经长大了的承认,从动机上做好入学的准备。

(4)幼小衔接是幼儿园教育的重要内容。幼小衔接作为基础教育的重要一环,也是幼儿园阶段的一项基本教育任务,是教育内容的重要组成部分而不是额外增加的工作。

二、幼儿园与小学的差异

学前儿童总体上处于直觉动作思维阶段,他们的学习是具体的、感性的和行动性的,是与体验、操作、交往和表达联系在一起的。学前儿童的学习离不开具体的材料和情境,符号不是学前儿童学习的主要媒介。小学生的抽象思维水平不断提高,逐步脱离直觉动作思维,书面符号是学习的主要中介,从以实物操作为主的感性学习逐步过渡到以符号为主的抽象学习。这些认知发展上的差异决定了幼儿园与小学的学习生活间的差异。

1. 生活环境不同

幼儿园的生活、学习区紧密相连,给幼儿的活动和学习带来很大的方便。而小学的学习区域和生活区域相对分离,学习区即教室,布置相对简单和严肃,自由活动空间和设施较少,从而影响儿童入学后的心态,对小学生活产生排斥感。

2. 人际关系不同

幼儿园的师生比比较大,教师承担着保育和教育的职责,在学习、游戏和生活中,教师与儿童的交流机会多,可以充分地了解和关心儿童。而在小学里,师生比缩小,教师只承担教育的任务,只有在上课时间才能相见,许多班级事务由学生自己承担,因此师生交流少。幼儿园的同伴关系以游戏中的合作分享为主,小学的同伴关系则增强了学业竞争,合作性减少。

3. 主导活动和学习方式不同

幼儿的主导活动是游戏,游戏是自愿自主的、愉悦的;幼儿的学习是在实际操作和实践中获得各种直接经验。小学生的主导活动是专门的学习,即通过书面符号学习系统的知识与技能,学习是一种义务,必须完成一定量的作业。

4. 教育内容和教学形式不同

与幼儿的认知特点相适应,幼儿园的教育内容是简单的、粗浅的、广博的启蒙性知识,不强调系统性;教师的教学媒介以口语为主,以情境性的直观化教学为基本形式。小学的教育内容是系统的知识和读、写、算等心智技能的训练,以书面语言和符号为媒介,课堂教学是学习的基本形式,要求儿童能够长时间集中注意力。

5. 成人对儿童的要求不同

在幼儿园,学习是非义务的,幼儿园的教育是保教合一的,在保证儿童身体健康的同时,通过环境创设引导儿童积极、主动、有效地在物体操作中、在游戏中探索、发现,促进各方面能力的发展。成人对这一阶段的教育没有强制性和系统性要求,没有一系列的考试评估。进入小学后,学习是儿童的义务,成人期望儿童能够快速掌握系统、抽象的科学文化知识和读、写、算的基本技能,要能够主动地学习新知识和复习旧知识。成人的期望不再是身体健康和能力的适当发展,而是对专门的学习有系统的、明确的、强制的要求,有了一系列的考试评估。

三、幼小衔接的原则

1. 整体性、综合性原则

在幼小衔接过程中,要避免过分偏重智育的做法,而应德、智、体、美、劳多方面相结合,让幼儿获得全面发展。研究表明:健康的身体、积极的学习态度、浓厚的学习兴趣及求知欲、充足的自信心和自我控制能力、稳定的情绪,以及良好的人际交往能力、独立性等,对幼儿顺利适应小学生活至关重要。现实中,小学新生的不适应往往不是知识准备上的不足,更多的是主动性、独立性、坚持性等品质,以及社会适应性等方面的准备不够充分。可见,幼小衔接不是单一的工作,而是一项系统工程,需要教师从整体上把握,促进儿童综合素质的提升。

2. 长期性、系统性原则

第一,幼小衔接不应只在学前最后一年和小学一年级给予足够的重视,而应该在整个学前期有意识地提高幼儿的适应性。通过系统的规划、课程的安排等,使幼儿逐步具备进入小学所应有的素质;全体幼儿教师都应有使幼儿顺利进入小学的意识,在日常活动中给予幼儿积极的影响。

第二,当今社会,终身教育的理念已经深入人心,幼小衔接作为其中的重要一环,应该着眼于幼儿的长远发展,为其日后的学习、生活奠定良好的基础。

3. 平等合作原则

幼小衔接出现问题,幼儿园与小学合作不利是一个重要的因素。尽管这两个阶段具有不同的特点和教育措施,但它们之间的联系还是很明显的,两者应该努力改变各自为政的局面,积极地寻求合作。同样,在合作中不存在谁为主导的问题,两者是平等关系,都有充分的发言权。只有这样,两类教育机构才能在充分发挥各自优势的同时实现互补,为幼儿的发展创造更好的环境,进而使他们能够顺利地完成过渡。

4. 正向激励的原则

心理学研究表明,童年时期记录在大脑中的"意识",将会对个体未来的成长产生长期的潜在影响。表扬、鼓励等正向的激励方式,有助于幼儿在强大的自信心支配下,更好地完成各项教育教学活动和学习任务。而批评和惩罚等负面的教育方式则容易打击幼儿的自信心,进而使幼儿产生较多的负面情绪。特别是刚刚进入小学的小学生,过多的批评和惩罚更易使其产生厌学心理,并将学习当成额外的压力和负担。在幼小衔接工作中,教师应善于观察并发现幼儿的优点,抓住机会多表扬和鼓励幼儿,帮助其树立自信心,培养学习的兴趣和动力。

5. 尊重差异,区别对待的原则

幼儿所处的地域不同(如城市和农村等),所接受的幼儿园教育教学质量会存在较大的差异。再加上每个幼儿的家庭背景、生活环境、智力发展水平等差异的存在,使幼小衔接工作呈现出明显的差异性。幼儿教师和家长应充分考虑幼儿所处的区域和个体差异,坚持尊重差异、区别对待的原则,选择适合不同地区、不同幼儿的教育教学方法开展幼小衔接工作。

▶ 四、幼小衔接的内容与方法

做好幼小衔接工作需要幼儿园、小学和家庭的共同努力,它们在幼小衔接过程中各自承担着不同的工作。

(一)幼儿园方面

1. 加强儿童入学适应所应具备的身心基本素质的培养

提高儿童自身的素质是做好入学适应的根本,因此在幼儿园教育过程中要将儿童独立承担学习义务的心理品质培养作为重点。

第一,培养儿童的独立性和主动性。学前儿童容易受外界刺激和情绪的影响,因此要在各种活动中有目的、有意识地培养儿童的独立自主性,给他们提供自己选择、计划和执行的机会与条件,鼓励儿童的独立自主行为。例如,生活自理、活动自主、独立完成任务等。

第二,培养儿童人际交往的能力。随着年龄的增长,儿童的人际交往对象从成人转向同伴,入小学后友谊感增强,儿童的人际交往能力是影响其入学适应的重要方面。因此,在幼儿园的教育活动中,教师要注重对儿童人际交往能力的培养,特别是那些被忽视、被拒绝的儿童,更应该成为关注

的重点,教师要着力培养他们人际交往的技能。

第三,培养责任意识和规则意识。入学后,学习是小学生的责任与义务,写作业是他们的基本任务。小学生的课堂教学和课外活动都有很多不同于幼儿园教育活动的规则,为此,在幼儿园时就要注重培养儿童的责任意识与规则意识,帮助儿童从他律转向自律。

第四,发展动作,增强体质。进入小学后,学习任务尤其是书写任务加大,对于儿童的体能和动作发展要求较高,因此,在幼儿园时要注重发展儿童的动作,特别是手眼协调性和平衡性能力。

2. 针对大班幼儿的年龄特点,做好专门性的入学准备工作

第一,要调整一日生活作息制度和活动室的环境布置,使其逐渐接近于小学的环境和作息制度。

第二,要带领幼儿参观小学、模拟小学生的活动,熟悉小学的环境和作息制度,减少陌生感带来的不适感。

第三,开展一些适应小学的学习活动,如练习整理书包、熟悉田字格等。

第四,举办隆重的毕业典礼,激发幼儿上小学的愿望和动机,使幼儿在心理上确认幼儿园生活即将结束,将带着向往之情去迎接新生活。

(二)小学方面

(1)了解低年级小学生的身心特点,提高教师的幼小衔接意识。教师应主动了解低年级特别是一年级小学生的身心发展特点,以及幼儿园与小学的不同之处,多关心低年级小学生的日常生活,理解他们在幼儿园与小学转换过程中的迷茫与困惑,对一年级小学生尽量用更接近幼儿园的教学方式开展教学活动,减少衔接中的"陡坡"坡度。

(2)适当调整低年级的课程设置和制度设置。适当减少小学低年级语文、数学的课时数,增加体育、音乐、美术、科学、和户外活动类课程时间,使学习活动丰富多彩,避免使低年级小学生因感觉学习枯燥、单调而产生厌学情绪。对一年级小学生可采取一些特殊制度,如第一学期每节课可减少到35分钟,两节课之后的课间操时间适当延长等。

(3)采用多种教学方法,调动小学生的学习积极性。教师应多使用愉快教学法、活动教学法和游戏教学法,课堂上可增加直观教具的运用,并根据各科教学内容的特点,采用多样化的教学方式,灵活运用观察、实践、讨论等多种方法,符合小学生活泼好动的天性。在与幼儿园教学方式衔接的基础上,使他们自然过渡到小学的学习生活。

(4)减轻作业负担,激发小学生的兴趣。小学低年级应尽量减轻学生的作业负担,争取在校内完成当天的教学任务。同时,教师还应开辟多种渠道,采取课内与课外相结合、知识与技能相结合、发展智力与陶冶情操相结合的方法,加强学科之间的横向联系,激发小学生广泛的兴趣。

(三)家庭方面

2021年,教育部发布《关于大力推进幼儿园与小学科学衔接的指导意见》明确了完善家园校共育的机制,并进一步提出:幼儿园和小学要把家长作为重要的合作伙伴,建立有效的家园校协同沟通机制,引导家长与幼儿园和小学积极配合,共同做好衔接工作。因此,家长也应成为幼小衔接工作中的重要力量,通过适宜的方式发挥自身的协调功能。具体来讲,主要是帮助孩子做好入学前四个方面的准备,即身心准备、物质准备、生活习惯准备和学习习惯准备。

【典型真题1】教师和家长进行沟通的根本目的是( )。
A. 让家长了解幼儿在园的表现　　B. 了解幼儿在家的表现
C. 家园合作形成教育合力　　D. 是园长给的任务

【解析】本题考查幼儿园与家庭合作的内容。家园合作是指幼儿园和家庭双方积极主动地相互了解、支持、配合,教师和家长进行沟通的根本目的是要共同促进学前儿童的身心和谐发展,形成教育合力。C项正确。

【答案】C

【典型真题2】(　　)是指家长通过不同的形式,参与幼儿园的一些教育教学活动,协助教师的工作,以丰富幼儿的学习经验,达到家庭与幼儿园的相互配合与协调一致。

A. 家长学校　　　B. 家长会　　　C. 家访　　　D. 家长参与

【解析】家长学校是普及家庭教育知识的主要渠道;家长会是就幼儿园工作内容和家园合作的具体要求与全体家长进行交流沟通的形式;家访是家园联系的一种变化形式,目的在于深入了解儿童在家庭的真实情况,家长对幼儿教育的认识、态度、方法等。

【答案】D

【典型真题3】简述社区在幼儿园教育中的作用。

【答案要点】(1)社区能开阔儿童视野和促进其身心和谐发展。社区是社会大环境与学前教育关系最密切的一部分。带儿童到社区开展教育活动,能实现合作共育,实现教育效果最大化。

(2)社区环境具有教育作用。将幼儿园教育扩展到社区,不仅扩大了幼儿园教育的空间,还丰富和深化了教育内容。

(3)社区资源具有教育作用。儿童教育事业的发展需要广泛动员社会各方面的力量,社区能为幼儿园提供教育所需要的人力、物力、财力、教育场所等多方面的支持。

(4)社区文化具有教育作用。社区文化无形地影响着幼儿园的教育,一般来说,精神文化建设较好的社区,幼儿园的园风相对较好,教育质量也比较高。

第八节　幼儿园的班级管理

一、幼儿园班级

(一)幼儿园班级的特征

幼儿园班级和中小学的班级相比,其组织结构上具有渐成性、权威性和单层性的特征。由于幼儿人际交往能力有限,班级的集体性特征,即共同目标、相互合作和分工等是慢慢形成的;教师对于幼儿具有权威性;班级只有两个层级,即教师和幼儿,因此幼儿园的班级管理是一种单跨度的管理。

幼儿园班级的运行,与中小学班级相比,具有明显的生理、心理节律性。教师组织活动必须遵循幼儿的身心节律;幼儿园班级的生活活动必须遵守幼儿的生理节律,因而也体现出独特的生活节律性。

幼儿园班级由于具有单层性的组织特征,因此其运行具有群体互动性特点。

(二)幼儿园班级的功能

1. 生活功能

幼儿园班级是幼儿园的基层组织,是幼儿共同生活的组织。生活功能具体表现为一日生活的引导功能、卫生保健功能和身体锻炼功能,即完成这些任务是以班级组织的形式进行的而非个别化的。

2. 教育功能

教育是幼儿园班级的基本任务,即通过各种活动形式促进幼儿身心发展,具体表现为认知发展、情感发展和社会性发展。

3. 社会功能

幼儿园班级对于幼儿个体而言具有生活的功能和发展的功能,对于社会而言具有为小学教育奠定基础的作用和为家长提供服务的功能——解放父母,让父母工作与学习。

(三) 幼儿园班级的人员结构及其主要职责

(1) 保教人员。教师和保育人员是幼儿园班级管理的主要承担者,他们肩负着对幼儿进行教育和保育的双重任务,因而对幼儿的健康起着核心的作用。

(2) 幼儿。幼儿是幼儿园教育的对象,是班级的主体。《幼儿园工作规程》规定,幼儿园每班幼儿人数一般为:小班(3周岁至4周岁)25人,中班(4周岁至5周岁)30人,大班(5周岁至6周岁)35人,混合班30人。寄宿制幼儿园每班幼儿人数酌减。

二、幼儿园班级管理的含义

幼儿园班级管理是学前教育机构管理的核心工作,是指教师与行政人员遵循国家的学前教育政策、法规,按照儿童身心发展规律和保教工作的工作规律,采用科学的工作方式和管理手段,将人、财、物、时间、空间、信息等各要素合理组织起来,为实现国家规定的学前教育目标而进行的保教组织管理活动。

三、幼儿园班级管理的目标和内容

(一) 幼儿园班级管理的目标

(1) 使班级管理能从教师管理走向幼儿自主管理;
(2) 保证班级的人、事、物顺利运行;
(3) 协调班级人际关系,使得幼儿之间、师幼之间关系和谐;
(4) 为一日生活与教育活动的开展提供规范与秩序。

(二) 幼儿园班级管理的内容

管理的要素包括人、财、物、时间、空间、信息六个方面。幼儿园班级是一个基层组织,不涉及财务管理。因此其管理内容包括班集体管理、班级事务管理、物品管理、时间与空间管理、信息管理。

1. 班集体管理

幼儿园班集体的管理即对人的管理,具体的内容包括制定班级活动常规、执行班级规范并监督执行情况、建立班级内的小组。在这个过程中要以规范促进管理目标的实现,重视幼儿的自主管理,帮助幼儿从他律走向自我管理。

2. 班级事务管理

幼儿园的班级事务管理即生活管理与教育管理,具体表现为保教工作的计划、实施、检查与总结。

生活管理是为了保证学前儿童的身心健康发展,保教人员围绕儿童在园内的饮食、起居等一日生活的需要而从事的管理工作。它是保育工作的主要内容,也是顺利进行班级管理和教育教学的必要条件。没有科学规范的生活管理,儿童就无法开展各种有目的、有规则的教育与游戏活动。

教育管理对实现幼儿教育目标、优化幼儿教育方法、保证幼儿教育效果起着非常重要的作用,是班级保教人员最基本的管理工作,也是幼儿园各项管理工作的中心部分。

3. 物品管理

幼儿园班级的活动室有一系列完成保教任务所需的物品,因此物品也是班级管理的重要内容。物品管理的具体工作即上报物品的购置与淘汰、物品的存放与保养、维修、物品使用规范的制定与实施、物品登记制度的形成与执行。

4. 时间与空间管理

幼儿园班级的时间与空间管理即制定班级的生活制度和规划班级活动室的空间,具体体现在生活与教育活动当中。

5. 信息管理

幼儿园班级的信息管理包括对工作所需信息的收集与存储、信息使用与保密,以及部分信息的发布等。幼儿园班级的信息主要包括幼儿基本信息、幼儿成长档案、幼儿健康信息、班集体的活动信息等。

四、幼儿园班级管理的原则和方法

(一)幼儿园班级管理的原则

1. 主体性原则

主体性原则指教师作为班级管理的主体,具有自主性和创造性,同时要尊重幼儿的主体地位。

贯彻主体性原则需要做到:明确教师对班级管理的职责和权利;按管理规律实施管理;正确处理管理者与被管理者的关系。

2. 整体性原则

整体性原则指班级管理应该面向全体幼儿并涉及班内所有管理要素。

贯彻整体性原则需要面向班级,涉及管理的各个要素;通过管理班级,约束和熏陶每一个个体;管理应该是面向全体幼儿的管理,使幼儿之间因为班级的良好氛围相互影响。

3. 参与性原则

参与性原则即被管理者要参与管理,使之成为主动的自我管理者。

贯彻参与性原则需要教师角色不断变换,教授者与管理者、合作者与管理者等角色要随情境变化不断转换;教师的指导与管理要适度;教师参与幼儿活动要取得幼儿的许可。

4. 高效性原则

高效性原则指教师进行班级管理时,要求以最少的人力、物力和时间,尽可能地使幼儿获得更多、更全面、更好的发展,使班级呈现更健康的面貌。高效是一切管理的根本目的,也是班级管理的基本原则。

贯彻高效性原则需要管理目标合理而切实,管理计划严格而灵活,管理方法与过程不仅要以人为本,更要注重检查反馈。

(二)幼儿园班级管理的方法

1. 规则引导法

规则引导法是指用简单易行的规则引导儿童行为,使其与集体活动要求保持一致,确保儿童自身安全和他人安全,保证活动秩序的方法。规则引导法是学前教育班级管理最常用和最直接有效的办法。规则引导法由于经常将常规用图示的方法在相应的空间公布出来,将规则明示固化,达到经常提示的作用,从而实现管理的目标,因而又被称为常规图示引导法。

2. 情感熏陶法

情感熏陶法以教师对幼儿的理解和爱为基础,通过教师对幼儿的关爱、情感感染和移情训练等达到管理目标。情感沟通的基础是教师对儿童的理解和爱,教师要在日常生活和教育活动中观察儿童的情感表现,了解每个儿童在班级活动中的情感需要,采用恰当的方式,激发儿童相应的情感,引发儿童积极向上的行为。

3. 互动指导法

互动指导法是教师、幼儿、环境间相互作用,引导儿童主动、积极、有效地与人交往,达到管理目标的方法。具体表现为教师对幼儿的适时、适度指导,幼儿之间的相互影响与指导,环境对幼儿言行的约束等。例如,游戏中教师、幼儿、环境之间的相互制约与指导。

4. 榜样示范法

榜样示范法是通过树立榜样并引导幼儿学习榜样行为以规范幼儿言行,实现管理目标的方法。教师在班级管理中利用具体的儿童行为做示范,为儿童提供模仿的榜样,会产生积极的影响。榜样要健康、形象、具体,可以是儿童身边的同伴,可以是儿童熟悉的故事、人物或动物,儿童通过努力可以达到。同伴榜样要有权威性,只要在某一方面做得好就可以作为学习的榜样,不一定面面俱到。

5. 目标指引法

目标指引法指教师从儿童行为的预期结果出发,确定行为目标,引导儿童识别行为正误,规范儿童积极行为方式的一种管理办法。教师使用这一方法要注意目标应明确具体,确定活动目标不宜过多和过于复杂,最好由儿童参与目标确定,并使幼儿理解为什么定这样的目标。

6. 及时强化法

强化即对幼儿良好的行为给予肯定、鼓励、表扬以增强其行为的方法,及时强化即在行为之后立即给予强化。班级管理的核心是树立良好的班级风气,及时强化是树立良好班风的有效方法。

▶ 五、幼儿园班级管理工作的流程

幼儿园班级管理的基本流程是计划—实施—检查与调整—总结与评估,开始新的循环周期的管理。

(一)计划

计划是引导管理活动、调控管理过程和评估管理结果的依据。

制订幼儿园班级管理计划的依据是幼儿园园务工作计划、班级实际情况和班级管理的条件等。

班级管理计划的基本内容包括班级基本情况分析、班级管理目标、管理任务与措施、时间与人员安排等。

班级基本情况分析主要包括班级人数及其运行状态、存在的问题及其成因两个方面。班级管理目标包括生活管理目标、教学与游戏管理目标、家长工作目标和其他工作目标。管理任务与措施要回答"管什么"和"怎么管"的问题,这是管理计划中最重要的内容。此外,各项任务的具体负责人员和完成任务的时间安排也是计划中必须明确的内容。

(二)实施

实施管理,即按计划执行管理任务的过程。实施幼儿园班级管理的要求如下。

1. 教师间分工明确

幼儿园的一个班级一般配有两名教师、一名保育员,或者两个班有一名保育员。两名教师一般也区分为主班教师和副班教师。三名班级管理者之间要根据《幼儿园工作规程》的相关条款和班级具体情况明确分工,各司其职。

幼儿园保育员的主要职责如下:①负责本班房屋、设备、环境的清洁卫生工作;②在教师指导下,管理幼儿生活,并配合本班教师组织教育活动;③在医务人员和本班教师的指导下,严格执行幼儿园安全、卫生保健工作;④妥善保管幼儿衣物和本班的设备、用具。

幼儿园教师对本班工作全面负责,其主要职责如下:①根据《幼儿园教育指导纲要(试行)》,结合本班幼儿的特点和个体差异,制订教育工作计划,并组织实施;②观察、分析并记录幼儿发展情况;③严格执行幼儿园工作安排、卫生保健制度,指导并配合保育员管理本班幼儿生活和做好卫生保健工作;④与家长经常保持联系,了解幼儿家庭的教育环境,商讨符合幼儿特点的教育措施,共同配合完成教育任务;⑤参加业务学习和幼儿教育研究活动。⑥定期向园长汇报,接受其检查和指导。

主班教师的主要职责是：① 协调本班幼儿教育、安全、卫生保健、财务保管等工作，保证全班工作的一致性，主持班务会，研究改进本班工作；② 及时传达和贯彻园领导的决定，向园领导汇报本班工作；③ 负责安排本班教师相互观摩、取长补短，主持研究全班每个儿童情况，针对每个儿童的特点，采取协调的教育措施；④ 帮助本班保育员组织教育活动和进行卫生保健工作。

2. 对幼儿合理编组

根据活动室的空间，一般将 6~8 名幼儿分为一组。分组应异质搭配，幼儿之间要优势互补；小组成员能定期流动；在适当的时候可设小组长一名，小组长可以指定也可以轮流担任；定期交换小组的位置。

3. 空间规划合理

合理规划幼儿活动的空间，活动室的空间要相对划分又相互关联，要有利于幼儿的活动和人员走动。

4. 时间安排清晰合理

合理安排幼儿在园的时间，包括集体活动时间、自由活动时间。时间安排要遵循幼儿的生理节律和季节规律，重点任务与难点任务在时间上优先考虑，动静结合、身体活动与心理活动结合，制度化与灵活性结合。

5. 有效使用物品

物品的使用要做到摆放有序、取用方便、管理制度化。班级物品的摆放得当，能给幼儿一个整齐有序的环境，有利于幼儿的生活和活动，有利于幼儿的成长，同时也方便教师的使用。

（三）检查与调整

幼儿园班级管理的检查和调整包括对计划的检查与调整和对实施情况的检查与调整。

1. 计划的检查与调整

计划的检查与调整主要是检查与调整班级管理计划与园务工作计划的符合程度、任务安排的合理性，幼儿园班级工作要在实践的过程中不断地反思检查并及时调整原计划。

2. 实施情况的检查与调整

班级管理实施情况的检查要有重点，主要对班级工作的弱项、班级的生活与安全管理和班级教育工作的实施情况进行检查。检查与调整要以目标为依据，既注重过程又注重结果。要做到检查与指导结合，自检与他检结合。

（四）总结与评估

1. 班级管理工作总结的内容

班级管理工作总结的内容包括班级管理任务完成的情况、班级的保教质量。总结的过程是一个对以往工作进行全面检查、分析和研究的过程。总结要明确指出已经取得的成果与存在的不足，存在问题的原因分析和改进措施。

2. 班级管理工作的评估

评估即根据目标确立的标准与程序，有目的地收集、整理、处理相关信息并做出价值判断的过程。

幼儿园班级工作的评估需选择合适的评估工具，主要采用自我评估和他人评估、量化评估和定性评估，将日常评估与整体评估相结合。

▶ 六、幼儿园各年龄班的管理重点

（一）小班的班级管理重点

小班是初入园幼儿组成的班级，所以班级管理的重点是入园管理、班级常规管理。

入园管理的具体内容是入园准备和入园适应。入园准备要做好班级的物质准备和班级人员配备，以及提前家访工作。入园适应的重点是帮助幼儿熟悉新环境、依恋转移和建立生活规范。

班级常规管理的主要内容是建立生活活动常规、游戏活动常规、教育活动常规。常规管理的要求：第一，规范建立要师幼共同进行，以保证幼儿理解规范；第二，严格执行规范；第三，反复练习达到习惯化；第四，正面提示与鼓励为主；第五，家园一致。

（二）中班的班级管理重点

中班阶段，幼儿的问题行为高发，告状行为、插嘴行为、攻击行为都比小班多，为此班级管理的重点是加强班级常规管理，包括生活常规管理和教育常规管理。

生活常规管理，要实行小组长制度，加强小组间的互相监控，指导幼儿的自主管理。

教育常规管理，要建立各项教育活动的规范，明确中班幼儿行为规则。教育常规的建立，应该师幼共同参与，形成规范，明显标示出主要规范，使人人知晓、严格执行，做到强化与惩罚结合。在规范执行过程中要及时反馈，做到环境有序，让环境制约幼儿的行为。

（三）大班的班级管理重点

大班要为入学做好准备，为此班级管理的重点是加强幼儿自主意识、集体意识、规则意识的教育。

生活常规管理注重幼儿自理能力和良好生活习惯的培养，教育常规管理注重幼儿良好学习习惯的培养和集体学习规范的形成。

大班幼儿的班级管理要以自主管理为主，加强随机化管理和家园互动，建立班集体的监控机制，形成集体教学规范。

（四）幼儿园特殊班级管理

1. 混龄班的管理

混龄班是将年龄相差12个月以上的学前儿童编排在一个班的教育组织形式。

混龄班的特点：差异互补有利于合作活动，异龄互教有益于同伴交往，因材施教，形式多样。

混龄班的管理重点是充分利用差别互补的特点，建立同伴管理机制；分层指导，合理安排一日生活作息时间；利用多种环节建立异龄互动的有序组织形式。

2. 学前班的管理

学前班主要指入学前一年的教育组织形式。

学前班的特点：以入学适应为基本教育目的，具有义务教育的强制性但无义务性，生活习惯与身心发展差异大。

学前班的管理重点是注重幼儿的生活与学习习惯的培养，入园与入学教育并举，加强常规教育。

3. 融合班的管理

融合班指以回归主流的特殊教育理念为指导思想，让大多数残障儿童进入普通班，并增进其在普通班学习的一种教育组织形式。

融合班的特点是普通教师与特殊教师合作计划及教学，同伴合作学习，对于特殊儿童而言有充分的资源及支持系统。

融合班的管理重点是教师应专注于儿童的发展，而非儿童的障碍；注重合作学习、主题教学、同伴支持；善用计算机科技等较多的辅助工具进行教育；生活常规管理贯彻个别化管理原则；教育常规管理贯彻小组合作原则；培养儿童的平等意识，建立班级的融洽教育氛围。

【典型真题】试述幼儿园班级管理工作的主要内容。

【答案要点】根据管理的要素,幼儿园班级管理的内容包括对人、事、物、时间、空间和信息的管理,其中对人、物,以及时间、空间和信息的管理都是为事务的管理服务,幼儿园班级的事务即生活与教育,因此幼儿园班级的管理内容主要是生活管理和教育管理,其他方面的管理服务于幼儿的生活管理和教育管理。

【典型例题1】下列不是幼儿园班级管理工作计划制订依据的是(　　　)。

A. 园务工作计划　　　　　　　B. 班级实际情况

C. 班级管理的条件　　　　　　D. 班级的物质基础

【解析】制订班级管理计划的依据是园务工作计划、班级实际情况和班级管理的条件。

【答案】D

【典型例题2】材料:

许多幼儿园开展区域自选活动。杜鹃幼儿园小一班设置了阅读角,为了节省空间,在活动室的靠墙的地方铺了一块地毯,地毯两边是两个书架,让幼儿席地而坐翻阅图书。教师在阅读角入口处的地面上贴了六双脚印,并在书架的旁边墙面上贴了脱鞋、用鞋子覆盖脚印的顺序图。幼儿很快就知道了进入阅读角应该脱鞋、将鞋子放在脚印上并整齐摆放,脚印覆盖满了就表示满员,不能再进入了。

问题:从班级管理的角度分析该班教师的做法。

【参考答案】杜鹃幼儿园小一班的教师在班级管理中,体现了空间管理的合理规划要求,在管理方法上应用了规则引导法和互动指导法,将规则制定、执行与环境制约相结合,引导幼儿的行为,将规则图示化置于相应的空间,免去了教师的言语提醒,使环境中的暗示转化成了幼儿的良好行为。

第三章 学前教育的发展

知识体系及思维脉络图

```
                    ┌─ 中国学前教育发展 ─┬─ 古代
                    │                     ├─ 近代
                    │                     └─ 现代
中国学前教育发展简史 ┤
                    │                     ┌─ 陶行知
                    │                     ├─ 陈鹤琴
                    └─ 中国学前教育家 ────┤
                                          ├─ 张雪门
                                          └─ 张宗麟

                    ┌─ 西方学前教育发展 ─┬─ 古代
                    │                     ├─ 近代
                    │                     └─ 现代
西方学前教育发展简史 ┤
                    │                     ┌─ 柏拉图
                    │                     ├─ 亚里士多德
                    │                     ├─ 夸美纽斯
                    │                     ├─ 卢梭
                    └─ 西方学前教育家 ────┤── 裴斯泰洛齐
                                          ├─ 福禄贝尔
                                          ├─ 蒙台梭利
                                          └─ 杜威

                                 ┌─ 政策导向
我国学前教育的改革动态与发展趋势 ┤── 改革动态
                                 └─ 发展趋势

幼儿园教育指导纲要（试行）
```

核心考点及学习提示

【核心考点】
中国学前教育史：熟记我国第一所幼儿园和幼儿教师培养机构的名称、建立的时间与地点等。
中国学前教育家：熟记各教育家的贡献和主要观点。

西方学前教育史:熟记世界上第一所幼儿园的名称、建立的时间与地点等。

西方学前教育家:熟记每个教育家的贡献和主要观点。

我国学前教育的改革动态与发展趋势:了解我国学前教育发展的政策导向、改革动态和发展趋势。

【学习提示】

考试重点:中外学前教育家的贡献与观点。

考试难点:各个学前教育家理论观点的区别。

笔记栏

第一节 中国学前教育发展简史

一、中国学前教育发展

(一) 中国古代的学前教育

中国古代没有专门化的学前教育机构,学前教育主要由家庭教育和社会教育完成。

1. 重视胎教

在学前教育的实践方面,中国古代非常重视胎教。据史料记载,中国实施胎教的历史可以上溯到距今约三千年的西周时期。中国古人认为"母子同体""外象内感",要求孕妇重视精神状态的调节,保持心绪平和的同时重视饮食调摄,避讳辛辣食物和野味。

2. 家庭教育重视德育与智育

家族本位是中国古代社会的重要特点,因此非常重视家庭教育。

中国古代家庭教育的内容主要有伦理道德、为人处世、幼仪规矩、基本的读写算知识、卫生习惯与身体保健、生活与劳动技能。前三者属于德育,后三者属于智育。

3. 社会以游戏与童谣教育幼童

社会教育是中国古代实施学前教育的另一种形态,社会通过游戏和童谣对幼童产生深远的影响。

中国古代的民间游戏丰富多样,战国时期法家代表人物韩非子的著作中就描述了儿童"过家家"的游戏。猜谜语、七巧板、九连环、孔明锁、华容道等都是著名的智力游戏。踢毽子、打陀螺、跳房子、滚铁圈等则是南方通用的体育游戏。

童谣是中国古代传唱于儿童之口的歌谣。童谣在我国已有悠久的历史。儿童在童谣的传唱中习得了一些自然常识和社会性常识。如《月歌》描述了月亮变化的时间特点,《吃果果》则传达了分享的伦理精神。童谣与游戏结合,儿童在童谣声中快乐游戏,不仅有利于身体健康,而且在节奏分明、韵调优美的童谣中练习了言语的吐字发音、断句表意。

中国古代在学前教育实践的基础上,也产生了一些重要的论点和蒙学著作。例如,汉代的贾谊在其《新书》中论述了胎教、早期教育的重要性和方法;南北朝时期颜之推所著的《颜氏家训》,是我国古代第一部系统、完整的家庭教育教科书;南宋的朱熹为使儿童在日常行为习惯的培养中有章可循,编写了《童蒙须知》和《小学》,强调学前儿童学习"眼前事",即穿衣戴帽、言谈举止、洒扫应对进退等。

(二) 中国近代的学前教育

从教育发展的角度看,中国教育的近代时期指1840年鸦片战争开始,一直到现代学制的建立为止。

中国近代的学前教育开始出现了社会化的专门机构,一部分出自西方教会的教育殖民措施,一部分出自清朝末期的学制改革。

史料记载,早在19世纪40年代,外国教会便在我国的一些地方,如上海、北京、福州、宁波等地,开办了孤儿院、慈幼院、育婴堂等慈善性质的教育机构。

1902年,清政府颁布了第一个规定近代学制系统的文件《钦定学堂章程》,即"壬寅学制",但尚未实施便被废止。

1904年,清政府颁布并实施了张之洞等主持拟订的《奏定学堂章程》,即"癸卯学制",其中包括为学前教育专门制定的《奏定蒙养院章程及家庭教育法章程》。这是中国近代学前教育第一个施行的学制,是我国近代学前教育制度化建设的重要标志。从此,中国近代学前教育进入一个新的发展阶段。

蒙养院附设于各地政府的育婴堂和敬节堂中,蒙养院的蒙养者称为保姆,由育婴堂和敬节堂的乳媪、节妇训练而成。

中国最早创办的公立幼儿教育机构是1903年于武昌创立的幼稚园。

"癸卯学制"颁布以后,也出现了一些私立的蒙养院,如天津的严氏蒙养院。

清朝末期,影响比较大的蒙养院还有京师第一蒙养院、上海公立幼稚舍等。

1912年颁布的《学校系统令》,将实施学前教育的机构"蒙养院"改为"蒙养园",招收6岁前的儿童。同时在颁布的《师范学校规程》中,要求女子师范学校应设立附属蒙养园或者以独立设置的公、私立蒙养园代之,作为女子师范学校学生实习的场所。1916年,修订的《师范学校规程》规定,女子师范学校须附设蒙养园保姆讲习科,专门培养蒙养园保姆。北京高等女子师范学校保姆讲习科是我国第一所公办幼儿教育师资培养机构。

新文化运动之后,西方的现代教育思想开始大量传入中国,新的儿童观和儿童教育观的传播,促进了中国现代学前教育制度的建立。

国民政府时期的学前教育:

1922年,《学校系统改革案》颁布,壬戌学制启用,将幼稚园正式列入教育系统,并指出幼稚园收受6岁以下的儿童。

1932年,《幼稚园课程标准》颁布,1936年修订。

1939年《幼稚园规程》颁布,1943年修正,改为《幼稚园设置办法》。幼稚园教师的主要来源是教会设立的幼稚师范学校,如苏州景海幼稚师范学校、杭州弘道女学增设的幼稚师范科、福州协和幼稚师范学校等。

1935年,《修正师范学校规程》颁布,规定师范学校中必须设立两年制或三年制幼稚师范科,入学资格为初中毕业并经考试合格。

中国共产党领导下的革命根据地的学前教育:

中国共产党领导的革命根据地的学前教育是我国近代学前教育的重要组成部分,也是中华人民共和国学前教育发展的主要经验来源之一。

革命根据地的学前教育包括苏区时期苏维埃根据地的学前教育、抗日战争时期抗日民主根据地的学前教育,以及解放战争时期解放区的学前教育。

1932年,《颁布学制与实施目前最低限度的普通教育》规定,应适合实际情形,设立保育院。1934年,《托儿所组织条例》颁布。苏区学前教育的方针是为解放妇女服务、为革命事业的成功服务、为儿童的全面发展服务。

抗日战争时期,陕甘宁边区政府在民政厅设保育科,负责边区有关保育的各项工作。1942年,为加强保育工作的管理,将保育科改设于边区卫生处。由此,成立了专门机构对抗日民主根据地的学前教育进行管理。

抗日民主根据地的学前教育坚持"保育为主、教育为辅"的教养原则,始终坚持"一切为了孩子,一切为了战争,一切为了革命"的教育方针和政策,在极度困难的战争环境下,将幼儿教育事业当成革命事业的重要组成部分。

(三)中国现代的学前教育

1949年中华人民共和国成立,学前教育的性质发生了根本变化。探索一条中国特色的社会主义学前教育发展道路,成为这个时期学前教育的主题。

1951年,政务院颁布了《关于改革学制的决定》,将幼儿教育纳入学制之中。1952年3月和7月,教育部先后颁布试行了《幼儿园暂行规程(草案)》和《幼儿园暂行教学纲要(草案)》。这是新中国颁布的最早的幼儿教育的法规性文件,它标志着我国幼儿园制度的正式确立。

1955年,国务院颁发《关于工矿、企业自办中小学和幼儿园的规定》,除要求各地教育行政部门尽可能在工矿区设置学校和幼儿园外,特别提出工矿、企业为适当解决本单位职工子女的上学要求,根据需要与可能的原则,单独或联合创办职工子女中小学、幼儿园。教育部门在业务上予以指导和管理。这个时期幼儿教育的重点是在工业地区和大中城市。

同年,教育部决定幼儿园师资由地方教育行政部门设立幼儿师范学校负责培养,并将中等层次的幼儿师范学校划分为初级幼儿师范学校和中级幼儿师范学校两级,使幼儿园师资的培养更加规范化,也扩大了规模。

改革开放以来,为了端正办园指导思想、加强师资队伍建设、全面提高保教质量,国务院、教育部相继制定和颁发了一系列的政策文件。1980年,卫生部颁发《城市托儿所工作条例(试行草案)》。1981年,教育部颁发《幼儿园教育纲要(试行草案)》。1989年,国家教育委员会发布《幼儿园管理条例》,这是中华人民共和国成立以来我国第一个真正意义上的幼儿教育行政法规。1989年,国家教育委员会发布《幼儿园工作规程(试行)》,经过7年的试点,于1996年修订后形成了《幼儿园工作规程(修订稿)》(征求意见稿)。在此基础上,《幼儿园工作规程》于2015年公布,2016年施行。另外,教育部于2001年印发《幼儿园教育指导纲要(试行)》,这个文件被学前教育领域简称为"新纲要"。

随着一系列法规、文件的颁布执行,我国学前教育质量稳步提升,主要表现在大力发展幼儿师范教育事业,为幼教机构培养合格的师资;采取多种形式提高在职人员的学历和业务水平;建立健全上岗证书制度。研究机构与学术团体快速增长,1979年11月,中国教育学会幼儿教育研究会在南京成立,这是我国幼儿教育领域第一个全国群众性的学术研究团体,会员遍布全国各地。1992年,该研究会升格为国家一级学会,更名为"中国学前教育研究会"。

二、中国学前教育家

(一)陶行知

陶行知,安徽歙县人,我国著名的人民教育家。

1. 陶行知的学前教育实践

1927年,陶行知在南京晓庄创办试验乡村师范学校(后改名晓庄学校),开展乡村教育运动。后在晓庄学校开设了幼稚师范学院。在陈鹤琴、张宗麟的协助下,办起了我国第一个乡村幼稚园——南京燕子矶幼稚园。陶行知的著述很多,集中在《陶行知全集》中。

陶行知先生确立了学前教育的"人民性"方向。他批评当时的幼儿教育犯了三大病:"外国病""花钱病""富贵病"。他提出要办中国的幼稚园、省钱的幼稚园和平民化的幼稚园,倡导幼稚园应该办在工厂、农村,要根据国情建立中国式的幼稚园,并身体力行开展乡村教育运动。

陶行知先生探索艺友制幼教师资的培养路径。艺友制就是学生(称艺友)与有经验的教师(称导师)交朋友,教师在实践中学习当教师,边干边学。他认为做教师的途径有两种:从师与访友。

实施艺友制的根本方法便是他提出的"教学做合一"。在当时师资紧张的情况下,艺友制使得师范生在幼稚园中实地学习,克服了师范教育脱离实际的现象;在不可能迅速建立大批师范学校的情况下也能培养有质量的教师;节省了教师培养的时间,使三年的师范学习缩短为两年。艺友制弥补了师范教育的不足。

2. 陶行知的学前教育观点

陶行知重视幼儿教育,认为"幼稚教育尤为根本之根本"。陶行知主张,儿童6岁以前的教育是人生的基础教育,是儿童求知的好时机,也是人格陶冶最重要的时期。这个时期将为个人打下人格、智力、体格的基础,并且基础一旦奠定,便不易改变。

陶行知的生活教育观点"生活即教育""社会即学校""教学做合一"对当时的幼儿教育实践产生了重要影响。生活与教育必须一致,教育也必须与生活相联系。他认为将教育内容渗透到幼儿生活的各项活动中,使幼儿在园的全部生活都成为受教育的过程,是符合幼儿教育实际的;幼儿教育机构的教育不能只局限于狭小的教室里,应该使儿童生活在大自然、大社会中,周围所有的环境与事物无一不是幼儿教育的场所与内容。陶行知还认为,事怎样做便怎样学,怎样学便怎样做。教的法子要根据学的法子,学的法子要根据做的法子。教师在做上教,学生在做上学,师生共教共学共做。

陶行知提出创造教育的主张。一是认识儿童的创造力。他认为,儿童有很强的创造力,这是人类与环境斗争所获得并传递下来的人的才能之精华,发挥、加强、培养这种创造力是教育的任务。二是解放儿童的创造力。陶行知提出了解放小孩子的头脑、双手、眼睛、嘴、空间和时间,从而解放小孩子的创造力。三是培养儿童的创造力。创造力的培养需要充分的营养,需要建立良好的习惯,需要因材施教,需要发扬民主。

(二)陈鹤琴

陈鹤琴,浙江上虞人,我国著名的幼儿教育家。

1. 陈鹤琴的学前教育实践

1923年,陈鹤琴创办南京鼓楼幼稚园,并亲任园长和各项试验的指导,开展以课程试验为主导的全面试验。这是我国历史上第一所开展教育科学研究的幼儿园。

1940年,他在江西筹建了我国第一所公立幼稚师范学校——江西省立实验幼稚师范学校,形成和实践了活教育理论。

1945年,他创办了上海市立幼稚师范,并任校长。

1947年,他创立了上海儿童福利促进会,筹创上海特殊儿童辅导院。

新中国成立后,陈鹤琴任南京师范学院院长。

陈鹤琴先生一生著述很多,集中在《陈鹤琴全集》《儿童心理之研究》等中。

2. 陈鹤琴的学前教育理论

陈鹤琴的学前教育观点建立在他的儿童心理研究基础之上。关于学前儿童,他认为,儿童好动、好模仿、好奇、易受暗示、好游戏、合群、喜欢野外生活。

陈鹤琴的教育观点集中体现在他的活教育理论中。

(1)活教育的目的在于"做人,做中国人,做现代中国人"。"中国人、现代中国人"必须具备以下几个条件:要有健全的身体;要有创造的能力;要有服务的精神;要有合作的态度;要有世界的眼光。

(2)活教育的课程:大自然、大社会,都是活教材。陈鹤琴认为大自然、大社会是知识的主要源泉。儿童天天接触这两种环境,并与其交往,由此获得的知识是活的、直接的,而从书本上吸收的知识是间接的。所以要利用这两种环境,以大自然、大社会为活教材,并使之成为幼稚园课程的中心。"活教材"并不是否定书本知识,而是强调儿童在与自然、社会的接触中,在亲身观察和活动中获得经验和知识的重要性,主张把书本知识与儿童的直接经验相结合。

(3)活教育的方法是"做中教,做中学,做中求进步"。他认为教学的基本原则在于"做"。所谓

"做",并不限于双手做,凡是耳闻、目睹(观察)、调查研究,都包括在内,也就是我们所说的"实践"。做是儿童对生活的直接体验,儿童要得到真实的知识,就一定要在"做中学",而教师也应该在"做中教",共同在"做中求进步"。

陈鹤琴的幼稚课程理论。
(1)课程的中心:将儿童的环境——自然的环境,社会的环境——作为幼稚园课程系统的中心,让儿童能充分地与实物和人接触,获得直接经验。
(2)课程的结构:"五指活动"——儿童健康活动、儿童社会活动、儿童科学活动、儿童艺术活动、儿童文学活动。这五种活动犹如人手的五根指头,是相连的整体,所以称为"五指活动"。
(3)课程的实施:强调以幼儿经验、身心发展特点和社会发展需要作为选择教材的标准。反对实行分科教学,提倡综合的单元制教学,把各种活动都围绕着单元进行教学。提倡整个教学法,即把儿童所应该学的东西整个地、系统地去教儿童学。主张游戏式的教学,提出课程应当采用游戏式、小团体式等方法。

关于幼稚园教育的发展,他提出了十五条主张,认为幼稚园要适合国情;幼稚园应与家庭密切合作;凡儿童能够学的而又应当学的,成人都应当教他们;幼稚园的课程应以自然和社会为中心;课程应实行计划性与灵活性相统一的原则;幼稚园首先要注意的是儿童的健康;幼稚园应帮助儿童养成良好习惯;幼稚园应特别注意音乐教学;幼稚园要有充分、适宜的设备;应采用游戏式的教学法;儿童的户外活动要多;幼稚园应多采用小团体的教学;幼稚园教师应当是儿童的朋友;幼稚园教师应有充分的训练;幼稚园应当有种种标准,可以随时考查儿童的成绩。

(三)张雪门

张雪门,浙江人,我国著名的幼儿教育家。

1. 张雪门的学前教育实践

1918年,张雪门在宁波创办了星荫幼稚园,该幼稚园是当地第一所中国人自己创办的幼稚园。1926年之后,他创办或主持了北平幼稚教育研究会、艺文幼稚园、孔德幼稚师范和孔德幼稚园。在当时的幼教研究界有"南陈北张"之说,"陈"指的是陈鹤琴,"张"即张雪门。

张雪门的主要著作有《幼稚教育》《幼稚园课程活动中心》等。

2. 张雪门的学前教育理论

(1)关于儿童发展,他认为,儿童身心并不能单独发展,全仗周围环境的反应。有了母子关系,就有了同情的发展,有了社会的关系,就有了思想道德的发展。
(2)关于幼稚教育,他主张应该将发展儿童个性之幼稚教育与改造中华民族之幼稚教育结合。他提出幼稚教育应以改造中华民族为目标:① 铲除我民族的劣根性;② 唤起我民族的自信心;③ 养成劳动与客观的习惯态度;④ 锻炼我民族的自信心。
(3)他创立了幼稚园行为课程。1929年,他在《幼稚园的研究》中指出,课程是什么? 课程是经验,是人类的经验。幼稚园的课程是什么? 这是给三足岁到六足岁的孩子所能做而又喜欢做的经验的预备。他1966年出版的《增订幼稚园行为课程》一书中提出,生活就是教育,五六岁的孩子们在幼稚园生活的实践,就是行为课程。行为课程的内容是"教材",但他反对将教材当作科目,认为幼稚园教材是一般在幼稚园的时候儿童生活的经验。

行为课程的内容就是儿童周围生活的自然环境与社会环境中能为儿童所接受并有助于其身心发展的各种经验,具体包括美术、游戏、自然活动、社会活动、音乐、故事、儿歌,以及常识等方面的经验。

行为课程的实施,则应彻底打破各学科的界限。张雪门引进了美国的设计教学法,并经过多年的实验研究及不断改进,确立了运用设计教学法来拟订行为课程计划,并采用单元教学的形式来组织行为课程,包括动机、目的、活动、活动过程、工具及材料。

行为课程的教学结束后,评价与检讨也是重要的一环,教师可据此了解幼儿的知识、思考、习惯、技能、态度、理想、兴趣等方面的成就，作为改进教学的参考。至于单元的选择，则须配合教育宗旨、教育政策、社会需要及幼儿的能力。

（4）关于幼稚师范教育，张雪门指出，幼稚师范教育须力求适合国情及生活需要，培养为普及平民幼稚教育，培养为改造民族素养的新一代国民而献身的幼儿教育师资。重视幼稚生实践能力的培养，从"骑马者应从马背上学"的思想出发，主张半日授课，半日实习，提出了有系统组织的实习思想。

（四）张宗麟

张宗麟，浙江绍兴人，著名的学前教育和乡村教育专家，我国学前教育史上第一位男性幼儿教师。

1. 张宗麟的学前教育实践

张宗麟1925年毕业于南京师范学院学校教育系，当年留校任教并担任陈鹤琴的助手，其间对江浙一带大城市的幼稚园进行调查研究，发表了许多实验和研究成果。张宗麟1927年6月担任南京市教育局学校教育课幼儿教育视导员；1927年9月兼任晓庄第二院（幼稚师范）指导员；1931年在福建厦门集美学校担任幼稚师范教员，兼任集美乡村师范校长，并主编《初等教育》杂志；1933年被迫离开厦门后，他历任广西桂林师专教师、重庆教育学院教务长、湖北教育学院教育系主任、山东省立邹平简易乡村师范学校校长等职。

张宗麟关于幼儿教育的论述主要发表于二十世纪二三十年代，1985年湖南教育出版社结集出版了《张宗麟幼儿教育论集》。

2. 张宗麟的学前教育观点

首先，张宗麟认为幼儿教育是一切教育之本，对人生、国家、社会、家庭都有非常重要的意义。他认为，幼儿时期的教育，会对儿童的成长发生直接或间接的重要作用，并且影响一经形成便一生不消。他认为，要培养能为国家效力的健壮国民，就必须重视幼儿的教养，使之度过死亡率最高的幼儿时期。同时，自幼儿时期就养成的爱国情感和良好智能，不易改变。幼稚园是家庭托付儿童的第一个场所，比家庭的辅导作用更强。另外，家长可能因时间不够或学识水平不够等因素无法更好地培养孩子，幼稚园则可提供专门人才对幼儿进行教育，并传授家长教养儿童的方法，还可组成母亲会交流教育的经验。幼儿时期虽属学龄前期，但却与其他各期教育有同等重要的地位，应当正式列入学制。幼稚教育不但与小学前期教育有密切关系，并且还会影响中学、大学。

其次，他认为，幼儿教育应贯彻如下的一般宗旨：养成有健康、活泼身体的儿童；养成儿童生活上必需的几种习惯；养成儿童欣赏之初基；培养儿童欣赏的态度与能力；养成儿童能自己发展的能力；培养幼儿的图画、手工、唱歌、言语及各种自由活动的能力。

再次，他指出，幼稚园课程的范围包括一切教材、科目、幼儿的活动。幼稚园课程内容来源可归纳为四个方面：幼儿自发的各种活动；幼儿与自然界接触而产生的活动；幼儿与人事界接触而产生的活动；人类流传的经验，并且符合幼儿的需要。他主张课程编制采用"中心制"，即单元教学，幼儿在园的所有活动应根据幼儿的生活实际，利用当时的节期、随处可见的自然界的事物或社会性事件，每周或每两周选择几项为中心，围绕这些中心进行各种活动。编制课程应遵循以下原则：课程必须以幼儿的全面发展为目的；课程内容要艺术化，让幼儿在轻松愉快的环境中受到教育；课程内容应围绕幼儿身边的一切事物，包括衣食住行、自然万物等；课程形式要活动化，多注意动的工作及个别活动；课程要注意与小学低年级的沟通。

最后，张宗麟认为，要做一名合格的幼儿教师，应具有以下本领：一是要有多种技能与常识；二是要有终身从事幼教事业为社会谋福利的态度；三是要有决心和钻研精神。

他还设计了幼儿师范的课程标准，分为公民训练组、普通科学组、语文组、艺术组、普通教育组、专门教育组六组。他认为幼稚师范必须附设幼稚园,作为师范生的实习基地,幼稚园的教师由实习生担任,一切工作的安排、幼儿问题的处理都由其负责。

【典型真题1】张雪门"行为课程"的理论基础是（　　）。
A. 杜威实用主义哲学　　　　　B. 建构主义心理学
C. 人本主义心理学　　　　　　D. 行为主义心理学

【解析】张雪门是著名的幼儿教育家,行为课程理论的代表人,早期的行为主义认为人的一切复杂行为都决定于外界环境。后期的新行为主义还通过强调"操作"这一互动行为把人的心理与意识也纳入了心理学的研究范围。张雪门将这些观点运用到他的行为课程之中,提出活动是实施幼稚园行为课程的主要手段,幼稚园应创设积极的环境以引起儿童的主动活动。

【答案】D

【典型真题2】"做人,做中国人,做现代中国人"这一教育目的的提出者是（　　）。
A. 张雪门　　　B. 陶行知　　　C. 陈鹤琴　　　D. 张宗麟

【解析】题干表述的是陈鹤琴"活教育"思想的目的论,故选C项。

【答案】C

【典型真题3】陶行知创立的培养幼教师资的方法是（　　）。
A. 讲授制　　　B. 五指活动　　　C. 感官教育　　　D. 艺友制

【解析】艺友制由陶行知提出,是陶行知培养幼儿师资的方法。艺就是教学艺术,友就是朋友,学生与有经验的教师交朋友,在实践中学习当教师,边干边学。凡用朋友之道探讨教学艺术便是艺友制,艺友制的根本方法是教学合一。

【答案】D

【典型真题4】我国第一所公立幼稚师范学校——江西省立实验幼稚师范学校的创办者是（　　）。
A. 陈鹤琴　　　B. 陶行知　　　C. 黄炎培　　　D. 张雪门

【解析】陈鹤琴在抗战时期创办了我国第一所公立幼稚师范学校,即江西省立实验幼稚师范学校。

【答案】A

【典型真题5】陶行知的生活教育理论注重"教学做"合一,强调（　　）。
A. 做是中心　　　　　　　　B. 学是中心
C. 教与学是中心　　　　　　D. 教是中心

【解析】陶行知认为教与学都是生活实践的需要,教与学都必须以"做"为中心,"一面做,一面学,一面教"。在幼儿教与学的过程中要"教学做"合一,就要以"做"为中心。

【答案】A

【典型真题6】陶行知提出的"六大解放"指向的是（　　）。
A. 解放儿童的观察力　　　　B. 解放儿童的体力
C. 解放儿童的智力　　　　　D. 解放儿童的创造力

【解析】陶行知认为教育要启发及解放幼儿的创造力,为他们提供手脑并用的条件,具体包括六个方面:①解放儿童头脑;②解放儿童双手;③解放儿童嘴巴;④解放儿童空间;⑤解放儿童时间;⑥解放儿童眼睛。

【答案】D

第二节 西方学前教育发展简史

一、西方学前教育发展

(一) 古代西方学前教育

古代西方的学前教育发展经历了古希腊、古罗马和中世纪三个重要阶段。古希腊的学前教育以斯巴达邦国的儿童公有和公育、雅典城邦的家庭教养为代表。古罗马时代，家庭是抚养和教育幼儿的主要场所，以礼貌和宗教知识为主要教育内容。中世纪是欧洲历史上宗教统治世俗生活的时代，认为儿童具有"原罪"，把幼儿当作"小大人"看待，对幼儿实施的教育即教会的训诫，教育中体罚盛行，取消体育。

(二) 近代西方学前教育

近代西方学前教育始于文艺复兴时期对儿童的"发现"和工业革命时期幼儿园的产生。

文艺复兴时期，人文主义教育家和思想家批判了原罪论的儿童观和"小大人"的儿童观，认为儿童是自然的生物，儿童的身心特点与成人不同，具有其特殊的发展规律和个体差异；强调儿童在7岁入学前应在家庭接受良好的预备教育；强调教育要顺应儿童的天性，反对体罚，重视体育。

17世纪后半叶，在英国出现的贫民窟幼儿保护和养育设施是近代欧洲学前教育机构的胚胎。1816年，欧文创办幼儿学校，这是世界上最早为工人子弟开办的学前教育机构。1840年，福禄贝尔在德国的勃兰根堡创办了世界上第一所幼儿园，推动了学前教育的发展。

在欧美各国出现幼儿学校运动和福禄贝尔主义幼儿园运动的基础上，随着近代初等义务教育的普及，各国政府开始重视学前教育，公立学前教育机构得到较大发展，幼儿教育成为整个公立教育系统的有机组成部分。

(三) 现代西方学前教育

20世纪以来，随着新教育和进步教育运动的影响，以及儿童研究运动的发展，学前教育进入了科学化发展的现代历史时期。

从19世纪末到第二次世界大战以前，欧洲的新教育运动和美国的进步主义教育运动对学前教育产生了重大影响，出现了进步主义幼儿园运动。该运动重视学前儿童在教育中的主体地位，强调儿童中心的课程、创造性活动、社会合作活动，以及劳动在儿童身心发展中的作用。

第二次世界大战后至20世纪80年代，在学前教育领域，一方面智育中心主义占领统治地位，另一方面出现了幼儿教育机会均等运动。蒙台梭利和皮亚杰的理论被广泛应用。各国政府先后出台多个法案推动学前教育的普及和机会均等。例如，英国的《白特勒法案》、法国的郎之万-瓦隆教育改革方案、美国的"开端计划"。

20世纪80年代以后，随着儿童研究的深入和各国政府学前教育普及政策的实施，学前教育从智育中心转向个性化整体发展，教育形式和课程出现多样化的态势。

二、西方学前教育家

(一) 柏拉图

柏拉图，古希腊时期的思想家、西方学前教育思想的重要奠基人。

1. 柏拉图对学前教育的贡献

柏拉图最早论述了学前儿童的教育问题，第一次将0~7岁的学前教育阶段划分为两个阶段，即0~3岁阶段和3~7岁阶段。

2. 柏拉图的学前教育观点

柏拉图重视优生优育,主张和谐发展的教育;指出游戏是学前儿童的天性,除游戏外,还为幼儿安排了广泛的教育内容,包括讲故事、寓言、诗歌、音乐、美术、体育锻炼等。同时强调慎重选择故事教材,要注重幼儿道德习惯的培养,赞同斯巴达邦国学前教育的公育制度。

(二) 亚里士多德

亚里士多德,柏拉图的学生,古希腊时代思想的集大成者。

1. 亚里士多德对学前教育的贡献

在西方教育史上,亚里士多德是第一个提出教育适应自然主张的人,首先强调了胎教和营养保健的重要性。

2. 亚里士多德的学前教育观点

亚里士多德与柏拉图一样,重视教育的政治意义和人的理性发展,重视游戏和故事材料的选择。但他同时重视感觉、情感和欲望等非理性因素在人的发展中的作用,强调通过练习形成道德习惯。

(三) 夸美纽斯

夸美纽斯,捷克人,西方近代教育理论的奠基者。

1. 夸美纽斯对学前教育的贡献

夸美纽斯第一次把学前教育纳入其充满民主色彩的单轨学制,撰写了世界上第一部学前教育专著《母育学校》和西方教育史上第一本附有插图的儿童百科全书《世界图解》,首次深入研究了在家庭条件下学前教育的完整体系。《母育学校》一书在人类史上首次制定了6岁以下儿童详细的教育大纲。他的教育代表作《大教学论》(1632年)是近代教育理论的奠基之作,首先提出了统一的学校制度和班级授课制。

2. 夸美纽斯的学前教育理论

夸美纽斯提出了一个理想的学制:0~6岁,学前教育,对应母育学校;6~12岁,初等教育,对应国语学校;12~18岁,中等教育,对应拉丁文学校;18~24岁,大学教育。学前教育应当在家庭中进行,家庭就是母育学校,母亲便是主要的教师,对儿童进行学前教育。母育学校为儿童以后所要学习的一切奠定基础,这一时期的儿童所接受的应当是简易的实物课程。母育学校的教育内容包括保健、德育、智育,把游戏作为母育学校对幼儿进行全面教育的手段,重视劳动教育和语言发展。

夸美纽斯论述了学前儿童集体教育的必要性。他认为同龄儿童在态度和思维方面的进步是相似的,他们往往能比成人对儿童的教育更有效地相互促进智力的发展。

夸美纽斯论述了儿童进入公共学校的准备。6岁以后,儿童可以入学受教育。但他同时也指出,6岁入学也不是绝对的,根据各自能力发展的情况,入学时间可以推迟或提前半年到一年。

他认为教育要遵循儿童的自然法则。学前教育应从感觉(看、听、尝、触)训练到宗教信仰的培养,形成梯度,循序渐进;教育方法应简单灵活,易于操作。

(四) 卢梭

卢梭,18世纪法国启蒙思想家、哲学家和教育家。

1. 卢梭对学前教育的贡献

卢梭著有代表作《爱弥尔》。他是西方教育史上新旧教育的分水岭。他首先提出了研究儿童原始状态的主张,给教育找到了出发点。

2. 卢梭的学前教育观点

(1) 教育遵循自然。针对传统的封建教育戕害人性和违反自然的弊病,卢梭提出了自然主义教育理论,即教育要"归于自然"。教育的目的是培养"自然人"。在他看来,这种"自然人"是身心发达、体脑两健、不受传统束缚、天性发展的新人。他们不依从任何固定的社会地位和社会职业,能适应各种客观发展变化的需要。

（2）教育年龄分期。强调应该根据儿童的特点来进行教育。在万物中人类有人类的地位,在人生中儿童有儿童的地位,所以,必须把人当人看待,把儿童当儿童看待。从自然教育理论出发,卢梭根据受教育者的年龄特征,把教育阶段分成4个时期:出生到2岁,以身体养护为主;2~12岁,注意体育、经验、感官的教育;12~15岁,是知识教育的阶段,也进行劳动教育;15~20岁,注重道德、宗教和情感教育。

（3）幼儿教育的方法。从自然教育理论出发,卢梭还具体阐述了幼儿教育的方法。① 给予行动的自由。卢梭认为,为了使儿童身体能够得到自然发展,从儿童刚出生起,就要给予其行动的自由。② 合理的养护锻炼。卢梭认为,儿童的养护和锻炼应该顺应自然。婴儿应该由父母亲亲自喂养。应该让儿童穿着宽松、朴素;给予儿童充足的睡眠时间;在对儿童进行养护的同时,应该注意对儿童进行锻炼,包括体格和品质方面的锻炼。卢梭反对对儿童的娇生惯养和溺爱。③ 注意语言的发展。卢梭认为,为了更好地促进儿童语言的发展,成人要发出儿童能听得懂的一些声音,要少、要清楚、要容易、要翻来覆去地说给他们听。而且在儿童语言发展的过程中切不可操之过急。④ 感觉教育。卢梭认为,应注意对儿童进行感觉教育,在智力教育之前发展他们的感觉能力和充实他们的感觉经验是十分重要的。⑤ 重视模仿。卢梭认为,儿童具有一种模仿的本能,这在他们的自然发展过程中会表现出来。儿童的模仿不仅表现在道德上,也表现在感官发展上。为了使儿童有好的模仿榜样,教育者要严格管束自己。⑥ 自然后果法。以自然教育理论为依据,卢梭在道德教育上提出了"自然后果法"。他强调对于儿童的过失,不必加以责备和处罚,而要利用儿童过失所造成的自然后果,使他们自食其果,从而使他们认识其过失并予以改正。

（五）裴斯泰洛齐

裴斯泰洛齐,19世纪瑞士著名的民主主义教育家。

1. 裴斯泰洛齐的学前教育实践

裴斯泰洛齐开办了示范性农庄"新庄",并在新庄创办了孤儿院。在斯坦斯、布格多夫和伊佛东从事初等教育的改革与探索,实践爱的教育。他的学前教育思想深刻地影响了福禄贝尔,是近代学前教育专门化和幼儿师范教育的倡导者。

他是西方教育史上第一个提出"教育心理学化"口号的教育家,也是西方教育史上第一位将教育与生产劳动相结合的思想付诸实践的教育家。裴斯泰洛齐是前幼儿园时期家庭学前教育理论的重要代表。

他的主要著作有《隐士的黄昏》《林哈德和葛笃德》等。

2. 裴斯泰洛齐的学前教育理论

裴斯泰洛齐强调母亲对儿童的教育作用,认为母亲是孩子的第一任教师和向导。他提出了以母爱为依托、以感觉和心灵的发展为主要内容的学前儿童教育体系。他以和谐发展的理论和要素教育方法为依据,详细研究了学前儿童教育的内容和方法,重视道德情感的培养,强调直观、语言和活动在儿童发展中的作用,并把游戏作为教育幼儿的重要方法。

他指出爱不是万能的,也不是无限度的,溺爱、纵容、放任都是教育中的极大祸害。因此,他主张爱与威严结合。

他认为教学应从教学的基本要素开始,他把数目、形状和语言确定为教学的基本要素。儿童正是通过计算来掌握数目,通过测量来认识形状,通过言语来掌握语言,并同时培养和发展自己的计算、测量和言语的能力。

儿童对母亲的爱,是道德教育最基本的要素。裴斯泰洛齐是提倡"爱的教育"和实施"爱的教育"的典范。

（六）福禄贝尔

福禄贝尔,德国著名的幼儿教育家,幼儿园的创始人,被誉为幼儿教育之父。

1. 福禄贝尔的学前教育实践

1837年,福禄贝尔在德国的勃兰根堡开办了一所学校,专收3~7岁的儿童。1840年,他把这所学校命名为"幼儿园",是世界上第一所以"幼儿园"命名的学前教育机构,标志着学前教育机构的作用开始由"看管"转向"教育"。由此,世界学前教育的发展也进入了一个新阶段。

1843年,福禄贝尔出版了家庭必读作品《母亲与儿歌》。1849年,他举办了幼师训练所。

1836~1850年,他为儿童创制一套玩具或教学用品,并命名为恩物。

他的代表作有《人的教育》和《幼儿园教育学》。

2. 福禄贝尔的学前教育理论

关于儿童发展,福禄贝尔认为人的发展是循序渐进的,儿童发展有三个阶段:自然儿童(本能)、人类儿童、神的儿童。儿童有四种本能:活动的本能、认识的本能、艺术的本能、宗教的本能。

他认为,教育的目的在于唤起和发展潜藏在人体内部的"上帝的本源",把人身上潜在的上帝精神表现出来。教育的原则有发展的原则、教育适应自然的原则、创造性活动原则、社会参与原则。

（1）教育应当适应儿童的发展。他认为教育要遵循儿童的自然本性,实现儿童的天然禀赋。学前儿童不是成人的缩影,幼儿园的教育内容应和学校不同。

（2）关于学前教育的作用和幼儿园教育的任务。福禄贝尔非常重视学前教育在人的发展中的作用,把学前教育看作人的真正教育的开始;强调家庭和父母对儿童教育的作用。但他也意识到,仅靠母亲本能地、自发地教育自己的孩子是不够的,应建立学前教育的专门机构——幼儿园,对幼儿实施社会的公共教育,由训练有素的幼儿教师承担教育职责。建立幼儿园的另一个目的,是给家庭教育提供一些帮助,给缺乏幼儿教育知识的父母提供教育内容和教育方法上的指导。幼儿园教育的任务是:保护儿童身体和精神的健康成长;培养训练有素的幼儿教师;推广幼儿教育经验。

（3）游戏及"恩物"。他认为,幼儿园应当是游戏的乐园。游戏是儿童内部需要和冲动的表现,游戏是儿童最独特的自发活动;游戏在学前教育体系中占有独特的地位,它既是组成儿童生活的一个重要方面,也是学前教育中一个主要的教育手段,游戏应成为幼儿教育过程的基础,主张在幼儿园的教学中把游戏作为主要活动。他把游戏分为身体、感官、精神的游戏三类。福禄贝尔是第一个阐明游戏教育价值的人。为了更好地让幼儿进行游戏,他专门为幼儿制作了玩具"恩物",意为"神恩赐之物"。恩物最初有六种,在之后的福禄贝尔运动中,福禄贝尔主义者把福禄贝尔创制的恩物扩大为20种,并分成游戏恩物(第1~10种)和作业恩物(第11~20种)两类。

（4）作业教学。作业是运用恩物所提供的观念来开展活动,将恩物的知识运用于实践,是"恩物"的发展。作业的种类很多,有绘画、纸工、刺孔、用小木棒拼图、串联小珠、刺绣等。在作业的方法上,福禄贝尔要求从简到繁循序进行。作业需要较多的技能和技巧,必须在学会恩物游戏后才能做。作业中还包括一些劳动活动(作业),例如,简单的手工劳动、种植、初步的自我服务、照料植物等。

（七）蒙台梭利

蒙台梭利,意大利历史上第一位女医学博士、著名的幼儿教育家,是继福禄贝尔之后对学前教育理论有重大影响的代表人物,是世界上第一位杰出的女性学前教育家,被誉为"幼儿园改革家"。

1. 蒙台梭利的学前教育实践

蒙台梭利博士毕业后任罗马大学附属精神病诊所的医生,最初研究智力缺陷儿童的心理和教育问题。她认为,儿童的智力缺陷不仅是医学上的问题,更是教育上的问题,而后致力于正常儿童的教育实验。1907年,她创办了举世闻名的"儿童之家"。在这里,她进行学前教育实验,逐步制定了整套的教材、教具和方法,创立了蒙台梭利教育体制。

她的主要著作有《蒙台梭利教学法》《童年的秘密》《有吸收力的心灵》等。

2. 蒙台梭利的学前教育理论

（1）关于儿童发展。她认为儿童的心理发展既不是单纯的内部成熟,也不是环境、教育的直接产物,而是机体和环境交互作用的结果,是"通过对环境的经验而实现的";强调儿童的内在力量、主观能动性。她认为儿童具有吸收的心智,一个人在童年时期所获取和吸收的一切会一直保持下去,甚至会影响其一生。

（2）提出心理发展的敏感期。**她认为儿童**的各种心理机能也存在不同的发展敏感期,经过长期的观察和研究,把婴幼儿划分为九个敏感期：①语言敏感期(0~6岁)；②秩序敏感期(2~4岁)；③感官敏感期(0~6岁)；④对细微事物感兴趣的敏感期(1.5~4岁)；⑤动作敏感期(0~6岁)；⑥社会规范敏感期(2.5~6岁)；⑦书写敏感期(3.5~4.5岁)；⑧阅读敏感期(4.5~5.5岁)；⑨文化敏感期(6~9岁)。

（3）关于教育。她认为不同的个体有不同的发展节律,教育要与儿童发展的敏感期吻合,就必须用不同的教育来适应不同的成熟节律,因此她十分强调个别教学,让儿童各按自己的需要自由活动,使个性得到充分发展。她提出要建立合乎科学的教育,基本原则是使儿童获得自由,使儿童的天性自然表现。在蒙台梭利学校有两种活动,即集体活动和自由活动,后者占主导地位。

（4）幼儿自我学习的法则。蒙台梭利认为,每个儿童都是一个遵循自身内部法则的生物体,都有各自不同的需要和发展进程表。她在教育过程中发现,幼儿有强烈探索环境和周围一切的本能,这种生命的冲动促使幼儿从生活中学习并发展自我。

（5）重视教育环境的作用。在蒙台梭利教育中,一个有准备的环境是关键。她认为,幼儿的发展离开适宜的环境是不可能实现的。因此,教育就是给幼儿创造一个好的学习环境。对新生婴儿来说,最好的环境就是父母本身。因为儿童这一时期最需要"营养"与"爱",要求与父母相处。蒙台梭利的这一观点,也是针对当时不少贫民家庭对孩子照顾不周而提出来的。对于3岁以上的儿童,蒙台梭利则主张为他们提供一个能激发其活动动机的预备环境。她根据儿童之家的经验,对"有准备的环境"提出了以下的标准和要求：①必须是有规律、有秩序的生活环境；②能提供美观、实用、对幼儿有吸引力的生活设备和用具；③能丰富幼儿的生活印象；④能为幼儿提供感官训练的教材或教具,促进幼儿的智力发展；⑤能让幼儿独立地活动,自然地表现,并意识到自己的力量；⑥能引导幼儿形成一定的行为规范。不难看出,"有准备的环境"具有以下特点：①一个自由发展的环境,有助于幼儿创造自我和自我实现。②一个有秩序的环境。幼儿能在那里安静而有规律地生活。③一个生气勃勃的环境。幼儿在那里充满生气、欢乐和可爱,毫不疲倦地生活,精神饱满地自由活动。④一个愉快的环境。几乎所有的东西都是为幼儿设置的,适合幼儿的年龄特点,对幼儿有极大吸引力。

（6）关于教师的作用。在蒙台梭利教育中,教师不是传统的灌输知识的机器,而是一个环境的创设者、观察者、指导者。因此,蒙台梭利把教师称作"指导员"。她说："应用我的方法,教师教得少而观察得多；教师的作用在于引导幼儿的心理活动和他们的身体发展。基于这一点,我把教师的名称改成指导员。"

（7）幼儿的自由和作业的组织相结合的原则。蒙台梭利认为,给予幼儿自由和教师对作业的组织是一个统一体的两个侧面。她说,理想的作业组织给了幼儿自我发展的可能性,给了幼儿发泄能量的机会,才使每个幼儿获得了满足。没有作业组织的自由将是毫无效益的。没有作业手段,被放任自流的幼儿将一事无成。因此她认为,教师在为幼儿的自由发展创造条件的同时,当然也要设置必要的纪律。在蒙台梭利教育体系中,自由、作业和秩序是蒙台梭利为儿童营造的三根主要支柱。

（8）重视感觉教育。在蒙台梭利教育中,感觉教育是重要内容。在蒙台梭利的感官训练中,触觉最为主要,因为蒙台梭利相信幼儿常常以此代替视觉或听觉。

(9)**关于学前教育的内容与方法**。她指出,教育的基本内容包括肌肉练习(即感官训练)、日常生活训练、逐步的知识教育和文化历史教育。教育方法包括提供有准备的环境,有规律有秩序的生活角落、学习角落、艺术角落和安静角落。教师是儿童活动的指导员,只要做到三点就够了:观察指导、示范、准备。教育的第三个条件是教具,即儿童的活动材料。教师要具备四个条件:专业修养要高,教学技术要精;悉心地照管每一个儿童;准备的教具教材要多;尽职尽责、热爱儿童。

(八)杜威

杜威,美国实用主义哲学家和教育家。他是实用主义教育理论的创始人,也是20世纪影响最大的教育家之一。

1. 杜威的教育实践

1896年,杜威在芝加哥大学哲学、心理学和教育学系创办了隶属于该系的实验学校——芝加哥实验学校(也被称为"杜威学校")。他将自己的教育信念落实到实验中。杜威的幼儿教育主张成为美国进步主义幼儿园运动的重要理论依据,对我国国民政府时期的幼儿教育产生了重要影响。

他的代表著作有《民主主义与教育》《我的教育信条》《学校与社会》《儿童与教材》等。

2. 杜威的学前教育理论

(1)**关于儿童发展**。他重视儿童的本能,认为儿童具有语言和社交的本能、制作的本能、研究和探索的本能、艺术的本能。儿童具有自我生长的能力,这种能力是儿童在活动中通过与环境相互作用而获得发展的。儿童与成人在心理上有很大的差异。

(2)**关于教育**。他的著名论点是"教育即生长",生活就是成长,教育的本质就是促进儿童生物性本能和心理机能不断生长,教育既是改造或改组了的经验;"教育即生活",最好的教育就是从生活中学习、从经验中学习;"教育即经验的不断改造",学校就是一个小型的社会,教育应该是儿童通过活动去体验一切和获得各种直接经验。

(3)**关于学前教育的内容与方法**。他提出应该以儿童为中心,尊重儿童的兴趣与需要,教师只是儿童的助手,对儿童的活动不需要做任何设计和安排,只是为儿童提供活动所需要的条件如教具、玩具等即可;主张从做中学,儿童出生后的每一件事都是要学习的,如看、听、说等,他们在真实的活动中发现问题、寻求解决问题的方法,最后解决问题,从而提高能力。

【典型真题1】下列选项中不符合蒙台梭利教育观念的是(　　　)。
A. 儿童存在着与生俱来的"内在生命力"
B. 教育应让儿童获得自然的和自由的发展
C. 幼儿教师是揭示儿童内心世界的观察者
D. 自由游戏是儿童学习的主要方式

【解析】本题考查蒙台梭利的教育观念。蒙台梭利认为,儿童存在着与生俱来的"内在生命力",教育的根本原则是使儿童获得自由,使儿童的天性得以自然表现。幼儿的学习应是自愿的、非强制性的。教师应该是观察者,教师随时观察孩子的行为,"以不带成人偏见的眼光来看孩子"。D项是福禄贝尔的观点。

【答案】D

【典型真题2】欧文创办的幼儿学校是世界上最早(　　　)。
A. 使用恩物开展教学的学前教育机构
B. 为工人子弟开办的学前教育机构
C. 为贵族子弟开办的学前教育机构
D. 为儿童提供"有准备的环境"的学前教育机构

【答案】B

【解析】欧文于1816年在苏格兰的新拉纳克为1~6岁儿童创办了幼儿学校,这堪称欧洲最早的幼儿教育机构,是世界上最早为工人子弟开办的学前教育机构,B项正确。

【典型真题3】下列说法中属于蒙台梭利教育观点的是(　　)。
A. 注重感官教育　　　　　　B. 注重集体教学的作用
C. 重视恩物的使用　　　　　D. 通过游戏使自由与纪律相协调

【解析】本题考查蒙台梭利的教育理论。蒙台梭利的教育理论非常注重幼儿的感官教育。其中,触觉训练在蒙台梭利的感觉训练中是最主要的方面。A项正确。

【答案】A

【典型真题4】提出"父母是孩子的第一任教师"主张的教育家是(　　)。
A. 蒙台梭利　　　B. 福禄贝尔　　　C. 陈鹤琴　　　D. 陶行知

【解析】福禄贝尔认为,亲子教育非常重要。

【答案】B

【典型真题5】世界上第一部论述学前教育的专著是(　　)。
A.《母育学校》　B.《爱弥尔》　C.《社会契约论》　D.《学记》

【解析】《社会契约论》和《爱弥尔》都是卢梭的著作,但前者是一部政治思想著作,后者是表达其教育思想的小说;《学记》是我国最早的教育论著,但不是专门论述学前教育的著作。《母育学校》是夸美纽斯专门论述学前教育的著作。

【答案】A

【典型真题6】谈谈你对杜威关于教育本质的理解。

【答案要点】"教育即生长",即教育的本质就是促进儿童的本能生长。"教育即生活",即儿童本能生长总是在生活过程中展开的,最好的教育就是"从生活中学习"。"教育即经验的不断改造",即在教育过程中,主要不是教给儿童既有的科学知识,而是让儿童在活动中自己去获得经验。

第三节　我国学前教育的改革动态与发展趋势

一、政策导向

(一)《3~6岁儿童学习与发展指南》精神

为了提高保教质量,2012年10月,教育部发布了《3~6岁儿童学习与发展指南》,对家庭、幼儿园、社会的幼儿教育发挥指导作用。

(二)《3~6岁儿童学习与发展指南》的意义

《3~6岁儿童学习与发展指南》充分彰显了"育人为本"的理念。《3~6岁儿童学习与发展指南》针对当前学前教育普遍存在的困惑和误区,从五个领域描述了幼儿学习与发展的基本规律和特点,并提出了具体的教育建议。这不仅彰显了"育人为本"的理念,还指明了科学育人的实施路径。

《3~6岁儿童学习与发展指南》高扬了"尊重儿童"的旗帜。《3~6岁儿童学习与发展指南》从健康、语言、社会、科学、艺术五个领域较为细致地描述了幼儿的学习与发展,并提出了具有极强实践性的教育建议。儿童从教育价值的边缘走向教育价值的中心,是我国基础教育改革与发展的重要特征。《3~6岁儿童学习与发展指南》强调"关注幼儿学习与发展的整体性""尊重幼儿发展的个体差异""理解幼儿的学习方式和特点""重视幼儿的学习品质"等原则,这些基本原则都是"尊重儿童"个体价值的理性表达。

《3~6岁儿童学习与发展指南》增强了"家园共育"的内涵。《3~6岁儿童学习与发展指南》科学地回答了3~6岁儿童"应该知道什么、能做什么""应该学习什么(学习内容)、怎样学习(学习方式)",以及教师与家长"应该提供怎样的帮助与指导"等有关幼儿学习与发展的基础性与根本性问题。这不仅有助于提高教师与家长科学施教的意识与能力,而且有助于教师与家长对幼儿的学习与发展达成基本共识,从而保持步调一致,结成更稳定的互惠关系,增强"家园共育"的合力。

(三)《幼儿园教师专业标准(试行)》的意义

2012年颁布的《幼儿园教师专业标准(试行)》(以下简称《专业标准》)是国家对合格幼儿园教师专业素质的基本要求,是幼儿园教师实施教育教学行为的基本规范,是引领幼儿园教师专业发展的基本准则,也是幼儿园教师培养、准入、培训、考核等工作的重要依据。对《专业标准》研制背景进行深入分析,有助于我们全面理解和深刻把握《专业标准》的核心精神与具体内容,有助于我们在实践中更好地实施与践行《专业标准》。

(四)《幼儿园工作规程》的修订

1996年颁布、2016年修订的《幼儿园工作规程》是我国第一部规范幼儿园内部管理的规章,也是基础教育领域比较早的一部管理规章,下发以来对加强各级各类幼儿园的规范管理发挥了重要作用。随着经济社会的发展,学前教育改革发展的大环境发生了巨大变化,特别是《国家中长期教育改革和发展规划纲要(2010—2020年)》颁布后,学前教育事业规模不断扩大,普及程度大幅提高。在推进学前教育基本普及的新形势下修订《幼儿园工作规程》具有重要的现实意义。

这次主要做了5方面修订,包括坚持立德树人;强化安全管理;规范办园行为;注重与法律法规和有关政策的衔接;完善幼儿园内部管理机制。通过这次修订,我们重新认识了幼儿园的性质、培养目标、科学管理,重新认识了教育对象,重新认识了幼儿园的家长工作。

(五)《关于学前教育深化改革规范发展的若干意见》

为进一步完善学前教育公共服务体系,切实办好新时代学前教育,更好实现幼有所育,就学前教育深化改革规范发展提出意见。中共中央、国务院于2018年11月7日发布了《关于学前教育深化改革规范发展的若干意见》。

《关于学前教育深化改革规范发展的若干意见》明确了学前教育深化改革规范发展的原则、目标和具体举措。强调普及普惠;扩大资源供给,充分利用闲置资源办园,规范小区配套幼儿园建设使用;健全成本分担机制,合理确定公办园收费标准,加强对民办园收费价格监管;加强师资建设,依法保障幼儿园教师地位和待遇;遏制过度逐利行为:民办园应每年依规提交经审计的财务报告;提高保教质量:国家制定幼儿园玩教具和图书配备指南;严格依法监管:实行幼儿园责任督学挂牌督导制度。

(六)《关于大力推进幼儿园与小学科学衔接的指导意见》

长期以来,受传统文化和学制影响,幼儿园和小学分属不同学段,在课程内容、教学方式上存在较大差异,两个学段相互分离、互不衔接,很多儿童入学适应面临不同程度的困难,成为基础教育的痛点和难点问题。深化基础教育课程教学改革,建设高质量教育体系,必须加强统筹协调,切实解决好幼小衔接问题。

科学做好幼小衔接工作,也是规范办学行为的迫切需要。由于社会竞争的加剧,家长普遍感到焦虑,对孩子抱有过高期望。校外培训机构开展超前培训,推波助澜;一些幼儿园提前教授小学课程内容迎合家长。这些不规范行为严重扰乱了正常的教育教学秩序,破坏了教育生态,必须加强规范引导,确保儿童身心健康成长。

2021年教育部发布《关于大力推进幼儿园与小学科学衔接的指导意见》,对促进幼儿园和小学科学衔接,全面做好入学准备和入学适应教育工作,确保儿童顺利实现从幼儿园向小学生活过渡,对其身心健康和终身发展具有重要意义。

(七)《幼儿园保育教育质量评估指南》

教育部2022年2月10日印发《幼儿园保育教育质量评估指南》。

长期以来,各地幼儿园保教质量评估普遍存在"重结果轻过程、重硬件轻内涵、重他评轻自评"等倾向,难以适应学前教育高质量发展的要求,亟待从国家层面出台指南,强化科学导向,加强规范引导,推动各地健全科学的幼儿园保教质量评估体系。

《幼儿园保育教育质量评估指南》以促进幼儿身心健康发展为导向,聚焦幼儿园保育教育过程质量,围绕办园方向、保育与安全、教育过程、环境创设、教师队伍5个方面提出15项关键指标和48个考查要点。对找准学前教育发展提升的着力点,完善以促进幼儿身心健康发展为导向的学前教育质量评估体系,整体提升幼儿园办园水平和保育教育质量,更好地满足人民群众日益增长的优质教育需求具有重要意义。

(八)加快《学前教育法》立法进程

近十年来,我国制定了一系列学前教育的相关政策和文件,推进学前教育事业迅速发展,并取得了巨大的进步。但在发展的过程中,也出现了许多新问题。要解决我国学前教育发展方面的种种问题,仅仅从政策文件出发是不够的,必须将其上升到法律层面,从法律角度明确学前教育公益性性质,明确学前教育在我国教育体系中的合法地位。

2023年8月,十四届全国人大常委会第五次会议举行全体会议,学前教育法草案提请初次审议。学前教育法草案主要从明确学前教育定位,补齐教育短板;健全规划举办机制,促进资源供给;规范学前教育实施,提高保教质量;加强教职工队伍建设,提升教师素质;完善投入机制,加强经费保障;健全监管体制,强化监督管理等六个方面作出规定。

▶ 二、改革动态

(一)调整学前教育的布局

随着我国人口发展面临的新形势,以及经过十余年学前教育加速发展,学前教育的总供求关系平衡开始逆转,从总量扩张转变为结构均衡。这种情况下,更应该注重学前教育质量的提升,尤其要以"小园小班"、更适宜的师生比作为幼儿园的标准和规范,作为改善学前教育质量的举措。

影响学前教育发展的另一个因素是人口流动。农村人口持续向城市流动迁移,尤其是向大城市群流动迁移,城区学前儿童逐年增加,乡村学前儿童则逐年减少。面对这种形势,应建立农村学前教育发展的弹性机制,既要保证农村学前教育的兜底和扫尾工作顺利进行,也应因地制宜地发展农村学前教育,如山村幼儿园和非正规学前教育,避免在农村建设标准幼儿园,甚至豪华、超标、超大幼儿园,造成资源错配。

(二)破除学前教育公办民办"双轨制"

"双轨制"是指公办园、民办普惠园两类学前教育机构适用不同的财政投入制度。经过2010年以来的学前教育发展,公办园数量增加,越来越多的儿童能够进入公办园,与此同时,民办普惠园的成本约束加大,家庭入园成本得以控制。但是,人们开始对民办普惠园的质量感到不满,一些家庭对公办园、民办普惠园入园成本的差异感到困惑。于是,公办园、民办普惠园之间的制度性差异开始成为学前教育基本普及之后面临的根本性制度问题。面对这个问题,需采取适当的办法促进学前教育从"双轨"到"并轨"的改革。

(三)加强幼儿园的普惠建设

目前,我国幼儿园的普及已基本实现,但普惠仍然遥远,需进一步加强幼儿园的普惠建设。中国学前教育普惠之路的第一步就是明确政府是普惠学前教育的责任主体,明确公办园应首先承担更大的普惠责任。同时,制定普惠性学前教育基本公共服务的供给标准,统筹协调公办幼儿园和民办普惠幼儿园一体化发展,让更多的幼儿与家庭享受公平而有质量的学前教育。

(四) 促进学前教育公平发展

学前教育公平就是所有适龄儿童享有相同的机会进入质量相当的幼儿园;所有学前教育举办方平等享用公共财政资源。为此,需要打破幼教资源分享的障碍,扩大地域之间的交流,消除公办园与民办园在地位与待遇上的不平等,真正促进普惠性学前教育公平、有质量地发展。

公平是比公益性、普惠性、规范化更上位的目标。政府是实现学前教育公平的第一责任主体,应把民办学前教育纳入国民教育体系的整体规划中,政府在学前教育发展中的定位就是保底,即保障最缺乏入园条件的幼儿能够享受到公共幼儿教育。在政策上,应平等对待公办园和民办园;在资金投入上,应向幼儿教育薄弱方面倾斜,构建普惠、有质量的学前教育公共服务体系。

(五) 提升学前教育质量

从总体上看,教育质量还不高,这是我国学前教育存在的重要问题之一。优质教育是学前教育的根本追求。聚焦幼儿,着眼发展,关注整体,注重差异,是推进以幼儿为中心的学前教育质量提升的根本原则。

提升学前教育质量,需要做到:以幼儿为中心,确立正确的质量观;加强教师队伍建设,提升课程建设能力;改善教育环境,增进幼儿有益经验;研究保教过程,建立良好师幼关系;评估监管并重,确保教育质量。

(六) 建立学前教育现代治理体系

2012—2020 年,学前教育现代化治理体系处于建设起步时期。2021—2030 年将是学前教育现代化治理体系不断完善的阶段。学前教育公共服务的性质,决定了学前教育现代化治理必然遵循的一些原则,如政府主导、多元参与、平等开放、专业支撑等。

三、发展趋势

(一) 对学前教育的重大意义和价值认识更加深刻

从社会的角度看,随着多学科、多领域研究的共同推动,人们对于学前教育的重大意义和价值的认识更加深刻和广泛。首先,学前教育对人一生的发展和终身教育的奠基意义获得了普遍认可;其次,学前教育对社会、国家政治稳定、经济发展的贡献意义越来越受到政府的重视,学前教育作为国家战略被优先发展的趋势越来越明显。

(二) 致力于公平而有质量的学前教育民主化进程的推进

从教育政策的角度看,促公平、保质量日益成为国家学前教育发展的基本趋势,学前教育的民主化进程随着整个社会的民主进程(如妇女就业、消除贫困)而日益加快,普及学前教育,消除学前教育机构的布局失衡和发展水平的地区差异、城乡差异等成为国家学前教育政策的基本走向。

(三) 托幼一体化

从学前教育的内部结构看,学前教育循着从普及学前一年发展到普及学前三年的梯度在前进的同时,从注重幼小衔接发展到开始重视婴幼儿教育的衔接,托幼一体化成为学前教育的基本趋势。公共学前教育机构的教育,从个体发展的时间轴上越来越强调教育阶段间的连续性以减缓坡度,减少儿童的适应困难。

(四) 家庭、学前教育机构和社区三位一体的整合性学前教育日渐显现

从学前教育的空间形态看,家庭教育、公共教育机构的教育、社区教育之间的横向联系越来越紧密。教育化社区和社区化教育的观念开始被人们广泛认同。于是,家庭—幼儿园(早教机构或托儿所)—社区的合作,教育资源的整合,寻求教育的一致性,实现多种形态教育的整合性共育趋

势日益明显。

(五)课程多元化

从学前教育实施的角度看,课程是实现教育目标的途径和中介。随着课程生活化与游戏化的改革,幼儿园课程园本化、班本化实践的推进,学前教育的课程呈现出多元化的趋势。

【典型真题】下列选项中,对幼儿教育质量影响最小的是( )。
A. 经费投入　　　B. 师幼互动　　　C. 教师学历　　　D. 高档园所
【解析】教师学历和经费投入是影响幼儿教育质量的最基本的软硬件条件,师幼互动是影响幼儿教育质量的核心内部要素。
【答案】D
【典型例题】材料:
2010年到2011年,中国很多媒体都出现了"学前教育的春天"这样的标题,例如,光明日报2010年3月4日的报道标题是"学前教育的春天已来临",开篇导语为"'上私立幼儿园不便宜,上公立幼儿园不容易'是不少学龄前儿童父母遇到的一大难题,如今,这一难题正在破解"。
问题:请从中国学前教育发展的政策导向角度解释媒体的报道。
【答案要点】2010年,《国家中长期教育改革和发展规划纲要(2010—2020年)》(以下简称《规划纲要》)发布,学前教育第一次以单独章节列出,它体现了政府对学前教育的空前重视,也成为《规划纲要》的一大亮点。《规划纲要》指出,到2020年,普及学前一年教育,基本普及学前两年教育,有条件的地区普及学前三年教育。把发展学前教育纳入城镇、社会主义新农村建设规划。重点发展农村学前教育,努力提高农村学前教育普及程度。2010年,国务院印发了《关于当前发展学前教育的若干意见》,明确了发展学前教育的"国十条"。显然,这些政策的推出预示着学前教育的春天已经来临。

第四节　幼儿园教育指导纲要(试行)

第一部分　总　则

一、为贯彻《中华人民共和国教育法》《幼儿园管理条例》和《幼儿园工作规程》,指导幼儿园深入实施素质教育,特制定本纲要。

二、幼儿园教育是基础教育的重要组成部分,是我国学校教育和终身教育的奠基阶段。城乡各类幼儿园都应从实际出发,因地制宜地实施素质教育,为幼儿一生的发展打好基础。

三、幼儿园应与家庭、社区密切合作,与小学相互衔接,综合利用各种教育资源,共同为幼儿的发展创造良好的条件。

四、幼儿园应为幼儿提供健康、丰富的生活和活动环境,满足他们多方面发展的需要,使他们在快乐的童年生活中获得有益于身心发展的经验。

五、幼儿园教育应尊重幼儿的人格和权利,尊重幼儿身心发展的规律和学习特点,以游戏为基本活动,保教并重,关注个别差异,促进每个幼儿富有个性的发展。

第二部分　教育内容与要求

幼儿园的教育内容是全面的、启蒙性的,可以相对划分为健康、语言、社会、科学、艺术等五个领域,也可作其他不同的划分。各领域的内容相互渗透,从不同的角度促进幼儿情感、态度、能力、知识、技能等方面的发展。

一、健康

（一）目标

1. 身体健康，在集体生活中情绪安定、愉快；
2. 生活、卫生习惯良好，有基本的生活自理能力；
3. 知道必要的安全保健常识，学习保护自己；
4. 喜欢参加体育活动，动作协调、灵活。

（二）内容与要求

1. 建立良好的师生、同伴关系，让幼儿在集体生活中感到温暖，心情愉快，形成安全感、信赖感。
2. 与家长配合，根据幼儿的需要建立科学的生活常规。培养幼儿良好的饮食、睡眠、盥洗、排泄等生活习惯和生活自理能力。
3. 教育幼儿爱清洁、讲卫生，注意保持个人和生活场所的整洁和卫生。
4. 密切结合幼儿的生活进行安全、营养和保健教育，提高幼儿的自我保护意识和能力。
5. 开展丰富多彩的户外游戏和体育活动，培养幼儿参加体育活动的兴趣和习惯，增强体质，提高对环境的适应能力。
6. 用幼儿感兴趣的方式发展基本动作，提高动作的协调性、灵活性。
7. 在体育活动中，培养幼儿坚强、勇敢、不怕困难的意志品质和主动、乐观、合作的态度。

（三）指导要点

1. 幼儿园必须把保护幼儿的生命和促进幼儿的健康放在工作的首位。树立正确的健康观念，在重视幼儿身体健康的同时，要高度重视幼儿的心理健康。
2. 既要高度重视和满足幼儿受保护、受照顾的需要，又要尊重和满足他们不断增长的独立要求，避免过度保护和包办代替，鼓励并指导幼儿自理、自立的尝试。
3. 健康领域的活动要充分尊重幼儿生长发育的规律，严禁以任何名义进行有损幼儿健康的比赛、表演或训练等。
4. 培养幼儿对体育活动的兴趣是幼儿园体育的重要目标，要根据幼儿的特点组织生动有趣、形式多样的体育活动，吸引幼儿主动参与。

二、语言

（一）目标

1. 乐意与人交谈，讲话礼貌；
2. 注意倾听对方讲话，能理解日常用语；
3. 能清楚地说出自己想说的事；
4. 喜欢听故事、看图书；
5. 能听懂和会说普通话。

（二）内容与要求

1. 创造一个自由、宽松的语言交往环境，支持、鼓励、吸引幼儿与教师、同伴或其他人交谈，体验语言交流的乐趣，学习使用适当的、礼貌的语言交往。
2. 养成幼儿注意倾听的习惯，发展语言理解能力。
3. 鼓励幼儿大胆、清楚地表达自己的想法和感受，尝试说明、描述简单的事物或过程，发展语言表达能力和思维能力。
4. 引导幼儿接触优秀的儿童文学作品，使之感受语言的丰富和优美，并通过多种活动帮助幼儿加深对作品的体验和理解。

5. 培养幼儿对生活中常见的简单标记和文字符号的兴趣。

6. 利用图书、绘画和其他多种方式，引发幼儿对书籍、阅读和书写的兴趣，培养前阅读和前书写技能。

7. 提供普通话的语言环境，帮助幼儿熟悉、听懂并学说普通话。少数民族地区还应帮助幼儿学习本民族语言。

（三）指导要点

1. 语言能力是在运用的过程中发展起来的，发展幼儿语言的关键是创设一个能使他们想说、敢说、喜欢说、有机会说并能得到积极应答的环境。

2. 幼儿语言的发展与其情感、经验、思维、社会交往能力等其他方面的发展密切相关，因此，发展幼儿语言的重要途径是通过互相渗透的各领域的教育，在丰富多彩的活动中去扩展幼儿的经验，提供促进语言发展的条件。

3. 幼儿的语言学习具有个别化的特点，教师与幼儿的个别交流、幼儿之间的自由交谈等，对幼儿语言发展具有特殊意义。

4. 对有语言障碍的儿童要给予特别关注，要与家长和有关方面密切配合，积极地帮助他们提高语言能力。

三、社会

（一）目标

1. 能主动地参与各项活动，有自信心；

2. 乐意与人交往，学习互助、合作和分享，有同情心；

3. 理解并遵守日常生活中基本的社会行为规则；

4. 能努力做好力所能及的事，不怕困难，有初步的责任感；

5. 爱父母长辈、老师和同伴，爱集体、爱家乡、爱祖国。

（二）内容与要求

1. 引导幼儿参加各种集体活动，体验与教师、同伴等共同生活的乐趣，帮助他们正确认识自己和他人，养成对他人、社会亲近、合作的态度，学习初步的人际交往技能。

2. 为每个幼儿提供表现自己长处和获得成功的机会，增强其自尊心和自信心。

3. 提供自由活动的机会，支持幼儿自主地选择、计划活动，鼓励他们通过多方面的努力解决问题，不轻易放弃克服困难的尝试。

4. 在共同的生活和活动中，以多种方式引导幼儿认识、体验并理解基本的社会行为规则，学习自律和尊重他人。

5. 教育幼儿爱护玩具和其他物品，爱护公物和公共环境。

6. 与家庭、社区合作，引导幼儿了解自己的亲人以及与自己生活有关的各行各业人们的劳动，培养其对劳动者的热爱和对劳动成果的尊重。

7. 充分利用社会资源，引导幼儿实际感受祖国文化的丰富与优秀，感受家乡的变化和发展，激发幼儿爱家乡、爱祖国的情感。

8. 适当向幼儿介绍我国各民族和世界其他国家、民族的文化，使其感知人类文化的多样性和差异性，培养理解、尊重、平等的态度。

（三）指导要点

1. 社会领域的教育具有潜移默化的特点。幼儿社会态度和社会情感的培养尤应渗透在多种活动和一日生活的各个环节之中，要创设一个能使幼儿感受到接纳、关爱和支持的良好环境，避免单一呆板的言语说教。

2. 幼儿与成人、同伴之间的共同生活、交往、探索、游戏等,是其社会学习的重要途径。应为幼儿提供人际间相互交往和共同活动的机会和条件,并加以指导。

3. 社会学习是一个漫长的积累过程,需要幼儿园、家庭和社会密切合作,协调一致,共同促进幼儿良好社会性品质的形成。

四、科学

(一)目标

1. 对周围的事物、现象感兴趣,有好奇心和求知欲;
2. 能运用各种感官,动手动脑,探究问题;
3. 能用适当的方式表达、交流探索的过程和结果;
4. 能从生活和游戏中感受事物的数量关系并体验到数学的重要和有趣;
5. 爱护动植物,关心周围环境,亲近大自然,珍惜自然资源,有初步的环保意识。

(二)内容与要求

1. 引导幼儿对身边常见事物和现象的特点、变化规律产生兴趣和探究的欲望。
2. 为幼儿的探究活动创造宽松的环境,让每个幼儿都有机会参与尝试,支持、鼓励他们大胆提出问题,发表不同意见,学会尊重别人的观点和经验。
3. 提供丰富的可操作的材料,为每个幼儿都能运用多种感官、多种方式进行探索提供活动的条件。
4. 通过引导幼儿积极参加小组讨论、探索等方式,培养幼儿合作学习的意识和能力,学习用多种方式表现、交流、分享探索的过程和结果。
5. 引导幼儿对周围环境中的数、量、形、时间和空间等现象产生兴趣,建构初步的数概念,并学习用简单的数学方法解决生活和游戏中某些简单的问题。
6. 从生活或媒体中幼儿熟悉的科技成果入手,引导幼儿感受科学技术对生活的影响,培养他们对科学的兴趣和对科学家的崇敬。
7. 在幼儿生活经验的基础上,帮助幼儿了解自然、环境与人类生活的关系。从身边的小事入手,培养初步的环保意识和行为。

(三)指导要点

1. 幼儿的科学教育是科学启蒙教育,重在激发幼儿的认识兴趣和探究欲望。
2. 要尽量创造条件让幼儿实际参加探究活动,使他们感受科学探究的过程和方法,体验发现的乐趣。
3. 科学教育应密切联系幼儿的实际生活进行,利用身边的事物与现象作为科学探索的对象。

五、艺术

(一)目标

1. 能初步感受并喜爱环境、生活和艺术中的美;
2. 喜欢参加艺术活动,并能大胆地表现自己的情感和体验;
3. 能用自己喜欢的方式进行艺术表现活动。

(二)内容与要求

1. 引导幼儿接触周围环境和生活中美好的人、事、物,丰富他们的感性经验和审美情趣,激发他们表现美、创造美的情趣。
2. 在艺术活动中面向全体幼儿,要针对他们的不同特点和需要,让每个幼儿都得到美的熏陶和培养。对有艺术天赋的幼儿要注意发展他们的艺术潜能。

3. 提供自由表现的机会,鼓励幼儿用不同艺术形式大胆地表达自己的情感、理解和想象,尊重每个幼儿的想法和创造,肯定和接纳他们独特的审美感受和表现方式,分享他们创造的快乐。

4. 在支持、鼓励幼儿积极参加各种艺术活动并大胆表现的同时,帮助他们提高表现的技能和能力。

5. 指导幼儿利用身边的物品或废旧材料制作玩具、手工艺品等来美化自己的生活或开展其他活动。

6. 为幼儿创设展示自己作品的条件,引导幼儿相互交流、相互欣赏、共同提高。

(三) 指导要点

1. 艺术是实施美育的主要途径,应充分发挥艺术的情感教育功能,促进幼儿健全人格的形成。要避免仅仅重视表现技能或艺术活动的结果,而忽视幼儿在活动过程中的情感体验和态度的倾向。

2. 幼儿的创作过程和作品是他们表达自己的认识和情感的重要方式,应支持幼儿富有个性和创造性的表达,克服过分强调技能技巧和标准化要求的偏向。

3. 幼儿艺术活动的能力是在大胆表现的过程中逐渐发展起来的,教师的作用应主要在于激发幼儿感受美、表现美的情趣,丰富他们的审美经验,使之体验自由表达和创造的快乐。在此基础上,根据幼儿的发展状况和需要,对表现方式和技能技巧给予适时、适当的指导。

第三部分 组织与实施

一、幼儿园的教育是为所有在园幼儿的健康成长服务的,要为每一个儿童,包括有特殊需要的儿童提供积极的支持和帮助。

二、幼儿园的教育活动,是教师以多种形式有目的、有计划地引导幼儿生动、活泼、主动活动的教育过程。

三、教育活动的组织与实施过程是教师创造性地开展工作的过程。教师要根据本《纲要》,从本地、本园的条件出发,结合本班幼儿的实际情况,制定切实可行的工作计划并灵活地执行。

四、教育活动目标要以《幼儿园工作规程》和本《纲要》所提出的各领域目标为指导,结合本班幼儿的发展水平、经验和需要来确定。

五、教育活动内容的选择应遵照本《纲要》第二部分的有关条款进行,同时体现以下原则:

(一) 既适合幼儿的现有水平,又有一定的挑战性。

(二) 既符合幼儿的现实需要,又有利于其长远发展。

(三) 既贴近幼儿的生活来选择幼儿感兴趣的事物和问题,又有助于拓展幼儿的经验和视野。

六、教育活动内容的组织应充分考虑幼儿的学习特点和认识规律,各领域的内容要有机联系,相互渗透,注重综合性、趣味性、活动性,寓教育于生活、游戏之中。

七、教育活动的组织形式应根据需要合理安排,因时、因地、因内容、因材料灵活地运用。

八、环境是重要的教育资源,应通过环境的创设和利用,有效地促进幼儿的发展。

(一) 幼儿园的空间、设施、活动材料和常规要求等应有利于引发、支持幼儿的游戏和各种探索活动,有利于引发、支持幼儿与周围环境之间积极的相互作用。

(二) 幼儿同伴群体及幼儿园教师集体是宝贵的教育资源,应充分发挥这一资源的作用。

(三) 教师的态度和管理方式应有助于形成安全、温馨的心理环境;言行举止应成为幼儿学习的良好榜样。

(四) 家庭是幼儿园重要的合作伙伴。应本着尊重、平等、合作的原则,争取家长的理解、支持和主动参与,并积极支持、帮助家长提高教育能力。

(五) 充分利用自然环境和社区的教育资源,扩展幼儿生活和学习的空间。幼儿园同时应为社区的早期教育提供服务。

九、科学、合理地安排和组织一日生活。

（一）时间安排应有相对的稳定性与灵活性，既有利于形成秩序，又能满足幼儿的合理需要，照顾到个体差异。

（二）教师直接指导的活动和间接指导的活动相结合，保证幼儿每天有适当的自主选择和自由活动时间。教师直接指导的集体活动要能保证幼儿的积极参与，避免时间的隐性浪费。

（三）尽量减少不必要的集体行动和过渡环节，减少和消除消极等待现象。

（四）建立良好的常规，避免不必要的管理行为，逐步引导幼儿学习自我管理。

十、教师应成为幼儿学习活动的支持者、合作者、引导者。

（一）以关怀、接纳、尊重的态度与幼儿交往。耐心倾听，努力理解幼儿的想法与感受，支持、鼓励他们大胆探索与表达。

（二）善于发现幼儿感兴趣的事物、游戏和偶发事件中所隐含的教育价值，把握时机，积极引导。

（三）关注幼儿在活动中的表现和反应，敏感地察觉他们的需要，及时以适当的方式应答，形成合作探究式的师生互动。

（四）尊重幼儿在发展水平、能力、经验、学习方式等方面的个体差异，因人施教，努力使每一个幼儿都能获得满足和成功。

（五）关注幼儿的特殊需要，包括各种发展潜能和不同发展障碍，与家庭密切配合，共同促进幼儿健康成长。

十一、幼儿园教育要与0-3岁儿童的保育教育以及小学教育相互衔接。

第四部分 教育评价

一、教育评价是幼儿园教育工作的重要组成部分，是了解教育的适宜性、有效性，调整和改进工作，促进每一个幼儿发展，提高教育质量的必要手段。

二、管理人员、教师、幼儿及其家长均是幼儿园教育评价工作的参与者。评价过程是各方共同参与、相互支持与合作的过程。

三、评价的过程，是教师运用专业知识审视教育实践，发现、分析、研究、解决问题的过程，也是其自我成长的重要途径。

四、幼儿园教育工作评价实行以教师自评为主，园长以及有关管理人员、其他教师和家长等参与评价的制度。

五、评价应自然地伴随着整个教育过程进行。综合采用观察、谈话、作品分析等多种方法。

六、幼儿的行为表现和发展变化具有重要的评价意义，教师应视之为重要的评价信息和改进工作的依据。

七、教育工作评价宜重点考察以下方面：

（一）教育计划和教育活动的目标是否建立在了解本班幼儿现状的基础上。

（二）教育的内容、方式、策略、环境条件是否能调动幼儿学习的积极性。

（三）教育过程是否能为幼儿提供有益的学习经验，并符合其发展需要。

（四）教育内容、要求能否兼顾群体需要和个体差异，使每个幼儿都能得到发展，都有成功感。

（五）教师的指导是否有利于幼儿主动、有效地学习。

八、对幼儿发展状况的评估，要注意：

（一）明确评价的目的是了解幼儿的发展需要，以便提供更加适宜的帮助和指导。

（二）全面了解幼儿的发展状况，防止片面性，尤其要避免只重知识和技能，忽略情感、社会性和实际能力的倾向。

（三）在日常活动与教育教学过程中采用自然的方法进行。平时观察所获的具有典型意义的幼儿行为表现和所积累的各种作品等,是评价的重要依据。

(四)承认和关注幼儿的个体差异,避免用划一的标准评价不同的幼儿,在幼儿面前慎用横向的比较。

(五)以发展的眼光看待幼儿,既要了解现有水平,更要关注其发展的速度、特点和倾向等。

【典型真题1】《幼儿园教育指导纲要(试行)》提出幼儿园教育工作评价应当以(　　)。
A. 幼儿评价为主　　　　　　B. 家长评价为主
C. 教师自评为主　　　　　　D. 专家评价为主

【解析】《幼儿园教育指导纲要(试行)》指出:幼儿园教育工作评价实行以教师自评为主,园长以及有关管理人员、其他教师和家长等参与评价的制度。

【答案】 C

【典型真题2】 发展幼儿语言表达能力的关键是让他们(　　)。
A. 多交流多表达　　　　　　B. 多模仿别人说话
C. 多认字多写字　　　　　　D. 多背诵经典

【解析】《幼儿园教育指导纲要(试行)》认为发展幼儿语言的关键是创设一个能使他们想说、敢说、喜欢说、有机会说,并能得到积极应答的环境。目标是幼儿乐意与人交谈,讲话礼貌;注意倾听对方讲话,能理解日常用语;能清楚地说出自己想说的事;喜欢听故事、看图书;能听懂和会说普通话。也就是说发展幼儿语言表达能力的关键是多交流多表达。故选A项。

【答案】 A

【典型真题3】 在幼儿绘画活动中,教师最应该强调的是(　　)。
A. 画面干净、美观　　　　　B. 画的和教师的一样
C. 按照自己的意愿大胆表达　D. 画得越像越好

【解析】《幼儿园教育指导纲要(试行)》艺术领域的内容与要求强调:提供自由表现的机会,鼓励幼儿用不同艺术形式大胆地表达自己的情感、理解和想象,尊重每个幼儿的想法和创造,肯定和接纳他们独特的审美感受和表现方式,分享他们创造的快乐。故该题选C项。

【答案】 C

【典型真题4】 幼儿园教师应该是(　　)。
A. 幼儿学习的引导者、决策者和管理者
B. 幼儿学习的支持者、合作者和引导者
C. 幼儿学习的引导者、传授者和控制者
D. 幼儿学习的管理者、决策者和传授者

【解析】 本题考查《幼儿园教育指导纲要(试行)》组织与实施的内容。《幼儿园教育指导纲要(试行)》指出,教师应成为幼儿学习活动的支持者、合作者、引导者。

【答案】 B

【典型真题5】 在教育过程中,教师评价幼儿的适宜做法是(　　)。
A. 用统一的标准评价幼儿
B. 根据一次测评的结果评价幼儿
C. 用标准化的测评工具评价幼儿
D. 根据日常观察所获得的信息评价幼儿

【解析】 本题考查《幼儿园教育指导纲要(试行)》的教育评价。《幼儿园教育指导纲要(试行)》指出,在日常活动与教育教学过程中采用自然的方法进行评价,平时观察所获的具有典型意义的幼儿行为表现和所积累的各种作品等,是评价的重要依据。

【答案】D

【典型真题6】试述科学安排幼儿园一日生活的原则。

【答案要点】合理安排幼儿园一日生活,能使幼儿更好地适应幼儿园的集体生活,同时对幼儿的成长和发展也会产生十分重要的影响,因此,应遵循以下原则:

(1)时间安排应有相对的稳定性与灵活性,既有利于形成秩序,又能满足幼儿的合理需要,照顾到个体差异。幼儿园一日生活的基本要求规范化并保持相对的稳定性,可以使幼儿的生活丰富而有规律,更能使幼儿适应日常的活动,并调动幼儿在一日生活中的主动性、积极性。同时,幼儿园一日生活的安排也要有一定的灵活性,避免机械、刻板的模式,教师可以根据教学内容和幼儿在活动中的实际反应做适当的调整。例如,当大部分幼儿都对所参与的活动表现出极大兴趣时,不妨把活动的时间延长一些,以满足幼儿的需求;反之,幼儿对某个活动表现出注意力不集中、疲倦时,也可以适当缩短活动时间,甚至暂时取消该活动。

(2)尽量减少不必要的集体行动和过渡环节,减少和消除消极等待现象。教师应事先考虑和计划幼儿园一日生活各个环节之间的转换,帮助幼儿了解下一个活动的内容,并在每个活动结束时出示明确的信号。例如,一日生活中幼儿集体喝水和如厕时,由于幼儿动作快慢的差异,往往会出现幼儿在厕所聊天、打闹等现象。教师可利用音乐作为环节转换的信号,在音乐结束时,要求幼儿回到座位开始下一个活动,从而使幼儿自然地过渡到下一个环节,减少混乱和时间浪费等现象。

(3)教师直接指导的活动和间接指导的活动相结合,保证幼儿每天有适当的自主选择机会和自由活动时间。教师直接指导的集体活动要能保证幼儿的积极参与,避免时间的隐性浪费。教师直接指导的集体活动可以提高活动的效率,同时在这一过程中教师可帮助幼儿培养集体感及良好的同伴关系;而自由活动可以为幼儿彰显个性、发挥潜能提供条件,因此保证幼儿每天都有适当的自主选择机会和活动时间,能促进其个性化发展。例如,教师可以根据不同年龄班幼儿的特点和身心发展规律设计幼儿喜欢的教学活动并引导其积极参与其中,活动结束之后教师可鼓励幼儿在区角活动中继续用自己喜欢的方式表现对活动的情感延伸。

(4)建立良好的常规,避免不必要的管理行为,逐步引导幼儿学习自我管理。建立良好的常规可以帮助幼儿明确一日生活中各个环节的规则,指导幼儿有秩序地参与集体活动,能有效缓解甚至避免打闹、争抢等不良行为;同时,引导幼儿学习自我管理可以使幼儿自我意识和自我监控等能力得到进一步发展。例如,教师在娃娃家门口放一定数量的围裙作为提示,当围裙用完时证明娃娃家已经人满了,幼儿可以尝试其他区角活动。这样的合理常规既能够有效减轻教师负担,还能够提高幼儿的自我管理意识。

强化过关训练

一、单项选择题

1. 对我国学前教育的描述不正确的是（ ）。
   A. 基础教育 B. 启蒙教育 C. 义务教育 D. 全面发展的教育

2. 《幼儿园教育指导纲要（试行）》把幼儿教育的内容相对划分为（ ）。
   A. 语言、数学、科学、社会、艺术 B. 健康、语言、社会、科学、保健
   C. 健康、语言、社会、科学、游戏 D. 健康、语言、社会、科学、艺术

3. 幼儿教师选择教学内容最主要的依据是（ ）。
   A. 幼儿发展 B. 社会需求 C. 学科知识 D. 教师特长

4. 对幼儿园活动的正确理解是（ ）。
   A. 儿童尽情地随意玩耍
   B. 在安全的前提下按课程的要求活动
   C. 为儿童舒展筋骨而开展活动
   D. 教育过程就是活动过程，促进儿童身心健康发展

5. 福禄贝尔在幼儿园教育实践中创制的活动玩具被称为（ ）。
   A. 凡物 B. 积木 C. 恩物 D. 念物

6. 建立我国第一个幼儿教育研究中心，并亲自主持幼稚园研究工作，提出"活教育"思想的是（ ）。
   A. 陶行知 B. 陈鹤琴 C. 张雪门 D. 张宗麟

7. 陈鹤琴提出的五指活动指的是（ ）。
   A. 儿童健康活动、儿童社会活动、儿童科学活动、儿童艺术活动、儿童文学活动
   B. 儿童语言活动、儿童社会活动、儿童科学活动、儿童美术活动、儿童音乐活动
   C. 儿童常识活动、儿童社会活动、儿童科学活动、儿童艺术活动、儿童文学活动
   D. 儿童体育活动、儿童语言活动、儿童科学活动、儿童艺术活动、儿童文学活动

8. 下列有关幼儿美术教育的做法，不正确的是（ ）。
   A. 支持幼儿表达自己对美术作品的独特情感
   B. 出示范画让幼儿模仿
   C. 鼓励幼儿用自己的方法表现美
   D. 为幼儿的美术创作提供丰富的材料

9. 最早提出"以儿童的最大利益为首要考虑"这一项原则的文件是（ ）。
   A. 《适合儿童生长的世界》 B. 《3~6岁儿童学习与发展指南》
   C. 《未成年人保护法》 D. 《儿童权利公约》

10. 《幼儿园工作规程》规定，新生入园时，幼儿园要进行（ ）。
    A. 幼儿知识与能力测评 B. 幼儿智力测查
    C. 幼儿家长测评 D. 幼儿健康检查

二、简答题

1. 简述幼儿教育的原则。
2. 幼儿教育的目标分为哪几个层次和类型?
3. 陈鹤琴的"活教育"思想的主要内涵是什么?
4. 简述幼儿社会学习的指导要点。
5. 幼儿园教师应该具备哪些专业能力?

三、论述题

1. 如何理解幼儿教育全面发展各个方面的关系?
2. 论述杜威的儿童中心论观点。
3. 如何建立良好的师幼关系?

四、材料分析题

1. 英国哲学家弗朗西斯·培根说:"教师是知识种子的传播者,文明之树的培育者,人类灵魂的设计者。"

请从教育本质的角度分析这句话的合理性。

2. 2010年9月27日至30日,首届联合国教科文组织世界学前教育大会在莫斯科召开。大会由教科文组织、俄罗斯联邦和莫斯科市共同举办。来自65个国家的部长与政府官员、学者、民间组织代表近千人参加了此次大会。大会的主题是:构筑国家财富。大会达成的共识是:学前教育具有极为重要的社会价值,是为国家积累财富。

如何理解学前教育与国家财富之间的关系?

3. 某幼儿园教师邢老师向全园展示了一次公开观摩活动。在对这个活动进行分析时,有的教师认为邢老师事先拟订的目标与教育活动过程中儿童的表现并不一致,应该根据儿童在教育过程中的需要修改目标。邢老师觉得很困惑:"一会儿说目标必须在前,一会儿又说目标可以在过程中生成,到底怎么回事?"

请你根据幼儿园教育目标的类型回答邢老师的疑问。

4. 在户外自由活动时,中班幼儿宝宝跑到教师面前告状说:"小莉霸着三轮车骑了好久,不让我骑。"教师对宝宝说:"你看那边的东西多好玩儿,咱们上那边去玩儿,不骑三轮车了。"于是纠纷被快速平息了。

请根据幼儿教育的原则,对教师的教育行为予以评析。

5. 在实施《幼儿园教育指导纲要(试行)》与《3~6岁儿童学习与发展指南》的过程中,有的幼儿园把五个领域视为五个科目,按课表从星期一到星期五分别上健康、语言、社会、科学和艺术等课,认为这样就是全面地实施了《3~6岁儿童学习与发展指南》。也有的幼儿园采取集中力量"打歼灭战"的办法,每月重点实施一个领域,设计出了"健康月""语言月""科学月"等。

请对上述幼儿园的做法予以评析。

五、活动设计题

撰写一份学期的班级管理计划。

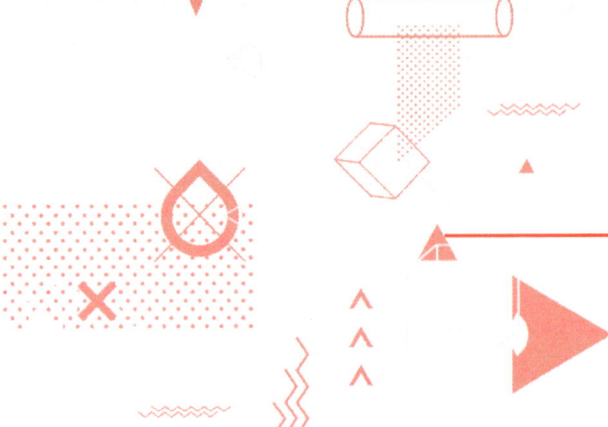

参考答案

一、单项选择题

1.【解析】我国的义务教育主要指小学和初中三年,即九年义务教育,不包括学前教育。
【答案】C

2.【解析】《幼儿园教育指导纲要(试行)》第二部分指出,幼儿园的教育内容是全面的、启蒙性的,可以相对划分为健康、语言、社会、科学、艺术等五个领域,也可做其他不同的划分。
【答案】D

3.【解析】教学内容首先要为幼儿的发展服务,然后考虑社会发展的需求。
【答案】A

4.【解析】幼儿园的教育活动与游戏活动融于一体。
【答案】D

5.【解析】福禄贝尔认为"上帝是万物的统一体",因此他把自己创制的儿童玩具称为恩物,意思是上帝的恩赐。
【答案】C

6.【解析】1923年,陈鹤琴在南京创办了我国最早的开展教育科学研究的幼儿园,创立了"活教育"理论。
【答案】B

7.【解析】陈鹤琴提出的五指活动是儿童健康活动、儿童社会活动、儿童科学活动、儿童艺术活动、儿童文学活动。
【答案】A

8.【解析】此题考查《3~6岁儿童学习与发展指南》的知识点,艺术教育的目标之一是让幼儿具有初步的艺术表现与创造能力,在幼儿绘画时,不宜提供范画。
【答案】B

9.【解析】《儿童权利公约》最早提出"儿童的最大利益"。
【答案】D

10.【解析】《幼儿园工作规程》第十条规定:幼儿入园前,应当按照卫生部门制定的卫生保健制度进行健康检查,合格者方可入园。幼儿入园除进行健康检查外,禁止任何形式的考试或测查。故D项正确。
【答案】D

二、简答题

1.【答案要点】幼儿教育的原则分为两类:一类是教育的基本原则,另一类是幼儿教育的特殊原则。前者包括尊重儿童的人格尊严和合法权益的原则、面向全体重视个体差异的原则、发展适宜性原则、整合教育资源的原则;后者包括保教合一的原则、以游戏为基本活动的原则、教育的活动性和活动的多样性原则、发挥一日生活整体功能的原则、正面教育的原则。

2.【答案要点】(1)幼儿教育的目标层次从时间维度可以划分为幼儿教育总目标、各年龄段的目标、学期目标、月计划或周计划的目标、活动目标;从内容范围的维度可以划分为幼儿教育总目标、领域目标、某幼儿园的目标、各年龄班的目标、单元目标和活动目标。

(2)幼儿教育的具体活动目标,从性质看,可以分为预设目标和生成目标;从表述形式看,可以分为行为目标和表现性目标。

3.【答案要点】活教育的目的在于"做人,做中国人,做现代中国人";活教育的课程打破以学科组织的传统模式,而改成活动中心和活动单元的形式,具体包括五方面的活动,称为五指活动,即儿童健康活动、儿童社会活动、儿童科学活动、儿童艺术活动、儿童文学活动。"活教材"并不是否定书本知识,而是强调儿童在与自然、社会的接触中,在亲身观察和活动中获得经验和知识的重要性,主张把书本知识与儿童的直接经验相结合;活教育教学论的基本原则是"做中教,做中学,做中求进步"。

4.【答案要点】《幼儿园教育指导纲要(试行)》中社会领域的指导要点是:(1)社会领域的教育具有潜移默化的特点。幼儿社会态度和社会情感的培养尤应渗透在多种活动和一日生活的各个环节之中,要创设一个能使幼儿感受到接纳、关爱和支持的良好环境,避免单一呆板的言语说教。

(2)幼儿与成人、同伴之间的共同生活、交往、探索、游戏等,是其社会学习的重要途径。应为幼儿提供人际间相互交往和共同活动的机会和条件,并加以指导。

(3)社会学习是一个漫长的积累过程,需要幼儿园、家庭和社会密切合作,协调一致,共同促进幼儿良好社会性品质的形成。

5.【答案要点】《幼儿园教师专业标准(试行)》指出,幼儿园教师应具备的专业能力有:环境的创设与利用;一日生活的组织与保育;游戏活动的支持与引导;教育活动的计划与实施;激励与评价;沟通与合作;反思与发展。

三、论述题

1.【答案要点】我国幼儿教育的总目标是促进儿童德、智、体、美、劳全面、和谐发展,各方面相互促进、相互渗透,不可分割。根据幼儿的年龄特点,身体的正常发育和机能协调发展是儿童全面发展的基础,因此将身体发展置于首位,注重保育与教育并重。

全面发展是针对片面发展而言的,偏重任何一个方面或忽视任何一个方面的发展都不是全面发展。德、智、体、美、劳五个方面是相互联系、相互制约、相互促进、相互融合的有机整体,全面、和谐的发展是落实在各个方面的,因此必须贯彻保教合一的原则,在保证身体健康发展的过程中促进智力、品德和审美情操的共同发展,在智力、品德和审美情操的发展中促进身体的健康发育。

全面发展并不是五个方面齐头并进、平均发展,也不是五个方面孤立地各自发展。而是在以游戏为基本活动的原则下按主题编制幼儿教育的活动,在全面发展的基础上,允许幼儿在某方面突出发展。

2.【答案要点】(1)杜威是在批判旧教育的过程中提出"儿童中心主义"思想的。在杜威看来,在传统教育里,"学校的重点在儿童之外,在教师,在教科书以及你所高兴的任何地方,唯独不在儿童自己即时的本能和活动之中。"教科书"是过去的学问和智慧的主要代表",而"教师是使学生和教材有效地联系起来的机体,教师是传授知识和技能,以及实施行为准则的代言人。"

(2)由于传统教育的重心放在教师和教科书上面,而不是放在儿童的本能和活动中,于是儿童只能受到训练、指导和控制,以及"残暴的专制压制"。去除这种弊端的出路就是使教育实现重心转移。"我们教育中将会引起的改变是重心的转移,这是一种变革、一种革命,这是和哥白尼把天文学的中心从地球转到太阳一样的那种革命。"这里,儿童变成了太阳,教育的重心从教师、教材那里转移到儿童身上,这就是杜威倡导的新教育,也就是儿童中心主义的教育。

3.【答案要点】(1)树立现代儿童观是关键。儿童观是儿童教育的基础,同时也是师幼关系的基础。因此,建立优质师幼关系的关键,就是在批判性分析与扬弃已有儿童观的基础上,树立现代儿童观。

（2）转变教育观念是根本。幼儿园教师在审视与反思已有教育观念的基础上,转变教育观念,树立和现代儿童观相适应的现代教育观念,这是培育优质师幼关系的根本。

（3）提高教育技能是保证。观念影响行为,但观念不等于行为,二者之间需要一个转化的过程,这需要一定的策略与技能的支撑。教育技能就为将现代儿童观与教育观转化为具体的师幼关系行为提供了重要保证。

（4）营造自由宽松的教育环境是基础。①**突出幼儿的主体地位**。在教学过程中,要始终体现幼儿的主体地位,充分发挥幼儿在学习过程中的积极性和主动性。教师要成为师幼良好互动环境的创造者、幼儿发展的支持者、帮助者、指导者和促进者。②**情感交流是促进师幼互动的重要因素**。师幼间的情感交流及由此产生的心理氛围是促进师幼积极互动的有利条件。

（5）完善管理制度是保障。幼儿园教师在变革传统的师幼关系,探索优质师幼关系的过程中,不可避免地会遇到一些挫折,必然要付出更多的精力,并且还可能会遇到一些来自外部（如家长等）的不解、批评与阻力,这需要幼儿园能从制度层面鼓励与保护教师的探索活动。

（6）了解幼儿的内心世界,正确应对突发事件。在师幼互动过程中,教师应以一种开放性的心态,充分了解幼儿外显及内在的行为线索,尽可能弄明白幼儿行为的意义与理由,以便对幼儿的行为做出及时的反馈,采取既符合幼儿身心发展特点又符合教育要求和当时情景的措施,构建良好的师幼互动,促进师幼共同成长。

四、材料分析题

1.【答案要点】教育是培养人的社会实践活动。
（1）教育是人类特有的传递经验的形式;
（2）教育是以影响人的身心发展为目的的社会活动;
（3）教育对人身心发展的影响以真善美为目标。

2.【答案要点】（1）教育通过提高劳动者的素质促进生产力发展。教育把潜在的劳动力转化成现实的劳动力,教育可以改变劳动能力的形态,从而提高生产效率。学前教育通过对中小学阶段儿童学业的影响,提高劳动者的文化水平,从而实现对国家经济发展的间接影响。

（2）教育的发展,使生产要素中人的要素越来越突出,教育作为"人力资本"的输出者,在社会经济发展中的作用越来越明显。学前教育为人力资本的输出发挥奠基作用,是提高劳动者综合素质、创新能力的开端,为经济发展的主要因素——劳动者的终身教育开启良好开端。美国自20世纪60年代开始实行政府支持的"开端计划",普及和加强学前教育。

3.【答案要点】预设目标是指在教育活动开展之前,教育者根据教学的内容和学生的实际情况确定的目标,是对教育结果的预期。生成性目标是在教育情境中随着教育过程的展开而自然生成的教育目标,它是问题解决的结果,是人的经验生长的内在要求。可见,预设目标在教育活动之前,而生成目标在教育活动之中或之后。一般来讲,一个教育活动总是既要实现预设的目标,又不止于实现预设目标,而是会生成一些"额外"的教育活动"副产物"。这些副产物正是教育活动中尊重学习者的主体地位,关注其生命成长的结果。

4.【答案要点】幼儿教育的基本原则是保教合一,一日生活的每一个环节都蕴藏着巨大的教育价值,但这只是提供了一种可能,如果要将这种可能转变为现实,教师要有敏锐的观察能力和机智的教育智慧。教师应该利用这一机会发展宝宝的社会认知,培养其社会交往中的人际协调能力。例如,鼓励宝宝想一想小莉对什么事情感兴趣,然后教宝宝去跟小莉商议说:"如果你让我骑三轮车,你要荡秋千时,我就帮你推。"于是给宝宝示范了如何用口头方式与别人协调的技巧。

可见，案例中的教师只是平息了纠纷，却没有充分利用不起眼的生活琐事将其转化为幼儿学习与发展的机会。

5.【答案要点】《幼儿园教育指导纲要(试行)》将幼儿教育的内容相对划分为五个领域，各领域的内容相互渗透，从不同的角度促进幼儿情感、态度、能力、知识、技能等方面的发展。幼儿的学习与发展具有整体性，幼儿在生活、活动中获得的经验是紧密联系在一起的，也具有整体性。因此学前教育具有整体性的特点，不能分门别类地按照学科逻辑进行学习。

题干中幼儿园的做法将五个领域割裂开来，完全无视幼儿学习与发展的整体性规律，无视幼儿教育的规律，其做法是完全错误的。

五、活动设计题

【答案要点】×××班级管理计划

一、班级基本情况分析

1. 班级基本情况
2. 班级优势
3. 存在的问题
4. 家长情况分析

二、班级管理目标

1. 生活管理目标
2. 教育管理目标
3. 家长工作目标
4. 其他工作目标

三、任务与措施

时间	任务	目标	措施	主要责任人

模块三　生活指导

逻辑结构图与考试权重

逻辑结构图

幼儿园的一日生活组织及生活常规教育 —— 幼儿的营养膳食 —— 幼儿的疾病预防 —— 幼儿园的安全工作

考试权重

模块	分值比例	分值	题型	重点提示
生活指导	模块三至模块七共占分值约为36%	3~30分	单选题、材料分析题、活动设计题	对本模块的考查,单选题每次考试必有;材料分析题和活动设计题交叉出现,以第一章为重点,但出现频率较低

考纲要求与复习策略

考纲要求

1. 熟悉幼儿园一日生活的主要环节,理解一日生活的教育意义。
2. 了解幼儿生活常规教育的要求与培养幼儿良好生活、卫生习惯的方法。
3. 了解幼儿卫生保健常规、疾病预防、营养等方面的基本知识。
4. 了解幼儿园常见的安全问题和处理方法,了解突发事件如火灾、地震等的应急处理方法。

复习策略

命 题 剖 析

从历年的考题看,单项选择题主要分为两大类,一类是呈现生活指导工作的要求,考查其原理;另一类是直接考查幼儿园生活指导的基本要求,如两餐间隔时间等。

在过去的几次考试中,材料分析题和活动设计题以生活常规教育和安全为重点。

备 考 策 略

本模块的复习,从内容上看,重点为第一章。从复习策略看,一是熟悉幼儿园的一日生活安排及其安全要求;二是了解幼儿营养膳食和疾病预防的基本常识,对一些与常见疾病有关的知识点达到熟记的程度。

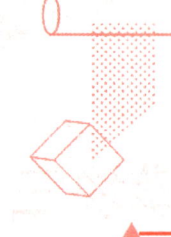

第一章 幼儿园的一日生活组织及生活常规教育

笔记栏

 **知识体系及思维脉络图**

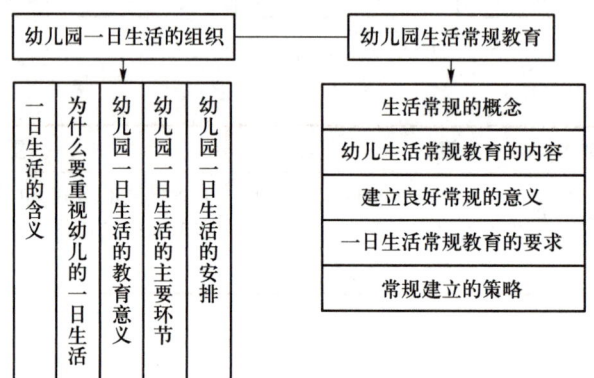

 **核心考点及学习提示**

【核心考点】
一日生活：理解幼儿园一日生活的含义和教育意义，了解一日生活的主要环节，明确一日生活的安排。
生活常规教育：理解生活常规的概念、意义、要求。
【学习提示】
考试重点：一日生活和生活常规的含义、意义和要求。
考试难点：一日生活主要环节的要求。

第一节　幼儿园一日生活的组织

▶ 一、一日生活的含义

广义的一日生活是指幼儿在幼儿园（以下简称"幼儿在园"）一天的全部经历，从作息的角度看，即幼儿在园生活安排的所有环节；从活动的角度看，即幼儿在园的所有活动。本书所指一日生活是广义上的一日生活，即幼儿在园的所有活动的总和。

狭义的一日生活指幼儿在幼儿园的生活活动，主要包括餐饮、睡眠、盥洗、如厕等与幼儿的生理需要密切相关的活动。

二、为什么要重视幼儿的一日生活

(一) 由幼儿学习与发展的特点决定的

幼儿的学习是以直接经验为基础,在游戏和日常生活中进行的,应引导幼儿投入本就属于他们的生活中去,帮助他们在活动中生活,在生活中发展。对此,《幼儿园教育指导纲要(试行)》早就明确要求:幼儿园应为幼儿提供健康、丰富的生活和活动环境,满足他们多方面发展的需要,使他们在快乐的童年生活中获得有益于身心发展的经验。

(二) 由幼儿教育和课程的基本特点决定的

首先,幼儿园教育/课程是通过幼儿在园的一日生活来组织实施的,一日生活构成了幼儿学习与发展的最基本的环境。幼儿园课程经验化的有效途径,是把一日生活作为幼儿园课程整合的"基点",就是要把课程与幼儿的一日生活紧密联系起来,充分发挥一日生活本身蕴含的教育价值。

其次,"生活化"是幼儿园课程最基本、最突出的特点之一。这一特点要求幼儿园课程"来源于生活,高于生活,回归生活"。所谓"来源于生活",是指幼儿园课程的内容要来自幼儿的日常生活经验;所谓"高于生活",是指幼儿园课程要对幼儿的日常生活经验进行提升,使之系统化;所谓"回归生活",是指幼儿园课程帮幼儿获得的各种经验应有助于幼儿更好地生活。

三、幼儿园一日生活的教育意义

(一) 使幼儿尽快适应幼儿园的生活,为今后的学习和生活打下基础

幼儿从家庭进入幼儿园,对他们来说,眼前的一切都是陌生的,需要培养他们具有一定的独立生活能力,使其尽快地熟悉、适应集体生活,产生归属感。

幼儿由于缺乏知识经验、独立生活和自我保护的能力,需要在教师的悉心照顾和教育下,养成良好的生活习惯,建立良好的生活秩序。

总之,帮助幼儿掌握生活所必需的知识、技能并能在生活中加以应用,可以提高他们的生活自理能力,增强自信心,为他们今后的学习和生活奠定最基本的能力和态度基础。

(二) 尊重幼儿的生活,使幼儿愉快地度过每一天

珍视幼儿生活的价值,保障每一个生活在当下的幼儿过有意义的生活,让他们未来的人生充实而精彩。

"快乐的童年生活""快乐而有意义的童年"是儿童的基本权利,也是幼儿园保教工作的基本目标,幼儿园的一日生活是保障幼儿基本权利的根本途径。尊重幼儿的生活,就要科学合理地安排好幼儿的一日生活,让幼儿在集体生活中心情愉快,产生安全感、信赖感。

(三) 日常生活是幼儿学习的重要途径

学前儿童的身心发展特点决定了幼儿园的教育即生活,生活即教育。在幼儿期,生活的过程就是学习的过程,幼儿的学习在其日常的吃、喝、拉、撒、睡、玩、交往和探究等活动之中发生着、进行着。幼儿通过一日生活与成人互动,与同伴互动,感知接触真实的物体,体验各种情感,解决实际问题,逐步学会与自己的生存、发展密切相关的基本知识与技能,了解世界,积累各种有益经验,逐步形成自己的性格、习惯等。可以说,一日生活的各个环节都蕴含着丰富的学习与发展契机。

> 【典型例题】简述幼儿园一日生活的意义。
> 【答案要点】一日生活指幼儿在园一天的全部经历或活动的总和。(1) 一日生活皆课程,幼儿园的一日生活是幼儿学习与发展的过程,一日生活的各个环节都蕴含着丰富的学习与发展契机,是儿童健康成长的基本保障。(2) 幼儿的学习是以直接经验为基础,在游戏和日常生活中进行的。幼儿园的一日生活要保障幼儿健康快乐的童年价值,珍视幼儿的生活价值,使幼儿愉快地度过每一天。

模块三 生活指导

四、幼儿园一日生活的主要环节

（一）入园与离园

入园和离园是幼儿在幼儿园一日集体生活的开始和结束，是幼儿从家庭到幼儿园和从幼儿园到家庭的环境转换环节，是教师向幼儿进行个别教育和开展家长工作的最佳时机。做好入园、离园工作，有助于增进家园沟通，帮助幼儿适应环境转换。

幼儿园教师在幼儿入园前应做好接待幼儿入园的准备工作，如活动室的通风、安全检查等；入园时要主动与家长问候和道别，给幼儿做出良好示范，必要时与家长进行交流沟通。

离园前指导幼儿做好整理工作，家长来接时可以用简短的语言向家长介绍幼儿在园的情况，交换育儿意见。

晨检是入园环节的重要工作，其意义在于了解幼儿的健康状况，检查幼儿的个人卫生，以便做到对疾病的早发现、早预防、早隔离、早治疗。

晨检的方法是：一看，看脸色、看皮肤、看眼神、看咽喉；二摸，摸摸是否发热，摸腮腺是否肿大；三问，问幼儿在家吃饭情况，睡眠是否正常，大小便有无异常；四查，检查幼儿是否携带不安全物品。

入园和离园时对幼儿的基本常规要求：一是仪容整洁地入园，能主动、礼貌地与家人和老师问好与道别；二是主动接受晨检和收拾整理物品。

（二）餐饮

餐饮包括幼儿在园的进餐、饮水和吃点心活动。

餐饮环节是培养幼儿良好饮食习惯的最佳时机。一般要求幼儿餐前要主动洗手；按时吃饭，坐定进餐，不挑食、不偏食；鼓励幼儿独立进餐，进餐时不大声说笑；能按需饮用白开水，不贪喝饮料；用餐结束能主动收拾碗筷，及时漱口、刷牙等。

为培养幼儿良好的餐饮习惯，幼儿园要制定合理的生活制度，科学安排餐点，幼儿进餐必须定时定量，开饭要准时，进餐间隔时间应为 3.5~4 小时。此外，还应创设安全、整洁、温暖有趣的餐饮环境；教师要帮助幼儿了解食物的营养价值，少吃或不吃不利于健康的食品与饮料；鼓励和支持幼儿的自我服务，创造条件，支持幼儿自主进餐；教师要根据幼儿的不同情况给予不同的帮助与指导。

（三）盥洗

盥洗主要是指幼儿在园的洗手、洗脸、梳头发等清洁活动。

盥洗活动是培养幼儿良好卫生习惯的最佳时机。良好的卫生习惯包括饭前便后要洗手，保持手、脸干净，要勤洗澡勤剪指甲；学会正确的盥洗方法；保护眼睛、耳朵和皮肤等感觉器官不受伤害，如不用脏手揉眼睛，声音过大时能主动捂住耳朵，清洁皮肤等。

幼儿园要为儿童创设干净明亮、整洁卫生的环境；提供适合于幼儿的盥洗工具；教师要采用多种方法，将示范与讲解相结合，教会幼儿正确的盥洗方法，如用图示讲解洗手的正确步骤与方法；在盥洗时鼓励幼儿自我服务，谨防为了快速完成盥洗活动而包办代替。

（四）如厕

如厕是幼儿在园的大小便活动的简称。

如厕也是培养幼儿生活自理能力和良好卫生习惯的重要环节。如厕环节的规范主要包括不随地大小便，学会使用便器、厕坑和手纸，知道便后及时冲洗便池等；幼儿能根据需要提前如厕，不憋尿、不在厕所玩耍等。

幼儿园要为幼儿创设一个方便、卫生、舒适的如厕环境；教师要悉心照料幼儿的如厕活动，对年龄小的幼儿给予具体帮助，允许幼儿随时如厕，不限制大小便的次数；以多种形式教会幼儿蹲便池、洁厕、清洁会阴、肛门和穿脱裤子的方法；经常提醒幼儿及时如厕，特别是在集体活动和户外活动前要提醒幼儿及时如厕；如果发生便溺在裤子上的情况，应及时清洗更换衣裤并安抚幼儿的情绪。

（五）睡眠

睡眠指日托幼儿园的幼儿在园的午睡或全托幼儿园幼儿的午睡和晚上的睡眠活动。保证幼儿的睡眠是幼儿身体发育的基本条件。

睡眠是幼儿生理活动节律的基本表现和身体发育的基本需求，也是培养幼儿良好生活习惯的重要环节。要保证幼儿有足够的睡眠时间，日托幼儿园的幼儿每天午睡的时间应该保证2小时左右。睡眠前不做剧烈活动，睡前如厕，按顺序穿脱和整齐摆放衣裤等；睡眠中不说话、不玩耍，安静入睡，睡姿正确，能用鼻子呼吸；起床时能及时、迅速地按顺序穿好衣裤，整理床铺和如厕。

幼儿园要为幼儿创设一个舒适、安静的睡眠环境；教师能悉心观察和照料儿童的睡眠，睡前提醒幼儿取下一些小物件，如发卡、纽扣等，要求幼儿按季节穿合适的内衣入睡；睡眠中要多巡视，关注幼儿的睡眠情况，如睡姿，是否盖好被子等；睡眠结束后提醒幼儿整理床铺和如厕等，培养幼儿良好的睡眠习惯。

（六）集体教学活动

幼儿园的集体教学活动也叫班级活动，是教师组织的有目的、有计划、全体幼儿参与的，在同一时间内做相同事情的活动。集体教学活动是幼儿园教育的重要途径和幼儿一日生活的重要组成部分。例如，晨间谈话、讲故事、唱歌等都属于集体教学活动。

集体教学活动的计划与组织要从幼儿的实际需求出发，"既适合幼儿的现有水平，又有一定的挑战性。""既符合幼儿的现实需要，又有利于其长远发展。""既贴近幼儿的生活来选择幼儿感兴趣的事物和问题，又有助于拓宽幼儿的经验和视野。"

为保障集体教学活动的顺利进行和高效性，从幼儿积极参与的角度出发，集体教学活动一方面应禁止一些干扰和危害他人的行为，另一方面需提倡一些有利于幼儿发展的行为。前者如幼儿未经教师允许不能大声说话、乱跑或抢夺他人的工具等；后者如幼儿坐姿正确，积极主动地回答教师的提问，大胆表述，能按教师的提示或指令进行操作等。

在集体教学活动中教师要创造机会让幼儿充分交流与表达，并能耐心倾听和积极回应，为幼儿在集体活动中遵守规则做出正面示范。

（七）自选活动

自选活动即幼儿自主选择的游戏、操作、探索活动。幼儿园通常以活动区的形式给幼儿提供选择的机会，在时间上包括区域活动时间，入园后、离园前的活动时间。自选活动以游戏、操作和探索活动为主，是幼儿与物质材料、同伴积极互动的重要形式，是发展幼儿自主性的最佳时机。

自选活动由于其自由性，从活动的选择到计划、实施等环节，教师要充分尊重幼儿的自主权；引导幼儿协商讨论制订活动各环节的规则，以及监督规则执行情况等；在幼儿活动的过程中，教师要善于观察、适时适宜地予以指导和帮助，并特别关注活动中的安全性。

（八）户外自由活动

户外自由活动指以幼儿园公共的户外活动场地为基本场所的幼儿自选活动，包括体育活动和观察探索活动。

户外自由活动是幼儿锻炼身体的基本条件，也是培养幼儿自理、自主和自护的重要环节。在户外自由活动时间里，由于户外限制较少，幼儿的自主性更强，但由于跑跑跳跳和利用一些大型体育设施的概率大大增加，活动的安全性降低，因此也是培养幼儿自护能力的最佳时机。

幼儿园要为幼儿提供安全、方便的户外设施；教师要积极参与幼儿的活动，在共同活动中指导幼儿正确使用设施，引导幼儿轮流、有序地按要求使用设施，时刻提示幼儿注意安全，提示要具体明确。

（九）过渡转换活动

过渡转换活动指前一个活动结束与后一个活动开始之间的活动，包括收拾整理和过渡转换两个环节。这个环节是培养幼儿的时间观念、效率观念的最佳时机,也是克服幼儿拖沓行为的最佳时机。

《幼儿园教育指导纲要(试行)》指出,尽量减少不必要的集体行动和过渡环节,减少和消除消极等待现象。因此这个环节应该尽可能简短,在幼儿收拾整理好上一个活动的器具后,应立即投入下一个活动的场地、设施的准备中。

幼儿园要有相对稳定且明确的一日生活制度,明确各个活动的时间和场地;教师要从幼儿入园后就开始建立班级各类活动的信号,使幼儿听到信号即意识到要转向下一个环节了;在活动转换中允许个别幼儿还停留在原来的活动中完成他们的活动;一旦大多数幼儿集中后可立即转入下一个活动,不能为了整齐划一而消极等待。

在过渡转换中,教师要和幼儿一起做。一方面予以正面示范,另一方面可以鼓励、引导幼儿的主动行为,培养幼儿的主动性,消除拖沓现象。

五、幼儿园一日生活的安排

(一)合理安排一日生活的价值

1. 有助于给幼儿带来控制感和安全感

安排有序、连贯的一日生活,能使幼儿在身体和情绪的转换中感到舒适和安全,减少由于环境不确定和多变带来的焦虑、紧张,从而在有序生活的过程中感到自信和从容。

2. 有助于促进幼儿的主动学习

合理的一日生活安排体现在,对幼儿一天中每个环节要进行的活动做出规定,但在每个环节中可以做什么,则应在教师计划的基础上给予幼儿充分的选择权和决定权,这显然会极大地促进幼儿主动学习的意愿。

3. 有助于促进幼儿的社会交往

合理、有序的一日生活,能为幼儿提供多种不同的社会交往机会。例如,共同商讨活动规则(常规);在规则指导下进行分享、合作甚至是解决冲突;在小组活动、集体活动中进行不同范围的交往等。

4. 有助于为教师提供观察和计划的框架

当有序的一日生活安排(常规)内化为幼儿自己的行动准则后,他们便能够更加自如地在"我可以掌控的、我的生活"中进行学习,这恰恰为教师提供了观察幼儿真实表现水平和发展水平的绝佳机会,教师因此也有了在观察基础上设计、调整教育计划的有利契机。

(二)安排一日生活的要求

幼儿园一日生活的安排即建立生活制度。班级生活制度的建立有利于幼儿园保教工作的有序开展,能够保障幼儿生活环节的转换及对各种活动的调节。

1. 尊重幼儿的生理节律

合理的生活制度要根据幼儿的生理需求和身体发育的特点安排各种活动,例如,两餐间隔时间不得少于3.5小时。

2. 稳定性、原则性和灵活性相结合

一日活动的安排即生活制度的建立,表现为班级的作息时间表。作息时间要有一定的弹性,不能过于机械死板。在大的环节上应当保持相对稳定,例如,集体教学、自选活动、户外活动、午餐、午睡的时间要基本稳定,但是又要维持一个有序而又灵活的作息时间表。根据教育内容的需要和幼儿活动过程的实际反映,可进行适当调整。必要的话,作息时间表应该以图示的方式直观化地呈现出来,使幼儿能够看懂,从而对自己一天的活动顺序心中有数。在时间安排上由于有弹性时间点,因此要减少不必要的过渡转换环节,减少和消除消极等待的现象。

3. 活动具有多样性，动静交替

在一日生活的安排中，生活活动、集体教学活动、区域游戏活动都要有，而且可以根据主题需要穿插一些节庆、参观、劳动活动，使活动内容和活动形式具有多样性。各类活动的安排要尊重幼儿的身心活动特点，遵循动静交替的原则，避免单调和疲劳。

4. 教师直接指导的活动和间接指导的活动结合

教师直接指导的活动以集体教学活动为主，这类活动不宜过多，每天有1~2次即可。要保证幼儿每天有足够的时间进行自主选择活动和自由活动，幼儿每天户外活动的时间不得少于2小时，户外体育活动的时间不得少于1小时。

（三）如何合理安排幼儿的一日生活

《幼儿园教育指导纲要（试行）》的第三部分"实施"第九条明确提出：科学、合理地安排和组织一日生活。

（1）时间安排应有相对的稳定性与灵活性，既有利于形成秩序，又能满足幼儿的合理需要，照顾到个体差异。

（2）教师直接指导的活动和间接指导的活动相结合，保证幼儿每天有适当的自主选择和自由活动时间。教师直接指导的集体活动要能保证幼儿的积极参与，避免时间的隐性浪费。

（3）尽量减少不必要的集体行动和过渡环节，减少和消除消极等待现象。

（4）建立良好的常规，避免不必要的管理行为，逐步引导幼儿学习自我管理。

【典型真题1】幼儿教师晨间接待幼儿入园工作的重点是（　　）。

A. 提醒幼儿尽早进入学习状态　　B. 与家长交流，沟通情感

C. 检查孩子的身心状况　　D. 督促孩子完成家庭作业

【解析】入园环节最重要的工作是晨检，晨检的主要目的是检查孩子的身心状况。

【答案】C

【典型真题2】《幼儿园工作规程》指出，幼儿园应当制定合理的幼儿一日生活作息制度。正餐间隔时间不少于（　　）。

A. 2.5小时　　B. 3小时　　C. 2小时　　D. 3.5小时

【解析】《幼儿园工作规程》规定，正餐间隔时间为3.5~4小时。

【答案】D

【典型例题1】在全日制幼儿园，幼儿午睡时间根据季节每日以（　　）为宜，3岁以下儿童日间睡眠时间可以适当延长。

A. 1~1.5小时　　B. 2~2.5小时

C. 2~3小时　　D. 3小时

【解析】根据《托儿所幼儿园卫生保健工作规范》一日生活安排第四条，3~6岁儿童午睡时间根据季节以2~2.5小时/日为宜，3岁以下儿童日间睡眠时间可适当延长。

【答案】B

【典型例题2】在一日生活的环节转换中，如何才能减少和消除幼儿消极等待的现象？

【答案要点】（1）教师应事先考虑和计划幼儿一日生活各个环节之间的转换，在转换中培养幼儿的时间观念、效率观念。（2）尽量减少不必要的集体行动和过渡环节。（3）尽可能减少环节的转换，根据动静交替的原则安排一日生活。（4）使用相对固定的一日生活作息表，帮助幼儿掌握每一环节的名称，使他们知道下一环节是什么。（5）每一环节结束时有明确的信号，让每个幼儿意识到要转向下一个环节了。（6）确定环节转换时幼儿集合的地点。（7）一旦大多数幼儿集中后马上转入下一个活动，即使还有部分幼儿未到场也不等待。

第二节 幼儿园生活常规教育

一、生活常规的概念

生活常规即幼儿园为了培养幼儿良好的生活习惯和基本生活能力,确保幼儿健康成长而制订的幼儿园生活各环节的基本规则与要求。

一日生活常规,既表现在一日生活的顺序上,又表现在各个环节的行为规范上。《幼儿园工作规程》第二十七条指出,幼儿园日常生活组织,应当从实际出发,建立必要、合理的常规,坚持一贯性和灵活性相结合,培养幼儿的良好习惯和初步的生活自理能力。

幼儿园生活常规对幼儿每天在园生活活动的内容、时间、程序等均有明确的规定,使幼儿的一日生活能在一定的节奏、秩序和规律中进行,有利于培养幼儿良好的生活卫生习惯和基本的生活自理能力,是实现幼儿园教育目标的重要保证。

二、幼儿生活常规教育的内容

(1)引导幼儿有规律地生活,自觉遵守作息时间和生活制度。

(2)让幼儿学习生活的基本技能,培养幼儿的生活自理能力,包括吃饭、穿衣服、刷牙、洗脸、收拾玩具、铺床等生活技能。

(3)培养幼儿良好的生活卫生习惯。生活卫生习惯包括饭前便后洗手、定时排便、不乱扔垃圾、爱护公共卫生等。生活习惯包括讲文明、不浪费水、不影响他人休息、把衣物整齐地放在固定的位置等。

三、建立生活常规的意义

1. 保障幼儿安全

幼儿园的生活常规是按照儿童生理、心理发展的规律制订的,比较科学合理,如吃饭时不大声喧哗、上厕所不推挤等。幼儿遵守常规,按照常规行动,可以避免一些不必要的危险的发生,保障安全。另外,人在有规律的环境里生活才会感到安全,合理的常规为孩子创造了一种有序的、和谐的生活,也能给幼儿带来心理上的安全和放松,使幼儿心情愉快地生活。

2. 建立良好的班级活动秩序

幼儿园对学前儿童一日生活进行规范的组织和安排,对各环节的生活提出规定和要求,使学前儿童的生活规律化、秩序化,有助于维护班级秩序,使幼儿园正常的游戏活动和教育活动得以正常进行。

3. 帮助幼儿养成良好的习惯

幼儿园按照幼儿生理和心理的需要,对一日生活做出科学、合理的安排,幼儿生活在其中,就会逐渐顺应日常生活的规律,养成良好的生活习惯。

4. 促进幼儿自律能力的发展

自律能力是指控制自己并遵守一些共同规则的能力。幼儿通过遵守一日生活中的常规,能够逐渐发展起相应的自律能力。

四、一日生活常规教育的要求

(一)生活制度及常规要求的执行要严格而灵活

幼儿园一日生活的常规是必需的一些流程和规范,因此必须严格执行,但是又要照顾儿童的年龄差异、个体差异,因此在充分交流沟通的前提下可以灵活处理。

(二)悉心照料与积极培养相结合

幼儿园的工作是保教结合,所谓保育即对幼儿生活的照料。在悉心照料的同时还要注重培养幼儿良好的习惯和自理自立能力,让幼儿在生活中学会生活。要鼓励幼儿做力所能及的事情,必要时再给予指导和帮助。在照料幼儿生活的过程中要教给幼儿生活自理的方法,照料与指导结合,使幼儿慢慢过渡到能够自理的水平。

(三)正面示范和有效交流结合

对于各种活动中的行为规范,教师要正面示范、树立榜样,让幼儿在有序而规范的环境中潜移默化地习得规范。同时又能够通过言语沟通和交流帮助幼儿理解规范的含义和必要性,在幼儿认同规范的前提下经过练习形成良好的习惯。

(四)细心观察,充分挖掘教育机会

细心观察幼儿才能理解、尊重和关心幼儿。一日生活常规教育的前提条件是细心观察幼儿,如此才能理解幼儿的需求和发展方向,将每个幼儿遭遇的生活困境当作一次学习与发展的机会,将教育自然地融入一日生活之中。面对一日生活中的每一个生活事件,教师都要首先问自己:"我能利用这个机会让幼儿学习什么?"从而让事件变成"有意义的生活"。

(五)家园共育,保持教育的一致性

在一日生活的流程及其各个环节的规范上,特别是在生活活动的安排上,要遵循幼儿的生理节律,家庭和幼儿园要尽可能地保持一致。在活动规范和教育方式上也要家园多沟通,保持一致性,使幼儿明确哪些行为是适宜的,哪些是不符合规范的,避免家园要求不一致造成幼儿对规范认知的混乱。

▶ 五、生活常规养成的策略

(一)建立平等的师幼关系

在建立生活常规时,教师首先应从根深蒂固的"师道尊严"束缚中走出来,不要板着面孔发指令,而是给予幼儿以平等、公平、合理的教育环境,师生在平等融洽的氛围中共同讨论规则。

(二)引导幼儿建立自信,鼓励幼儿主动发展

幼儿还未形成清晰的自我概念,往往要通过他人的评价来认识自己,特别是当他们面对新环境和新问题的时候,更容易对自己没有信心,产生害怕、抵触情绪。教师是幼儿心目中最富有权威的人,他们对孩子的正确评价、肯定及支持的态度对孩子的发展来说是最为重要的,这些积极引导能帮助孩子勇敢面对困难和挑战。

(三)规范行为,为幼儿树立榜样,促进幼儿养成自觉的行为习惯

幼儿的模仿性强,思维是具体形象的,教师、家长的言谈举止、行为习惯都是他们学习和模仿的对象。因此在日常生活中,教师必须时时刻刻规范自己的言行举止,要求孩子做到的,自己必须首先做到,给幼儿树立好榜样;同时也要注意同伴影响的作用,抓住日常生活中的点滴小事,把握好教育时机,促进幼儿养成自觉的行为习惯。

(四)与家长沟通,达成共识,形成教育幼儿的一致性

幼儿生活常规的培养,除了教师的指导外,家长的配合也十分重要。对于那些各方面能力不足的孩子,教师平时应以帮助、鼓励为主,鼓励他们参与集体活动,对他们的要求可以适当降低,同时还要让家长做好配合工作,向家长介绍如何发现孩子的优点,如何给孩子创造自主做事的机会等。这样,教师与家长达成共识,形成教育幼儿的一致性,能更好地促进幼儿生活常规的养成。

(五)给幼儿提供充分的实践机会

幼儿的一天基本上由生活活动、游戏活动和教育活动组成,其中包括饮食、睡眠、盥洗、游戏、学

习和交往等内容。通过这些活动,幼儿获得了"在什么时候什么情况下,该如何做,不该如何做"的认知、体验和经验,逐步形成一系列正确的行为方式,并在反复实践中得到强化,进而逐步养成良好的习惯。教师应尽最大的努力创造条件,给幼儿提供充分的实践机会,促进幼儿生活常规的养成。

【典型真题1】什么是幼儿园一日生活常规?试述培养幼儿一日生活常规的意义和方法。

【答案要点】一日生活常规是幼儿园为了培养幼儿良好的生活习惯和生活基本能力,确保幼儿健康成长而制订的幼儿园生活各环节的基本规则与要求。一日生活常规,既表现在一日生活的顺序上,又表现在各个环节的行为规范上。幼儿园一日生活常规对幼儿在园每天生活活动的内容、时间、程序等均有明确的规定,使幼儿的一日生活能在一定的节奏、秩序和规律中进行,有利于培养幼儿良好的生活卫生习惯和基本生活自理能力,是实现幼儿园教育目标的重要保证。

(1)培养幼儿一日生活常规的意义:

①保障幼儿安全;②建立良好的班级活动秩序;③帮助幼儿养成良好的习惯;④促进幼儿自律能力的发展。

(2)培养幼儿一日生活常规的方法:

①讲解示范法,教师向幼儿讲解日常生活中的行为规范和要求;②渗透教育法,幼儿在生活中不断建立良好的行为习惯;③评价激励法,定期对幼儿的生活行为进行检查和评比;④图示观察法,以简洁形象的图示,引导幼儿在尝试的过程中,完成新技能的学习。

【典型真题2】活动区活动该结束了,可是晨晨的"游乐园"还没有搭完,他跑到老师面前说:"老师,我还差一点就完成了,再给我5分钟,行吗?"老师说:"行,我等你。"一边说一边指导其他幼儿收拾整理,该教师的做法体现了幼儿园一日活动安排应该(　　)。

A. 与幼儿积极互动　　　　　　B. 根据幼儿的需要灵活调整
C. 按作息时间表按部就班地进行　　D. 随时关注幼儿的活动

【解析】在幼儿园的日常生活组织中,幼儿教师应当从实际出发,建立必要的、合理的生活常规,坚持一贯性和灵活性相结合,培养幼儿的良好习惯和初步的生活自理能力。

【答案】B

第二章 幼儿的营养膳食

▶ **知识体系及思维脉络图**

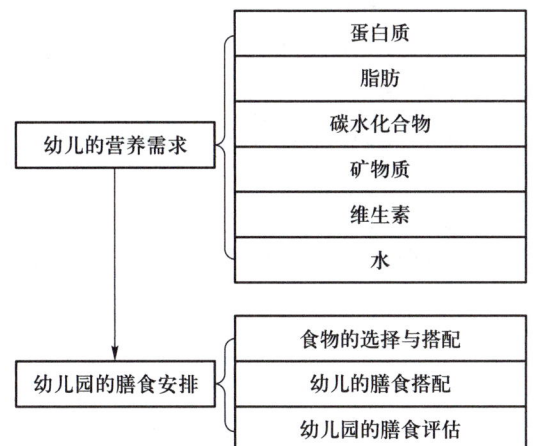

▶ **核心考点及学习提示**

【核心考点】
营养常识：六大营养素的功能及幼儿的需求。
幼儿园膳食安排：膳食配置的原则。
【学习提示】
考试重点：营养素的功能及幼儿的需求。
考试难点：膳食搭配。

第一节 幼儿的营养需求

营养素是指食物中能够维持身体基本功能、提供人体活动所需能量、促进身体生长发育的化学成分。人体所需营养素根据功能可以划分为六大类，即蛋白质、脂肪、碳水化合物（糖类）、矿物质、维生素和水。

▶ **一、蛋白质**

蛋白质是生物体内广泛存在的一类生物大分子，由 20 多种氨基酸按照一定顺序组合而成。

（一）蛋白质的功能

蛋白质的首要功能是合成细胞组织，支持机体的生长与更新。蛋白质是构成一切细胞、组织的基本物质。

模块三　生活指导　239

酶和激素是调节人体生长发育、新陈代谢速度的重要物质,各种蛋白酶和激素都以蛋白质为主要原料构成单位。所以蛋白质的第二大功能即合成酶和激素,调节机体的生理功能。

抗体是保护机体免受各种病原体入侵的重要物质,人体内抗体物质的成分主要是蛋白质,蛋白质一旦缺乏,人体抵抗力将下降。所以蛋白质的第三大功能是合成抗体,增强机体免疫力。

蛋白质是产热营养素,每克蛋白质在体内氧化后可分解释放4千卡的热量。当身体热能供应缺乏时,蛋白质将成为主要来源。所以蛋白质的第四大功能是提供热能,满足身体活动的需要。

另外,蛋白质还发挥着维持体液平衡、酸碱平衡和运输各种物质到器官和组织的功能。

(二)蛋白质的组成

蛋白质由多种氨基酸组成。必需氨基酸有**8种**,包括赖氨酸、色氨酸、甲硫氨酸(蛋氨酸)、苯丙氨酸、亮氨酸、异亮氨酸、苏氨酸、缬氨酸。婴幼儿的必需氨基酸还包括组氨酸。

(三)蛋白质的营养价值和食物来源

凡食物中所含必需氨基酸种类齐全,比例适当,符合人体的需要,则称该食物中含有营养价值较高的优质蛋白质。

禽类、鱼虾、瘦肉、乳类、蛋以及大豆制品的蛋白质含量较高,而且以优质蛋白为主。米、面、杂豆类、玉米等粮食作物也含有部分蛋白质,但以半完全蛋白质为主。肉皮、玉米中含有的胶原蛋白,属于不完全蛋白质。

▶ 二、脂肪

脂肪是产热量最高的营养素,包括中性脂肪和类脂质(磷脂、固醇、糖脂)等。

(一)脂肪的主要功能

脂肪的主要功能是参与人体细胞和组织的构成,供给热量和促进脂溶性维生素的吸收。

(二)脂肪的食物来源

脂肪由甘油和脂肪酸组成。脂肪酸含有必需氨基酸和非必需氨基酸。根据分子结构,脂肪酸分为饱和脂肪酸和不饱和脂肪酸,饱和脂肪酸摄入过多,可促使血清中总胆固醇含量增高。

脂肪的主要来源是动物油和植物油。植物油中必需脂肪酸和不饱和脂肪酸含量较高,被推荐为健康食品。鱼油,尤其是深海鱼油,所含不饱和脂肪酸较高,被视为优质脂肪,常被推荐为保健品。二十二碳六烯酸(即DHA),是人体所必需的一种多不饱和脂肪酸,鱼油中含量较多,对眼睛以及大脑的发育有促进作用。

▶ 三、碳水化合物

碳水化合物是由碳、氢、氧组成的生物分子,也称为糖类,包括单糖、双糖和多糖等营养素,是人体最重要和最经济的热能来源。

(一)碳水化合物的功能

碳水化合物的首要功能就是为人体提供热量。每克碳水化合物在体内氧化可分解产生约4千卡的热量。人体内50%~60%的热量来自碳水化合物。

碳水化合物的第二项功能是促进消化和排泄。碳水化合物中的膳食纤维具有增加粪便体积、刺激肠蠕动、加快肠道排泄的功能。

碳水化合物还能够预防酸中毒。碳水化合物不足时,身体代谢将产生酮体,大量酮体在血液中沉积会导致酸中毒,因此不吃主食的减肥是有害的。

(二)碳水化合物的食物来源

碳水化合物主要来源于谷物、根茎类食物(红薯、山药、马铃薯等)和食糖。水果、蔬菜是纤维素和果胶的主要来源。

四、矿物质

矿物质是人体内除碳、氢、氧、氮以外的所有化学元素的统称,又称无机盐。人体内含有60多种矿物质,占人体总量的4%~5%,其中20多种是人体必需的。人体内含量大于体重0.01%的矿物质被称为常量元素(宏量元素);人体内含量很少,占体重的0.01%以下,为维持正常功能所必需的元素,叫微量元素。

(一)矿物质的主要功能

矿物质是构成机体组织的重要成分,如使骨骼和牙齿具有一定的强度和硬度。矿物质作为蛋白质、脂类等有机化合物的组成部分,参与身体肌肉、器官、血细胞、软组织的构成;以催化剂、金属酶或激素的形式调节机体代谢;通过电解质浓度高低调节体液平衡;通过酸性离子和碱性离子调节体液的酸碱平衡;参与传导神经冲动,调节肌肉的收缩和舒张。

(二)矿物质的来源

矿物质在食物中分布广泛,大部分矿物质通过正常的饮食均可获得。钙、铁、锌、碘四种矿物质在食物中含量较低或肠道吸收率低,容易出现矿物质缺乏症。

钙是人体含量最多的矿物质,食物中钙的最佳来源是奶和奶制品。虾皮、排骨等含钙丰富。蔬菜和豆类含钙量也较多,但某些蔬菜中的草酸和豆类中的植酸会影响人体对钙的吸收。

钙被人体吸收的比例较低,维生素D、乳糖和充足的蛋白质可以提高人体对钙的吸收率。钙吸收不足时会导致骨质疏松,发生骨折,发育中的儿童容易患**佝偻病**。

铁是微量元素。动物类食品和一些黑色食品含铁量较多,如黑木耳、海带、芝麻等。含铁丰富又易于吸收的食物是动物的血和肝。

人体对铁的吸收率也较低,维生素C可以促进铁的吸收。谷类中的植酸、某些蔬菜中的草酸均影响铁的吸收和利用。茶中的鞣酸和咖啡中的多酚类物质亦可抑制人体对铁的吸收。铁供给不足时,器官组织的氧气供应和能量供应受到影响,使儿童的生长发育减缓,大脑功能下降,智力受到影响。

锌是人体内重要的微量元素,主要分布于骨骼、头发和皮肤中。锌广泛存在于各类食品中,但含量都不高。贝壳类、动物内脏和红色肉类是锌比较好的食物来源。

锌参与核酸、蛋白质的合成,促进细胞分裂、生长和再生,影响免疫功能,是味觉素的结构成分,因此儿童缺锌会表现出生长发育缓慢、个子矮小、食欲减退、味觉失灵等症状,严重的会出现异食癖,机体免疫力下降,容易发生感染。

碘是人体含量极少的微量元素,补碘的最佳食品是海产品,如海鱼、海带和紫菜等。内陆地区由于远离海洋,食物和饮水中碘含量偏低,为预防缺碘,可以食用含碘盐。

碘参与甲状腺素的合成,调节机体代谢,促进儿童身体的生长发育。碘摄入不足,会导致甲状腺素分泌减少,甲状腺肿大。母亲缺碘所生育的儿童可能出现发育迟缓、智力低下的现象,严重的可患克汀病(呆小病)。

五、维生素

维生素是维持人体健康所必需的一类有机化合物。维生素根据溶解性质可分为脂溶性维生素和水溶性维生素两大类。维生素A、D、E、K是脂溶性的,B族维生素和维生素C是水溶性的。

人体容易缺乏的维生素主要是维生素A、D、C、B_1、B_2。

(一)维生素A

维生素A的主要功能是维护正常的视觉功能。维生素A参与视网膜内视紫红质的合成。缺乏维生素 A 会降低视觉暗适应，严重时可导致夜盲症和眼干燥症。

维生素 A 的主要食物来源，一是动物肝脏和蛋黄、奶类、鱼子等；二是含胡萝卜素较高的蔬菜和水果，如胡萝卜、南瓜、木瓜、柑橘等。

(二) 维生素 D

维生素 D 的主要功能是促进钙、磷的代谢。一些动物性食物如肝、鱼肝油、蛋等含维生素 D，但食物中的维生素 D 含量不高。在阳光照射下，经紫外线的作用，皮肤下的 7-脱氢胆固醇可转化为维生素 D。维生素 D 缺乏时会患佝偻病。

(三) 维生素 C

维生素 C 可保护机体组织免受氧化损害，促进结缔组织的成熟、胶原合成、伤口愈合，维持血管弹性、提高免疫力、促进铁的吸收。维生素 C 又叫抗坏血酸，缺乏时会患维生素 C 缺乏病。

维生素 C 广泛存在于新鲜蔬菜和水果中，但维生素 C 容易氧化、破坏或丢失。

(四) 维生素 B_1

维生素 B_1 以辅酶的形式参与糖类代谢，能促进能量转化，对神经系统、肌肉、消化系统、循环系统的正常活动发挥作用。缺乏维生素 B_1 可引发维生素 B_1 缺乏症（又称脚气病）。

维生素 B_1 在食物中广泛分布，尤其在谷物表层和胚芽中含量丰富。但食品制作过程中的高温和加碱容易破坏维生素 B_1。

(五) 维生素 B_2

维生素 B_2（核黄素）是人体许多重要功能酶的辅酶，参与蛋白质、糖类、脂肪的代谢及能量生成，参与维生素 B_6 及烟酸的代谢。维生素 B_2 缺乏的临床表现呈多样性，如口角炎、口腔溃疡、脂溢性皮炎等。

维生素 B_2 的来源与其他 B 族维生素相似，维生素 B_2 广泛存在于各类食物中，肉类、禽类、鱼、蛋、豆类、新鲜蔬菜中都含有维生素 B_2。

六、水

水是人体含量最多、分布最广，也是最重要的一种营养素。

(一) 水的功能

水的功能体现在 5 个方面，即构成机体、作为代谢媒介和运输载体、调节体温、润滑和保护作用。

(二) 水的摄入和排出

人体主要从 3 种途径获得水，即饮水、摄取食物中的水和代谢产生水。人体内通常不存储水。水的排出途径主要是经肾通过尿液排出，其次是经皮肤蒸发排出，第三是经肺以水蒸气的形式和随粪便排出。

【典型真题 1】缺锌会导致婴幼儿（　　）。

A. 食欲减退　　B. 夜盲症　　C. 佝偻病　　D. 肌无力

【解析】婴幼儿长期缺锌，会食欲减退，生长发育迟缓，味觉异常，严重的会出现异食癖。

【答案】A

【典型真题 2】婴幼儿应多吃蛋、奶等食物，保证维生素 D 的摄入，以防止因维生素 D 缺乏而引起（　　）。

A. 呆小病　　B. 异食癖　　C. 佝偻病　　D. 维生素 C 缺乏病

【解析】维生素 D 缺乏会影响钙的吸收，从而导致佝偻病。

【答案】C

【典型例题】 供给幼儿身体所需热量的营养素是蛋白质、脂肪和碳水化合物,其中碳水化合物是主要的热量供给营养素。碳水化合物供给热量应该占到总热量的(   )。

A. 12%~15%
B. 30%~35%
C. 40%
D. 50%~60%

【解析】 根据《托儿所幼儿园卫生保健工作规范》第二部分膳食管理的规定,三大营养素热量占总热量的百分比是:蛋白质 12%~15%,脂肪 30%~35%,碳水化合物 50%~60%。

【答案】 D

第二节 幼儿园的膳食安排

一、食物的选择与搭配

（一）食物选择的原则

食物的选择要遵循安全性、营养性和多样性的原则。

食物的安全性是指食物要绿色、有机、无公害,即食物在种植、生产、加工、烹调过程中没有过量的农药残留,没有添加有害的添加剂或者烹调方式适当,没有产生有害物质等。

食品的营养性指应尽量选择富含营养素的食品,以便在有限的食物摄入中获得更多的营养。

食物的多样性指应该尽可能多地选择食物种类,以便获得营养的平衡和营养素的互补效果。

（二）食物的搭配原则

食物搭配的目的是将多种食物混合在一起,以发挥各种食物的营养效果。食物搭配的基本原则是膳食平衡。

膳食平衡是指将多种食物进行组合、搭配,使具有不同营养特点的食物在膳食中占有适当比例,从而保证膳食供给与人体各种营养素需要之间的平衡。

膳食平衡包括两方面的平衡,即各种营养素与人体需要之间的平衡和各种食物之间的平衡。

膳食中优质蛋白质应占蛋白质总量的 1/2,应多食用牛奶和豆制品。

三餐的热量分配要合理,供给要充足。三餐的热量占比为,早餐 30%,午餐 40%,晚餐 30%。

3~6 岁幼儿可安排三餐及午后一点。幼儿园应遵守开饭时间,使幼儿有规律地进食,早餐不推迟,中晚餐不提前。

食物搭配的方法是根据膳食金字塔的食物结构进行搭配。膳食金字塔由五层构成,从下到上分别是粮谷类食物,蔬菜和水果,肉、鱼虾、蛋,奶及奶制品、坚果、大豆,油、盐。各层食物的量由底层逐渐向上递减,同时保持每天一定量的身体运动。

二、幼儿的膳食搭配

为幼儿搭配食物,应该注意每天的粮食。除大米、面粉外,应适当搭配一些粗粮、杂粮,如小米、玉米、红薯等,经常变换主食花样;肉类的品种要经常变换,最好每天吃不一样的肉类食物;多吃鱼、虾;每天保证幼儿有一定量的新鲜蔬菜,尤其是深色蔬菜;保证有新鲜水果,不要用果汁代替水果;每天保证一定量的奶或奶制品;经常吃豆制品;尽可能地扩大食物圈,增加食品的种类。搭配原则是粗细粮搭配,荤素搭配,谷类豆类搭配,蔬菜五色搭配,干稀搭配。

三、幼儿园的膳食评估

(一)制订带量食谱

食谱是根据幼儿的消化能力和身体发育的需要,对各种食物进行科学合理的搭配,使其营养平衡,符合幼儿进食特点的日常食物制作方式。带量食谱即食谱除了食物名称外,还要有各种食物原料的用量。

幼儿园的带量食谱应该每周更换一次。合格的幼儿园带量食谱应该满足如下要求:

第一,食物的选择、搭配、制作应该符合幼儿的消化能力,色、香、味俱佳,能刺激幼儿的食欲,满足幼儿的进食心理。

第二,每天的食谱中含有粮食、蔬菜、水果、肉、禽、蛋、鱼、奶、大豆等各类食物,食物品种丰富、多样,选用同类食物中营养价值高的食物。

第三,一日三餐热量分布合理,基本符合早餐吃好、午餐吃饱、晚餐吃少的原则。

第四,初步计算各种营养素的含量是否达到要求。日托幼儿园达到供给量标准的70%~80%,全托幼儿园达到供给量标准的95%。

第五,食谱符合季节性特点和当地的市场供应情况,符合当地的饮食习惯,符合幼儿园的饮食收费标准。

(二)食物制作的要求

1. 厨房的卫生要求

首先要具有独立的操作间和库房。操作间环境整洁、台面和用具易于清洗;库房干燥、通风、凉爽,食品分类存放,生食和熟食分开。其次,餐具和用具要定期消毒。最后,厨房工作人员身体健康,讲究卫生。

2. 食物制作的过程要求

第一,尽量减少各种营养素的损失。矿物质和水溶性维生素容易流失,因此洗切过程和烹调方法要尽可能减少营养素流失。

第二,保证饮食的卫生安全。高温油炸、烧烤、腌制等烹调方法尽量少用;部分食物要烹调熟透,如菜豆(俗称四季豆)等,避免食物中毒。

第三,食物烹调装盘后要色香味俱佳,能刺激幼儿的食欲。食物的颜色、软硬度、形状等符合幼儿的特点,避免使用辛辣调料,少用酱油、味精等。

(三)膳食调查与评估

幼儿园一般要一季度进行一次膳食调查与评估,对其中一个月的食物和营养素摄入进行调查评估。

幼儿园膳食调查的内容包括儿童的进食量、膳食的调配、每餐的间隔时间、烹调方法对营养素的影响、进食环境和饮食卫生等。膳食调查的方法有记账法、称重法、询问法等。

膳食评估的内容包括食物的构成评价、热量和各种营养素的摄入评价、热量的来源评价、蛋白质来源评价、幼儿进食行为评价等。

【典型例题】膳食搭配的基本方法是膳食金字塔,膳食金字塔的最底层是粮谷类食物,为人体能量的主要来源。这一层食物的搭配原则是(　　)。

A. 精细　　　　B. 粗细搭配　　　C. 营养强化　　　D. 荤素搭配

【解析】粮谷类食物是膳食金字塔的基层,包括谷类、薯类、杂豆类,主要为人体提供热量。这类食物除了提供热量外,还含有一定的蛋白质、膳食纤维素和B族维生素。谷类食物和杂豆类食物的氨基酸互补,谷类一般称为细粮,而薯类和杂豆类称为粗粮。粮谷类食物表皮富含膳食纤维素和B族维生素,如果对其精细加工就会使膳食纤维和B族维生素丢失。

【答案】B

第三章 学前儿童的疾病预防

知识体系及思维脉络图

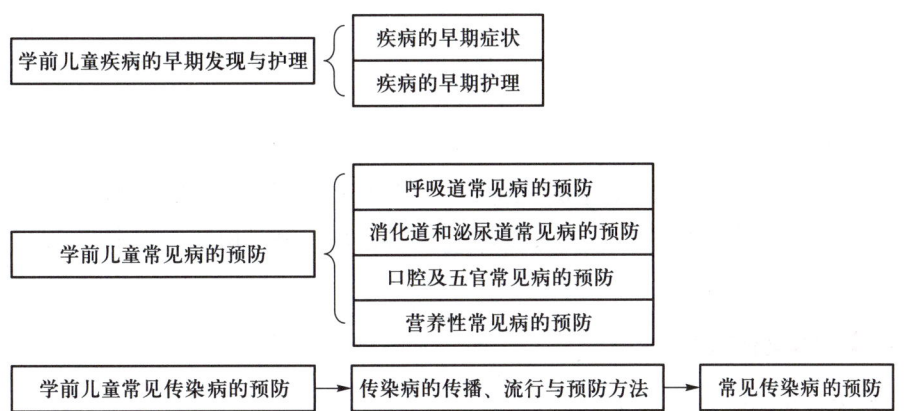

核心考点及学习提示

【核心考点】
疾病的早期发现与护理：疾病的早期护理。
传染病的预防：传染病传播和流行的基本要素，传染病的预防措施。
【学习提示】
考试重点：传染病的预防。
考试难点：疾病的早期护理。

第一节 学前儿童疾病的早期发现与护理

一、疾病的早期症状

各种疾病常见的一些早期症状有助于人们对疾病的早发现。

（一）精神状况

学前儿童一旦患病，就会表现出不同程度的烦躁不安、倦怠、嗜睡、目光呆滞、情绪不高、不爱玩、哭闹等。

（二）体温及皮肤

儿童的正常体温保持在 36~37 ℃，当体温上升到 37.5 ℃时为发热，其中，37.5~38 ℃为低热，38.1~38.9 ℃为中热，39 ℃以上为高热。一般体温每升高 1 ℃，儿童的心率增加 15 次/分。

发热是儿童感染性疾病的常伴症状,是判断儿童是否患病的灵敏指标。用手触摸儿童的额头可明显感觉到温度的变化,教师每天要在入园晨检时和午睡起床后,触摸幼儿额头,以便及时发现异常情况。

(三)饮食

食欲变化是学前儿童患病后较早出现的症状之一。常见的食欲变化表现为食欲下降、食欲亢进、异食、厌恶油腻等。

(四)睡眠

身体出现疾病,儿童的睡眠将受到影响,表现为睡眠不安稳、哭闹或嗜睡等。

(五)大小便

常见的大便异常表现有:大便颜色发生改变、形状发生改变、次数发生改变。常见的小便异常有:小便颜色发生改变、量和次数发生改变。因此,观察儿童的大小便是早期发现疾病的基本方法之一。

(六)腹痛

常见的腹痛部位有肚脐周围、右下腹、下腹。其中,肚脐周围疼痛可能是蛔虫病、急性肠炎、肠痉挛、食物过敏等;右下腹痛可能是急性阑尾炎;下腹部疼痛可能是由憋尿引起的,也可能是便秘、痢疾等。

▶ 二、疾病的早期护理

(一)测量体温和降温

触摸儿童额头体温时,如果感觉有变化,就要进行体温测量。测量体温一般有三个部位,即口腔、腋下和肛门。年龄小的儿童一般在肛门测量。口腔测量要注意放在舌下,用手扶住体温计,防止儿童咬破体温计使水银入口发生危险。腋下测量一般比较安全,但准确性较低。

通常儿童低热时不需要特别处理,多喝水、多吃含水分多的水果、多排尿均可降温。当体温达到38℃时可采用物理降温法降温。常见的物理降温法有温水擦浴、冷敷。

(二)惊厥处理

高热、癫痫、大脑炎症等会引起幼儿惊厥。惊厥的处理方法是首先将婴幼儿平放在床上,立即压迫人中。惊厥严重时要用纱布包一个硬物放在上下牙之间,防止婴幼儿咬破舌头造成大量出血,引起窒息。当婴幼儿高烧惊厥时,要马上对其进行降温处理,惊厥止住后送医院治疗。

(三)热敷与冷敷

热敷常用于外伤后的消肿、保暖和解除痉挛。热敷有两种方法:一是用40℃的热水将毛巾浸湿敷在患处;二是将热水袋用毛巾包裹放在患处。

冷敷则用于外伤导致毛细血管出血时,目的是促使局部血管收缩,达到消肿止痛的作用。冷敷也有两种方法:一是用冷水将毛巾浸湿敷在受伤处;二是将冰块装在塑料袋中再用毛巾包裹放在受伤处。

(四)服药

学前儿童的药物通常分为片剂、水剂、冲剂、丸药等几种形式。服药的注意事项如下:

第一,看清药物的剂量、服用方法、服药次数和时间。

第二,不要使用强迫的方法给幼儿灌药,以免将药物呛入气管。

第三,不要将药物混在饮料、牛奶中服用。

第四,服药后要及时记录并保留药瓶和药袋3天。

【典型真题】幼儿在户外活动中扭伤,出现充血肿胀和疼痛的症状,教师应对幼儿采取的措施是(　　)。

A. 停止活动,冷敷扭伤处　　　　B. 停止活动,热敷扭伤处
C. 按摩扭伤处,继续活动　　　　D. 清洁扭伤处,继续活动

【解析】幼儿在户外活动中扭伤后必须马上停止活动,对其扭伤处进行冷敷,两三天后热敷。

【答案】A

【典型例题】(　　)是儿童疾病的早期护理中降温的基本方法。

A. 冷水浴　　　B. 冷敷　　　C. 敷冰　　　D. 通风

【解析】儿童疾病的早期护理中,降温主要是指物理降温,物理降温的基本方法是冷敷。

【答案】B

第二节　学前儿童常见病的预防

一、呼吸道常见病的预防

学前儿童呼吸道常见病的病因、症状、护理与预防见表3-3-1。

表3-3-1　学前儿童呼吸道常见病的病因、症状、护理与预防

常见病	病因	症状	护理	预防
普通感冒	病毒、细菌、支原体感染	流鼻涕、打喷嚏、鼻塞、咽痛、食欲下降等	多休息、多喝水,保持室内空气新鲜、流通	注意锻炼和营养,注意添减衣物
急性扁桃体炎	细菌感染	发热、畏寒、呕吐、咽痛等	保证幼儿进食、多休息、多喝水	预防感冒,提高免疫力
急性支气管炎	细菌、病毒或二者合并感染	首先是普通感冒症状,然后出现黏膜充血、水肿等症状,咳嗽加重	保持室内空气新鲜,适当通风;饮食清淡易消化,帮助排痰	预防感冒,提高免疫力

二、消化道和泌尿道常见病的预防

学前儿童消化道和泌尿道常见病的病因、症状、护理与预防见表3-3-2。

表3-3-2　学前儿童消化道和泌尿道常见病的病因、症状、护理与预防

常见病	病因	症状	护理	预防
急性肠炎	饮食不当、腹部受凉、食物过敏,细菌或病毒感染	发热、腹泻	及时补充水和矿物质防止脱水;饮食清淡,吃易消化食物;腹部保暖、肛门清洁	饮食定时定量、食物安全卫生、饭前便后洗手
便秘	食物中粗纤维缺乏、排便不规律,其他疾病引起的食欲减退	腹痛、腹胀、排便困难、肛门出血	可用开塞露帮助幼儿排便,一般不使用泻药;进行腹部按摩,每天1~2次,每次3分钟	养成定时有规律排便的习惯,饮食中增加蔬菜、粗粮、杂粮,增加运动
泌尿道感染	大小便污染物上行感染,穿开裆裤造成病原微生物感染	发热、寒战、腹痛、腹泻、呕吐等;尿急、尿频、尿痛	多喝水、多排尿	穿封裆裤,注意臀部清洁、勤换内裤;教幼儿大小便后正确的擦洗方法

三、口腔及五官常见病的预防

学前儿童口腔及五官常见病的病因、症状及护理与预防见表3-3-3。

表3-3-3　学前儿童口腔及五官常见病的病因、症状及护理与预防

常见病	病因	症状	护理与预防
龋齿	产酸菌、食物残渣、牙齿的质地与排列	牙齿表面变黑或有小洞,对冷、热、酸、甜的食物敏感	保持口腔清洁,养成早晚刷牙、饭后漱口的习惯;注意补充钙、磷;睡前不吃甜食,定期检查牙齿,必要时进行窝沟封闭,保护磨牙的咬合面
斜视	视神经或眼肌受损;近视、远视或散光	双眼不能同时注视目标,视轴呈分离状态	早发现、早治疗
弱视	先天性弱视、两眼视差较大、斜视、视觉剥夺	没有器质性病变情况下的视觉功能减退	早发现、早治疗
急性中耳炎	上呼吸道感染	高热、烦躁不安、哭闹、用手抓耳朵、摇头等	教幼儿正确的擤鼻涕方法,以防上呼吸道感染

四、营养性常见病的预防

学前儿童营养性常见病的病因、症状及护理与预防见表3-3-4。

表3-3-4　学前儿童营养性常见病的病因、症状及护理与预防

常见病	病因	症状	护理与预防
缺铁性贫血	铁摄入量不足,体内储存铁不足,生长发育快、消化道疾病	轻度贫血症状不明显,中重度贫血则面色苍白,指甲、结膜、嘴唇发白等,全身无力,容易生病	母亲怀孕后期注意补铁,乳儿及时添加含铁丰富的食物,纠正幼儿挑食、偏食等不良饮食习惯
佝偻病	日照不足,生长速度过快,钙的吸收利用障碍,疾病的影响	早期症状:爱哭闹、易烦躁、食欲不好、睡眠不踏实、多汗等。后期症状:颅骨软化、胸部成鸡胸、漏斗状,脊柱弯曲,腿部变形成X形或O形	多晒太阳,补充维生素D,婴儿期及时添加辅食

【典型例题1】上呼吸道感染引起的常见五官病是(　　)。
A. 夜盲症　　　　B. 眼干燥症　　　C. 急性中耳炎　　　D. 口腔溃疡
【解析】夜盲症和眼干燥症是由于缺乏维生素A,口腔溃疡是维生素B_2缺乏引起的;由于学前儿童的耳咽管宽、短、直,呈水平位,上呼吸道感染后容易因咳嗽引发急性中耳炎。
【答案】C
【典型例题2】如何预防龋齿的发生?
【答案要点】龋齿产生的主要原因是食物残渣遗留在牙齿缝隙,为产酸菌的繁殖提供了条件,为此:
(1)要保持口腔清洁,睡前不吃甜食,养成早晚刷牙、饭后漱口的习惯;
(2)多摄入含钙、磷丰富的食品,使牙齿发育良好;
(3)定期检查牙齿,必要时进行窝沟封闭,保护磨牙的咬合面。

第三节　学前儿童常见传染病的预防

传染病是由病原体感染引起的、能在人与人之间或人与动物之间传播流行的疾病。

一、传染病的传播与流行

(一) 传染病的传播与流行条件

传染病的传播与流行必须具备三个基本要素,即传染源、传播途径和易感者。

传染源是指能传播病原体的人或动物,包括病人、病原携带者(健康携带者、病后携带者)和受感染的动物。**传播途径**是指病原体从病原体排出后,经一定方式侵入新的易感宿主前经历的全部过程。传染病常见的传播途径有空气飞沫传播、饮食传播、直接接触传播、医源性传播、虫媒传播、母婴传播。易感者指对某一传染病缺乏特异性免疫力而容易被感染的人。

1. 空气飞沫传播

经空气飞沫传播的传染病有麻疹、流感、猩红热等。由于空气飞沫传播是呼吸道传染病的主要传播方式,日常生活中应注意环境卫生,加强室内通风换气,并宜采用湿式打扫方式。

2. 饮食传播

饮食传播是消化道传染病的主要传播方式,如伤寒、细菌性痢疾、甲型肝炎、蛔虫病等。保护水源、饮用开水是减少此类传染病的重要措施。

3. 直接接触传播

这类传播又称为日常生活接触传播,病原携带者的衣服、被褥、餐具、玩具、分泌物及排泄物等都会造成污染。该传播途径既可传播呼吸道传染病,如白喉等;也可传播消化道传染病,如痢疾等。

4. 医源性传播

医务人员在检查、治疗疾病时及实验操作过程中,通过血液、注射等造成疾病感染,如输入了带有乙型肝炎病毒的血液而感染上乙型肝炎等。

5. 虫媒传播

因吸血节肢动物如蚊子、跳蚤、虱子及白蛉等叮咬人体而传播疾病,如流行性乙型脑炎、疟疾、黑热病等。

6. 母婴传播

经母婴传播的主要是乙肝、艾滋病等。

(二) 传染病的特征

传染病的特征为有病原体、有传染性、有免疫性等。

传染病从感染、发病到痊愈通常要经过四个典型发展阶段,即潜伏期、前驱期、症状典型期、恢复期。

二、传染病的预防方法

预防和管理传染病的关键是阻断传染病传播与流行的三个环节。

(一) 提高易感者的抵抗力

预防接种、体育锻炼和保障营养与睡眠是提高易感者抵抗力的基本方法。

(二) 管理传染源

幼儿园应及时了解传染病病情,做到早发现、早隔离、早报告,并对接触者进行检疫,以上是阻断传染源的基本方法。

（三）切断传播途径

注意卫生，加强日常预防，建立完善的消毒制度，传染病发病后及时隔离与消毒是幼儿园切断传播途径的主要方法。

三、常见传染病的预防

常见传染病的预防以了解病因、观察病情为基础。常见传染病的基本知识见表3-3-5。

表3-3-5 常见传染病的基本知识

传染病	病原体	传播途径	典型症状	护理	预防
水痘	水痘病毒	空气飞沫传播；直接接触传播	低热后出疹，疹子呈向心性分布，以躯干、头部为多，四肢较少，可见斑丘疹、疱疹、结痂同时存在，皮肤瘙痒	防止瘙痒抓伤；保持手的清洁	早发现、早隔离，接触者检疫
手足口病	肠道病毒71型、柯萨奇病毒A组	饮食传播；空气飞沫传播；直接接触传播	发热、流鼻涕、咳嗽，食欲下降，手、足、臀部出现红色斑丘疹，转为疱疹	重点解决口腔溃疡引起的进食困难	勤洗手、吃熟食、喝开水、勤通风、勤晒太阳、早发现、早隔离、切断传染源
麻疹	麻疹病毒	空气飞沫传播	发热、咳嗽、流鼻涕、流泪，麻疹黏膜斑、皮疹先后见于耳后、颈部，渐至面部、躯干、四肢，最后手心、脚心出疹。淡红色斑丘疹、皮疹间可见到正常的皮肤。出疹时全身症状加重，高热、咳嗽、常伴有呕吐、腹泻	病人住室应保持空气新鲜，常洗脸，注意眼部、鼻部、口腔卫生，饮食宜富于营养而好消化	接种麻疹减毒活疫苗，开窗通风，接触者检疫；2岁以下或有慢性病的小儿接触麻疹病人后，可进行人工被动免疫
流行性感冒	流感病毒	经空气飞沫传播；直接接触传播	发热、头疼、咽痛、肌肉酸痛、乏力等	多休息、多饮水	注重体格锻炼，流感流行季节外出戴口罩，不去人口密集的公共场所
流行性脑膜炎	脑膜炎双球菌	空气飞沫传播	初期出现上呼吸道症状，细菌进入血液后出现高热、头疼、恶心、呕吐等症状，后期进入大脑则出现高热、昏迷等症状	夏、秋季进行预防接种；保持室内空气流通和新鲜	
流行性腮腺炎	腮腺炎病毒	空气飞沫传播	前期发热、畏寒、食欲减退，腮腺肿大	冷敷腮腺或用消炎中药涂抹腮腺；不吃刺激性食物，保持口腔清洁	隔离病人，对病人使用过的用具进行消毒；接种疫苗
细菌性痢疾	痢疾杆菌	饮食传播	高热、畏寒、恶心、呕吐、腹痛、腹泻	大便后用温水清洗肛门，注意臀部清洁，饮食清淡，多喝水，腹部保暖	注意个人卫生，不吃不洁食物，保持环境清洁，消灭苍蝇，隔离患者

【典型真题1】风疹病毒的传播途径是( )。

A. 肢体接触　　　　　　　　B. 空气飞沫传播

C. 虫媒传播　　　　　　　　D. 实物传播

【解析】风疹病毒是一种RNA病毒,主要通过空气飞沫经呼吸道传播,一年四季都可发生,冬、春季发病率高。

【答案】B

【典型真题2】皮疹呈向心性分布(即躯干多,面部、四肢较少,手掌、脚掌更少)的疾病是( )。

A. 风疹　　　　B. 水痘　　　　C. 手足口　　　　D. 猩红热

【解析】水痘皮疹的特点是分布呈向心性,以发际、胸背较多,四肢面部较少,手掌、足底偶见。

【答案】B

【典型例题】发生传染病期间,托幼机构应当加强晨检、午检和全日健康观察,并采取必要的预防措施,保护( )。

A. 环境　　　　B. 患儿　　　　C. 年幼儿童　　　　D. 易感儿童

【解析】传染病传播与流行的三个条件是传染源、传播途径和易感者,发生传染病期间,应该保护易感儿童。

【答案】D

第四章 幼儿园的安全工作

知识体系及思维脉络图

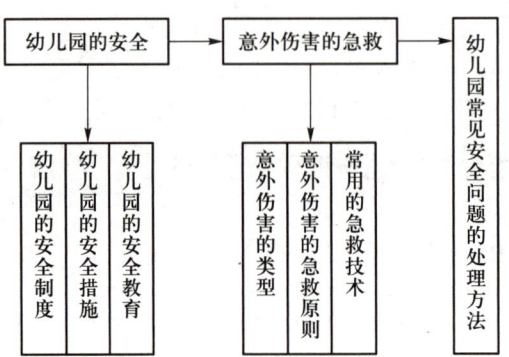

核心考点及学习提示

【核心考点】
幼儿园常见安全问题及处理：外伤、骨折、烧/烫伤、异物入体、溺水、中毒、火灾、黄蜂/蜜蜂蜇伤、地震等突发事件的急救方法。

【学习提示】
考试重点：常见安全事故。
考试难点：常用急救技术。

第一节 幼儿园的安全

一、幼儿园的安全制度

幼儿园的安全制度包括门岗检查制度、设备安全检查制度、食堂卫生管理制度、保健室制度、环境和物品消毒制度、消防管理制度、意外事故应急处理制度。

二、幼儿园的安全措施

（一）严格执行安全规章制度

根据2006年6月教育部发布的《中小学幼儿园安全管理办法》，幼儿园要建立安全工作责任制，实行园长责任制和事故责任追究制。幼儿园要严格执行制订的各项安全管理制度并定期检查落实，消除隐患、杜绝事故的发生。实施门岗管理制度，严把进门关和登记制，防止幼儿走失。严格幼儿接送制度,来园与离园时,家长和教师做好交接工作。落实设备安全检查制度、遵守食品卫生安全制度,执行物品消毒制度和药品保管制度。

(二)健全安全预警机制并制订突发事件应急预案

幼儿园应根据可能发生的突发事件制订处理方案(预案),包括突发事件的现场处理程序、事后处理事项等,并进行定期演练,特别是火灾、地震等的应急演练要定期进行。

(三)加强环境和日常活动的安全管理

1. 设施设备安全

幼儿园的房舍建筑应参照2019年住房和城乡建设部发布的局部修订的《托儿所、幼儿园建筑设计规范》(JGJ39—2016)进行设计与建设。

场地地面要防滑,器械要坚固、耐用、光滑、使用安全;高矮、大小、坡度等适合幼儿的年龄特点,器械要定期检查维修。

建筑物和器械的棱角应该做成圆角,电源插座安装高度应该不低于1.8米;防护栏杆净高不应小于1.30米,栏杆间距不大于0.09米。

家具靠墙摆放,确保牢固;房门不应安装弹簧,柜门不应安装玻璃门。

植物种植应该确保无毒无刺,动物饲养应该选择体积小、性情温顺的小动物,不应饲养猫、狗等容易给幼儿带来伤害的动物。

2. 特殊物品的安全

严格执行药品管理制度,对儿童用药要严格登记。清洁剂、消毒剂等应放置在幼儿不能触及的地方。

对幼儿的玩具、用具(如剪刀等)的选择、使用及管理,要确保安全。

3. 应急措施得当

幼儿园的安全通道应畅通,安全标志、应急疏散线路、应急通信信息标示明显。

4. 组织幼儿活动的安全

幼儿园各类活动的组织都要以安全为前提,做好活动准备,确保设施、器具安全。活动过程中应做到事先提示和细心照料相结合,教师不得中途离开幼儿。活动结束后要及时收拾和整理器具。

体育活动前要进行热身和整理活动,确保运动安全,防止幼儿发生肌肉和关节损伤。

▶ 三、幼儿园的安全教育

(一)幼儿园安全教育的对象

幼儿园安全教育的对象包括幼儿、幼儿园工作人员和家长。

(二)幼儿安全教育的目标

树立安全意识,学习自我保护技能和求助方法,提高自我保护能力。

(三)幼儿安全教育的内容

幼儿安全教育的内容包括交通安全、消防安全、食品安全、游戏安全、生活安全、自然灾害避险、求救方法。

(四)幼儿安全教育的措施

(1)强化教师的安全意识和责任心。

(2)创设安全的生活环境,提供必要的保护措施。

(3)结合生活实际对幼儿进行安全教育。

外出时,提醒幼儿要紧跟成人,不远离成人的视线,不跟陌生人走,不吃陌生人给的东西;不在河边和马路边玩耍;遵守交通规则等。

帮助幼儿了解周围环境中不安全的事物,不做危险的事。如不动热水壶,不玩火柴或打火机,不摸电源插座,不攀爬窗户或阳台等。

帮助幼儿认识常见的安全标识,如:小心触电、小心有毒、禁止下河游泳、紧急出口等。

(4)教给幼儿简单的自救和求救的方法。

> 【典型真题1】《托儿所幼儿园卫生保健工作规范》规定托幼园所工作人员接受健康检查的频率是(   )。
>
> A. 每月一次　　　B. 半年一次　　　C. 每年一次　　　D. 三年一次
>
> 【解析】《托儿所幼儿园卫生保健工作规范》规定,托幼机构在岗工作人员必须按照《托儿所幼儿园卫生保健管理办法》规定的项目每年进行一次健康检查。
>
> 【答案】C
>
> 【典型真题2】教师在户外体育游戏中如何保障幼儿安全?
>
> 【答案要点】(1)结合生活实际对幼儿进行安全教育,教给幼儿简单的自救和求救的方法。在幼儿园教学活动中,有意识地结合活动内容对幼儿进行安全教育,注重在活动中培养幼儿的自我保护能力。
>
> (2)在户外活动开展前,创设安全的生活环境,提供必要的保护措施。
>
> (3)在户外活动开展过程中,时刻注意引导幼儿注意安全。
>
> (4)注意强化幼儿的户外体育活动常规意识,把幼儿遵守常规的情况放在活动后的小结中,让幼儿知道遵守常规的重要性。
>
> 【典型例题】托幼机构应当建立重大自然灾害、(   )、踩踏、火灾、暴力等突发事件的应急预案,如果发生重大事故,应立即采取有效措施,并及时向上级有关部门报告。
>
> A. 地震　　　　B. 安全　　　　C. 交通　　　　D. 食物中毒
>
> 【解析】地震属于重大自然灾害,交通事故在托幼机构发生概率很低,安全是对各项突发事件的概括,食物中毒是托幼机构较可能发生的突发事件。
>
> 【答案】D

第二节　意外伤害的急救

一、意外伤害的类型

根据意外伤害的性质,可以将幼儿意外伤害的类型划分为物理性意外伤害、化学性意外伤害和生物性意外伤害三类。

物理性意外伤害有烧伤、烫伤、溺水、摔伤、交通事故、地震和雷电伤害等。

化学性意外伤害主要有各种药物中毒、酸碱中毒、重金属中毒等。

生物性意外伤害主要有食物中毒、动物咬伤、昆虫蜇伤等。

二、意外伤害的急救原则

(一)抢救生命

当严重意外伤害发生时,抢救生命是第一原则。常温下,大脑缺氧4~6分钟就可能造成无法恢复的损伤,甚至脑死亡。

(二)防止残疾

在急救过程中,既要抢救生命,还要兼顾减少损伤,防止因抢救不当造成残疾。遇到椎骨损伤者,不要轻易搬动。

(三)减少痛苦

在救助过程中,搬动和处理时动作要轻,同时进行语言安慰和鼓励,稳定幼儿情绪,缓解其恐惧心理。

三、常用的急救技术

(一)人工呼吸

人工呼吸是一种简单、快捷、有效的急救方法。操作步骤:判断有无呼吸—保持呼吸道畅通—口对口呼吸。

(二)胸外心脏按压

胸外心脏按压是指通过外力挤压促使心脏内血液输送到全身组织器官,从而维持生命最低需要的一种急救技术。操作步骤:检查心跳—事前准备(仰卧)—心脏按压。

(三)止血

意外伤害常伴有血管破损出血。当身体出血量大时,应立即采取止血措施。

1. 出血的类型

出血可以分为动脉血管出血、静脉血管出血和毛细血管出血三种类型。

2. 止血的方法

指压止血法——用于手指、手掌或拳头压迫出血管的上端(靠近心脏),将血管压迫闭合,阻断血液流出。此方法止血迅速但不宜长时间采用,适用于出血量大的紧急情况。

加压止血法——用干净的纱布或毛巾直接压在伤口上,用手压迫止血,通常压迫15分钟即可止血。此方法适用于血流不急的小动脉出血、静脉和毛细血管出血。

止血带止血法——用止血带扎在伤口上方,阻止血液流出。此方法适用于四肢大血管出血,且其他止血方法无效时。

一般止血——当小伤口出血时,清洗伤口后用创可贴和干净纱布包扎即可。

【典型例题1】大脑缺氧4~6分钟就可能造成无法恢复的损伤,甚至脑死亡。因此,出现重大意外伤害事故后,抢救的第一原则是( )。

A. 叫急救车　　　B. 平放、固定　　　C. 止血　　　D. 抢救生命

【解析】选择项A、B、C都是急救方法而非原则,抢救生命是发生重大意外伤害事故抢救的第一原则。

【答案】D

【典型例题2】意外伤害发生后的急救原则是什么?

【答案要点】意外伤害的急救原则是抢救生命、防止残疾、减少痛苦。

第三节　幼儿园常见安全问题的处理方法

幼儿由于好奇、好动、好冲动,生活经验缺乏,对危险的认识不足,身体运动功能还不完善等,面对危险反应能力较差,因而容易发生安全事故。幼儿园保教人员需要掌握基本的紧急处理方法,以免伤害扩大。

一、外伤

(一) 切割伤

常见的切割伤以幼儿使用和把玩小刀、剪刀等工具造成的皮肤割裂、出血为主。

急救方法：用冷开水冲洗伤口—用双氧水等消毒—直接压迫止血。

(二) 刺伤

玻璃、竹刺、铁钉、木屑等锐利物刺入皮肤,伤口深而狭窄,容易感染。

急救方法：用生理盐水或冷开水清洗伤口—检查皮肤内是否有刺,如有刺,则用消毒针顺着刺的方向将其拨出—用酒精或碘伏对伤口进行消毒。

(三) 扭伤

扭伤常发生于幼儿运动、游戏中,多为关节处软组织受伤,伤处肿痛、运动不灵活,颜色发青。

急救方法：检查是否骨折—停止活动,减少出血—冷敷,达到止血、消肿、止痛作用—24小时以后对伤处热敷,改善血液循环,减轻肿胀。

二、骨折

骨折有闭合性骨折、开放性骨折和青枝骨折三种。闭合性骨折,指骨折处皮肤不破裂,与外界不相通;开放性骨折,指骨折处皮肤破裂,与外界相通;青枝骨折则是指皮、骨破而未断,犹如嫩树枝折断时的形态而得名。一旦骨折,则剧烈疼痛;骨折肢体不能运动,骨折部位出现变形。

急救方法：不轻易移动伤者—止血(开放性骨折)—固定—及时送医院。

三、烧伤、烫伤

烧伤、烫伤是指由火焰、蒸汽、热液体、电流、化学物质等引起的皮肤损伤。

急救方法：消除烧伤、烫伤的原因—立即用冷水浸冲局部降温,冷却20~30分钟—剪开衣服,再脱下来,保持伤口清洁—涂抹烫伤膏—将受伤严重的幼儿送医院。

四、异物入体

(一) 鼻腔异物

幼儿因好奇或感觉好玩,容易将小物件塞入鼻腔,若不及时取出,易引发炎症甚至堵塞鼻孔,影响呼吸。

处理方法：让幼儿用手堵住没有异物的一侧鼻孔,让另一侧鼻孔做擤鼻涕的动作,通过气流将异物排出;或者用棉签刺激鼻黏膜,通过打喷嚏将异物喷出。千万不要用镊子试图将异物夹出,尤其是圆滑的异物。

上述方法无效则立即送医院。

(二) 外耳道异物

外耳道异物通常有两种：一种是小昆虫;另一种是非生物小物件。

如果是小昆虫,可以用灯光照在外耳道口,利用昆虫的趋光性引诱昆虫爬出来;或者滴入酒精、香油等淹死小昆虫后再让幼儿将头偏向异物一侧单脚跳,让耳内异物流出。

如果是非生物小物件,则让幼儿将头偏向异物一侧单脚跳,让耳内异物排出。

上述方法无效则立即送医院。

(三) 眼内异物

眼内异物有3种,非生物异物、生物异物、化学异物。

异物进入眼球和角膜内会剧烈疼痛、流泪不止、眼睑痉挛等;异物进入结膜会产生异物感,出现流泪或眼睛疼痛感。角膜、眼球异物不要随意取出,应用纱布或手帕遮住眼睛,立即送医院处理。

结膜异物的急救:将眼睑轻轻翻开吹气,促使眼睛流泪冲洗异物,或者用清水冲洗眼睛使异物流出;异物取出后点 1~2 滴氯霉素眼药水防止感染。

化学异物进入眼睛时,应立即用大量清水反复冲洗眼睛,冲洗时间不少于 15 分钟,然后送医院处理。

生石灰溅入眼睛,则先用棉签或干净手绢将石灰拨出,再用清水反复冲洗。

(四) 呼吸道异物堵塞

呼吸道异物堵塞分为两种,即完全堵塞和部分堵塞。

1. 手指抠咽喉法

伤者头后仰,使伤者的口张开,用一手的拇指和食指将伤者的舌头拉出,另一只手的食指沿伤者的颊内侧深入口腔和咽部迅速将异物抠出。此方法适用于异物堵塞在咽喉附近的情况。

2. 手掌击背法

将伤者背对救助者,上半身倾斜,头向下,救助者一手支托其胸部前,另一手的手掌连续猛击伤者背部两肩胛骨间 3~4 次,促使伤者咳嗽,将异物排出。该方法适用于异物进入气管堵塞呼吸道的情况。

3. 腹部推压法

腹部推压法又叫海姆立克急救法。伤者取站立位,急救者从背侧用双手臂环抱伤者上腹部,一手放在正中线脐上,另一手紧握此手,用力压伤者腹部 6~10 次,促使上呼吸道堵塞物吐出。此方法适用于异物进入气管堵塞呼吸道的情况。

▶ 五、溺水

溺水是指因吸入大量的水,呼吸道阻塞引起的窒息。

急救方法:会游泳的救助者托住儿童头部,呈仰泳姿势将其救上岸—倒水—人工呼吸与胸外心脏按压—送医院。倒水时,先清除儿童口腔和鼻腔内的异物,然后救助者一腿跪地、一腿屈膝,将溺水儿童头朝下、腹部置于救助者膝盖上,拍其背部,使其呼吸道和胃里的水排出。

▶ 六、中毒

中毒可以分为食物中毒、药物中毒、有害气体中毒、农药中毒等。

处理方法:一旦发现儿童误食有毒食物、误服药物,如果刚食入则用筷子、勺子、手指等刺激儿童的咽部,引起反射性呕吐,将有毒物体吐出后送医院继续治疗。如果毒物食入超过 4~6 小时,毒物已经进入肠道,则应马上送医院急救。

▶ 七、火灾

发生火灾后,应立即拨打 119 报警;报警同时,开启消防电源,打开应急照明灯和安全疏散标志;消防人员到达前,幼儿园灭火行动组应尽力控制火势蔓延,火场内有人员时则全力疏散人员脱险逃生;无关人员要远离火场,保持道路畅通,便于消防车驶入;不得组织幼儿灭火。

▶ 八、黄蜂、蜜蜂蜇伤

黄蜂毒液呈碱性,可在伤口涂食醋等弱酸性液体;蜜蜂的毒液呈酸性,可在伤口涂淡碱水、肥皂水等弱碱性液体,以达到减轻疼痛和消肿的目的。

九、地震

(一) 轻度地震

如果发生地震时幼儿在教室,当班教师应安抚幼儿不要慌张、哭闹或乱跑;组织幼儿有序疏散,大班和中班幼儿可从教室门口跑步到操场、小班幼儿按顺序下楼后跑步到操场。

如果幼儿在室外,应立即组织幼儿全部蹲下,并避开电线、大树等危险物品。

(二) 破坏性地震

如果幼儿在室内,则立即组织幼儿躲到两个承重墙之间最小的房间,如洗手间、厕所等;也可以躲在桌子下面或教室内侧的墙角,保护好头部;趴下时,头靠墙,使鼻子上方和双眼之间的凹部枕在横着的双臂上面,闭上眼和嘴,用鼻子呼吸;千万不要去窗下躲避。地震减轻后按疏散线路疏散到操场。

如果在室外,则组织幼儿立即到操场空旷的场地蹲下,注意避开高大物体或建筑物。

保教人员要时刻与幼儿在一起,消除幼儿的恐惧心理。

【典型真题1】下列几种意外事故,不正确的处理方式是(　　)。

A. 有小飞虫进入幼儿眼里,翻开眼皮后用棉签轻轻擦去

B. 对于幼儿跌倒后的轻微擦伤,清洗伤口去污,涂上消毒药品

C. 幼儿鼻内进了小珠子、豆粒等圆滑异物,用镊子去取

D. 幼儿被蜜蜂轻度蜇伤后,在伤口涂淡碱水或肥皂水等弱碱性液体

【解析】对于鼻腔异物:不可用镊子去夹异物,特别是圆形的异物,否则可能使异物深陷,落入气管,异常危险。故C项错误。

【答案】C

【典型真题2】幼儿鼻中隔是易出血点,该处出血后的正确处理方法是(　　)。

A. 鼻根部涂紫药水然后安静休息　　B. 让幼儿略低头,冷敷前额和鼻部

C. 止血后半小时内不剧烈运动　　D. 让幼儿仰卧休息

【解析】幼儿发生鼻出血问题时,安慰幼儿不要紧张,用口呼吸,头略低。捏住鼻翼5~10分钟,同时用湿毛巾冷敷鼻部和前额。

【答案】B

【典型真题3】幼儿突然出现剧烈呛咳,伴有呼吸困难,面色青紫,这种情况可能是(　　)。

A. 急性肠胃炎　　　　　　B. 异物落入气管

C. 急性喉炎　　　　　　　D. 支气管哮喘

【解析】幼儿突然出现剧烈呛咳,伴有呼吸困难,面色青紫,这是呼吸道异物堵塞的典型表现。

【答案】B

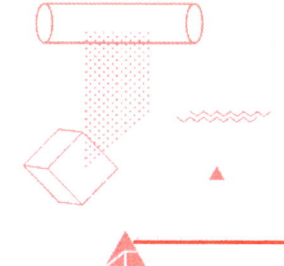

强化过关训练

一、单项选择题

1. 晨检的方法是一看、二摸、三问、四查。四查即检查(　　)。
   A. 检查身体　　　　　　B. 检查卫生
   C. 检查书包　　　　　　D. 检查幼儿是否携带不安全物品

2. 幼儿园一日生活的盥洗环节是培养幼儿良好的卫生习惯和学会(　　)的最佳时机。
   A. 正确洗手　　　　　　B. 善于清洁
   C. 生活自理　　　　　　D. 保护五官

3. 幼儿的户外活动是体格锻炼的最重要环节,除了体育运动外,(　　)也是很好的体格锻炼方式。
   A. 散步　　　　　　　　B. 观察
   C. 日光浴、空气浴和水浴　　D. 攀爬

4. 人体含量最多的矿物质是(　　)。
   A. 铁　　　B. 锌　　　C. 碘　　　D. 钙

5. (　　)参与视网膜视紫质的合成,严重缺乏时会导致夜盲。
   A. 维生素 A　B. 维生素 B　C. 维生素 C　D. 维生素 D

6. 水是人体含量最多、分布最广、也最重要的一种营养素。托幼机构应安排每日上、下午各 1~2 次集中饮水,3~6 岁幼儿饮水量每次(　　)。
   A. 100~150 毫升　B. 一杯　　C. 300 毫升　　D. 半斤

7. 合成细胞组织,支持机体生长与更新的营养素是(　　)。
   A. 蛋白质　　B. 脂肪　　C. 糖　　D. 水

8. (　　)是儿童感染性疾病的常伴症状,是判断儿童是否患病的灵敏指标。
   A. 精神不振　B. 发热　　C. 大小便异常　　D. 脸色发灰

9. 传染病传播与流行的基本要素是传染源、传播途径和(　　)。
   A. 空气　　B. 血液　　C. 接触　　D. 易感者

10. 为提高托儿所、幼儿园卫生保健工作水平,预防和减少疾病发生,保障儿童身心健康,幼儿园应该以(　　)为法规依据。
    A.《幼儿园教育指导纲要(试行)》
    B.《幼儿园工作规程》
    C.《托儿所幼儿园卫生保健管理办法》
    D.《3~6岁儿童学习与发展指南》

二、简答题

1. 安排幼儿一日生活的基本要求是什么?
2. 如何培养幼儿良好的饮食习惯?
3. 幼儿园安全教育的主要内容是什么?

三、材料分析题

材料：小一班的小朋友丽丽穿了一件带闪亮贴片的衣服，她没事的时候就用手剥或者揪衣服上的贴片。张老师发现后多次制止她，可是意想不到的事情还是发生了。丽丽衣服上的贴片吸引了其他小朋友的注意，丽丽剥下或者揪下来的贴片被其他小朋友捡起来玩。由于贴片很轻，有个小朋友把贴片吸进了鼻子，露出呼吸困难的表情。

请问，教师应该如何处理和预防此类安全事故？

四、活动设计题

小班赵老师发现幼儿进餐时存在各种问题：有的幼儿情绪不稳定，吃饭时哭着找妈妈；有的幼儿不会拿勺子吃饭，一定要老师喂；有的幼儿挑食，不吃这个，不吃那个；还有的幼儿玩一会儿，吃一会儿，饭凉了都还没有吃完……

请设计一份解决上述问题的教育方案。要求写出对问题的分析、教育目标和解决问题的主要方法。

参考答案

一、单项选择题

1.【解析】晨检的四查,即检查幼儿是否携带不安全物品。
【答案】D

2.【解析】盥洗环节不仅可以学会正确的盥洗方法,还能够学会保护五官。
【答案】D

3.【解析】日光浴、空气浴和水浴被称为三浴,是幼儿体格锻炼的重要方式。
【答案】C

4.【解析】钙是构成骨骼和牙齿的主要成分,使其具有一定的强度和硬度,是人体含量最多的矿物质。
【答案】D

5.【解析】维生素 A 的主要功能是维护视觉正常。
【答案】A

6.【解析】根据《托儿所幼儿园卫生保健工作规范》的建议,幼儿每日上下午各 1~2 次集中饮水,3~6 岁儿童饮水量为 100~150 毫升 / 次,但是要保证儿童按需饮水。
【答案】A

7.【解析】蛋白质的首要功能是合成细胞组织,支持机体的生长与更新。蛋白质是构成一切细胞、组织的基本物质。
【答案】A

8.【解析】精神不振、发热、大小便异常都是常见疾病的常伴症状,但发热是感染性疾病的常伴症状和判断儿童是否患病的最灵敏指标。
【答案】B

9.【解析】前三个选项都与传播途径有关,选项 D 是传染病传播与流行的第三个要素。
【答案】D

10.【解析】对幼儿园的卫生保健工作最具有指导意义的政策文件是《托儿所幼儿园卫生保健管理办法》。
【答案】C

二、简答题

1.【答案要点】幼儿园一日生活的安排即建立生活制度,幼儿园生活制度的建立应该遵循如下要求:
(1)尊重幼儿的生理节律;
(2)稳定性、原则性和灵活性相结合;
(3)活动具有多样性,动静交替;
(4)教师直接指导的活动和间接指导的活动结合;
(5)作息时间表要有一定的时间弹性。

2.【答案要点】（1）幼儿良好的饮食习惯包括餐前主动洗手,按时吃饭,坐定进餐,不挑食、不偏食;独立进餐,进餐时不大声说笑;能按需饮用白开水,不贪喝饮料;用餐结束能主动收拾碗筷,及时漱口、刷牙等。

（2）幼儿园餐饮环节是培养幼儿良好饮食习惯的最佳时机,幼儿园要制定合理的生活制度和科学安排餐点,创设安全、整洁、温暖有趣的餐饮环境;教师要帮助幼儿了解食物的营养价值,做到不挑食、不偏食;餐前提醒幼儿洗手,进餐中暗示幼儿不大声说笑,餐后鼓励和支持幼儿的自我服务,小班幼儿能及时漱口,中大班幼儿漱口后能帮助教师收拾碗筷。

3.【答案要点】幼儿园安全教育的主要内容包括交通安全、消防安全、食品安全、游戏安全、生活安全、自然灾害避险和求救方法。

三、材料分析题

【答案要点】（1）处理方法:发现幼儿将异物塞入鼻孔,可用手压住另一侧鼻孔,让幼儿用力向外呼气,使异物随气流冲出;也可以用棉签刺激幼儿的鼻黏膜,使其打喷嚏将异物排除。

（2）预防:教师应和家长沟通,不让幼儿穿戴有潜在危险物的衣物。教师发现衣物存在安全隐患后,要及时与家长沟通更换衣物。

四、活动设计题

【答案要点】（1）对问题的分析:从材料描述的问题看,原因可以分为三类,一是进餐的情绪问题,二是进餐的习惯问题,三是进餐的自理能力问题。情绪问题的产生一般与进餐环境有关,进餐习惯与教师在餐饮环节的随机引导有关,进餐的自理能力问题是幼儿缺乏生活自理的练习,导致自身能力不足。

（2）教育目标:① 教师改进进餐环境,营造安全、整洁、温暖有趣的餐饮环境;② 使幼儿养成不挑食、安静进餐的习惯,进餐时间控制在30分钟之内;③ 培养幼儿能独立进餐,会使用餐具。

（3）解决问题的方法:① 改进进餐环境,一是要合理安排餐前、餐后的活动,保证幼儿能主动愉快地进餐;二是让进餐趣味化,例如把吃饭当成食物去旅行。② 培养良好的进餐习惯,不能一蹴而就,针对挑食现象,用趣味化的语言和图片说明各类食物的功能,同时教师和幼儿一起进餐,教师给予良好的示范;针对幼儿边吃边玩的现象,一是将进餐本身游戏化,二是鼓励和表扬安静进餐、专心进餐的行为。③ 培养幼儿独立进餐,一是要教给幼儿拿汤勺舀饭和往嘴里送饭的方法,二是要鼓励幼儿的进步,坚持下去就能取得进步,切忌为了进餐速度催促孩子和直接喂饭。

模块四　环境创设

逻辑结构图与考试权重

逻辑结构图

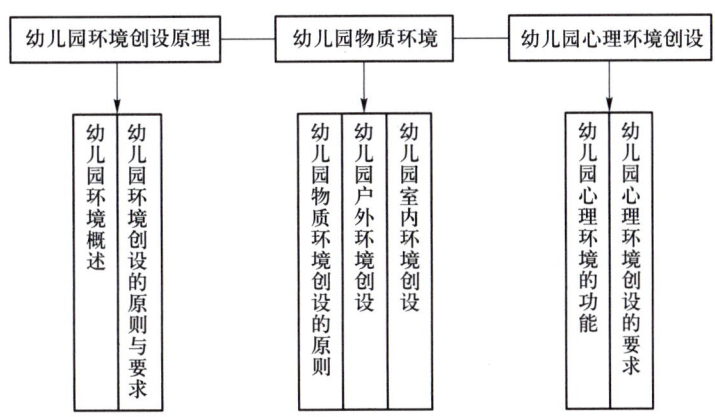

考试权重

模块	分值比例	分值	题型	重点提示
环境创设	模块三至模块七共占分值约为36%	3~35分	单选题、材料分析题、活动设计计题	以单选题和材料分析题为主

考纲要求与复习策略

考纲要求

1. 熟悉幼儿园环境创设的原则和基本方法。
2. 了解常见活动区的功能,能运用有关知识对活动区设置进行分析,并提出改进建议。
3. 了解心理环境对幼儿发展的影响,理解教师的态度、言行在幼儿心理环境形成中的重要作用。
4. 理解协调家庭、社区等各种教育力量的重要性,了解与家长沟通和交流的基本方法。

复习策略

命题剖析

从历年的考题看,本模块的考题有四大类:第一类是以单项选择题的形式考查环境创设的原则;第二类是以简答题的形式考查环境创设的意义;第三类是以材料分析题的形式考查活动区的规划与材料投放;第四类是以论述题的形式综合考查环境创设的原则与方法。

备 考 策 略

复习的重点有两个方面:一是理解并记忆幼儿园环境创设的原则;二是应用环境创设的原则与方法,特别是应用活动区的规划与材料投放原则分析幼儿园的各种环境创设现象。

第一章 幼儿园环境创设原理

📦 **知识体系及思维脉络图**

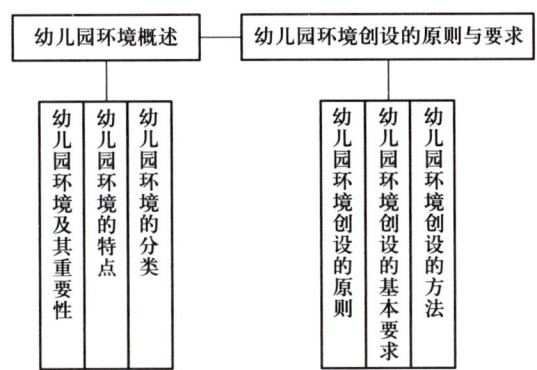

📦 **核心考点及学习提示**

【核心考点】
环境概述：了解幼儿园环境的概念，理解幼儿园环境的重要性，明确幼儿园环境的分类。
环境创设：理解幼儿园环境创设的基本原则。
【学习提示】
考试重点：幼儿园环境创设的原则。
考试难点：环境的教育功能。

第一节 幼儿园环境概述

一、幼儿园环境及其重要性

（一）幼儿园环境的概念

幼儿园环境是指幼儿园教育赖以进行的一切条件的总和。幼儿园环境有广义和狭义之分。广义的幼儿园环境既指幼儿园内部的小环境，又指幼儿园和园外的家庭、社会、自然、文化等大环境。狭义的幼儿园环境是指幼儿园内部对幼儿身心发展产生影响的物质与精神要素的总和，其中，物质要素如活动场地、房屋、玩具材料、环境布置、绿化等，精神要素涉及幼儿园的文化氛围、幼儿园的历史与传统、幼儿园的人际关系等。通常情况下，幼儿园环境主要指其内部环境。

(二)幼儿园环境的重要性

1. 环境本身就是教育

对幼儿园来说,环境本身就是教育。当我们走进一所幼儿园时,即使没有进入班级观察幼儿活动,没有看到教师的教学活动,只要留意幼儿园的环境,就能"读"到其中蕴含的各种信息。在某种意义上,我们甚至可以说,一所幼儿园有什么样的教育环境,就有什么样的教育理念和教育行为。

2. 幼儿园环境是对外宣传,让社会、家长了解幼儿教育的重要阵地

家长在了解、评价一所幼儿园时,首先关注的是这个幼儿园的环境,而且大致遵循从硬环境到软环境的顺序。环境也是很多幼儿园重点对外展示的一个方面。所以,幼儿园的环境能够起到对外宣传和沟通的作用。

3. 环境对幼儿有重要的教育功能

(1)提供幼儿发展的基本保障。

幼儿园是幼儿生活的空间,幼儿园的园舍、空间、设施等为幼儿的健康发展提供了基本保障。

(2)促进幼儿的全面发展。

幼儿园的空间、设施、活动材料和常规要求等为幼儿提供了有规律和有秩序的环境,有利于引发、支持幼儿的游戏和各种探索活动,有利于引发、支持幼儿与周围环境之间积极的相互作用,从而促进其身体、智能和社会情感的发展。

幼儿之间、幼儿和教师之间的积极互动,营造了和谐的人际关系,可使幼儿感到宽松、自由、被尊重、被接纳,有利于儿童的自主选择和自由探索。

(3)激发幼儿创造的潜能。

幼儿是环境的创造者与参与者,在环境创设的过程中,幼儿根据自己的需要自由选择、自主探索和控制环境,可以最大限度地激发幼儿的创造性。

二、幼儿园环境的特点

(一)幼儿园内部环境的构成要素

1. 物质条件

物质条件指在幼儿园教育过程中发挥着直接和间接教育作用的各种物质资源,包括场地、设施和玩教具等一切物质要素。物质条件是幼儿园环境的重要组成部分,物质条件好坏与教育效果、与幼儿的身心发展具有密切关系,物质条件达不到基本要求则连幼儿的安全健康都难以保障。因此《幼儿园工作规程》中规定了对幼儿园园舍、设备等物质条件的最低要求。但物质条件不是影响教育效果的决定性因素。

2. 人及其素质

人是决定环境质量的关键因素。园长的教育观念和管理水平,教师的观念、人格、专业水平和行为是幼儿园环境中对教育质量产生最重要影响的因素。

在人的要素中,幼儿教师是幼儿园中对幼儿发展影响最大的因素。在一定的物质条件具备后,教师的观念和行为是影响幼儿园环境质量的决定性因素。首先,教师的思想、态度、情感和行为本身就是构成幼儿园环境的要素之一。其次,由于幼儿园的各种环境都是教师根据教育的要求及幼儿的特点精心创设与控制的,因此,每个幼儿教师都要自觉地更新教育观念,规范教育行为,保证环境的高质量。

3. 幼儿园文化

相对于人与物等可见的因素而言,幼儿园文化比较抽象,但其对幼儿园环境质量的影响却是巨大的。社会文化通过可见的物质形态(书、艺术品、工艺装饰品、建筑等)和不可见的观念形态(生活方式、价值观、思维方式、精神风貌等)直接或间接地成为幼儿园文化的构成要素。

幼儿园要根据教育目标和幼儿的身心特点,对社会文化做出选择,使其成为幼儿园环境的重要因素。

(二)幼儿园内部环境的基本特点

1. 教育性

幼儿园作为专门的教育机构,其环境是根据教育目标和幼儿的特点,有目的、有计划精心创设的。在幼儿园教育中,环境创设不仅是美化的需要,也是教育者实现教育意图的重要中介。教育者把教育意图隐含在环境中,让环境说话,让环境引发幼儿应有的行为。幼儿园环境中的每一处都发挥着教育的功能。

2. 可控性

幼儿园的内部环境是精心创设的,具有很强的可控性,即幼儿园内部环境的构成处于教育者的控制之下,教师有效地调控着环境中的各个要素。可控性具体表现在两个方面:一方面,社会上的精神文化产品、各种儿童用品等在进入幼儿园时,必须经过精心筛选甄别,取其精华,去其糟粕,以有利于幼儿发展为选择标准;另一方面,教师根据教育的要求及幼儿的特点,有效地调控环境中的各种要素,维护环境的动态平衡,使之始终保持在最适合幼儿发展的状态。教师通过对环境的调控,给幼儿的发展创造了条件。

三、幼儿园环境的分类

(一)大环境和小环境

根据环境的范围,幼儿园环境分为大环境和小环境。大环境指幼儿园及园外的家庭、社会中对儿童发展产生影响的一切条件的总和。小环境指幼儿园本身的内部环境。

(二)物质环境和心理环境

根据环境的构成要素,幼儿园环境分为物质环境和心理环境。

广义的物质环境指对幼儿园教育产生影响的一切天然环境与人工环境中物的要素的总和,包括自然风光、城市建筑、社区绿化,家庭物质条件、居室空间安排、室内装潢设计等。狭义的物质环境是指幼儿园内对幼儿发展有影响作用的各种物质要素的总和,包括园舍建筑、园内装饰、场所布置、设备条件、物理空间的设计与利用及各种材料的选择与搭配等。

心理环境也叫精神环境。广义的精神环境泛指对幼儿园教育产生影响的整个社会的精神因素的总和,主要包括社会的政治、经济、文化、艺术、道德、风俗习惯、生活方式、人际关系等。狭义的精神环境指幼儿园内对幼儿发展产生影响的一切精神因素的总和,主要包括教师的教育观念与行为,幼儿园人际关系、幼儿园文化氛围等,其核心是人际关系。

在具备了基本的物质条件后,对幼儿园教育起决定性作用的是精神环境。

【典型真题1】什么是幼儿园环境?为什么幼儿园教育中要强调创设良好的幼儿园环境?请联系实际说明。

【答案要点】对于幼儿教育而言,广义的幼儿园环境是指幼儿园教育赖以进行的一切条件的总和。它既指幼儿园内部小环境,又指幼儿园及园外的家庭、社会、自然、文化等大环境。狭义的幼儿园环境是指在幼儿园中,对幼儿身心发展产生影响的物质与精神要素的总和。因此,幼儿园环境按构成要素可分为物质环境和精神环境两大类。幼儿园环境创设对于幼儿的发展具有重要意义,所以要重视环境的创设。环境创设主要表现在以下几个方面:

(1)为幼儿提供发展保障。幼儿要在幼儿园吃饭、睡觉、游戏等,只有具备相应功能的建筑、空间设备才能使幼儿感到安全、方便、舒适和愉悦。

(2) 促进幼儿身心健康。宽敞的空间、齐全的设备器具可以使幼儿肌体得到锻炼;整洁、优美的环境会给幼儿美的享受;具有探索性的环境可满足幼儿的好奇心,激发幼儿的探究热情,培养幼儿的探究能力;文明有序的集体活动环境有利于培养幼儿的适应能力;融洽和谐的人际关系可使幼儿感到宽松、自由、被尊重、被接纳,从而乐观自信。

(3) 激发幼儿创造潜能。幼儿不是环境创设的消极旁观者和享用者,而是环境创设的积极参与者和互动者。在环境创设的过程中,幼儿会参与设计构思、材料搜集、动手制作和布置的全过程,这能激发幼儿自我发展的主人翁意识。在与环境的交互过程中,幼儿会根据自己的需要自由选择环境,探索环境,控制和驾驭环境,其积极性、主动性、创造性可以得到最大限度的释放。

【典型真题2】幼儿园环境分为物质环境和( )。
A. 社会环境　　　B. 心理环境　　　C. 外部环境　　　D. 内部环境
【解析】与物质环境相对应的是心理环境或精神环境。
【答案】B

【典型真题3】教师在区角中投放了多种发声玩具,小班幼儿在摆弄这些玩具时( )。
A. 能概括不同声音产生的条件　　　B. 对声音产生兴趣,感受不同的声音
C. 能描述出玩具是怎么发声的　　　D. 能描述出不同玩具发声特点
【解析】幼儿园科学教育主要是激发幼儿的探究兴趣,不追求知识的灌输。小班幼儿喜欢接触大自然,对周围的很多事情和现象感兴趣。
【答案】B

第二节　幼儿园环境创设的原则与要求

一、幼儿园环境创设的原则

(一)安全性原则

安全性原则是指教师根据幼儿身心发展的规律和特点,为其设计安全、环保、舒适的环境。安全性原则是幼儿园环境创设中需要遵循的最基本的原则。由于年龄小,幼儿机体协调性差、控制能力弱,加之其生活经验较少,缺少危机意识,自我保护能力不足,他们对外界环境的安全性要求更高,需要幼儿园为他们提供安全的活动和学习环境。只有在安全的环境里,幼儿才能自由地活动,自主地发展。幼儿园是幼儿生活、学习的重要场所,园舍的建筑、空间的规划、材料的投放都要以安全为基本原则。

(二)环境与教育目标的一致性原则(教育性原则)

环境与教育目标的一致性原则是指环境的创设要体现环境的教育性,即教师应根据幼儿园教育目标对环境做系统规划,使环境中的每一个部分都有利于幼儿的全面发展。

(三)发展适宜性原则

发展适宜性原则是指幼儿园环境创设要符合幼儿的年龄特征及身心健康发展的需要,能为每个幼儿创设与其发展相适宜的"最近发展区",促进每个幼儿全面、和谐地发展。环境必须适合幼儿的年龄特征,适合幼儿的身心发展水平,适合幼儿的学习方式和个体差异。因此,小班、中班、大班活动室的空间布局、材料投放都要与其需求相适应。

此外,发展适宜性原则还要求幼儿园的精神环境是宽松、自由、和谐的,物质环境是安全、多样的。只有这样,幼儿才能在环境中充分表现自己,根据自己的爱好与水平轻松愉快地选择与进行各

种活动,在与环境的交互作用中实现自身的发展。

(四) 幼儿参与性原则

幼儿参与性原则是指环境创设过程是幼儿与教师共同合作、共同参与的过程。幼儿园环境的教育性不仅蕴含在环境之中,还蕴含在环境创设的过程中。这是幼儿园环境不同于游乐园的地方。教师和幼儿都是环境的主人,幼儿园环境的创设既是教师分内的事,也是幼儿分内的事。环境的创设过程应该是一个积极的教育过程,培养幼儿的主体精神、责任感、合作精神。总之,在参与创设环境的过程中,幼儿发展、学习、创造、合作,这是对幼儿最好的教育,其效果绝不亚于教师创设的现成环境。

树立正确的观念是贯彻这一原则的根本保证。遵照《儿童权利公约》的精神,幼儿参与和自己生活密切相关的活动是幼儿的权利,为此,幼儿园环境创设的过程应当成为幼儿学习、行使自己权利的过程。幼儿的参与是权利,不是"帮忙"。幼儿在参与中发展,应克服"幼儿无能"的思想。当然,在创设环境的过程中,教师应教会幼儿一些参与的方式和方法,比如,如何主动表达自己的看法,如何动手制作物品、装点环境,如何与他人合作等,并让幼儿有机会实践这些技能,在参与中获得发展。

(五) 开放性原则

开放性原则是指创设幼儿园环境时应把大、小环境有机结合,形成开放的幼儿教育系统,即在创设幼儿园环境时,不仅要考虑园内环境要素,也要重视园外环境的各要素,两者有机结合,协同一致地对幼儿施加影响。

面对外界环境的复杂影响,幼儿园应采取积极的态度,主动与外界结合,让家庭、社区成员进一步了解幼儿和幼儿园,使幼儿园教育获得家庭、社区的支持和配合,形成一个开放的幼儿教育基地,有针对性地对幼儿进行教育。同时,也促使家长和社区成员从教师那里学习到教育知识和技能,改善自身的教育观念和行为。

(六) 经济性原则

经济性原则是指创设幼儿园环境应考虑到不同地区、不同条件园所的实际情况,做到因地制宜。幼儿园应本着"量入为出、勤俭办园"的方针,从实际出发,就地取材,在安全的前提下废物利用、一物多用,切忌盲目攀比,误以为高档、豪华的设备就是好的环境。

(七) 动态性原则

动态性原则指幼儿园物质环境创设要在空间、内容、材料、规则等方面关注环境的不断变化和生成。它有两层意思:

(1) 幼儿园物质环境都应尽量体现"动"的形式,这样的环境才能随时随地和幼儿进行互动。

(2) "动态性"还应体现在"变化性"和"生成性"。

二、幼儿园环境创设的基本要求

(1) 保护幼儿的安全与健康。

幼儿年龄小,生活经验不丰富,自我保护能力差。因此,幼儿园环境首先必须是安全的,符合国家有关法律法规文件的规定。

幼儿园环境的安全包括物质环境的安全和心理环境的安全。物质环境的安全是指幼儿园物质环境有利于幼儿身心健康,把伤害性事件发生的可能性降到最低的程度。此外,幼儿园环境要使幼儿产生心理上的安全感,教师对待幼儿的态度要亲切、和蔼;应建立民主、平等、和谐的师幼关系、同伴关系,建立合理的生活制度与要求。

(2) 满足幼儿身心发展的基本需要。

幼儿园的环境创设必须考虑幼儿身心发展的水平与特点,适宜幼儿的年龄特征,满足幼儿身心发展的需要。在物质环境创设上,要保证幼儿在园进行各种活动所需要的基本设备、设施与条件。

心理环境的创设要满足幼儿对安全、爱、自尊与自信等各方面发展的需要。

（3）符合教育目标与要求。

幼儿园应该有利于幼儿的学习与发展。有利于幼儿学习与发展的环境应当是能够引发、支持幼儿积极主动地活动的环境，为幼儿提供动口、动手、动脑、自我发现与自由交流的机会。

（4）与社区文化背景和经济发展条件相适宜。

三、幼儿园环境创设的方法

（一）幼儿园环境创设的内容

幼儿园环境创设，从宏观到微观，包括园舍环境的总体规划、室内外空间规划、学习材料的选择与投放、区域活动的组织与规则形成、环境的评估与调整。

（二）幼儿园环境创设的具体方法

幼儿园环境创设是教师集体和幼儿群体共同参与完成的，在这个过程中实现环境创设的互动方法有讨论法、操作法、评价法和探索法。

1. 讨论法

讨论法是教师与幼儿围绕主题目标，就活动区的设置、材料投放进行讨论，取得共识的方法。

2. 操作法

操作法是教师与幼儿根据讨论获得的共识，动手操作完成空间设置、材料制作及其投放，并开展活动的过程。

3. 评价法

评价法是对环境的教育价值和适宜性等进行评估的方法。它是幼儿园教育评价的一个方面，也是对幼儿园环境进行调整的依据。

4. 探索法

探索法是根据环境评估的结果对幼儿园环境的空间布局、活动区设置和材料投放等进行探索性调整的过程。

【典型真题1】材料：春天来了，教师们都忙着为班级布置春天墙饰。张老师设计了一幅美丽的春天图画（如下图中左图所示）。李老师只在墙上画了株大树的树干（如下图中右图所示），她希望幼儿能随时将看到的信息用剪纸、绘画等方式反映到墙面上。

问题：请评价两位教师的做法。

【答案要点】材料中，张老师的做法不利于幼儿发展；李老师的教育教学行为有利于幼儿发展，遵循了环境创设的基本原则，值得我们学习借鉴。具体体现如下：

（1）幼儿参与性原则。幼儿园在进行环境创设的过程中,需要幼儿参与。材料中张老师的做法并没有让幼儿参与,而李老师只在墙上画了株大树的树干,她希望幼儿能随时将看到的信息用剪纸、绘画等方式反映到墙面上,体现了参与性原则。

（2）教育性原则。幼儿园在进行环境创设的过程中,要体现一定的教育目标,具备一定的教育意义。材料中李老师的做法有助于幼儿对春天的感知和学习,可以更好地实现教育目标,体现了教育性原则。

（3）动态性原则。幼儿园的环境并非一成不变的,需要具备动态性。材料中李老师设置了半成品,幼儿在后续的活动中逐步添加,使墙面装饰逐步丰富,充分体现了动态性原则。

综上所述,李老师的教育教学行为有利于幼儿发展,值得我们学习借鉴;对于张老师的做法,我们应该加以避免。

【典型真题2】幼儿园创设物质环境时首先应考虑的要求是(　　)。
A. 经济性　　　　　B. 安全性　　　　　C. 功能性　　　　　D. 美观性

【解析】本题考查环境创设的要求。幼儿园物质环境创设首先应考虑安全因素。保护幼儿的安全健康,是幼儿园的基本责任。安全性原则是指幼儿园各种有形的物质条件必须符合安全标准,对幼儿无任何危险和安全隐患,因此,幼儿园创设物质环境时首先应考虑的要求是安全性。B项正确。

【答案】B

【典型真题3】简述幼儿园环境创设的原则。

【答案要点】安全性原则、环境与教育目标的一致性原则、发展适宜性原则、幼儿参与性原则、开放性原则、经济性原则和动态性原则。

【典型真题4】材料:幼儿园大一班开展识字比赛,教师为此创设了班级墙面环境。

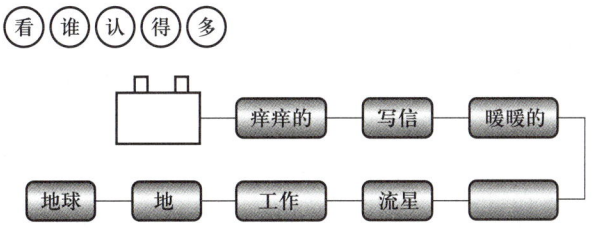

问题:请根据环境创设的基本原则,对材料中的识字比赛环境创设进行解析。

【答案要点】材料中为识字比赛创设的墙面环境体现了环境创设的基本原则,值得肯定和提倡。

（1）环境与教育目标的一致性原则

幼儿园环境是幼儿园课程的一部分,在创设幼儿园环境时,要考虑它的教育性,应使环境创设的目标与幼儿园教育目标相一致。过去有的幼儿班级,虽然也重视环境创设,但很大程度上只是追求美观,或者只是盲目地提供材料,对环境的教育性考虑很少。而该材料充分体现了环境创设与识字教育目标相一致的原则。

（2）发展适宜性原则

该材料中的环境创设适应幼儿的年龄特点和个体差异。例如,小火车上有简单和复杂的字。另外,环境是幼儿喜欢的卡通小火车形象,符合幼儿的兴趣,有较强的吸引力。

（3）经济性原则

给幼儿提供物质条件时,应以物质条件对幼儿发展的功能大小和经济实用性为依据,材料中,选材省料实用,根据教育目标需要就地取材,一物多用。

第二章 幼儿园物质环境创设

知识体系及思维脉络图

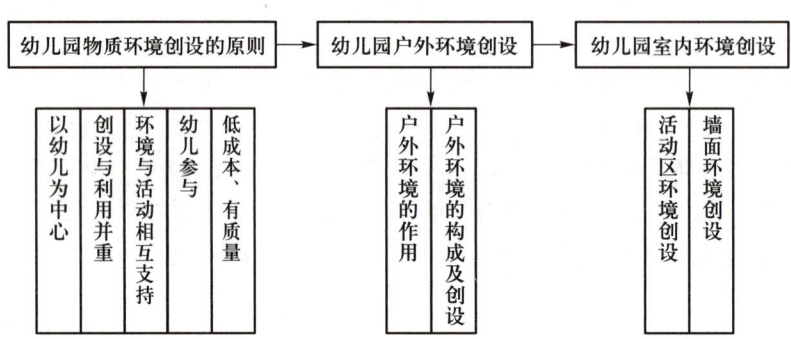

核心考点及学习提示

【核心考点】
物质环境创设的原则：理解幼儿园物质环境创设的原则。
室内环境创设：了解常见活动区的功能及基本材料，掌握活动区的布局策略，理解活动材料投放的要求及规则制定。

【学习提示】
考试重点：活动区的布局、材料投放、规则制定。
考试难点：各活动区的功能。

幼儿园教育活动的开展首先要以基本的物质环境为前提，科学创设幼儿园的物质环境是幼儿园教育工作的重要内容。

第一节 幼儿园物质环境创设的原则

幼儿园物质环境的创设既要注意环境的艺术性，也要注意环境的教育功能；既要考虑环境应该是有用、实用的，也要考虑经济成本；既要考虑便于幼儿与环境互动，也要考虑环境应该是卫生、安全的。为此，幼儿园物质环境的创设应遵循以下几个原则：

一、以幼儿为中心

幼儿园环境中真正的中心不是幼儿园，而是幼儿。教师需用幼儿的视角去创设环境，让幼儿真正成为环境的主人。这就需要教师不断地解读幼儿，真正读懂幼儿。

二、创设与利用并重

如果只是创设而不利用,幼儿园物质环境的作用也就难以发挥。这里的利用,既指教师要利用创设出来的环境,也指幼儿要利用创设出来的环境。当前幼儿园环境创设中的一个突出问题就是对环境的利用不够。教师必须意识到,环境是拿来用的,不是拿来欣赏、装饰的。环境必须与幼儿发生关系,才能成为资源,才具有教育意义。

三、环境与活动相互支持

幼儿园的物质环境与幼儿园的教育活动是一种相互支持的关系。环境对活动的支持,主要表现在以下四个方面:第一,环境作为一种教育资源,是幼儿园教育活动得以开展的前提条件;第二,环境可能会引发(生成)一些教师没有事先计划的活动;第三,环境可以支持活动向纵深发展,产生深度学习;第四,环境"记录"着活动过程。

活动对环境的支持,主要表现在以下两个方面:第一,活动一定会作用于环境,会改变环境,而改变了的环境,本身就是幼儿园环境的一个部分;第二,记录活动过程、活动结果的文字、绘画、图片等,可以用于布置环境。

环境与活动的这种相互支持,是一个动态的、可以一直延续下去的过程。

四、幼儿参与

在幼儿园物质环境的创设中,教师应该坚持让幼儿参与其中。参与是幼儿的一项基本权利,幼儿也正是通过参与而获得发展的。

五、低成本、有质量

根据实践经验,幼儿园的物质环境应是低成本、有质量的。幼儿园环境创设的成本,首先表现为经济成本,幼儿园应因地制宜、就地取材、废物利用、一物多用等。此外,也要注意时间成本。有质量环境创设的本质,是教师对幼儿学习与发展规律、特点的尊重,是对幼儿园教育特点的把握。

第二节 幼儿园户外环境创设

户外环境是全园幼儿共享的学习环境。《幼儿园工作规程》规定,幼儿户外活动时间每天不得低于两小时。要有质量地开展每天至少两小时的户外活动,就离不开高质量的户外环境。

一、户外环境的作用

幼儿园户外环境是幼儿户外活动的场所,户外活动对幼儿身心健康发展具有重要意义。

(一)增强幼儿对外界环境的适应能力,促进幼儿生长发育

幼儿在户外活动时可以经常呼吸新鲜空气,接受空气中温度、湿度、气流的刺激和阳光的照射,能增强幼儿对外界环境的适应能力,加强肌体的新陈代谢,促进生长发育。

(二)锻炼幼儿身体,发展机体的灵活性和基本动作,特别是粗大动作的发展

户外活动对幼儿的动作,尤其是大肌肉动作的发展具有不可替代的价值。幼儿在户外奔跑、追逐、攀登、钻爬、跳跃,使身体基本活动能力得到锻炼,可以提高身体活动的协调性、灵敏性、柔韧性等。

（三）为幼儿提供亲近自然、认识周围环境的机会和场所

在户外环境中，幼儿可以接触更真实的生物；能够体验、观察天气、季节的变化……大自然是奇妙的，户外的天地对幼儿充满诱惑，幼儿在户外可以亲近大自然，认识周围的自然环境。

二、户外环境的构成及创设

（一）户外环境的构成

我国幼儿园户外环境一般由三部分构成：

1. 集体活动区

集体活动区是幼儿集体做操、进行体育游戏活动的区域。集体活动区应该宽阔平整，面积及场地的安排要符合国家对集体活动区域的相关规定和要求。

2. 室外活动区

室外活动区通常由游乐区、体育运动区、沙区、水区、种植区、饲养区等构成。

游乐区可设置在室外活动区的一角，配备旋转木马、海洋球池、小火车等游戏设施。

体育运动区包括大型活动器械区和小型活动器械区。大型活动器械区可配置滑梯、攀登架、平衡木、荡船、秋千、爬网等功能不同的大型玩具，锻炼幼儿的攀爬、平衡能力。小型活动器械区可配置各种小型活动器械与材料，如沙袋、飞镖、独木桥、跷跷板、羊角球、足球、篮球、纸球、纸棒、跳绳、呼啦圈、轮胎、小推车等器械、材料，让幼儿从事投掷、玩球、滚轮胎等活动，锻炼其走、跑、跳、爬、投掷等基本动作。

沙区、水区的设置根据室外场地大小而定。若室外场地较大，可设置沙池与水池；若室外场地较小，则可在室外场地一角设置沙箱或沙盆、水盆。沙区需要的材料，除干沙和湿沙外，还包括各种玩沙器具，如小桶、铲子、模具、喷壶、漏斗等，以及辅助性材料，如塑料材质的人物和动物、交通工具、花草树木等。水区需要的材料除水外，还包括各种玩水器具，如小桶、小船、海绵、瓶子、喷壶、吸水管、勺子、雨衣、雨鞋等。

有条件的幼儿园还可为幼儿设置种植区、饲养区。若幼儿园室外场地较大，可为每个班级的幼儿开辟一块种植区，让幼儿从事蔬菜和花卉种植，参与播种、培育和收获的过程。若室外场地较小，可为整个幼儿园开辟一块种植区，让各班幼儿轮流参与种植活动。同时，幼儿园还可在室外场地的一角开辟饲养区，让幼儿在教师的指导下，饲养一些可爱、易养的小动物，如鸡、鸭、兔子等。

3. 室外绿化区

幼儿园要通过在园内种植各种花草树木进行绿化，形成绿化区，并在其中布置假山、条凳、小路等加以美化，以方便幼儿在园内散步或游戏。绿化区应在全园范围内做整体规划，并根据当地的气候条件，种植不同种类无毒、无害的花草树木。花草树木应经常加以修剪，构成丰富多彩的造型和图案，让幼儿感受并欣赏园林之美。幼儿园还应根据场地的不同部位，结合日照条件、土壤条件等进行恰当的植物栽培。例如，在围墙边种植灌木，形成绿篱；在开阔的室外活动场地周围种植高大的乔木，形成遮阴屏障，方便幼儿夏天从事体育锻炼。场地狭小的幼儿园可在建筑物旁种植藤类植物，在阳台上摆放盆栽花卉，拓展绿化面积。

（二）户外环境创设中的注意事项

幼儿园的户外环境应符合基本要求：安全，具有较强的可探索性与可想象性，可使幼儿的基本运动能力得到充分锻炼，绿化与美化适宜。一般来说，户外环境的创设要注意以下几个方面的问题：

1. 地面要安全、适用

户外环境的地面要注意安全、适用。户外环境的地面以坚实平坦的土地、沙地、草地为宜，这种地面可减少跑跳活动对脑部造成的震荡,也比较安全。

2. 器械设备的材料适宜,数量合理

器械设备要符合幼儿的身材、高度与活动能力。例如,低矮的小木滑梯比较适合小班幼儿使用,较高的螺旋形滑梯比较适合中、大班幼儿使用。

器械设备以木材、绳网、塑钢等材料为宜。器械设备要安装牢固,定期检修维护。器械设备的数量与场地面积之间要保持合理的比例。

3. 游戏场地的结构设计科学

游戏场地结构的设计要体现一定的科学性。在设计游戏场地时应该考虑活动的动静交替和每个孩子的不同需要。各个活动区域应在整体中发挥不同的作用。在安静、运动量较小的区域可以放置水箱、沙坑、钻圈、拱形门等设备和器械;在吵闹、运动量较大的区域,可放置滑梯、跷跷板、秋千等器械,也可以依据地形的自然条件构筑小山包、独木桥、铁索桥、攀登树等富有自然情趣的活动设备和器械。从安静的、运动量较小的区域到运动量较大、吵闹的区域可设计一些过渡环节,使运动量逐步增大。例如,用大石块排成"小河中的桥",让幼儿跑过"河",锻炼平衡能力。从运动量较大、吵闹的区域到安静的区域也可设计一些环节,使运动量由大变小。在安静区域可以放置如大型积木、小木头房子等设备,还可以在两棵树之间挂一个用粗绳结成的吊床或在树上挂一个用轮胎做成的摇椅,当幼儿进入安静区域后可以玩建筑,也可以躺在吊床上,还可以坐在摇椅上。

4. 适当绿化

户外环境要进行适当的绿化,绿色植物一方面可以美化环境,净化空气,消除噪声,减少尘土,改善幼儿园小气候,使孩子身心健康;另一方面为户外活动场地遮阴,使幼儿在夏天也能到户外活动。另外,幼儿园绿化还能引来飞鸟和昆虫,让幼儿时时置身于大自然之中,使其热爱绿色,热爱生命,学会保护环境。

第三节 幼儿园室内环境创设

幼儿园室内环境主要包括活动区、睡眠室、卫生间、楼道、走廊等。下面重点介绍活动区环境的创设。

一、活动区环境创设

(一) 活动区的概念

活动区是指供幼儿自由活动的、功能相对稳定的一定区域。由于过去常常将活动区设置在幼儿园班级活动室的各个角落,因此又称活动角。

创设活动区的目的:

(1)满足幼儿游戏活动的兴趣和需要;

(2)为幼儿主动学习创造条件;

(3)为幼儿提供个别化的学习条件;

(4)为幼儿创设社会性互动的学习环境;

(5)玩、学、教合一。

(二) 常见的活动区及其功能

活动区的种类没有统一规定,教师可以依据教育的需要和儿童的兴趣灵活设置,但是在设置的时候也要周全考虑设计原则、区域布局及材料投放等问题。一些常见的区域有:

（1）角色游戏区：提供各种材料，供幼儿进行角色扮演，以体现社会生活的区域。常见的角色游戏区有娃娃家、超市、餐厅、医院、糖果店、小银行、理发店、美容院等。

（2）表演游戏区：提供各种道具和材料，供幼儿进行表演活动的区域。幼儿在表演游戏区的活动主要有音乐歌舞表演和故事表演。

（3）建构游戏区：提供各种构造材料，供幼儿进行各种造型活动的区域。建构游戏区主要有积木、插塑、拼图、雪花片、沙、水等，纸箱、木板、易拉罐等废旧材料及玉米皮、树枝、树叶等自然材料也可以用来进行建构。

（4）益智区：提供能促进幼儿观察、比较分析、推理判断能力发展，启发幼儿思考的材料，以供幼儿进行操作的区域。在益智区，幼儿可以进行玩拼图、走迷宫、下棋、操作七巧板、拼摆几何图形、找不同等活动。

（5）阅读区：提供适宜的阅读材料，供幼儿进行自主阅读活动的区域。最适合学前阶段儿童阅读的材料是图画书，因此教师应该为幼儿提供丰富的、适合各个年龄段阅读的图画书来丰富幼儿的阅读体验。

（6）科学区：① 数学区。有按数取物材料、几何形状、按规律排序材料、实物与数配对材料、看图自编应用题材料、数学棋、找单数双数游戏材料、试题套圈材料、测量工具等。② 科学探索区。例如，提供磁铁、各种筛子、放大镜、斜坡实验材料、沙漏、天平等。

（7）美工区：提供各种美术活动材料，供幼儿进行美术创意活动的区域。美工区提供的材料包括泥工材料、纸工材料、绘画材料、涂鸦材料、废旧物品制作材料、编织材料、塑造材料等。

（8）生活操作区：提供各种与生活有关的材料，供幼儿进行操作练习的区域。操作练习的种类包括动作技能训练，如抓、抱、转、倒、挤、夹、敲、剪等；生活自理能力训练，如用筷子、穿/脱衣服、系鞋带、洗手帕等；其他生活技能训练，如折叠餐巾、分碗筷、切水果、刨瓜皮、浇花等。

另外，幼儿园还可根据实际情况设置其他活动区，幼儿园常见活动区及其常设位置如表 4-2-1 所示。

表 4-2-1　幼儿园常见活动区及其常设位置

活动区名称	常设位置
角色游戏区	室内或廊厅（或户外）
表演游戏区	室内或廊厅（或户外）
建构游戏区	室内或廊厅（或户外）
益智区	室内
阅读区	室内
科学区	室内
美工区	室内
生活操作区	室内

（三）活动区的设置

1. 区域种类的选择

设置活动区时，教师应关注以下几点：

（1）符合儿童年龄特点，满足其兴趣和需要。

应关注和理解不同年龄阶段幼儿的情感需要，尊重他们的实际年龄表现，给他们自主的空间，提供符合儿童实际年龄需要的活动方式,让儿童做实际年龄水平力所能及的事情。

3岁之前的儿童区域活动往往以单一的操作性活动为主,应提供各种操作材料,引导和指导儿童进行摆弄、敲敲打打、配对等感官练习。还可以提供较为逼真的娃娃家玩具,激发和引导他们玩装扮游戏。

小班应该以游戏化的区域活动为主。小班幼儿处于从家庭转向社会的特殊时期,明显需要情感呵护,对成人十分依恋、喜欢模仿,拟人化心理特征明显。所以小班要以生活活动、感官训练、建构、装扮与美工等为主设置区域活动。教师要特别注意"娃娃家""医院"等游戏区的创设,并在区域中多与幼儿一起游戏,同时要投放大量相同的材料满足幼儿爱模仿的特点。

中班应该加强区域活动的目标化。中班幼儿活泼好动、对规则感兴趣、主动性和积极性增强。所以区域的设置应该以装扮、建构、美工、音乐等为主,满足他们的特点,投放丰富多样的材料。同时教师应和幼儿一起制定区域活动的规则,并结合阶段教育目标,引导幼儿在区域活动中实现这些目标。

大班应该注重活动的探究性和区域的学习功能。大班幼儿喜欢尝试探索,有较强的求知欲,自控力增强,合作能力发展到了一个较高的水平,抽象逻辑思维也开始发展,与他人一起学习是他们需要并能够做到的。在大班阶段应在区域中更多地重视社会性、语言、科学探索、自主性等能力培养。所以,教师要结合教育的需要和幼儿的兴趣投放一些探索性较强的材料在区域中,以便于幼儿自主学习。

(2)根据发展目标来设置活动区。

根据发展目标创设活动区和提供操作材料,以便吸引儿童,使幼儿能自觉、主动地参与活动,获得发展。

同一目标可以通过创设不同的活动区来实现。例如,在实施"发展儿童的精细动作"这一目标时,教师设置的活动区内容可以是走迷宫、拼图、穿珠、建构玩具、敲击音乐片、拼贴树叶画等,并投放画笔、橡皮泥、剪刀、图片等各种材料,让儿童根据自己的兴趣、能力选择材料。这样,儿童参与哪一项活动内容,接触何种材料,都能得到精细动作技能的训练,实现目标。同时,同一活动区也可以实现不同教育目标,如美工区既可以发展儿童的动手操作能力,也可以发展儿童的美术欣赏和表现能力,还可以发展儿童的合作能力等。

区域活动的目标应尽可能与其他活动目标相联系。在制订各活动区的具体目标时,最好能联系集中教育活动,使其自然结合。当然这种结合必须是自然的而不是勉强的,本质的而非形式的。

(3)活动区是动态的、可变的。

夏季有些地方的幼儿会跟随父母吃烧烤,"烧烤店"活动区就可能应运而生。当幼儿的兴趣过去之后,可以调整"烧烤店"为"火锅店"或者其他活动区。

美工区、角色游戏区等活动区内容丰富,而幼儿园班级空间有限、材料有限,不可能也没必要把所有的活动区都开设出来,因此,可以阶段性突出某些活动内容,比如美工区不变,但活动内容每个月都可以有所调整,绘画、立体造型、泥工、折纸、剪纸等活动可以轮流成为活动重点,至于是微调还是大调整应该根据幼儿的发展水平和兴趣确定。

(4)减少和消除环境中的不安全因素。

减少和消除环境中的不安全因素是教师不容忽视的问题。例如,环境设置、投放材料要符合安全卫生要求,要排除潜在的不安全因素,要全力保障幼儿的健康和安全。又如,给儿童提供木工工具要事先讲解钉子和锤子的用法以避免儿童意外伤害事故的发生。还如,衣服的挂钩应略高于儿童的头部等。

2. 对活动区进行合理布局

（1）活动区布局的基本程序。

① 确定活动区的数量和规模：要根据儿童人数与活动室面积来确定活动区的数量和规模。一般来说，幼儿园每个活动区的最佳容纳量为5~7人，如活动室面积为60平方米，30名儿童，就需要设置5~6个活动区。当然这只是理想状况，活动室的结构也影响到活动区的数量和规模。比如，活动室的面积较大，但是门和走廊太多，致使过道占去相当大的空间。

② 确定各活动区的空间位置：可以充分利用班级空间，把不同性质的活动区分开设置在活动室、睡眠室、走廊、封闭的阳台等处。

③ 逐一布置各个活动区：创设环境和投放材料是正式开展区域活动的必要条件。

（2）活动区布局的策略。

① 干湿分区。美工区、科学区等需要用水的区域和不需要用水的区域（表演游戏区等）相对分开，各占一边。

② 动静分开。一些安静的区域（数学区等）和热闹的区域（建构游戏区、表演游戏区等）要相距远一些，以免相互干扰。

③ 相对分区但又要相互流通。活动区之间应有分隔，使区之间相对封闭，因为界限不明晰，会导致儿童无目的地"乱窜"。所以教师要利用各种玩具柜、书架、地毯等现有设施作为活动区之间的分界线。但区域的划分又是相对的，幼儿根据实际情况的需要，也可以在不同区域间相互转换，某些材料还可以流通使用。

④ 就近原则。美工区由于经常需要用水，最好离水源近一些；科学区、运动区需要自然光，而且经常需要将活动延伸到户外场地，最好选择向阳和接近户外的一面。

⑤ 相容性。一方面，可以把相似的内容整合在一个活动区中，如积塑区、积木区都是拼搭建构游戏区，设在同一个区域即可；益智区可整合数学、拼图、棋类、迷宫等教育资源，引导儿童在对材料的夹、串、穿、拼、插、分类等操作中形成数量、大小、形状、颜色、长度、序列、时空等概念，启迪儿童的智慧。另一方面，教师应将性质相似的区域设置在相邻的位置，使儿童之间能够产生互动。例如，手工作坊和娃娃家、音乐表演区相邻，儿童做好的作品可以放到"家"里，给儿童观赏，还可以送到表演区，给儿童穿戴、表演。又如，益智区和建构游戏区相邻，儿童可以将益智区里获得的灵感运用到建构游戏区中，手脑结合，激发创造力。

⑥ 方便通畅。教师要合理利用活动室的每个角落，充分发挥活动室内设施的作用，保证活动室内的"交通"畅通无阻。活动室的中央和各个门口最好不要设置活动区域。

3. 活动区材料的投放

"材料是区域活动的根本"，从某种意义上说，材料的品质决定着区域活动的成败。皮亚杰提出，儿童的智慧源于对材料的动手操作。在投放区域活动材料时，应该注意：

（1）安全卫生。

材料投放首先要确保安全卫生，这是对游戏材料投放最基本的要求。购买的玩具，一定要有"CCC"（中国强制认证，China Compulsory Certification）标志或"CE"（欧盟市场强制性认证，CONFORMITE EUROPEENNE）标志，以及年龄和使用安全警示。材料要经过消毒才能投放，特别是对那些废物利用的材料，一定要做好消毒工作。

（2）目的性。

目的性即与教育目标的一致性。在区域活动中，材料的投放应该有的放矢，以教育目标和幼儿的活动需求为依据。将教育目标隐性地体现于材料之中，是区域活动的一大特点。不能是有什么投放什么，也不能是什么好看就投放什么。

（3）层次性。

活动区的材料在操作难度上应该有所区别，以满足不同发展水平的儿童。

①为不同年龄段的幼儿投放不同层次的材料。逼真程度高的玩具适合年龄较小的幼儿，逼真程度低、开放程度较高的材料适合年龄较大的幼儿。

②为相同年龄段不同发展水平的幼儿投放不同层次的材料。材料要有不同的难易程度，满足幼儿的不同需要。例如，科学区探究沉浮，投放的材料就要大小不一、轻重不一、比重不一、材质不一等，如此才能引发幼儿更多的探索活动。

③对于相同的材料，幼儿操作熟练后，应提高难度层次。对原有材料进行抽取或添加，增强材料对幼儿的挑战性。

（4）多样性。

多样性指材料的种类、数量的多样性。同一活动区的功能虽然是相对稳定的，但也要投放多种多样的材料，以使儿童的活动具有创造性，而非简单的操作练习。在不同的区域投放不同的材料，引发不同的活动，满足幼儿多样化、个性化的需求。

但是，要注意两点：

①富的材料并不是越多越好。儿童的注意具有不稳定性，过多、过杂的材料投放，尽管能吸引儿童参与活动，但也易分散儿童注意力，对良好习惯的养成没有好处。

②有价值的材料并不是越精美越好。事实上，一些其貌不扬的原始材料，如卫生纸筒，在孩子们手中，可能是望远镜、小电筒、卷发筒等。因而，教师应尽量少提供精美的成品材料，多研究、开发、投放一些半成品或原始的材料。

（5）开放性。

材料要具有开放性，即能够达到一物多玩的效果。开放式材料将诱导孩子的游戏行为，便于孩子控制材料；封闭式材料将诱导孩子的个别化作业活动，即材料控制孩子。例如，半个破皮球，放在水里就是小船，端在手里就是一只碗，这就是具有开放性的材料。教师在纸箱上挖出了三角形、圆形和正方形的缺口，然后又做了很多三角形、圆形、正方形硬纸卡片摆放在纸箱旁边，幼儿就只能有一种操作活动，就是根据纸箱缺口形状向纸箱里投相应形状的卡片。这就是封闭性材料，幼儿操作这种材料的时间会很短，因而难以引发其更多的活动。

开放性要求投放材料为半成品，以引发儿童的活动。完善的成品材料往往只能引起儿童的欣赏活动，难以引发儿童的操作探索活动，所以活动区的材料应尽可能地投放一些半成品，甚至废品，由于材料的不完整性能引发儿童的探索活动，实现环境与儿童的积极互动。

（6）操作性。

操作性指玩具材料可动手反复玩，而不仅仅是摆弄看看。注意避免作业单式的操作材料，即仅仅让幼儿在上面连线、做口算题、写答案之类的材料。

（7）趣味性。

趣味性指玩具材料好玩、有趣。通常，可动手操作、富有变化、具有一定挑战性的玩具材料就可能比较具有趣味性。

（8）稳定性和变化性。

稳定性是指某一区域的材料在类型、使用方式上相对稳定，体现不同区域活动的特点。例如，美工区总是要投放一些纸张、剪刀、尺子、胶水、橡皮泥等，以标志这是美术操作区域。但部分材料要根据主题目标的变化而变化，例如，在"春天"主题下可以投放一些捡来的花瓣，在"秋天"主题下则投放一些孩子们捡来的树叶。

（9）及时更新。

教师应当注意有计划地更新和替换玩具和游戏材料。

模块四 环境创设 279

部分活动区的常规材料如表4-2-2所示。

表4-2-2 部分活动区的常规材料

活动区名称	常规材料
建构游戏区	大型空心积木、中小型积木、乐高积木、各式木条、木块、拼板、纸盒、易拉罐、各种附件玩具等
角色游戏区	娃娃家、餐厅、超市、医院等场景及其基本工具
表演游戏区	表演台、音乐器具、化妆器具等
美工区	泥塑工具、纸张、绘画器材、装订工具、清洁袋、垃圾桶等
阅读区	各类纸质图书、布书、图片、沙发、抱枕、桌椅、地毯等
科学区	显微镜、放大镜、温度计、手电筒、天平、量尺、弹珠、齿轮、水箱、滴管、动植物标本、记录本等
生活操作区	豆子、花生、各种种子、扣子、夹子、毛线、串珠、布块、缝衣针、带子、绳子等
安静角	地毯、沙发、抱枕等

4. 制定活动区规则

活动区并非任意活动的场所,应该建立必要的活动规则。规则既包括必要的一般性活动规则,也包括各区域的活动细则。一般性规则如能自选区域活动,积极愉快地活动;使用材料先来后到;用什么拿什么,用完后放回原处;不拿玩具到处走动等。各区活动细则如:美工区——使用剪刀注意安全,注意坐姿和用眼卫生;语言区——爱护图书,及时归类等。

规则可以由教师制定、直接交代。通常适用于小班。教师应注意,一次交代的规则不宜过多,儿童不可能全部"吸收"。另外,如果因规则没有交代而出现一些争抢玩具等问题时,教师不必急于处理,可以在活动结束时,和儿童一起讨论并及时共同制定新规则。

规则的制订也可由教师与儿童协商、讨论。这样可以让儿童了解"为什么要这样做",增强幼儿的自主性、秩序感和规则意识,起到事半功倍的效果。

同时,教师要善于将活动区的规则蕴含在环境之中,让"环境说话",让区域中的环境来告诉儿童规则。例如,关于进区人数的限定问题,可采用进门挂牌、挂项链、控制椅子数、投放适量同类材料等方法,来提醒儿童遵守该活动规则。

▶ 二、墙面环境创设

在幼儿园室内环境中,墙面环境居于重要地位。

墙面环境需要规划。理念不同,对墙面的规划也会不同。例如,有的幼儿园将墙面环境分成三个"三分之一":下三分之一主要是幼儿能够直接操作、摆弄的材料,如可以起到感觉训练作用的各种触摸材料;中间三分之一主要呈现活动的流程;上三分之一主要呈现幼儿的作品。有的幼儿园认为,呈现幼儿的作品一定要适合幼儿的视线高度,否则幼儿看不到自己的作品,就起不到应有的作用。

墙面环境很重要的一个方面是,要调动幼儿参与的积极性。要创设幼儿自己的环境,因此教师的一个策略是用作品来布置环境,如收集幼儿的绘画作品,并将这些作品贴出来。在进行这样的环境创设时,教师应注意几个问题:第一,呈现与当前活动有关的作品;第二,这些作品应该是个性化的,而不是从一个模子套出来的;第三,不仅可呈现平面作品(绘画),也可呈现立体作品(如手工作品)。

【典型真题1】幼儿园环境创设中,使用易于识别的生活行为规则标识图,其最主要的目的是( )。

A. 美化环境 B. 便于幼儿看图说话

C. 便于幼儿认识各种符号 D. 便于幼儿习得生活技能和行为准则

【解析】题干中的关键词是"规则",即为了幼儿识别、理解和遵循生活行为规则,设置了标识图。

【答案】D

【典型真题2】什么是幼儿园环境?为什么要创建良好的幼儿园环境?

【答案要点】《幼儿园教育指导纲要(试行)》提出,幼儿园应为幼儿提供健康、丰富的生活和活动环境,满足他们多方面发展的需要,使他们在快乐的童年生活中获得有益于身心发展的经验。对于幼儿园教育而言,幼儿园环境有广义和狭义之分。广义的幼儿园环境是指幼儿园教育赖以进行的一切条件的总和,它既指幼儿园内部的小环境,又指幼儿园内部和园外的家庭、社会等大环境。狭义的幼儿园环境是指在幼儿园中,对幼儿身心发展产生影响的物质与精神要素的总和,涵盖幼儿园的工作人员、幼儿、幼儿园房舍、设备设施、空间布局以及各种信息要素,并通过一定的教育制度、观念及文化传统所组织、综合的一种动态的、有形与无形相结合的教育空间范围。

现代心理学研究认为,幼儿的身心发展是遗传因素与环境相互作用的结果,幼儿通过与所置身的环境中的人、事、物相互作用才能得到全面的发展。《幼儿园工作规程》明确提出,创设与教育相适应的良好环境,为幼儿提供活动和表现能力的机会与条件。

良好的幼儿园环境作用如下:

(1)为幼儿提供发展保障;

(2)促进幼儿身心健康;

(3)激发幼儿的智力潜能;

(4)锻炼幼儿对环境的选择能力和判断能力;

(5)萌发幼儿爱护、创造良好周围环境的意识。

【典型例题】关于幼儿游戏活动区的布置,正确的说法是( )。

A. 以阅读为主的区域可与"娃娃家"放在一起。

B. 自选游戏环境的创设是由教师进行的。

C. 可在积木区提供一些人偶、小动物、交通工具模型等辅助材料。

D. "娃娃家"应该是完全敞开式的,让每个人都能看到里面有什么。

【解析】选择正确的说法或者不正确的说法,应该采用排除法。本题中A、B、D三项的陈述都不符合活动区设置的要求。

【答案】C

第三章 幼儿园心理环境创设

知识体系及思维脉络图

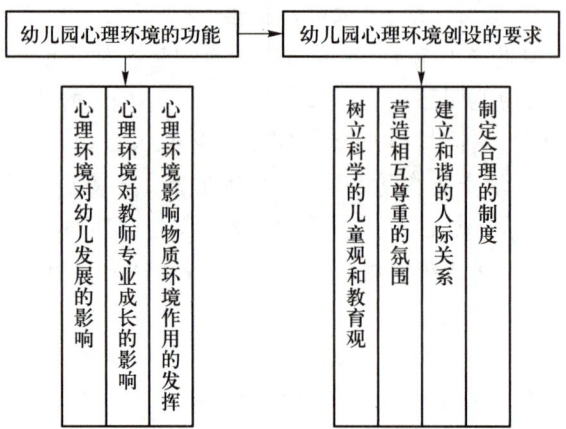

核心考点及学习提示

【核心考点】
心理环境的功能：理解心理环境对幼儿发展的影响。
心理环境的创设要求：理解幼儿园心理环境的创设要求。
【学习提示】
考试重点：心理环境的创设要求。
考试难点：心理环境的功能。

第一节 幼儿园心理环境的功能

幼儿园的心理环境是由人际关系、制度和文化观念等无形因素交织在一起形成的心理氛围。心理环境的主要内容有：合理的制度、和谐的人际关系、相互尊重的氛围。其中人际关系是核心。良好的心理环境应该具备人际关系和谐、制度规范明确而有效、园所文化健康向上的特征。

一、心理环境对幼儿发展的影响

幼儿的身心特点，决定了幼儿园必须重视良好心理环境的营造。与物质环境对幼儿发展的影响相比，心理环境的影响更加全面、综合，也更加隐性、长期。

和谐的人际关系以尊重、关爱为核心，能够满足幼儿的安全需求、爱与尊重的需求，有利于培养儿童的自主、自立精神。

明确而有效的制度规范能够使幼儿产生秩序感,有利于培养幼儿的规范意识和责任意识。

健康向上的园所文化有助于熏陶和滋养幼儿的审美取向,能够培养幼儿积极乐观的性格特征。

二、心理环境对教师专业成长的影响

(一)和谐的人际关系是教师专业发展的基本条件

对于教师来讲,和谐的人际关系包括同事关系和师幼关系。和谐的人际关系能满足人最基本的归属需要和安全需要。如果安全的需要、归属的需要不能满足,则更高层次的专业发展就是空中楼阁。

(二)明确而有效的制度规范引导教师的专业发展方向

制度规范是对个体基本利益的保障,也是规约个人行为的基本条件,因而明确而有效的制度规范能够对教师的专业发展方向起到引领和导向作用。

(三)健康向上的园所文化推动教师的主动发展

健康向上的园所文化有明晰的愿景、敬业奉献的精神、合作共赢的氛围和终身学习的组织特征,这些氛围和特征使得教师个体在有明确的专业发展方向的同时愿意主动思变和不断学习,以提高专业发展水平。教师的主动发展反过来又会促进儿童的发展。

三、心理环境影响物质环境作用的发挥

物质环境相同,但心理环境不同,幼儿的学习和发展会有差异。例如,心理环境会影响材料的使用方式。

在宽松、自由的心理环境中,高结构化的材料可以被很有创意地使用,如娃娃家形象逼真的壶,被用到结构游戏中,被用于种植区浇水;而在充满控制、压抑的心理环境中,低结构化的材料可能被高结构化地使用,如玩沙时只准用某些工具以某些方式挖沙。

> 【典型真题】简述幼儿园心理环境创设的重要意义。
> 【答案要点】(1)有利于幼儿适应幼儿园生活;
> (2)有利于幼儿形成良好个性,适应社会生活;
> (3)有利于幼儿园员工的成长与发展。

第二节 幼儿园心理环境创设的要求

一、树立科学的儿童观和教育观

教师的儿童观会影响其教育观,二者会同时影响其教育行为。要为幼儿的学习和发展创设尊重、自由、温馨的精神环境,教师应树立科学的儿童观和教育观,并以此指导自己日常的教育教学活动,通过自己的态度和言行为幼儿创造良好的精神环境。

二、营造相互尊重的氛围

心理环境首先表现为一种氛围,而幼儿园里最需要的,就是一种相互尊重的氛围。在这种氛围里,人们通常是合作的、平等的、真实的、探索性的、温馨的、接纳的、负责的、相互保护的。

在教育实践中,更多的是强调幼儿对教师的尊重,幼儿必须接受、遵守教师(成人)制订的规

笔记栏

则。这不是一种真正的相互尊重。尊重幼儿意味着真正从内心接受幼儿是一个完整、有思想、有权利的人,不断摆脱成人的"自我中心"倾向。尊重幼儿不仅仅是尊重幼儿的独立人格,尊重幼儿的生存权、发展权、受保护权,更应尊重幼儿的思想、内心世界。在很多时候,成人要么高估幼儿,要么低估幼儿,这都是不尊重幼儿的表现。实践表明,尊重幼儿并不是像喊口号那么容易的事情。对幼儿的尊重,至少意味着部分地减少教师、成人的权力感。

三、建立和谐的人际关系

创设积极健康心理环境的核心是建立融洽、和谐、健康的人际关系,包括教师与幼儿的关系、幼儿与幼儿的关系、教师与家长的关系、教师之间的关系等。

(一)建立平等、和谐的师幼关系

教师与幼儿的关系是幼儿园人际关系的核心。为了促进幼儿的学习和发展,教师与幼儿之间应建立和谐、平等的师幼关系。首先,教师应关爱每一个幼儿,尊重、理解、信任他们,关注他们的活动,了解他们的需要和愿望,理解并宽容他们的错误。其次,教师应以民主的态度对待幼儿,用讨论、协商疏导的方式解决问题,而不是以权威者的姿态凌驾于幼儿之上,要求幼儿被动地服从。

(二)建立友爱、融洽的同伴关系

同伴关系有助于促进幼儿情感、社会性和个性的发展。教师可通过对良好交往行为和态度的培养,引导幼儿建立团结、友爱的同伴关系。首先,教师要鼓励幼儿之间开展多种形式的交流活动,建立相互关爱的氛围。其次,教师要引导幼儿掌握基本的交往技能,使其学会交往,建立融洽的人际关系氛围。

(三)建立平等、合作的家园关系

幼儿的健康成长离不开有效的家园合作。教师和家长之间应建立平等、合作的关系。教师和家长是地位平等的社会成员,教师应以对待伙伴或朋友的方式对待家长,经常和家长沟通交流教育理念和教育方法,互相学习、取长补短,多争取家长理解、支持和参与幼儿园的工作,同时也对家长的家庭教育方式提供必要的指导,共同合作教育好每一个幼儿。

(四)建立团结、协作的同事关系

教师之间良好的同事关系不仅为幼儿提供榜样,而且还直接影响班级的文化氛围。教师与教师及园领导与教师之间,应通过相互合作、互助、抚慰等方式,建立起温暖、友善、支持性的同事关系,从而为幼儿之间形成友爱、融洽的同伴关系树立榜样。

四、制订合理的制度

幼儿园心理环境的创设还与该园的制度、文化密切相关。合理的制度是一个幼儿园拥有良好的氛围、积淀文化的重要方面。其中,对幼儿产生直接影响的是班级常规。幼儿园班级常规的制定,旨在确保幼儿的安全,维持各项活动的秩序,协调幼儿之间的人际关系。班级常规渗透在幼儿园一日生活的各个方面,班级常规的制定不能仅仅为了方便教师管理或施教,而应定位于更好地促进幼儿的学习和发展。教师应依据幼儿身心发展的规律和特点,制订科学合理的常规,并由此营造良好的班级心理氛围,促进幼儿积极、主动、自由地学习和发展。

【典型真题】作为幼儿教师,如何在保教活动中营造更好的心理氛围?
【答案要点】(1)应在保教活动中关爱、呵护每一位幼儿,让他们在幼儿园能够吃得饱,睡得甜,玩得开心;

（2）要尊重每一位幼儿，维护他们的自尊心，不使他们的心灵受到伤害；

（3）教师应保持与孩子有效的对话，注意倾听他们的心声，进行良好的情感交流；

（4）培养孩子良好的生活习惯，建立良好的行为模式；

（5）注重培养孩子的独立性和自信心，和同伴分享成功的快乐；

（6）给孩子充分的时间和空间，给予孩子学习、活动的自主权和选择权，鼓励孩子自由大胆地表达自己的情感；

（7）鼓励孩子从事那些能够锻炼自我控制能力和培养同情心的活动；

（8）经常性地运用激励机制，给予孩子赞扬、支持、鼓励，善于发现孩子的闪光点。

强化过关训练

一、单项选择题

1. 关于幼儿园环境,不正确的说法是( )。
   A. 幼儿园环境就是幼儿园里的物质设施
   B. 幼儿园环境是幼儿园教育赖以进行的一切条件的总和
   C. 幼儿园环境包括内部环境和外部环境
   D. 幼儿园环境不仅指各种物质设施,还包括幼儿园的人及其活动产生的文化因素

2. 幼儿园及其与家庭、社区、自然中对儿童发展产生影响的一切条件的总和,指( )。
   A. 幼儿园物质环境   B. 幼儿园精神环境
   C. 幼儿园大环境   D. 幼儿园小环境

3. 为了庆祝"六一"儿童节,教师和幼儿一起制作绢花,打算装扮活动室。从环境创设的角度看,开展该活动应符合( )。
   A. 开放性原则   B. 幼儿参与原则
   C. 美观的原则   D. 经济原则

4. 在新学年开学前,某幼儿园教师提前一周上班,开始创设环境。A班的李老师擅长编制中国结,因此她买来丝线,加班加点编制了很多中国结悬挂在班级活动室外的走廊横梁上,煞是好看,呈现出一派新气象。李老师的环境创设不符合( )。
   A. 安全性原则   B. 开放性原则
   C. 环境与教育目标一致性原则   D. 发展适宜性原则

5. 关于环境创设,正确的说法是( )。
   A. 环境创设就是给幼儿创造一个整洁、漂亮的生活环境
   B. 环境创设的过程也是教育的过程
   C. 环境创设是教师的职责,不能使唤幼儿参与其中为教师分担责任
   D. 环境创设就是给幼儿准备游戏、学习的材料

6. 幼儿园班级活动区中供幼儿独处甚至发呆的区域是( )。
   A. 益智区   B. 探索区   C. 安静角   D. 阅读区

7. 投放了芭比娃娃和给婴儿喂食用的碗、勺等工具,以及各种娃娃的衣服与饰品的娃娃家,适合于( )。
   A. 托班   B. 小班   C. 中班   D. 大班

8. 心理环境又叫精神环境,幼儿园心理环境的核心是( )。
   A. 艺术作品   B. 人际关系   C. 规章制度   D. 特色文化

9. 营造良好的幼儿园心理环境,最关键的条件是( )。
   A. 园长的教育理念   B. 教师的态度与言行
   C. 家长的受教育程度   D. 幼儿园所处的社区品位

10. 沟通与交流的方式包括言语和( )两种。
    A. 动作   B. 表情   C. 身体姿势   D. 非言语

二、简答题

1. 心理环境对幼儿发展有什么影响？
2. 幼儿园班级设置活动区的依据是什么？

三、材料分析题

1. 积木柜里横七竖八地挤满了一块块的积木,其中还夹杂着一些小汽车、人偶模型等。两个小男孩跑到积木柜前,小手连拽带拔,没两下就将所有积木弄到地面上,稀里哗啦响声一片。男孩们正得意,教师走过来大声训斥道:"告诉你们多少遍了,积木不可以一次弄那么多下来,要一块块拿。去！站在那里,不准玩儿了！"教师说完,顺手又将积木"扔"回柜子里,两个男孩站在一旁,一脸愕然与委屈。

请从幼儿园环境的价值角度分析上述现象。

2. 如果一个孩子生活在批评之中,他就学会了谴责。

如果一个孩子生活在敌意之中,他就学会了争斗。

……

如果一个孩子生活在安全之中,他就学会了相信自己和周围的人。

如果一个孩子生活在友爱之中,他就学会了这世界是生活的好地方。

——多萝茜·洛·诺尔特

请从心理环境的功能角度分析上述内容的合理性。

3. A班教师准备好材料,向孩子们宣布:"我们要把墙面打扮得很漂亮,老师请你们一起来参加,好不好？"

"老师,那画什么呢？"一个幼儿问。

"你们喜欢什么呀？"教师以商量的口吻问孩子。

"我喜欢宇宙。""我觉得各种各样的小动物也很好看。""画我们的幼儿园吧。"……孩子们七嘴八舌地讨论了起来。

教师微笑着,倾听着,她示意孩子们安静下来,然后宣布:"我们让墙面变成一个美丽的海底世界,好吗？"

然后,教师开始分配工作,将一些简单的鱼、水草分配给孩子制作,自己则开始设计大鱼、海螺、珊瑚等。虽然有几个孩子撅起嘴说自己不喜欢画鱼,但孩子们基本上都服从了教师的安排,活动室里恢复了安静。

小涵平时的绘画作品深得老师的赞赏,因此她分配到的工作是画鱼。接下神圣的任务后,小涵想了很久。小涵看过科学漫画,她知道在深海中的许多鱼由于常年不见阳光,眼睛基本上都退化了,而且是黑黝黝的。当小涵将自己设计的几条深海鱼递给教师时,教师不禁皱起了眉头:"小涵,你这画的是什么呀？"

"这是深海中的鱼。"小涵辩解道。

"哦,是深海中的鱼呀。不过,这贴在墙上不好看。这样吧,老师给你几张画得好看的彩色鱼,你照着画吧。小涵肯定画得很好看,对不对？"

最后,一个美丽的海底世界出现了,基本上与教师当初预想的一致,教师欣赏着美丽的墙面,非常满意。几名幼儿则围着小涵,传阅着被教师否定的画,讨论着深海中各种奇怪的鱼;大部分幼儿已经围在玩具架前玩了,他们对刚才的画水草已经不耐烦了。

请根据幼儿园环境创设的原则分析A教师的做法。

参考答案

一、单项选择题

1.【解析】幼儿园环境指幼儿园教育赖以进行的一切条件的总和。
【答案】A

2.【解析】根据环境的范围,把幼儿园环境分为大环境和小环境。小环境是幼儿园内部的一切教育条件,也叫内环境。题干描述的为大环境。
【答案】C

3.【解析】选项A、B、C、D都是环境创设的原则,但与题干描述有关系的原则是B项和D项,比较选项B、D,更符合题干事实的应该是B项。
【答案】B

4.【解析】中国结是一种装饰性工艺品,一般用于营造喜庆氛围。如果不是与中华文化的教育有关,那么在走廊横梁上悬挂中国结只能发挥装饰作用,没有多大的教育价值。
【答案】C

5.【解析】选项A的观点不全面,幼儿园环境不仅仅是生活环境,是保育教育活动赖以进行的一切条件;选项C、D显然是错误的,不符合环境创设的原则。根据幼儿参与环境创设的原则,环境创设的过程也是教育的过程。
【答案】B

6.【解析】供幼儿独处甚至发呆的区域,最合适的是安静角。
【答案】C

7.【解析】以照顾婴儿饮食起居为主,适合于单独游戏的娃娃家是4岁以下幼儿的角色游戏区,因此本题中可选的选项是A和B,但是娃娃家投放的是芭比娃娃,除了喂食用的工具外还有打扮娃娃的物品,活动的复杂性较高,因此,最适合的幼儿是小班幼儿。
【答案】B

8.【解析】心理环境包括人际关系、规章制度和园所文化,人际关系是核心。
【答案】B

9.【解析】心理环境的核心是人际关系,营造良好的幼儿园心理环境的关键条件是教师的态度与言行。
【答案】B

10.【解析】沟通与交流的方式包括言语沟通和非言语沟通,非言语沟通包括动作、表情、身体姿势等。
【答案】D

二、简答题

1.【答案要点】心理环境指幼儿园内幼儿之间、教师之间、幼儿和教师之间的人际关系及其精神面貌或氛围,其核心是人际关系,也叫精神环境。

心理环境以师幼积极互动营造的和谐人际关系为主。良好的人际氛围可使幼儿感到宽松、自由、被尊重、被接纳,有利于幼儿的自主选择和自由探索,从而激发幼儿的创造性。良好的人际氛围充满了关怀与爱,能满足幼儿的安全需要、尊重的需要和爱的需要,从而使幼儿精神状态良好,情绪平静愉悦,可以促进幼儿心理健康发展,为幼儿健康人格的形成奠定基础。

2.【答案要点】幼儿园班级设置活动区的依据:

(1)幼儿发展的需要,即根据幼儿身体运动的需求、认知发展的需要和社会性交往的需要来设置活动区。

(2)需要考虑幼儿园的实际情况,如空间大小、场地条件等。

三、材料分析题

1.【答案要点】《幼儿园教育指导纲要(试行)》指出,环境是重要的教育资源,应通过环境的创设和利用,有效地促进幼儿的发展。材料中呈现出的两个孩子的行为具有破坏性,但显然不是孩子有意为之的,而是积木柜里的玩具横七竖八造成的。

如果幼儿园的空间、设施、活动材料和常规要求等是有规律和有秩序的,那么它就能引发、支持幼儿的游戏和各种探索活动;蒙台梭利认为,在教育上,环境所扮演的角色相当重要,因为孩子从环境中吸取所有的东西,并将其融入自己的生命之中。显然材料中的幼儿园在上述方面做得不好。

温馨、自由、开放及没有压力的环境有利于引发、支持幼儿与周围环境之间积极的相互作用,从而促进身体、智能和社会情感的发展。材料中教师的训斥和将玩具扔回柜子的行为使幼儿呆站在一旁,一脸委屈和茫然。教师未能给幼儿营造温馨的环境。

2.【答案要点】学龄前儿童主观能动性和自主性相对较弱,更加容易受到环境的影响,特别是心理环境的影响,心理环境是塑造儿童行为特征的重要因素。

心理环境以人际互动中人的行为本身以及人际互动形成的人际关系为主要内容。环境中他人的行为是幼儿模仿的榜样,所以成人有什么样的行为,幼儿就会表现出什么样的行为。另外,成人对待儿童的行为是儿童认识自己,形成自我意识特别是自我评价的主要途径,因此心理环境会影响儿童的自我评价、自信与自尊,从而影响他的行为。所以材料中的观点是正确的。

3.【答案要点】幼儿园环境创设的原则是安全性原则、环境与教育目标的一致性原则、发展适宜性原则、参与性原则、开放性原则和经济性原则。

首先,材料中的教师请幼儿一起参与主题墙的创设,"把墙面打扮得很漂亮"。表面上看遵循了幼儿参与的原则,但在实际过程中并没有尊重幼儿的选择,而是分配工作,违背了参与性原则。

其次,教师要求幼儿参与环境创设也只是打扮出一个美丽的墙面而已,仅供欣赏,并没有为教育目标服务,违背了环境与教育目标的一致性原则。

模块五　游戏活动的指导

逻辑结构图与考试权重

逻辑结构图

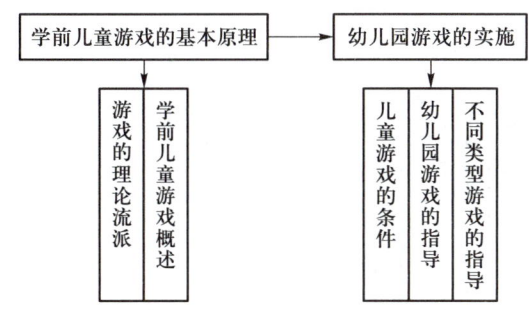

考试权重

模块	分值比例	分值	题型	重点提示
游戏活动的指导	模块三至模块七共占分值约为36%	≥23分	单选题、简答题、材料分析题、活动设计题	简答题侧重于第一章,材料分析题侧重于第二章

考纲要求与复习策略

考纲要求

1. 熟悉幼儿游戏的类型以及各类游戏的特点和主要功能。

2. 了解各年龄阶段幼儿的游戏特点,并能提供相应材料支持幼儿的游戏,根据需要进行必要的指导。

复习策略

命题剖析

本模块的题型及其内容有四大类:第一类是以单项选择题的形式考查游戏的类型及其特点;第二类是以简答题的形式考查游戏的功能;第三类是以材料分析题的形式考查游戏的支持和指导;第四类是以活动设计题的形式综合考查游戏的特征与指导。简答题和材料分析题是主要题型。

备考策略

分析历年考题,本模块的重点内容是第二章,以游戏的支持和指导为主。复习的重点有两个方面:一是理解并记忆游戏的功能、类型、特点;二是应用游戏的原理分析幼儿游戏中教师的指导行为,并能提出游戏指导的建议。

第一章 学前儿童游戏的基本原理

知识体系及思维脉络图

核心考点及学习提示

【核心考点】
游戏的特点：明确学前儿童游戏的内涵及特点。
游戏的价值：知道游戏对幼儿各方面发展的价值。
游戏的分类：理解不同类型游戏的特点及其功能。
【学习提示】
考试重难点：游戏的内涵、特点、类型及价值。

第一节 游戏的理论流派

一、早期（经典）的游戏理论

19世纪下半叶到20世纪30年代左右，是儿童游戏研究的初兴阶段。主要流派如下。

（一）剩余精力说

剩余精力说的代表人物是德国的思想家、诗人席勒和英国的社会学家、心理学家斯宾塞。他们认为，生物体能产生能量满足自己生存所需，身体健康的儿童除了维持正常生存以外，还有剩余精力需要发泄，而游戏是剩余精力加以释放的最好形式，游戏的目的就是消耗过剩的精力。

（二）松弛说

松弛说的代表人物是德国哲学家、心理学家拉察鲁斯和帕特里克。与剩余精力说恰恰相反，松弛说认为，游戏不是发泄精力，而是在工作疲劳后，恢复精力的一种方式。游戏产生于人们的劳动，可以减轻人们劳动和学习上的疲劳；幼儿在紧张的学习后，为娱乐而游戏。

（三）复演说

复演说的代表人物为美国心理学家斯坦利·霍尔。他认为，通过游戏，儿童复演了人类的发展阶段，游戏是遗传活动的表演，是在重复祖先的进化过程。儿童游戏的阶段性也遵循了人类进化的顺序。

（四）生活预备说

生活预备说的代表人物是德国心理学家、生物学家卡尔·格罗斯。他认为，儿童有本能，但本能不足以适应将来复杂的生活，因此要有一个预备生活的阶段，游戏是为成人生活做准备。游戏的目的就是给儿童提供一种安全的方法，帮助他们去练习和完善成人生活所需要的能力。

二、精神分析学说的游戏理论

该学说的理论风行于20世纪40年代至60年代，代表人物如下。

（一）弗洛伊德——游戏的"发泄""补偿"说

弗洛伊德认为游戏是敌意或报复冲动的宣泄，儿童就是为了追求快乐、宣泄不满而游戏。支配儿童游戏的动机是"唯乐"原则，即通过游戏实现在现实生活中不能实现的愿望，获得愉快和满足。

（二）埃里克森的游戏理论

埃里克森把人格的发展划分为八个阶段，每一阶段都有自己特定的发展任务，如果任务完成得好，就可以形成积极人格；完成得不好，则形成消极的人格。游戏在帮助儿童从一个阶段向另一个阶段发展的过程中，起着"催化剂"作用。

三、日内瓦学说的游戏理论

20世纪60年代至70年代，日内瓦学说将儿童游戏研究推到了鼎盛阶段，代表人物是皮亚杰。皮亚杰认为，儿童早期认知结构发展是不平衡的，主要有两种情况：

一是顺应超过了同化：外部的影响超过了自身能力，表现为主体对客体的模仿（当顺应大于同化时，所产生的活动具有模仿活动的特征）。

二是同化超过了顺应：主体自身的兴趣与需要超过了外部影响而占据主导地位，主体只是为了自我的需要与愿望去转变现实而很少考虑事物的客观特征，这是游戏的特征（当同化大于顺应时，所产生的活动具有游戏活动的特征）。所以，游戏是一种同化超过顺应的活动。

四、文化历史学说的游戏理论

该学派的代表人物主要有：维果茨基、列昂节夫、艾利康宁。

维果茨基认为一个人从出生到成年的心理发展是在环境和教育的影响下，在低级心理机能的基础上，逐渐向高级心理机能的转化过程。首先，活动在儿童心理发展中起主导作用。其次，游戏是学前期的主导活动。第三，强调游戏的社会性本质，反对本能论。第四，强调成人的教育影响，认为儿童与成人的交往在游戏的发生、发展过程中起决定性作用。游戏可以创造学前儿童的"最近发展区"。

五、游戏的觉醒理论

游戏的觉醒理论又称为内驱力理论或激活理论，代表人物是伯莱因。他认为，觉醒是中枢神经系统的机能状态，环境刺激是觉醒的重要源泉。当机体缺乏刺激时，机体采取游戏的方式来增强刺激，提高觉醒水平，使机体感到舒适。在游戏的作用下，机体寻求新异刺激，避免厌烦等不良的状态，维持机体最佳的觉醒水平。游戏是机体主动影响环境的倾向，它是由有机体而不是由刺激所控制的行为，它回答"我能用它来做什么"的问题。例如，当儿童对滑梯已经熟悉、产生厌倦时，滑梯这一刺激对他来说已经很弱,这时他便变换新的滑滑梯的方式,如倒滑、趴着滑等,以增强这一刺激。

六、游戏的元交际理论

游戏的元交际理论的代表人物是贝特森。他认为,游戏是一种元交际,是一种意识与信息的意义交流和理解过程,是一种发展儿童掌握人类文化和表征世界必需技能的重要途径。游戏活动的开展以"元交际"过程为基础,以游戏双方能够识别对方的游戏意图为前提。在游戏过程中,儿童往往通过动作、表情传递一种隐含的信息——"这是玩啊"。如当一个孩子笑嘻嘻地将水洒向另一个孩子时,他脸上的表情已向对方发出了"这是好玩的,不是真的"的信号,对方很快理解了这一信息,两人便玩起打水仗的游戏来。如果那个孩子没有或不能理解这一信息,那么误解就会产生。只有当参与者能够携带着"这是玩啊"的信息达成协议或进行元交际时,游戏才会发生。

第二节 学前儿童游戏概述

一、游戏的内涵

什么是游戏?关于游戏概念,由于看问题的角度各异,因此人们对它的理解也就各不相同。中外心理学家、教育学家各自有其论述,迄今为止,还没有一个公认的确切定义。

游戏是人类社会普遍存在的社会现象。从儿童的玩耍打闹到成人的棋牌娱乐,都是人类游戏的表现形态。**游戏是学前儿童借助客观事物和身体运动,通过实际行动探索其周围世界的基本活动,是儿童的基本权利。**

(一)游戏是一种活动

1. 游戏是学前儿童最喜爱的活动,是他们生活的主要内容

游戏、学习和劳动是人类的基本活动,游戏是学前儿童的主导活动。在学前儿童一日生活中,除了吃饭、睡觉等生活活动外,绝大多数的时间都在游戏。即便是生活、劳动、学习等活动,学前儿童也常常是以游戏的形式来进行的,或是将生活、学习、劳动的过程变成游戏活动。游戏对于学前儿童来说就是他们的生活,也是他们最喜爱的活动。

2. 游戏符合学前儿童身心发展的需要

游戏是解决儿童日益增长的新需要和儿童本身的有限能力之间矛盾的一种活动,儿童不是消极被动地接受环境和教育的影响,而是在积极活动中发展。

学前儿童渴望模仿成人的活动,试探着认识并参加周围生活,要求在行动中表现出自己的印象和体验,但又受其知识、能力和体力的限制,不可能真正参加成人的活动,于是主观愿望和实际能力之间发生了矛盾。游戏是解决这种矛盾,满足学前儿童需要的最佳形式。

3. 游戏是学前儿童特有的学习方式

对学前儿童来说,游戏不仅仅是一种消遣,还是学前儿童的主要学习方式。学前儿童在游戏中获得了直接经验,游戏是一种潜移默化的学习方式。学前儿童在游戏中学习,在游戏中健康成长。学前儿童在游戏中的学习具有以下三个特点:学习的目标是隐含的;学习的方式是潜移默化的;学习的动力来自幼儿内部。

(二)游戏是一种精神存在

近年来,把游戏等同于游戏活动的观点开始受到挑战。有学者提出,游戏不仅作为一种活动存在,它同时还作为精神存在。作为一种精神存在,游戏表现为"一种精神状态或走向",或称

"游戏精神"。更具体地说,游戏精神是童年精神的代名词,因而是儿童的一种生命存在和生活方式。

二、学前儿童游戏的特点

(一)游戏是学前儿童自主自愿的活动

游戏是适应学前儿童的内部需要而产生的,具有内部动机的特性,学前儿童乐于游戏并在游戏过程中积极思考与表现,因此是儿童自主自愿的活动。游戏是学前儿童的自主活动,主要表现在游戏的内容、形式、进程等由学前儿童自己选择,而不由成人直接控制。

(二)游戏无强制性的外在目的

学前儿童游戏的目的在于游戏活动本身,是为了好玩而游戏,除此之外,别无其他目的。学前儿童在游戏中,往往更关注游戏的过程而不是游戏的结果。

(三)游戏是学前儿童虚构与假想的活动

与真实的生活活动相比,游戏总是在假想的情景中开展,用学前儿童自己的话来说,就是"假"的,是"装"的,不是真的。学前儿童对游戏的假想表现在:

(1)对游戏角色的假想(以人代人)。学前儿童在游戏中必须凭借想象,把自己想象、装扮成某个角色,并接受游戏伙伴所想象、装扮的角色。

(2)对游戏材料的假想(以物代物)。学前儿童在运用这些游戏材料时,需要把玩具想象成真的事物,并对其施加类似成人的真实动作,甚至把它们想象为其他类似的东西。

(3)对游戏情景的假想(以情景代情景)。学前儿童在以人代人和以物代物的基础上,通过动作把自己的现状想象成生活中的某一情景。

(四)游戏具有趣味性,伴随着愉悦的情绪

游戏的目的是游戏本身、是游戏的过程,由于没有外部的控制和实用的功利目的,因此具有趣味性。在游戏中,学前儿童能够放松身心,积极主动地参与游戏,通过操纵材料、物品,控制环境,表现自己的能力和实现自己的主观愿望,能够体验到自身的力量,从成功和创造中获得愉悦和满足。

一个具体的游戏不一定全部具备上述四个特点。每一个游戏对四个特点的体现程度也会有所不同。自主自愿是游戏的本质,游戏的价值取决于其适合儿童特点的程度。

三、学前儿童游戏的价值

游戏是儿童最喜爱的活动,儿童在游戏中学习和成长,游戏对儿童的身体、智力、创造力、情感、社会性、美感的发展都具有重要的积极作用。

(一)游戏促进学前儿童身体的发展

(1)游戏促进学前儿童的生长发育;

(2)游戏促进学前儿童基本动作的发展和协调;

(3)游戏促进学前儿童运动能力的发展。

(二)游戏促进学前儿童认知和语言的发展

(1)游戏提高学前儿童的感知能力;

(2)游戏有助于学前儿童的概念学习;

(3)游戏激发学前儿童的想象力;

(4)游戏发展学前儿童的思维能力;

(5)游戏能促进学前儿童语言能力的发展。

(三)游戏促进学前儿童创造力的发展

(1)游戏为学前儿童提供了宽松的心理氛围;

(2) 游戏催发学前儿童的探究行为；
(3) 游戏激发学前儿童的发散思维；
(4) 游戏提高学前儿童的创造性水平。

(四) 游戏促进学前儿童情感的发展
(1) 游戏使学前儿童有机会表达自己的情感；
(2) 游戏能使学前儿童充分体验到快乐；
(3) 游戏能帮助学前儿童克服恐惧情绪；
(4) 游戏能使学前儿童进行情感宣泄。

(五) 游戏促进学前儿童社会性的发展
(1) 游戏有助于克服学前儿童的自我中心；
(2) 游戏培养学前儿童的合群行为；
(3) 游戏提高学前儿童的交往技能；
(4) 游戏发展学前儿童遵守规则的能力；
(5) 游戏锻炼学前儿童的意志。

(六) 游戏发展学前儿童的美感
(1) 游戏设施有助于学前儿童领略美；
(2) 游戏的内容有益于学前儿童欣赏美；
(3) 游戏的成果有助于学前儿童再现美；
(4) 游戏的过程有利于学前儿童大胆创造美。

四、学前儿童游戏的类型

(一) 按认知发展水平分类
皮亚杰根据儿童的认知发展水平将游戏分为四类。

1. 感觉运动游戏
感觉运动游戏也叫机能性游戏、练习性游戏，是儿童最早出现的游戏形式，主要是0~2岁儿童进行的游戏。

感觉运动游戏是儿童对物体的简单、重复摆弄和敲打，儿童通过这种游戏满足身体活动的需要，也能通过感知和动作认识周围的事物。

2. 角色游戏
角色游戏即象征性游戏，也叫装扮游戏或假想游戏，是学前儿童游戏的典型形式。在游戏中儿童以假想的形式，通过以物代物、以人代人来表现成人的一些日常活动，满足儿童不能实现的愿望。

角色游戏在儿童2岁左右开始萌芽，3~5岁时达到高峰，之后逐渐下降甚至消失。

3. 结构游戏
结构游戏是利用游戏材料来建构物体的游戏形式，是学前儿童最常见的游戏之一。例如，用积木搭建房子、用沙子或黏土修筑城堡等。

结构游戏在儿童2岁左右开始出现，随着年龄的增长，建构的物体越来越复杂和逼真。

4. 规则游戏
规则游戏是两人以上，按照一定的规则和玩法进行的竞赛性质的游戏，如棋类游戏。

规则游戏在儿童四五岁出现，并一直延续到成年。成年人的游戏基本都是规则游戏。

(二) 按社会性发展水平分类
帕顿根据学前儿童游戏中的社会性程度将游戏分为六类。

1. 偶然的行为（0~2 岁）
东游西逛，行为缺乏目标；注视碰巧引起兴趣的事情；玩弄身体；在椅子上爬上爬下等。这种行为不属于游戏。

2. 游戏的旁观者（2 岁以后）
观看同伴游戏，偶尔同他们交谈，有时向他们提出问题，但行为上并不介入他人的游戏。

3. 独自游戏（2.5 岁以后）
儿童进行此类游戏没有玩伴，也不需要玩伴。游戏中儿童注意力全部集中到自己的玩具或者自己专注的操作活动上，喜欢一个人玩，不关注他人的游戏。

4. 平行游戏（2.5~3.5 岁以后）
儿童开始关注他人的游戏，喜欢与他人使用相同的玩具或材料，通过相互模仿来开展相似或相同的活动。虽然与他人一起玩一样的游戏，但是彼此之间没有互动行为，还是各玩各的。

5. 联合游戏（3.5~4.5 岁以后）
儿童与同伴一起游戏，参与共同的活动，但是彼此之间没有合作行为，没有具体的分工与组织，也没有建立共同的目标。从表面上看，儿童处在同一个群体之中，彼此之间发生交流行为（如借玩具、赞赏别人的游戏等），但只是同伴之间的交往活动而非游戏的合作行为。

6. 合作游戏（4.5 岁以后）
儿童在游戏中出于共同的需要，同伴之间要共同制订计划，通过协商和合作，共同完成活动。游戏有共同的目标，有具体的方法，有详细的组织和分工，有明确的领导者与组织者。

合作游戏是社会性最高的游戏形式，在此类游戏中，离开了游戏者的相互配合，游戏是无法进行的。

（三）按游戏的教育作用分类
根据游戏的教育作用和特点可以将游戏划分为两大类：创造性游戏和规则性游戏。

1. 创造性游戏
创造性游戏是学前儿童主动地、创造性地反映现实生活的游戏。创造性游戏满足了学前儿童好学、好问、好奇、好模仿的心理需求。创造性游戏对于促进儿童的主动性、独立性和创造性具有最大的效应。

常见的创造性游戏主要包括角色游戏、结构游戏、表演游戏。

（1）角色游戏：借助于模仿和想象，通过扮演角色创造性地反映周围现实生活的游戏。通常都有一定的主题，如"超市""医院"等，所以又称为主题角色游戏。角色游戏是幼儿期最典型、最有特色的游戏。

（2）结构游戏：凡利用各种结构材料或玩具进行建构的活动都称为结构游戏，如利用积木、插塑、沙子、泥土等结构材料进行建构活动。

（3）表演游戏：借助于儿童文学作品的内容和形象，分配角色，安排情节，通过动作、表情、语言、姿势等来进行的游戏。例如，幼儿演出的童话剧、歌舞剧、木偶戏等。

2. 规则游戏
规则游戏是成人在儿童自发游戏的基础上，根据教育目的创编的、有一定规则和具体玩法的游戏。包括：智力游戏、体育游戏、音乐游戏。

（1）智力游戏：根据一定的智育任务设计的，以智力活动为主的游戏，如棋类游戏、走迷宫、拼图等。智力游戏通过生动有趣的形式，使学前儿童在愉快的情绪中丰富知识、培养技能、发展智力。

（2）体育游戏：根据一定的体育任务设计的，以发展学前儿童基本动作，增强学前儿童体质，促进学前儿童身体健康为主的游戏，如老鹰捉小鸡、跳房子等。

（3）音乐游戏：在音乐伴奏下，以发展儿童音乐能力为主要目的的游戏，音乐与动作相配合，以动作表现音乐,以音乐衬托动作,使动作表现得优美、富有节奏感与表现力。例如,找朋友、丢手绢等。

(四)按照游戏与教育的关系进行分类

根据游戏与教育教学任务或目的结合程度的不同,游戏可以分为本体性游戏和工具性游戏。

1. 本体性游戏

本体性游戏也称目的性游戏、自发性游戏,是指儿童进行自主、自发表现的游戏,游戏的目的在于游戏本身,强调游戏本身的内在价值和游戏的自发性。儿童的自发性游戏对儿童创造性的发展是极有价值的,游戏的主题、材料、规则都是儿童自己规定、自己确立的,这些都源于儿童创造性的萌芽和发展。儿童的自发性游戏是儿童的权利,应得到尊重。

2. 工具性游戏

工具性游戏也称手段性游戏、教学游戏,是指作为教育教学活动的手段或工具的游戏。教学游戏就是根据幼儿园教育大纲和课程的要求,有目的、有计划地进行设计和开展的游戏。游戏的直接目的不在于游戏本身,而在于通过有利于儿童发展的游戏形式,促进教育活动的有效进行和教育目标的顺利实现。

【典型真题1】关于自发性游戏的正确观点是(　　)。

A. 幼儿园游戏不包括自发性游戏

B. 自发性游戏不需要教师指导

C. 教师组织的游戏比自发性游戏有价值

D. 自发性游戏具有多种教育价值

【答案要点】本题考查对自发性游戏的理解。依据游戏中的教育目的性成分,可以将儿童的游戏分成本体性游戏(自发性游戏)和工具性游戏(教学游戏)。自发性游戏是儿童自己发起的、自愿参加的、自主支配的游戏。它一方面反映了儿童的认知特点和社会性等方面的发展水平,另一方面也反映了儿童的兴趣爱好。儿童的自发性游戏对于儿童创造性的发展是极有价值的。D项正确。

【答案】D

【典型真题2】幼儿通过塑造角色,表现文艺作品内容的游戏是(　　)。

A. 角色游戏　　B. 结构游戏　　C. 智力游戏　　D. 表演游戏

【解析】表演游戏是借助儿童文学作品的内容和形象分配角色,安排情节,通过动作、表情、语言、姿势等来进行的游戏。所以,题干所述的表现文艺作品内容的游戏指的是表演游戏,故选D项。

【答案】D

【典型真题3】幼儿赛跑、下棋一般属于(　　)。

A. 表演游戏　　B. 建构游戏　　C. 角色游戏　　D. 规则游戏

【解析】题干中赛跑属于规则游戏中的体育游戏。体育游戏是以身体练习为主要内容,以发展基本动作为目的的游戏活动。下棋属于规则游戏中的智力游戏。智力游戏是以生动、新颖、有趣的游戏形式,使儿童在轻松愉快的活动中增进知识、发展智力的游戏。D项正确。

【答案】D

【典型真题4】简述游戏对幼儿发展的作用。

【答案要点】(1)游戏满足了幼儿身体发展的需要;

(2)游戏满足了幼儿智力发展的需要;

(3)游戏满足了幼儿社会性发展的需要;

(4)游戏满足了幼儿情感发展的需要;
(5)游戏能促进幼儿创造力的发展;
(6)游戏发展幼儿的美感。

【典型真题5】简述积木游戏对幼儿发展的影响。

【答案要点】积木是各个年龄阶段的幼儿都喜欢的一种游戏材料。幼儿通过使用积木进行游戏,可培养科学素养,建构对物质世界的认知。

(1)积木游戏可以培养幼儿动作的精确性和手眼协调能力;
(2)积木游戏对发展儿童智力有特殊作用。如发展分类能力,想象力及创造力;
(3)积木游戏可以培养幼儿良好的意志品质和合作精神;
(4)积木游戏可以提高幼儿的审美能力和对美的创造力。
(5)积木游戏有助于培养幼儿的生活情趣及对生活的热爱。

【典型真题6】材料:教师为幼儿制作了一个玩具灶(如图),投放了羽毛、棉花、小木棒、乒乓球等不同材质的物品,并提供了扇子,让幼儿猜测哪些物品能被风吹起来并进行验证。

小牛猜想羽毛和棉花能飞起来,就开始扇风,结果发现它们确实能飞起来,他使的劲儿更大,发现乒乓球也能飞起来了。一直旁观的小雷惊讶地说:"原来用力扇,乒乓球也能飞起来呀!"

问题:游戏中小牛、小雷都在学习吗?请分别说明理由。

【答案要点】小牛和小雷都在学习。

理由:(1)游戏是幼儿自主的、假想的、有愉悦感的活动。在游戏的过程中,幼儿在进行自发学习。

(2)小牛通过直接感知、实际操作、亲身体验进行了学习。

(3)小雷通过观察小牛的操作,间接进行了学习。

第二章 幼儿园游戏的实施

知识体系及思维脉络图

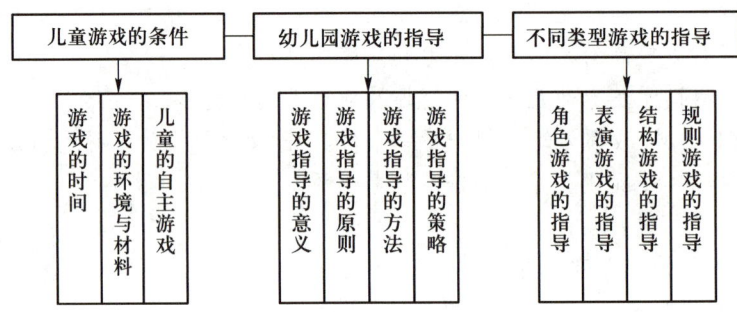

核心考点及学习提示

【核心考点】
游戏的条件：明确游戏的环境和材料。
游戏的指导：明确游戏的指导要点。
不同类型游戏的指导：角色游戏的特点、作用和指导，表演游戏的特点、作用和指导，结构游戏的特点、作用和指导，规则游戏的特点、作用和指导。

【学习提示】
考试重点：游戏材料的投放，游戏的指导，不同类型游戏的作用和指导。
考试难点：游戏指导的方式。

第一节 儿童游戏的条件

为了更好地发挥游戏在儿童发展中的作用，教师应为儿童创设良好的条件，包括充足的时间、良好的游戏环境与材料等。

一、游戏的时间

（一）充足的游戏时间是儿童游戏的前提

充足的游戏时间是儿童开展游戏活动的首要前提。游戏时间的多少直接影响游戏的数量和质量，儿童如果能长时间地坚持进行一种游戏，并进行丰富的游戏情节设计、复杂的构思或创造出特征鲜明的造型，说明儿童的游戏已经达到了较高的水平。所以，教育者一定要保证儿童每天有足够的时间自由自在地开展各种游戏活动，不能随意侵占儿童的游戏时间。

（二）减少过渡环节，提高单位时间内儿童游戏的有效时间

有些幼儿园虽然能够严格执行作息制度，不挤占儿童的游戏时间，但活动室布置不够合理，不

创设游戏角，没有专门的游戏空间。所以，一到游戏时间，教师就手忙脚乱地指挥儿童搬桌子、挪椅子、铺地毯，临时准备游戏环境和材料，把本该属于儿童游戏的时间浪费在准备环节上。要解决这个问题，教师要在活动室的布置上动脑筋想办法，创设相对固定的游戏场地，以提高单位时间内儿童游戏的有效时间。

二、游戏的环境与材料

（一）游戏环境

游戏环境是指为儿童游戏提供的条件，包括游戏的空间环境和心理环境。

1. 游戏的空间环境

游戏的空间环境包括户外游戏场地和室内游戏场地。

（1）户外游戏场地。

户外游戏场地是儿童在户外游戏的空间。户外游戏活动对于儿童的身心健康有着重要意义。儿童在户外活动，能够与大自然亲密接触，经常接受阳光的照射，呼吸新鲜空气，增强对外界环境的适应能力，加强机体的新陈代谢，促进生长发育。因此，每一个有条件的学前教育机构都应当设置户外活动场地。没有户外活动场地的学前教育机构是不合规格的。

2016年发布、2019年局部修订的《托儿所、幼儿园建筑设计规范》规定，托儿所、幼儿园每班应设专用室外活动场地，人均面积不应小于 2 m²，各班活动场地之间宜采取分隔措施；应设全园共用活动场地，人均面积不应小于 2 m²；共用活动场地应设置游戏器具、沙坑、30 m跑道等，宜设戏水池，储水深度不应超过 0.30 m。"

（2）室内游戏场地。

室内游戏场地主要指活动室，活动室是儿童在室内进行游戏活动的主要场所。足够的空间是开展游戏的必要条件。研究发现，游戏环境的空间密度直接影响儿童的行为。所谓空间密度指每个儿童在游戏环境中所占的空间大小，空间密度亦即室内拥挤程度的指标，数值愈低显示室内愈拥挤。有关研究显示，2.32~7 平方米／人为较合适的游戏空间密度。低于 2.32 平方米／人，儿童在游戏中的攻击性行为、破坏玩具的行为和错误使用玩具的行为明显增加；处于中间值，儿童则表现较多的良好游戏行为和交往行为；大于 7 平方米／人，儿童粗大动作的游戏也相应增加，而人际互动开始减少。教师要在有效空间密度内，经常调整游戏的空间结构，要有开放的空间和区隔的空间。活动空间的大小应当能符合儿童的多种需要。既要有适用于全班集体性活动的大空间，又要有能让几个儿童一起活动的中空间。如果有条件，还需要能让个别儿童单独活动的小空间。

这里特别要提到的一点是，应为儿童创设一定的小而安静的私密空间。它在满足儿童独处的需要和其他一些情绪情感的需要上是相当重要的。这些不同大小和用途的空间可以通过对活动室整个大空间的分隔和变化来产生。游戏活动空间的安排通常分为中心式和区隔式。这两种空间的安排对儿童的游戏有着不同的影响。中心式空间安排便于儿童开展集体性规则游戏、平行游戏和大动作游戏；区隔式空间安排是指根据游戏活动的不同类别，将游戏区分隔为若干个不同的区域，这样的空间安排便于儿童开展合作性游戏和探索性游戏。

（3）利用廊厅设置共用游戏场地。

从各个班级活动室到室外公共场地之间的过渡地带也是较好的游戏空间，而且大部分幼儿园的室外廊厅比较宽阔，非常适合设置一些同一年段共用的游戏区域。

一般来讲，廊厅空间既通风又避雨，非常适合创造性游戏区域的设置。如果同一层有 2~3 个班级，则可以将廊厅打通设置成角色游戏区、结构游戏区和表演游戏区比邻的 3 个区域，供同一年段各个班级轮流使用或者混班共用。

2. 游戏的心理环境

除了为儿童创设科学合理的物质环境外,还要为孩子们创设轻松、自由、和谐、符合儿童年龄特征的心理环境。由于儿童情感的易感染性,游戏心理环境的创设关键取决于教师。

(1) 教师应建立与儿童民主、亲切、平等、和谐的关系。

民主、亲切、平等、和谐的师幼关系是儿童游戏的重要支柱之一。教师要有一颗爱心,"爱一切孩子""爱孩子的一切",树立正确的儿童观,尊重儿童的兴趣、爱好,理解孩子的要求。不因儿童年幼,而忽视儿童的需要,也不把自己的意志强加于儿童。在儿童的游戏中,教师既是指导者又是参与者。参与儿童的游戏,使他们感到教师是他们的亲密伙伴,与教师在一起感到自然、温馨、没有压抑感。在游戏时,应当让儿童自己去思考,过多的干预会限制儿童的想象,太高的期望会给儿童造成压力,使得儿童的创造力不能正常发挥。只有在民主、平等、轻松、愉快的环境中,儿童才能自然、真实地表现自己,更加积极主动、愉快地投入游戏之中。

(2) 儿童之间建立互助、友爱、和谐的伙伴关系。

儿童之间的伙伴关系是影响其心理发展的一个重要的社会性因素。儿童间互相关心、互相帮助、文明礼貌、友好谦让,在游戏中互相协商角色或交换玩具,这些都为游戏的继续深入增加了可能性,提高了儿童游戏的主动性、积极性。教师应加强儿童的情感教育和集体教育,建立互助、友爱、和谐的伙伴关系,使儿童生活在一个轻松、愉快的环境中,在集体中获得全面的发展。

(3) 教师之间的真诚相待、友好合作,是儿童最好的榜样。

教师的行为直接影响着儿童活动的情绪和积极性。教师之间真诚合作、互相尊重的关系,是儿童建立友好同伴关系的榜样。同时,教师之间友好、和谐的关系,也为儿童游戏建立了宽松、愉快的心理环境。因而,教师要以良好的自身素质为儿童树立榜样,教师要做到举止大方、语言文明、态度和蔼、行为规范。教师间的交往涉及班级、幼儿园是否具有良好的心理气氛。教师间如果相互关心、相互帮助,这会给班级、幼儿园带来一种温情的气氛,容易激发出儿童积极性的社会性行为。儿童也会从中耳濡目染,既能学会体察他人的情绪情感,也能学会正确、适宜的行为方式。所以,在创设心理环境时,要注意小至一个班的主班教师与配班教师,大至全体教职工之间的交往,都应当成为儿童良好社会性发展的榜样。

(二) 游戏材料

游戏材料是儿童游戏所用玩具和物品的总称。材料是游戏的物质支柱,是儿童游戏的工具,如果离开了游戏材料,儿童的游戏就难以进行。

1. 材料的类别

(1) 根据材料的功能划分

① 主体材料:支撑儿童活动的主要材料。

② 辅助材料:对游戏活动起辅助作用,能够使活动更加丰富、完善的材料。

③ 工具:儿童进行探究和操作活动需要的工具。

(2) 根据材料的性质划分

① 成品材料:现成的,不需要再加工,可以直接使用的材料。

② 半成品材料:简单加工的材料,可以降低操作的难度,如画好苹果的涂色纸(小班)。

③ 自然材料:不经任何加工的原始材料,如石子、树叶、果壳、毛线、瓶盖、轮胎等。

(3) 根据材料的结构划分

① 高结构材料:有固定的结构、相对固定的玩法及规则的一类材料,如益智区的棋、拼图,数学区一一对应的操作卡等。高结构材料的投放,有助于儿童游戏主题的确定和游戏情节的展开。

② 低结构材料:较少规定玩法和规则,儿童可以比较灵活地操作的材料,如建构区的积木,美工区的各种盒子、绳子等。低结构材料更具有开放性、变化性,有助于儿童游戏的开放和创造。

一般来讲，儿童年龄越大，区域中投放的低结构材料就应该比例越高一些，如，在小班娃娃家可以投放更多高结构材料，而大班就应该投放更多低结构材料。

2. 材料投放的注意事项

本部分内容已在本书模块四第二章第三节幼儿园室内环境创设做过介绍，在此不再赘述。

（1）注意材料的安全卫生。

（2）给儿童提供丰富多样的游戏材料。

（3）给儿童提供适宜的玩具材料。

（4）给儿童提供可操作性的玩具材料。

（5）给儿童提供有趣味性的玩具材料。

（6）多提供中等熟悉和中等复杂程度的游戏材料。

（7）玩具材料应当及时更新。

（8）将游戏材料放在可见位置。

三、儿童的自主游戏

"自主游戏"研究理论认为：游戏是儿童有机体的内在需要，是内发而非外力强加的。因此游戏必须是儿童自由选择的，是以游戏活动本身为目的的愉快活动。经过儿童自由选择的游戏才能真正成为自主自发的、对儿童产生巨大教育影响价值的儿童游戏。反之，成人教师自上而下的、外力支配和控制的就不是儿童的游戏，而只能是其他活动或者是走了样的"游戏"。

（一）自主是儿童游戏的重要条件

自主是儿童游戏的重要条件，游戏的形式、材料及游戏的开始、结束都应由儿童自己掌握，按照他们自己的意愿、体力、智力来进行。自主游戏宽松自由的氛围消除了儿童的胆怯和距离，使他们能够主动交往，友好合作。正因为游戏是儿童自主的活动，儿童在游戏中的态度是积极主动的。反之，如果游戏失去了自主性这一特征，而是由教师精心安排和"导演"的，儿童只是在不得已的情况下，被动地参加游戏，担任某一角色，从表面上看，儿童是在参加游戏，实际上儿童并没有真正地玩游戏，他们认为是在完成教师布置的任务，也就失去游戏的积极性。所以，只有充分尊重游戏者的心愿，发挥游戏者的主动性，才是真正的游戏。

（二）儿童在自主游戏中得到主动发展

儿童喜欢游戏，是出于自己的兴趣和愿望。由于游戏形式、材料和过程符合儿童身心发展要求，使他们对游戏产生兴趣，主动去进行游戏。自主游戏为儿童提供了表现与创造的机会，使儿童摆脱了对教师的依赖，有了充分的想象、发现和创造，使他们探索和解决问题的能力得到很大提高。在游戏中，儿童的各种活动几乎没有什么限制，他们可以自由地充分活动，从中得到快乐和发展。

【典型真题1】下列玩具，不是从功能角度分类的是（　　）。

A. 运动性玩具　　B. 建构玩具　　C. 益智玩具　　D. 传统玩具

【解析】运动性、建构、益智都是玩具的功能。

【答案】D

【典型真题2】材料：操场上新安装了一个投篮架。幼儿经常在这里玩投篮游戏。一天，几个幼儿带着笔刷和水桶来到这里，他们先是快乐地粉刷投篮架，之后开始往篮筐里灌水，有的从上面灌，有的从下面接，再灌，再接……相互配合，反反复复，忙得不亦乐乎。

问题：教师是否应支持这些幼儿的行为？请说明理由。

【答案要点】教师应该支持幼儿的游戏活动。具体理由如下：

（1）游戏是非强制性的，被迫的游戏就不再是游戏了。儿童之所以游戏，是出于自发、自愿的需要，游戏给他们带来欢乐。材料中幼儿的游戏不是成人强制的，而是自发出现的。幼儿在游戏中反反复复、忙得不亦乐乎，整个游戏的过程伴随着愉悦的情绪。

（2）幼儿天生的好奇心，使他们对生活中的一切都要看、要摸、要问，幼儿这种自发探究倾向是一种由内部发展需要而引起的活动，游戏能使幼儿获得经验和满足。材料中，幼儿自发地拿着笔刷与水桶对篮球架其他功能与用途进行积极的探索，这一自发的探究行为正是幼儿好奇、好问、好动、好玩天性的体现。因此，教师应尊重幼儿身心发展的特点，保护幼儿的天性并给予合理的引导。

（3）教师应尽量满足儿童游戏的各种需要，从物质上和精神上给儿童的游戏予以支持，推动游戏不断地向更高水平迈进。材料中幼儿能够相互配合，说明幼儿的合作能力在游戏中得到了发展，教师可以通过引导幼儿讨论或者通过增加多种材料的方式继续推动幼儿游戏向更高水平迈进。

（4）幼儿园以活动为中介，通过各种活动促进儿童的发展。教师可以通过一日活动或游戏等使其身心得到全面的发展，材料中幼儿的行为体现了科学探究精神的萌芽，对此，教师应给予精心的呵护。

综上所述，教师应支持幼儿的游戏活动，并通过游戏促进幼儿认知、社会性、情绪情感、智力等方面的发展。

【典型真题3】材料：莉莉和小娟玩游戏，她们想让五个娃娃睡觉，但是没有小床，于是她们找到了三个盒子当小床，莉莉说"床不够"，小娟挑出两个留着长头发的娃娃说："她们长大了，不需要睡午觉了。"莉莉说："好的。"然后将三个需要睡觉的娃娃中最大的一个放在最大的盒子里。小娟试图把中等大小的娃娃放在最小的盒子里，但放不进去。于是莉莉说："换一换。"然后将最小的娃娃放在最小的盒子里，中等大的娃娃放在中等大的盒子里。小娟说："娃娃们，好好睡觉吧。"

问题：从学习与发展的角度，分析上述材料中莉莉和小娟的行为。这次游戏后，教师应当如何支持莉莉和小娟的学习与发展？

【答案要点】（1）上述材料充分表明了游戏对儿童发展的价值。游戏对于儿童的智力发展有着重要的作用：扩展和加深儿童对周围事物的认识，增长儿童的知识；促进儿童语言的发展；促进儿童想象力的发展；促进儿童思维能力的发展；提供了儿童智力活动的轻松愉快的心理氛围。

（2）在以后的学习中，教师需要争取指导幼儿的角色游戏，如引导儿童一起准备游戏材料和场地，多用语言指导游戏；观察儿童游戏的种种意图，给儿童提供开展游戏的机会和必要帮助；允许并鼓励儿童在游戏中的点滴创造，通过讲评让儿童相互学习。

【典型例题1】以下适合大班幼儿的玩具是（　　）。

A. 带声响的摇铃　　　　　　B. 几何形体盒子
C. 能穿衣穿袜的娃娃　　　　D. 一共9块的镶嵌板

【解析】几何形体盒子具有较大的开放性，可以一物多玩。其余几种玩具功能单一明确，适用于单独游戏，给小班幼儿比较合适。

【答案】B

【典型例题2】发展幼儿角色游戏的基础是（　　）。

A. 丰富幼儿的生活经验　　　B. 提供适合的游戏材料
C. 教师随时随地的指导　　　D. 充足的游戏时间

【解析】选项B、D是游戏的物质基础，是游戏得以展开的前提；选项C肯定是错误的，因为游戏是幼儿自主自愿的活动，教师不能随时随地指导；幼儿游戏的内容以其已有的经验为基础。

【答案】A

第二节 幼儿园游戏的指导

一、游戏指导的意义

(一) 有助于幼儿游戏水平的提高

幼儿由于受身心发展水平的限制,对人、事、物的理解和认识都有一定的局限,在游戏中总会产生各种各样的问题,使游戏陷入中断的危险,或者始终在低水平上徘徊。此时,教师适时、适度的指导,能够帮助幼儿延续游戏、提高游戏水平,使幼儿从游戏中获得更多的乐趣和成功的体验。

(二) 有利于和谐师幼关系的建立

教师对游戏适时适度的参与和指导有利于建立和谐的师幼关系。教师以平等的姿态参与游戏,积极关注幼儿在游戏过程中的表现、需要,及时对幼儿好的表现给予表扬,对幼儿的需要给予回应和帮助,会使幼儿感受到教师的关心,从而缩小幼儿与教师之间的距离感。

(三) 有益于幼儿的发展

游戏具有重要的发展和教育功能,但要想发挥这一功能,必须辅以适当的指导。游戏的指导是充分发挥游戏作用的关键。有学者指出,游戏指导的实质是通过控制那些有可能"诱发"游戏自我生成与更新的多种因素,使游戏的自我生成与更新符合教师的预期目的。教师敏锐地发现游戏生成与更新中的教育契机,予以支持、引导,既是游戏发展的内在要求,也是游戏指导的重要意义之一。

二、游戏指导的原则

游戏是儿童自主自愿的自由活动,为了避免教师教儿童游戏的情况出现,游戏的指导需要遵循如下几项原则。

(一) 教师是儿童游戏的支持者和参谋者

教师由于受"教"的观念影响,难以站在儿童的立场去理解儿童的游戏,这使得教师在指导过程中很容易破坏游戏的自主性而成为游戏的指挥者。为此,教师要尊重和充分发挥儿童的主动性、积极性和创造性。教师只有以支持者和参谋者的身份出现在儿童的游戏中,才能尊重和发挥儿童的自主性。

(二) 教师的指导以观察为基础

教师只有通过观察才能知道儿童的游戏主题是什么,各自承担着什么角色,儿童在游戏中表现着怎样的经验,遇到了什么困难,游戏为什么不能推进到新的情节等。以观察为基础的指导才是有的放矢的指导,只有观察幼儿的游戏行为才能理解其行为的意义,从而决定是否干预指导幼儿的游戏。

例如,在中班建构区,男孩甲在用软塑料块搭"大高楼",男孩乙在他旁边玩"飞机"。每当甲搭好"大高楼"时,乙的"飞机"就会开过来撞倒甲的"大高楼"。对于这种情况,教师首先要进行仔细的观察,判断幼儿行为的意义:乙的行为是不是一种真正的"攻击性"或"破坏"行为?通过观察,教师发现乙的行为并没有引起甲的不悦,每当"大高楼"被撞倒以后,甲就迅速又搭起一个"大高楼",似乎在等待着乙的"飞机"来撞。甲和乙的这种行为表现实际上告诉教师,他们正在非常默契地玩一种合作游戏,因此教师不必干预。如果教师没有仔细观察,就会把乙的行为错误地判断为一种攻击性行为而加以制止,这就造成了对幼儿游戏的不必要干扰。

（三）教师的指导以间接指导为主

教师对儿童游戏的指导不是手把手地教,而是以间接的方式,在不影响儿童主动性的前提下如春风化雨般促进儿童游戏的发展。教师的间接指导方式包括提供材料、平行游戏、语言指导、肢体示范等。

（四）开放性原则

儿童对于玩具和游戏材料的探索和发现可能不同于成人的计划和期望。教师应当欣赏和接纳儿童的想法与做法,不把自己的想法强加给儿童,或者拘泥于既定的计划。"开放性"并不排斥和否定教师指导的"计划性"。但是,教师指导的"计划性"必须以观察儿童游戏,并以儿童的兴趣和需要为基础。

三、游戏指导的方法

（一）通过提供材料指导

游戏活动中教师最主要的隐性指导策略就是通过材料物化活动目标,通过材料的层次递进引导儿童有序地发展,通过材料的调整引导儿童的发展方向。例如,儿童听了一个关于河流的故事以后,决定用沙子做一个城市,城市的中间有一条河流。儿童在沙子中间挖了一条弯曲的河道,把水倒进去,但是"河"却慢慢不见了。"水到哪里去了呢？"儿童发现原来是沙把水给"喝掉了"。怎样留住水呢？儿童想了一个办法,把三个碟子连接起来放在河道上,但由于碟子是红色的,"河水"就变成红色的,而且河也不够长,不会流动。教师发现后为儿童带了一个窄而细长的蓝色盘子来。有儿童立即发现了蓝色的盘子,并用它替代了三个红色的碟子,于是一条细长的蓝色河流有了,孩子们的游戏继续下去了。

（二）通过语言指导

语言包括口头语言和肢体语言(表情、动作等)。在儿童游戏的过程中,教师可以以"旁观者"的身份,通过与儿童的交谈、询问、提问、建议及表情、动作等方式来帮助儿童扩展游戏活动的内容,实现对儿童游戏活动的指导。例如,美工区的女孩A正在做头饰,但是头饰做好后发现太大了,她用眼睛望着教师,希望教师能帮助她。但是教师没有走过去,只是远远地看着她,对她笑着点点头。教师的动作和表情使女孩明白教师不会帮她做,希望她自己解决。于是女孩开始继续摆弄她的头饰,不时地抬头看一眼教师,教师则每次都报之以微笑。教师的微笑鼓励女孩继续探索,尝试用各种办法来使头饰能适合自己。在多次未果的情况下,教师在远处用手对她做了一个"折叠"的动作,女孩马上明白了,她把头饰的带子折叠了一小段,弄短了,高兴地戴在了头上,教师依然点头表示肯定。在这个过程中,教师既没有包办代替,帮幼儿做头饰,也没有说什么,但她的微笑和动作示意发挥了"润物无声"的指导作用。教师在进行游戏指导时切忌直接指示、具体指挥和直接教。

（三）通过参与游戏活动指导

在游戏活动过程中,最有效的指导策略就是教师参与儿童的活动,以玩伴的身份指导儿童的操作活动或游戏活动。

1. 平行式介入

平行式介入指教师在儿童附近和儿童玩相同或不同材料的游戏,给他们呈现游戏的玩法或"作品"样例,引导儿童进行模仿。有时候教师还可以边玩边自言自语。例如,一个男孩在用积木搭"大高楼",但他把小块积木放下面、大块积木放上面,因此"大高楼"总也搭不高、"站不稳"。在这种情况下,教师可以坐到他身旁去,也拿一堆积木来搭"大高楼",一边搭一边说："我把大积木放在下面,小积木放在上面,这样我的大高楼就搭得高了"。

2. 交叉式介入

交叉式介入是指教师主动扮演或由儿童邀请扮演某一游戏角色,以角色的身份参与游戏活动,与儿童共同游戏。通过游戏角色之间的互动,借助游戏的语言或行为,帮助儿童丰富游戏内容和情节,提升儿童的游戏水平,实现对儿童游戏的指导。例如,教师作为"邻居"到娃娃家,假装发现娃娃发烧,并劝"爸爸、妈妈"应带娃娃到"医院"看病或请医生,使原本平淡的游戏情节得以扩展。在邮局游戏中,教师扮演"寄信人"却假装不知要写地址或贴邮票、贴多少钱的邮票等,以此吸引邮局"工作人员"主动前来介绍,丰富了游戏中儿童的角色对话。在"菜市场"游戏中,教师扮演顾客,专买"市场"上没有的东西,如"海带""乌龟"等,引发儿童自己寻求代替物,用纸条代替"海带",用小扁瓶子代替"乌龟",以此发展儿童的积极性和创造性。

3. 垂直式介入

垂直式介入是指儿童游戏出现严重违反规则或攻击性等危险行为时,教师直接介入游戏,对幼儿的行为进行直接干预。这种方式容易破坏游戏气氛,甚至使游戏中止,因此要慎用。

(四)以儿童同伴为媒介进行指导

1. 相互学习和模仿

例如,中班儿童在建构游戏区玩插塑玩具时,一个儿童插了一支枪就开始玩打枪游戏,其他儿童纷纷效仿,建构游戏很快有了"假装"的性质,演变成为象征性游戏。

2. 以强带弱

例如,因为建构游戏对认知和动作技能要求都比较高,所以有些儿童经常会表现出低水平状态,因此教师可以鼓励儿童相互之间搭伴玩。一个群体中只要有一两个儿童搭建水平较高,这个群体的搭建技能就能很快地得到提高。孩子之间的以强带弱、互相学习能力在建构活动中表现得非常突出。

3. 设置共同任务,引导分工与协作

例如,中班最近的主题是"我爱我家",所以,对于"自己的家"和"小动物的家",儿童积累了丰富的经验。在区域活动时,建构区的儿童仍然自顾自地忙乎,教师不失时机地问儿童:"想不想搭建一个我们共同的家——幼儿园?"儿童听到后很高兴,纷纷举手表示赞同。接着,教师提示儿童:"咱们的幼儿园都有什么?""你们怎样分工才能搭建出我们美丽的幼儿园?"由于教师帮助儿童尽快地确立了共同搭建的主题,让幼儿更有效地进行分工合作,因此,推动了幼儿搭建游戏的有效开展。

4. 妥善解决冲突与矛盾

在游戏过程中,儿童之间可能发生矛盾和冲突,教师如能引导幼儿妥善地解决游戏中的矛盾和冲突,不仅能使游戏顺利地进行下去,而且起到了游戏指导的作用。

▶ 四、游戏指导的策略

(一)游戏前的指导

游戏前的指导以启动儿童的游戏为主要目的。启动儿童的游戏涉及两个问题:玩什么游戏、游戏需要什么样的环境。

1. 明确游戏主题

当儿童还不会开展游戏时,教师的指导以了解儿童的兴趣点和丰富其经验为主。例如,先通过谈话和观察发现儿童对"汽车"感兴趣,然后可以通过讲故事或者观看汽车4S店的影像资料来引发儿童的游戏。

在确定游戏主题时,教师可以启发小班儿童先想好玩什么游戏,对中、大班儿童则可以建议他们通过协商确定游戏主题。

2. 创设游戏环境

游戏主题一旦明确,就要解决游戏的场景与材料问题。对于小班儿童,游戏的环境主要由教师

来创设,但是随着儿童年龄的增长,游戏区的调整和创设应当成为师幼共同合作的过程。

对于儿童来讲,布置和创设游戏环境的过程本身就是游戏,也是他们主动学习、想象和创造的过程。教师应当鼓励儿童积极参与游戏的材料准备和场景布置。

3. 建立游戏规则

没有规矩不成方圆,要顺利开展游戏活动,就需要儿童在游戏中遵守一定的规则。

建立游戏规则的方法见本书模块四第二章第三节。

4. 明确角色或建构对象的结构

角色游戏和表演游戏都涉及角色分配,结构游戏则要明确建构对象的结构框架。

对小班儿童角色游戏或表演游戏的角色分配指导应以提建议为主,中、大班则应建议儿童通过商议产生角色分配的办法。无论是轮流、点将,还是"竞争上岗",都应该多采用儿童协商产生的办法,而非教师直接建议的办法,让角色分配的过程成为儿童社会性学习的过程,帮助他们学会解决人际冲突。

在结构游戏的开端,难点是要明确建构对象的基本结构。教师可以采用以"问题"为中心的指导,即通过提问,引导儿童逐步明确自己想要建构的对象的基本结构。

(二)游戏中的指导

在游戏过程中,教师要随时关注儿童的游戏,保证游戏是安全的、有教育意义的,必要时要对游戏加以影响。为避免教师指导的盲目性,在指导之前,教师必须认真观察幼儿的活动情况,根据观察,确定指导的必要性、指导的时机及方式。

1. 游戏观察

(1)游戏观察的作用。

教师对儿童游戏的观察不仅是为儿童创设游戏环境、进行游戏准备的基础,而且是教师参与儿童游戏、进行游戏指导的前提。成人通过细致的观察,可以了解儿童的发展水平,并以此作为教育的依据;通过观察,了解儿童游戏的现状(如游戏时间、地点、材料和经验等),从而使参与、指导更有效益。

(2)游戏观察的内容。

教师应该有观察儿童游戏的意识,在游戏观察的过程中,教师首先应将观察的重点放在儿童身上,重视对儿童游戏的观察。观察时,应对儿童的游戏行为进行思考,儿童的某一个行为表示什么,意味着什么,为什么会作出这个反应,对儿童的发展有什么价值等。同时应观察儿童对游戏的需要和兴趣,观察儿童在游戏过程中的自主性和创造性,观察儿童在游戏过程中体现出来的社会性发展水平、交往水平,观察儿童在游戏过程中使用玩具的情况等。其次,教师应观察空间、时间及游戏材料等游戏环境对游戏的影响,如游戏场地创设、游戏时间的长短、游戏材料的投放等对游戏的影响,以便准确掌握儿童当前的需要和游戏状况,从而提供与儿童发展水平相适应的条件,更好地为儿童游戏的开展提供支持。

游戏观察一般可从以下几方面入手。

① 观察儿童游戏主题:是否积极与健康?
② 观察儿童游戏环境:是否安全、卫生、舒适、便于交往活动?
③ 观察儿童游戏内容:是一般经验还是新近的社会热点?
④ 观察儿童游戏需求:想些什么、需要什么、做些什么、兴趣点与困难又是什么?
⑤ 观察儿童游戏材料:玩具及游戏的材料是否体现教育功能?游戏中如何反映人与物的交互作用?
⑥ 观察儿童游戏行为:儿童游戏的能力与表现。

(3)游戏观察的方法。

①扫描观察法。这种方法是指观察者在相等的时间段里对观察对象依次进行观察。此方法比较适合粗线条了解全班儿童的游戏情况,如可以掌握游戏开展了哪些主题,儿童选择了哪些主题,扮演了什么角色等一般行为特点。扫描观察法一般在游戏开始和结束的时候运用较多。

②定点观察法。观察者固定在游戏中的某一区域进行定点观察,适用于了解某主题或区域幼儿的游戏情况,了解儿童的现有经验及他们的兴趣点,儿童之间交往、游戏情节的发展等动态信息,并且让教师系统地了解某一事件发生的前因后果,避免指导的盲目性。定点观察法一般多在游戏过程中使用。

③追踪观察法。观察者根据需要确定 1~2 个儿童作为观察对象,观察他们在游戏活动中的各种情况,固定人而不固定地点。该方法适用于观察了解个别儿童在游戏中的发展水平。教师可以自始至终地观察,也可以就某一时段或某一情节进行观察。

(4)观察的记录。

教师在对学前儿童游戏活动进行观察的同时,还要注意利用多种手段加以记录,以作为珍贵的资料加以保存,为指导游戏服务。在游戏的观察记录中,有表格记录、文字记录、实况记录、图示记录、影像记录等方法。其中使用较多的是表格记录。这种记录方法简便易行、直观明了,除了表格记录之外,也可以用文字记录,还可以充分利用照相机、摄像机等现代化教育设备来进行观察记录,以保证记录的全面性、立体性、长久性和有效性。

2. 介入指导游戏

(1)介入游戏的时机。

成人对游戏干预时机的选择主要取决于两个因素:一是儿童客观的需要,即看儿童的游戏行为是否自然顺畅,是否需要帮助;二是成人的主观心态和状况,既包括成人希望儿童在游戏中表现出的水平、态度和情绪体验,也包括成人是否具备投入儿童游戏的热情和精力。在介入之前,成人一定要仔细观察,选择适宜的时机再介入。

一般来讲,出现以下情况时,教师需要介入指导,但也要根据实际情况灵活地判断指导的时机。

①当游戏情节长时间处于停滞状态时;
②当儿童在游戏中不遵守游戏规则时;
③当儿童在游戏中主动寻求帮助时;
④当儿童在游戏中出现过激行为时;
⑤当儿童在游戏中反映消极内容时;
⑥当儿童的想法或做法违反生活常规时;
⑦当游戏中出现新主题的萌芽时;
⑧当儿童出现争抢玩具或向教师索要材料的现象时;
⑨当儿童的活动出现不安全的倾向时;
……

(2)介入的角色定位。

根据教师对游戏介入程度的高低,可将教师的角色分为以下两类,共 6 种。

①非支持性角色。

不参与:在幼儿园里经常可以看到,当儿童游戏时,一些教师会利用这段时间忙其他的事。在没有成人参与的情况下,儿童游戏往往类型单一,社会性水平不高,情节简单,且常常十分吵闹。

导演角色:如果教师以导演角色介入游戏中,告诉儿童在游戏中应该做什么,不应该做什么,完全控制儿童游戏,就很可能破坏儿童游戏,变成"游戏儿童"而不是"儿童游戏"。

②支持性角色。

旁观者角色:教师在一旁观察儿童游戏,并用语言或非语言信号(如点头、微笑)来表示对幼儿游戏的关注,让儿童感受到来自教师的支持和赞同。

舞台管理者角色:教师不参与游戏,但积极地帮助儿童为游戏做准备,并随时为正在进行的游戏提供适宜的帮助,如回应儿童对材料的要求,协助儿童布置环境,提出适当的建议以延伸儿童的游戏等。

共同游戏者角色:成人作为孩子们的平等游戏伙伴,积极参与儿童游戏,通常扮演小角色,并通过一些策略进行暗示,间接对游戏产生影响。这时成人一般遵循游戏的原有进程,让儿童主宰游戏。

游戏带头人角色:通常在儿童很难自己开展游戏或正在进行的游戏难以拓展下去的时候,成人积极地参与儿童游戏,通过提出新的游戏主题、介绍新的道具或情节元素以扩展已有主题等方式,对儿童游戏施加更多的影响。

在实践中,教师应根据对儿童游戏性质及正在游戏的儿童特征的仔细观察,不断变换所扮演的角色,推动游戏的发展。

(3)以合适的方式指导游戏。

教师介入儿童游戏的方式主要有:平行式介入、交叉式介入、垂直式介入(参见前文"游戏指导的方法")。

(4)介入的注意事项。

① 分层次指导。

不同的年龄阶段,儿童的游戏发展水平各不相同。针对不同年龄段儿童,教师指导的重点应不同。比如,在角色游戏中,对小班儿童的指导应重点在丰富他们的生活经验,通过自己扮演的角色和游戏中的动作影响游戏内容的发展,给他们提一些启发性的问题、劝告和建议,以增加游戏中的社会性交往行为。对于中班儿童,教师应让他们自己商量分配角色,强化儿童对于成年人劳动和日常生活、人与人相互关系的种种观念,从而使游戏中某一角色的内容具体化,培养儿童游戏的主动性和目的性。对大班儿童,应让他们自己分配角色和制订游戏计划。教师在不破坏游戏的情况下引导游戏,强调游戏规则,引导儿童按照游戏规则处理纠纷,保持儿童游戏活动的主动性和创造性。

② 慎扮"现实代言人"角色。

当儿童的游戏与现实不太符合的时候,成人往往会介入,提出一些现实性的问题,或试图加入一些教育的因素,扮演"现实代言人"的角色。有时,这种成人以现实为导向的评议和提问不太会严重影响儿童的游戏;但也有些时候,这种干预会严重破坏游戏的"框架",致使儿童停止游戏。

例如,大班儿童融融想玩"开奖"游戏,他画了好多奖券,还大声叫嚷:"快来摸奖呀,特等奖小推车一辆!"炎炎是"娃娃家"的妈妈,她在融融那里摸到了特等奖,融融推给她一把椅子,告诉她:"给你,小推车!"炎炎满足地推着椅子回家了。强强是警察,他在融融那里也摸到了特等奖,融融还是推给他一把椅子,强强也推着椅子回家了。教师也参与了摸奖游戏,融融可高兴了,他真希望教师也摸到一个特等奖,果然,教师摸到了特等奖。融融迫不及待地推出一把椅子,可是,教师却说:"这一点儿也不像小推车,小推车有轮子,还有……"融融看着自己的"小推车",不得不开始"整改"。在后来的游戏中,融融一直忙着想办法做一辆有轮子的小推车,抽奖游戏也因此而停止了。

③ 及时退出。

教师无论采用什么方式对儿童游戏进行干预,一旦儿童开始表现了所期望的游戏行为后,教师就可以成为一个无指导性的共同游戏者从游戏中退出来。这种退出可以让儿童重新控制游戏,促进儿童的独立性和自信的发展。这样,教师对儿童游戏的参与才是一种指导,而不是一种干涉。

(三) 游戏后的指导

1. 游戏结束的提示

对儿童来说,从专注的游戏状态到结束游戏活动,需要一定的时间进行心理上的转换。教师应当尊重儿童的这种心理需求,给儿童一定的过渡时间,注意引导儿童结束游戏而非"令行禁止"。为此,教师在游戏结束前应该给予儿童必要的提示。

游戏结束的提示可以是以角色身份来提示(如"超市快下班了"),也可以是以教师的身份提示,还可以利用图示提示。对于那些尚未到游戏结束时间就已经结束游戏的儿童,教师可以鼓励他们及时收拾玩具和如厕、盥洗。

2. 游戏结束的玩具整理

游戏结束的一项重要任务就是玩具的收拾与整理。

(1)要有足够的时间给儿童收拾和整理玩具。收拾和整理玩具是一个非常重要的学习环节,儿童可以从中学习辨别、归类、数数、排序等,因此要留给儿童足够的时间。

(2)收拾和整理玩具的环节也可以游戏化。例如,小班儿童收拾玩具时,可以让他们假扮小狗去捡骨头;对于中、大班幼儿,可以让他们收拾玩具的过程变成一个搬运游戏。

(3)在收拾和整理玩具的过程中,教师要给予充分的指导。教师通过语言提示帮助儿童对玩具和材料予以分类、排序甚至数数,而不是仅仅完成收拾玩具的任务。教师的指导应该使儿童意识到收拾和整理玩具是一项具有挑战性的任务,完成它能够体验到自豪感。

(4)避免将收拾和整理玩具变成一种惩罚。收拾和整理玩具后就会转入下一个生活环节,儿童往往会追求转入下一个环节的速度,谁慢谁就是"笨蛋",结果将收拾玩具的教育机会变成了惩罚。为此,教师要鼓励儿童,收拾整理玩具能获得经验,而不是鼓励儿童追求收拾和整理的速度。

3. 游戏结束后的评价

评价是一种元认知,是一种反思,游戏结束后要及时进行评价。

首先,评价游戏的主体应该是儿童而非教师。在评价游戏环节,教师的任务是组织儿童评价而非自己直接评价。游戏的评价是儿童自我意识增长、表现对周围事物的认识和态度的机会,因此教师要给予儿童充分的自由和自主权,让孩子在评价自己和他人游戏的过程中,提高认知能力和自我评价能力。

其次,游戏评价的时间要充分。评价是一种较高水平的认知活动,需要儿童回忆、分析和比较,才能做出评价,因此评价环节的时间要充分。

最后,要注重评价的全面性。游戏评价是将儿童的游戏经验加以提升的过程,因此评价既要关注游戏的过程,也要关注游戏中的体验;既要关注游戏中出现的困难,也要关注游戏中产生的新的兴趣点。

教师引导儿童评价游戏时,提问可以涉及回顾游戏过程,例如玩了什么,怎么玩的等。教师也可以提体验性问题,如游戏中的心情怎么样。为什么会有这样的心情等。问题可以指向游戏中的困难和冲突,如游戏中发现了什么问题,是怎么解决的;也可以指向游戏的新走向,如下次想玩什么,"娃娃家"还缺少什么材料等。

【典型真题1】材料:在中班的角色游戏中,有幼儿提出要玩"打仗"游戏。他们在材料柜里翻出好久不玩的玩具吹风机当"手枪",拿仿真型灯箱当"大炮","哒哒哒"地打起来,玩得不亦乐乎。李老师看到此情景非常着急,连忙阻止:"这是理发店的玩具,不能这样玩。"

问题:

(1)李老师的阻止行为是否合适?请说明理由。

(2)如果你是李老师,你会怎么做?

【答案要点】(1)材料中李老师的行为不合适,理由如下:

①游戏是儿童自主自愿的活动,是非强制性的,被迫的游戏就不再是游戏了。儿童之所以游戏,是出于自发、自愿的需要,是因为游戏带给他们欢乐,他们在游戏中可以自由选择游戏的内容、玩法、材料及同伴等。材料中,幼儿在材料柜里翻出好久不玩的玩具吹风机当"手枪",拿仿真型灯箱当"大炮","哒哒哒"地打起来,玩得不亦乐乎,而李老师这时阻止了这次游戏,不符合幼儿游戏的特征,故她的行为不合适。

②游戏是在假想的情境中反映周围生活的。在游戏中,幼儿不受实际环境的具体条件及时间的限制,通过想象创造新情境。材料中,幼儿把吹风机当"手枪",拿仿真型灯箱当"大炮",符合幼儿游戏的特征。

③在游戏中,教师指导以观察为依据。在幼儿游戏出现困难的时候,或游戏秩序受到威胁的时候介入。材料中,小朋友游戏的兴趣很高,也没有出现游戏秩序混乱的情况,李老师之前没有仔细观察就阻止幼儿游戏,故她的行为不合适。

④教师对游戏介入时机的选择主要取决于两个因素:一是儿童的客观需要;二是教师的主观心态和状况。材料中,幼儿在玩游戏时没有客观需要,李老师就进行介入,不符合介入的合适时机,故她的行为不合适。

(2)如果我是李老师,我会这样做:

①满足儿童的物质需求,教师不要急于介入游戏。教师要满足幼儿对游戏材料的需求,在投放游戏材料时应做到丰富、充足且富于变化,当幼儿对"打仗"游戏产生兴趣时,应积极支持物质准备。

②共同探索游戏奥秘,教师应和儿童一起玩游戏,慎扮现实代言人。当儿童碰到困难求助教师时,教师不要马上给答案,而要介入游戏之中与幼儿共同探索,用同伴的口吻与幼儿讨论,而不是直接阻止。

③教师要满足幼儿充分游戏的心理需要,使幼儿的游戏达到一个理想的境界。让他们充分地表现,尽情地体验,心满意足地离开游戏区。

④教师应关注幼儿游戏的意愿,善于察言观色。教师应从幼儿的语言、表情、动作来揣摩幼儿的游戏心态,为他们顺利开展游戏铺平道路。

⑤教师应关注游戏的发展进程,及时退出幼儿游戏。教师应随着幼儿游戏的发展不断地给予支持,站在幼儿的立场上思考游戏的进程,及时向幼儿提出合理化的建议,以刺激游戏活动进一步展开。当不需要教师角色时应该及时退出。

【典型真题2】在角色游戏中,教师观察幼儿能否主动协商处理玩伴关系,主要考查的是(   )。

A. 幼儿的情绪表达能力　　　　B. 幼儿的社会交往能力
C. 幼儿的规则意识　　　　　　D. 幼儿的思维发展水平

【解析】协商处理玩伴关系是幼儿同伴交往的体现,同伴交往属于社会交往的一种。

【答案】B

【典型真题3】简述角色游戏活动中教师的观察要点及其目的。

【答案要点】角色游戏是幼儿期最典型、最有特色的一种游戏。教师对于角色游戏的观察是多维度的,对不同年龄的幼儿,角色游戏的观察要点和目的也不一样,具体表现为:

(1)小班观察要点:小班幼儿处于平行游戏阶段。教师应重点观察幼儿对游戏材料的使用。根据幼儿的生活经验,为幼儿提供简单且形状相似的玩具,避免幼儿为争抢玩具而发生纠纷,满足幼儿平行游戏的需要;观察幼儿游戏内容、主题、情节是否单一重复。目的:注意角色意识和规则意识的培养,让幼儿在游戏中学会独立。这是角色游戏的初级水平。

(2)中班观察要点:中班幼儿处于联合游戏阶段。观察的重点应该是在幼儿与幼儿的冲突上,不管是规则上、交往技能上,还是使用物品上。教师应观察幼儿游戏主题是否稳定,有没有与他人交往的愿望,是否具备交往的技能,发生纠纷的情节和原因。目的:指导幼儿学会并掌握交往技能和规范,促进幼儿与同伴的交往,在游戏中解决简单的问题,引导幼儿分享游戏经验。这是角色游戏的中级水平。

(3)大班观察要点:大班幼儿处于合作游戏阶段。教师观察游戏主题能否主动反映生活经验和人际关系,能否合理按照自己的意愿计划游戏,解决问题的能力是否提高。目的:培养幼儿的独立性,鼓励幼儿在游戏中发挥创造性。通过讲评让幼儿相互学习,拓宽幼儿的思路,不断提高角色游戏水平。这是角色游戏的高级水平。

【典型真题4】 材料:在角色游戏中,大二班在教室里开展"理发店"主题游戏,教师为了提升幼儿的游戏水平,主动为幼儿制作了"理发店"的价目表(见下表)。

"理发店"价目表

美发区		美容区	
洗发	10元	牛奶洗脸	10元
剪发	10元	美白面膜	15元
烫发	30元	造型设计	20元
染发	30元	身体按摩	20元

问题:请结合你对角色游戏的理解,分析教师提供价目表这一做法是否适宜,并提出建议。

【答案要点】 角色游戏是幼儿通过扮演角色,创造性地反映现实生活的一种游戏,由对角色的扮演、对物品的假想、对游戏动作和情境的假想三部分构成,是幼儿期最典型的游戏方式。

(1)材料中大二班的教师为了提升幼儿的游戏水平,主动为幼儿制作"理发店"价目表的做法是不恰当的。因为到了大班,幼儿的社会性发展水平有了一定的提高,能够提出共同的游戏目的,游戏目的比较稳定,能通过讨论积极为游戏做准备,遇到困难时能积极想办法克服困难而不是轻易放弃游戏目的。根据大班幼儿角色游戏发展的特点和水平,教师不应该直接给幼儿制作价目表,因为这个价目表的制作,实际上限制了幼儿的思维,把幼儿的游戏限制在了教师的想法内,幼儿游戏的主动性和创造性难以发挥。

(2)鉴于以上原因,给该教师提出以下建议:① 做幼儿游戏的支持者而非指挥者。游戏是幼儿的自主活动,教师应充分尊重和发挥幼儿的主动性、积极性和创造性,让幼儿自己创新游戏的玩法。② 做幼儿游戏的观察者。教师只有通过观察才能知道幼儿的游戏主题是什么,各自承担着什么角色,幼儿在游戏中表现出怎样的经验,在游戏中遇到了什么困难,游戏为什么不能推进到新的情节等。这样,才能更有针对性地指导幼儿游戏。③ 做游戏环境的创设者。教师应为幼儿创设合适的游戏环境,由环境激发幼儿的游戏行为。特别是当幼儿的游戏内容贫乏时,教师应该通过投放新的游戏材料,以材料的新颖性激发幼儿的游戏,使其产生新的内容。④ 丰富幼儿的生活经验。角色游戏是幼儿对现实生活的创造性反映,因此,当幼儿的游戏内容贫乏时,教师可以通过丰富幼儿的生活经验来使之产生新的游戏内容。⑤ 教师可以采用询问的方式引起幼儿的思考,使游戏内容丰富起来。⑥ 教师可以选择恰当的时机,用合适的身份参与幼儿的游戏,在游戏过程中启发幼儿思考,产生新的游戏内容,提升其游戏水平。总之,教师应先通过观察分析幼儿游戏背后的认识和兴趣是什么,然后以间接指导的方式干预幼儿的游戏,干预应以丰富幼儿的经验、扩展幼儿的游戏内容为目的,切忌对幼儿的游戏直接干预,成为幼儿游戏的控制者、指挥者。

【典型例题】材料:中班表演游戏"三只小猪",演员已经到位,教师走过来大声说:"待会儿'大灰狼'一定要表现出恶狠狠的样子来。"游戏开始了,轮到"大灰狼"出场时,只见"它"双手张成"爪子"形状,一步一步轻轻地走向小猪的房子。教师见状连忙喊"停!"并说:"刚才不是告诉你要表现出大灰狼的恶狠狠的样子吗?眼睛要瞪大、嘴巴发出恐怖的声音,走路要'咚咚咚'地走……"边说边示范,并对"大灰狼"说:"看清楚了没有?知道怎么演了吧?现在重新出场。"

问题:请根据游戏指导的原则分析教师的介入行为。

【答案要点】(1)游戏应该是幼儿自主、自愿的活动,教师是幼儿游戏的支持者、参谋者而非指挥者;

(2)幼儿游戏中教师的角色应该是"观察者";

(3)对幼儿游戏的指导应该以间接指导为主,如引导幼儿反思,而非直接教。

因此,材料中教师的介入行为不可取。

第三节 不同类型游戏的指导

一、角色游戏的指导

角色游戏是幼儿通过扮演角色,运用想象,创造性地反映个人生活印象的一种游戏。角色游戏是幼儿期最典型、最有特色的一种游戏。

(一)角色游戏的特点

1. 自主性

自主性是角色游戏的重要特征。角色游戏的自主性表现在儿童选择角色游戏主题、角色、游戏情节、材料、同伴方面的自主性。在角色游戏中,儿童按照自己的意愿、兴趣、经验和能力来进行选择,角色游戏从产生到发展都是自主的过程。角色游戏在儿童期普遍存在,并成为最受儿童喜爱的、儿童感到愉快又自愿参加的活动形式。儿童开展角色游戏是主体内部反映生活的需要,游戏是由儿童的内部动机引起的,而非强制性的。

2. 想象性

想象活动是角色游戏的支柱。在角色游戏中,创造性想象主要表现在三个方面。一是对游戏角色的假想(以人代人),如扮演妈妈、教师、司机、经理等儿童生活中熟悉的人物。儿童运用各种材料,通过语言、表情、动作等表现自己对这些角色的认识与体验。二是对游戏材料的假想(以物代物)。在角色游戏中,儿童常常以一种物品代替另一种,还能一物多用,如用纸条当"面条",用小积塑片当"饭",用冰棒棍当"筷子"等。同样一种物品在不同游戏中可以充当不同的角色,如积塑条可以是老爷爷的"拐杖",可以是火车的"铁轨",可以是护士的"注射器",还可以是警察叔叔的"警棍"等。三是对游戏情景的假想(情景转换)。儿童常常通过对一个或几个动作和想象,将游戏情景进行浓缩或转换,如"妈妈"一摸"孩子"额头:"呀!小孩发烧了,送医院吧。"结果抱着"孩子"在院子里走一圈回来了,说打针了,"孩子"病好了。

在角色游戏中,儿童可以自由地发挥其想象力和创造力,因而他们对角色游戏的兴趣最为浓厚,儿童玩角色游戏的主题、角色、情节也十分多样与新颖。

3. 社会性

角色游戏是反映儿童社会生活经验的游戏,儿童对社会现实生活的印象是角色游戏的源泉。

角色游戏是儿童对现实生活的一种积极、主动的再现活动,游戏的主题、角色、情节,使用的材料均与社会生活有关。儿童根据自己在社会生活中获得的各种印象,对游戏的情节进行设计和安排,并按照自己的意愿、兴趣和能力来进行游戏。

(二)角色游戏的作用

1. 角色游戏促进儿童的社会性发展

角色游戏为儿童提供了充分的同伴互动机会。儿童通过角色扮演、模仿他人,反映自己感兴趣的社会现象。角色游戏有助于儿童认识和理解周围社会生活中人们之间的关系及社会生活现象,理解角色的社会规范与社会期望,学习遵守社会规则。

2. 角色游戏促进儿童的认知发展

在角色游戏中,儿童要考虑玩什么(主题)、扮演什么角色、应当做什么、怎么做及用什么样的材料来代替生活中的物品等问题。这种游戏过程是复杂的思维活动过程,可以提高儿童的故事创编和记忆能力、思维活动的计划性和逻辑性及解决问题的能力。

3. 角色游戏促进幼儿的语言发展

在角色游戏中儿童扮演角色,模仿角色的语言、说话的态度。角色游戏可以提高儿童说话的积极性,丰富儿童的词汇,促进幼儿口头语言能力的发展。在角色游戏中儿童也常常模仿角色的读写行为。

4. 角色游戏促进幼儿的情绪情感发展

角色游戏可以发展儿童的积极情感,可为儿童提供表现自己情绪的机会。角色游戏要求儿童站在他人的角度考虑问题、体验他人的情绪情感。可以发展儿童的同情心和移情能力,有利于儿童形成理解、谦让、关心他人的优良品质;儿童在角色游戏中体验角色的喜怒哀乐,在与同伴的交往中逐渐懂得分享、学会合作;角色游戏要求儿童模仿社会期望角色的行为和态度,有助于增强儿童辨别善恶、美丑行为的能力,发展儿童的美感。

(三)各年龄段幼儿角色游戏的关键经验及指导

1. 各年龄段幼儿角色游戏的关键经验

各年龄段幼儿角色游戏的关键经验如表5-2-1所示。

表5-2-1 各年龄段幼儿角色游戏的关键经验

关键经验	小班	中班	大班
游戏态度与情感体验	逐渐对角色游戏感兴趣,表现出愉快的情绪	喜欢参与角色游戏,愿意积极参与角色扮演活动	情绪愉快、精神饱满地参与角色游戏,对游戏有浓厚的兴趣
游戏主题与角色扮演	在教师的引导下,逐渐能够提出、选择游戏主题,明确自己扮演的角色	能独立提出游戏主题,不断拓展游戏主题和情节,运用语言、表情和动作表现角色	游戏时主题明确而稳定,能正确反映角色的社会职责和角色之间的社会关系,能通过大胆想象,较逼真地模仿、扮演社会角色
材料选择与使用	能够尝试以物代物、一物多用	尝试创造性地使用材料,能为游戏选择替代玩具,并在教师的启发下自制简单玩具	能有目的地选用和替代游戏玩具,能根据游戏需要自制有关玩具
交流与交往	愿意与同伴一起游戏,体验与同伴共同游戏的乐趣	初步学会协商、轮流、合作、友好地游戏,加强游戏的集体性	学会协商分配角色,与同伴积极交往、友好合作,会自己解决游戏中的问题和纠纷
规则与习惯	在教师的提醒下遵守游戏规则,不乱扔、不损坏玩具,轻拿轻放玩具	能遵守游戏规则,爱惜玩具,并在游戏后归类整理玩具	能自觉地遵守游戏规则,独立、有条理地归类摆放玩具和整理游戏场地

2. 角色游戏的总体指导

（1）丰富幼儿的生活经验。

角色游戏是幼儿对现实生活的反映,幼儿的生活内容越丰富,游戏内容就越充实、新颖,游戏的水平也就越高。幼儿对外界的事物有了较丰富而深刻的印象,为幼儿在游戏中发展想象力、创造性提供了条件。否则组织游戏只能是教师的一厢情愿。

① 通过参观、游览、远足和观察活动丰富和拓展幼儿的现实生活经验;

② 利用图书、影像资料等多媒体技术拓宽幼儿的视野;

③ 利用谈话活动实现经验共享,达到拓展经验的目的。

（2）创设游戏环境,提供游戏所需的设备、玩具和材料。

环境、设备、玩具和材料是儿童进行角色游戏的物质条件,准备和提供这些物质条件,是教师指导游戏的重要职责。

（3）引导幼儿确定游戏主题,并及时深化游戏主题,生成新的游戏主题。

如何使角色游戏能够随着儿童的成长而发展呢？这就需要教师能及时地帮助幼儿深化游戏的主题并生成新的游戏主题。当幼儿在游戏中遇到问题时,也是深化游戏主题、生成新的游戏主题的大好时机。

（4）引导幼儿分配和扮演游戏角色。

由于自身发展水平有限,在分配角色时,儿童往往根据自己的意愿和兴趣选择角色,而较少考虑他人的意愿,有时甚至会为争着扮演某个角色而与同伴发生冲突。教师应该教给儿童一些分配角色的方法,如轮流扮演等。教师还要启发幼儿理解角色,在此基础上学习表现角色,富有创造性地扮演角色。

（5）加强对游戏过程的具体指导。

在进行角色游戏过程中,教师应积极观察幼儿的游戏。根据实际情况,选择恰当的时机和方式进行游戏指导。具体来说：

① 观察不同儿童的游戏表现,进行个别指导;

② 观察儿童的游戏表现,引导幼儿解决游戏过程中出现的问题。

（6）做好角色游戏的整理工作。

引导幼儿整理角色游戏的场地和玩具材料。针对不同年龄段儿童特点,教师要采取不同的指导方法。例如：针对小班幼儿,主要培养他们游戏后参与整理的意识,教师可以帮助他们一起收拾玩具材料、整理场地;对于中班幼儿,主要培养他们收拾玩具的能力,整理场地要以幼儿为主,教师在必要时提供帮助;而对于大班幼儿,可以要求他们独自整理场地。教师负责督促和检查。这是继续开展游戏的前提条件,也是培养幼儿爱护玩具、热爱劳动和互助友爱等品德的有效途径。

3. 各年龄段幼儿角色游戏的特点与指导

（1）小班幼儿角色游戏的特点与指导。

小班幼儿角色游戏的特点：小班幼儿处于独自游戏、平行游戏的高峰时期。

① 小班幼儿对模仿成人的动作或玩具感兴趣,其角色游戏直接依赖主题形象玩具;

② 小班幼儿角色游戏的内容以重复操作、不断摆弄玩具为主;

③ 小班幼儿角色游戏的主题单一,情节简单,且角色意识差,故主题和角色均带有不稳定的特点;

④ 小班角色游戏以个人独立游戏、并列游戏为主,儿童之间相互交往少,主要是与玩具发生作用,与同伴玩相同或相似的游戏。

小班幼儿角色游戏的指导要点：

① 创设主题游戏环境,提供主题形象玩具,激发幼儿玩角色游戏的兴趣,引起幼儿对玩具操作的积极性。

② 提供种类少、数量多且形状相似的成型玩具,避免幼儿为争抢玩具而发生纠纷,满足幼儿平行游戏的需要。

③ 教师以平行游戏法指导幼儿游戏,或以游戏中角色的身份,作为幼儿游戏的伙伴和游戏的发起者与指导者介入幼儿游戏,在与幼儿游戏的过程中达到指导的目的。

④ 注意规则意识的培养,让幼儿在游戏中逐渐学会独立。

⑤ 应利用再现式评议和教师讲评式评议。

（2）中班幼儿角色游戏的特点与指导。

中班幼儿角色游戏的特点:中班幼儿处于联合游戏阶段。

① 中班幼儿由于认识范围的扩大,因此游戏主题、游戏内容、游戏情节较小班幼儿有所扩展,但仍以日常生活为主,能反映社会生活中的广泛内容。

② 幼儿想尝试所有的游戏主题,但游戏主题不稳定,造成幼儿在游戏中频繁换场的现象。

③ 出现游戏前商讨计划、分配角色、商定游戏情节的行为。

④ 中班幼儿有较强的角色意识,有了角色的归属感,对角色扮演积极性提高,并能初步按所理解的角色职责行动。

⑤ 中班幼儿有了与别人交往的愿望,但还不具备交往的技能,常常与同伴发生纠纷。

⑥ 幼儿喜欢对游戏进行评议,评议中争论较多。

中班幼儿角色游戏的指导要点:

① 教师应根据幼儿的需要提供丰富的游戏材料,鼓励幼儿玩多种主题或相同主题的游戏。

② 有计划地指导角色游戏的开始部分,使幼儿学习组织游戏的方法,培养他们先构思后行动的能力。

③ 在游戏中注意观察幼儿游戏的情节及发生纠纷的原因,以平行游戏或合作游戏的方式指导游戏,以提高幼儿角色扮演水平和合作交往能力。

④ 指导幼儿在实际操作中学会并掌握交往的技能及相应的规范,以便帮助幼儿进一步与同伴交往,学会在游戏中解决简单的问题。

⑤ 通过讲评游戏,引导幼儿分享游戏的经验,以丰富游戏的主题和内容。

（3）大班幼儿角色游戏的特点与指导。

大班幼儿角色游戏的特点:大班幼儿处于合作游戏阶段。

① 大班幼儿游戏经验相当丰富,游戏能主动反映幼儿所能理解的社会生活中各种各样的事物与现象。

② 游戏的主题广泛、丰富、新颖,能反映较为复杂的人际关系。

③ 大班幼儿处于合作游戏阶段,喜欢与同伴一起游戏,能按自己的愿望主动选择并有计划地游戏,游戏中有明显的目的性、计划性、独立性与集体性。

④ 角色扮演逼真,能反映角色的主要职责及角色之间的关系。

⑤ 对游戏规则有足够的认识。

⑥ 会自制玩具,充分运用玩具开展游戏。

⑦ 在游戏中自己解决问题的能力增强。

⑧ 会评价自己与他人的游戏行为,对评议游戏表现积极。

大班幼儿角色游戏的指导要点:

① 根据大班幼儿游戏的特点,引导幼儿一起创设游戏的环境、准备玩具和游戏材料。

② 教师可以通过提问、建议、扮演角色等方式介入游戏,对幼儿游戏进行指导;可以多用语言

来指导幼儿的游戏,在游戏中培养幼儿的独立性。

③ 观察幼儿游戏的种种意图,给幼儿开展游戏提供练习的机会和必要的帮助;允许并鼓励幼儿在游戏中的点滴创造。

④ 评议游戏占重要地位,通过游戏讲评,让幼儿充分地讨论问题、分享经验,学会学习和创造,取长补短、拓展思路,不断提高角色游戏的水平。

二、表演游戏的指导

表演游戏是儿童通过扮演文学和艺术作品中的角色,抒发情绪情感,创造性地表达对生活及文艺作品理解的游戏。

(一)表演游戏的特点

表演游戏是儿童以文艺作品为主要线索而展开的游戏活动,兼具"游戏性"和"表演性"。但"游戏性"大于"表演性",所以说表演游戏是游戏而不是单纯的表演。

1. 与角色游戏相比,表演游戏以儿童文学作品为基础

表演游戏和角色游戏都是通过模仿和想象扮演角色来反映现实生活的。与角色游戏相比,表演游戏的特点是根据儿童文学作品的内容进行游戏,不过儿童可以按照自己的意愿增减故事情节、角色及其对话与动作。角色游戏则是以儿童熟悉的生活经验为游戏内容。

2. 与故事表演相比,具有游戏的创造性

表演游戏是儿童主动自发的创造性活动,情节、人物特点以及语言、动作、表情都是儿童创造的结果,不是故事的再现。

3. 与其他游戏相比,表演游戏具有表演性

表演游戏是儿童对文学作品理解后的创造性游戏,游戏中人物的特征和故事情节来自文学作品,是对文学作品的创造性表演。文学作品为儿童的创造性游戏拓宽了视野和经验范围。

(二)表演游戏的作用

1. 加深儿童对文学作品的认识和理解

通过表演儿童不仅可以理解和记忆作品的主题,而且借助创造性的表演,更能掌握文学作品的情节发展,理解人物的性格特征和人物关系,从而加深对文学作品的理解;同时能更深刻地体会人物的思想情感,有利于加深文学作品的意义。

2. 有利于儿童口语的发展

表演游戏是建立在儿童文学作品基础上的,文学作品语言的丰富与精练,可以为儿童口语的发展起到示范作用。儿童通过表演,学会用生动形象的语言,创造性地表达情感和对人的态度等。

3. 有利于培养儿童良好的性格

对于那些由于经验不足而在角色游戏中胆小怯懦的孩子来讲,表演游戏由于以儿童文学作品为基础,可以鼓励他们,增强他们的勇气和信心。他们通过担任故事中的角色,有助于自身克服性格上的弱点。

4. 促进儿童想象力和创造力的发展

表演游戏进行的过程也是儿童想象的过程。儿童扮演的角色和使用的道具虽然是假的,但他们要当作真的来对待,这种以假当真的活动只有依靠自己的想象才能进行。同时,表演游戏中对话、动作、情节等的增减或语词的替换也需要儿童充分发挥自己的想象力。

5. 促进儿童审美能力的发展

表演游戏中,儿童会有意识地注意自身的形象,调整自己的仪表、言行等。表演过程中,儿童会受到美的启迪,从感受语言美、艺术美逐步发展到通过语言、动作去表现美、创造美,在这个过程中,他们的审美能力得到提升。

(三)各年龄段幼儿表演游戏的关键经验及指导

1. 各年龄段幼儿表演游戏的关键经验

各年龄段幼儿表演游戏的关键经验如表5-2-2所示。

表5-2-2 各年龄段幼儿表演游戏的关键经验

关键经验	小班	中班	大班
作品理解与审美感受	熟悉作品的大致内容	初步理解文学作品的中心思想、主要情节和角色特征; 对音乐节奏、旋律有初步的感知及表现能力	对文学作品有较深刻的理解和浓厚的兴趣,用积极的态度对作品内容、角色的特点进行讨论、分析和比较; 对音乐要素具有敏感性,如旋律感、结构感等
能力发展与创造性表现	喜欢模仿简单的角色语言、动作和表情,在集体面前敢于表现; 能用简单的头饰、服装等表现自我经验; 对音乐节奏具有初步的感知能力,能随乐曲做简单的律动动作,能演唱曲调简单、节奏明显的短歌	学习按自己的意愿选择并扮演角色; 能运用较清楚、连贯的语句进行表演,适当地运用动作、表情表现角色的性格特征; 能根据作品主题、情节加以想象,尝试改编故事的个别情节,并进行较有创造性的表演; 能结合诗歌、故事进行即兴表演; 能随音乐做模仿动作及简单的舞蹈动作; 学习制作简单的表演道具,布置简单的表演场景	根据自己对作品的理解,在语言、动作、表情等方面大胆地、富有创造性地表现角色的性格特征; 主动阅读表演的相关内容,能改编或创编故事情节并进行表演; 能根据音乐自由想象创编舞蹈动作; 掌握一定的打击乐演奏技术,能较完美地演奏作品,享受演奏的乐趣; 能主动搜集资料,多方式、多渠道完成表演的准备工作
规则意识与社会性发展	学习与同伴友好地玩游戏; 学习并遵守简单的游戏规则	学习协商、轮流扮演角色和使用材料,尝试自己组织表演; 有礼貌地倾听、欣赏同伴讲述和表演; 养成爱惜玩具和游戏材料的习惯,游戏结束后会有条理地加以整理; 逐步养成看指挥演奏的良好习惯	具有较强的合作意识,能与同伴协商、讨论,进行分工合作; 能有秩序地进行表演、欣赏与评价,具有规则意识,尊重他人; 能用较适当的方式解决游戏中的纠纷和问题; 在教师的指导下,建立扮演角色、使用物品和整理场地的游戏规则,并主动遵守; 能对指挥手势迅速、正确地做出反应,能即兴看指挥演奏乐器
表演体验与态度	对表演游戏和扮演角色感兴趣	对表演活动有兴趣,感受与同伴共同游戏的乐趣,享受表演活动的乐趣; 初步养成大方、自信等积极的个性品质	愿意主动地表现、自信地展示自己,在表演时感受快乐、自由、自信的愉悦情绪

2. 表演游戏的总体指导

(1)为幼儿选择适合其表演的文学作品。

首先,作品内容健康活泼。选择的作品要符合幼儿的生活经验,符合当前的教育需求,思想健康,内容活泼,善恶分明。

其次,情节起伏变化明显。作品的情节主线简单明确,重点突出,枝蔓不多;情节发展变化明显,节奏较快,引人入胜,易于理解、记忆和表演。

第三,角色形象鲜明。角色的性格特点突出,对话、动作及心理活动有趣,容易用动作表演出来。

第四,场景道具简单。作品中有较为集中的场景,易于布置,道具简单,可以利用现成的桌椅、积木、玩具等实物代替。

第五,注意作品的年龄适宜性。如:小班幼儿适合情节简单的故事。

例如,《小熊请客》《冰房子》《三只蝴蝶》《拔萝卜》《萝卜回来了》等都是适合做表演游戏的文学作品。

需要强调的是,在选择和确定表演的内容时,教师首先要保证幼儿有选择作品的权利,尊重并支持幼儿做出的选择。同时,跳出只选择传统故事、经典童话的框架,将喜闻乐见的电视节目、媒体动画有选择地纳入表演内容,还可允许幼儿在无蓝本的情况下自编游戏,扩大并丰富表演游戏的范围和类型。

(2)理解作品内容和情节,把握形象的主要特点。

教师可通过自身生动的示范、电视、录像、现场表演等多种方式,引导幼儿观看、聆听、讨论、交流所要表演的作品,帮助幼儿熟悉作品的情节内容,掌握角色的主要特征,体验角色的心理活动,领会作品的矛盾冲突,并尝试用不同的语调、动作手势及神情体态表现自己对不同角色的理解。

(3)提供丰富的表演游戏材料。

教师可带领或指导幼儿搜集丰富多变的游戏材料,并投放在表演区内,如头饰、服装、木偶、故事录音、乐曲、色彩多样的皱纹纸和包装纸等,鼓励并帮助幼儿按照自己的理解和意愿,或选择现有的材料进行替代,或利用材料进行制作,布置场地,创设场景,准备简单的道具,打扮自己喜爱的角色。对于较为复杂、难度较大的环境和道具材料,教师则直接提供或准备,特别是新开展的游戏所需的场景及材料。

(4)提供适宜的表演游戏指导。

①提示儿童故事发展的线索。表演游戏开展的初始阶段,幼儿常常不能将表演的各个情节串联起来,从而出现表演脱节或游戏中断的现象。教师可用旁白的方式来帮助幼儿推进游戏过程,提示儿童故事发展的线索或相关情节。教师不应过于要求幼儿记忆、复述故事,而应把重点集中在幼儿理解作品、体验角色心理方面,并用适当的语言、动作、表情再现人物形象及情节发展。

②指导幼儿提高表演能力。首先,提高幼儿的语言表达能力。教师通过有感情地讲述故事、童话,用不同的语调、手势生动形象地再现角色特点,可以帮助幼儿领会作品,并产生游戏的愿望。教师要鼓励幼儿大胆表达角色语言,要求幼儿用清晰的普通话进行语言表达,在表达的过程中发挥想象力,加入自己的感情,用自己认为合适的语调来表达,循序渐进地提高语言表达能力。其次,提高幼儿肢体表演能力。肢体表演除了表演日常生活中的动作外,还包括模仿一些动物的典型动作,在表演时可以稍显夸张,使表演具有一定的舞台效果。每个角色都有不同的特点,需要幼儿在表演游戏中恰当而准确地把握。教师要引导幼儿逐步提高肢体表演能力。

③教师进行必要的示范表演。如果幼儿在表演中始终不能理解人物的主要特征,或表演的作品对幼儿来说有一定难度,教师可以进行示范表演,激发幼儿的表演欲望,为幼儿的表演积累丰富的素材。除进行必要的表演示范外,教师还可以参加表演游戏,扮演一定的角色。教师在表演游戏中扮演的应是把整个表演组织起来的角色,或者是幼儿尚不熟悉、扮演有困难的角色,教师要利用自己的角色身份推动整个表演游戏的进程。教师通过参与扮演角色,给幼儿提供直接的示范,让他们(特别是不会表演的小班幼儿)模仿,以此有效地促进表演游戏的顺利进行。教师在参与的过程中采用及时提问、建议的方法组织幼儿讨论,帮助幼儿理解故事内容,启发幼儿用创造性的语言和动作生动地进行表演。

④始终关注幼儿的游戏。在游戏过程中,教师应表现出对表演游戏极大的兴趣,关心幼儿游戏的进展,启发和鼓励幼儿开展游戏。教师要为幼儿营造宽松、自由的游戏氛围,融洽、自由、关爱的心理氛围有助于幼儿获得良好的情绪体验,让他们更加有信心地参加表演游戏。教师在表演游戏中的指导要以幼儿为主体,避免过度指导。教师要信任幼儿,尊重幼儿的表演,接纳幼儿表演形式的个体差异性,帮助幼儿建立自信心,使他们乐于表现,勇于表现。

3. 各年龄段幼儿表演游戏的特点与指导

（1）小班幼儿表演游戏的特点与指导。

小班幼儿表演游戏的特点：

①表演能力不强。常常只能表演自己对作品印象最深的情节片段,喜欢用动作进行表演,但往往只是简单的重复。

②角色意识淡薄。小班幼儿表演时缺乏目的性,以满足自己表演的欲望为主,角色意识差,不能把角色和自己统一起来,有时甚至忘了自己表演的角色。

③同伴交流少。小班幼儿以独自游戏和平行游戏为主,仅关注自己扮演的角色,往往不能和同伴进行有效的互动合作,同伴之间的交流很少。

小班幼儿表演游戏的指导：

①选择情节简单的文学作品。教师应选择主题明确、角色简单,角色的动作性强、对话重复、情节简单,同时故事情节有起伏、活泼有趣的作品,如《拔萝卜》。

②分段、分节表演。小班幼儿的记忆力和坚持性有限,在表演时,教师可以将故事分为几个情节,采用分段、分节的形式组织儿童表演,不断总结经验,帮助他们熟悉故事的内容和情节发展脉络,逐渐进入表演状态。

③发挥教师的主导作用。在小班幼儿表演游戏中,教师可以以游戏者的身份参与表演游戏,扮演角色,带领幼儿共同游戏,为幼儿示范表演游戏的方法,引导整个表演游戏的顺利开展,帮助幼儿为以后的创造性表演游戏积累经验。

要鼓励小班幼儿积极参与,引导他们自主选择角色,或者直接由教师分配,进而初步培养小班幼儿表演的意识。

教师要帮助小班幼儿充分理解童话故事的主题、内容、情节以及人物关系,提高塑造角色的能力。

道具以简单、高结构性的材料为主。

教师还要注意要求小班幼儿遵守简单的游戏规则,培养他们的规则意识。

（2）中班幼儿表演游戏的特点与指导。

中班幼儿表演游戏的特点：

①游戏的计划性差,展开游戏需要较长的时间。

②中班幼儿可以自行分配角色,但角色更换的意识不强,角色往往会产生冲突。

③游戏的目的性差,需要教师一定的提示才能坚持游戏主题。

④以一般性表现为主,不能生动活泼地展现所要表现的内容,以动作为主要表现手段,较少能运用夸张、适宜的语气、语调、表情等逼真、形象地表现角色。

中班幼儿表演游戏的指导：

①提供适宜的游戏时间与空间。教师应为中班幼儿提供至少半小时的游戏时间,为他们提供一个相对宽敞的空间。提供合理数量和种类的游戏材料,为幼儿提供的材料要简单易用,不宜因过多(2~4种),避免幼儿用较长时间选择材料,要减少幼儿进入游戏的准备时间。

②制订必要的游戏规则。在表演游戏开展之前,教师要帮助幼儿做好分组工作,从实际情况出发,引导幼儿制订合理的游戏规则,并应得到参加游戏的幼儿的认同和理解；教师要为幼儿讲解

角色更换的规则,以免在游戏中幼儿由于角色转换而产生冲突。

③进行适当的示范和提醒。在开展游戏的最初阶段,教师不要过多干预幼儿的表演游戏,而应耐心等待幼儿进行协商、讨论,适时提醒幼儿坚持游戏主题。展开游戏时,教师要适时引发幼儿的角色意识。

(3)大班幼儿表演游戏的特点与指导。

大班幼儿表演游戏的特点:

① 大班幼儿能独立完成角色分配任务,有很强的角色更换意识。

② 游戏的目的性、计划性较强,能自觉表现故事内容。

③ 具有一定的表演意识,但尚待提高。

④ 具备一定的表演技巧,灵活运用多种表现手段,但表现水平尚待提高。

大班幼儿表演游戏的指导:

① 在组织大班幼儿的表演游戏中,教师可以为幼儿提供较多种类的游戏材料,以鼓励和支持他们进行多样化探索。

② 在游戏的最初阶段,教师除了提供时间、空间和基本材料外,应尽可能少干预。

③ 随着游戏的展开,教师应该及时给幼儿提供反馈,提高幼儿表现故事、塑造角色的能力。

三、结构游戏的指导

结构游戏又称建构游戏,是儿童通过操作各种结构材料,运用思维、想象和动手操作,创造性地反映周围生活的游戏,它融操作性、象征性、艺术性于一体。

(一)结构游戏的特点

1. 操作性

结构游戏是儿童动手操作的造型活动,具有很强的操作性。结构游戏中儿童以动手操作为主,以造型为目的,构造物体形象来反映对周围生活的印象。

2. 象征性

儿童以结构材料为物质基础开展象征性游戏,用积木去创造"真实的世界"。在结构游戏中,使用材料的种类、使用的方式、制作什么颜色、大小、形状的作品,构建什么样的造型由儿童做主,儿童能够充分表达自己对生活和世界的认识、体验和感受,真实地展现自己的想法,在结构游戏中发挥自己的想象力和创造力。

3. 艺术性

儿童在进行结构游戏时,除了需要掌握基本的建构方法,还需要掌握一些造型艺术的知识和技能,如对称、平衡、空间关系等。另外,要考虑到建构的物体应形象美观、造型生动、布局合理。因此,结构游戏也是一种艺术造型活动。结构游戏的目的是通过改造活动塑造出物体的形象,反映大自然和人类生活的美好景象,具有审美意义。

(二)结构游戏的作用

1. 发展儿童的自主性和创造性

结构游戏的过程就是儿童动手动脑,创造性地、自由地再现物质形象的过程。在这个过程中,儿童以自己对周围事物的观察为基础,通过动手操作,创造性地反映周围生活,因此能够发挥创造性游戏的基本功能,即培养儿童的自主性和创造性。

2. 丰富儿童知识,发展儿童智力

儿童在对结构材料的直接操作中,可以获得关于结构材料的大小、颜色、形状、性质等知识;通过堆放、排列、垒高、围合造型等,儿童可以获得空间方位和数学中的数概念、测量概念等知识。结构游戏是儿童自然习得数理逻辑经验的最佳途径。

结构游戏与儿童的智力发展水平有高度的相关,既提供了发展感知运动的机会,培养手眼协调和手脑并用的能力,又使儿童的想象力和创造力得以充分表现,非常有利于发展儿童智力。儿童智力发展水平的测量常常借助于结构游戏。

3. 有利于培养儿童的审美能力

作为一种造型活动,在结构游戏中,儿童再现周围事物时,在颜色、形状、各部分的比例中都体现了对称、协调和美观的要求,因而结构游戏能培养儿童欣赏美、表现美、创造美的能力。

4. 有利于培养儿童良好的意志品质

成功的结构游戏有较强的目的性,要求儿童在过程中要能够勇于克服困难,善于和同伴协商、合作,因此结构游戏有利于培养儿童的目的性、坚持性和合作性等良好品质。

(三) 各年龄段幼儿结构游戏的关键经验及指导

1. 各年龄段幼儿结构游戏的关键经验

各年龄段幼儿结构游戏的关键经验如表 5-2-3 所示。

表 5-2-3 各年龄段幼儿结构游戏的关键经验

关键经验	小班	中班	大班
建构技能	初步认识各种形状的积木; 了解各种拼插玩具的名称; 学会简单的堆放、排列、垒高、围合造型技能	学会基本的建构技能(架空、组合、对称、按规律排序等); 能有目的、有主题地建构; 学习使用辅助材料,增强其造型的表现性; 尝试小型拼插玩具,掌握初步的插法	能恰当地选择不同的结构材料拼搭; 能熟练地运用各种建构技能(插接、排列、组合、旋转等)进行综合搭建; 有一定的创新意识,能根据经验进行想象搭建; 会看平面图,能把平面图像变成立体搭建物
建构兴趣与交往、合作	喜欢建构,能独立进行建构活动; 在游戏中能运用一定的语言进行交往; 能简单介绍自己作品的名称,与同伴分享建构的乐趣	能与同伴共同建构同一主题的作品,有协商; 能用较为简单的语言介绍自己的作品,大胆与同伴交流想法; 能理解、欣赏他人的作品	能友好协商建构主题和建构方案,大家分工合作,完成建构作品; 能较完整地讲述活动的过程和主题内容; 在合作中既能张扬个性,又能尊重别人的意见,有合作的态度; 喜欢挑战,富有想象力
建构常规	主动挂好标志牌,玩完之后能物归原处; 进入活动区,把鞋子摆放在固定位置; 不敲打积木、扔来扔去; 在游戏中不争抢、不打闹	能按照区域人数选区进区; 游戏中不随便串组,认真且坚持地将拼搭作品完成; 收玩具方法正确,能按类摆放整齐; 知道小心行走,不破坏别人的建构物	能按标记进区活动,并能自动调整人数; 能分工协作、动作迅速地将玩具和辅助材料分类摆放整齐; 能按需取用材料,随时清理现场,有一定的安全意识

2. 结构游戏的总体指导

(1) 丰富儿童的生活经验,加深儿童对事物的认识。

结构游戏是儿童创造性地再现头脑中积累的周围生活经验的一种活动,这就要求儿童对周围生活环境中的物体和建筑物有细致的了解和深刻的印象,教师要引导儿童注意观察周围生活中物体和建筑物的特点。儿童对物体和建筑物的观察和了解越深入,游戏的内容越丰富。教师可引导儿童认识物体各部分的名称和结构特点等,使儿童对物体有一个完整的认识。

(2) 帮助儿童掌握基本的建构知识和技能。

教给儿童基本的建构知识与技能是开展结构游戏的必要条件。教师应该引导儿童逐步识别各种材料的性质与作用,在了解各种结构材料的性质与作用的基础上,儿童需要使用更多的建构技能来进行搭建。教师应该帮助儿童掌握以下技能。

第一,设计构思能力。教师要引导儿童整体构思构造计划,使其能有目的、有计划、有步骤地进行建构活动。在建构实践中,儿童应能根据需要对计划做出修改、补充,进行建构活动。

第二,建构操作技能。教师要引导儿童学会积木的排列组合(平铺、延长、对称、加宽、加长、加高、围合、盖顶、搭台阶等)、积塑的插接、镶嵌(整体连接、交叉连接、端点连接、围合连接等),以及穿套编织、黏合造型等技能。这些技能是儿童建构物体的基础。

第三,建构分析技能。在一些结构游戏中,教师要引儿童学会看平面图纸,能把平面结构变为立体结构,并且会讨论建构物。

(3)提供充足的游戏时间、合适的游戏场地和适当的游戏材料。

充足的游戏时间是保证幼儿顺利开展结构游戏的重要条件,如果结构游戏时间太短,会影响儿童的建构兴趣和建构规模,还可能让儿童放弃建构去进行一些简单的游戏,游戏的效果会大打折扣。

幼儿园应为儿童提供适宜的游戏场地,尽可能为儿童提供宽阔的、固定的结构游戏区域,有条件的幼儿园还可以为儿童创设专门的结构游戏室。

教师要根据儿童不同年龄阶段的特点和发展水平,为其提供丰富而有层次的材料,如积木、积塑、竹制品、金属材料、木塑等结构玩具。广泛收集安全的废旧物作为游戏材料,如纸箱、纸盒、挂历纸、贝壳、鹅卵石、树枝等,它们能够一物多用,不仅便于获得,还能促进儿童思维能力的培养。教师可以充分利用自然界中不定型的材料,如沙、水、雪,开展室外的结构游戏。教师应给儿童提供必要的辅助工具及材料,如小剪刀、彩笔、胶水等。教师要在了解儿童兴趣和经验的前提下准备结构游戏材料。

3. 各年龄段幼儿结构游戏的特点与指导

(1)小班幼儿结构游戏的特点与指导。

小班幼儿结构游戏的特点:

① 目的不明确。小班幼儿进行结构游戏是无目的的,不会事先构思要建构什么,只有当别人问起时,才开始注意并试图给予一个名称。

② 对建构的动作感兴趣,建构技能简单。小班幼儿对建构动作感兴趣,"重复""摆弄""堆高""推倒"等是他们常见的结构动作。

③ 以个人建构为主,合作意识差。

④ 材料选用的盲目性和简单性。

⑤ 易中断、坚持性差。

小班幼儿结构游戏的指导:

① 教师首先要引导幼儿认识结构材料,有意识地搭简单的物体给他们看;也可以带领他们参观中、大班幼儿的构造游戏,引起幼儿对构造游戏的兴趣。

② 为幼儿准备足够数量的结构游戏材料,安排结构游戏场地并保证游戏时间。结构游戏元件应每人一份,建立最初常规,使他们能彼此不妨碍地开展游戏活动。

③ 在游戏中指导幼儿学习游戏技能,并鼓励幼儿尝试独立构造简单物体。

④ 教师要经常有意识地让幼儿说出自己所构造的物体的名称,也可以根据幼儿搭出的形象给以适当的命名。引导幼儿理解和明确建构的目的,发展幼儿的想象力,使主题逐步稳定。

⑤ 建立结构游戏的简单规则,如爱护结构材料,游戏结束后应整理好游戏材料和场地等。

⑥ 教会幼儿整理和保管玩具的最简单方法,使他们能参加部分玩具的整理工作,培养其责任感和自理能力。

⑦提供适合小班幼儿特点的结构游戏材料。

（2）中班幼儿结构游戏的特点与指导。

中班幼儿结构游戏的特点：

①目的性较明确，并且初步有了简单的构造计划。

②对结构游戏的操作过程仍有浓厚的兴趣，同时开始对构造成果感兴趣。

③能够独立地构造一些较为复杂的物体，也会按主题进行构造，主题相对稳定。

④能从建构物体的特性来选择材料。

⑤建构技能主要以"架空"为主。

⑥能与同伴交流，坚持性增强。

⑦能围绕结构物开展游戏，并开始能美化建构物。

⑧能够在成人提示下较独立地整理结构游戏玩具。

中班幼儿结构游戏的指导：

①教师应设法丰富幼儿的生活经验，为他们的结构游戏奠定基础。幼儿的结构游戏是他们对周围生活经验的反映，因此，教师应结合各领域教学和散步、参观等活动，加强幼儿对事物结构造型的了解。

②培养幼儿设计建构方案的能力，学习有目的地选材，学会看平面结构图等。

③着重指导幼儿掌握建构技能，并用这些技能去建构各种物体。

④组织、指导小组开展结构游戏（3~4人），教会他们如何共同讨论，制订方案，进行分工，友好地进行游戏。

⑤组织幼儿评价建构成果，鼓励他们独立地、主动地发表意见，肯定幼儿的发明创造，促进结构游戏水平的提高。

⑥举办展览，供幼儿评价和欣赏。

⑦提供适合中班幼儿特点的结构材料。中班幼儿因为建构水平有所提高，所以拥有的玩具材料数量要增加，在型号上也应有所加大。

（3）大班幼儿结构游戏的特点与指导。

大班幼儿结构游戏的特点：

①有一定的独立建构能力，事先能进行一定的设想和规划，结构游戏的目的性、计划性、持久性增强。

②建构技能日趋成熟，掌握了许多复杂的建构技能，在建构活动中，除了熟练、迅速地建构复杂物体外，还要追求结构物的逼真性、复杂性、新颖性、艺术性。

③合作意识进一步加强，喜欢几个人一起友好地建构物品，并围绕结构物进行情节复杂、内容多样的创造性游戏。

④大班幼儿能比较快速地选定材料，目的明确；游戏材料丰富，不再满足于积木材料的使用，对其他游戏材料也产生了需要，使游戏情境更丰富。

⑤根据游戏情景需要，不断产生新的建构主题。

⑥集体观念增强，常常以几个人共同建构的某种大型物品而自豪，有了一定的荣誉感。

大班幼儿结构游戏的指导：

①丰富幼儿结构游戏造型知识和生活印象，启发幼儿为结构游戏活动收集素材，以保证建构主题和内容不断丰富与发展。

②引导幼儿开展参加人数多、持续时间长的大型结构游戏。

③指导幼儿进行集体建构活动，教会他们制订计划，如协商确定主题，商量建构步骤及方法、分工协作、确定建构规则，使大家创造性地共同建构一个复杂物体。

④ 让儿童在围绕一个主题进行建构时，学习表现物体的细节和特征，能准确表现游戏的构思和内容，会使用结构材料和辅助材料。

⑤ 重点指导幼儿掌握新技能，并帮助幼儿运用新技能去实现自己的构思。

⑥ 教育幼儿重视建构成果，可以通过展览会等，提高幼儿对结构成果意义的认识，让幼儿在欣赏自己及同伴作品的过程中，提高他们分析评价的能力。

⑦ 提供适合大班幼儿特点的结构材料。大班幼儿在进行搭建时，生活经验的积累和不断发展的想象力、创造力相结合，对材料的要求更高。大班的积木种类应更丰富，形状上应多变，以满足幼儿不同的需要。

▶ 四、规则游戏的指导

规则游戏是由成人创编、以规则为中心的游戏。规则游戏是幼儿园教学的有效手段，在幼儿园教学实践中被广泛应用。

（一）规则游戏的特点

1. 规则性

在规则游戏中，游戏者必须遵守一定的规则。这种规则是游戏前就确定的，并且每个参加者都同意，游戏中如果违反规则就会受到惩罚，甚至被取消游戏资格。

2. 竞赛性

规则游戏具有竞赛性。在规则游戏中，幼儿以行为的结果为目的。例如，在"龟兔赛跑"游戏中，幼儿分成四组，两组当乌龟，两组当兔子，当兔子的要双脚向前跳，当乌龟的要爬行，每个幼儿都为争第一而非常投入。

（二）规则游戏的作用

1. 巩固幼儿的知识经验

规则游戏有明确的任务，主要包括帮助幼儿复习巩固知识和发展幼儿各方面的能力。规则游戏要求幼儿紧紧围绕和服从游戏任务，通过完成游戏任务来丰富知识，促进动作技能及其他技能的发展。

2. 发展幼儿的规则意识

在规则游戏中，规则是核心，贯穿整个游戏过程。在游戏中，幼儿必须控制自己的行为，遵守游戏规则，以保证游戏的顺利进行，这有助于幼儿逐渐形成一定的规则意识。

3. 促进幼儿意志力的发展

在规则游戏中，幼儿需要有意识地根据游戏规则控制自己的行为。规则游戏在培养幼儿意志力方面有不可替代的作用。

4. 促进幼儿身心和谐发展

规则游戏包括智力游戏、体育游戏、音乐游戏等，不同的规则游戏对幼儿身心发展的促进作用有所不同。它让幼儿在游戏中感受和体验规则的变化，使幼儿以愉快的情绪主动地学习知识、发展动作技能和提高各方面的能力，促进幼儿身心全面发展。

（三）规则游戏的指导

规则游戏可由教师提供相应的材料和场地，让幼儿自选进行，也可以将其用于专门组织的教学活动中，以增强活动的趣味性，激发幼儿主动性，使学习取得良好的效果。规则游戏要根据幼儿身心发展水平来进行，一般应注意以下几个方面：

1. 做好游戏的准备

（1）选择和编制适合的游戏。

教师应根据教育要求及幼儿的实际水平选编游戏。首先，要根据教育任务与要求，考虑幼儿已有的知识经验和智力发展水平,明确游戏的任务。其次,不同年龄段选择不同的玩法和规则,小班幼儿需要有形象的玩具和动作,游戏规则要简单;而中班、大班幼儿需根据其已有的知识和经验来制定相应的游戏规则,难度较小班幼儿有所提高。

（2）教师要熟悉游戏的玩法及规则。

教师在为幼儿选编游戏后,必须熟悉游戏的玩法和规则,了解游戏的重点,思考组织游戏的方法,并反复试玩几次,以验证游戏的玩法和规则是否合理,为指导幼儿游戏打下基础。

（3）准备好游戏的场地和材料。

教师要根据游戏的内容,确定游戏的场地,选择游戏的材料。游戏的场地应尽可能宽敞,材料应尽可能丰富,可以人手一份,也可以每小组一份,减少幼儿等待的时间,保持幼儿对游戏的兴趣。

2. 教会幼儿正确地玩游戏

每一个游戏都有一定的规则和内容,幼儿需要学会后才能玩,这就需要"教"。教师要用简单明了的语言和适当的动作示范,说明游戏的名称、玩法及规则,教会幼儿玩游戏。可事先教个别幼儿,然后再让幼儿之间相互学习,也可运用直观教具演示讲解游戏的玩法和规则。在游戏过程中,教师应着重指导幼儿遵守游戏规则,保证游戏的顺利进行,对个别幼儿给予具体指导,掌握游戏时间,使每个幼儿都有游戏的机会。

3. 组织幼儿积极参加各种游戏,有针对性地指导每个幼儿掌握正确的玩法

（1）在"教"幼儿玩游戏的同时,要充分调动幼儿的积极性、主动性,提高幼儿参与游戏的兴趣。启发幼儿开动脑筋,寻找解决问题的方法,促进幼儿创造性思维的发展。

（2）针对不同年龄幼儿的特点,具体地指导。对于小班幼儿,游戏玩法和规则的讲解要力求生动、简单、形象,要注重讲解与示范相结合,注重在游戏中逐步提出游戏规则。对于中班幼儿,也需要示范、讲解游戏的玩法与规则,并在游戏中着重检查游戏玩法的掌握情况及游戏规则的执行情况。要鼓励幼儿努力争取好的游戏结果,可开展规则简单的竞赛游戏。对于大班幼儿,可以用语言讲解游戏,要求幼儿独立地开展游戏,严格遵守游戏规则,争取最好的游戏结果;能对游戏的结果进行评价,并可开展较为复杂的竞赛游戏。

（3）做好游戏收尾工作。鼓励幼儿争取最好的游戏结果,对胜利者予以口头表扬、鼓掌、颁发小红旗等奖励。同时,应教育幼儿正确对待输赢,了解到输赢并不重要,只要自己尽力了,就有收获。

教师可根据不同幼儿的性格特点因材施教,对于好胜心强的幼儿,应通过游戏的输赢培养他们的耐挫力;对于自卑胆小的幼儿,应通过游戏的输赢激励他们的表现欲和求胜心。

对幼儿的游戏进行总结和评价,评价时应注重游戏的过程,对幼儿在游戏过程中的表现加以鼓励。

引导幼儿做好游戏结束后的整理工作,让幼儿参与游戏场地的整理过程,帮助幼儿养成独立自主的品质和及时整理的良好习惯。

【**典型真题**】当教师以"病人"身份进入小班"医院"时,有六位"小医生"同时上来询问病情,每个孩子都积极地为教师看病、打针,忙得不亦乐乎,结果教师一共被"打"了六针。对幼儿这种游戏行为最恰当的理解是(　　)。

　　A. 过于重视教师的身份　　　　B. 角色游戏呈现合作游戏的特点

　　C. 在游戏角色的定位中出现混乱　　D. 角色游戏呈现平行游戏的特点

【**解析**】题干中的幼儿都在玩相同的游戏,但都是自己一个人玩,互相模仿,是平行游戏。

【**答案**】D

强化过关训练

一、单项选择题

1. 幼儿的基本活动是（　　）。
   A. 游戏　　　　B. 摆弄　　　　C. 学习　　　　D. 运动

2. 幼儿拿起一根木棍，先在一名"病人"幼儿的手腕上戳一下，然后画一个圈说："等15分钟再来看看是不是会过敏。"这反映了幼儿游戏的（　　）。
   A. 简单性　　　B. 娱乐性　　　C. 现实性　　　D. 虚构与假想性

3. 既是学前儿童典型的游戏形式，也是幼儿阶段最常见的游戏是（　　）。
   A. 象征性游戏（角色游戏）　　　B. 感觉运动游戏
   C. 结构游戏　　　　　　　　　　D. 规则游戏

4. 听了《小马过河》的故事后，幼儿自觉模仿"小马"说话的语气和用词，以及"小马"的动作等，这类游戏属于（　　）。
   A. 角色游戏　　B. 表演游戏　　C. 规则游戏　　D. 建构游戏

5. 关于游戏，表述正确的是（　　）。
   A. 儿童在游戏中的表现是周围生活的翻版
   B. 游戏中儿童最注重的是游戏结果
   C. 游戏活动是儿童的一种探究性行为
   D. 游戏是儿童自主、自愿的活动

6. 将游戏划分为感觉运动游戏、角色游戏、结构游戏和规则游戏，其划分的依据是（　　）。
   A. 按游戏与教育的关系分类　　　B. 按游戏的教育作用分类
   C. 按儿童认知发展水平分类　　　D. 按儿童的社会性发展水平分类

7. 幼儿用沙子堆一个汽车拉力赛跑道的游戏是（　　）。
   A. 角色游戏　　B. 表演游戏　　C. 智力游戏　　D. 结构游戏

8. 幼儿操作结构化玩具和非结构化玩具的心理过程是（　　）。
   A. 模仿　　　　　　　　　　　　B. 前者多是创造，后者多是模仿
   C. 创造　　　　　　　　　　　　D. 前者多是模仿，后者多是创造

9. 幼儿园游戏的特点是具有多样性、群体性和（　　）。
   A. 教育性　　　B. 复杂性　　　C. 想象性　　　D. 模仿性

10. 在游戏过程中，教师暗示儿童"娃娃家的娃娃是不是饿了？做饭了吗？""你们想玩过节的游戏吗？"等，协商性地要求或暗示儿童去做什么和如何做，这种语言指导策略属于（　　）。
    A. 建议　　　　B. 评论　　　　C. 描述　　　　D. 询问

二、简答题

1. 幼儿园教育为什么要以游戏为基本活动？
2. 简述游戏结束阶段，教师需要做的工作和指导要点。

三、材料分析题

1. 材料:家长开放日的时候,洋洋妈妈在看自己中班的孩子搭积木:

洋洋正在用积木搭建"世贸大厦",他把一块大积木放在已经搭建到一半的"塔"上面,结果"塔"倒塌了。一旁的晨晨说:"你不应该把那么大的积木放在小积木上,那样不稳,塔就会摔倒的。"两个孩子把散落的积木收起来,并按大小和长短进行分类后,又开始搭建"世贸大厦"。但不一会儿两个孩子为用什么材料搭建"塔尖"而争执起来。洋洋说:"方积木搭不出长长的样子来。"晨晨说:"可以的,用很多很多方积木就可以搭出来,不信我搭给你看。"说着晨晨找来很多方积木,小心翼翼地在塔身上一块一块地搭建起"塔尖"来。当往上放第三块的时候,"世贸大厦"又倒了。"我说不行,你非不信,你看又倒了。"洋洋说着说着还伤心地哭了起来。

看了这段情节,洋洋妈妈激动地找到在场教师问:"在20分钟内,孩子游戏的结果只是搭建了半个塔,结果还倒掉了。孩子学到了什么呢?你为什么不把孩子们组织起来教他们认字、做算术题呢?哪怕孩子听个故事也比这样强啊!再说你为什么不直接教孩子搭积木,而是让他们自己'乱玩'呢?"

问题:假设你是在场教师,你会如何回应家长的困惑和问题?

2. 材料:扮演"青蛙"的幼儿对饥肠辘辘的"老虎"说:"我有一个主意,我们比赛跳远,要是我跳得比你远,你今天就不能吃我。""老虎"同意,于是"青蛙"悄悄地咬住"老虎"的尾巴,和它一起跳了起来。突然,一个幼儿发现了问题:"不对,青蛙跳得没有老虎远!不信,你量一量。"旁边演"大树"的孩子也说:"就是,青蛙的脚都落在了老虎的后面,它应该跳到前面才对。""青蛙"看看自己的脚和"老虎"的脚,没有说话。几个小朋友七嘴八舌地议论起来。这时,一直在一旁观看的教师介入了:"演到哪里了?下面该谁讲话了?别吵别吵,我们接着演。"

问题:教师的介入行为适当吗?为什么?教师应该怎么做?

3. 材料:女孩A独自坐在角色游戏区给"娃娃"穿、脱衣服。她不看也不跟附近的幼儿交往。教师观察了她一会儿,决定对她提供帮助,因为A的游戏中缺少"假想和想象""同伴交往""语言交流"等要素。

教师:"你的娃娃饿了吗?我们可以给她做饭。"

A不说话,继续给娃娃穿、脱衣服。

教师:"如果她饿了的话,告诉我。我们可以在厨房给她做一顿丰盛的午饭。"教师边说边走进"厨房",拿出锅和盘,与幼儿玩平行游戏。

A走向教师:"我的宝宝饿了。"

教师:"好吧,让我们看看给她做什么。"

A:"宝宝食物。"

这时幼儿B走向教师:"我来做饭。"

教师:"为什么你俩不一起做饭?我来抱娃娃。"

幼儿C也过来,说:"我能玩吗?"

B:"不,我们正在做饭,对吧?"(对A说)A点点头但没有说话。

教师:"你为什么不切菜呢,莎莎?"

C:"好的,思思,可以借我一把刀吗?"

A:"我正在用,这个给你。"(给了她一把塑料刀)

B:"你的娃娃叫什么名字,思思?"

A:"妮妮。"

B:"好吧,妮妮,你的饭做好了。"

三个孩子和教师一起坐下来吃饭。B和C向教师与A提问并交谈,A点头或是只用一两个词作答。几分钟后,教师离开了桌子。A与她的伙伴玩了很久,直到游戏结束。

问题:请分析教师的指导行为。

四、活动设计题

以废旧报纸为材料,设计一个户外集体游戏。

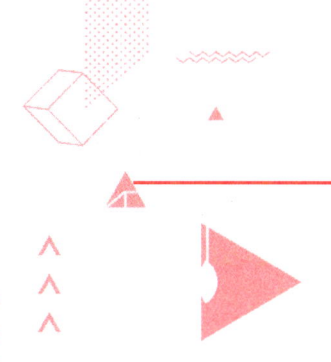

参考答案

一、单项选择题

1.【解析】游戏符合幼儿的身心发展需要,是幼儿最喜爱的活动。

【答案】A

2.【解析】选项A、B很明显是错误的,选项C、D都有合理性,但游戏的现实性需要通过时代和地域背景才能说明。题干主要描述了游戏过程中幼儿的外部言行,这些言行显然都是假装的。

【答案】D

3.【解析】象征性游戏即角色游戏,是学前儿童特别是幼儿期最典型的游戏,因为它符合幼儿的象征性思维特点。

【答案】A

4.【解析】本题四个选项中,C、D选项显然与题干无关,因此需要在选项A、B中选择。角色游戏的内容来自幼儿的社会生活,扮演的角色来自社会现实,表演游戏的内容来自童话或故事,通过模仿和想象扮演的角色是故事中的角色。

【答案】B

5.【解析】根据学前儿童游戏的特点,游戏是自主、自愿的,对社会现实生活富有创造性的反映。

【答案】D

6.【解析】根据游戏与教育的关系分类,游戏分为本体性游戏、工具性游戏;根据游戏的教育作用,游戏分为两大类,即创造性游戏和规则游戏;根据儿童的社会性发展水平,游戏分为偶然的行为、游戏的旁观者、独自游戏、平行游戏、联合游戏和合作游戏。

【答案】C

7.【解析】角色游戏是通过模仿和想象扮演社会角色的游戏;表演游戏是通过模仿和想象扮演故事中角色的游戏;智力游戏是规则游戏的一种,是成人将智力活动创编成快乐有趣的形式,促进幼儿智力发展的一种游戏;结构游戏是使用各种材料进行建筑和结构的游戏。

【答案】D

8.【解析】结构化玩具一般功能比较单一,适合于模仿练习,创造性玩法较少;非结构化玩具即开放性玩具,可以一物多玩,因此具有较高的创造性。

【答案】D

9.【解析】本题考查的是幼儿园游戏,因此要把幼儿在家里的游戏和幼儿园的游戏区别开来。幼儿园是有目的、有计划、有组织地对幼儿进行集体教育的机构或场所,因此最大的特点就是具有教育功能。

【答案】A

10.【解析】协商性地要求或暗示是建议策略。

【答案】A

模块五 游戏活动的指导　331

二、简答题

1.【答案要点】(1)游戏是幼儿的基本活动,是幼儿的基本权利。

(2)游戏符合幼儿的身心发展特点,是幼儿学习的基本途径。

(3)游戏可以使幼儿获得整体性经验,同时能满足幼儿的个体差异。

2.【答案要点】(1)给幼儿游戏结束的提示,使幼儿做好结束游戏的准备,以便顺利过渡到下一个环节。

(2)引导幼儿收拾玩具、整理材料,一方面培养幼儿保护环境、爱干净爱整洁的习惯,另一方面可以让幼儿学习辨别、分类、数数、排序等数学经验。

(3)引导幼儿评价游戏,提高幼儿的自我意识、发展评价与反思能力。

三、材料分析题

1.【答案要点】显然洋洋的妈妈没有认识到游戏的本质和价值,因此教师需要向洋洋的妈妈说明游戏的价值及其本质。

(1)游戏是幼儿最喜爱的活动。在游戏中,幼儿处于积极主动状态,对幼儿运动感官的发展、认知的发展乃至人际交往和个性的发展都具有积极意义。

(2)游戏是幼儿的自主活动,游戏中伴随着愉悦的情绪和积极主动的探索。

(3)搭积木是结构游戏的主要形式,在结构游戏中,幼儿经过多次尝试,不仅能认识到物体的形状、大小、质地等特性,而且能够扩展对客观环境中物体的空间结构及其关系方面的经验,能够促进手部精细动作的协调性、灵巧性的发展。

(4)幼儿的学习具有直接经验性和整体性,游戏中获得的经验是综合的、直接的,是幼儿认知建构的结果,因此不适宜直接传授。

2.【答案要点】教师的介入行为是不适当的,与其说是介入,不如说是打扰。

因为游戏是幼儿自主、自愿的活动,即便是表演游戏,以一定的儿童文学作品为蓝本,也不是亦步亦趋的模仿,而是幼儿创造性的表现。在材料中,幼儿面对发现的问题,正在兴致勃勃地主动解决,教师却打断幼儿的讨论,要求幼儿按故事情节继续表演,剥夺了幼儿解决问题、获得经验的权利和机会。

教师应该继续观察,观察幼儿解决问题过程中的行为与语言表达,然后判断是否需要介入,给予幼儿提示或建议。在观察的基础上,教师可以适时提供材料,如测量工具,以便验证讨论中各自的观点。或者,可以将游戏停下来,就"青蛙是否跳得比老虎远"这个问题进行讨论。

3.【答案要点】教师的指导过程充满了智慧。

(1)首先通过观察,对幼儿的游戏进行缺失诊断,明确幼儿的游戏缺少的元素是什么,然后才有针对性地予以指导。

(2)指导以平行游戏的方式,通过游戏提议("你的娃娃饿了吗?我们可以给她做饭。")和行为示范引起其他幼儿参与游戏,让出交往机会,鼓励幼儿间的互动("为什么你俩不一起做饭?我来抱娃娃。"),提供参与游戏的方法("你为什么不切菜呢,莎莎?"),逐步引导幼儿A参与到了合作游戏中。

(3)通过多种方法扩展和丰富了幼儿的游戏活动,使原本缺失的"假想和想象""同伴交往""语言交流"等要素出现在了幼儿的游戏之中。指导的目的是不指导,在幼儿的游戏要素逐渐出现后,教师又立即从幼儿的游戏中退出,满足了幼儿独自游戏的愿望。

四、活动设计题

【答案要点】游戏方案示例:

游戏名称:赶小猪。

游戏对象:中班幼儿。

目标:练习手臂的力量、手眼协调和手臂动作的控制能力。

任务:双手持木棍,能把纸球代表的小猪击打到"猪圈"里。

环境创设:用报纸折叠的长条围出一个长方形的"猪圈",其中一边留有30厘米宽的门;用报纸团制成若干纸球,用彩色纸条贴出"小猪"的眼睛和嘴巴。

玩法:将幼儿分成两组,站在离"猪圈"门口1米处(画线标示),依次分别向各组的"猪圈"赶"小猪","小猪"进"猪圈"则任务完成。

结果:两组成员全部依次赶过"小猪"后,哪组进"猪圈"的"小猪"多,哪组赢。

规则:每个幼儿每次只能"赶"一次"小猪";必须双手持木棍赶"小猪",不能用手投掷,不能用脚踢;必须站在一米线外"赶小猪";可以比赛多轮,如果场地允许,也可以分成四组游戏,提高每个幼儿运动的频率。

游戏过程:制作游戏材料—布置场地—热身—游戏—放松身体。

游戏过程中的注意事项:(1)"赶小猪"时,提醒幼儿不能朝各个方向"抡大棒",以免戳伤其他幼儿;(2)一个幼儿"赶小猪"时,其余幼儿站在一侧,不可站在其后,以免木棍打到自己身上;(3)一轮游戏结束,可以由幼儿数"小猪",进"猪圈"的和没有进"猪圈"的"小猪"分开数数。

模块六　教育活动的组织与实施

逻辑结构图与考试权重

逻辑结构图

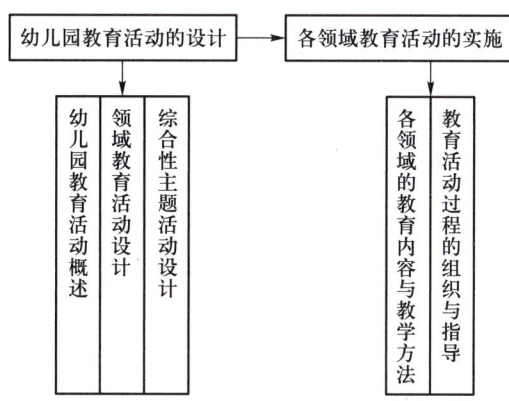

考试权重

模块	分值比例	分值	题型	重点提示
教育活动的组织与实施	模块三至模块七共占分值约为36%	30~50分	单项选择题、材料分析题、活动设计题	活动设计题侧重于第一章,材料分析题侧重于第二章

考纲要求与复习策略

考纲要求

1. 能根据教育目标、幼儿的兴趣需要和年龄特点选择教育内容,确定活动目标,设计教育活动方案。
2. 掌握幼儿健康、语言、社会、科学、艺术等领域教育的基本知识和相应教育方法。
3. 理解整合各领域教育的意义和方法,能够综合设计并开展教育活动。
4. 能根据活动中幼儿的需要,选择相应的互动方式,调动幼儿参与活动的积极性。
5. 在活动中能根据幼儿的个体差异进行指导。

复习策略

命 题 剖 析

从历年的考题看,材料分析题以各领域教育的基本知识、方法、师幼互动,以及根据个体差异进行指导为主要考点。活动设计题有两类:一类是单一性教育活动的设计;另一类是综合性主题活动

的设计。单一性教育活动的设计往往是给定主题和年龄段,要求设计活动方案;综合性主题活动的设计则往往是给定一个问题,要求分析原因并设计出解决方案。

备考策略

本模块的考试重点是幼儿园教育活动的设计,应该以活动设计的练习为主。按照基本流程和活动方案的基本框架,进行各领域教育活动的设计和综合主题方案的设计练习。

教育活动的实施部分侧重于论证师幼互动和个别指导的基本策略,需要与学前教育的特点及《3~6岁儿童学习与发展指南》中各领域的说明部分结合起来复习。

第一章 幼儿园教育活动的设计

知识体系及思维脉络图

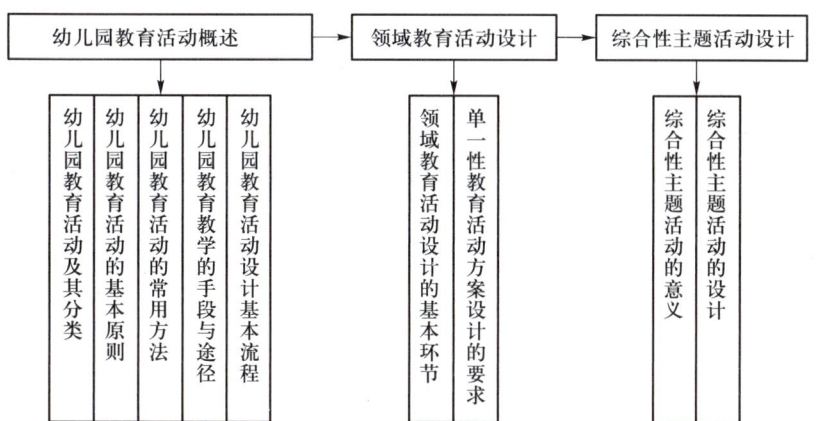

核心考点及学习提示

【核心考点】
综合性主题活动设计:明确综合性主题活动设计的要点。
单一性教育活动设计:明确活动方案的结构和设计要点。
【学习提示】
考试重点:单一性教育活动的设计。
考试难点:综合性主题活动方案的设计要点。

第一节 幼儿园教育活动概述

一、幼儿园教育活动及其分类

(一)什么是幼儿园教育活动

幼儿园教育活动有广义和狭义两种理解。广义上的幼儿园教育活动是指幼儿园一日生活中各种类型的具有教育价值的活动,包括有目的、有计划的活动和无计划但有教育意义的活动。狭义的幼儿园教育活动特指幼儿园的教学活动,是教师从幼儿的兴趣和实际水平出发,根据幼儿园教育目标,有目的、有计划地组织和指导幼儿主动学习,以增进幼儿对周围环境的认识,培养其学习兴趣,帮助幼儿获取有利于其身心发展的经验的活动。本章所说的幼儿园教育活动主要是指幼儿园的教学活动。

（二）幼儿园教育活动的分类

1. 根据幼儿园教育活动的游戏性分类

对于幼儿来讲，任何一件事情都可以当作游戏。所以，幼儿园的教育活动根据其游戏性的强弱可以区分为两大类：游戏化活动和非游戏化活动。从游戏化活动到非游戏化活动是一个连续体，大多数教育活动处于中间状态（见图6-1-1）。

游戏化活动 ←——————→ 非游戏化活动

图 6-1-1　游戏化活动与非游戏化活动

例如，角色游戏就是游戏性很强的游戏活动，教学活动和生活活动如果仅仅是教师的直接指导和单纯的进餐、盥洗等，就是典型的非游戏化活动。

2. 根据幼儿园教育活动的结构性分类

教育活动是有目的、有计划的活动，所谓计划就是规划了活动的进程及其每个环节的行为要求，因此是结构化的活动。

教育活动要根据幼儿的年龄特点进行，计划性不能太强。如图6-1-2，幼儿园的教育活动根据结构性的高低可以划分为四类：纯游戏、低结构教育活动、高结构教育活动，以及完全结构化的教育活动。

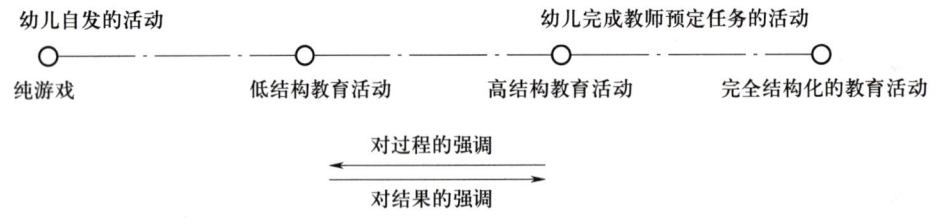

图 6-1-2　幼儿园教育活动的结构性分类

纯游戏以幼儿的角色游戏为代表，活动目的在于活动本身，由幼儿发起，幼儿决定时间、空间和材料的运用，幼儿获得的是游戏的体验；完全结构化的教育活动，其目标明确、具体，由教师发起，教师决定了活动的时间、空间和材料的运用，幼儿在活动中获得了教师预期的经验。

3. 按照活动的性质分类

从活动性质角度划分，幼儿园教育活动可以分为生活活动、游戏活动、教学活动，以及其他辅助活动。

幼儿园的生活活动指满足幼儿基本生活需要的活动，具有目的性，但计划性较弱。

游戏活动包括幼儿自主选择的创造性游戏活动和教师组织的规则游戏活动。

规则游戏活动和教学活动是具有较高目的性和计划性的活动，因此是需要教师设计方案，并按照方案组织实施的教育活动。创造性游戏活动和生活活动，教师通过环境创设、材料投放和随机指导，对幼儿施加影响，有目的但没有明确的计划，因此不需要事先设计。

4. 按学习内容的关联程度分类

按活动对象或学习内容的关联程度划分，幼儿园教育活动可以分为领域教育活动、主题教育活动和区域活动。

（1）领域教育活动。

将具备一定关联性的事物归结在一起，形成相对宽泛的学习内容的范围，或者将若干个相关联的学习科目合并成为一个更广泛的"大科目"，这样就构成了某一教育领域。例如，音乐、美术都强调了欣赏、表达、创造,因而构成了艺术领域。按照领域的不同,幼儿园教育活动可以分为健康教育活动、语言教育活动、社会教育活动、科学教育活动和艺术教育活动。

(2)主题教育活动。

主题教育活动是指在一定时间内,围绕一个中心或主题来组织相关学习内容,打破领域界限,将幼儿需要学习的内容联系成一个整体而进行的一系列的活动。例如,以"劳动真光荣"为主题,可以组织幼儿认识各种职业,幼儿自己学做家务等。

(3)区域活动。

区域活动是指教师将活动空间划分为若干个区域,投放适宜的材料,幼儿自选区域,自己决定活动内容、时间的活动。在区域活动中,幼儿学习的内容隐藏在材料及对材料的操作过程中,并且与幼儿的兴趣、经验、能力、个性等关联在一起。

5. 按活动组织形式分类

按活动组织形式分类,幼儿教育活动可分为集体活动、小组活动和个别活动。

(1)集体活动。

集体活动是教师有目的、有计划地组织全班幼儿在同一时间、同一场所进行的活动,是教师与全班幼儿的直接联系方式。集体活动比较注重教育内容的逻辑性和系统性,短时间内可以提供给幼儿大量共同的经验,幼儿在集体活动中相互启发、发展自律和合作意识。

(2)小组活动。

小组活动是幼儿分小组进行活动,教师提供环境和材料,发挥间接指导作用的活动。在小组活动中,幼儿自主探索的机会更多,可以充分表现自己,有利于培养独立、自主、协作等精神以及小组合作能力。

(3)个别活动。

个别活动是幼儿独自活动,教师予以个别指导的活动。个别活动是按照个别幼儿的特殊需要而进行的教育活动,有利于因材施教,发挥幼儿的主体性。个别活动对师资、设备有更高的要求,对教师的教育技巧要求更高。

在多数情况下,教育活动采用班级集体组织形式,为了保证活动有序进行,往往是高结构的。生活活动中的进餐、午睡也往往是以班级集体组织的形式进行。游戏活动和生活活动中的入园/离园、如厕、盥洗等以个人和小组为主。

6. 按活动主体分类

按活动主体分类,幼儿园教育活动可分为幼儿自选活动和教师指定活动。

(1)幼儿自选活动。

幼儿自选活动是由幼儿自主生成的教育活动。幼儿对某事物偶发性的探究和兴趣往往是形成幼儿自选活动的原因。幼儿自选活动较关注幼儿的兴趣和幼儿的学习需要。

(2)教师指定活动。

教师指定活动是教师预先设置的教育活动,它是教师设定好教育活动目标、创设一定的活动环境、提供相应的活动材料并有计划实施的活动。

二、幼儿园教育活动的基本原则

1. 科学性和思想性相结合的原则

科学性原则是指向幼儿传授的知识、技能应该是正确的、可靠的,是符合客观规律的。教学组织形式选择和教学方法的运用应符合幼儿年龄特点和认识事物的规律,是切实可行的。也就是说要保证幼儿园教育教学全过程的科学性。

思想性原则是要寓德育于各项教育活动之中。教师给幼儿讲故事《三只蝴蝶》,除了让幼儿学习故事中优美的语句外,还可以很自然地引导幼儿从三只蝴蝶相亲相爱的故事情节中接受团结友爱教育。

贯彻科学性与思想性原则应注意的问题:
(1)教师加强学习,以保障传授给幼儿科学的知识,引导幼儿获得正确的经验;
(2)发挥教师的榜样作用,科学回答幼儿的提问,帮助幼儿形成对待科学的正确态度;
(3)注重情感渗透,切忌说教。

2. 积极性原则

积极性原则是指教师在教育活动中应注意激发幼儿主动学习的愿望,引发和促进幼儿积极地与环境相互作用。
(1)科学选材、精心设计、灵活调整教学计划;
(2)加强交流、建立平等的师幼关系,鼓励幼儿多方面地参与和创造;
(3)关注幼儿与众不同的行为,允许幼儿出错,促使幼儿在学习过程中得到积极的情感体验。

3. 发展性原则

发展性原则指幼儿园教育教学活动必须在准确把握幼儿原有经验和水平的基础上促进幼儿从现在的发展区域向最近发展区域发展。

贯彻发展性原则的要求:
(1)树立终身可持续发展观念;
(2)了解幼儿发展需要:深入调查幼儿的发展水平和发展潜力,对幼儿的学习能力作出科学的估计;
(3)科学选材:教育教学内容深浅、难易要适当,充分考虑幼儿的可接受性;一般应有一定的难度,略高于现有的发展水平,又不超过发展的可能性,要求幼儿经过一定的努力才能掌握;
(4)方法科学:综合运用各种教学方法,不断加以改进,按照知识的逻辑顺序和幼儿的认知能力进行教学,幼儿利用已有的知识去获得更多的新知识,发展智力。

4. 直观性原则

直观性原则是在向幼儿传授知识技能时,应当通过实物或教具材料,让幼儿获得直接具体的感知。

贯彻直观性原则的要求:
(1)根据教育教学活动的任务、内容及幼儿的实际情况,恰当地选择直观手段(实物直观、模具直观、电化教育直观、语言直观);
(2)直观手段要与对幼儿的感官训练相结合。

5. 活动性原则

活动性原则是指在教育教学活动中,应当让幼儿通过自身积极、主动的活动来学习并获得发展。

贯彻活动性原则的要求:
(1)要为幼儿提供充足的物质材料,让每个幼儿都有充分的活动时间,以及与同伴、教师充分交往的机会;
(2)教师组织的活动要全面多样。

6. 整合性原则

整合性原则是把教育活动设计看成一个系统工程,看作一项把各种教育因素联系起来的整体性工作。整合性原则体现着"幼儿的发展是整体的,幼儿的学习是综合的"现代教育理念。

贯彻整合性原则的基本要求:
(1)合理地组织教育活动的内容,使各领域内容相互渗透,使幼儿获得综合的信息,从而对客观事物有完整的认识；

（2）灵活选择教育活动形式，使不同的教育活动形式自然地融合在一起，即将上课、游戏、休息、日常生活的安排加以整合，将集体活动、小组活动、个别活动进行整合；

（3）重视教育环境的整合。教育环境的整合包括班级环境、园内环境、室外环境的优化和整合，环境中物质因素和精神因素的整合等。

7. 因材施教原则

因材施教原则是教师要从幼儿的实际情况出发，有的放矢地进行有差别的教育，使每个幼儿都能获得最大限度的发展。

贯彻因材施教原则的基本要求：

（1）针对不同的幼儿进行有差异的教育；

（2）采取多种教育形式以适应不同的幼儿。

三、幼儿园教育活动的常用方法

教育方法是指实现教育目标的手段及其形式。教育方法可以在不同层次上使用，通常是指在教育活动的各个环节中，师生互动的媒介及形式。

根据师生互动的媒介及形式，幼儿园的教育方法主要有五类。

（一）以语言为媒介的方法

1. 讲授法

讲授法是教师以口头语言为媒介向幼儿讲解或讲述必要的知识与技能的方法。一些基本的行为规范，与健康生活有关的安全卫生常识，简单的工具、物品的使用，幼儿有一定感性经验的自然和社会常识等，通过教师的口语讲解或讲述，可以被幼儿高效经济地习得。

教师讲解时，必须做到语言规范、精练、明确、生动，易于幼儿理解，具有启发性，能唤起幼儿头脑中鲜明的表象和丰富的联想，帮助幼儿理解事物，获得间接知识。必要时教师需重点讲解和反复讲解。

由于幼儿思维的具体形象性，语言理解能力有限，这种方法往往与其他的方法（如直观演示）配合使用。

幼儿园教师的讲解与讲述，区别于中小学教师，往往将要讲授的内容创编成朗朗上口的儿歌或声情并茂的故事呈现给幼儿；将知识与技能以幼儿能够理解和喜欢的口语形式呈现，而非简单地概括叙述。

2. 谈话法

谈话法是一种围绕学习目标，教师提出问题，幼儿回答，以实现经验共享的方法。这是一种典型的人际互动的教学方法。例如，参观敬老院回来后，可以开展谈话活动，让幼儿共享经验，教师则引导幼儿将共享的经验加以梳理、提升。

谈话法应在幼儿已具备感性经验的基础上进行，这样有利于幼儿理解。提出的问题要具体、明确、无歧义。运用谈话法时还应引导幼儿注意和学习聆听问题和回答，并能针对问题进行进一步的问与答。

3. 讨论法

讨论法是指教师和幼儿围绕某个问题或主题，自由发表自己的想法和意见，表达自己的感受和体验，进行交流的教学方法。当幼儿的经验或观念不一致时，可以采用讨论的方式，在教师的引导下，幼儿通过相互启发、交换意见，从而实现明辨是非的目的，达成观点的一致性。

根据问题的复杂性程度，讨论的组织形式可以是集体，也可以是小组。

讨论法的实质不在于获得知识，而是幼儿经过聆听、分析与比较的认知过程，发展其理解能力。

(二) 以直观材料为媒介的方法

由于幼儿语言理解能力有限,以及思维的具体形象性,教师常常要借助于一系列的直观材料配合语言讲解,实现教育目标。

1. 演示法

演示法是教师通过向幼儿展示各种实物、实验或直观教具,使他们获得一定感性经验的教学方法。此方法多用在语言、科学等领域的教学中。

例如,学习儿歌《向日葵》时,教师要配合图片演示和影像演示,帮助幼儿理解"向日葵,圆脸庞""早向东来晚向西"两句的含义。

教师在给幼儿演示时,步骤应简单明确;演示必须伴随着简单明确的讲解;难点和重点可重复演示。

2. 观察法

观察法是人们为认识事物的本质和规律,通过感觉器官或借助一定的仪器,有目的、有计划地对自然条件下出现的现象进行考察的一种方法。观察法是幼儿园教学的基本方法,也是幼儿进行发现学习的主要方法。在幼儿园教育中,<u>当学习的内容或认识的对象比较复杂时,幼儿直接面对实物进行观察、理解的方法即观察法。</u>

例如,认识螃蟹,幼儿可以直接观察螃蟹的外形,数一数它有几条腿,看一看螃蟹的眼睛在哪里,长什么样等。当然,要了解螃蟹的生活习性,可能需要影像演示,条件许可时还可以参观螃蟹养殖场。

教师在组织幼儿观察时应做到:观察目的明确;以帮助幼儿掌握观察方法为目的;教师在引导幼儿观察时可以提出一些有启发性的问题来引导幼儿观察。

3. 参观法

参观法是在认识对象的真实现场进行观察的一种方法。如果现实条件许可,对于那些需要了解其生存环境与生活状态的事物,可以去现场观察,即参观。如果现实条件不许可,则需要通过影像演示进行观察和理解。

例如,幼儿到中班后开始对图书馆感兴趣,希望了解图书馆的结构及其借阅图书的流程,就可以选择参观法实现目标。

(三) 以教师自身素质为媒介的方法

1. 示范法

示范法是教师通过自己或幼儿的动作、语言、声音,或者通过图画、手工作品和典型事例,为幼儿提供榜样供其模仿学习的一种方法。这种方法多用在健康、语言、艺术领域的教学中。<u>当学习的内容是一种程序性知识或技能时,一般很难用语言讲解清楚,影像演示又缺乏情感激励,教师可以采用现身示范的方法,将学习内容呈现给幼儿,让幼儿通过观察、模仿来习得经验。</u>

例如,学习拍皮球,教师可以鼓励幼儿自行尝试,但在动作难点部分,教师可以进行动作示范,让幼儿通过观察、模仿,掌握动作要领。

2. 榜样法

根据班杜拉的社会学习理论,社会行为的习得是观察、模仿的结果。幼儿的模仿性决定了教师自身必须是幼儿观察、模仿的榜样。因此教师个人的特质,包括内在特质和外在的态度与表现,以榜样的形式深刻地影响着学前儿童的发展,尤其是其社会性发展。

幼儿易于模仿的榜样主要是权威榜样(如教师、父母)、与幼儿年龄相近的同伴榜样,以及文学作品塑造的形象榜样。教师自身的态度与表现是儿童模仿学习的媒介,教师在幼儿园一日活动中的一言一行都是幼儿的榜样。

（四）以实物为媒介的方法

幼儿的学习具有直接经验性，是在与环境中物的互动和人的互动中发展的。

1. 操作法

操作是幼儿的基本学习方式之一。操作法作为教育方法，是指幼儿以实物为媒介，通过实际操作、摆弄物体，可以发现物体的特性、物体间的关系，从而认识实物，获得对物体的物理经验和数理逻辑经验。

例如，在幼儿摆弄各种积木的过程中，可以感知积木的颜色、形状，以及形状之间的关系，如圆形积木是不能放置在三角形积木的角上的。再如，通过踩影子、用布盖影子等操作活动可以发现影子产生的条件。

2. 练习法

幼儿通过语言媒介获得的经验和通过示范观察获得的经验易于忘记，通过观察模仿习得的行为规范不经练习也难以成为习惯，为实现教育目标，练习法是不可或缺的。练习法即幼儿通过多次重复操作而掌握和巩固知识和技能技巧，以达到熟练的教育方法。

教师在指导幼儿练习时，必须向幼儿提出明确的练习目的和要求；要采用灵活多变的形式进行练习；要关注每个幼儿，对练习有困难的幼儿要加强个别指导。

3. 实验法

实验法是指教师给幼儿提供材料、仪器设备，在教师指导下，由幼儿主动操作和摆弄材料，在与材料的互动中探究与发现某种事物或现象，了解其变化规律或形成原因的教学方法。这种方法多用在科学教学活动中，例如，磁力的穿透性实验。

实验法和操作法的区别在于，实验法提供的材料具有控制性。例如，在水的沉浮实验中，提供的材料往往是具有鲜明对比性的材料，如大小一样但材质不同，一类易于下沉，一类难以下沉。而操作法的材料和情境都不具有控制性。

幼儿园经常开展的实验有：植物生长需要阳光、空气和水；空气的性质和风的产生；声音的产生与传播；物体沉浮、颜色混合、彩虹的形成等。

4. 角色扮演法

角色扮演法是指在模拟的现实情境中，幼儿通过扮演某种角色进行实践体验，从而理解他人或角色的行为规范、提高能力，实现教育目标的方法。

角色扮演法多用于社会领域的学习。角色扮演法可以是角色游戏、表演游戏，也可以是专门的角色扮演训练。

例如，幼儿通过以"商场""邮局""医院"等为场景的角色扮演游戏，可以体会这些机构给大家提供的便利和服务，懂得尊重工作人员的劳动，珍惜劳动成果。通过玩"交通警察"游戏，不仅可以体验交通警察的辛苦，懂得遵守交通规则的重要性，还可以锻炼幼儿的坚持性。为了让幼儿理解帮助盲人的必要性，可以通过角色扮演训练，蒙上眼睛，让幼儿扮演盲人，体验盲人行动的不便。

在故事欣赏后的表演游戏里，幼儿可以更深刻地体验角色的行为特点和心理活动，有助于他们对文学作品的理解和创编。

在实施这些方法的过程中，教师有时是在幼儿的前面予以示范、讲解或演示，发挥着主导作用；有时是在幼儿的旁边，予以及时反馈、鼓励和表扬，发挥着帮助和引导的作用；有时是在幼儿的后面，创设情境、提供材料，观察幼儿的活动或生成教育机会，发挥着支持者的作用。

（五）以探究为媒介的方法——发现法

发现法是指幼儿根据教师创设的问题情境，自己去探索环境，发现问题并解决问题的方法。

教师运用发现法指导幼儿活动时，要为幼儿创设发现学习的环境和条件；为幼儿提供充分的探索和发现的时间；教给幼儿发现学习的方法；注重激发幼儿发现学习的欲望。

四、幼儿园教育教学的手段与途径

(一) 幼儿园教育教学的手段

(1) 实物:实物是最能让幼儿有真实感受的教具,对幼儿发展来说,这是最有价值的与环境互动的媒体。

(2) 图书;

(3) 挂图、图片、照片;

(4) 幻灯片、录像带;

(5) 自制教具。

(二) 幼儿园教育教学的途径

(1) 专门组织的教育教学活动;

(2) 游戏(区域活动);

(3) 日常活动与生活;

(4) 学习环境;

(5) 家园合作;

(6) 其他活动:① 劳动;② 节庆活动;③ 参观游览;④ 亲子活动等。

五、幼儿园教育活动设计基本流程

(一) 活动内容的选择

选择教育活动内容的主要依据是,较高一级的教育目标、幼儿的兴趣与需要及其年龄特点。

1. 以实现教育目标为主要依据

教育活动的内容是为教育目标服务的,因此选择每一个教育活动的内容时,首先要从上一级教育目标出发。

从领域目标出发选择教育活动的内容。例如,语言领域口语表达的目标是"愿意讲话并能清楚地表达",实现这个目标就要选择谈话、讲述、文学欣赏等活动内容。文学欣赏的目标是让幼儿乐意聆听和阅读文学作品,知道文学作品不同类型的区别,能用多种方式表达对文学作品的理解,能够用口头语言编构故事、仿编诗歌和散文。为此,教师就要选择对多种形式的文学作品(如儿歌、诗歌、散文诗、散文、故事等)进行诵读和讲述,给幼儿聆听与欣赏。

从解决幼儿实际存在的问题出发选择教育活动的内容。例如,某幼儿园小班赵老师发现,孩子们总是单独玩,大部分幼儿不善于和同伴一起游戏。于是她决定要解决这个问题,初步确定的目标是幼儿能主动和同伴游戏。于是赵老师根据目标选择了一个故事,并将故事改编成适合小班幼儿的手偶剧。

2. 幼儿的兴趣与需要

活动内容最好是来自幼儿的兴趣与需要。例如,认识西红柿活动之后,幼儿对番茄酱开始感兴趣,讨论起了番茄酱的做法,由此可以生成一个教学活动"西红柿旅行记",以帮助幼儿了解西红柿成熟后变成番茄酱上餐桌的过程。

即便活动内容是教师根据教育目标选择的,也要考虑幼儿的兴趣点和需求,使活动内容尽可能与幼儿的兴趣与需求吻合。例如,在欣赏散文诗《春雨的色彩》后,幼儿会对颜色变化产生兴趣,由此可以生成一个美术活动,以满足幼儿对色彩变化的认知需要。

3. 幼儿的年龄特点

活动内容的广度和难度符合幼儿的年龄特点。例如,对于上述"西红柿旅行记",如果是小班幼儿,则教师和孩子动手制作番茄酱,孩子只需要了解西红柿如何从果实变成番茄酱就行;如果是中班幼儿,就可以通过视频影像资料来了解番茄酱的制作流程,可以把经验范围扩展到食品工业的生产流程;如果是大班幼儿,则可以通过故事讲述的方式,故事内容可以涉及番茄酱的生产细节。

(二) 活动目标的确定

一旦活动内容选定,就要明确本次活动的具体目标。确定活动目标的主要依据是内容分析和学情分析。

1. 内容分析

内容分析是围绕选定的题目进行内容分解和内容选择的过程。例如,"西红柿旅行记"的内容分解如下(见图6-1-3)。

教师在进行内容选择时要考虑幼儿的已有经验,应结合前期孩子的学习和生活经验进行选择。显然,关于西红柿果实的特征,孩子们已经知晓;关于番茄酱在餐桌上的功用,幼儿在生活中已经熟悉。所以本次学习的重点是西红柿变番茄酱的过程,而变番茄酱的条件可能是一个难点。

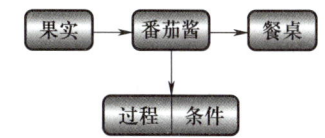

图6-1-3 "西红柿旅行记"内容分解图

2. 学情分析

学情分析即对幼儿的已有经验、认知水平和学习特点进行分析。

已有经验分析指围绕课题,幼儿已经具备哪些经验,哪些经验是难以学会的,哪些经验是经过努力可以掌握的。认知水平和学习特点要根据学习内容的性质和幼儿的年龄去分析,即围绕这个课题,确定幼儿学习新经验的最适宜方式。

例如,对于上述"西红柿旅行记",幼儿关于西红柿果实的外部特征和番茄酱在餐桌上如何食用已经明确,属于已有经验。关于西红柿果实变番茄酱的过程及每个环节的条件是应该学习的新经验。小班幼儿的认知还具有直觉动作性,适合采用动作操作性的学习;中班幼儿的思维是典型的形象思维,适合通过观察影像资料来了解果实变果酱的流程,而变果酱流程中各环节的条件对于中班幼儿还是有难度的,属于学习难点;大班幼儿抽象思维已经萌芽,语言理解能力也增强了,所以通过直观化的语言描述就可以了解果实变果酱的过程,因此学习重点应该是通过实验来探究变果酱的条件。

至此,学习目标就基本明确,教师可根据学习内容的特性确定目标表述的类型,然后选择适当的语言表述目标即可。

(三) 活动准备的构想

根据目标和幼儿的学习方式可以确定活动准备的内容。例如,在上述实例中,不同年龄段,幼儿的学习方式不同,所需搜集和编排的学习材料也不同,如小班是实物及操作工具,中班是影像资料的搜集和编排,大班则是语言资料和实验用具的准备。在经验准备方面,小班幼儿由于先前已经学习了认识西红柿,所以可以观看家长制作番茄酱。中班和大班幼儿可以与家长一起在家制作番茄酱。

(四) 活动过程的安排

活动过程的安排总体上要根据教育活动框架提供的流程来确定,重点是每个环节要综合考虑具体的师幼互动方式、互动媒介和组织形式等。

1. 师幼互动

师幼互动是活动过程设计的重点,教师要充分考虑幼儿的年龄特点和学习方式。学习方式既与幼儿的认知特点关联,也与学习内容关联,因此要结合内容和幼儿特点,明确幼儿的学习方式,根据幼儿的学习方式来选择师幼互动的方式。例如,在单一性教育活动中的引导学习环节,小班幼儿适合于在动作操作中学习,就要在回答问题前让他们先动手操作再回答问题;中班幼儿的记忆能力增强,可以问题在先,感知在后,让他们带着问题去感知,以发展其有意注意的能力;大班幼儿更喜欢探究为什么,由此大班阶段的问题可以请幼儿提出,幼儿回答。

2. 媒介选择

媒介是为师幼互动服务的,因此既要根据师幼互动的方式选择媒介,又要考虑可行性。最好的媒介不一定是具备的,在现实条件不允许时只能放弃。最现代的媒介也不一定是最好的,例如,上述"西红柿旅行记"案例中,实物是一种最合适的媒介,是幼儿操作学习的对象和工具。

3. 组织形式

组织形式是为师幼互动服务的,要考虑组织形式转换的便捷性。为了减少转换组织形式造成的时间浪费或者混乱的现象,教师在活动设计中要将空间因素考虑进去,最好事先确定好座位形式和变换的路径。

4. 时间要素

既然是有计划的活动,那么对活动过程的每个环节就都要考虑时间因素。每个环节的时间长度要考虑幼儿注意力高度集中的限度,各环节之间要动静交替,以顺应幼儿学习的心理规律和身体发育特点。

【典型真题1】简述幼儿园集体教学的利与弊。

【答案要点】(1)由于集体教学是教师有目的、有计划地组织的,班级所有幼儿都参加的一种教育活动,因此,从理论上看它可以具有以下优越性:① 高效、经济、公平;② 对幼儿学习和发展的引领性强;③ 系统性强;④ 形成学习共同体,培养集体感。

(2)幼儿集体教学的弊端:① 集体教学的功能定位不准确,与日常生活和游戏的关系或联系不清楚。② 各领域的教育目标定位不清,核心价值难以体现。③ 对幼儿在各领域发展的年龄特征、学习特点与实际发展水平把握不准,教学目标或高或低,比较空泛,而且重知识技能类目标,轻情感态度类目标。④ 教学内容的"含金量"不大,难易程度不适当;"含金量"较大的内容其教育价值也往往得不到充分的发掘。⑤ 教学过程缺乏有效的师生互动,"启发引导"不足,"灌输控制"有余,幼儿多处于被动学习状态。⑥ 教学方法单一,与幼儿学习特点不符,或者虽花样翻新,但华而不实,不能有效地促进学习。

幼儿园教学固有的不足:一是作为集体活动,难以照顾到幼儿的个体差异;二是在教师按计划组织的集体活动中,幼儿根据个人兴趣自由选择活动内容的空间小,幼儿的自主性受限;三是教学活动中教师的言语指导较多,幼儿的实践操作较少,活动中获得的间接经验多。

【典型真题2】幼儿园教学的基本方法是( )。

A. 演示法　　　B. 示范法　　　C. 观察法　　　D. 范例法

【解析】观察法是幼儿园教学的基本方法,故本题选C项。

【答案】C

【典型真题3】在幼儿园教育活动的组织形式中,( )形式最能为幼儿提供与同伴和教师交谈、讨论、合作和分享经验的机会。

A. 集体活动　　　B. 小组活动　　　C. 全班活动　　　D. 个别活动

【解析】幼儿园教育活动的组织形式包括集体活动、小组活动、个别活动。其中,小组活动最能为幼儿提供与同伴和教师交谈、讨论、合作和分享经验的机会。

【答案】B

【典型真题4】按照布鲁姆等人教育目标分类的观点,了解青蛙的生长发育过程属于( )。

A. 情感目标　　　B. 认知目标　　　C. 动作技能目标　　　D. 行为目标

【解析】布鲁姆把教育目标分为认知目标、动作技能目标、情感目标三类。了解青蛙的生长发育过程是认知目标。

【答案】B

第二节 领域教育活动设计

一、领域教育活动设计的基本环节

领域教育活动在幼儿园中最为普遍。领域教育活动设计的基本环节包括：设计意图（设计思路）、活动目标、活动准备、活动过程、活动延伸。其中，活动目标、活动准备、活动过程是最基本的三个部分，在设计教育活动方案时必不可少，而设计意图和活动延伸根据实际情况有时可以省略。

（一）设计意图

设计意图也叫设计思路，是设计者对活动内容的来源，活动内容的性质、作用与重难点，幼儿的兴趣、发展水平和学习特点等的说明，以及对活动各要素设计想法的描述，特别是对活动组织实施过程的设计想法的说明，包括如何根据目标及活动的重难点进行活动过程各环节的安排，各环节中活动方法、活动形式及活动手段的运用等。

（二）活动目标

活动目标是通过教育活动要达到的预期结果，在活动目标里，要说明幼儿能够获得哪些知识和经验，养成哪些情感和态度，掌握哪些技能和方法等。教师应根据幼儿的年龄特点、原有水平和能力、活动的内容和性质，从"情感""认知""能力"三个维度来确定具体明确的活动目标。由于幼儿园高结构的教育活动内容容量较小，不是每个活动都会涉及这三方面的目标，因此幼儿园单一性教育活动目标的设计，可以从知识与技能目标、过程与方法目标、情感与态度目标三个维度去确定。

1. 知识与技能目标

幼儿在活动中获得的认知性经验，可能是陈述性（即能够说得出来的）经验，也可能是程序性经验（即技能）。例如，在认识西红柿活动中，幼儿主要获得关于西红柿的形状、颜色、味道等陈述性经验；学习拍皮球主要获得拍皮球的动作要领等程序性经验。

2. 过程与方法目标

过程与方法目标是使幼儿学会获得经验的流程和方法。例如，在认识西红柿活动中，幼儿主要是通过看（视觉）、摸（触觉）、尝（味觉）相结合的多感官感知的方法获得关于西红柿的知识经验，教师在指导过程中会强调感知的顺序性，幼儿因此学会了感知的顺序与方法。

3. 情感与态度目标

情感与态度目标是使幼儿在活动过程中产生积极性、兴趣，以及对事物和活动的态度倾向。例如，在认识西红柿活动中，幼儿在情感和态度上应该能达到喜欢吃西红柿的预期效果。

（三）活动准备

要达到预期的目标，顺利完成活动任务，就必须做好充分的活动准备。活动准备一般包括两个方面，即物质准备和经验准备。

1. 物质准备

幼儿园的教育活动，无论是高结构的还是低结构的，教师都要利用大量的可以感知和操作的材料或物品，帮助幼儿通过感知和操作来学习，因此教师的所谓"备教材"主要是准备教育活动中需要的教具与学具。

2. 经验准备

经验准备指教师必须要明确，幼儿学习某项内容需要具备哪些与新内容有关的经验。如果幼儿已经具备则最好，如果还不具备可能就要利用生活活动、游戏活动或者谈话活动，甚至家长配合完成的参观游览等活动来拓展幼儿的经验，使教学中的学习因为有先期经验的准备而能达到预期目标。

例如，在学习散文诗《春雨的色彩》之前，教师可能要带领幼儿观察春天雨后的花草树木，有意识地指导幼儿观察树叶、小草、花朵的颜色变化，为理解散文诗的内容奠定基础。

（四）活动过程

只要是有计划的活动，就需要对活动的进程做一个预先的安排。对于低结构的教育活动，活动进程的安排比较粗略；对于高结构的教育活动，进程安排就需要比较细致，对每一次师幼互动都需要做好预设，考虑的要素也比较多，如时间、组织形式、幼儿的座位安排、幼儿可能的回答及其回应的方式等都需要予以设计。

教学活动在幼儿园的教育活动中发挥着画龙点睛的作用，是对幼儿在游戏和生活中获得的经验的提升和梳理，因此教学活动一定要有新经验的获得。根据儿童学习新经验的基本心理过程，教学活动一般由开始部分、基本部分、结束部分三部分构成。

开始部分，即教学的"导入"环节，主要是为了集中幼儿的注意力和激发幼儿的学习兴趣，通常采用呈现实物、创设问题情境、猜谜语、讲故事或直接告知教学内容和任务等方式。该环节通常三分钟左右，不宜过长。

基本部分，即教学过程的主体部分，一般分成三四个前后衔接的环节，保证幼儿学习上的层层递进。在基本部分，教师应通过提问、讲解、演示、讨论等各种方式，引导幼儿进行积极地观察、操作、思考、理解和发现。同时，教师还应预设幼儿的兴趣点和可能遇到的问题，并使教学环节安排有一定的开放性，以便在实际教学时可以对教学计划进行灵活调整，保证幼儿能够积极主动地进行学习。教师要保证活动目标中的难点得以解决，重点得以突出。

结束部分，即教学的"结束"环节，主要是教师归纳、总结学习活动，或者评价幼儿的学习情况，也可以由教师组织幼儿进行总结或相互评价，激发幼儿再学习的愿望或引发新的学习主题。

在开始部分、基本部分、结束部分中，每个部分又可以分为6个环节。

1. 导入

导入环节一般要达到三个目的：一是吸引幼儿的注意力，激发幼儿学习的积极性；二是引出学习课题；三是告诉幼儿本次活动要学会什么。

由于幼儿的注意以无意注意为主，对于小班幼儿，要用鲜艳的、新颖的、活动的、变化的事物来吸引他们；对于中班和大班幼儿，他们的有意注意开始发展，因此可以采用问题情境来吸引幼儿的注意。无论是新颖的事物还是问题情境都必须以学习的课题为基本内容。例如，在学习散文诗《春雨的色彩》之前，教师可以用春雨的动态图画引出课题，也可以用提问的形式引出课题。

2. 回忆已有经验

通常以提问的形式帮助幼儿回忆与本次活动有关的已有经验，为后面学习加工新经验奠定基础。

3. 呈现学习材料

幼儿园的学习材料一般都是以直观形式呈现给幼儿，让他们观察、初步感知学习内容。当然，呈现学习材料的方式取决于学习内容的性质。例如，认识西红柿，则会把真实的西红柿呈现在幼儿面前，让他们多感官感知；学习散文诗《春雨的色彩》则只能是教师绘声绘色地朗诵，必要时可以配上图画。

4. 引导学习

初步感知后，教师就要引导幼儿完成学习任务。这个环节是教学活动的核心环节，一般情况下，教师以提问的形式引导幼儿进一步感知，并将感知内容与幼儿已有的经验联系起来，帮助幼儿理解。

在这个环节，问题的设计是关键。提问将引导幼儿把学习过程指向活动目标。教师通过一个又一个的问题，一步一步引导幼儿实现学习目标。例如，认识西红柿，教师的重点目标如果是观察的方法,则提问可能会是"你是怎么知道西红柿是圆圆的、红红的,味道酸酸的?"教师的重点目标如果是说出西红柿的外部形态,那么其问题可能就是"谁能说一说西红柿是什么样子的?"

5. 尝试完成任务

这个环节的目的是检查上一个环节学习的效果,教师往往会给出一个有一点变化的任务让幼儿完成。例如,认识西红柿,教师可能会给幼儿一个新的西红柿,让他们辨认。这时给的西红柿可能有红的,有黄的,也可能有形状不规整的,甚至可能还有"假西红柿"(即柿子,与西红柿相似)。

幼儿完成任务可以是个人独立完成,也可以是小组合作完成。

教师根据幼儿完成任务的情况,针对难点问题加以引导,帮助幼儿突破难点。例如,在上述例子中,幼儿可能把黄色西红柿单独放置,认为不是西红柿,也可能会针对"那个柿子"是不是西红柿发生争执。为此,教师就要引导幼儿从味道上来辨认。

6. 评价学习效果与巩固学习成果

在这个环节,教师一般是给出新任务让幼儿完成,以达到评价学习效果和巩固学习成果的目的。

新任务与学习任务相比,难度和变化度都会比较大,如果幼儿能顺利完成,则说明学习效果好,教学目标实现。如果完成不顺利,教师也明确了后续的补救方向,即会把这个任务迁移到生活或者游戏当中延续幼儿的学习。

在上述认识西红柿的实例中,教师的重点目标如果是指向过程与方法的,就可能会让幼儿说一说刚才的观察顺序与方法,也可能会给出其他果实(如草莓)让幼儿感知认识,以检查观察的顺序和方法是否被应用。教师的重点目标如果是西红柿的外部形态,就可能会让幼儿说一说西红柿是什么样子的,也可能会将柿子、红色的苹果或者黄色的苹果和西红柿混在一起,让幼儿找出西红柿。

(五)活动延伸(迁移与应用)

活动延伸是教学活动结束之后教师对后续活动的设计,一般是集体教学活动结束后,为巩固和迁移所学的知识和经验,维持和激发幼儿再次学习的持久兴趣,或者进一步探究尚未解决的问题所进行的活动内容,即所谓延伸出去的活动。这一环节是把在教学活动中学习获得的新经验迁移到生活和游戏中去,有时会延伸到另一个教学活动。例如,学习散文诗《春雨的色彩》后,有的教师会引导幼儿去自由绘画,画一画春雨的色彩。

对于活动延伸部分,教师一般只设计在活动中对幼儿提出的后续活动的要求,但不占用本次活动的时间进行组织与实施,达到引出延伸的要求即可。

▶ 二、单一性教育活动方案设计的要求

(一)单一性教育活动设计的原则

1. 教育目标要突出领域元素

由于幼儿注意力稳定时间较短,幼儿园的教育活动一般在15~30分钟,单一性教育活动学习的新经验不能多,否则将难以突出重点,目标不能实现。因此在确定目标时应该突出领域元素。例如,为了实现社会教育目标而选择一个故事实施教学时,核心目标应该是故事所蕴含的思想或道理。故事本身所包含的语言(如语音、词汇、句型),故事的结构等知识与技能不能喧宾夺主,只能是在过程中自然渗透。如果教师认为这些内容确实值得专门学习,可以专门组织一次语言领域的教育活动。

2. 教育过程与教育结果的辩证统一

教育活动应该关注教育的结果,即每一个环节为教育目标服务,但是不能只重视结果而忽视学

习过程,也不能为过程而过程。有的教育活动强调儿童的快乐,只见热闹的行为表演,看不到儿童的认知和努力。

教育过程与教育结果的辩证统一,可以从教育目标的确定和教育过程的实施两个方面去落实。目标确定时不能忽视过程、方法与目标,过程实施时提供机会让幼儿主动参与到探究与讨论中来,注重教育过程中的随机生成和有机渗透。例如,"西红柿旅行记"案例中,虽然目标是西红柿果实变番茄酱的过程和方法,但在操作环节,教师可以有目的地引导幼儿数数和比较西红柿的大小、重量等。

3. 综合考虑师幼互动形式、媒介和组织形式

教育过程的设计实际上是解决两个问题,即教育环节的安排和每一环节的师幼互动形式。解决第一个问题重点考虑儿童的学习过程,根据儿童的内在学习过程安排教学环节;解决第二个问题则要同时考虑影响师幼互动的时间、空间、材料和组织形式等要素。

4. 注意每一个教育环节的有效性

教师指导的教育活动是结构性较强的活动,目标、内容、方法、步骤是一个整体。教育的每一步骤及其采用的方法都是围绕目标和内容设计的,在教育过程的设计中应尽量减少与目标和内容无关的行为,否则形式上丰富的过程可能难以实现目标。

要避免无效环节的存在,在设计教育活动时,不要机械地按照目标—内容—方法与步骤等直线思考。应该在活动设计好以后,回头再将教育各方面的关系予以分析,看是否能达成一致的教育作用。

(二)单一性教育活动方案示例

1. 活动目标的设计

单一性教育活动目标的确定,除了按照第一节所讲的设计流程操作外,还要考虑目标的维度和表述规范。

幼儿的学习具有直接经验性,教育的过程不仅是获得某种新经验,而且是儿童获得认知与社会性发展的过程,因此应做到知识与技能、过程与方法、情感与态度三维目标并重。

目标的表述:知识与技能目标建议采用行为目标的表述规范,过程与方法目标和情感与态度目标建议采用表现性目标的表述规范。

目标的表述应注意:

(1)从幼儿发展的角度提出目标,体现以幼儿为主体的教育理念,即以幼儿为主体表述目标,表述角度要统一;

(2)目标要适宜,符合幼儿的年龄特点和班级实际,既联系幼儿的已有经验,又有一定的挑战性;

(3)目标要明确、具体,可操作性强,重点突出,切忌过大、过空;

(4)目标应简洁明了。

2. 活动过程的设计

活动过程的设计包括环节安排及各环节的方法、媒介和组织形式的选择。

(1)环节安排。

环节安排的依据是儿童的学习过程。陈述性经验、程序性经验、态度与规范三类经验学习过程的相同点即信息加工,所不同的是程序性经验在信息加工后要经过多次练习才能达到熟练的自动化水平,态度与规范则要在信息加工后不断反复去实践才能变成一种习惯。

为此,单一性教育活动的环节安排就要遵循信息加工的基本过程,即儿童的学习过程,具体内容如下(见表6-1-1)。

表 6-1-1 学习过程与教育环节安排的关系

学习过程	环节安排
注意	引起注意
激活信息加工系统	导入课题
把先前学习的内容提取到工作记忆中	复习、唤醒原有经验
选择性知觉	呈现新的学习材料
编码、精加工	提供学习指导
输出—做出反应	布置任务
建立强化	提供正面反馈
改变情境、应用	布置新的任务，评价教育效果
迁移	巩固和应用于实际生活

（2）各环节方法、媒介和组织形式的选择。

每一个环节的师幼互动方式即平常所说的教学方法。教学方法的选择以幼儿的心理活动特点和学习特点为依据，幼儿的学习方式决定教师的指导方式。因此，每个环节师幼互动方式的选择首先要考虑幼儿的学习行为，然后选择教师的最佳指导行为。

师幼互动方式选定以后就要考虑这个环节的时间、师幼互动借助的媒介及幼儿的组织形式等，下面以中班"西红柿旅行记"为例予以说明。

西红柿旅行记（中班）

一、活动目标

知识与技能：能够说出西红柿制作成番茄酱的基本过程，能小组合作制作番茄酱。

过程与方法：能尝试多种西红柿去皮的方法。

情感与态度：体验制作番茄酱的成就感。

二、活动准备

物质准备：番茄酱厂制作番茄酱的流程视频，不同成熟度和品种的西红柿若干、制作番茄酱的容器每组一套。

经验准备：在家帮助家长给西红柿去皮。

三、活动过程

活动环节	师幼互动	媒介	组织形式	时间
导入	教师出示一瓶番茄酱和一个西红柿，请幼儿观察、对比	实物	集体（马蹄形座位）	1分钟
回忆已有经验	提问：（1）西红柿和番茄酱有什么不同点和相同点？（2）西红柿是怎么变成番茄酱的？	口语	同上	3分钟
呈现学习材料	教师播放视频，请幼儿观看，并提出问题：西红柿在番茄酱厂是怎么变成番茄酱的？	多媒体播放器	同上	2分钟
引导学习	提问：（1）番茄酱厂的西红柿变成番茄酱经过了哪些步骤？（2）西红柿是怎么去皮的？（3）去皮的西红柿是怎么变成酱的？（4）番茄酱最后去了哪里？	口语	同上	3分钟
制作果酱	教师给每人提供一个西红柿（熟透的）、每组一套制作工具	实物	小组每组5人	5分钟

续表

活动环节	师幼互动	媒介	组织形式	时间
经验分享	提问:在制作番茄酱的过程中遇到了什么困难,是怎么克服的?每组一个代表发言	口语	集体分组坐	3分钟
制酱比赛	教师提供每组一篮西红柿(成熟度和品种不同)、每组一套制作工具	实物	小组每组5人	5分钟
成果汇报	(1)参观其他组的成果 (2)点评番茄酱的制作成果(每组一个代表,点评各组成果;其他组已经说出的意见不再重复),要求说明评价原因	口语	集体(马蹄形座位)	3分钟
延伸活动	教师总结学习过程中的表现,建议在角色游戏区开一个果酱铺	口语	同上	1分钟

【典型真题1】以把玩具送回家(实物归类)为题,设计一个小班的活动方案。

【答案要点】(1)活动目标:

知识与技能目标:能按图标将玩具分别进行归类。过程与方法目标:体验玩具的共同属性。情感与态度目标:体验玩具归类整齐的喜悦感。

(2)活动准备:

物质准备:将班级的各种玩具、用品按类有序摆放到玩具橱和用品橱内,并按其种类设计玩具橱图标;设计各种玩具、用品的图标每种一张,胶棒若干。

经验准备:幼儿熟悉要归类的玩具和物品。

(3)活动过程:

导入:出示绒布玩具小熊,教师表演玩具小熊找不到自己家的悲伤情绪。请小朋友为玩具小熊找到它的家。

熟悉班级的玩具橱:带领幼儿逐一参观班级的玩具橱,向幼儿介绍各种玩具橱的名称,让幼儿仔细观察玩具橱里有哪些玩具,对幼儿叫不出名字的玩具,教师可与幼儿一起讨论,给玩具起名字。

给玩具归类:出示各种玩具图标,请幼儿猜猜每个图标代表的是什么玩具,猜对了就请一个幼儿将该图标贴到存放该玩具的那一层(或格子)的柜门上,并告诉幼儿,这里就是该玩具的"家"。还可以提问:这种玩具的旁边(或上面)是什么玩具的家?这种玩具的家在哪个玩具橱?

给玩具找家:幼儿可以到玩具橱中选择自己喜欢玩的玩具到指定地点玩一会儿;把玩具送回它的"家"。

送玩具回家:幼儿自选玩具开展游戏活动(规定游戏时间);游戏结束时请幼儿把玩具送回"家"。

检查玩具回家了吗:请几名幼儿检查各种玩具用品是否放到了规定的地方;请另外几名幼儿送玩具回到正确的"家"。

延伸活动:回家后和爸爸妈妈一起给家里的玩具设计图标;更换玩具材料时,请幼儿尝试更换图标。

【典型真题2】设计一个中班科学教育活动,帮助幼儿感知和发现植物的生长变化及其基本条件。

要求:写出活动名称、活动目标、活动准备和活动过程。

【答案要点】
一、活动名称
中班科学活动——豆子生长记。
二、活动目标
1. 观察和记录豆子的生长变化,感知和发现豆子生长变化经历的阶段及其基本条件。
2. 感受种植的辛苦和收获的喜悦。
三、活动准备
1. 经验准备:事先请幼儿种植豆子,并持续观察记录。
2. 材料投放:人手一本记录本(上面记录了豆子各阶段生长变化的情况及其条件等);幼儿园种植区收获的豆子;教师用的一张集体记录表、笔;有关豆子生长过程的课件。
四、活动过程
1. 体验收获,萌发兴趣。
陈列种植区收获的豆子,引发幼儿的兴趣。
引导语:小朋友们,你们看这是什么?你知道这些豆子是从哪里来的吗?(种植区收获的豆子)这就是你们种的豆子,它们现在是什么样子的?还记得它们以前的样子吗?
2. 观察记录本,交流、讨论豆子生长变化的过程及其基本条件。
请幼儿展示自己的记录本,相互介绍豆子的生长过程
引导语:我们一起来看看自己的记录本,说一说自己种的豆子是怎样慢慢长大的。
3. 集中交流讨论。
引导语:你种植的豆子经历了哪些变化?
(教师帮助幼儿归纳豆子的生长过程:豆子→长出两瓣小芽→长出叶子→长高→开花→结果→成熟)你收获豆子了吗?你是怎么照料豆子的?你认为豆子的生长需要什么?(阳光、水、土壤、空气)
(1)讨论豆子未开花、未结果的原因,从中感受种植的辛苦。
讨论:为什么有些小朋友种植的豆子最后没有结果?他们在照料豆子生长的过程中出现了什么问题?为什么会出现这种问题呢?(引导幼儿说说自己观察到的情况并猜测答案)你们的豆子长得都一样吗?哪里不一样?为什么有的豆子长得高而且叶子多,还开花了,而有的豆子却长得不高,有的甚至烂了呢?你是怎样种的?
教师根据幼儿的回答在记录表"我是这样照顾种子的"栏目进行记录,引导幼儿了解豆子未开花、未结果的原因。
小结:豆子就像我们的好朋友,我们每天都要去看它。发现它干了应该给它浇点水,水次不能浇太多,否则会淹死它;有时还需要把它移到太阳光下,让它接受阳光的照耀。
(2)师幼一同梳理植物生长的规律和条件。
结合有关豆子生长过程的课件,引导幼儿进一步了解植物生长的规律,并告诉幼儿不同植物的生长速度并不相同。
引导幼儿了解植物的生长必须要有空气、水分、阳光等,同时明白要做好一件事是不容易的,需要认真的科学态度和坚持不懈的精神。
(3)去种植区收获成熟的豆子,感受收获的喜悦。
【典型真题3】材料:教师发现,大班的孩子们在玩买卖的游戏时,不管物品的价格多少,总是随意地付款和收款。例如:3元钱的东西,孩子们总是会拿1元、5元、10元的代钱币付钱;有的幼儿不计算总和,不管多少都随意给钱,收款的幼儿也随意收下。

问题:请针对幼儿这一问题设计教育活动。要求写出设计思路、活动名称、活动目标、活动准备和活动过程。

【答案要点】

一、活动名称

认识人民币

二、设计思路

在日常生活中,购买任何东西都需要用到人民币。本次活动让幼儿能够正确认识一些货币的面值,并了解使用货币购物的常识,懂得合理消费,初步树立购物的意识。同时引导幼儿对身边常见事物的现象和特点、变化规律产生兴趣和探究欲望,使数学教育更加生活化、游戏化、综合化。

三、活动目标

1. 知识和技能目标:初步认识人民币,知道人民币的面值。
2. 过程和方法目标:学习看人民币上的数字,在游戏中使用人民币购买相应的商品。
3. 情感态度和价值观目标:有使用钱币购买商品的愿望,体验自主购物的快乐。

四、活动准备

1. 经验准备:幼儿已有的购物经验和对人民币的初步了解。
2. 物质准备:教学视频、人民币道具、课件、各种商品道具。

五、活动过程

1. 导入

播放动画片《小熊逛超市》,并设置问题。

引导语:小朋友们,你们在动画片里看到了什么?小熊想买蜂蜜和蛋糕,用什么才能买到这些东西呢?哪位小朋友能踊跃发言呢?(幼儿自由发言。)

2. 认识人民币

教师出示课件,组织幼儿观察不同面值的人民币;同时出示各种面值的人民币,让幼儿了解人民币的特征(都有国徽),人民币的种类(包括纸币和硬币),人民币的面值及相应的汉字、颜色。

引导语:小朋友们,你们认识这些人民币吗?它们有什么不同呢?

引导幼儿分别观察人民币正面和反面的图案和数字。

小结:我们可以通过人民币的数字、颜色和图案来区分和辨别人民币。

3. 使用人民币

出示一些贴有价格的玩具,请幼儿用自己带来的人民币模拟买玩具的过程(最好每人能买到一个玩具)。告诉幼儿这是游戏,买来的玩具可以玩一会儿,再用玩具换回自己的钱。(用玩具模拟买卖比较合适,这样幼儿买好了可以玩,如果是食品和其他用品,幼儿不能吃和用,会影响幼儿游戏的积极性。)在买卖过程中,教师要注重引导幼儿识别玩具的标价,尝试进行货币的换算。

算错的幼儿可以回到座位上继续思考,想好了再买。还可以提供一些可操作的货币,让幼儿边摆弄边思考,降低换算的难度。

4. 总结反思,延伸探究

这节课的收获:培养幼儿养成节约用钱的好习惯,教育幼儿不在人民币上乱写乱画。

请幼儿回家和爸爸妈妈到商店看一看,商店物品的价格大约是多少,可以试着自己尝试购物。

【典型真题4】材料:大班的江老师出差两天,回来以后,孩子们都过来告亮亮的状,说亮亮总是搞破坏。亮亮说:"我不是在搞破坏,我是孙悟空,我在打妖怪。"晶晶说:"我不是妖怪,我是唐僧。"其他孩子有的说:"我不是妖怪,我是玉皇大帝。"还有的说:"我也是孙悟空,我要扮演孙悟空。"孩子们七嘴八舌,早就忘记了告状这件事,都在讨论自己要扮演什么。

问题:请设计谈话活动,从"孙悟空"的行为目的和意义开始,将幼儿的破坏性扮演行为引导成表演性游戏行为。要求写出活动名称、活动目的和活动过程。

【答案要点】

一、活动名称

我是小主角

二、活动目标

1. 过程与方法目标:通过观看《西游记》的片段视频,初步了解西游记中主要角色是哪些,大致了解该片段的情节内容,了解孙悟空打妖怪的目的和意义。

2. 知识与技能目标:通过扮演角色进行角色表演,进一步明晰角色特点及其标志性动作。

3. 情感态度与价值观目标:幼儿主动参与活动,乐于与其他幼儿进行活动交流,大胆进行角色表演。

三、活动准备

《西游记》中人物角色头饰和衣物;相关视频片段、孙悟空的图片。

四、活动过程

(一)图片导入,引出主题

1. 教师带领小朋友们做《咕噜咕噜锤》手指谣,设置悬念,引出孙悟空的图片进行活动主题引入,激发幼儿的活动兴趣。

引导语:请大家看这是谁?是哪部动画片的角色?

2. 教师引导幼儿对孙悟空的角色进行讨论。演示孙悟空的标志性动作、语言,请幼儿大胆表达自己的想法。

引导语:大家知道孙悟空的标志性动作是什么吗?孙悟空标志性的语言是什么呢?(幼儿自由发言。)

教师总结幼儿的发言并进行夸奖,并过渡到正式活动环节。

(二)活动展开

1. 教师播放准备好的《西游记》视频片段,幼儿通过观看视频,初步了解具体内容情节及主要角色特点。

2. 教师通过由浅入深提问的方式,帮助幼儿进一步了解视频片段内容,知道孙悟空打妖怪的目的和意义,让幼儿自由地表达自己对主题内容的理解。

(1)教师提出问题,幼儿进一步深入了解。

引导语:视频中出现了什么角色?他们都在干什么?视频中的孙悟空在干什么?他为什么要怎么做?你觉得孙悟空这样做对吗?为什么?

(2)幼儿自由表达,教师对幼儿的回答进行总结。

引导语:孙悟空打妖怪是为了保护自己的师傅和朋友,我们也要学会保护自己和身边的家人朋友,和伙伴们相互关心,如果欺负其他小朋友,我们就像小妖怪一样,会被孙悟空和玉皇大帝惩罚。

3. 教师请幼儿扮演《西游记》的角色,进行角色表演。

(1)教师请幼儿离开小板凳,组织幼儿排队走进活动室,进行角色表演。

(2)教师展示角色头饰,请幼儿自由挑选自己喜欢的头饰进行扮演。

(3)教师宣布角色游戏开始,在进行角色游戏的过程中进一步对幼儿进行指导。

(4)游戏结束,教师对幼儿进行简单点评和夸奖,并让幼儿互相点评表演中的表现,促进幼儿语言表达能力的发展,鼓励幼儿大胆进行角色表演。

教师小结:每位小朋友都做出了自己所扮演角色的标志性动作,说出了视频中角色的主要语言,表演得活灵活现,大家都很棒,都是厉害的小演员。

(三)活动结束

1. 教师整体夸奖幼儿活动表现,并进行主题的升华。

2. 教师播放结束音乐,小朋友们边唱边跳,让幼儿在音乐中感受活动的乐趣。

五、活动延伸

教师请幼儿到旁边的美工区进行《西游记》故事情境的绘画,促进幼儿创意作画能力发展。

【典型真题5】材料:菊花盛开了,枫叶红了,幼儿园准备组织大班幼儿去秋游。园里已经联系好公园和车辆。要求各班教师写出自己班的工作计划。

问题:如果你是大二班的教师,请你写出你班的工作计划,包括内容、目的、方法等。

【答案要点】

大二班秋游工作计划

《幼儿园教育指导纲要(试行)》中指出,幼儿园应与家庭、社区密切合作,与小学相互衔接,综合利用各种教育资源,共同为幼儿的发展创造良好的条件;充分利用自然环境和社区的教育资源,扩展幼儿生活和学习的空间。因此,为了让幼儿更好地感知秋的到来,我们组织了公园一日游活动。

一、活动目的

1. 了解秋天的季节特征和变化,丰富幼儿的知识,扩大幼儿的眼界。

2. 发展幼儿的观察力、想象力及审美能力。

3. 感受大自然的美好,体验集体活动的快乐。

4. 加强家园联系,增进家园间的交流。

二、活动时间:××××年××月××日(星期×)8:30—12:00

三、活动地点:×××公园

四、活动准备

1. 请家长陪同并提前两天将陪同人员名单报给班级教师。

2. 活动当天请给孩子穿轻便的服装,以方便步行。

3. 带适量的零食、水、纸巾,并每人准备好一个垃圾袋,教育孩子保护环境。

4. 教师带好写生画板及其他绘画材料。

5. 准备医药包,带好地垫等所需物品。

6. 准备好班牌,以便召集本班小朋友。

五、活动内容

1. 8:30在幼儿园正门口集合,组织本班幼儿排队,清点人数,以班级为单位有序乘车去公园。提醒家长和幼儿注意自己乘车的车号和牌号。

2. 教师讲解秋游要求

(1)在乘车的途中,注意不要让孩子将手、头伸到窗外,注意安全。

(2)在车上、公园里,保持周围环境清洁。

(3)请家长照顾好自己的孩子,一切听从指挥,遵守活动规则。

3. 具体活动

9:20—10:10 活动一：观察感知、秋日写生（多感官参与法）。

带领全体幼儿及家长游览XXX公园，观察秋天里大自然的变化，然后教师分发画板，组织幼儿进行写生，并分享自己的作品。

10:20—11:20 活动二：集体亲子小游戏（游戏法）。

（1）"幸福摩天轮"游戏

玩法：幼儿和家长绕着圈走，当听到指令"幸福摩天轮"时，每个人做出相应动作。例如，当听到指令"幸福摩天轮3"时，3个家庭抱在一起（注：每个家庭大人和孩子各一人）

（2）"大西瓜、小西瓜"游戏

玩法：家长和孩子面对面站立，家长说："大西瓜"，孩子就做"小西瓜"的手势。家长说："小西瓜"，孩子就做"大西瓜"手势。错者淘汰，最后未被淘汰者为胜利者。然后，互换角色进行下一轮游戏。

注意：此游戏也可由主持人发出指令，家长和孩子一起做。可另选些词语，如高、矮、胖、瘦来进行类似游戏。

11:20—11:50 活动三：集体野餐。

11:50—12:10 互相交流秋游的感受、拍照留念（互动交流法）。

4. 活动结束，清点人数，集体乘车返回

请小朋友回到家和爸爸妈妈一起用捡到的树叶进行贴画创作，并把作品带到幼儿园和教师、小朋友一起分享。

【典型真题6】幼儿园准备组织一次春游。大一班的小朋友很高兴，有的说要去这里玩，有的说要去那里玩；有的说坐地铁去，有的说还是乘汽车好；有的在谈论自己要带什么美食……陈老师想，既然小朋友有这么多问题，那么是否可以生成一个教育活动，带着小朋友一起研究解决这些问题呢？

要求：请帮助陈老师设计一个"我们要去春游了"的教育活动，写出活动目标、活动准备和活动过程。

【答案要点】略。

第三节 综合性主题活动设计

一、综合性主题活动的意义

《幼儿园教育指导纲要（试行）》指出：教育活动内容的组织应充分考虑幼儿的学习特点和认识规律，各领域的内容要有机联系，相互渗透，注重综合性、趣味性、活动性，寓教育于生活、游戏之中。幼儿的学习与发展具有整体性，各领域、各目标之间是相互渗透和整合的，因此幼儿园的课程是综合性课程。

（一）综合性主题活动应顺应幼儿经验的整体性特点

由于幼儿自身还不具备经验整合能力，难以将单独一节课的内容主动综合起来，为此，教育活动本身必须是整合的，以使幼儿获得的经验具有整体性。

（二）综合性主题活动是实现各领域教育目标与内容整合的有效模式

根据幼儿的学习特点和认知规律，各领域应该有机联系、相互渗透。如何渗透呢？以主题的形

式可以整合幼儿各方面的经验。同一个主题,可以通过身体动作、语言、声音符号、空间色彩符号乃至数学符号去认知和表达。例如,围绕"西红柿"这个主题,幼儿可以多感官感知、可以动手制作番茄酱、可以用儿歌的形式表述西红柿的特点,也可以用音符和色彩表达幼儿的认知结果,在各种认知与表达中还可以渗透西红柿的形状、数量等数学元素。

(三) 综合性主题活动可以涵盖认知、动作与情感目标

根据布鲁姆的教育目标分类体系,教育目标可以分为三个领域,由此形成了教育的三维目标。综合主题活动由于其经验范围比单一的一节课广泛,因而能够涵盖这三个维度,实现"从不同的角度促进幼儿情感、态度、能力、知识、技能等方面的发展"的目标。

▶ 二、综合性主题活动的设计

综合性主题活动的主题可以是涵盖面较广的大主题,如"端午节",也可以是涵盖面较小的主题,如"西红柿",甚至一个故事就可以构成一个小主题。

(一) 综合性主题活动方案的结构

综合性主题活动方案的基本结构包括主题背景、主题目标、主题系列活动结构和环境创设四个部分。

1. 主题背景

主题背景主要说明主题产生的缘由和选择的依据。主题产生的缘由一般源自四个方面,即比较稳定的认知内容、幼儿的兴趣、社会问题和社会热点话题。

稳定的认知内容是构成幼儿园课程的主要内容,一般从两个方面出发进行选择:一是随着季节和时间的变化,从自然环境和人们的社会生活习俗中选择主题,如春夏秋冬、节日习俗等;二是随着幼儿年龄的变化,从幼儿的自我意识和人际交往的需求方面选择主题,如"我上幼儿园啦""我长大了""我要上小学了"等。

幼儿在生活和游戏中会产生一些认知兴趣,因此可以生成一些教育活动主题,如"毛毛虫是怎么变成蝴蝶的""我是怎么生出来的"等。

社会问题则是一些影响面较大的、时间较长的问题,由于对社会生活的影响较大,媒体讨论比较多,也会引起幼儿的兴趣,因此可以成为学习主题,如"垃圾分类"等。

社会热点话题是一些时间性很强的话题,随着媒体的报道,也会引起幼儿的兴趣,因此可以产生学习的主题,如"载人航天""世界杯"等。

同一个时间段可能会产生多个主题,为此要选择最合适的主题。主题选择既要考虑上一级的教育目标,也要考虑幼儿的需求。

2. 主题目标

根据布鲁姆的教育目标分类系统,主题目标包括认知、动作与情感三个维度,也就是说,主题目标至少有三条。

认知目标包括知识和认知技能两方面:知识即对周围事物和现象的认识结果;认知技能指对事物感知、理解的过程与方法,如提出问题、观察的顺序与方法、猜想与假设、搜集信息、调查验证、表达与交流等。这类目标有时又被称为能力目标,但能力是知识与技能的综合,所以还是称为认知目标比较合适。

动作领域的目标往往被称为技能目标,它实际上指的是动作技能,与认知技能无关。

动作领域的目标包括粗大动作和精细动作两个方面。布鲁姆教育目标分类系统将动作领域的目标分解为七个层次,即从低到高的七种水平。

知觉:能够观察到动作的流程和要领。

定向:在生理和心理上做好了运动的准备。

有指导的反应：能对动作进行模仿和尝试。
机械动作：能够独立完成动作流程，但是还不熟练，部分动作还不符合要领。
复杂的外显动作：动作已经基本熟练，达到了自动化的水平，能够迅速、连贯、精确地完成动作。
适应：能够根据情境的变化改变动作，是高水平的动作技能。
创新：能创造出新的动作模式，如舞蹈创编。

一般来讲，动作领域的学习结果以第五、第六种水平为主。

情感目标包括情感与态度两方面。例如，《3~6岁儿童学习与发展指南》中科学领域的"亲近自然、喜欢探究"就属于情感领域的目标。亲近是一种态度，喜欢就是一种情感了。主题目标的表述由于其具体、明确性要求较低，可以采用表现性目标的语言规范来表达。可以使用初步感知、具有、认识、学习等动词。

3. 主题系列活动结构

主题系列活动结构是实现目标的过程安排。开展此类活动要考虑两个要素：一是活动内容；二是活动之间的关系和时间顺序。

系列活动应该有单一性教育活动、游戏活动和其他辅助活动，如参观游览，甚至在生活活动中都可以渗透主题教育内容。系列活动的表述可以是叙述式，也可以是表格式或网络图，无论怎样表述，都要明确活动名称、活动地点、时间与组织形式等要素。

4. 环境创设

环境为教育目标服务，部分环境要素需要随着主题的变化而变化。空间布置和材料投放都需要围绕主题内容予以变化。例如，主题墙的空间规划，阅读区、美工区的材料投放都要为主题目标服务，让幼儿浸润在主题之中。

（二）综合性主题活动方案设计的步骤

1. 选择与确定主题

综合性主题根据其稳定性可以分为稳定的主题、相对稳定的主题、变化性主题和生成性主题。

稳定的主题一般来自幼儿园的课程体系，它是课程编制者根据幼儿的发展需求而确定的，如春夏秋冬的主题。

相对稳定的主题也来自幼儿园的课程体系，但往往是园本课程的主题，有的是具有浓郁地方特色的主题，有的是由幼儿园的教育理念确定的，如有些幼儿园强调生命教育，由此产生"我从哪里来"的主题。

变化性主题往往来源于社会热点，如北京奥运会、上海世博会等都是时代热点从而演变为幼儿园教育主题。

生成性主题源于幼儿的兴趣和教师观察发现的幼儿问题。例如，幼儿对毛毛虫的兴趣可以生成"昆虫"主题；教师发现班级幼儿中出现了比较普遍的说脏话现象，可以生成"做文明的好孩子"主题。

2. 确定主题方案目标

确定主题方案目标需要经过主题内容分析、学情分析及目标陈述三个步骤。

主题内容分析：首先通过发散性思维，将主题词所蕴含的所有内容都罗列出来；然后根据幼儿的认知水平和经验范围进行筛选，将幼儿关于这个主题的已有经验和难以学习的经验删除，留下的内容就是可以学习的内容；最后，按照性质将能够学习的内容之间的逻辑关系理清。

学情分析：主要明确三个问题，即围绕主题，幼儿的已有经验是什么；幼儿的认知特点是怎样的；围绕主题的学习内容，幼儿的学习特点是怎样的。

目标陈述：根据认知、动作和情感三个维度将可能的目标罗列出来，然后加以遴选和陈述，目标一般在三到六条即可。

3. 编制主题活动网络

主题活动网络的编制分两步：第一步是围绕目标，通过发散性思维将可能的活动内容罗列出来，然后根据内容的教育价值和可行性进行选择；第二步，将选择好的活动，根据幼儿的学习规律，按照一定的格式进行编排，一般按照时间顺序编排。建议采用表格式编排，表格主要条目包括活动名称、活动时间、活动类型、活动地点、主要内容和组织形式等。

4. 环境创设

环境创设主要考虑四个方面，即为教学活动服务的主题墙的设计、为游戏活动服务的空间区域调整和材料投放、为生活活动服务的资料准备，以及家园共育项目的设计。

主题墙不是学习材料的呈现空间，而是学习过程中幼儿作品的展示空间，因此以主题墙的空间规划为主。为主题服务的一些游戏区域可以根据主题内容进行材料投放和适当的区域调整，以微调为主。生活活动中如果能渗透主题内容，那么就要做一些生活教育资源的准备。例如，"西红柿"主题下，可以设计一个帮厨活动，那就需要和后勤采购与厨房做好联系与准备。

主题活动的完成，往往需要一些家园共育活动来协同实现目标，因此要明确家长及其家庭教育的项目，及早联系家长。

5. 设计系列活动

根据系列活动网络，部分计划性较强的活动也要予以提前设计，特别是一些需要充分准备的活动，如参观活动、重要的教学活动等。具体设计步骤请参阅单一性教育活动的设计。

【典型真题1】教师拟定教育活动目标时，以幼儿现有发展水平与可以达到水平之间的距离为依据，这种做法体现的是（　　）。

A. 维果茨基的最近发展区理论

B. 班杜拉的观察学习理论

C. 皮亚杰的认知发展阶段论

D. 布鲁纳的发现教学论

【解析】维果茨基的"最近发展区"指的是，儿童能够独立表现出来的心理发展水平和儿童在成人的指导下所表现出来的心理发展水平之间往往有一个距离。

【答案】A

【典型真题2】材料：中二班幼儿在娃娃家游戏中，接待"客人"主动热情，与长辈交往很有礼貌，可家长却说，孩子在家不是这样的，有客人来了很少打招呼，还经常对爷爷奶奶发脾气。

问题：请针对上述幼儿行为的反差，设计解决这一问题的教育方案。要求写出问题的原因分析、教育目标、教育指导内容与方法。

【答案要点】原因分析：

（1）孩子的心理特点。孩子年幼，自控能力差，对家长有强烈的依赖心理。

（2）家长自身的原因。溺爱孩子，对他们放松要求；保护过多，对孩子包办代替；教育方法不得当；忽视了家庭与幼儿园教育的一致性。

由此可以生成教育主题：做文明礼貌的好孩子。

教育目标：

（1）认知目标：①能说出文明礼貌的行为表现，包括在幼儿园和在家里的行为和表现；②在幼儿园和家里都能表现出文明礼貌的言行。

（2）动作技能目标：①能每天主动为妈妈做一件事；②每天能给照顾自己生活的家人说一句"您辛苦啦，谢谢您！"

（3）情感与态度目标：积极参与各项活动，为自己是一个"文明礼貌的好孩子"而自豪。

教育指导内容与组织形式:

时间	活动名称	活动类型	地点	主要内容	组织形式
周一	故事欣赏《小熊家请客》——根据《小熊请客》改编	语言领域教学活动	活动室	小熊家请客,大熊没礼貌,客人都不喜欢大熊,二熊礼貌待客,大家都喜欢他	集体教学
周二	谁是文明礼貌的好孩子	社会领域教学活动	活动室	围绕大熊和二熊的言行进行讨论,提出文明礼貌的言行要求,即动作领域目标	集体教学、分组讨论后汇报
周三	我是文明礼貌的好孩子	影片观摩活动	活动室	幼儿在家和在园的文明礼貌言行影片展示	集体教学
周四	怎么做一个文明礼貌的好孩子	社会领域谈话活动	活动室	围绕主题谈话,孩子们分享做到文明礼貌的办法	集体教学
周五	我能做到文明礼貌	社会领域综合实践活动:角色扮演	室内与室外创设宴请场景	幼儿分工合作进行角色扮演,角色有主人和客人	小组教学

环境创设:

(1)游戏区调整:在表演游戏区投放大熊和二熊的手偶。

(2)主题墙规划:一部分展示文明礼貌的言行图示,一部分用于展示幼儿在家、在园的文明礼貌言行照片。

(3)家园共育:①提前告知家长本周主题教育目标和家庭教育的要求,即动作领域的目标要求;②请家长拍摄孩子在家的文明礼貌言行视频与照片,并及时将电子稿发送给教师。

【典型真题3】为了帮助小班新入园幼儿尽快适应集体生活,余老师准备开展"高高兴兴上幼儿园"系列主题活动。请围绕该主题为余老师设计三个子活动。

要求:(1)写出主题活动总目标。

(2)写出其中一个子活动的活动方案,包括活动的名称、目标、准备和主要环节。

(3)写出另外两个子活动的名称、目标。

【答案要点】

参考设计:

小班主题活动"高高兴兴上幼儿园"

主题目标:

(1)认识、了解自己所在幼儿园的环境。

(2)乐意与同伴、教师交往,大胆表达自己愉快的心情。

(3)乐意参加幼儿园的各项活动,喜欢幼儿园生活,爱护幼儿园的公物。

(4)学习基本的生活自理技能,能够自己的事情自己做。

子活动一:小班语言领域活动"高高兴兴上幼儿园"

一、活动目标

(1)了解故事的主要角色和内容,知道故事的主要情节。

(2)能够参与班级讨论,提高表演故事角色的技能。

(3)初步养成安静、专心听故事的意识,萌发去幼儿园的喜悦之情。

二、活动准备

(1)物质准备:多媒体课件、挂图、小动物手偶等。

(2)经验准备:幼儿之前有听故事的经验。

三、活动过程

1. 导入部分

教师放映多媒体课件,引导幼儿观看后讨论:故事中有谁?它们都干什么?

2. 展开部分

(1)教师完整讲述故事,并根据诗歌内容提问。

①教师结合挂图分段讲述,设计问题帮助幼儿理解故事情节:"小白兔先遇到谁?又遇到谁?"

②教师请幼儿说一说"他们去幼儿园的表情是什么样的?为什么会有这样的表情?"。

(2)结合相关挂图,逐段理解故事。

教师用手偶示范,并根据故事情节,引导幼儿说出小动物们说的话。

(3)引导幼儿讨论"我们小朋友应怎样上幼儿园?"。

幼儿讨论,教师指导。

(4)幼儿自选角色,教师参与游戏,一起对故事内容进行表演。

3. 活动总结

小朋友们应该学习小白兔、小鸭子、小花猫,高高兴兴地上幼儿园。因为幼儿园里会有很多小朋友,还有老师,大家在一起开开心心地玩。

四、活动延伸

家园共育:幼儿回家后把故事讲给爸爸妈妈听,家长及时鼓励、教育幼儿愉快地上幼儿园。

子活动二:小班健康领域活动"幼儿园真好玩"

活动目标:

(1)学会各种大型运动器械的正确玩法,提高幼儿动作技能。

(2)通过教师的提示,了解大型器械的名称及玩耍时的注意事项。

(3)喜欢幼儿园的各种器械玩具,在活动过程中情绪积极、愉悦。

子活动三:小班艺术领域活动"我爱我的幼儿园"

活动目标:

(1)学会用自然的声音一句一句唱歌,对歌曲节奏的把握能力、歌唱能力得到提高。

(2)通过观察图片能理解歌词内容,理解教师在活动中提出的要求。

(3)初步体验唱歌的欢乐,萌发对唱歌的兴趣。

第二章 各领域教育活动的实施

知识体系及思维脉络图

```
各领域的教育内容与教学方法 ──→ 教育活动过程的组织与指导
    │                              │
    ├─ 健康领域的教育内容与教学方法    ├─ 教育活动中的师幼互动
    ├─ 语言领域的教育内容与教学方法    └─ 教育活动中的个别指导
    ├─ 社会领域的教育内容与教学方法
    ├─ 科学领域的教育内容与教学方法
    └─ 艺术领域的教育内容与教学方法
```

核心考点及学习提示

【核心考点】
各领域的教育内容与教学方法：明确各领域的教育内容与教学方法。
活动过程的指导：能根据幼儿的需要选择互动方式并进行个别指导。
【学习提示】
考试重点：各领域的教育内容及教学方法。
考试难点：根据幼儿的个体差异进行个别指导。

第一节 各领域的教育内容与教学方法

一、健康领域的教育内容与教学方法

（一）健康领域的教育内容

健康领域的教育内容是为健康领域教育目标服务的，根据《3~6岁儿童学习与发展指南》健康领域的目标及其教育建议，健康领域的教育内容可以相对区分为身体健康和心理健康两大方面。

1. 身体健康

（1）生活习惯教育。

生活习惯教育的内容主要指个人卫生习惯、公共卫生习惯、生活自理、作息习惯和正确的站、坐、行、睡姿势的培养。良好生活习惯培养的主要途径是生活活动，某些难点问题可以通过教学活

动解决。

（2）饮食营养教育。

饮食营养教育包括饮食习惯和营养常识两个方面。良好的饮食习惯可以在餐饮环节随机培养，营养常识的获得可以通过餐饮环节的随机教育，也可以通过教学活动完成。

（3）身体认知与保护教育。

身体认知的主要内容是身体外形、简单的生命现象和五官。身体保护主要是基本的疾病预防和五官保护。

这一部分内容可以渗透在生活活动中，但有一定难度的内容需要借助于教学活动完成，如认识五官等。

（4）安全教育。

安全教育的内容包括认识日常生活中常见的安全标识、遵守交通规则和学习自然灾害中的简单自救方法。

日常生活中的安全常识、规则可以渗透在一日生活的各个环节进行随机教育，自然灾害中的自救技能则需要在专门的教学活动中学习。

（5）幼儿体育。

幼儿园的体育活动包括基本动作、基本体操和队列队形，以及基本的器械活动。体育活动的基本途径是自由游戏和体育游戏。体育游戏需要教师创编、设计与组织，是教学活动的重要内容。

2. 心理健康

世界卫生组织对健康的含义做了科学的界定：健康是一种在身体上、心理上和社会适应方面的完好状态。健康包括生理健康、心理健康和社会适应三个方面。那么，幼儿的健康教育不仅指身体健康教育，也包括心理健康教育。幼儿的心理健康教育主要包括积极的自我意识教育、良好的情绪与适应能力教育、性教育、心理障碍与行为异常的预防教育等。

（二）健康领域的教学方法

1. 健康领域教育内容的学习性质

健康领域的教育内容，从学习性质的角度可以分为知识、技能和规则三类。

健康知识：根据幼儿的年龄特点，可以划分为简单知识和复杂知识。简单知识告诉幼儿就可以理解，如"早晚要刷牙、饭后要漱口"；复杂知识则需要专门的教学活动，如为什么要饭后漱口。

体育（运动）技能：基本内容是动作技能，简单技能在自由游戏中就可以达到练习的目的，有一定难度的技能则需要教师以规则游戏的方式实施教学。

生活习惯：由技能和规则构成，幼儿对这些内容的理解没有太大的难度，以直观的方式和语言讲解的方式告知幼儿，他们就可以知晓、理解。难点在于形成习惯，习惯的本质是动力定型，其形成的机制是不断地练习和及时强化。

鉴于上述原因，健康领域的基本教学方法是直观演示法、示范法、练习法和强化法。无论采用什么方法，无论在生活中学习还是在专门的教学活动中学习，都可根据幼儿的年龄特点将过程游戏化、生活化。

2. 健康领域的基本教学方法

（1）直观演示法。

以实物、图片、模型、动画等直观手段，通过演示和观察来理解健康知识的方法。

由于健康领域的一些知识如牙齿的结构、龋齿的形成过程、食物的消化、食物的营养成分等内容比较微观，难以直接观察，因此需要借助于一定的技术手段，通过放大、动态模拟等方式演示，才能让幼儿感知、理解，所以直观演示法是健康领域的基本教学方法。

直观手段的选择要充分考虑内容性质和幼儿的认知特点。在演示过程中要注重对幼儿观察的言语指导。演示与言语指导的关系以幼儿的注意特点为基础，小班幼儿适合演示在先、问题在后，中班、大班幼儿则适合问题在先、演示在后。

（2）示范法。

对运动技能的学习，以教师的示范为基本方法。在动作技能的知觉定向阶段，应将示范与讲解相结合。小班幼儿可以采取先示范、后讲解的方法；中班幼儿由于注意分配能力基本具备，可以采取边示范、边讲解的方法；大班幼儿语言理解能力增强，可以采取先讲解、后示范的方法，以示范动作难点为主。

其中，示范与否，示范与讲解的关系，不仅要考虑幼儿的特点，还要考虑动作技能的特点。

（3）练习法。

健康领域的动作技能和生活习惯，幼儿在感知理解后，只有经过大量的练习才能达到自动化的程度并内化为习惯，因此练习法是健康领域的基本教学方法。

练习要注意形式多样化以避免幼儿产生疲劳和厌倦。练习过程中要及时反馈和给予强化。

练习的安排要遵循练习曲线的规律，在练习的高原期注重强化，防止半途而废。所谓练习曲线，指在技能练习过程中，练习的效果显示出先快后慢的现象，而且技能达到一定的熟练程度会出现停滞现象，即高原期。在高原期继续练习才能突破现状，显示出练习的效果。如果意志薄弱，则很容易放弃练习，使技能的学习难以达到较高的适应水平。

（4）强化法。

强化是指使行为得以增强的一切形式或手段，一般指关注、鼓励、表扬、奖励等。在动作技能和生活习惯的练习过程中，教师对幼儿产生影响的主要方法就是强化法。

强化法的应用：一是要根据练习的进程，在时间上从及时强化到逐渐减少强化次数，防止幼儿学习依赖性的形成；二是要注意个体差异，强化的手段与形式要因人而异，如小红花并不是每个幼儿都渴望得到的，因此强化手段要建立在对幼儿需求理解的基础上，即幼儿渴望得到什么，教师就要以满足其正当需要为强化手段。强化的应用是幼儿园教师教育艺术性的体现，因此没有万能的强化手段，只有适宜的强化手段。

二、语言领域的教育内容与教学方法

（一）语言领域的教育内容

语言是交流和表达思维的工具，是一个符号系统。语言的构成要素是语音、词汇和语法。儿童学习语言既包括掌握语言符号系统的各个要素，又包括学习运用语言符号进行交际。对于幼儿来讲，重点是后者，即语言运用能力的发展。

语言运用表现为听、说、读、写四个方面，幼儿以听和说为主，读和写的能力以萌发为主，为后继书面语言的读写奠定基础。听、说能力表现为日常生活中的谈话、讲述和幼儿文学作品的欣赏，读、写萌发表现为图画书阅读和书写准备。

从语言领域的教育目标出发，结合上述分析，语言领域的教育内容可以划分为学说普通话、谈话、讲述、文学欣赏、早期阅读和书写准备六个方面。

1. 学说普通话

在儿童能用本族语言或方言进行日常交际的基础上，学习普通话的语音，辨别方言与普通话中的不同发音和不同声调，注意普通话和方言中相同意思的不同表述，学会规范的普通话。

2. 谈话

谈话的形式包括个别交谈和集体交谈。

谈话的学习内容包括语言和交际两个方面。语言的学习指对词句的感知、理解和应用。交际

规则包括谈话中的听说轮换、及时反馈等。

谈话的语言形式主要是情境性语言,可以借助于情境和动作、表情来理解和传达意思,因此不要求语言的连贯性和完整性。

3. 讲述

讲述运用的是比较连贯的独白语言,要求语言内容比较丰富,语句结构比较完整。

讲述的学习内容主要是构词成句,完整、连贯和有顺序地表达意思,因此学习的重点是丰富词汇和句型,以及讲述的顺序性和逻辑性。

4. 文学欣赏

文学作品是语言运用的典范,是学习语言的最佳范本,同时,也承载着扩大认知范围、陶冶情感的功能,因此是教育的最佳材料,幼儿园教育也不例外。

作为语言教育领域的文学欣赏主要发挥着语言运用的示范功能。

(1)语言要素的学习。

文学作品是按照一定的文学结构运用语言表达思想的艺术,因此通过文学作品可以学习语言的基本要素,即语音、词汇和句型。好的文学作品总是应用了丰富的词汇和结构工整的句型恰当表达作者的想法,因此可以将作品中适合幼儿年龄的语音、词汇和句型作为重要的学习内容。

(2)文学结构的学习。

任何一种文学体裁都有自己独特的结构,只有了解了文学作品的结构才能更好地理解其含义。所以文学作品的结构和表达手法也是幼儿文学欣赏中可以学习的内容。文学结构及其表现手法不能剥离出来专门学习,而是在反复的聆听、诵讲和教师的引导中去理解。

(3)欣赏方法的学习。

文学作品的欣赏方法包括聆听、诵讲与表演、仿编。注意聆听成人诵读文学作品,不仅可以学会聆听,而且能养成对文学作品的爱好;朗诵、讲述和表演是表达对文学作品理解的一种基本技能,也是加深对文学作品理解的基本方法;仿编则是将语言要素和文学特点的学习结果表现出来的方法,也是儿童文学创作的萌发。

5. 早期阅读

早期阅读是由口头语言向书面语言过渡,理解口语与文字之间关系的重要经验。早期阅读的文本以图画书为主,是在成人的陪伴下,从图画认知和讲述结合理解图画书,逐渐向自主阅读过渡的过程。

早期阅读的学习内容包括建立口头语言和书面语言的对应关系,萌发阅读兴趣,建立对文字的敏感性,学习简单的阅读策略与技能,获得简单的图书知识。

(1)学习观察图书画面。

由于早期阅读的文本是图画书,幼儿首先要学习观察图画,才能理解图书表达的含义。在教育过程中,教师与家长要引导幼儿学习观察图画的顺序与方法,使幼儿只看图画也能理解图书的意义。

(2)边看边听,把口语、书面语和图画三者结合起来。

早期阅读是在成人陪伴下的阅读,所以幼儿是一边看、一边听成人讲述。在这个过程中能够将口语、图画和书面语联系起来,建立口语与书面语的对应关系,使幼儿萌发对文字的敏感性,产生识字兴趣和阅读兴趣。

(3)认识图书的结构,学习阅读图书的方法。

早期阅读的最终目标是幼儿学会自主阅读,因此,在阅读过程中认识图书结构,学习阅读方法是一项重要任务。

(4)仿制图书。

具有书面表达的愿望和初步技能的目标是通过早期阅读活动中仿制图书实现的。仿制图书把关于图书的知识和写写画画的技能练习结合起来，为书写做准备。

6. 书写准备

书写准备不是书写，而是幼儿在自由涂画、用图画做记录、连线成图、图书仿制等活动中，练习使用书写工具、促进手眼协调和手部动作的协调与灵活，掌握正确的握笔和书写姿势，为书写做好准备。

（二）语言领域的教学方法

幼儿的语言能力是在交流和运用的过程中发展起来的。教师应该为幼儿创设一个自由、宽松的语言交往环境，支持幼儿的听、说、读、写活动。幼儿的语言学习需要相应的经验支持，教师应该通过多种途径扩展幼儿的生活经验、丰富语言的内容，增强理解和表达能力。

1. 示范法

幼儿的语言能力是在语言交际环境中模仿练习而发展起来的，成人要为幼儿提供良好的语言示范，为幼儿做出语言运用和交际的榜样，因此示范法是语言教育的基本方法。

教师的语言质量是影响幼儿语言学习的重要因素，教师要为幼儿提供正确的语言榜样。榜样示范包括语言的运用和交际的规则两个方面。

（1）示范语言要规范、标准。

教师示范的语言要发音准确、词汇丰富而恰当，表述清楚。说话时不仅要吐字清楚、发音准确，还要注意语言表达时根据情境适当调节音量、音调、速度等，使幼儿明确语言运用与交际情境的关系。

（2）在语言示范过程中，必要时辅以讲解。

语言示范总是结合一定的交际情境进行的，交际情境的变化必然引起语言运用的变化。幼儿由于语言经验不足，对于语言运用与情境之间的关系比较难理解，因此教师应根据情境灵活运用语言的技能，必要时配合示范予以讲解说明。

（3）显性示范与隐性示范结合。

显性示范是有目的、有意识地要求幼儿予以模仿的示范，示范时幼儿意识到要去模仿练习；隐性示范是指教师的示范并不明确要求幼儿有意识地去模仿，但是教师在师幼互动过程中要有目的地在语音、词汇、构词成句和语言交际规范等方面提供良好的榜样。在专门的语言学习中，对于重点和难点部分可以采用显性示范，但是一般的师幼交流则可以采用隐性示范。

2. 谈话法

谈话是语言运用的一种基本形式，也是语言教育的基本方法。语言教育中谈话法的运用与其他领域教育活动中谈话法的运用不同，其学习的重点不是谈话的内容而是谈话的技能。

谈话的技能包括聆听的习惯、听说轮换、及时回应、拓展谈话范围等。例如，在运用谈话法开展教学时，当教师提问后只有个别幼儿回答问题，其他幼儿则要聆听同伴的回答。聆听的习惯和技能是语言教育的重点，因此在语言教育活动中应用谈话法，教师的重点是有目的地提示幼儿仔细聆听，并给聆听的幼儿提出要求或给予示范。

3. 讨论法

讨论是运用语言的基本方式，因此语言教育中可以广泛应用讨论法来学习讨论的技能。讨论的技能包括聆听、复述他人观点、质疑、立论和驳论等。所谓立论，指的是提出自己的观点并说明理由；所谓驳论，则是反对他人的观点，并说明反对的理由。

讨论所需要的语言技能比谈话复杂，因此，幼儿学习讨论的技能主要是聆听、复述他人的观点和质疑。

在语言教育中运用讨论法，讨论的话题可以是语言本身的，也可以是其他领域的，但学习的重点是讨论的技能而非其他领域的内容。例如，在看图讲述活动中，可以先讨论怎么样才能讲述得全面，经过讨论让幼儿明确了讲述全面的方法后再去应用才能更有效。

4. 表演法

表演法是在教师指导下,幼儿扮演幼儿文学作品中的人物,根据作品的情节,运用语言、动作、表情等再现文学作品,以加深对作品的理解和提高口语表达能力的一种方法。

表演法主要应用于故事欣赏活动中,通过表演可以将文学作品的语言经验加以创造性练习,使表演成为语言运用的重要机会。

表演法由于其趣味性、创造性,可以提高幼儿运用语言的积极性,培养幼儿的文学兴趣。

5. 练习法

各种语言技能,在教师示范后都需要幼儿模仿练习才能达到熟练的程度。因此练习法是语言教育的基本方法。从语音、词汇、句型等语言要素的运用到谈话、讲述、朗诵等语言技能的学习,都需要反复练习才能达到预期目标。

练习法在应用时需要注意,练习的方式要多样化,练习的目标要明确,要在情境中练习而非简单地机械练习。无论采用何种方法实施语言教育,都要根据幼儿的年龄特点,使之游戏化、直观化和情境化。

▶ 三、社会领域的教育内容与教学方法

(一)社会领域的教育内容

幼儿园社会领域教育的目的是发展幼儿的社会性,使幼儿能够学会人际交往和获得良好的社会适应能力。

根据儿童社会性心理结构和儿童与社会的关系结构,幼儿园社会领域教育的内容可以分为自我意识、人际交往、社会规范与社会环境。

1. 自我意识

自我意识根据其心理结构可以划分为自我认知与评价、自我体验、自我调控三个方面。

"具有自尊、自信、自主的表现"这一社会教育目标的实现是以自我认知与评价为基础的。

(1)自我认知与评价。

幼儿能认识自己的基本特点如年龄、性别等,认识自己的优点与不足,学习独立评价和多方面评价自己。

(2)自我体验。

幼儿在自我评价的基础上产生喜欢自己、对自己感到满意的情感体验;学习做自己力所能及的事情,喜欢承担一些力所能及的任务;敢于坚持自己的想法。

(3)自我调控。

幼儿能根据自己的兴趣选择游戏或活动,学习根据情境调整自己的情绪、语言和动作,能主动承担任务,遇到困难愿意坚持,并想办法克服困难。学习克制自己的言行以适应他人和环境。

2. 人际交往

人际交往包括人际认知、情感辨识与表达、人际交往技能三个方面。

(1)人际认知。

人际认知包括对他人外部特征和基本特点(如性别、年龄等)的感知与理解。他人包括父母、家人、同伴和幼儿园教师等经常一起活动的人。

(2)情感辨识与表达。

幼儿根据他人的面部表情、身体动作、语气语调等辨识他人的情感性质,学习理解他人的心理感受,发展移情能力。在人际交往中能根据情境表达自己的情绪,逐渐习得情感表达的规则。

(3)人际交往技能。

通过学习人际交往的礼貌用语,让幼儿学会通过介绍自己、交换玩具等加入同伴游戏的技能,

学习同伴交往中轮流、分享、协商的技能,学习同伴交往中出现冲突后的解决方法。

3. 社会规范
社会规范包括个人生活规范、集体活动规范和公共规范。

(1)个人生活规范。

个人生活规范包括个人生活习惯和处理个人生活物品的规范,如爱护玩具、整理书籍等,它不涉及他人利益,因此不是社会规范的重点。

(2)集体活动规范。

集体活动规范包括家里和幼儿园集体活动的规范,具体指家里的起居规范、去他人家做客的规范、幼儿园的班级常规、同伴游戏规则等。

(3)公共规范。

公共规范是指在公共活动场所需要遵守的规范,具体指公共活动场所明确的一些行为规范(如将垃圾丢入垃圾桶等)、在公共活动场所不干扰他人的规则(如不高声喧哗和爱护公共设施)等。

4. 社会环境
只有认识周围的社会环境,才能适应环境并产生归属感。

(1)从空间范围划分:主要指家庭、幼儿园、社区和自己所在的地区、国家,乃至全世界各大洲的显著特点。

(2)从环境性质划分:主要指空间设施(如重要建筑、风景名胜)、传统习俗(如重大节日、民族特点)、文化艺术产品(如戏曲、民间艺术和著名的文化产品)等。

(二)社会领域的教学方法

社会领域中社会规范的学习需要经历三个基本阶段,即认知规范阶段、观察模仿阶段、实践体验阶段。为此,社会领域教学方法有三类:以言语引导为主的方法、以情感体验为主的方法、以观察实践为主的方法。

1. 以言语引导为主的方法

言语引导类方法的主要功能是理解社会环境中的人、事、物,理解社会交往技能和社会规范的含义。这类方法的功能是解决社会认知问题。根据幼儿的年龄特点,一般主要有谈话法、讲述法、情境讨论法、行为评价法。

(1)谈话法。

以社会领域的学习话题为核心,通过谈话理解他人、理解社会规范。谈话法的应用条件是,对于学习内容,幼儿具有一定的经验,但是经验的范围较窄,经验存在着一定的错误等。

(2)讲述法。

以讲解或讲述的方式帮助幼儿理解社会规范和社会环境中的人、事、物。讲述法的应用条件是,对于学习内容,幼儿经验基础薄弱,甚至是缺乏经验,教师以讲述的方式,配合一定的直观手段将相关经验传授给幼儿。

讲述法的应用一定要谨慎,切忌枯燥的、简单生硬的说教。

为了避免简单生硬的说教,幼儿园教师一般都会将相应的规范或者道理创编成生动有趣的故事,通过讲述故事达到经验传递的目的。

(3)情境讨论法。

结合一定的情境,通过讨论来明确行为规则。之所以称之为情境讨论法,是因为社会规则比较复杂,必须结合情境才能理解规则的意义。

情境讨论法的应用条件是,对于学习内容,幼儿具有一定的经验,但经验之间存在着矛盾,幼儿的意见不统一。

情境讨论法的情境可以采用故事来呈现,也可以采用图示的方法呈现。如果条件允许,最好采用影像视频资料来呈现。针对情境中人物的言行开展讨论，辨明规范。

（4）行为评价法。

在规范从外部提醒到内部自觉实践的过程中，行为结果是促进内化的基本条件。所谓行为结果，就是遵守规范后他人如何评价，因此行为评价法是社会教育的重要方法。

行为评价法应用的基本原则：以正面评价为主，即出现良好的行为后予以鼓励、表扬等，而不是幼儿出现错误行为后予以批评。根据教育心理学家的研究，不良行为出现后，视而不见比批评指正更易于使之消失。

行为评价法的应用策略：在行为表现的初期要及时评价，随着行为出现次数的增加，减少评价的次数，将及时评价改变为不定时的间歇性评价，直到良好行为成为一种习惯。

2. 以情感体验为主的方法

一方面，人际交往和社会适应需要环境对个人行为的规约；另一方面，在行为规范的实践过程中，情感体验是促进规范内化的催化剂，所以情感体验类方法是社会领域教学特有的一类方法。

（1）陶冶法。

陶冶法指利用环境条件、生活氛围及教师本身的言行举止来熏陶、感染和规约幼儿言行的方法。陶冶法包括环境陶冶和艺术感染两种具体方法。

环境陶冶：指通过环境创设，使之对幼儿的人际交往和社会行为产生影响和规约。例如，垃圾桶的分类投放、公共活动空间张贴"悄悄话"的图示等都会对幼儿的行为产生规约作用。班级互帮互助、轮流协商的人际交往氛围会潜移默化地影响幼儿的言行，使幼儿在观察模仿中自然习得良好的交往行为。

艺术感染：指借助于各种艺术作品，以具有良好社会行为的艺术形象来感染幼儿的方法。该方法要求在欣赏艺术作品时既要欣赏艺术的形式美，也要注重欣赏艺术的内容美，即作品蕴含的良好行为。

（2）移情训练法。

移情是指对他人情感的理解和共鸣，即感同身受。

幼儿的移情能力是社会行为的基础，只有能够理解他人的心理活动和情感体验，才能站在他人的角度产生情感共鸣、同情和分享。

移情能力的发生与发展不是生理成熟的结果，而是教育的结果，因此在社会教育领域，移情训练成为一种独特的方法。

移情训练是指创设一定的情境，使幼儿感知、理解和体验情境中人物的心理活动并产生共鸣、同情和亲社会行为的教育方法。

移情训练的情境应该贴近幼儿的生活，是幼儿熟悉和能够理解的；情境类型包括游戏情境、生活情境、故事情境，情境呈现的形式根据幼儿的年龄特点，可以是现实生活的动态表演（如手偶剧），也可以是直观化多媒体技术，还可以是生动的语言。

无论何种情境，无论情境怎样呈现，其目的是唤醒幼儿已有的类似体验，使幼儿的情感体验与当前情境状态相联系，从而理解、产生共鸣、受到感染和产生亲社会行为，如分享、帮助、安慰等。

在以移情训练为主的教学活动中，教师本人也要产生相应的移情言行，通过教师的情感感染幼儿。教师不能在情境之外，以旁观者的身份出现，那将是一种反面示范，抵消移情训练的正面效应。

（3）角色扮演法。

角色扮演法是模拟一种真实情境，在模拟情境中扮演一定的社会角色来体验和练习角色行为的一种教育方法。 角色扮演法在幼儿园社会教育领域应用比较广泛，它一方面可以帮助幼儿理解他人和社会情境，去自我中心；另一方面可以通过角色扮演提高角色承担能力和亲社会行为能力。

角色扮演的情境及其角色行为可以是来自文学作品的剧本，也可以是生活情境的模拟。

角色扮演的运用需要注意以下几点：

第一，情境及其角色是幼儿熟悉的，来自幼儿的真实生活。

第二，在角色扮演中，角色的选择、角色行为的表现应该尊重幼儿的意愿，教师是支持者和帮助者，而非导演。

第三，角色扮演后的经验分享和行为总结是提升幼儿社会情境理解能力和角色行为承担能力的关键，不能为扮演而扮演。

移情训练法和角色扮演法都需要创设情境，但侧重点不同。移情训练法的重点是情感体验和理解，角色扮演法的重点是行为承担。教师在具体应用时只要能实现教学目标即可，不必严格区分，甚至可以根据需要融合应用。

3. 以观察实践为主的方法

（1）参观法。

参观法是进入真实的社会生活场景，通过多感官感知，对社会场景所包含的社会规则、社会知识等加以理解的一种教育方法。由于社会教育领域学习内容的复杂性，很多内容难以剥离出来予以观察，为此参观法是社会教育领域常用的认知方法。

参观法的应用需要注意以下几点：

第一，保障安全。由于参观的对象是真实的场景，是人们生活、工作的场景，不是专门为幼儿的学习创造的情境，因此存在着诸多的复杂性和安全隐患。参观法的应用一定要做好充分的准备、周密的计划，明确时间、地点和具体措施，特别是要做好安全预案，保障幼儿的安全。

第二，在参观过程中注重指导，引导幼儿根据参观目的去观察和理解。由于参观场景的复杂性，幼儿很容易分散注意力，被一些场景中无关细节所吸引，使得感知过程远离感知对象，难以保证教学目标的实现。

第三，参观结束后，引导幼儿总结参观活动。参观后的总结过程有助于帮助幼儿梳理参观获得的经验，反思参观过程中的观察方法，提升幼儿对参观对象的认识和参观方法的有效性。

（2）行为练习法。

某些社会交往技能和社会行为规范，在现实生活中实践之前，可以在游戏情境和模拟场景中加以练习，为社会实践奠定基础。

例如，对乘公交车的步骤和规则的学习，幼儿园专门组织去乘公交的可行性是较低的，请家长陪同幼儿乘公交实践其步骤和规则，在理论上是可行和有效的，但是在现实中其有效性可能是较低的，毕竟现实生活中社会规则的落实有很大的差异。为此，模拟公交场景，以角色游戏的形式来练习乘公交的步骤和了解规则是一种最佳的选择。

行为练习法的应用需要注意以下几点：

第一，要游戏化、趣味化，以免练习简单枯燥，幼儿失去兴趣。

第二，规则的遵守一定要严格执行，不能随意改变规则、前后不一致或因人而异。坚持规则就是行为尺度的原则。

第三，练习要持之以恒，从幼儿园模拟场景的练习转换为家庭、社会现实场景的练习。

（3）活动实践法。

活动实践法指社会领域教育活动中习得的社会经验在现实生活中的应用与实践。

行为练习法适用于某项技能或规范的练习，活动实践法则适用于综合技能与规范的练习。在现实生活中，社会行为技能和社会行为规范往往是综合性的，多个技能与规范综合应用才能实现社会互动目的。例如，去他人家里做客，涉及一系列的交往技能和交往规则，因此社会活动是实践社会技能与规范的最佳途径。

实践社会技能与社会规范的活动，一般包括游戏活动、模拟活动和真实的生活活动。

与幼儿的生活和同伴交往密切相关的技能与规范,就可以在其真实的生活和交往中去实践练习。例如,加入同伴游戏的交往技能练习就可以在真实的游戏中去实践,但是需要教师的事前提示和事后的及时评价。

范围扩大至家庭、社区的一些交往技能和行为规范,在教学中可以采用模拟情境加以实践。例如,对于图书馆的行为规范,可以创设一个模拟的图书馆场景,幼儿模拟图书借阅和图书阅览活动,实践练习图书馆的行为规范。

对于一些幼儿具有一定经验的社会公共场合的行为规范,可以通过角色游戏的形式加以实践练习。例如,对于超市购物的行为规范,可以引导幼儿创设超市场景,通过角色扮演来实践超市购物的行为规范。

▶ 四、科学领域的教育内容与教学方法

(一)科学探究的教育内容与教学方法

1. 科学探究的教育内容

科学探究的对象是自然环境,自然环境根据其特点,可以划分为动植物、自然现象和科技产品三个方面。

(1)动植物。

动植物是幼儿最常见的自然物之一。动植物由于与人类生活的关系密切,常常引起幼儿的好奇心,从而成为科学探究的重要内容。

植物:植物是人类的食品来源之一,贴近幼儿生活,因此,以植物为主题的科学探究活动符合幼儿的认知特点和经验水平。

适合幼儿探究的关于植物的经验有:植物的种类与特征、植物的繁殖方式、植物的结构与功能、植物的生长条件、植物与人类的关系。

由于植物的种类繁多,因此对象选择一定要从幼儿的兴趣和生活经验出发。

动物:动物是大自然的重要组成部分,动物园的动物、家庭饲养的小动物、常见的昆虫等都是幼儿喜欢的对象。

适合幼儿研究的关于动物的经验有:动物的种类与外部特征、动物的生活习性、动物的生长变化、动物与人类的关系。

(2)自然现象。

与人类生活密切相关的常见自然物质,对人类生活影响较大的自然现象,常见的物理现象等,其对幼儿生活的重要影响和产生原因的神秘与独特性,常常引发幼儿的兴趣与探究欲望。

常见的与人类生活密不可分的自然物质有水、空气、土壤等,对人类生活影响较大的自然现象有季节与气候的变化、风雨雷电等,常见的物理现象有声、光、电、磁力、机械运动等。

适合幼儿探究的关于自然现象的经验有:水、空气和土壤的特性与状态,自然物质与人们生活的关系,环境污染与保护;自然现象变化的特征,自然现象对人类生活的影响,自然灾害的危害与安全措施;物理现象的基本特性和利用,自然现象对人类生活的影响等。

(3)科技产品。

科技产品已经成为人类日常生活中必不可少的物品,其结构、功能常常引起幼儿的好奇,其使用规则也是保障幼儿安全的基本条件。因此,与人们的日常生活密切相关的科技产品是幼儿科学探究的重要内容。

与幼儿生活密切相关的科技产品有基本工具、家用电器、电子玩具、交通工具、智能通信工具等。

适合幼儿探究的关于科技产品的经验有:科技产品类型、外部特征、结构和基本功能,科技产品

的使用技术与规则,科技产品对人类生活的影响、科技小制作等。

2. 科学探究的教学方法

幼儿天生具有探究的本能,幼儿无须学习如何提出问题、如何探究内部结构、如何表达他们的发现,幼儿天生是"讨厌"的提问者、"可气的"拆卸者、"可恨的"涂画者。幼儿的这些特点是自发的科学探究行为,是科学教育最好的基础和起点。

科学教育以激发幼儿的探究兴趣、发展探究能力、学习科学探究的方法为核心目标,为此,科学探究教育活动的教学方法以观察、实验、记录、信息搜集等为基本的教学方法。

（1）观察法。

观察是科学研究的基本方法,也是幼儿学习科学知识的基本方法之一。观察法就是应用多种感官去感知、理解,以发现和探究客观事物或现象,积累认识经验,为形成概念奠定基础,发展幼儿科学探究能力的方法。

观察法根据时间长短可以分为随机观察和长期系统观察,根据观察的对象可以分为个别观察和比较观察,根据空间可以分为室内观察和室外观察,根据是否使用工具,可以分为自然观察和工具性观察。

运用观察法要注意以下几点：

第一,观察要坚持直观性。 教学过程应该尽可能地提供真实的对象或者自然环境,让幼儿对实物及其实地进行观察、探究,获得真实的经验。如果不能提供实物,也要首选多维的影像视频或模型及图片。

第二,尽可能调动多种感官参与观察。 一方面,实物往往包含了多种信息,需要多感官观察才能全面感知;另一方面,幼儿受心理发展水平的限制,往往只会应用一种感官去观察实物,还不会主动地多感官观察。为此,教师在教学中要指导幼儿多感官参与观察。

第三,指导幼儿将观察与语言表达结合。 语言在观察活动中要么发挥引导作用、要么发挥总结概括作用。根据幼儿的年龄特点,教师要指导幼儿将观察与语言结合起来。一般来讲,小班幼儿应该在观察后用语言表达观察所得经验,中班幼儿可以在观察中用语言指导观察过程,大班幼儿应该使语言提示在先,让语言发挥对观察的定向作用,从而使观察更有目的性。

第四,观察要与记录结合。 观察结果只有记录下来,积累较多的信息后,幼儿才能发现事物的特点,因此有观察法必有记录法与之结合。

（2）实验法

实验法是控制一定的条件,以探究事物之间关系的一种科学研究方法。在幼儿的科学探究活动中,实验法有助于幼儿学会探究的程序和对事物或现象发生原因的理解,积累初步的科学探究经验,培养科学精神。

在幼儿园科学教学中,常见的实验法有教师演示实验和幼儿操作实验两种类型。

教师演示实验： 实验的全过程由教师操作,幼儿观察实验的过程、现象、变化与结果。适用于难度较大、比较复杂的实验。

幼儿操作实验： 教师提供材料,幼儿主动操作与摆弄材料,以发现事物之间关系或事物变化的过程。幼儿操作的科学实验应该注重生活化和趣味性,使幼儿能够操作材料验证猜想。常见的幼儿操作实验如水的特性、空气的特性、声音的产生与传播、影子的产生及其条件、磁铁、沉浮、颜色混合、平衡等对自然现象的探究。

运用实验法要注意以下几点：

第一,注重科学探究方法的学习。 实验法的应用不能只关注于实验过程本身,而是要关注实验前的猜想与假设、实验条件的控制方法、实验结果的记录、实验验证的结论等科学探究全过程与方法的学习。

第二,做好充分的准备。实验法是经过操作使材料发生变化,对变化现象进行观察和得出结论的过程,要有实验设计和实验条件的控制,而非仅仅是提供材料。为此,教师要熟悉有关原理,进行预实验,对实验全过程心中有数,对材料的安全性,实验中可能出现的疑点、难点有应对策略。

第三,在实验过程中既要对幼儿给予指导又要允许幼儿尝试错误。科学探究本来就是在无数次的试错中发现真理的过程,因此,在实验法的应用中,教师在适当时机要给予幼儿关键性的指导,同时要给幼儿以尝试错误的自由,让幼儿体会到科学探究的困难和坚持努力获得成功的自豪。

(3) 记录法

记录法是伴随科学探究的观察或实验过程的一种基本方法,目的在于将探究过程中观察所得即时记录下来,积累数据、便于总结与概括。

鉴于幼儿的年龄特点所限,幼儿园科学探究过程中的记录形式以图画、照片、符号为主。

记录法的运用需要注意以下几点:

第一,记录方式由幼儿决定。记录也是科学探究中一种重要的方法,如何记录也是需要探索和学习的。因此,在科学教学过程中,教师应该给予幼儿选择和创造记录形式与方法的自由,而非教师直接决定。

第二,记录与交流分享相结合。记录的目的就是和他人分享自己的探究经验,因此教师要创造多种形式让幼儿将自己的探究记录结果予以分享和展示,让记录结果成为其他幼儿学习的内容。

第三,记录结果要及时整理与保存。记录结果积累到一定数量后加以整理,幼儿才能发现现象中蕴含的规律。对于幼儿的科学探究记录结果一方面要及时保存,使其成为幼儿学习与发展的证据与信息,另一方面应分类保存,当积累到一定数量时,可以引导幼儿整理记录结果,将其作为又一次的探究,以发现某种自然规律。

(4) 信息搜集法

广义的信息指音信、消息,泛指人类社会传播的一切内容。狭义的信息指他人对客观世界进行思考与研究的成果。科学教育中的信息以狭义为主。

信息搜集法是指通过检索,搜集科学方面的信息,为科学探究过程提供支持的方法。

随着信息技术的发展和教育信息化的推进,为幼儿的科学探究提供服务的信息库和交流检索平台也在不断增加,为此在科学教学中信息搜集的方法将得到广泛应用。

信息搜集法的应用需要注意以下几点:

第一,注重学习信息搜集的方法而非结果。信息搜集是科学探究的基本方法,也是幼儿在科学探究中需要学习的内容之一。在教学过程中,教师要注重信息搜集的过程指导而不是只关注信息搜集的结果。

第二,信息搜集法的应用要注重家园合作。幼儿在家庭使用信息技术手段的机会非常多,幼儿园科学探究中信息搜集任务可以家园合作完成,发挥资源整合的效应。

第三,充分利用信息技术手段,在人机互动中开展实验与观察等科学探究活动。例如,电子白板、科学教育的网络资源、做中学的模拟系统都可以引入幼儿园科学教育中,发挥信息技术手段的优势。

(二)数学认知的教育内容与教学方法

1. 数学认知的教育内容

数学是反映客观世界数量关系和空间形式的科学,具有高度的抽象性、逻辑的严密性和广泛的应用性。数学是人们日常生活中不可缺少的应用工具,也是儿童心理发展中推动思维发展的重要工具,是人类文化的重要组成部分。因此数学认知是儿童发展与生活的必然组成部分。

根据幼儿数学认知的目标,结合儿童早期数学认知的结构和数学的维度,幼儿园数学认知的内容一般分为六个方面。

(1) 数的概念和运算。

10以内的数(基数、序数、数的实际意义、数量的比较与守恒、相邻数、单/双数、零等),数数(唱数、手口一致点数、目测数、按群数等),书面数符号(数字的认读、书写与表征),数的组合与分解,10以内数的加减运算。

（2）集合与模式。

集合,包括集合中元素多少的比较,集合的交、并、补、差关系和包含关系,如一对多、一一对应。模式,包括对模式的识别、复制、扩展、创造、比较、转换、描述和交流等,如排序、ABB结构的语词(红艳艳、绿油油)复制等。

（3）分类与统计。

分类,包括一维特征的分类、多维分类、层级分类等;统计,指在分类的基础上学会用简单的统计方法对资料做出分析,能看懂和学习用实物图示、图表和数符号等记录方式表示统计结果。

（4）几何形体。

平面图形,如圆形、正方形、三角形、长方形、半圆形、椭圆形、梯形等;立体图形,如球、圆柱体、正方体、长方体;形体之间的关系与等分。

（5）量的比较与自然测量。

比较大小、长短、粗细、高矮、厚薄、宽窄、轻重、容积等量的差异,感知量的守恒、量的相对性和传递性;利用自然物作为量具来测定物体的长短、高矮、宽窄等。

（6）空间与时间。

空间:空间方位的认知,包括上下、前后、左右、里外、远近等;空间运动方向的感知,包括向前、向后、向左、向右、向上、向下等;

时间:区分早晨、中午、晚上、白天和黑夜,昨天、今天、明天,星期、年/月/日等时间概念,认识时钟。

2. 数学认知的教学方法

数学的高度抽象性和严密的逻辑性与幼儿的认知特点虽然并不吻合,但数学知识融合在日常生活的各种事物中。通过与材料、环境的互动,幼儿可以积累对数学的感性经验,启蒙其先天就有的数学敏感性和反应机制,激发其对数学的学习兴趣和培养数学思维习惯。

（1）儿童数学学习的特点。

儿童早期数学概念的发展依赖于感性经验。在数学领域,无论是数量关系、序列观念还是空间概念,学前儿童对其理解和掌握,都离不开与具体事物相联系的动作操作和感性体验。

儿童早期数学概念的学习是主动建构的过程。数学的抽象概念和内在关系是儿童在感性体验的基础上,通过反复的实物操作和思维顿悟,主动重构他们的认知结构的结果,不可能通过口耳相传、模仿记忆和强化练习获得。

儿童早期数学概念的发展需要社会性互动。来自环境、同伴和成人的相互合作和共同学习、社会性交往是促进儿童早期数学学习和发展的必要条件。数学学习不是孤立的认知过程,人际合作、沟通、协商、争论、妥协可以促进儿童的认知建构。

儿童早期数学概念的发展需要与日常生活情境相联系。对于学前儿童来说,数学存在于周围的现实生活中,他们能从真实的生活和游戏中感受事物的数量关系并体验到数学的重要性和有趣,这些体验会使得数学学习自然、轻松而愉快。生活化、应用性的数学学习是学前儿童的认知水平所要求的。

（2）数学认知教学方法。

根据学前儿童数学学习的特点,幼儿园数学认知的教学方法主要有操作法、游戏法、观察比较法、讨论法、发现法和讲解演示法。

操作法:指幼儿按一定的要求和规则操作、摆弄提供的材料,并在与材料的相互作用中获得数学经验的一种方法。操作法是幼儿学习数学的基本方法,运用操作法需要注意以下问题。

第一,提供的材料应数量足够并具有层次性,能够让不同水平的幼儿都能够在操作中有所感知、发现事物的数量关系或者模型特点等;

第二,帮助幼儿明确操作要求和活动规则;

第三,要给予幼儿充足的操作、尝试和探索的时间;

第四,采用不同方式引导幼儿整理、归纳和提升操作中获得的感性经验。

游戏法:指一种将数学认知活动以游戏的形式开展,或者将数学认知活动融入幼儿游戏中的方法。对于幼儿来说,单纯的数数、排序、对应、分类等活动很容易使他们产生疲劳、厌倦的感觉,也会分散他们的注意力,为此,必须将数学认知游戏化。运用游戏法应注意以下几点。

第一,游戏的主要情节不宜过分复杂、新奇,以免分散幼儿的注意力。

第二,游戏的内容应凸显数学教育的要求。

第三,游戏的选择应注意幼儿的年龄特点,小班幼儿以情境游戏为主,中、大班幼儿以规则游戏为主。

观察比较法:指一种引导幼儿对直观材料进行观察,比较其数量关系、几何形体差别等的教学方法。

在幼儿操作或者观察感知直观材料的过程中,教师要通过言语互动指导幼儿关注材料的数学特征,避免幼儿被材料的其他特征所干扰。

比较是思维的过程,也是获得数学经验的有效方法,在操作材料、观察事物数学特征的过程中,教师要注重引导幼儿学习比较的方法。例如,在一一对应后予以比较才能发现异同。

讨论法:在操作、摆弄材料之后,需要对数学经验予以总结和概括,此时讨论法是比较适宜和有效的方法。

发现法:布鲁纳提出的发现法是指在课堂教学中教师提供材料、示例,引导学生通过自己的探索,"发现"事物变化的因果关系及其内在联系,形成概念,获得原理的一种教学方法。它与讲授式教学不同。

这里所讲的发现法,是指教师提供生活情境,引导幼儿发现数学特征的教学方法,适用于集合与模式部分的教学。例如,结合《三只熊》的故事情境,教师引导幼儿发现情境中"大、中、小"的模式。

讲解演示法:指教师利用直观材料,通过语言,将材料中蕴含的数、量、形等数学经验予以解释、说明的一种教学方法。教师应注意讲解必须突出重点,语言生动形象且简练准确。演示要为讲解服务,演示材料突出数学特征。避免新奇的演示材料分散幼儿的注意力。

五、艺术领域的教育内容与教学方法

(一)艺术领域的教育内容

艺术教育的核心目标是欣赏美和创造美。环境、生活和艺术中都蕴含着美,艺术是美的集中表现形式。艺术的表现形式主要有视觉艺术(美术)、听觉艺术(音乐)、语言艺术和综合艺术四类。

结合审美对象和审美形式,幼儿艺术教育的内容包括自然与生活、音乐、美术、戏剧与影视(见表6-2-1)。

表6-2-1 艺术教育的内容

审美形式	自然与生活	音乐	美术	戏剧与影视
感受与欣赏	鸟鸣虫唱、山川水景、生活事物、人文景观	歌曲、乐曲	绘画、雕塑、工艺作品	戏剧、舞台剧、影视作品
表现与创造	摄影、装饰	律动、唱歌、打击乐演奏	绘画、手工	戏剧创编、表演

根据幼儿园的现实条件,艺术教育的内容以音乐和美术为主。

1. 音乐教育的内容

幼儿园常见的音乐教育形式有歌唱活动、韵律活动、欣赏活动和奏乐活动。

(1)歌唱活动。

歌唱是音乐艺术表现与创造的基本形式,也是幼儿园音乐教育的主要内容。幼儿园的歌唱是在幼儿感知、欣赏歌曲的基础上,用演唱和创编表演的方式表现与再现歌曲的活动。以歌曲为基本素材,实现音乐艺术的感受与欣赏、表现与创造。

(2)韵律活动。

韵律是指幼儿在感受和欣赏音乐的过程中,用身体动作表现与创造音乐旋律的活动。韵律活动包括律动、韵律组合、舞蹈、音乐游戏和歌表演四类。

律动是随音乐随意摆动身体,表现音乐旋律与节奏的活动。韵律组合则是根据一首结构相对完整的乐曲,将身体运动组合起来表现音乐特点的活动。舞蹈是运用舞蹈语言、节奏、表情等多种元素塑造舞蹈形象,创造性地表现音乐特点的活动。音乐游戏是在音乐的伴随下,以游戏形式表现音乐特征的韵律活动。歌表演是一边唱,一边用身体动作表现歌曲特征的韵律活动。

(3)欣赏活动。

音乐欣赏是幼儿感受与欣赏音乐艺术的主要形式。音乐欣赏的内容可以是适合幼儿年龄特点的任何音乐素材。音乐欣赏注重培养幼儿的欣赏态度、欣赏方法,使幼儿在欣赏过程中展开联想与想象。在音乐欣赏中,幼儿可以逐步积累一些简单的音乐知识和有关音乐、舞蹈的语汇,并在音乐活动中加以应用。

(4)奏乐活动。

奏乐即乐器演奏,是一种音乐表现的基本方法。对于幼儿来讲,打击乐器演奏由于动作要领比较简单,符合幼儿的学习特点,是幼儿园奏乐活动的主要形式。

打击乐演奏活动以感受与欣赏打击乐器的结构与音色为基础,幼儿学习打击乐器的基本的持、握方法,以及演奏、消除演奏余音和收放乐器的方法,目的是使他们能根据乐器特点和乐曲特点创造性地表现音乐旋律与节奏。

2. 美术教育的内容

幼儿园常见的美术教育有绘画活动、手工活动和美术欣赏活动。

(1)绘画活动。

幼儿园的绘画活动是指幼儿在教师的指导下,学习使用笔、纸、颜料等绘画工具和材料,运用线条、色彩去造型和构图的艺术活动。

幼儿园绘画活动的内容包括绘画工具和材料的使用、绘画的语汇和绘画的主题。

绘画工具和材料的使用:包括各种绘画工具和材料的基本特性、使用方法等。

绘画的语汇:指绘画的表现形式与手段,包括线条、色彩、造型和构图等。

绘画的主题:指绘画表现的内容,它是在幼儿感受与欣赏生活美、环境美和艺术美的基础上,对自己的认识和情感态度的大胆想象与创造性表现。

(2)手工活动。

幼儿园手工活动是幼儿在教师指导下,利用各种可塑材料进行创造性加工、改造,制作一定的空间立体艺术形象,以表达认识与情感的艺术表现与创造性活动。

幼儿园手工活动的内容包括认识手工工具和材料、手工制作的基本方法和手工主题。

手工工具和材料:手工工具主要有剪刀、泥工板、木刻刀、牙签、糨糊、胶水等辅助材料;手工材料来自生活中的各种安全废弃物,可以分为点状材料(如植物的种子、沙子、石头、果核等)、线状材料(如绳子、棉线、毛线、树枝、电线、线皮筋等)、面状材料(如纸、布、树叶、花瓣、羽毛等)、块状材料

(如泥块、面团、蔬菜、水果、各种材质的空盒子等),非常适合幼儿的块状材料是橡皮泥。

手工制作的基本方法:剪、撕、折、捏、卷、串连、粘贴、盘绕、染、插接、塑型等,泥塑的基本手法有压扁、团圆、搓长、捏、挖、分割、拉长等。

手工主题:手工制作的题材来自幼儿的生活观察,常见的主要有制作玩具、节日装饰物、游戏用具、日常装饰品和各类贺卡等。

(3)美术欣赏活动。

美术欣赏是对各种美术作品的感受与欣赏,领会作品表达的意义和情感态度。幼儿园的美术欣赏活动是艺术感受与欣赏的重要途径。

美术欣赏的教育内容包括欣赏各种类型的美术作品,学习美术欣赏的方法。

欣赏美术作品:美术作品可以分为绘画作品、雕塑作品、建筑艺术作品、工艺美术作品这四种视觉艺术形式的作品,独特的民间美术作品和儿童美术作品。

美术欣赏的方法:在了解作品产生背景的基础上,运用一定的美术知识与技能去理解美术作品的意蕴,一般从观察作品内容产生的情感体验和想象两方面欣赏。

(二)艺术领域的教学方法

虽然在每一种艺术教育活动中都具有感受与欣赏、表现与创造的过程,但每次活动的侧重点应该是不同的。艺术教育活动根据幼儿的心理活动特点,可以分为感受与欣赏活动和表现与创造活动。

1. 感受与欣赏活动的教学方法

(1)观察法。

感知是感受与欣赏艺术作品的第一步,因此观察法是感受与欣赏活动的基本方法,也是幼儿园艺术教育的基本方法。观察法在艺术教育活动应用中要注意以下几点:

第一,观察的目的不能过于具体。观察要有目的,这是基本要求,但是相对于其他领域的观察,艺术作品的整体印象非常重要,因此教师在指导幼儿观察艺术作品时要注重孩子的第一印象和整体感受,不要被非常具体的观察目标破坏了艺术作品的整体性。

第二,引导幼儿学习观察的方法。例如,按照总—分—总的顺序观察,将多感官结合观察等。

(2)谈话法。

观察、感受与欣赏艺术作品的过程中,通过教师的问题引导和幼儿的经验分享,可以加深幼儿对作品的理解,也可以引导幼儿感受与欣赏艺术作品的重点内容,实现幼儿、教师和艺术作品的三方互动与影响。

在艺术教育中运用谈话法应注意以下几点:

第一,谈话贵在经验分享而非观点接纳。教师要注意以平等的身份与幼儿对话,切忌将自己的感受与印象强加给幼儿。

第二,在谈话过程中可以适时追问,或让幼儿之间相互提问。在感受与欣赏艺术作品的过程中,每一个欣赏者不免会有很多感受要表达或有疑问要解答。因此,艺术欣赏中的谈话是经验分享和学习的最佳形式,教师要创造机会让每一个欣赏者在想说时能有机会说。

(3)讨论法。

讨论法是在感知、观察后,围绕作品的某个方面加深理解的一种有效方法。

讨论法在艺术教育运用中要注意以下几点:

第一,讨论旨在加深理解而非统一观点。艺术作品所传达的意蕴具有多元性,所谓"一千个读者就有一千个哈姆雷特"。因此,艺术教育领域的讨论不同于其他领域,不需要取得一致的观点。

第二,讨论的重点在于相互启发,拓展艺术欣赏的视角。在讨论中要创造宽松的心理环境,允许幼儿表达各种观点,教师不宜下结论。教师可以通过追问、提供线索等方式鼓励幼儿在讨论中积极表达,展开联想与想象。

（4）尝试表现法。

在艺术作品(尤其是听觉艺术作品)的欣赏中,幼儿会不由自主地模仿或者以身体动作表达自己的感受,因此,尝试表现法是艺术教育的主要方法。尝试表现法是教师鼓励幼儿通过多种形式表达自己的感受或者作品内容,以加深对作品内涵理解的一种教学方法。

尝试表现法在应用时要注意以下几点:

第一,鼓励幼儿以自己喜欢的方式表达自己的感受或者作品内容。在各种表达方式中,每个人的侧重点和偏好不同,因此,在艺术欣赏活动中,教师要鼓励幼儿用自己的方式来表达感受或作品内容,切忌整齐划一。

第二,在尝试表现时,注重引导幼儿对作品的理解。幼儿喜欢表现,但又容易将艺术表现演变为动作或语言重复的游戏,使尝试表现本身与作品脱节。为此,教师要注意引导幼儿以艺术欣赏内容为中心来表现。

第三、引导幼儿有效利用联觉效应。所谓联觉,是一种感官刺激能引起另一种感受的感知觉现象。例如,根据视觉色彩引起的肤觉感受,将色彩分为暖色调和冷色调等。在尝试表现过程中,教师可以引导幼儿用视觉、动觉等艺术表现手法去表现听觉艺术作品,或者相反。

2. 表现与创造活动的教学方法

（1）尝试法。

在艺术表现与创造性的教学活动中,最初的表现与创造以幼儿的尝试为主,教师在提供相应的工具与材料后,以鼓励幼儿自主表达和创作为主,不过多干预或将自己的意愿强加给幼儿。

尝试表现的方式及内容应该是多样化的,教师以观察幼儿的艺术表现或者了解其表现的想法和感受为主,尊重幼儿的创作意图,不简单用"好不好""像不像"来评价幼儿的作品。

在尝试表现过程中教师的引导应以建议、提示为主。

（2）示范法。

在表现与创造活动中,幼儿遇到困难特别是表现方法与技术方面的困难时,教师可以针对难点予以示范,如歌唱的呼吸方法、绘画的工具使用方法等。

示范不是提供范画或者艺术表现的范例,而是针对幼儿的表现方法与技术进行示范。例如,对于手工活动中剪刀的使用方法,绘画中握笔的姿势,幼儿想要表现侧面时的造型方法,器乐演奏时节奏的打法,歌唱时换气的方法等。

（3）模仿法。

模仿法是幼儿的基本学习方法,也是艺术表现与创造活动的基本教学方法。

针对艺术表现的难点进行示范后,幼儿才能真正掌握模仿法。

模仿法的应用需要注意以下几点:

第一,模仿学习的内容是艺术表现的方法与技术而非内容。在艺术学习活动中,幼儿的模仿应该是自发模仿而非被动模仿,在幼儿表现时遇到了困难,教师在方法上予以示范,幼儿就会产生自发模仿的愿望而主动模仿。教师不能要求幼儿机械模仿教师提供的艺术范本。

第二,模仿学习只是解决艺术表现难点的方法之一,切忌在艺术表现活动中以模仿为主。儿童具有先天的艺术表现愿望,但学前儿童具有有别于成人的表现方式,教师要尊重他们的方式,不能要求幼儿鹦鹉学舌式地模仿学习。

（4）练习法

艺术欣赏与创造是一种实践性很强的活动,只有在大量的艺术实践中,幼儿才能积累艺术经验,掌握艺术欣赏、表现的知识与技能,因此练习法是幼儿园艺术教育活动的基本方法之一。

艺术领域的练习法在应用时要注意以下几点:

第一,练习即艺术表现与创造,不能单纯反复练习某项技法。练习应该是完整的艺术表现过程,不能针对某项艺术表现技法反复、机械地练习以达到技能的熟练目标。例如,小班幼儿学习用线条表现事物,必须是用线条画他们想画的事物,不能简单地做垂直线、平行线或曲线的反复练习。

第二,练习应该是情境化练习。教师要创设一个生活情境或者故事情境,引导幼儿在情境中表现事物,练习艺术表现与创造的技能与手法。不能脱离情境简单地要求幼儿画皮球或者唱歌、跳舞。艺术表现的练习应该是快乐的而非单调乏味的,应该是充满趣味的,而非艰难困顿的。

【典型真题1】在歌唱活动中,帮助幼儿清晰准确表现内容和富于感染力地表达情感的方法,主要是(　　)。

A. 聆听录音范唱　　　　　　B. 欣赏视频中的优秀表演
C. 聆听教师精湛的弹奏　　　D. 教师的正确范唱

【解析】教师弹奏在歌唱活动中只发挥为幼儿歌唱伴奏的功能,有助于歌唱的准确性,但对富于感染力地表达情感功效不大;聆听录音范唱、欣赏视频中的优秀表演、教师的正确范唱都发挥着示范的功能,但是最合适的方法是教师的正确范唱,因为教师有感情的演唱可以感染幼儿,从而使幼儿的歌唱既清晰准确又富于感染力。

【答案】D

【典型真题2】教师在组织中班幼儿歌唱活动时,合理的做法是(　　)。

A. 要求幼儿用胸腹式联合呼吸法唱歌
B. 鼓励幼儿用最响亮的声音唱歌
C. 鼓励幼儿唱八度以上音域的歌曲
D. 要求幼儿用自然的声音唱歌

【解析】《3~6岁儿童学习与发展指南》要求,中班幼儿能用自然的、音量适中的声音基本准确地唱歌。

【答案】D

【典型真题3】在"秋天的书"美术活动中,教师不适宜的做法是(　　)。

A. 让幼儿按照教师的范画绘画
B. 组织幼儿观察幼儿园的树
C. 提供各种树的照片组织幼儿讨论
D. 引导幼儿观察有关树的名画

【解析】《幼儿园教育指导纲要(试行)》指出,幼儿能用自己喜欢的方式进行艺术表现活动。教师要理解并积极鼓励幼儿采用与众不同的表现方式,注意不要把艺术教育变成机械的技能训练。选项A"让幼儿按照教师的范画绘画"违背了上述《纲要》的要求。

【答案】A

【典型真题4】幼儿体育活动过程中最主要的环节是(　　)。

A. 激发幼儿活动兴趣阶段　　B. 身体准备阶段
C. 掌握动作技能阶段　　　　D. 结束阶段

【解析】体育活动的核心是熟练掌握动作技能,但是需要有开始的激发活动兴趣、热身的活动阶段,活动结束前应该有身体放松的结束阶段。

【答案】C

【典型真题5】下列最能体现幼儿平衡能力发展的活动是(　　)。

A. 跳远　　　B. 跑步　　　C. 投掷　　　D. 踩高跷

【解析】踩高跷能锻炼幼儿的平衡性,提高平衡能力及动作的协调性。《3~6岁儿童学习与发展指南》明确指出:利用多种活动发展身体平衡和协调能力。例如:走平衡木,或沿着地面直线、田埂行走,玩跳房子、踢毽子、蒙眼走路、踩小高跷等游戏活动。

【答案】D

【典型真题6】简述影响幼儿动作技能学习的因素。

【答案要点】影响幼儿动作技能学习的内部因素有:成熟与经验、智力、个性。影响幼儿动作技能形成的外部因素有:有效的指导与示范、练习与反馈。

【典型真题7】材料:教师为了帮助大班的幼儿了解春天的季节特征,同时在其中渗透数学教育,专门制作了一套"春天"的拼图(如图6-2-1(1))。拼图底板是若干道10以内的计算题,每一小块图形的正面是春天景色的一部分,背面是计算题的得数(如图6-2-1(2)),教师希望幼儿根据计算题与得数的匹配找到拼图的相应位置。然而,材料投放后,教师却发现许多幼儿不用做计算题就能轻松完成拼图,也未对图片中的季节特征产生观察与探究的兴趣。

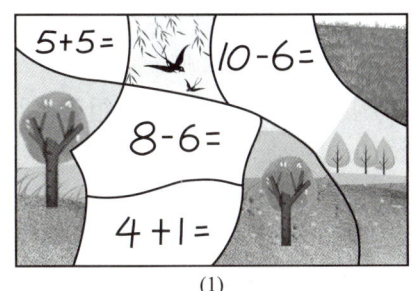
(1)
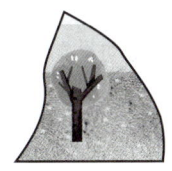
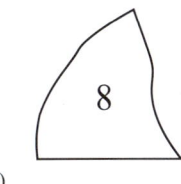
(2)

图6-2-1 "春天"拼图

问题:(1)请从幼儿获得科学经验的角度,分析这一拼图材料的投放对达成教学目标是否适宜?为什么?

(2)该材料在设计上存在什么问题?请提出改进建议。

【答案要点】(1)不适宜。材料是为目标服务的,该案例中教师设计的拼图不仅没有促进活动目标的实现,反而偏离了活动目标。

(2)存在的问题主要有:①材料的投放应符合活动目标和内容,但在本材料中,拼图材料的投放偏离了活动本身。该活动是帮助大班的幼儿了解春天的季节特征,同时渗透数学教育。但该拼图却过分注重抽象的数学计算,本末倒置了。如材料中"教师希望幼儿根据计算题与得数的匹配找到拼图的相应位置"。②材料的投放应符合幼儿的年龄特征,才能引起幼儿的兴趣,从而激发幼儿的探究欲望。但是案例中教师投放的材料对大班幼儿来说过于简单,且已经很熟悉了,所以,"许多幼儿不用做计算题就能轻松完成拼图,也未对图片中的季节特征产生观察与探究的兴趣",从而失去了它应有的意义。③幼儿的思维特点是以具体形象思维为主,应注重引导幼儿通过直接感知、亲身体验和实际操作进行科学学习,不应为追求知识和技能的掌握,对幼儿进行灌输和强化训练。

(3)具体建议如下:①教师投放材料时,要紧密围绕活动,并结合幼儿的发展水平和兴趣,切实让材料发挥其应有的教育意义。②幼儿科学学习的核心是激发探究兴趣,体验探究过程,发展初步的探究能力。教师可以通过游戏的方式帮助幼儿掌握10以内的加减法,如通过角色游戏,设置情境来完成目标。

第二节 教育活动过程的组织与指导

一、教育活动中的师幼互动

1. 师幼互动的含义与类型

（1）师幼互动的含义。

师幼互动是指在幼儿园一日生活各环节中，教师和幼儿之间发生的各种形式、性质、程度的心理交互作用或行为的相互影响。

师幼互动既可以发生在有组织的教育教学活动中，也可以发生在非正式的区域、游戏等活动中；师幼互动是教育影响的基本内容，既有教师对幼儿的知识传递、情感熏陶、规则培养、行为指导等，也有幼儿向教师提出问题、发表观点与看法、寻求指导与帮助等。

（2）师幼互动的类型。

根据互动主体的组织方式，师幼互动可分为：师班互动、师组互动、师个互动。

师班互动即教师与班级幼儿集体互动，教师发起的互动面向全班幼儿；**师组互动**即教师发起的互动指向班级中的某个小组；**师个互动**即教师与个别幼儿的互动。

根据师幼互动行为的性质，师幼互动可分为：控制型、容许型、拒绝型、接受型。

控制型师幼互动表现为教师对幼儿行为的高度控制；**容许型**师幼互动表现为教师对幼儿行为的支持与默许；**拒绝型**师幼互动是指在互动中幼儿对教师教育行为的反馈为拒绝；**接受型**师幼互动则表现为幼儿对教师行为的接受。

根据师幼互动中师幼的身份，师幼互动可分为：平行型、合作型、干预型。

平行型的师幼互动是指在师幼互动的过程中师幼平等，但相互影响比较弱，在相同情境下各自行为；**合作型**是指师幼互动中师幼以合作者的身份共同完成活动任务；**干预型**则是师幼互动中教师以指挥者的身份对幼儿施加影响。

根据师幼互动中师幼的行为动机及其行为期待，可分为：假相依型、非对称性相依型、彼此相依型、反应性相依型。

假相依型是指师幼双方主要根据自己的意愿做出行为反应，很少对另一方的行为让步；**非对称性相依型**是指教师主要根据自己的计划做出反应，幼儿则以教师的行为作为自己行动的根据，教师往往能引导和控制互动的发展方向及速度，幼儿则是被动的、被引导的；**彼此相依型**是指师幼双方既能根据自己的意愿做出反应，同时又可以对另一方的行为做出积极反应，师幼双方都是互动的主动者；**反应性相依型**是指师幼互动是随意的、偶然的，不存在明确的方向和目的。

2. 提高师幼互动质量的策略

由于幼儿人际互动能力的限制，在师幼互动中，幼儿具有较大的依赖性，因此教师是师幼互动质量的主导者，提高师幼互动的质量重在选择适宜的互动方式。

（1）根据活动内容与性质选择师幼互动的组织方式。

师班互动、师组互动和师个互动各有优势与不足，教师要根据教育活动的内容和性质选择合适的组织方式。师班互动有利于教师传递知识经验，师组互动则有利于差别化的指导，师个互动使得互动具有很强的针对性。教师要根据互动的需要选择师幼互动的组织形式。

（2）以支持者的身份发起互动。

由于幼儿园教师在幼儿心中具有极大的权威性，教育活动又具有强烈的目的性和计划性，因此师幼互动中的教师往往成为幼儿行为的指挥者和控制者。但是此类互动不利于对幼儿主动性和创造性的培养，不能满足幼儿的尊重需要。为此，教师在师幼互动中的身份定位很重要。

幼儿是在与环境、材料、他人的互动中学习与发展的，是以观察模仿、操作、游戏和人际交往的方式学习的。幼儿天生具有好奇心与探究欲，以直接兴趣为学习的动机，但是幼儿的好奇心、主动性与兴趣又很容易被扼杀。为此，教师在师幼互动中应该以发展幼儿的主动性、保护其好新奇心为基本目标。

教师以支持者的身份与幼儿互动，表现在为幼儿创设学习的环境、提供活动材料，帮助幼儿解决学习中的问题和疑难，通过示范、建议、提示、积极回应等间接的方式影响幼儿。

（3）**积极回应幼儿发起的互动。**

有研究发现，幼儿园的师幼互动是非对称性相依型的互动，即互动的发起者主要是教师，幼儿是互动中的被动回应者。

如何激发幼儿互动的积极性，使之成为互动的发起者呢？较好的选择方式就是当幼儿发起互动时，教师要给予积极回应。所谓积极回应，一是要及时回应；二是要给予"肯定行"的正面回应。

在积极回应幼儿发起的互动中，首先，教师要能够有耐心聆听幼儿的语言表述，不要在幼儿表述尚未结束时急于回应或者打断幼儿的表述；其次，教师要善于观察和聆听孩子的谈话，能够在幼儿有互动需求的时候给予回应，不一定非要幼儿开口说话才予以回应。

（4）**培育彼此相依的互动方式。**

彼此相依的互动，互动双方都是互动行为的积极发起者，也是对对方行为的积极回应者，而且能够根据对方的行为调整自己的行为，是一种积极有效的互动方式。因此，幼儿园的教育活动要培育彼此相依的互动方式。

在彼此相依的互动方式中，由于幼儿的行为调节能力较弱，需要教师有目的、有意识地培育，教师要对幼儿的互动行为给予积极的、及时有效的回应，使得幼儿的互动行为得以持续。长期坚持就能形成师幼双方彼此相依的互动方式。

（5）**注重互动中的情感交流。**

爱是教育的前提，因此在师幼互动中，不能紧紧围绕事务性工作互动，要加强情感交流方面的互动。

当教师带着积极或中性的情感特征发起互动时，幼儿的反馈行为伴随着平静和积极大胆的情感特征；当教师的行为带有消极情感时，幼儿的情感则以畏惧和平静为主，积极的情感特征较少。

教师对幼儿产生影响力，言行是一种外部行为特征，真正发挥影响力的是隐含在言行中的情感特征，教师在师幼互动中要注重情感交流，善于表达自己的正向情感，以此感染和影响儿童的互动行为。

▶ 二、教育活动中的个别指导

1. 适宜性教学

适宜性教学即适应孩子的个体差异的教学，是由美国幼教协会提出的教学方式。

孩子间的个体差异至少有两种：个体发展状况的差异与个体独特性的差异。每一个孩子都是一个独特的个体，每个人的发展模式、"开窍"的时间点、人格、脾气、学习类型、成长经验及家庭背景都不同。所有儿童都有其长处、需求及兴趣，有些孩子在学习与发展方面有特别的需求或能力。即使同龄的孩子之间也有极大的差异，因此，儿童的年龄只能作为发展成熟度的粗略指标。个体差异不仅存在，而且也应该受到尊重。因此，教师在规划课程及与孩子互动时，必须尽可能"因材施教"。

对个体差异的适宜性教学主要包括以下四个方面。

（1）**对能力差异的适宜性教学。**

适应能力差异的教学方式应该是，教师十分了解每一个孩子，会根据每个孩子的能力、发展程

度、学习取向设计活动内容。在课程的设计、教师与孩子的互动及环境的布置中明显兼顾孩子的能力差异。

（2）对文化差异的适宜性教学。

我国是一个多民族的国家，而且南北方有较大的文化差异，在这样的背景下，教师要意识到文化差异并采取适宜性的教学方式。

适应文化差异的教学方式应该是：教师会将孩子的家庭文化与语言融入幼儿园的文化中，让孩子感到被接纳，有归属感；每个人都重视并认同他人的文化与家庭的价值；孩子学会尊重与欣赏彼此的异同之处。

（3）对兴趣差异的适宜性教学。

对兴趣差异的适宜性教学方式：教师平常留心每个孩子的兴趣，并依据这些平日的观察及教学目标，准备不同学习性质的活动及学习计划，以供孩子选择并自行规划。孩子可以根据自己的兴趣，从中选择自己喜欢的活动。

（4）对发展差异的适宜性教学。

同一年龄的孩子，在各个方面的发展水平并不是一致的。因此，教师在布置环境、投放材料和与孩子互动、指导时应该有所差异，同一个班级也应该有多个层次，即使是残障或有特殊需要的孩子也能参与班级的活动，包括社会、智能及体能方面的活动。必要时，教师会予以协助，使各种发展水平的孩子都能产生集体归属感。

适宜于幼儿个体差异的教学模式，国际上常见的有资源利用模式、补偿模式、治疗模式、个别化教育方案等。

资源利用模式：把儿童的个体差异当作资源来利用，即充分利用幼儿的长处和优点，人尽其才，发挥优点的互补作用。基本措施是开展区域活动、小组活动。

补偿模式：利用幼儿的强项去补偿其弱项。每个幼儿都有不同的学习表现或者强项，在具体的教育教学中，那些具有某种强项的幼儿，在和他们的强项吻合的教育活动中容易取得成功，成功后会自觉协助那些在该项较弱的幼儿或者对该项没有兴趣的幼儿，这使得幼儿之间和幼儿个人的强弱项之间相互补偿。

每个幼儿都有自己的强项，教师则要善于发现幼儿的强项，并利用强项进行补偿性的教育教学活动。

治疗模式：根据幼儿某一方面的能力缺陷，采取有针对性的教育措施，以提高其能力。这是针对某类或者某个幼儿给予特殊指导的一种个别化教育模式。

个别化教育方案：为特殊儿童提供个别化的、有针对性的干预与矫正的教育方案。最初应用于特殊儿童，在取得成效后被推广到一般的教育领域，成为适宜性教学最具普遍意义的一种方案。

2. 个别指导的策略

借鉴个别化教育方案的经验，在一般的教育活动中，适合幼儿个体差异的指导策略可以归纳为三个方面。

（1）**提供多样化的环境与材料。**

幼儿的学习是在与环境、材料的互动中完成的，因此教师要根据幼儿的发展水平和能力差异提供多样化的环境和材料，使幼儿能够根据自己的需要和水平进行选择。

（2）**调整幼儿的学习速度。**

相同的内容，儿童掌握的速度是不一样的，即学习速度有差异，需要改变面向全班幼儿的一致的学习进度。因此，幼儿园学习活动的时间安排要有弹性，允许个别幼儿在两个时间单位内完成一项学习任务，也要为那些学习速度较快的幼儿准备多项学习任务。

（3）**在活动中根据幼儿的表现进行个别指导。**

第一,教育活动组织形式的选择。尽量选择小组形式和个别化形式。小组形式有利于幼儿间的优势互补,实现资源利用,教师的指导也更有针对性。个别化的组织形式是师个互动,教师的指导直接针对个人,是完全意义的"因材施教"。

第二,集体活动中采用提问的层次设计。在集体活动中,教师的指导以提问式引导为主,教师在设计问题时,至少要根据幼儿的能力水平设计多个层次的问题。在一般情况下,针对同一内容,教师可以设计三个问题以适用于班级幼儿的三个水平等级。

第三,教学活动中,教师以观察幼儿的学习表现为重点。教师要改变以讲演为重点的师班互动模式,而将观察幼儿的学习表现作为任务重点。在观察的基础上进行有针对性的指导。如果是普遍问题,教师可以面向全班幼儿进行集体指导,如果是个别幼儿的问题则进行个别指导。

第四,教师的个别指导方式要适应幼儿的个性特点。个别指导不仅是指导内容要有针对性,指导方式也要匹配幼儿的个性特点。面对不同气质类型、不同学习风格、不同互动特点的孩子,教师要采取不同的指导方式。

【典型真题1】论述积极师幼关系的意义,并联系实际谈谈教师应如何建立积极的师幼关系。

【答案要点】师幼关系是教育过程中最基本的、最重要的人际关系。积极的师幼关系对幼儿认知、情感、心理健康等方面的发展有着积极的影响。如果师幼关系紧张、感情冷漠、互不关心,那么孩子就会对教师的教育活动产生抵触情绪,教学活动就不能很好地开展,教学效果可想而知。因此,积极的师幼关系是保证教育活动顺利开展的重要条件。积极师幼关系的特征是:互动性、民主性、分享性。

积极师幼关系的意义:(1)有利于更好地了解与尊重幼儿;

(2)有利于更好地关爱幼儿;

(3)有利于进一步宽容和欣赏幼儿;

(4)有利于幼儿的学与教师的教进行互动;

(5)有利于教师与幼儿心理健康发展。

建立积极师幼关系的策略:(1)在幼儿刚进园时,教师悉心照顾、无私关怀幼儿,帮助幼儿适应环境的变化,消除分离焦虑;

(2)教师积极主动地与幼儿交往;

(3)教师对幼儿和幼儿的活动真正关注并感兴趣;

(4)在孩子的想法与教师的想法相左时,教师适当尊重孩子的想法;

(5)教师应理解与宽容地对待幼儿的错误;不要追根究底地责备孩子;

(6)教师帮助幼儿形成良好的同伴关系;

(7)教师通过家长与伙伴,全面了解孩子。

【典型真题2】材料:一个胆小的孩子诺诺让别的小朋友让给他秋千,结果没人理他,他跑去告诉教师,对此两位教师的不同回应方式是:

教师A:带着胆小的诺诺去找小丽,说:"小丽,你是一个谦让的孩子,你已经玩了一会儿秋千了,能不能让给诺诺玩一下?"小丽同意了。

教师B:问诺诺:"你是怎么和小丽说的?是不是因为你的声音小,她没听清楚。你先去大声一点儿和她说,如果没用我们再想办法。"

请分析上述两位教师回应方式的利弊,并说明理由。

【答案要点】(1)材料主要反映了教师在处理幼儿同伴交往过程中行为的引导。两位教师的做法各有利弊。

(2)幼儿的身心特征(生理因素、情感特征)一方面制约着同伴对他们的态度和接纳程度,另一方面也决定着他们在交往中的行为方式。教师在教学活动、生活活动中,要留意幼儿身心特征对幼儿同伴交往的影响,采用有针对性的引导策略。对两位教师回应方式的利弊之处分析如下。

教师A做法的可取之处:发现幼儿在同伴交往中出现问题,及时介入,没有强制去让孩子按照自己的意愿执行,而是用一种讲道理的方式告诉幼儿做一个懂事的孩子。不可取之处:该教师介入的方式属于主导者地位,也就是说以教师的身份介入到游戏当中,干涉了幼儿正常游戏的进行,而且让小丽离开秋千让诺诺玩的时候,并没有询问小丽的意愿,委婉中透露着一种命令式的口吻,没有给孩子述说自己意愿的机会。对于诺诺来说,这一次通过教师的介入满足了内心的愿望,下次遇到此类问题还是会第一时间想到找教师,使自己动脑想问题、解决问题的能力得不到提升,长期如此会养成孩子胆小、懦弱、依赖成人的习惯。

教师B做法的可取之处:注意到了幼儿身心特点对同伴交往的影响,对交往当中弱势一方,即诺诺积极引导,帮助其分析原因,提出合理建议,抓住契机培养了幼儿在交往中的主动性、勇气,更为可取。考虑不周全之处在于教师B对幼儿处理问题的过程关注不够,只是笼统地教方法,对幼儿后期交往过程还应有更多关注、引导、鼓励。

【典型真题3】关于师幼互动,下列说法不正确的是(　　)。
A. 师幼互动是教师与幼儿的心理交互作用和行为的相互影响。
B. 师幼互动是一种彼此相依的互动。
C. 师幼互动就是教师干预幼儿活动的方式。
D. 师幼互动是教师影响幼儿发展的基本途径。
【解析】此题适合用排除法,选项A、B和D都是师幼互动的含义。
【答案】C

【典型真题4】简述幼儿社会学习的指导要点。
【答案要点】(1)社会领域的教育具有潜移默化的特点。对幼儿社会态度和社会情感的培养尤应渗透在多种活动和一日生活的各个环节之中,要创设一个能使幼儿感受到接纳、关爱和支持的良好环境,避免单一、呆板的言语说教。

(2)幼儿与成人、同伴之间的共同生活、交往、探索、游戏等,是其社会学习的重要途径。应为幼儿提供人际相互交往和共同活动的机会和条件,并加以指导。

(3)社会学习是一个漫长的积累过程,需要幼儿园、家庭和社会密切合作,协调一致,共同促进幼儿良好社会性品质的形成。

【典型真题5】教师如何为幼儿的主动学习提供支持?
【答案要点】(1)制订适合幼儿发展水平的学习目标,并依据活动目标筛选能够满足幼儿整体发展需要的学习内容。

(2)充分利用和创设环境,根据幼儿的兴趣和经验提供不同的可操作材料,使材料蕴含活动目标。

(3)放手和鼓励幼儿探索和操作,关注幼儿在探究过程中的行为表现,使幼儿在活动中能够自主地选择、参与、探索、决定和表达,获得愉快的学习体验。

(4)观察幼儿的操作情况,了解幼儿的学习兴趣和需要,敏锐地感知幼儿在学习中面临的困难,提供问题情境和开放性问题,帮孩子搭建学习的"脚手架",使幼儿与环境相互作用,掌握解决问题的途径和方法,对幼儿的学习给予及时有效的支持。

(5)对孩子的表现、问题、成果、分享等进行充分记录,并通过分析记录发现孩子的兴趣、学习方式,并研究进一步帮助孩子学习的方法。

【典型真题6】 材料:小班入园第二周,王老师发现小雅在用完餐点与运动后,仍会哭着要妈妈。王老师抱她,感觉她身体紧绷,问她要不要去小便,她摇头。王老师又问:"要不要去大便?"她点头。王老师牵她到卫生间,她只拉了一点儿就离开了。过一会儿,她又哭了。王老师给她新玩具并和她一起玩游戏,但她的情绪还是不好。离园时,王老师与她妈妈约谈,了解到小雅在幼儿园拉不出大便。

第二天早操后,小雅又哭了,王老师蹲下轻声问:"小雅,是想上厕所了吗?"她点头。王老师带她去上厕所,她又只拉了一点儿就站起来。"老师陪你多蹲一会儿,把大便都拉出来,好吗?"王老师说。小雅又蹲下,但频频回头。这时,自动冲厕水箱的水"哗"的一声冲水,小雅"哇哇"大哭,扑到王老师身上。王老师紧紧地抱住她,轻柔地说:"老师抱着你,好吗?"王老师将水箱龙头关小,把小雅抱到离冲水远一点的位置蹲下,小雅顺利拉完大便。连续一段时间,老师们轮流陪小雅上厕所,并指导她观察、了解水箱装满水会自动冲水清洗厕所。小雅渐渐适应了幼儿园的厕所,笑容回到了脸上。

问题:请分析上述材料中教师的适宜行为。

【答案要点】 材料中教师的行为贯彻了《幼儿园教育指导纲要(试行)》对教师角色的要求,具体体现在以下几方面:

(1)以关怀、接纳、尊重的态度和幼儿交往,及时关注幼儿的特殊需要。材料中,当发现小雅的异常行为时,教师亲切地与她沟通,帮助她舒缓情绪,从而发现了小雅"要大便"的需求。在小雅大便后,教师仍持续关注其行为和情感的反应,体现了教师对幼儿的关爱。

(2)重视家庭的作用,与家庭密切配合促进幼儿的健康发展。家庭是幼儿园重要的合作伙伴,材料中,王老师在离园时,主动与小雅的妈妈约谈,将小雅在园的表现明确告知,从而得知了小雅存在的困难。体现出王老师主动沟通、积极解决问题的意识。

(3)关注幼儿在活动中的表现与反应,敏感地觉察他们的情绪,以适当的方式加以疏导。材料中,小雅对"自动冲厕水箱的冲水声"产生了恐惧情绪,教师在觉察到这种情绪后,采用支持性心理帮助,尊重幼儿的人格与自尊心,在用轻柔的语气与小雅交流的同时,将其抱到远离冲水箱的位置蹲下,缓解了小雅的恐惧情绪,之后的一段时间,教师们轮流陪伴小雅上厕所,并帮助其了解水箱的冲水原理,最终帮助小雅适应了幼儿园的厕所。这体现出教师敏锐的观察能力和对幼儿细致入微的照顾。

总体而言,材料中的教师能及时关注幼儿的需要,并为其创设安全、愉快、宽松的环境,让孩子在幼儿园生活中感到了温暖与包容,进一步促进了幼儿适应能力的发展。

【典型真题7】 材料:在主题活动中,中班幼儿对画汽车产生了兴趣,为了提升幼儿的绘画能力,郭老师提供了"面包车"的绘画步骤图(如图6-2-2所示),鼓励每个幼儿根据步骤图画出汽车。

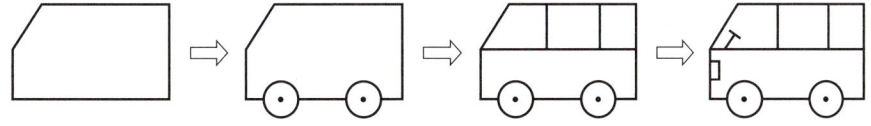

图6-2-2 "面包车"的绘画步骤图

问题:(1)郭老师是否应该投放"绘画步骤图"?为什么?
(2)如果你是郭老师,你会怎么做?

【答案要点】（1）郭老师投放"绘画步骤图"是不对的。主要原因有：首先，《幼儿园教育指导纲要（试行）》指出：艺术是实施美育的主要途径。幼儿的创作过程和作品是他们表达自己的认知和情感的重要方式，教师应支持幼儿富有个性和创造性的表达，克服过分强调技能技巧和标准化要求的偏向。所以在幼儿的艺术创作中，郭老师应该为幼儿创设一个丰富的艺术环境，引发幼儿自主、积极地探索，从而提高绘画创作水平，而不应该直接提供"绘画步骤图"。其次，在幼儿的艺术创作中，教师的作用应主要在于激发幼儿感受美、表现美的情趣，丰富他们的审美经验，使之体验自由表达和创造的快乐。所以，郭老师应该为幼儿在创作中进行相应的指导，而不能直接提供"绘画步骤图"。最后，在学前儿童想象力的发展中，再造想象占据主导地位，创造性想象开始发展。题干中郭老师直接给出汽车的绘画步骤，让幼儿以此为标准去绘画，实际上束缚了幼儿再造想象的发展，同时也扼杀了创造性想象的萌发。

（2）如果我是郭老师，为了提高孩子的绘画能力，我会有以下做法：首先，我会引导孩子在周围环境和生活中通过多种途径了解"汽车"，丰富他们的感性经验和审美情趣，提高幼儿对"汽车"的认知水平。其次，我会给幼儿提供自由表现的机会，鼓励他们用不同的艺术形式大胆地表达自己的理解和想象，尊重每个幼儿的想法和创造，肯定和接纳他们独特的审美感受和表现方式。最后，我会不断地提供各类艺术活动，引导幼儿在大胆表现的同时，提高绘画表现的技能和能力。

强化过关训练

一、单项选择题

1. 关于幼儿园教育活动,不正确的说法是(　　)。
   A. 幼儿园的教育活动,是教师以多种形式有目的、有计划地引导幼儿生动、活泼、主动活动的教育过程
   B. 幼儿园的教育活动就是幼儿园一日生活中各种有教育价值的活动
   C. 幼儿园的教育活动就是幼儿园集体教学活动
   D. 幼儿园教育活动的组织与实施过程是教师创造性地开展工作的过程

2. 幼儿的角色游戏,从教育活动的计划性强弱的角度看,是一种(　　)教育活动。
   A. 完全结构化的教学活动　　B. 高结构化的教学活动
   C. 低结构化的教学活动　　　D. 纯游戏

3. 关于幼儿园教育活动内容的选择,不正确的说法是(　　)。
   A. 既适合幼儿的现有水平,又有一定的挑战性
   B. 既符合幼儿的现实需要,又有利于其长远发展
   C. 既贴近幼儿的生活来选择幼儿感兴趣的事物和问题,又有助于拓展幼儿的经验和视野
   D. 既能满足幼儿的需求,又是教师熟悉的内容

4. 活动内容选定后,确定活动目标的主要依据是内容分析和(　　)。
   A. 教材分析　　B. 备课　　C. 学情分析　　D. 条件分析

5. 幼儿园教育活动的组织形式应该是(　　)。
   A. 集体式　　B. 小组式　　C. 个别式　　D. 前三者都是

6. 根据布鲁姆教育目标分类系统,"幼儿能围绕谈话主题说出自己的想法"属于(　　)。
   A. 认知目标　　B. 动作目标　　C. 情感目标　　D. 能力目标

7. 幼儿园体育活动的内容包括基本动作、基本体操、队列队形和(　　)。
   A. 基本的器械活动　　B. 球类活动
   C. 广播操　　　　　　D. 体育游戏

8. 关于幼儿园艺术教育的内容,不正确的说法是(　　)。
   A. 幼儿园艺术教育的内容包括音乐和美术
   B. 幼儿园艺术教育的内容从审美的形式看,包括感受与欣赏、表现与创造
   C. 幼儿园艺术教育的内容包括自然与生活中各种美的事物和各种艺术类型
   D. 戏剧也是幼儿园艺术教育的内容之一

9. 幼儿学习数学的最基本方法是(　　)。
   A. 讲解法　　　B. 讨论法
   C. 操作法　　　D. 发现法

10. 关于科学教育内容,正确的说法是(　　)。
    A. 幼儿园科学教育的内容包括物理、化学和生物的常识
    B. 幼儿园科学教育的内容是自然常识

C. 幼儿园科学教育的内容包括自然科学和科学技术

D. 幼儿园科学教育的内容可以分为三大类,即动植物、自然现象和科技产品

二、活动设计题

1. 以"我爱幼儿园"为题,设计一个小班上学期的教育活动方案。
2. 针对幼儿挑食的现象,设计一个中班健康教育活动方案。
3. 以"我的家"为题,设计一个中班美术活动方案。
4. 以"数数"为内容,设计一个小班数学活动方案。
5. 以"小动物的尾巴"为题,设计一个大班教育活动方案。
6. 以散文诗"我多想"为内容,设计一个大班语言活动方案。

我多想(散文诗)

我多想,躺在桃树上,做一个粉红色的梦,送给刚出壳的鸟宝宝,让他们一睁眼就能看到世界上最美的色彩……

我多想,串起花仙子阵阵优美的音乐,送给衔虫回家的鸟妈妈,让辛劳一天的她有片刻的安闲……

我多想,钩起小熊串串欢乐的笑声,送给进入梦乡的小妹妹,让她笑得更甜……

我多想,把你带进美丽的一刻,让温馨永远永远留在你的心上……

7. 以"有趣的声音——高音和低音"为题,设计一个小班教育活动方案。

参考答案

一、单项选择题

1.【解析】选项A、D是《幼儿园教育指导纲要(试行)》中对幼儿园教育活动的表述;选项B是幼儿园教育活动的界定。选项C表述的幼儿园集体教学活动只是幼儿园教育活动的一种类型。

【答案】C

2.【解析】角色游戏是学前儿童最典型的游戏,是幼儿自主发起的,自己决定时间、空间和材料运用的活动。

【答案】D

3.【解析】选项A、B、C的陈述是《幼儿园教育指导纲要(试行)》中指出的教育活动内容选择的原则,因此是正确选项。

【答案】D

4.【解析】确定活动目标的主要依据是内容分析和学情分析,即对幼儿已有经验、认知特点、学习特点的分析。

【答案】C

5.【解析】教育活动的组织形式即教师与幼儿相互作用的方式,一般主要有三种,即集体式、小组式和个别式。

【答案】D

6.【解析】布鲁姆教育目标分类系统将教育目标分为三个类别,分别是认知、动作、情感。本题选项中容易发生混淆的是选项A和D。能力是保证个体完成任务的个性特征,它包括认知能力和运动能力。因此能力与动作、情感属于同一个逻辑标准。

【答案】A

7.【解析】幼儿园体育活动的内容包括基本动作、基本体操、队列队形和基本的器械活动。本题选项中球类活动属于器械活动,广播操属于基本体操。体育游戏是活动的形式而非内容。

【答案】A

8.【解析】艺术教育即审美教育,美不仅是各种艺术形式,还包括生活与环境中美好的事物。而且艺术形式也不只是音乐和美术。

【答案】A

9.【解析】幼儿学习的主要方式包括观察模仿、操作、语言理解、人际交往和游戏。数学是最具抽象性的学习内容,对于幼儿来讲必须要有丰富的感性经验才有能力理解抽象的数概念等数学知识。本题选项中容易误选的是选项D,发现法是布鲁纳提出的一种区别于接受式学习的教学方法,它是一个大类,操作法是发现的一种方式。

【答案】C

10.【解析】幼儿园科学教育旨在培养幼儿以自然环境为对象的探究能力和兴趣。本题选项A、C表述的是学科课程内容,不符合幼儿园教育内容的要求。选项B对科学教育的说法也不准确。

【答案】D

二、活动设计题

1.【答案要点】 活动方案示例：

我爱幼儿园

（1）活动目标：

态度与情感目标：部分幼儿能萌发对幼儿园的喜爱之情。

过程与方法目标：幼儿能尝试表达对幼儿园的喜爱之情。

（2）活动准备：

物质准备：能吸引小班幼儿的幼儿园玩具图片、幼儿园活动视频等。

经验准备：幼儿已经参观了幼儿园的各种活动场所，基本熟悉了幼儿园的主要生活内容和主要工作人员，会唱歌曲《我爱我的幼儿园》。

（3）活动过程：

活动环节	师幼互动	媒介	组织形式	时间
导入	教师播放一段一名非常喜欢上幼儿园的幼儿在早晨入园前和妈妈的对话视频，视频内容主要是幼儿表达了喜欢上幼儿园的理由	多媒体播放器（视频）	集体（马蹄型座位）	1分钟
回忆已有经验	提问：(1) 你喜欢上幼儿园吗？是怎样喜欢的？幼儿回答并用身体动作表现喜欢的样子 (2) 你喜欢幼儿园的哪些人，哪些地方，哪些活动？幼儿分别回答后，教师总结幼儿喜欢的人、事、物等	口语	同上	3分钟
呈现学习材料	教师播放视频，内容为一名不喜欢上幼儿园的幼儿早晨入园的情景	多媒体播放器（视频）	同上	1分钟
尝试解决问题	提问：我们怎么帮助这名幼儿喜欢幼儿园呢？幼儿分组自由交流，想出帮助的办法	口语	小组（每组4人）	2分钟
经验分享	邀请个别幼儿说一说帮助不喜欢上幼儿园的幼儿的办法，教师和其他幼儿聆听后给予反馈，教师把可行的办法用图示的方式在黑板上画出来	口语	同上	2分钟
情感表达	邀请个别幼儿表演自己喜欢上幼儿园的情景，可以参照上述图示	身体动作	集体围半圆，中间留出表演空间	2分钟
反馈与评价（表演）	（1）邀请个别幼儿（平时不喜欢上幼儿园的幼儿）说一说刚才的表演者是怎么表现自己对幼儿园的喜爱之情的 （2）教师总结幼儿园的好处和喜欢幼儿园的行为表现	口语	同上	2分钟
情感共鸣	幼儿分组表现对幼儿园的喜欢	身体动作	小组（每组5人）	3分钟
巩固与评价	（1）请个别幼儿（不喜欢上幼儿园的幼儿）说一说自己喜欢幼儿园的哪些人、事、物，以及是怎么喜欢的 （2）集体在教师钢琴伴奏下演唱《我爱我的幼儿园》。	口语	集体（马蹄型座位）	2分钟
延伸活动	教师给幼儿"任务"——高高兴兴上幼儿园。如果能做到就奖励一个拥抱，对于坚持一周的孩子，教师可以满足其一个愿望			

2.【答案要点】活动方案示例:常见挑食表现:幼儿挑食的常见表现为不爱吃青菜,包括各类绿色蔬菜,如小白菜、菠菜、芹菜等;不爱吃卷心菜类蔬菜,如甘蓝、卷心菜等;不爱吃葱蒜类蔬菜,如洋葱、蒜苗、蒜薹等;不爱吃带有肥肉的肉片或带骨头的肉类食品;不爱吃蛋类,如鸡蛋、鸭蛋等。

挑食的原因:幼儿挑食的原因主要有两方面,一是食物本身口感不好,吃起来带酸、涩、苦味等;二是在饮食过程中连续多次吃相同食物或者感冒时强迫幼儿吃某种食物,造成对某种食物的抗拒心理。

要改变幼儿的挑食现象,一方面食物烹调时要符合幼儿的消化特点,食物搭配和烹调方法要多样化,一日三餐不重复,一周内各餐变换花样;另一方面要从理解食物的特点和价值开始,引导幼儿改变对食物的认知。

我爱吃青菜

(1)活动目标:

知识与技能目标:能说出小白菜、菠菜的营养价值。

态度与情感目标:产生对小白菜、菠菜的喜爱之情。

(2)活动准备:

物质准备:小白菜与菠菜实物若干、关于"小白菜和菠菜的营养价值"的动画各一段、与厨房协商好做小白菜和菠菜给本班幼儿品尝。

经验准备:幼儿认识小白菜、菠菜,能说出它们的食用口感。

(3)活动过程:

活动环节	师幼互动	媒介	组织形式	时间
导入	教师出示小白菜和菠菜实物,并在幼儿之间传递。请幼儿说一说"你所知道的小白菜"或"你所知道的菠菜"	实物	集体(马蹄型座位)	3分钟
回忆已有经验	提问:(1)小白菜可以做成怎样的食物,吃起来味道怎么样 (2)菠菜可以做成怎样的食物,吃起来味道怎么样 (3)小白菜和菠菜对我们的身体有什么好处	口语	同上	3分钟
呈现学习材料	教师播放视频:内容为小白菜的营养构成和对身体的好处	多媒体播放器(视频)	同上	1分钟
讨论	(1)想吃小白菜的幼儿举手并讨论把小白菜做成怎样的食物 (2)幼儿自由交流后做出决定	口语	同上	1分钟
择小白菜	幼儿分组择小白菜。要求将黄的、烂的叶片掰下来丢进垃圾筐,好的叶片掰下来放进洗菜筐	实物	小组(每组4人)	2分钟
播放视频	教师播放视频:内容为菠菜的营养构成和对身体的好处	多媒体播放器(视频)	集体(马蹄型座位)	2分钟
择菠菜	(1)想吃菠菜的幼儿举手并自由讨论决定做成什么菜 (2)分组择菠菜,要求同择小白菜	口语、实物	小组(每组4人)	3分钟
送菜到厨房	(1)请选择吃小白菜和吃菠菜的两组幼儿的代表送择好的菜到厨房,并与厨房协商两种菜的做法。 (2)其余幼儿收拾择菜后的垃圾,清理现场	身体动作	同上	1分钟

活动环节	师幼互动	媒介	组织形式	时间
巩固与评价	（1）请个别幼儿（不喜欢吃小白菜和菠菜的幼儿）说一说自己对小白菜或菠菜的新认识 （2）教师朗诵编好的小白菜与菠菜的儿歌，幼儿尝试跟读多遍	口语	集体（马蹄型座位）	4分钟
延伸活动	回家把小白菜和菠菜的营养价值讲给妈妈听，并与妈妈商量家里第二天的晚餐食谱，要有小白菜或菠菜，第三天早间谈话交流根据小白菜与菠菜制定的菜谱与青菜的滋味			

3.【答案要点】活动方案示例：

我 的 家

（1）活动说明：

"我的家"是一个主题活动，绘画活动的表现对象以幼儿熟悉的家里物品为主，因此选择一家人经常聚会的餐桌为对象；中班幼儿绘画学习以造型上的对称与均衡、配色上的对比与调和，布局上的大小关系稳定为主，为此绘画内容确定为给餐桌桌布（以画纸代替），进行图案装饰。

（2）活动目标：

态度与情感目标：用自己喜欢的线条和色彩装饰餐桌桌布，表现对自己"家"的喜爱之情，愿意把自家餐桌打扮得很漂亮。

知识与技能目标：能装饰出对称、均衡、色彩调和的餐桌桌布图案。

（3）活动准备：

物质准备：每人一份水彩笔和画纸。

经验准备：已经开展了"我爱我家"的社会性认知活动和以"我的家"为主题的其他领域活动，如语言活动、音乐活动等。

（4）活动过程：

活动环节	师幼互动	媒介	组织形式	时间
导入	教师出示窗帘、床单等装饰很美的图片各3~5张，要求幼儿观察 提问：看了这些窗帘或床单的图片有什么感受，说一说它们美在哪里	投影 图片	集体（马蹄型座位）	3分钟
回忆已有经验	提问：（1）你最喜欢的自己家的窗帘或床单是什么样子的 （2）你自己的房间的窗帘是什么样的，床单是什么样的 （3）一家人经常聚在一起的是什么地方 引出餐桌桌布装饰的任务	口语	同上	3分钟
尝试作画	（1）教师分发绘画材料，并给定任务：请每个小朋友根据自己家餐桌的形状把画纸裁剪好 （2）幼儿尝试装饰裁剪好的画纸——餐桌桌布。教师提出建议：先画图案线条或形状，然后涂色 （3）教师观察指导	绘画材料	分组坐在各自座位上	5分钟

活动环节	师幼互动	媒介	组织形式	时间
展示与反馈	（1）展示部分已经画好图形（线条或形状）的作品，请幼儿说一说装饰后的桌布美不美，为什么 （2）针对已经完成的作品，教师对图案装饰提出具体的建议，如形状要对称、线条要排列匀称	口语	集体（马蹄型座位）	3分钟
继续装饰和完善	（1）没有画好图形的幼儿继续画 （2）作品已经完成的幼儿，根据教师的建议继续完善	绘画材料	分组坐在各自座位上	5分钟
回忆色彩搭配的经验	（1）在大多数幼儿已经完成装饰后，提问：什么样的颜色搭配好看 （2）教师总结幼儿的回答：对比的颜色（如红和绿、蓝和黄、黑和白等）配在一起好看，或者颜色相近的配在一起好看，或者同一种颜色，从浅到深配在一起好看等	口语	集体（马蹄型座位）	2分钟
配色	幼儿自由配色，教师观察并提出建议	绘画材料	分组坐在各自座位上	5分钟
展示与欣赏	（1）完成作品的幼儿在绘画作品展板上粘贴好自己的作品以后，以小组为单位收拾绘画材料 （2）幼儿自由欣赏与评价	作品	自由行动	3分钟
延伸活动	回家可以和妈妈一起做一个小围裙的装饰图案			

4.【答案要点】活动方案示例：

兔子宝宝数萝卜

（1）活动目标：

知识与技能目标：能手口一致地数出4以内萝卜的数量；能根据口令迅速地按数取物。

态度与情感目标：能体验到数数活动的乐趣。

（2）活动准备：

物质准备：兔妈妈头饰一个；兔宝宝头饰若干；篮子若干；"萝卜"若干；"锅"若干；袋子若干，袋子上分别贴有1~4的数字；

环境准备：布置萝卜园场景。

经验准备：已经学习了3以内的点数，知道用右手指从左往右按顺序点数。

（3）活动过程：

活动环节	师幼互动	媒介	组织形式	时间
导入	教师头戴兔妈妈头饰，幼儿头戴兔宝宝头饰，准备去找萝卜 提问：兔宝宝最喜欢吃什么	萝卜教具、兔妈妈和兔宝宝头饰	集体（马蹄型座位）	1分钟
点题	兔妈妈和兔宝宝一起去找萝卜、数萝卜	口语	同上	1分钟
回忆3以内的点数	（1）幼儿用右手的食指，从左到右、手口一致地点数，数出1个萝卜、2个萝卜、3个萝卜 （2）幼儿尝试数出4个萝卜	口语、萝卜教具	集体（马蹄型座位）	2分钟

续表

活动环节	师幼互动	媒介	组织形式	时间
学习4的点数	(1) 设置情境:兔妈妈要为孩子做萝卜汤了,兔妈妈请兔宝宝在每个锅里放进4个萝卜,看看哪个组放得对 (2) 幼儿分组将4个萝卜一个一个放进锅里,每人数一数,检查是否数对了	口语	分组坐在各自座位上	2分钟
反馈与指导	(1) 教师请正确组的幼儿面向全班幼儿点数本组的萝卜 (2) 教师示范正确的数法,从左往右一个一个地手口一致点数	示范与口语讲解	集体(马蹄型座位)	2分钟
再次尝试点数	幼儿再次尝试数4个萝卜放入锅中,教师巡视、观察幼儿的数数方法,适时加以指导	口语	分组坐在各自座位上	2分钟
游戏"拔萝卜",按数取物	(1) 创设情境:家里萝卜不多了,兔妈妈请各位兔宝宝去萝卜园里拔萝卜 (2) 第一组幼儿拔萝卜:"兔妈妈"说出数字,请幼儿按数拔萝卜,并请幼儿把萝卜排成一排,数一数各自拔了几个萝卜;第二组幼儿观察、检查,看谁数得对 (3) 第二组幼儿拔萝卜:"兔妈妈"出示数字卡,请幼儿按数拔萝卜,并数一数拔了几个萝卜;第一组幼儿观察、检查,看谁数得对 (4) 全体幼儿拔萝卜:"兔妈妈"拍手,幼儿听声音,按拍手次数拔萝卜,并数一数拔了几个萝卜	萝卜教具、篮子、口语	分小组依次进行拔萝卜游戏	5分钟
游戏"装萝卜",巩固按数取物	(1) 请幼儿自由选择袋子,根据袋子上1—4的数字,按数字将拔来的萝卜装进各自的袋子中 (2) 两人一组,交换检查是否数对了	口语、数字袋	分小组在各自座位上	3分钟
检查效果,结束	(1) 各自把装萝卜的袋子送到兔妈妈的储物间(一个指定的地方) (2) 请幼儿四个人一组外出游戏,要求数对人数再出活动室的门,教师检查	口语	集体按序行动	2分钟
延伸活动	回家找一找,家里的什么东西有4个,和爸爸、妈妈合作制作一张统计表带给教师			

5.【答案要点】活动方案示例:

小动物的尾巴

(1) 活动目标:

知识与技能目标:能说出松鼠、长尾猴等动物尾巴的用途;能发现松鼠、长尾猴等动物尾巴特征和功能的关系。

态度与情感目标:萌发对小动物尾巴功能的探究兴趣。

(2) 活动准备:

物质准备:常见动物的拼图、多媒体视频。

经验准备:幼儿认识一些常见小动物的尾巴,能说出其颜色和形状等特征。

（3）活动过程：

活动环节	师幼互动	媒介	组织形式	时间
导入	教师出示拼图散片，请幼儿分组拼图；拼图散片分别为小松鼠和小猴子；告知幼儿今日的活动内容为学习小动物的尾巴	每组一套拼图散片	分2组，坐在座位上	2分钟
说一说	请两组幼儿派代表说一说拼图成功的原因	口语	集体，按座位坐	2分钟
点题	告知幼儿，今天要探索动物尾巴的特征和功能	口语	同上	1分钟
问答游戏，回忆常见动物尾巴的特征	提问：谁的尾巴长？谁的尾巴短？谁的尾巴好像一把伞？谁的尾巴弯？谁的尾巴最好看？幼儿依次回答猴子的尾巴长等	口语	同上	2分钟
播放视频	（1）教师播放动物尾巴的视频，内容为松鼠、长尾猴、猫、孔雀的活动（专门剪辑了各种生活场景中各动物尾巴的特征及其功用） （2）幼儿观看	多媒体视频	同上	3分钟
说一说尾巴的特征与功能	提问：视频里有哪些动物，它们的尾巴是什么样子的	口语	同上	5分钟
探究尾巴特征和功能的关系	（1）再次观看视频，特别观察动物们的尾巴在活动中发挥了什么作用 （2）提问：松鼠的尾巴有什么作用，为什么能发挥那种作用；长尾猴的尾巴是什么样的，在跳跃中起什么作用；猫的尾巴起什么作用；孔雀开屏是为了什么	多媒体视频、口语	集体，分组讨论	5分钟
集体谈话，确认视频中动物尾巴的特征与其功能的关系	各组派代表发言，说明上述四种动物的尾巴有何作用，为什么能够发挥其特殊的作用	口语	集体（马蹄型座位）	3分钟
拼图游戏	教师出示拼图散片五套，每组一套，合作拼图。拼图内容为生活中常见的小动物：狗、马、麻雀、金鱼、蛇等	每组一套拼图散片	分5组，坐在座位上	2分钟
观察描述	提问：上述五种动物的尾巴长什么样？ 观察后各组自由交谈。 小组发言，描述上述五种动物的尾巴	口语	分5组，坐在座位上	3分钟
提出假设	提问：上述五种动物的尾巴有什么作用 集体谈话，在幼儿自由发言时，教师从动物名称、尾巴特征、尾巴作用三个方面做出简笔画简表	口语	集体（马蹄型座位）	3分钟
延伸活动	教师将简笔画简表拍照发送给家长，请亲子合作，查阅资料、观察动物生活，验证上述假设的真伪			

6.【答案要点】活动方案示例：

我 多 想

（1）活动目标：

知识与技能目标：能有感情地朗诵散文诗。

态度与情感目标：感受到散文诗的幸福情感，愿意用身体动作、绘画等形式表达感受到的情感。

（2）活动准备：

物质准备：钢琴曲《星空》、录音机、课件《我多想》、白纸和油画棒每人一份。

经验准备：幼儿有做梦的生活经验；对散文诗一类的文学作品有学习经验；能有节奏地朗诵儿歌、儿童诗、散文等文学作品。

（3）活动过程：

活动环节	师幼互动	媒介	组织形式	时间
导入	教师播放钢琴曲《星空》，请幼儿聆听	多媒体	集体（马蹄型座位）	1分钟
回忆已有经验	提问：(1)听《星空》的时候，你好像看到了什么； (2)如果能够美梦成真，你希望梦见什么 在幼儿回答时，教师能用简笔画将与散文诗《我多想》有关系的内容按照做什么—送给谁—让他们怎么样的顺序画下来	口语	同上	3分钟
点题	我们一起欣赏篇散文诗《我多想》，希望你们能够朗诵给爸爸、妈妈听	口语	同上	1分钟
感知散文诗	教师有感情地朗诵散文诗，要求幼儿闭目仔细听	口语	同上	1分钟
理解散文诗的基本内容	(1)提问："我"想干什么，送给谁，希望她怎样 (2)教师分段朗诵诗歌，要求幼儿听清楚"我"想做什么，送给谁，希望她怎样 (3)在朗诵后，幼儿回答问题时，教师依次画出"我"想干什么，送给谁，希望她怎样 (4)教师带领幼儿一边看简笔画，一边一起朗诵散文诗	口语、实物	同上	5分钟
理解散文诗的词汇与句式	(1)分段朗诵散文诗，提问："刚出壳的鸟宝宝"是什么意思，"花仙子"是什么意思，"辛劳""安闲""温馨"是什么意思 (2)完整朗诵散文诗，提问：散文诗共有几段，每段说的话有什么相同点 (3)再次朗诵散文诗，请幼儿倾听时观察简笔画，感受散文诗句式的韵律	口语	同上	5分钟
完整欣赏散文诗	(1)教师有感情地朗诵散文诗 (2)幼儿和老师一起朗诵散文诗			2分钟
经验分享	提问：散文诗中哪一句最美 幼儿分组讨论，与同伴分享散文诗中最美的一句话	口语、实物	小组，每组4人	5分钟
情感表达	教师请个别幼儿说一说自己认为最美的一句话，并说说为什么	口语	集体（马蹄型座位）	3分钟
反馈与评价	(1)请幼儿集体朗诵散文诗 (2)播放钢琴曲《星空》，教师朗诵散文诗，请幼儿用身体动作表现散文诗的情感	口语、多媒体	分组坐在各自座位上	3分钟
延伸活动	回家后把散文诗朗诵给爸爸妈妈听，也可以把散文诗画出来			

7.【答案要点】活动方案示例：

有趣的声音——高音和低音

（1）活动目标：

知识与技能目标：能分辨高音和低音。

过程与方法目标：能尝试用动作表现高音和低音。

态度与情感目标：萌发对声音高低变化的探究兴趣。

（2）活动准备：

物质准备：高个子和矮个子的人形图片、高/低音有明显区别的音乐、碰铃和小鼓等。

经验准备：幼儿能区别高、矮，能随着音乐做动作。

（3）活动过程：

活动环节	师幼互动	媒介	组织形式	时间
导入	教师出示高个子和矮个子的图片（图片除了高、矮不同，其他特征完全一样） 提问：请看看两位小客人有什么不同	图片	集体（半圆形座位）	1分钟
听声音、请客人	（1）教师打击碰铃发出声音，请幼儿说一说应该请出哪个小客人，为什么 （2）教师打击小鼓发出声音，请幼儿说一说应该请出哪个小客人，为什么	实物、口语	同上	2分钟
辨音游戏	（1）根据上述回答结果确认高音用高个子图片表示、低音用矮个子图片表示 （2）教师使用打击乐器发出高音或低音，幼儿相应摆出高个子人形图片或矮个子人形图片 （3）教师敲打碰铃和小鼓，幼儿用站立和蹲下的动作表示高音或低音	图片、身体动作	幼儿站在座位前的空地	3分钟
听音乐做动作	（1）教师播放高频和低频区别明显的音乐，幼儿聆听 （2）再次播放，请幼儿根据音乐选择高个子图片或矮个子图片 （3）第三次播放音乐，请幼儿跟随音乐，选择用站立举手或蹲下表示高音或低音	多媒体播放音乐、图片、身体动作	同上	3分钟
探索新办法	提问：还可以用什么办法表示高音和低音 幼儿分组讨论 各组发表意见	口语	分组，按组坐在座位上	5分钟
辨音游戏	（1）择其中一种表示高音、低音的方法，如上楼梯为高音，下楼梯为低音 （2）听声音辨高低、做动作	身体动作	幼儿站在座位前的空地上	2分钟
尝试发出高/低音	（1）教师示范用自己的嗓音发出高音和低音 （2）幼儿尝试用嗓子发出高/低音 （3）请个别幼儿发出高/低音，其他幼儿自选方法表示高音或低音	声音	集体（半圆形座位）	3分钟
听音乐做动作	教师播放音乐，幼儿跟着音乐做动作，高音部分站立行走，低音部分半蹲着走出活动室	口语	按序站在座位前空地	2分钟
延伸活动	辨别家里人谁的声音高，谁的声音低			

模块七　教育评价

逻辑结构图与考试权重

逻辑结构图

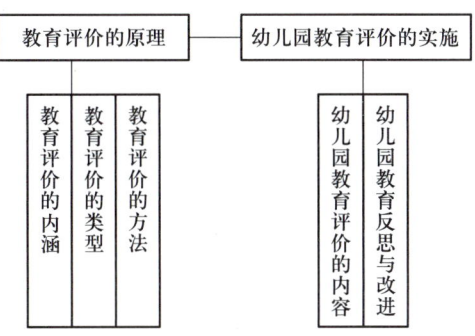

考试权重

模块	分值比例	分值	题型	重点提示
教育评价	模块三至模块七共占分值约为36%	3~23分	单选题、材料分析题	教育评价的类型、方法和幼儿园教育评价的内容是重点

考纲要求与复习策略

考纲要求

1. 了解幼儿园教育评价的目的与方法,能对保育教育工作进行评价与反思。
2. 能够利用评价手段发现教育活动中出现的问题,提出改进建议。

复习策略

命 题 剖 析

从历年的考题看,本模块内容考题较少,单项选择题出现次数较多,主要考查评价的主体、内容和方法。

利用评价手段发现教育活动中的问题和提出改进意见的考查,往往与教育活动的组织与实施部分结合,在材料分析题中出现。

备 考 策 略

本模块的复习,从内容上看重点是第一章。从复习策略看,主要是理解并熟悉教育评价的方法与内容,并把教育评价与保教工作的原理结合,尝试进行材料分析。

第一章 教育评价的原理

知识体系及思维脉络图

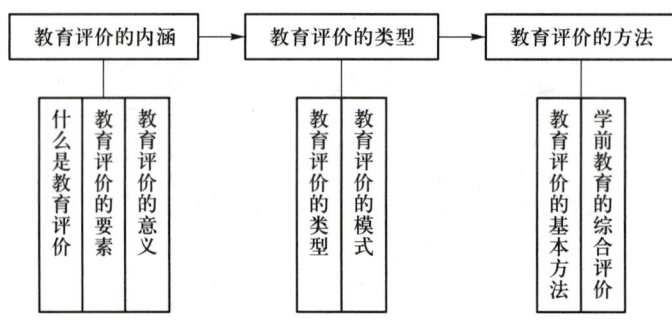

核心考点及学习提示

【核心考点】
教育评价的内涵：熟悉教育评价的主体等要素，理解教育评价的意义。
教育评价的类型：理解教育评价分类的标准及各类型的含义，了解教育评价的基本模式。
教育评价的方法：观察法、访谈法、档案袋评价法的内涵与基本要求。
【学习提示】
考试重点：教育评价的类型与方法。
考试难点：教育评价的意义。

第一节 教育评价的内涵

一、什么是教育评价

评价是指对客观事物满足个人需要的程度做出判断。教育评价即对教育满足个体需要和社会需要的程度做出判断。

做出价值判断必须以事实为依据，因此教育评价是通过一定的手段获得关于教育现象的各种事实，并对事实加以分析和处理，以教育目标为依据进行价值判断的过程。

《幼儿园教育指导纲要（试行）》指出，教育评价是幼儿园教育工作的重要组成部分，是了解教育的适宜性、有效性，调整和改进工作，促进每一个幼儿发展，提高教育质量的必要手段。

二、教育评价的要素

（一）教育评价的主体

教育评价的主体即谁来实施教育评价。教育评价的主体应该是多元的，既可以是外部人员，也可以是内部人员。外部人员主要指教育行政管理部门的人员、教育科研人员；内部人员指教师、学生；家长则是介于内、外部之间的最重要的教育评价主体。

《幼儿园教育指导纲要(试行)》指出，管理人员、教师、幼儿及其家长均是幼儿园教育评价工作的参与者。评价过程是各方共同参与、相互支持与合作的过程。幼儿园教育工作评价实行以教师自评为主，园长以及有关管理人员、其他教师和家长等参与评价的制度。

(二) 教育评价的内容

教育评价的内容即评价什么。教育是一个复杂而开放的系统，教育的各方面都是教育评价的内容，一般来讲主要包括三个方面，即对人的评价(学生、教师)、对物的评价(环境、设施)、对活动的评价(课程、教学)。

(三) 教育评价的目的

教育评价的目的即为什么要进行教育评价。教育评价的目的是教育评价内容、方法选择的依据，教育评价的目的不同，教育评价的手段就不同，因此评价目的是教育评价的重要组成部分，具体内容见教育评价的意义部分。

(四) 教育评价的依据

教育评价的依据即根据什么做出判断。它主要包括两个方面，即评价的标准和评价赖以成立的事实。教育评价的标准即评价指标体系和评价的判断值，如等级制或百分数制。教育评价所赖以成立的事实，即评价过程中收集的各种教育信息及其处理结果，如幼儿发展评价所收集的观察记录、谈话记录和作品分析等信息。

三、教育评价的意义

《幼儿园教育指导纲要(试行)》指出，评价的过程是教师运用专业知识审视教育实践，发现、分析、研究、解决问题的过程，也是其自我成长的重要途径。

(一) 教育评价的功能

教育评价具有诊断、改进、鉴定、激励、导向功能。

1. 诊断功能

教育评价的诊断功能是指，通过教育评价能够了解教育的成效或发现教育中存在的问题。

2. 改进功能

教育评价通过收集信息不仅能够发现问题，还能发现问题存在的原因，进而能够为改进教育活动提供建议。

3. 鉴定功能

由于教育评价是依据一定的标准进行的，这就决定了教育评价具有对评价对象鉴定优劣、区分等级、排列名次、评选先进、资格审查等鉴定功能。

4. 激励功能

由于评价会直接或间接影响评价对象的形象、荣誉或者利益，因而能够激发被评价者的动机。教育评价是激发和维持评价对象的内在动力，调动被评价者的内部潜力，提高教育工作的积极性和创造性的有效手段。

5. 导向功能

在教育评价中，对任何被评价对象所做的价值判断，都是根据一定的评价标准进行的。这些评价的目标、标准、指标及其权重，对被评价对象来说，起着"指挥棒"的作用，因此教育评价具有导向功能。

(二) 教育评价的目的

教育评价通常能够综合发挥上述五项功能，但是教育评价的目的不同，其功能、实施的方法和做出判断的依据也就有所不同,因此教育评价需要有明确的目的。

1. 为制订教育计划而评价

在制订教育计划时需要了解教育对象的现有水平、以往教育活动的成效和措施等,使教育计划更有针对性,为此需要进行诊断性教育评价。

2. 为改进教育活动而评价

在实施教育计划的过程中,为了提高正在进行的教育活动的质量,需要不断提供反馈信息,并对后继的教育活动加以改进,为此需要进行形成性教育评价。

3. 为判断教育效果而评价

教育活动结束后,为了检验其成效,判断其价值,需要进行总结性教育评价。它往往与教育评价的鉴定功能密切相关。

(三) 教育评价的意义

1. 有利于加强幼儿园管理

评价是对教育工作的有效监督。它对办好幼儿园,全面提高教育质量具有指导性和指令性作用,有助于促进幼儿园的各项管理走向规范化和科学化。

2. 有利于提高教师队伍的素质

评价的过程就是对幼儿园全体教职工的工作成效、业务水平、敬业精神和工作能力的评价。通过自我评价以及专家和社会的评价,教职工的工作得到了公正、客观的质量判断。寻找目标与现状的差距,可进一步调动教师的工作积极性、主动性,从而激励他们更加勤奋学习,转变教育观念,努力工作,做出更大的成绩。

3. 有利于促进幼儿的发展

学前教育活动评价可以了解活动的目标、计划、内容、过程、方法以及环境、设备、材料等是否适合幼儿的发展水平,是否能促进幼儿的身心发展。教师可以观察幼儿的兴趣、能力、智力、道德行为、情感和态度,了解活动的过程、方法等方面存在的问题,通过经常对照评价标准进行分析,发现不足,交流经验,不断改进活动中的不足,激发幼儿的活动动机和参与活动的兴趣。

4. 有利于向家长、学前教育工作者和社会人士提供可靠信息

评价还可向家长、学前教育工作者和社会人士提供可靠的信息,以促进社会各界对学前教育工作的关心,同时还可以为教育决策部门提供科学而有效的参考资料。

【典型真题1】幼儿园教育工作评价应当( )。

A. 以行政人员评价为主,专家等参与评价为辅

B. 以园长自评为主,教师等参与评价为辅

C. 以教师自评为主,园长等参与评价为辅

D. 以家长评价为主,幼儿等参与评价为辅

【解析】《幼儿园教育指导纲要(试行)》指出,幼儿园教育工作评价实行以教师自评为主,园长以及有关管理人员、其他教师和家长等参与评价的制度。

【答案】C

【典型真题2】对幼儿发展状况评估的目的是( )。

A. 筛选、排队 B. 教师反思性成长 C. 提高保教质量 D. 了解幼儿的发展需要

【解析】这道题可以采用排除法来解,选项A很明显是错误的;选项B的评价应该是教师评价而非幼儿评价;选项C的评价应该是综合性评价,而非仅仅是对幼儿发展状况的评价。了解幼儿的发展需要是对幼儿发展状况进行评估的最直接目的。

【答案】D

第二节 教育评价的类型

一、教育评价的类型

(一) 整体评价、局部评价与微观评价

根据教育评价的范围,可以将教育评价分为整体评价、局部评价和微观评价。

整体评价:一是评价的事物、现象的地域范围比较广泛,如全省、全县的教育评价;二是教育的内容非常广泛,教育评价的内容涉及教育的各个方面,如学生的发展评价、教师的素质评价、教育物质条件的评价、教育过程的评价等。例如对幼儿园的等级评定。

局部评价:对教育的某一方面的评价。某一方面可能是教育对象的一部分,也可能是教育内容的一部分,如对幼儿园卫生保健工作的评估。

微观评价:对教育的某一方面的一部分对象进行评价,如幼儿园教师对自己班级幼儿的亲社会行为的评价。

(二) 相对评价、绝对评价和自身差异评价

根据评价的参照体系与被评价对象的关系,可以将教育评价分为相对评价、绝对评价和自身差异评价。

相对评价:首先在被评价对象的群体中建立基准(通常以该群体的平均水平作为基准),然后把该群体中的各个对象逐一与基准进行比较,以判断该群体中每一成员的相对位置的评价,又叫常模参照评价。所谓常模就是群体的平均数和标准差。例如,对某县的幼儿园教育水平进行评价时,可以将该县幼儿园中的一所省级幼儿园作为基准,然后将其他幼儿园的各个方面与该基准进行比较,从而做出评价。

绝对评价:在被评价对象的群体之外,确定一个评价的标准作为客观标准,在评价时,把评价对象与这个客观标准进行比较,以是否达到标准作为评价的主要依据。例如,幼儿园的等级评定就是绝对评价。

自身差异评价:将被评价对象的现在和过去相比较,以判断其发展变化的一种评价类型。既不和他人比,也不和标准比,而是和自己比。在教育过程中,教师对幼儿的评价一般以自身差异评价为主。

(三) 诊断性评价、形成性评价和总结性评价

根据评价目的,可以将教育评价分为诊断性评价、形成性评价和总结性评价。

诊断性评价:在教育活动开始前,为了制订教育计划,摸清儿童的发展水平和教育的现状而进行的评价。其根本目的在于了解儿童的学习基础和个体差异。

形成性评价:在教育过程中,为了了解儿童的学习进展,为教育活动的改进提供反馈信息而进行的评价。例如,幼儿园教师根据对幼儿游戏状况的观察,对游戏环境和材料投放做出判断和提出改进意见的评价就是形成性评价。

总结性评价:在一个阶段的教育教学结束后,为了评价教育成效而进行的评价,又叫终结性评价。

(四) 自我评价和他人评价

根据评价主体,可以将教育评价分为自我评价和他人评价。自我评价即评价者对自己的评价,评价主体与评价对象一致。他人评价指自身以外的任何人或组织对评价对象的评价,评价主体和对象体不一致。

(五)质的评价和量化评价

根据收集与分析资料的方式,可以将评价分为质的评价和量化评价。

质的评价:一般通过自然情景下的调查,或对各种口头的、书面的材料加以细致的分析,全面充分地提示和描述评价对象的各种特质,揭示其中的意义。

量化评价:采用直接量化的方式,对确实存在量化途径的评价指标进行量的描述,或经统计分析得出某些结论,借此评判其价值,以表明对象的某些特征。

(六)正式评价和非正式评价

根据评价的科学性和严谨程度,分为正式评价和非正式评价。

正式评价:指事先制订完整的评价方案,严格按规定的程序和内容,采用客观化的工具,并由确定的评价者进行的评价。

非正式评价:指教师在与幼儿的日常接触、互动过程中,以观察(包括直接和间接观察)和谈话为主要方式,不断了解幼儿,进而在有意或无意之间形成对幼儿某种看法和判断的一种评价方式。

二、教育评价的模式

教育评价各要素的不同组合,以及在教育评价实践中相对稳定的评价方式即教育评价模式。

(一)目标达成模式

目标达成模式是美国课程论专家泰勒在"八年研究"的基础上提出的。他认为,课程与教学解决四个问题,即为何而教、教什么、怎么教和教得如何。教育评价即回答教得如何的问题。

目标达成模式强调根据教育目标进行评价,并强调目标应该具体、量化、可操作化,评价目的清晰,评价过程明确。目标达成模式适合于对课程、教育方案、活动等的评价。

(二)目标游离评价模式

目标游离评价模式是斯克里文提出的一个评价程序,又称"无目标评价"。斯克里文认为基于目标的评价,往往可能只注意目标的预期效果,而忽视了实际教育过程中可能产生的各种非预期或副效应。为了改善这一现象,他提出了目标游离评价。在这种评价中,评价者将不再听取关于目标及达成情况的报告,而是去收集关于课程效果的有关信息,包括期望之中的和预料之外的效果信息,并对之加以评价。

(三)CIPP 模式

CIPP 模式强调教育评价应该为决策者提供有用的信息,而不是只限于确定教育目标是否达成。

CIPP 模式根据决策类型将教育评价分为四种,这四种评价又是整个评价的四个阶段。四种评价分别是背景评价、输入评价、过程评价和结果评价,CIPP 是这四种评价的英文首字母。

背景评价是在计划之前的评价,是为制订计划而进行的评价;输入评价是对备选方案进行的评价,是对几个备选方案合理性和各自优势进行的评价;过程评价是对计划实施的程度和如何改进而进行的评价;结果评价是对计划实施结果、成效进行的评价。

CIPP 模式重视对教育活动全程、全方位的评价,修正了目标达成模式只重视结果的评价思路。

(四)应答评价模式

应答评价模式是评价者通过各种方法了解被评价对象的需求,并结合实际获得的情况,对教育活动做出修改,以应答绝大多数人的需要的一种评价模式。

传统的评价模式带有预定的性质,强调目标的实现程度,忽视了被评价对象的需要和价值观,导致在评价中,评价者和被评价对象难以合作。应答评价模式强调搜集全面、详尽、适宜的资料,强调被评价对象的需要,强调评价者和被评价对象的平等对话,使得评价更加关注教育活动主体的需要。

(五)差距评价模式

差距评价模式是由普罗佛斯为评价学校课程而设计的。设计者认为,评价的主要目的是决定是否对某种课程加以改进,或继续实施,或要求终止。评价就是将课程标准与其实际运行状况相比较,分析两者间的差距,以便利用差距信息辨析课程的不足,并反馈到发展课程和作出决策之中,使课程得以改善。

差距评价模式所指的标准,即课程方案制订者所明了方案的性质标志,包含三种主要成分:预期结果、先在因素、过程。预期结果即方案规定所应达到的目标,先在因素是指实现方案目标所需要的人员、设备、材料等条件,过程即为达到教育目标而开展的教育活动。

(六)外貌评价模式

心理测量学家斯塔克于1967年发表了《教育评价的外貌》一文,鼓励教育者考察评价的全貌,批评非正式评价的缺点和不足,主张并倡导了教育评价的外貌模式。

斯塔克认为,若要适宜地评价与理解某教育机构、课程等教育的价值,必须对其既做出详尽的描述,又进行适宜的判断。描述和判断各自具有其本身的价值,只有把二者结合起来,才能完成对机构或课程的全面和完整的评价。

【典型真题1】在教学过程中,王老师随时观察和评价幼儿的行为表现,并以此为依据调整指导策略,王老师采用的评价方式是(　　)。
A. 诊断性评价　　　　　　B. 标准化评价
C. 终结性评价　　　　　　D. 形成性评价

【解析】本题考查教育评价的类型与方法。形成性评价是在教育过程中持续进行的,目的在于及时地做出反馈性调节,从而调整、修改、补充活动计划、内容和方法,使教育活动更合理、更完善地开展,促进幼儿的发展。这类评价是在教育过程中进行的,是自始至终伴随着活动进程的一种动态性评价。题干中强调的是"在教学过程中",王老师随时进行评价,并且会调整指导策略,由此表明是形成性评价。D项正确。

【答案】D

【典型例题2】幼儿园教师在教育活动中对幼儿的表现予以表扬,这是一种(　　)。
A. 诊断性评价　　　　　　B. 形成性评价
C. 总结性评价　　　　　　D. 自身差异评价

【解析】在教育活动中进行的评价是形成性评价。

【答案】B

第三节　教育评价的方法

一、教育评价的基本方法

教育评价是一个搜集信息并做出判断的过程,教育评价的方法即教育评价中搜集信息的方法。

(一)搜集评价信息的原则

在搜集评价信息的过程中,要尊重和保护被评价对象的基本权利,搜集的评价信息要全面。

1. 尊重与保护被评价对象的权利

在教育评价中,被评价的对象主要是儿童,因此要尊重儿童的生存权、发展权和受保护权。例如,搜集信息的过程不能伤害儿童,不能侵犯其隐私权。

2. 评价信息的全面性

评价信息,从数据类型看,应该包括数据型信息和非数据型信息。数据型信息又分为数值型信息和非数值型信息。数值型信息包括:点计数据(如幼儿人数、出勤次数),测量数据(如身高、体重、语言、智能分数)等。非数值型信息指事物的性质和类型,如教师的性别、年龄、教龄、职称等。非数据型信息指幼儿游戏的录像、照片,教师的教案等。

从信息的记录载体看,评价信息应该包括数据、文字、图片、声音、录像、实物。

(二)搜集评价信息的方法

《幼儿园教育指导纲要(试行)》指出,评价应自然地伴随着整个教育过程进行。综合采用观察、谈话、作品分析等多种方法。幼儿的行为表现和发展变化具有重要的评价意义,教师应视其为重要的评价信息和改进工作的依据。

1. 观察法

观察法是教育评价搜集信息的基本方法。应用观察法搜集教育评价信息,应该注意以下几点。

第一,观察类型要全面。从观察的情境看,教育评价中的观察有自然观察和情景式观察;从观察的性质看,有叙述性观察、事件取样观察和时间取样观察、评定观察。各种观察法的含义及其操作要领请参阅模块一第二章第二节相关内容。

第二,观察信息的记录要全面。要采取多种方法记录观察所得,可以将数据型信息和非数据型信息结合,将文字与图片、录像结合。

第三,以参与型观察为主。在参与型观察中,观察者和被观察者在一起生活、工作,在密切的相互接触和直接体验中观察被观察者的言行,不仅能够获得是什么的信息,还能获得为什么的信息。参与观察,必须以获得被观察者的同意与认可为前提,被观察者已经接纳了观察者,因此能够表现出比较真实的状况。

2. 访谈法

访谈法是通过口头谈话的方式从被评价对象那里搜集信息的一种方法。

(1)访谈的类型。

访谈法根据访谈内容的结构性可以分为结构式访谈、半结构式访谈和非结构式访谈。结构式访谈是按照事先拟定的访谈提纲,按顺序和问题逐一提问与应答的一种访谈;非结构式访谈又叫自由式访谈,即只有访谈的目的和主题,没有预定问题的访谈,在谈话过程中往往通过追问的方式获得一些深度资料;半结构式访谈介于二者之间,有访谈提纲,但提纲所列问题比较粗略。

根据访谈人数的多少可以分为个别访谈、小组访谈和集体访谈。个别访谈由于是一对一的访谈,因此能够比较深入地交谈,获得较多的信息和被评价对象比较内在的一些动机、观念方面的信息;集体访谈是对一个集体(如班级、教研组)的访谈,可以在较短的时间内获得较多的被评价对象的信息,但一般只能获得一些基本情况和基本看法。小组访谈介于二者之间。

(2)访谈的步骤与要领。

访谈的准备工作:明确访谈目的、选择和联系访谈对象、选择访谈类型、编制访谈提纲、准备好访谈记录的工具。

访谈中的提问:提问是访谈的核心,因此问题的设置和追问是访谈是否搜集到有价值信息的关键。实质性问题可以分三类来设计,即事实性问题、意见性问题和建议性问题。实质性问题以开放性问题为主,可以获得被评价对象关于教育的事实描述、解释和预测。辅助性问题(如开场白)以封闭性问题为主,可以使谈话较快转入正题。

当访谈对象的回答不够完整、清楚或自相矛盾时可以追问,或者访谈者想弄清楚事情的来龙去脉、前因后果时可以追问。

访谈中的回应:访谈中的回应是访谈能否继续下去的关键,因此访谈者应该不断对访谈对象予以回应。回应的具体方法是重述问题、对对方的谈话予以认可(点头、微笑等)、停顿(聆听、沉默)、解释、重述回答、澄清、转移话题、表述相同的感受等。

3. 作品分析法

作品分析法是通过对被评价对象的作品进行分析,从而了解其心理特点或某方面能力水平的一种方法。

学生作品(如作文、日记、图画、手工作品、各种作业等)是他们智力活动的产物,通过对这些作品的分析,不仅可以看到作者的思想动向,也可以看到他们各种能力发展的水平及才能倾向。

(1)作品分析法的特点。

作品是展示活动成果的有效载体,作品搜集是表现活动者的成绩与努力过程的最佳方式。作品分析法以搜集的活动作品为客观依据,可以反复分析,不受时间与空间的限制。

作品分析法可以对作品进行量化分析,也可以对作品进行质性分析,是获得多种数据类型的一种方法,有利于对被评价对象的活动结果进行评价,也可以对活动过程进行评价。

(2)作品分析法的使用步骤。

首先,要根据评价目的和内容搜集作品,搜集作品时注意工具的多样性;其次,要根据作品类型选择适当的分析方法,确定分析指标和标准;最后,根据分析指标进行分析并记录。

(3)应用作品分析法的注意事项。

第一,搜集的作品本身要有多样性。纸质的与电子的并举,平面的与立体的并举,可视的与可听的并举等。

第二,作品搜集要有连续性,能反映被评价者的变化与进步。

第三,分析要以客观指标为依据,要尽可能地避免主观臆断。

4. 问卷法

问卷法是根据评价目的,编制问卷以搜集信息的一种方法。问卷可以是被评价对象自己填,也可以是教育者(如家长、教师)回答填写。学前教育领域由于儿童的特点所限,一般很少有自填问卷,如果有也是图画式问卷。

(1)问卷的结构。

问卷一般由卷首语、问卷填写说明、问题和答案、问题与答案的编码、致谢等部分构成。卷首语是对问卷调查目的的说明,问卷的主体是问题与答案及其编码。

(2)问卷的编制。

问卷主体部分一般有两部分:第一部分是对被评价对象的基本信息(如性别、年龄等)的收集;第二部分是根据评价目的和内容编制的具体问题。

问题设计的原则:问题要简短、清楚,避免使用行话、俚语和简写,避免提出超越被评价对象回答能力范围的问题,避免双重问题(即一道题目涉及两个以上主题的问题)和否定性问题(如你是否同意幼儿园不收费),避免带有倾向性的语言和问题(如使用"应该""必须"等词语),避免直接询问敏感性问题,例如,涉及个人隐私的问题(如你的月工资是多少)。

问题的形式:问卷中的问题可以是开放性问题,也可以是封闭性问题。开放性问题即没有备选答案,由填写者自由回答的问题。开放性问题不宜多。封闭性问题即提供了备选答案的问题,备选答案之间不能交叉、重叠,备选答案应该是穷尽了所有可能的。

问题的排序:问卷设置的问题数量不宜太多,即问卷不宜过长,一般30分钟能答完为宜。涉及个人信息的部分放在最前面,开放性问题放在最后面。其余问题按照先易后难、先一般后特殊、先客观后主观的顺序排列。

(3)问卷的发放与回收

问卷的发放形式可以是现场发放,也可以是邮寄发放,还可以是网络问卷。问卷的发放要考虑回收的便捷性,问卷回收率和问卷的有效率一般应该达到 50%~70%。

5. 档案袋评价法

档案袋评价法是指教师和学生有意地将各种有关学生表现的材料搜集起来,并进行合理的分析与解释,以反映学生在学习与发展过程中的努力、进步状况或成果的一种质性评价方法。

（1）档案袋评价法的特点。

档案袋评价法在搜集信息时注重教育过程中产生的生动、真实的材料,它能反映学生的进步,是形成性评价资料搜集的最佳方法。档案能够真实记录学生成长的过程,能够充分反映学生的进步,因此能很好地发挥教育评价的激励功能。

（2）档案袋中信息的类型。

"档案袋"并不一定是一个看得见的袋子,主要是指搜集一些被评价对象留下来的客观、生动、真实的信息。随着教育过程的展开而保存下来的信息以实物型信息为主,也可以是图片、声音、录像。档案袋中较多的是教育活动中师生教育教学的过程记录和作品。

（3）作品取样系统。

在应用过程中,档案袋评价逐渐形成了评价信息的作品取样系统。作品取样系统由山姆·迈索尔斯提出,它包括三个相互关联的子系统,即发展指引与检核表、档案和综合报告。

发展指引与检核表：根据儿童发展和教育目标编制儿童的行为表现目标,教师可以根据检核表上的相应项目来观察和判断儿童是否达到检核表上的标准。例如儿童自我控制能力检核表(见表 7-1-1)。

表 7-1-1　儿童自我控制能力检核表

项目表现	发展水平	检核时间		
自我控制		学期初	学期末	学年末
遵守教室常规及从事教室的例行活动	尚未发展　发展中　熟练			
有目的地使用材料并能保护材料不受破坏	尚未发展　发展中　熟练			
能适应活动的转换和变化	尚未发展　发展中　熟练			

档案：指的是有目的地收集的,能反映师生的变化与学习成果的各种各样的作品。作品应该有两类：一类是群体中大家都有的作品；另一类是儿童或教师与众不同的作品。重点搜集三个时间点的作品,即学期初、学期末和学年末的作品。

综合报告：评价者根据师生在一段时间的表现,综合发展检核表、作品档案,以及评价者对师生发展的了解和期望,详细描述和总结师生的表现,反映每一个师生在每一个领域的表现与进步。

6. 测验法

测验是通过测量来了解教育效果的一种方法。测量是利用合适的工具,确定某个事物某方面的量度的程序或过程,测量结果通常用数值表示。因此用测验法搜集的评价信息一般都是数值型的资料,如智力测验、学绩测验。

教育评价中的测验法一般用于对学生心理发展和学习结果的评价。测验可以分为标准化测验和自编测验。

标准化测验：指在测验项目的选择上、测验过程、评分手续及评分标准方面都是经过标准化的测验。标准化测验是由专业人员按照标准化程序编制的。标准化测验也往往是常模参照测验,测验分数与常模比较才能有意义。例如,各种智力测验、人格测验、学绩测验都是标准化测验。

自编测验：评价者根据评价目的,在评价的内容范围内选择一定的项目,编制成不同形式的题目,确定题目的参考答案和评分标准,对被评价对象的答题情况进行评分。学校的课程考试基本都是教师自编的测验。

二、学前教育的综合评价

学前教育的综合评价法主要用于对幼儿学习与发展水平的评价。

(一) 以游戏为基础的评价

游戏在幼儿学习与发展中具有重要地位,游戏是学前儿童的基本活动,通过游戏可以看出幼儿的学习与发展状况,从而发展出新的教育策略。以游戏为基础的评价在学前教育领域越来越受到重视。

以游戏为基础的评价有基于游戏的跨领域评价、游戏评价、非正式的游戏观察等。游戏评价是指评价幼儿的游戏行为;非正式的游戏观察是教师在自然情境下对幼儿的游戏行为进行观察来搜集评价信息。

以游戏为基础的评价以基于游戏的跨领域评价为主。

基于游戏的跨领域评价的步骤:第一阶段是幼儿自己自由游戏,游戏指导者模仿、示范、拓展幼儿的游戏;第二阶段创设游戏情境,以引发幼儿先前没有自发表现出来的行为;第三阶段,游戏中加入一个同伴,以观察幼儿与同伴互动;第四阶段,在非结构式游戏和结构式游戏中观察幼儿与家长的互动;第五阶段是观察身体运动游戏;第六阶段是观察语言活动游戏,筛选有语言-运动障碍的幼儿。

基于游戏的跨领域评价的特点:教师通过观察幼儿认知、社会性情感、交流、感知运动、语言等方面来描述幼儿的能力。每个领域都提供了观察指南,用于指导游戏中各方面观察的要点。评价不是给每个幼儿评定分数,而是确定后续教育中的干预项目。

(二) 真实性评价

真实性评价是在真实的或类似真实的生活情境中对幼儿进行评价,有别于人为测验情境下的评价,真实性评价强调幼儿对评价的参与。真实性评价以幼儿的真实行为表现为基础,有利于课程决策。

真实性评价包括广泛的评价工具、测量工具与方法,但最重要的先决条件是观察。教师通过观察幼儿在真实生活情境中解决问题的能力,能很好地了解幼儿在幼儿园对所学内容掌握的情况。

采用真实性评价时,可以采用多种方法搜集信息,常见的有轶事记录、工作档案、录音、录像、图片、照片、作品与活动记录等。

(三) 多彩光谱评价

多彩光谱评价是加德纳和费尔德曼以多元智能理论为基础,历时一年多创立的一项针对幼儿学习的评价方法。

1. 多彩光谱评价的特点

(1) 反映幼儿的真实学习能力,将评价过程与幼儿的学习环境和过程融为一体;

(2) 适用于每个幼儿,分析每个幼儿学习与发展的特点,为因材施教提供依据;

(3) 既评定幼儿的学习水平,又分析影响幼儿学习的因素,为改善幼儿园的教育和家庭教育提供依据;

(4) 不仅针对每个幼儿的学习能力和潜能进行评价,还特别关注幼儿的学习风格。

2. 多彩光谱评价的方法

多彩光谱评价综合利用多种方法搜集信息,有观察量表指导下的教师观察、轶事观察记录、活动风格评定表、幼儿的书写或绘画作品、手工作品、照片、录像、录音和家长问卷与访谈等。

教师在幼儿的学习活动中,进行观察、描述与分析,不仅要描述幼儿的具体表现,还要记录幼儿的学习活动方式以评定其学习风格。

教师在评价的基础上对幼儿在幼儿园、家庭和社区的活动提出建议;针对幼儿的智能强项与弱项,提出如何把强项与弱项联系起来的建议。

【典型真题1】评价幼儿发展的最佳方式是(　　)。
  A. 平时观察　　　B. 期末检测　　　C. 问卷调查　　　D. 家长访谈
【解析】评价应该贯穿于幼儿园一日生活的各个环节,应该注重过程性评价而非结果性评价,所以平时观察比其他三种评价方法更合适。
【答案】A

【典型真题2】教师根据幼儿的图画来评价幼儿发展的方法称为(　　)。
  A. 观察法　　　　　　　　　　B. 作品分析法
  C. 档案袋评价法　　　　　　　D. 实验法
【解析】根据作品来评价幼儿的发展,属于作品分析法。
【答案】B

【典型例题】运用档案袋评价法时,档案中的内容不包括(　　)。
  A. 评定标准　　　　　　　　　B. 有关要求和说明
  C. 学生简介　　　　　　　　　D. 佐证材料
【解析】档案袋评价法,档案中内容包括项目、项目的评定标准、有关要求与说明,学生完成任务的佐证材料等。
【答案】C

第二章 幼儿园教育评价的实施

▶ 知识体系及思维脉络图

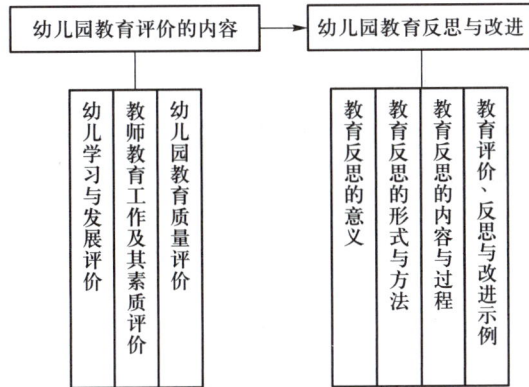

▶ 核心考点及学习提示

【核心考点】
幼儿园教育评价的内容：熟悉幼儿园教育评价的主要内容。
幼儿园教育反思：理解教育反思的意义，能根据案例进行评价、反思并提出改进建议。
【学习提示】
考试重点：幼儿园教育评价的内容。
考试难点：能针对案例进行评价、反思与提出改进建议。

第一节 幼儿园教育评价的内容

《幼儿园教育指导纲要（试行）》指出，教育工作评价宜重点考察以下方面：(一) 教育计划和教育活动的目标是否建立在了解本班幼儿现状的基础上。(二) 教育的内容、方式、策略、环境条件是否能调动幼儿学习的积极性。(三) 教育过程是否能为幼儿提供有益的学习经验，并符合其发展需要。(四) 教育内容、要求能否兼顾群体需要和个体差异，使每个幼儿都能得到发展，都有成功感。(五) 教师的指导是否有利于幼儿主动、有效地学习。

分析上述内容，幼儿园教育评价的核心内容是教师的教育工作，教师的教育成效表现为幼儿的学习与发展，因此幼儿园教育评价的内容可以分为三个方面，即幼儿学习与发展评价、教师教育工作及其素质评价，幼儿园教育质量评价。

一、幼儿学习与发展评价

(一)幼儿学习与发展评价的意义

幼儿学习与发展评价是幼儿园教育评价中最基础、最核心的内容。适当的幼儿学习与发展评价能够对幼儿园教育评价和幼儿教育事业的发展起到积极的推动作用。

1. 有利于教师改进教育工作

教师的教育计划和教育活动目标建立在了解班级幼儿发展现状的基础上,教育活动方案的制订必须以对幼儿已有发展水平和互动方式的评价为基础,因此幼儿学习与发展评价是教师教育工作的前提。

2. 有利于幼儿园改进管理

幼儿园教育质量的核心是幼儿学习与发展的成效,幼儿园的管理以幼儿的发展为终极目标,因此对幼儿学习与发展的评价能够促使幼儿园管理工作得到改进。

3. 有利于家长改进教育观念与行为

家长参与幼儿学习与发展评价中以后,就会了解幼儿学习与发展评价的内容和方法,通过参与实施教育评价的全过程,家长也就能加深对幼儿教育目标及方法的理解,从而改变已有的教育观念和行为。

4. 有利于改变社会对幼儿教育的认识

《3~6岁儿童学习与发展指南》提出了一整套幼儿学习与发展的目标体系,配合目标还提出了有针对性的教育建议,将正确的教育观、儿童观、发展观渗透在其中。《3~6岁儿童学习与发展指南》的发布与落实,不仅对幼儿园教育评价发挥指导作用,而且极大地推动了社会公众对幼儿教育的认识。如果幼儿园每年能够发布一次该园幼儿的学习与发展总体评价情况,无疑会推动社会更加关注和正确认识幼儿教育。

(二)幼儿学习与发展评价的原则

《幼儿园教育指导纲要(试行)》指出,对幼儿发展状况的评估,要注意:(一)明确评价的目的是了解幼儿的发展需要,以便提供更加适宜的帮助和指导。(二)全面了解幼儿的发展状况,防止片面性,尤其要避免只重知识和技能,忽略情感、社会性和实际能力的倾向。(三)在日常活动与教育教学过程中采用自然的方法进行。平时观察所获的具有典型意义的幼儿行为表现和所积累的各种作品等,是评价的重要依据。(四)承认和关注幼儿的个体差异,避免用统一的标准评价不同的幼儿,在幼儿面前慎用横向的比较。(五)以发展的眼光看待幼儿,既要了解现有水平,更要关注其发展的速度、特点和倾向等。

基于游戏的跨领域评价比较适用于对幼儿的学习与发展水平进行评价。

1. 发展性

评价是为了促进发展,因此要以发展的眼光看待幼儿。对幼儿学习与发展的评价,不仅要指向幼儿的现在、过去,更要指向幼儿的未来。例如,多彩光谱评价,既评价幼儿的现有能力,又评价幼儿的潜能,还提出教育建议。

评价不仅要有科学性,而且在评价中要收集多方面的发展信息,以此为依据进行判断。杜绝随意评价,杜绝以主观印象为根据的评价。

2. 整体性

要全面了解幼儿的发展状况,防止片面性。一方面,评价要综合考虑幼儿发展的各个方面,关注幼儿多领域、多方面的表现;另一方面,评价要综合考虑幼儿在幼儿园、家庭和社区的表现,要将幼儿的成长背景结合起来予以评价。

3. 过程性

评价伴随教育过程的始终,因此要强调评价的过程性。评价要在真实的、日常的情境中进行,不提倡专门化的、严密的、条件控制情境下的测查。评价应该是教师的日常工作之一,是教育方案计划的基础。因此应该以真实性评价方法为主,如档案袋评价法、观察法、作品分析法。

4. 客观性

所谓评价的客观性,是指评价要建立在大量的看得见的证据之上。要使评价客观化,一是要充分收集幼儿学习与发展的信息;二是要利用专业知识予以分析,再做出判断。判断要谨慎,在信息不充分的前提下不要轻易下结论。

(三)幼儿学习与发展评价的内容

1. 学习品质评价

学习品质是幼儿学习的倾向、态度、习惯、风格等特性的综合反映。学习品质的评价包括学习兴趣与好奇心、学习的主动性、学习的坚持性与专注度、想象与创造性、反思与解释、学习风格等方面。

2. 身体健康与动作发展评价

对于学前儿童而言,其身体与动作的发展,不仅仅是身高、体重的增加,身体发育与动作发展也是评价其发展整体状况的一个重要指标。例如,早期儿童的认知发展往往要通过其动作发展水平来判断。

身体健康与动作发展可以从身体的生长发育、大肌肉动作、小肌肉动作、安全意识与自我保护能力四个方面去评价。

3. 语言发展评价

语言是交际与表达思维的工具,幼儿的语言能力与其他领域的发展紧密相关。语言在认知中扮演着非常重要的角色,对思维、逻辑、推理的发展尤其重要;语言是幼儿用于表达思想、情感、观点,与人交往,接受、理解和解释他人观点的工具,对社会性和情感的发展有重要影响。

幼儿语言能力的学习与发展评价可以从四个方面进行:一是词汇,包括词汇量、词汇的类型与含义理解;二是口语表达,包括构词成句、讲述的完整性、顺序性和逻辑性;三是早期阅读,包括阅读的兴趣与习惯、图画认知、对文字的敏感性等;四是书写准备,包括对书写活动的态度与兴趣、关于书写的认识与理解、书写姿势等。

4. 认知发展评价

认知是人对客观世界的认识活动,从认知对象的角度,可以分为自然认知和社会认知。自然认知是对物理世界的认知,即对各种自然现象的认知;社会认知是对人和人际关系、社会现象的认知。

从认知的过程看,可以有广义的认知,即心理过程中的认知过程;也有狭义的认知,主要指思维活动。

为此,认知发展评价的内容可广泛可狭窄。例如,常见的智力测验就比较广泛,包括了言语、记忆等方面;瑞文推理测验则主要关注观察和思维。

真实教育情境下的认知评价,内容比较广泛,包括感知观察能力、记忆能力、注意力、思维中的分类、概念、数量、时间、空间、排序、因果等,以及想象与表征能力。

认知发展评价较多采用测验法、观察法和检核表来收集信息,然后做出判断。

5. 社会性与情绪发展评价

社会性与情绪发展主要表现在自我意识、社会行为、人际关系(包括亲子关系、师幼关系和同伴关系)、情绪识别与表达四个方面。社会性与情绪发展比较难以量化测验,因此以观察法为主。

【典型真题1】桌面上一边摆了3块积木,另一边摆了4块积木。教师问:"一共有几块积木?"从幼儿的下列表现来看,数学能力发展水平最高的是( )。

A. 把3块积木和4块积木放在一起,然后一个一个点数

B. 看了一眼3块积木,说出"3",暂停一下,接着数"4、5、6、7"

C. 左手伸出3根手指,右手伸出4根手指,然后掰手指数出总数

D. 幼儿先看了3块积木,后看了4块积木,暂停一下,说7块

【解析】幼儿数概念的形成过程从感知动作开始,即幼儿计数,不但要用眼看,而且要动手去数,A、B、C选项中都体现了幼儿动手去数的过程,说明幼儿还处在感知动作阶段。只有选项D进入了数的概念阶段,摆脱感知直接进行口头计算了。

【答案】D

【典型真题2】材料:有三幅幼儿绘画。图一是打针,针管画得很大,图二是聚餐,画了很多人。图三是吃饭,画一个面包,很大的嘴巴,一个很大的肚子,肚子里装满了食物。

问题:(1)上述三幅画各自反映出幼儿绘画的哪种表现形式?

(2)怎么理解幼儿绘画?

(3)评价幼儿绘画时应注意什么问题?

【答案要点】(1)图一反映了"夸张式"的表现形式,幼儿为在画中强调某一意图,常常不顾及画中形象的大小、比例、内容等是否合理,表现很夸张,图一中幼儿将引起其注意的"针管"画得非常突出。图二反映了"展现式"的表现手法,幼儿不用透视的观念绘画,而是鉴于认识与经验,所以他们的画中经常会把从多个角度观察到的景象展示在一个平面里。图三反映了"透明式"的表现手法,幼儿会将重叠或被挡住的事物画出来,这也被称为X光式的表现手法,图三中能看到食物吃进肚子后的样子。

(2)幼儿的绘画表达了幼儿对世界的独特感受和理解。每个幼儿心里都有一颗美的种子。受幼儿艺术表现能力的限制,尽管幼儿画不一定具有较高的艺术价值,但却具有极大的心理学价值和意义。幼儿画是幼儿视觉语言的表达方式;是幼儿创造力的表现。幼儿的绘画,在不同的年龄阶段往往呈现出不同的特点。

绘画作为一种重要的艺术形式,它是幼儿感受美、表现美、创造美的重要形式,也是表达自己对周围世界的认知和情绪态度的独特方式。幼儿对事物的感受和理解不同于成人,他们表达自己认知和情感的方式也有别于成人。幼儿独特的笔触、动作和语言往往蕴含着丰富的想象和情感。幼儿艺术领域学习的关键在于充分创造条件和机会,在大自然和社会文化生活中萌发幼儿对美的感受和体验,丰富其想象力和创造力,引导幼儿学会用心灵去感受和发现美,用自己的方式表现和创造美。

(3)评价幼儿的绘画,前提是尊重和理解幼儿的创作。成人应对幼儿的艺术表现给予充分的理解和尊重,不能用自己的审美标准去评判幼儿,更不能为追求结果的"完美"而对幼儿进行千篇一律的训练,以免扼杀其想象与创造的萌芽。

成人要了解并倾听幼儿艺术表现的想法或感受,领会并尊重幼儿的创作意图,不简单用"像不像""好不好"等成人标准来评价。成人要肯定幼儿作品的优点,用表达自己感受的方式引导幼儿慢慢提高感受艺术的水平。

【典型例题】下列对幼儿发展评价的说法,错误的是(　　)。

A. 具体的评价内容可以根据评价的目的、教育工作的需要进行选择

B. 评价者在进行评价时要有正确的评价取向

C. 对幼儿的发展评价要在真实情境中采用动态评价的方式

D. 教师应该采用固定的方式评价幼儿发展

【解析】《幼儿园教育指导纲要(试行)》指出,承认和关注幼儿的个体差异,避免用划一的标准评价不同的幼儿。本题可以采用排除法,选项A、B和C表述的都是幼儿发展评价原则的基本内容。

【答案】D

二、教师教育工作及其素质评价

(一) 幼儿园教师的素质要求

幼儿园教师是幼儿教育的主要影响因素,其素质是幼儿教育质量的决定性因素。为此《幼儿园教师专业标准(试行)》是国家对幼儿园合格教师专业素质的基本要求,是幼儿园教师培养、准入、培训、考核等工作的重要依据。幼儿园教师应该树立师德为先、幼儿为本、能力为重、终身学习的专业发展基本理念。

(二) 幼儿园教师的职责

根据《幼儿园工作规程》,幼儿园教师对本班工作全面负责,其主要职责如下:观察了解幼儿,依据国家有关规定,结合本班幼儿的发展水平和兴趣需要,制订和执行教育工作计划,合理安排幼儿一日生活;创设良好的教育环境,合理组织教育内容,提供丰富的玩具和游戏材料,开展适宜的教育活动;严格执行幼儿园安全、卫生保健制度,指导并配合保育员管理本班幼儿生活,做好卫生保健工作;与家长保持经常联系,了解幼儿家庭的教育环境,商讨符合幼儿特点的教育措施,相互配合共同完成教育任务;参加业务学习和保育教育研究活动;定期总结评估保教工作实效,接受园长的指导和检查。

(三) 教师教育工作评价

教师的教育工作表现为制订教育计划、组织与实施教育活动,因此教师教育工作评价包括上述两个方面。

1. 教育计划的评价

(1) 教育计划的评价维度。

第一,教育计划的制订是否建立在了解本班幼儿的基础之上,即班级幼儿的现状分析与评价是否完整、清晰和深入。

第二,教育计划是否蕴含了教育智慧,即计划是否根据幼儿的实际情况精心设计,教育活动为教育目标服务。

第三,计划的可行性如何,即计划中是否体现了对教育条件和影响因素的分析,计划是否有弹性等。

第四,教育计划的要素是否齐全,即教育计划是否完整,结构是否清晰明了、重点突出。

(2) 教育计划的评价内容。

第一,教育目标的评价。教育计划的核心内容之一就是教育目标,确定合理、具体的目标是教育计划的重点,因此要评价目标的合理性和具体性。所谓合理性就是教育目标是否建立在本班幼儿的实际现状基础上,即教育目标是否与班级幼儿的发展情况分析相互呼应。所谓具体性,就是目标表述是否清楚、明确,能否体现学习结果的类型、层次,特别是教学活动的目标是否可以被观察和监测。

第二,教育内容的评价。教育内容的选择要既适合幼儿的现有水平,又有一定的挑战性;既符合幼儿当下的需要,又有利于幼儿的长远发展;既贴近幼儿的生活与兴趣,又有助于拓展幼儿的经验和视野。

第三,教育资源的评价。教育资源存在于周围的生活当中,教师要有资源意识,充分发现与利用周围生活中的教育资源;教育资源的利用要能够引发幼儿的互动与探究活动。幼儿的同伴与教师集体是宝贵的教育资源,在教育计划中是否体现了人力资源的充分利用;当教育资源不足时,教师是否有资源开发意识,把生活中的废旧材料转换并加以开发利用。

第四,教师提问设计的评价。在具体的教育活动中,教师的提问设计是教师教育能力的表现之一,因此对提问设计的评价应该是具体活动评价的核心。

提问评价从问题的全面性、针对性和有效性三个方面进行。

全面性是指教育活动中有封闭性问题也有开放性问题,而且以开放性问题为主;有描述性问题、解释性问题和预测性问题;有事实性问题,也有想象性问题和评价性问题。

针对性是指问题要能够引发幼儿的思维和引导幼儿学习的方向。

有效性是指提问有明确的目标,能够达到引导幼儿学习的目的,不是为提问而提问,不提"好不好""行不行"的问题。

2. 教育活动组织与实施评价

(1) 教育活动组织与实施评价的维度。

教育活动的组织与实施评价即教育过程的评价。既要评价计划的执行情况,又要评价活动过程中师幼互动的状态,因此评价维度如下。

第一,计划执行是否将计划性、预设性与灵活性、生成性相结合,即是否既执行了计划又能根据实际情况调节计划,满足幼儿在学习中产生的兴趣。

第二,幼儿学习的主动性、积极性和创造性如何,即活动方式、策略、环境条件、教师的提问等能否调动幼儿学习的积极性,幼儿能否专注于活动,并表现出一定的创造性。

第三,教师能否在支持者、合作者、引导者等多种角色之间灵活转换,帮助幼儿学习。教师在教育活动中是否以关怀、接纳、尊重的态度与幼儿交往,耐心倾听,努力理解幼儿的想法与感受,支持、鼓励他们大胆探索与表达;是否发现幼儿感兴趣的事物、游戏和偶发事件中所隐含的教育价值,把握时机,积极引导;是否关注幼儿在活动中的表现和反应,敏感地察觉他们的需要,及时以适当的方式应答,形成合作探究式的师生互动。

第四,教师在活动中是否既能够面向全体幼儿,又能根据个体差异进行指导。作为一名教师,面向全体幼儿组织与实施教育活动,是教育的基本原则,但是又要尊重幼儿在发展水平、能力、经验、学习方式等方面的个体差异,因材施教,特别是对那些有特殊需要的幼儿,努力使每一个幼儿都能获得满足和成功,才是真正的教育公平。

(2) 教育活动组织与实施评价的内容。

第一,教育活动过程中常规的评价。常规是教育活动能够顺利进行的基本保障,因此教育活动的组织与实施,首先要看常规执行的情况,以促进幼儿的习惯养成。

常规评价要注意正确处理常规遵守的适度性,既要有基本的常规以保障活动顺利进行,又要满足幼儿的自主性需求。

第二,生活活动评价。生活活动的评价着眼于两个方面:一是生活活动中教师的职责履行情况;二是幼儿的生活能力与生活习惯和水平。

第三,区域活动评价。区域活动是幼儿的自选活动,包括游戏活动和探究性活动。区域活动的组织与实施主要体现在三个方面,即活动前的区域规划与材料投放、活动中教师的观察与指导、活动后的反思与总结。

活动前的区域规划与材料投放评价:区域的类型与数量是否满足幼儿需求,有无闲置区域和拥挤区域;幼儿在区域之间流动是否顺畅;各区域的材料数量与类型是否能满足幼儿的活动,材料的安全性、目的性、层次性、多样性、开放性如何;材料是否引发了幼儿的操作。

活动中教师的观察与指导:区域活动时教师是否观察、了解幼儿的活动进程;能否察觉到幼儿的需求;是否介入幼儿的活动给予指导,介入的时机和方式是否适当;能否对幼儿区域活动的水平进行恰当的评价。

活动后的反思与总结:区域活动后教师是否组织了总结与评价活动;是否引导幼儿对区域活动的收获、疑问进行总结和反思;是否针对活动中区域的空间或材料问题提出改进建议。

第四,教学活动评价。教学活动的评价即通常所说的评课,关于评课的维度与标准有较多的研究成果,有些以等级评定为主,有些以观察分析为主。无论何种评价方式,评价的核心内容都是活动过程中师幼互动的质量和教学目标的实现程度,既注重过程也注重结果。

师幼互动的质量:主要考查教育活动是否以幼儿为中心,幼儿在活动中的主动性、积极性和兴趣如何;教师的互动方式是否适合幼儿的年龄特点,教学各环节媒体的选择与师幼互动的方式是否匹配,能否为教育目标服务;教师的提问与幼儿的回答是否积极互动,是否具有挑战性。

教学目标的实现程度:教学目标的适宜性和可操作性如何,教学内容、教学方法是否为目标服务;教学目标的实现程度如何;教育过程中是否随机渗透了其他领域的内容,是否有随机生成的教育目标。

幼儿园教学活动评价的维度及其指标要素如下(见表7-2-1)。

表7-2-1 幼儿园教学活动评价的维度和指标要素

维度	权重	指标要素
教育目标与内容	0.30	明确度、整体性、科学性
教育方法与过程	0.30	恰当性、针对性、游戏性、程序严密性、结构合理性
教师基本素质	0.20	组织能力、环境创设、教育民主性、教育技能
初步实施效果	0.20	目标落实度、幼儿参与度

幼儿园教学活动评价指标要素说明:

① 关于教育目标与内容

明确度:指是否根据《幼儿园工作规程》与《幼儿园教育指导纲要(试行)》的精神和要求制订出明确具体的教育目标;教育目标是否符合幼儿实际水平;教育内容与目标是否一致。

整体性:内容的选择与组织是否注意整体性,体现保教结合、德、智、体、美、劳相互渗透;能否充分发掘内容本身的多方面教育价值。

科学性:内容是否科学、正确,内容的处理是否重点突出、详略得当,且难易适当、容量适宜。

② 关于教育方法与过程

恰当性:能否根据保教目标、内容和幼儿实际,选择和运用生动、直观、形象的方法。

针对性:能否因材施教,分类指导。

游戏性:能否以游戏为主要手段对幼儿进行教育,注重游戏的教育作用。

程序严密性:教育活动过程是否层次清楚、程序严密、环节交替自然有序,能否有效利用时间。

结构合理性:是否依幼儿活动和学习规律,注意动静交替、集体与小组活动交替,教育过程是否形成有机联系的整体。

③ 教师基本素质

组织能力:能否依计划组织活动,指导意识是否强,能否驾驭控制整个活动过程,是否有灵活应变处理意外问题的能力。

环境创设:是否注重创设与教育目标相适应的心理和物理环境,为幼儿提供适宜的活动材料和玩具。

教育民主性:是否做到教态自然亲切,尊重儿童意愿,注重激发幼儿的学习主动性,培养幼儿的自信心和独立能力。

教育技能:语言是否规范生动、富于启发性,是否能熟练演示、操作各种教育教学材料与教具,是否掌握必要的音乐、绘画及制作等技能。

④ 初步实施效果

目标落实度:活动效果如何,教育目标是否实现。

幼儿参与度：幼儿能否积极参与活动；是否情绪饱满；能否动手动脑，表现出一定的活动能力；行为习惯如何。

（四）教师教育素质评价

教师教育素质的评价有三种模式。职责评价模式，即通过教师的职责履行情况评价教师；认知发展评价模式，即通过教师对教育的认知与反思评价教师；活动评价模式，即透过教师的教育活动评价教师。

根据《幼儿园教师专业标准（试行）》，幼儿园教师的教育素质可以分为三个维度六十二条，即专业理念与师德、专业知识、专业能力三个方面。知识是能力的基础，因此，透过教师的教育工作评价教师的教育素质，主要内容有教育观念和教育行为两方面。

1. 教育观念的评价

教育观念是一个人对教育的认识和看法。它是一个复杂的系统，具有内隐性，因此对教师教育观念的评价比较困难。

教师的教育观念可以区分为倡导的观念和运用的观念。倡导的观念即受外界影响而形成的，认为应该如此的观念；运用的观念则是指导教师教育行为的观念。倡导的观念是可以陈述甚至论证的，而运用的观念未必是能说出来的，但它的确在指导着教师的教育行为。

倡导的观念经过教育实践被理解、体验才有可能转化为运用的观念，因此在评价教师的教育观念时要注意区分这两类观念，尽可能地透过教育活动中的言行来评价其教育观念。

教师教育观念的评价主要是儿童观的评价、教师观的评价、教育观（即对教育专业及其效能的理解）的评价和师幼关系观念的评价。

2. 教育行为的评价

幼儿教师最核心的教育行为包括观察与沟通。观察是指教师有目的、有计划地对幼儿一日生活中行为表现的知觉过程。观察并分析幼儿的行为是教师理解幼儿的发展水平、兴趣与需要，制订教育工作计划、环境创设、组织与实施一日活动、支持与指导幼儿的游戏活动的基础。教育是通过人际沟通产生影响的活动。幼儿教师的沟通是指在教育过程中运用一定的交流方式，使师幼彼此理解、接纳的过程。沟通方式可以分为言语沟通和非言语沟通，言语沟通包括口语和书面语；非言语沟通包括动作、表情和身体姿势。

（1）教师沟通能力的评价维度。

沟通的态度：是否积极主动；是否以平等的身份进行沟通；是否为沟通创造了安全、温暖、可信赖的环境；是否以儿童的发展为目的进行沟通。

沟通的方式：是否采用多种沟通方式；是否积极回应对方；是否以正面的、积极肯定的方式与他人沟通；是否在沟通中表现了文明的言行。

沟通的效果：是否达到了沟通目的；是否引发了积极的互动；是否实现了双向沟通。

（2）教师沟通能力的评价内容。

与幼儿的沟通：是否"蹲下来"与幼儿沟通；是否能够积极正面地回应幼儿；是否与幼儿经常进行情感交流。

与家长的沟通：是否以幼儿的发展为基点进行沟通；是否采用多种方式与家长沟通；是否在认知、行为和情感等多个层面与家长进行沟通。

与同事的沟通：是否以幼儿的学习与发展为前提进行沟通；是否围绕教育工作进行沟通；是否能够将专业沟通、情感沟通和日常沟通结合起来。

【典型真题1】幼儿教师最重要的素质是（　　）。
A. 知识丰富　　B. 会讲故事　　C. 会弹琴画画　　D. 关爱幼儿

【解析】幼儿教师的素质包括三个方面,即专业理念与师德、专业知识、专业能力,最根本的还是师德。

【答案】D

【典型真题2】《幼儿园教师专业标准(试行)》规定,我国幼儿园教师专业标准的基本理念是( )。

A. 师德为先,幼儿为本,能力为重,知识为主
B. 幼儿为本,能力为重,知识为主,终身学习
C. 师德为先,幼儿为本,能力为重,终身学习
D. 师德为先、幼儿为本,知识为主,终身学习

【解析】我国幼儿园教师专业发展基本理念是:师德为先,幼儿为本,能力为重,终身学习。

【答案】C

【典型真题3】简述幼儿园教师的工作职责。

【答案要点】幼儿园教师对本班工作全面负责,其主要职责如下:

(1)观察了解幼儿,依据国家有关规定,结合本班幼儿的发展水平和兴趣需要,制订和执行教育工作计划,合理安排幼儿一日生活。

(2)创设良好的教育环境,合理组织教育内容,提供丰富的玩具和游戏材料,开展适宜的教育活动。

(3)严格执行幼儿园安全、卫生保健制度,指导并配合保育员管理本班幼儿生活,做好卫生保健工作。

(4)与家长保持经常联系,了解幼儿家庭的教育环境,商讨符合幼儿特点的教育措施,相互配合共同完成教育任务。

(5)参加业务学习和保育教育研究活动。

(6)定期总结评估保教工作实效,接受园长的指导和检查。

【典型真题4】简述教师观察幼儿行为的意义。

【答案要点】观察是现代教师的必备素质。对幼儿的观察是教师实施有效指导的前提条件,主要有以下意义:

(1)幼儿在游戏和日常行为中有最真实、自然的表现,游戏是教师了解幼儿最重要的途径之一。

(2)通过幼儿行为,教师可以了解幼儿的兴趣需要、认知水平、个性特点、能力差异等,从而及时满足和拓展幼儿的生活经验,为教师准确地预设教育教学内容奠定基础,为幼儿开展活动提供充分的条件。

(3)教师只有认真地观察幼儿的行为,才能有效地指导活动,正确地评价活动。观察是指导和评价幼儿教学和活动的客观依据。

【典型例题】简述幼儿园教师必需的教育能力。

【答案要点】(1)观察的能力,观察是教师评价幼儿获取信息的主要途径。教师要注意综合应用多种观察形式,并做好观察的记录与分析。

(2)沟通的能力,沟通是运用一定的交流方式使沟通双方彼此理解、接纳的过程。沟通方式可以分为言语沟通和非言语沟通,言语沟通包括口语和书面语;非言语沟通包括动作、表情和身体姿势。

(3)组织教育活动的能力,教师对幼儿的影响作用主要通过教师对教育活动的组织来实现。这一能力主要包括制订教育方案和执行教育方案的能力,后者又包括调控教育过程的能力(如了解幼儿、与幼儿沟通、教师灵活变幻角色、转换控制方式的能力等),恰当地利用各种组织形式与幼儿有效相互作用的能力,指导游戏的能力,随机教育的能力,评价教育活动的能力等。

三、幼儿园教育质量评价

（一）幼儿园教育质量评价的含义

幼儿园教育质量评价是对幼儿园教育的全面、整体的评价。教育机构的质量一般体现在四个方面，即学校的声望、可得到的资源、学生成果和学生天赋的发展。幼儿园的教育质量在非专业的评价中也是表现在这四个方面，声望即社会公众的认可程度，认可程度越高越容易获得较多的教育资源。尽管幼儿的发展是多因素作用的结果，但教育是主导因素，因此幼儿的发展水平是衡量一个幼儿园教育质量的重要指标。

专业的幼儿园教育质量的评价一般有两种模式，即认证模式和等级评定模式。例如，美国的幼儿园教育质量评价以认证模式为主，我国的幼儿园教育质量评价则以等级评定为主。认证模式通过鉴定幼儿园教育质量是否符合标准，淘汰和整顿那些质量不合格的幼儿园。等级评定模式则是通过等级评定确认幼儿园的教育质量层次。

（二）幼儿园教育质量评价的视角

幼儿园教育质量评价是一种全面、整体的评价，因此涵盖幼儿园教育的各个方面。但是由于评价的目的不同，幼儿园教育质量评价的视角也会有所不同。

1. 以发挥示范效应为目的

为了贯彻执行《幼儿园教育指导纲要（试行）》，2003年国务院办公厅转发教育部等部门的《关于幼儿教育改革与发展的指导意见》指出，地方各级人民政府要合理布局，有计划地推动示范性幼儿园建设。其目的是推出一部分优质幼儿园，以其为样板发挥示范效应，带动各级各类幼儿园高质量发展。

示范性幼儿园的评价，其指标体系以优质为标准。一级指标以办园理念、办园条件、师资水平、保教工作和幼儿发展为主。

2. 以资质认定为目的

以资质认定为目的的幼儿园教育质量评价，与示范性幼儿园教育质量评价的不同之处在于，评价的指标体系以合格为标准。因此，在一级指标方面侧重于对办园条件和师资水平的评价，各指标的要求相对较低，达到基本条件即可。

3. 以确认质量层次为目的

确认幼儿园的质量层次，一方面可以为广大家长选择幼儿园提供可信依据，另一方面可以为幼儿园保教费的审定、调整提供依据。

确认质量层次为主的幼儿园教育质量评价，由于要将幼儿园按质量划分等级，影响面较大，因此评价指标要全面，各方面的等级划分不宜过细，以常模参照评价为宜。

【典型例题】我国常见的对幼儿园教育质量综合评价的模式是（　　）。
A. 质量认证评价　　B. 等级评定　　C. 专业评价　　D. 优质园评价
【解析】我国幼儿园教育质量的综合评价，最常见的是等级评定。
【答案】B

第二节　幼儿园教育反思与改进

一、教育反思的意义

教育评价如果只是依据收集到的评价信息做出判断，那么评价的激励、导向功能就难以发挥，因此在评价中要注重反思,唯有反思的教育评价才能促进教育的改进。

(一)教育反思是教师专业发展的途径

教师的成长是经验加反思。没有反思的经验只是肤浅的知识,如果教师仅仅满足于经验,那么其专业成长将大受限制。

《幼儿园教育指导纲要(试行)》指出,评价的过程,是教师运用专业知识审视教育实践,发现、分析、研究、解决问题的过程,也是其自我成长的重要途径。没有反思的评价是难以分析问题和解决问题的,因此难以获得个人的专业成长。

(二)教育反思是改善教育行为的途径

教育反思是教师以自己的教育过程作为思考的对象,对自己的行为、决策及结果进行审视和分析的过程,其目的是改善教师的教育行为。

幼儿园教师的专业能力之一即反思与发展能力,包括主动收集分析相关信息,不断进行反思,改进保教工作;针对保教工作中的现实需要与问题,进行探索和研究;制订专业发展规划,不断提高自身专业素质。

二、教育反思的形式与方法

(一)教育反思的形式

回顾式反思:对先前的教育过程与经验进行回顾,以便发现问题和分析问题的一种反思形式。

深思熟虑式反思:在解决教育问题过程中,将当下的问题与过去的经历或采取过的各种方案建立联系,寻找最佳方案的一种反思方式。

行动中反思:在教育行动过程中,边行动边反思,以便发现问题、分析问题和解决问题的一种反思方式。

觉察式反思:教育反思中同时关注智能与情感两个方面,常常思考"什么是真正重要的,我真正关心的到底是什么"之类的问题,使教育充满情谊。

(二)教育反思的方法

反思日记:在一天的教育工作结束时,回顾一天的教育工作,将有意义的经验写下来,用于积累经验和与同伴共同分析。

观摩与讨论:教师间可以彼此观摩,也可以观摩自己的教育过程录像,观摩后进行描述、讨论,以发现问题和寻找解决问题的办法。

叙事研究:在社交媒体等信息平台上,教师对自己的日常专业生活进行描述与反思。教师通过叙事,从自己的教育实践中抽身而出,把自己的教育实践作为思考的对象,通过追问等探索教育活动,也可以实现教育经验的分享。

行动研究:把教育实践方案作为解决教育问题方案的一部分,在教育行动中边实践边收集信息,并进行分析和反馈,在行动中不断改进教育方案。行动研究将教育实践与教育研究融合在一起,从研究的角度解决实际问题,从实践的角度将研究、反思贯穿于教育活动,可以实现共赢。

三、教育反思的内容与过程

(一)教育反思的内容

教育反思的内容应该包括教育的各个方面,通常情况下以对教育态度、教育过程和教育效果的反思为主。

教育态度:教育态度体现了教师的教育认知层面,包括教师对教育各方面的理念及其形成的态度。它是导致教育活动出现问题的根源,因此要重视对教育态度的反思。

教育过程:教育过程是实现教育目标的一系列教育行为的集合,因此教育反思的重点内容是教育过程,要反思教育活动的环节是否合理,各环节的师幼互动是否适宜,教育的内容与方法是否适当等问题。

教育效果:教育效果是检验教育是否成功的主要指标,因此要从教育的效果开始反思,以"倒着走"的方式去发现和分析问题。

(二) 教育反思的过程

教育反思的过程可以分为四个阶段。

第一阶段:选定特定问题加以关注,并搜集这方面的有关资料。

第二阶段:分析搜集的资料,明确问题。

第三阶段:对问题进行解释和寻找指导行为的策略。

第四阶段:对解决问题的方案进行比较后做出决定,开始行动计划。

【典型例题】关于教育反思,不正确的说法是( )。

A. 教育反思是教师专业发展的基本途径

B. 教育反思是教师的基本工作

C. 教育反思是教师以自己的教育过程作为思考的对象,对自己的行为、决策以及结果进行审视和分析的过程

D. 行动研究是教育反思的方法之一

【解析】本题可以采用排除法,选项 A、C 和 D 都是对教育反思的正确描述。

【答案】B

四、教育评价、反思与改进示例

课堂提问实录:中班语言活动"小蝌蚪找妈妈"。

教师:"今天老师请来了一位客人,我们看看它是谁?"并拿出一缸小蝌蚪开始了这次活动。

教师的提问	幼儿的回答
"这是谁?它是谁?"	"小蝌蚪。"(全班齐声回答)
"它在干吗?"	"在游(泳)。"(齐声回答)
"在哪里?"	"在水里。"(齐声回答)
"它是怎样游的?" (教师带着幼儿一起跟着音乐做"蝌蚪摆尾"的动作)	幼儿1:"用尾巴。"幼儿2:"摆尾巴。"(边回答边做动作)
"小蝌蚪在水里游来游去在干吗?"	(幼儿在下面七嘴八舌地回答着)
"在找妈妈,是吗?它的妈妈是谁?"	"青蛙。"(齐声)
"那今天老师就讲一个'小蝌蚪找妈妈'的故事给你们听,好不好?可能有的小朋友以前听过这个故事,不过也请你们认真听好不好?" (教师把故事完整地讲述一遍,并在黑板上演示相应的故事中的动物图片)	"好!"(齐声回答)(幼儿表现出一定的兴趣,眼睛盯着教师)
"今天,我们讲的故事叫什么名字?"	"小蝌蚪找妈妈。"(教师分别请幼儿单个回答)
"故事里讲了一个什么事情?我换种问法,看谁来回答?"	……(幼儿单个回答)
"为什么金鱼不是小蝌蚪的妈妈?"	……(幼儿单个回答)
"为什么螃蟹不是小蝌蚪的妈妈?"	……(幼儿单个回答)

教师的提问	幼儿的回答
"为什么乌龟不是小蝌蚪的妈妈？"	……（幼儿单个回答）
"我们来总结一下，小蝌蚪的妈妈有大大的眼睛、宽宽的嘴巴、白白的大肚子、四条腿，还披着一件绿衣裳。"	
"小蝌蚪的妈妈是青蛙，对吗？那为什么小蝌蚪和它的妈妈长得不像？"	（幼儿议论）
"那小蝌蚪是怎样变成青蛙的？"（顿了顿）小朋友们是不是知道啊？那我们回家问问爸爸妈妈，或者看看书，以后来告诉老师。"	（一个幼儿举手要回答，教师便请他来说）
	"小蝌蚪先是长出两条后腿，再长出两条前腿，最后收起尾巴。"
"好。其他的小朋友家里如果也有小蝌蚪的话，就回家观察一下，看看小蝌蚪是不是这样变成青蛙的，也可以和爸爸妈妈商量商量。"	

评价：这段课堂实录，就教师的提问而言，从问题的类型看比较单一，主要是事实性问题、回忆性问题，开放性问题很少，几乎没有想象性和评价性问题。幼儿经常齐声回答，说明问题基本没有什么挑战性。

反思：为什么会是这样的一些问题呢？由于没有更多的依据，只能从目标、内容和师幼互动这三个方面予以反思。从教育活动的目标看，这位教师的中班语言活动"小蝌蚪找妈妈"的目标有两个：一是知道故事的内容；二是知道小蝌蚪的妈妈有哪些特征。但是活动中的大部分提问并没有针对第一个目标，有三个问题是针对第二个目标的。幼儿回答后教师既没有评价，也没有评价性提问。从内容看，由于幼儿基本能齐声回答所提问题，因此内容选择没有充分考虑幼儿的已有经验，教学活动缺乏挑战性。从师幼互动来看，教师的提问多，幼儿的回答少，幼儿回答以后教师没有积极回应。在整个活动过程中，虽然教师都是以问题引导，但基本上是教师的独角戏，因为以封闭性问题为主，幼儿又都知道答案，还有一些问题是没有意义的，如"好不好""对吗"等。

改进：作为中班的语言活动，就"小蝌蚪找妈妈"这个内容而言，可以把目标设定为：能够独立复述故事，能够用形容词修饰性地描述故事中的人物；能够分角色表演故事。为此，问题应该是针对故事的人物、时间、地点、起因、经过、结果这六个要素来设计，应该既有封闭性问题（如故事里都有谁），也有开放性问题（如"乌龟妈妈长什么样？"）在幼儿回答问题后，教师要指出幼儿的回答哪里好，哪里还需要改进，并请幼儿尝试改进。教师也可以使用追问的方法使幼儿展开想象与创造，从而使学习具有挑战性。

强化过关训练

一、单项选择题

1. 了解幼儿园教育的适宜性、有效性,调整和改进工作,促进每一个幼儿发展,提高教育质量的必要手段是(　　)。
   A. 教育诊断　　　B. 教育评价　　　C. 教育督导　　　D. 教育测验
2. 关于教育评价的主体,不正确的说法是(　　)。
   A. 教育评价的主体就是谁来进行评价
   B. 教育评价的主体即评价的是谁
   C. 教育评价的主体可以是管理人员、教师、幼儿及其家长
   D. 教育评价的主体应该是多元的
3. 幼儿园教育工作评价实行以(　　)评价为主,其他人员参与评价的制度。
   A. 园长　　　　　B. 教师　　　　　C. 幼儿　　　　　D. 家长
4. 教育活动结束后,为了检验其成效,判断教育价值,实施的教育评价是(　　)。
   A. 形成性评价　　B. 总结性评价　　C. 诊断性评价　　D. 检验性评价
5. 根据评价的参照体系与被评价对象的关系,可以将教育评价分为相对评价、绝对评价和(　　)。
   A. 常模参照评价　　　　　　　　　B. 标准参照评价
   C. 选拔性评价　　　　　　　　　　D. 自身差异评价
6. 教师为了确定教育活动的目标而进行的对幼儿的评价是(　　)。
   A. 诊断性评价　　B. 形成性评价　　C. 常模参照评价　D. 微观评价
7. 省教育厅聘请专家对幼儿园进行的等级评估属于(　　)。
   A. 自我评价　　　B. 总结性评价　　C. 正式评价　　　D. 非正式评价
8. 在幼儿园等级评定过程中,专家除了看幼儿园上报的材料外,还要到幼儿园进行实地考察,实地考察是(　　)评价法。
   A. 问卷法　　　　B. 观察法　　　　C. 访谈法　　　　D. 作品分析法
9. 通过搜集教育过程中幼儿学习产生的生动、真实的过程材料,记录幼儿成长过程,反映幼儿进步的评价方法是(　　)。
   A. 作品分析法　　B. 观察法　　　　C. 访谈法　　　　D. 档案袋评价法
10. 不属于教育工作评价内容的是(　　)。
    A. 教育目标　　　B. 教育内容　　　C. 教育过程　　　D. 教育反思

二、简答题

1. 对幼儿的发展状况进行评价应坚持哪些原则?
2. 幼儿园教师为什么要进行教育反思?

三、材料分析题

1. 母亲节来临之际,教师组织幼儿画自己的妈妈,画得好的作品可以贴在门口的展示栏里。

宝宝小朋友画好自己的妈妈后,又画了一些杂乱无章的心形,破坏了作品的整体效果。当教师问他原因时,他说:"这些爱心代表着我爱妈妈。""宝宝小朋友画这么多'心',老师知道你非常喜欢妈妈,对吗?""我妈妈可漂亮了!"宝宝很自豪地说。"可是妈妈的'眼睛'被心形挡住了,怎么办?"宝宝思索不回答。教师启发道:"你看过儿子给妈妈端洗脚水的电视广告吗?儿子很爱妈妈,妈妈辛苦一天,他主动为妈妈端水洗脚。你也喜欢妈妈。你能为妈妈做点什么呢?""我妈妈非常喜欢玫瑰花。""那你再画一些美丽的花送给妈妈,好吗?"

请分析教师的评价方法及其评价理念。

2. A教师在教学活动快结束的时候,为了评价幼儿的发展,采取提问的方式了解幼儿是否掌握课堂知识及相关的技能,包括积极的态度与情感。教师问:"谁还带你去了什么地方?"有一个小朋友回答说:"我和妈妈去公园玩了。"教师随机纠正道:"妈妈带我去公园玩。"然后,教师再问其他小朋友同样的问题,大多数小朋友回答:"妈妈带我去公园玩。"得到这个答案后,教师很满意,认为小朋友掌握了"××带我去××"的句型。因此表扬小朋友都很能干。

请分析A教师对幼儿学习效果的评价,必要时可提出建议。

四、活动设计题

9月的新学期即将开始,作为新入园班级小二班的教师,为了了解该班每个幼儿的生活自理情况,请设计一份家长访谈提纲。

参考答案

一、单项选择题

1.【解析】教育诊断、教育督导都是教育评价的一部分功能,教育测验则是教育评价的方法之一。
【答案】B

2.【解析】所谓主体就是实施者,所以选项B是错误的。
【答案】B

3.【解析】教师是幼儿园教育的主要实施者,因此也是教育评价的主要主体。
【答案】B

4.【解析】教育活动结束后的评价一般是总结性评价。
【答案】B

5.【解析】常模参照评价即相对评价,标准参照评价即绝对评价,选拔是教育评价的功能之一,但不是评价的类型。
【答案】D

6.【解析】在教育活动开始前,为了制订教育计划,摸清儿童的发展水平和教育的现状而进行的评价是诊断性评价。
【答案】A

7.【解析】自我评价是评价者对自己的教育活动的评价。总结性评价是教育活动结束后的评价。事先没有制订方案,也没有规定程序和内容及客观化工具的评价是非正式评价。
【答案】C

8.【解析】实地考察是观察法的一种。
【答案】B

9.【解析】能记录幼儿成长过程,反映其成长进步的评价方法是档案袋评价法,它是真实性评价的一种方法。
【答案】D

10.【解析】教育目标、教育内容、教育过程和教育效果是教育工作评价的重点。教育反思很显然与教育目标、教育内容和教育过程不属于同一个逻辑结构。
【答案】D

二、简答题

1.【答案要点】(1)发展性。对幼儿发展状况的评价不仅要指向儿童的现在、过去,更要指向儿童的未来。

(2)科学性。杜绝随意评价,杜绝以主观印象为根据的评价。

(3)整体性。评价要全面了解幼儿的发展状况,防止片面性。

(4)过程性。评价要在真实的、日常的情境中进行。

(5)客观性。评价要建立在大量看得见的证据之上。

2.【答案要点】(1)教育反思是教师专业发展的途径。教师的成长是经验加反思的结果,没有反思的经验是肤浅的,如果教师仅仅满足于经验,那么其专业成长将大受限制;没有反思的评价是难以分析和解决问题的,因此难以获得个人的专业成长。

(2)教育反思是改善教育行为的途径。教育反思是教师以自己的教育过程作为思考的对象,对自己的行为、决策及结果进行审视和分析的过程,其目的是改善教师的教育行为。

三、材料分析题

1.【答案要点】(1)教育评价具有诊断、改进、鉴定、激励、导向功能。幼儿教育过程中的评价主要是为了改进教育活动、激励幼儿的学习积极性和引导幼儿活动的方向。为此本材料中教师的过程评价理念是适当的,她并没有直接指出幼儿的不足,而是在理解幼儿绘画的原因后激励、引导幼儿的绘画活动继续进行。

(2)教育评价的方法主要指搜集资料的方法。《幼儿园教育指导纲要(试行)》指出,评价应自然地伴随着整个教育过程进行。综合采用观察、谈话、作品分析等多种方法。此材料中教师用了观察、谈话的方法搜集信息,从而对幼儿的行为及其意义做出了适宜的评价。教师在观察幼儿的作品后没有武断地进行鉴定、指出不足,而是继而采用谈话的方法理解幼儿绘画作品"被破坏"的原因,在理解幼儿"画了一些杂乱无章的心形"的原因后,启发、激励幼儿继续绘画。

2.【答案要点】A教师对幼儿学习效果的评价是不恰当的。虽然A教师意识到了评价幼儿学习效果不仅要看幼儿是否掌握课堂知识及其相关技能,还要注重幼儿积极的态度与情感。但是行动上,A教师对幼儿学习效果的评价只关注了是否掌握课堂学习的技能,即会用"××带我去××"说一句话。

首先,A教师只通过提问的方式来了解幼儿的学习效果,评价的方式太过单一,没有注重从多种途径搜集幼儿多方面学习和发展的信息。其次,当一个小朋友没说出正确答案时,A教师就随即纠正,之后大部分幼儿的简单模仿被认为是幼儿已经掌握了"××带我去××"的句型,没有多角度、全面地去搜集幼儿是否已经掌握句型的信息。最后,A教师没有遵循评价的整体性原则,对幼儿的学习效果只关注了技能的掌握程度,而没有关注到幼儿的态度与情感。

四、活动设计题

【答案要点】
活动设计示例:
访谈对象:新入园孩子的家长(主要是妈妈)。
访谈目的:了解幼儿的生活自理情况。
访谈范围:卫生、饮食、睡眠、盥洗、穿脱衣服五个方面。
访谈话题:
(1)您的孩子睡眠情况怎么样?
(2)您的孩子在穿衣戴帽方面自理能力如何?
(3)您的孩子能否独立吃饭、喝水?
(4)您的孩子在大小便方面需要怎样的照料?
(5)您的孩子洗脸刷牙等事项需要怎样的照料?
(6)您家里人是如何看待孩子自理能力的培养的?

郑重声明

高等教育出版社依法对本书享有专有出版权。任何未经许可的复制、销售行为均违反《中华人民共和国著作权法》，其行为人将承担相应的民事责任和行政责任；构成犯罪的，将被依法追究刑事责任。为了维护市场秩序，保护读者的合法权益，避免读者误用盗版书造成不良后果，我社将配合行政执法部门和司法机关对违法犯罪的单位和个人进行严厉打击。社会各界人士如发现上述侵权行为，希望及时举报，我社将奖励举报有功人员。

反盗版举报电话　（010）58581999　58582371
反盗版举报邮箱　dd@hep.com.cn
通信地址　北京市西城区德外大街4号
　　　　　高等教育出版社法律事务部
邮政编码　100120

读者意见反馈

为收集对教材的意见建议，进一步完善教材编写并做好服务工作，读者可将对本教材的意见建议通过如下渠道反馈至我社。

咨询电话　400-810-0598
反馈邮箱　gjdzfwb@pub.hep.cn
通信地址　北京市朝阳区惠新东街4号富盛大厦1座
　　　　　高等教育出版社总编辑办公室
邮政编码　100029

防伪查询说明

用户购书后刮开封底防伪涂层，使用手机微信等软件扫描二维码，会跳转至防伪查询网页，获得所购图书详细信息。

防伪客服电话　（010）58582300